Und sah, dass es gut war

Über das **Buch**

Nachdem der Hamburger Unternehmer Peter Berg und die Spezialagentin Rosanna Sands gerade noch rechtzeitig vor einer Virus Epidemie aus Hongkong entkommen konnten, erfahren sie von weiteren bevorstehenden Terrorangriffen und setzen alle Hebel in Bewegung, um das drohende Unheil zu verhindern. Niemand scheint auf ihrer Seite zu sein. Die Lage ist aussichtslos und ihr Gegner ist mächtiger, als sie es je geahnt hätten ...

Über den **Autor**

Der aus Hamburg stammende Autor Van Deus lebt im Sommer an der See und verfasst Erzählungen. Der Titel 'Und sah, dass es gut war' ist nach 'Operation Sonnenwende' und 'Die Kaskaden des Salamanders' der dritte Teil aus der Trilogie 'The Triangular Files' und gibt mit einem fulminanten Finale einen Einblick in die dunklen Geheimnisse einer Welt, die wir vielleicht niemals wirklich ganz erfahren werden.

Van Deus

Und sah, dass es gut war

Thriller

»Und sah, dass es gut war«
Band 3 aus der Trilogie
»The Triangular Files« © 2020

1. Auflage November 2020

Copyright © 2020
by Van Deus
All rights reserved
Cover design by James C.L. Smith
Photography and illustrations by
Black:Beck:One Publishing
Printed in EU by BookPress, Olsztyn
Publication listed in the Deutsche Nationalbibliothek
Detailed bibliographic data available at www.dnb.de
All rights reserved B-B-One Publishing

www.b-b-one.com

ISBN-10: 3-945-75211-6
ISBN-13: 978-3-945-75211-1

Für die Freiheit und Unabhängigkeit

Inhaltsverzeichnis

Prolog

Am Anfang hatte John Bolten nicht einmal im Traum daran gedacht, dass er eine zweite Chance bekommen würde. Er blickte aus dem Fenster des kleinen zweimotorigen Flugzeugs und ließ seinen Blick über die endlosen Landschaften von Alaska gleiten. Unter ihm erstreckte sich die Seward-Halbinsel bis zum Horizont. Nichts als karge Tundra, eingerahmt von den leicht geschwungenen Berghügeln, die nur wenige Monate im Jahr schneefrei waren. Wie jetzt im August. Was die Wildnis jedoch keineswegs freundlicher erscheinen ließ. Kein Baum, kein Busch war auszumachen. Die Gegend wirkte unwirtlich und trostlos. Es war definitiv kein Ort, an dem sich Menschen wohlfühlten, stellte John für sich fest. Er konnte bereits die Landebahn erkennen, die sich wie ein überdimensioniertes Kreuz am Rande seines Zielorts erstreckte. John beschlich ein ungutes Gefühl. Mit dem Symbol des Kreuzes verband er schreckliche Assoziationen. Er wischte seine Gedanken beiseite und tippte dem Piloten auf die Schulter. Da er der einzige Passagier an Bord war, konnte er sich einen Sonderwunsch erlauben.

»Drehen Sie bitte noch eine extra Runde. Heute werde ich den fünften und letzten Tag im Dorf verbringen und ich glaube nicht, dass ich jemals wieder hierher zurückkehren werde.«

Der Pilot nickte wortlos und zog die Cessna nach oben in den Himmel. Der Ausblick war atemberaubend. Weiter im Westen erkannte John die Beringstraße und das gegenüberliegende Ufer. Russland. So nah und doch so fern. *Ob es hier am nördlichen Polarkreis überhaupt noch andere Landebahnen gab?,* überlegte John. Er faltete eine Übersichtskarte auf und versuchte darauf, die Orte und Positionen zuzuordnen. Über Nacht war er in der Hafenstadt Nome geblieben und hatte sich noch einige Sachen besorgt, die er für seine Mission benötigte. Nome lag gut 100 Kilometer von Brevig Mission entfernt; zu weit für eine Autofahrt. Darüber hinaus würde man mit dem Fahrzeug selbst in den Sommermonaten bestenfalls bis zum Städtchen Teller gelangen. Und die letzte Etappe bis Brevig Mission müsste man über die Bucht von Port Clarence mit dem Boot absolvieren.

»Lassen Sie mich den Anflug auf den Ort ein letztes Mal erleben. *Genießen* wäre wohl der falsche Begriff.« John schmunzelte.

Der Pilot zog die Maschine ein weiteres Mal nach oben und flog eine großzügige Schleife über den Sund. Gut sichtbar unter ihnen war die Stadt Teller auszumachen. John zeigte demonstrativ auf seinen Zielort. Brevig Mission lag direkt unter ihnen. Ein kleines Dorf am Ende der Welt. Keine 400 Einwohner verbrachten dort ihr Dasein. Die Häuser der kleinen Siedlung waren ordentlich und mit einem großzügigen Abstand voneinander angeordnet. Brevig Mission war im Jahre 1892 von dem Norweger Tolle Brevig gegründet worden und diente ab 1894 als Rentierstation. Nur wenig war in den vergangenen 100 Jahren hinzugekommen. Der Ort war von der Zivilisation nach wie vor ziemlich abgeschnitten.

Der Pilot setzte zur Landung an und bremste die Cessna abrupt ab. John wurde in seinem Sitz kräftig nach vorne in den Gurt gedrückt. Er zog eine Augenbraue nach oben.

»Mein lieber Mann. Sie sollten es bitte nicht allzu wörtlich nehmen, dass ich den Ort heute das letzte Mal sehen würde. Zumindest möchte ich gerne noch lebendig aus dem Flieger steigen. Hier sind schon genügend andere Leute tragisch ums Leben gekommen.«

* * *

Der kleine Flughafen wirkte wie ein Provisorium. John Bolten wurde bereits erwartet. Er nahm seine Sachen in die Hand und ging auf den Mann am Ende des Rollfelds zu.

»Guten Morgen Jay, schön Sie zu sehen.«

Jacob *Jay* Nanook reichte ihm die Hand und nahm ihm seine Sachen ab. »Was haben Sie da mitgebracht?«, erkundigte sich der schlanke Mann voller Neugier. Trotz seines Alters von weit über 80 Jahren hatte er kräftiges schwarzes Haar und die Pfiffigkeit blitzte aus seinen Schlitzaugen. Die tiefen Furchen in seiner gebräunten Gesichtshaut zeugten von einem großen Erfahrungsschatz. Er wohnte seit seiner Geburt in Brevig Mission und war der Dorfälteste. Jacob war ein Native, ein Inuk und er hatte kein Problem damit, wenn ihn jemand Eskimo nannte.

John warf ihm einen gütigen Blick zu. »Gedulden Sie sich. Sie werden der Erste sein, der den Inhalt sieht.«

Die beiden Männer waren auf einer Wellenlänge. Sie mochten sich und respektierten sich. Und doch hatten sie sich vor dem aktuellen Besuch von John nur ein einziges Mal gesehen. Jahrzehnte zuvor. Vor 46 Jahren, im Sommer 1951. Damals war John Bolten als junger Doktorrand das erste Mal nach Brevig Mission gekommen. Ganze 26 Jahre zählte er damals. Er erinnerte sich noch gut an den abenteuerlichen Flug mit der DC-3 Propellermaschine.

Der Wissenschaftler blickte auf ein bewegtes Leben zurück. Geboren 1924 als Johan Bolten in Schweden, wanderte er als junger Mann in die Vereinigten Staaten aus und studierte an der Universität von Iowa. Jetzt, im Alter von 72 Jahren verbrachte er seinen Ruhestand in San Francisco. Bis ihn vor wenigen Wochen ein Zeitungsbericht aufrüttelte und ihn noch einmal an den Ort seiner früheren Recherchen zurückbringen sollte. Schnell entschlossen opferte er 3200 Dollar von seinen Ersparnissen und machte sich auf den Weg zu seiner letzten, schicksalhaften Expedition.

John rückte sich den Hut zurecht und drückte die Schultern durch. Der hochgewachsene Wissenschaftler mit weißem Haar und seinem weißgrauen Vollbart strahlte noch immer eine charismatische Persönlichkeit aus. Seine Statur wirkte athletisch, obwohl er so gut wie nie in seinem Leben eine Sportart ausgeübt hatte. Seine stahlblauen Augen verrieten die skandinavischen Wurzeln. Er trug ein schwarzes Shirt und eine blaue Jeans mit einem Overall darüber, der eigens für die bevorstehenden Arbeiten ausgelegt war. Er hatte ein hell beigefarbenes Sakko angezogen, was ihm eine gewisse Eleganz verlieh. John schob die Brille auf der Nase zurecht – eine zweite für die Nahsicht hing an einer Kette lose um seinen Hals.

»Jay, Ihr Fahrzeug ist nicht verkehrssicher, das ist Ihnen hoffentlich bewusst, oder?«

»Doc. Was soll sich seit gestern daran geändert haben? Glauben Sie etwa bei uns im Ort wachsen die Sicherheitsgurte aus dem Boden?«

Es war seit vielen Jahren ein Hobby von John Bolten, die Sicherheit von Fahrzeugen zu verbessern. Sicherheitsgurte gehörten für ihn zur unbedingten Grundausstattung.

»Okay, das akzeptiere ich. Dass hier auf dem Boden nichts wächst, leuchtet mir ein. Das dürfte bei einem Permafrostboden eine fast unlösbare Aufgabe sein.«

Der Eskimo verstaute das Gepäck des Amerikaners auf dem Rücksitz des offenen Allrad-Fahrzeugs und klopfte mehrere Male auf den Beifahrersitz.

»Wenn Sie möchten, können wir starten.«

John rückte sein Sakko zurecht und signalisierte mit dem Daumen sein *Okay*.

»Fahren Sie uns bitte direkt zum Ort des Geschehens, Jay. Wir haben keine Zeit zu verlieren.«

Mit einem skeptischen Blick musterte John nochmals das Fahrzeug. Mit dem Vierrad-Antrieb war das kleine Gefährt sicherlich bestens geeignet für die Gegebenheiten in der Polarlandschaft; die Sicherheit ließ in seinen Augen jedoch stark zu wünschen übrig. Jacob blieben die Blicke nicht verborgen.

»Seien Sie doch froh, dass wir uns nicht mehr auf einem Hundeschlitten fortbewegen müssen«, witzelte der Einheimische.

»Auch wenn Sie vielleicht meinen, dass wir nicht am Ende der Welt sind, so kann ich Ihnen versichern, dass Sie es von hieraus sehen können!«, konterte der Doktor selbstbewusst.

Die beiden Männer lachten und begaben sich direkt auf ihre Route. Dabei überquerten sie den Fluss Shelman Creek. Kurz vor der Ortschaft Brevig Mission kam ihr Ziel unübersehbar ins Sichtfeld. Auf einer kleinen Anhöhe erstreckten sich unzählige weiße Holzkreuze, die in den gefrorenen Boden gerammt worden waren. In Sichtweite lagen der Strand und die vorgelagerte Lagune.

Der Amerikaner atmete tief durch mit einem Seufzer. »Mich überkommt immer wieder ein kalter Schauer, wenn ich an diesen Friedhof zurückkehre.«

Jacob Nanook bremste den Wagen behutsam vor einem großen weißen Kreuz ab und schlug seine Kapuze nach hinten. Ein kalter Windzug blies ihm um die Ohren. Mit einem ehrfurchtsvollen Blick verlas er die Inschrift auf der Messing-Tafel, die quer am weißen Kreuz befestigt war.

»Bete, ehre und erinnere dich an unsere Dorfbewohner, die ihr Leben verloren haben.«

John wich einen Schritt zurück. *Pray, honor and remember these villagers who lost their lives.* Seine Augen wanderten die Namen der Opfer in der Senkrechten langsam hinab. In das Metall waren alle 72 Namen graviert. Die beiden Messingtafeln auf dem großen weißen Holzkreuz bildeten den Buchstaben *T* und das Wort *Terror* kam ihm unwillkürlich in den Kopf. Es war der reinste Terror damals gewesen.

»Die Namen der Toten sind unser Vermächtnis.« Jay Nanook strich sich mit der Hand über die Stirn. »Es war ein unvorstellbar grausames Massaker gewesen. In nicht mal fünf Tagen wurde fast unser gesamtes Dorf ausgelöscht. Es gab kein Entkommen – und das trotz unserer isolierten Lage. Nur acht unserer 80 Vorfahren überlebten den Angriff. Es treibt mir heute noch die Tränen in die Augen. Ein Massengrab für 72 Seelen, das ist alles, was von ihnen geblieben ist.«

Der Dorfälteste stemmte seine Hände in die Hüften und blickte auf den Spaten, der ans Kreuz angelehnt war. »Schnappen Sie sich eine Schaufel, Doktor. Dann können wir loslegen. Die Jungs warten bereits.«

John Bolten nickte. »Nichts lieber als das.«

Die beiden Männer machten einige Schritte auf das Erdloch zu. Vor ihnen erstreckte sich über die Fläche von acht mal drei Metern eine bis zu zwei Meter tiefe Grube. Jacob begrüßte die Kollegen. »Hi Alleen, hi Rony. Geht es euch gut? Seid ihr gut vorangekommen?«

Die beiden jungen Männer blickten hoch zum Rand. In den letzten Tagen hatten sie schwer gearbeitet. Der Boden war extrem hart. Anfangs setzten sie heißen Wasserdampf für die Grobarbeiten ein, bis sie schließlich die folgenden Erdschichten sehr sorgfältig freilegen mussten. Je tiefer sie kamen, umso schwerfälliger ging es voran. Der Boden war gefroren. Das ganze Jahr hindurch. Immer. Selbst im Sommermonat August. Doch es war genau dieser spezielle

Permafrostboden in den nördlichen Breiten, nach welchem Dr. John Bolten so lange Ausschau gehalten hatte.

Der Wissenschaftler stand am Rande der Grube und blickte auf das Grab, in dem einst die 72 Leichen von den Arbeitern der Goldmine notdürftig verscharrt worden waren. Verstörende Bilder rannten durch seinen Kopf und er erinnerte sich daran, wie er schon einmal zuvor, im Sommer 1951, vor 46 Jahren, an derselben Stelle stand.

Schon damals hatte er das Grab ausheben lassen und vier gut erhaltene Leichen ausfindig machen können.

Damals, es war am zweiten Tag gewesen, hatten sie ein kleines Mädchen aus dem dunklen Erdreich ausgegraben. Durch die frostigen Bodentemperaturen war der Körper außerordentlich gut erhalten geblieben. John erinnerte sich an das blaue Kleid, das das Mädchen getragen hatte und an die roten Bänder, mit denen die Haare so hübsch zusammengebunden waren. Ein Schauer lief ihm über den Rücken. Die Bilder von damals hatten sich tief ins Gedächtnis eingebrannt und waren noch immer sehr lebendig. Und dennoch, letztendlich war alles, was er 1951 unternommen hatte, bedauerlicherweise nicht von Erfolg gekrönt gewesen.

Jetzt, im Alter von 72 Jahren, wagte er einen neuen Anlauf. Erst vor wenigen Wochen hatte er den Entschluss gefasst und 3200 Dollar von seinen Ersparnissen investiert, um die neuerliche Mission zu unternehmen. Er konnte auf die guten Kontakte zum Dorfältesten Jacob Nanook zählen, so dass er wieder die Erlaubnis erhielt, das Grab von damals zu öffnen. Sein respektvoller Umgang mit den Toten war den Dorfbewohnern noch gut im Gedächtnis geblieben. John strich sich über seinen Bart und warf einen Blick zu Jacob.

»Dann wollen wir mal. Auf zu unserem Date mit Lucy.«

Jacob verstand nicht. »Lucy? Wer ist Lucy? Ich kenne niemanden mit diesem Namen.«

Der Amerikaner verzog seine Mundwinkel. »Wir sind doch gestern kurz vor Einbruch der Dunkelheit beim Buddeln auf die tote Frau gestoßen, Sie wissen schon.« Er deutete auf das Erdloch. »Ich habe beschlossen, sie Lucy zu nennen. So wie man den ersten Menschen in Ostafrika getauft hatte. Das *Missing Link*.«

Jay schüttelte den Kopf. Jetzt war er völlig verwirrt.

»Doktor, ich verstehe nicht. Was hat eine Frau aus Ostafrika mit uns zu tun?«

John Bolten schmunzelte. »Vergessen Sie es.« Er entschied sich, nicht weiter darauf einzugehen und lächelte. »Ich wollte Sie nicht irritieren. Kommen Sie.«

Die beiden stiegen an einer angelehnten Leiter hinab und schritten das Erdloch ab. Mit einem anerkennenden Blick würdigte Dr. Bolten die Sorgfalt, die die jungen Männer bei den Ausgrabungen hatten walten lassen. Er beugte sich über einige der freigelegten Knochen menschlicher Skelette. Sein eigentliches Interesse galt jedoch dem Frauenkörper, den sie am Vortag entdeckt hatten.

John sprach den jungen Mann an, der in der Mitte des Erdlochs mit einer Schaufel stand. »Du bist Aleen, richtig?« Nach vier Tagen des gemeinsamen Grabens sollte John die beiden Männer in der Grube eigentlich problemlos auseinanderhalten können und so war seine Frage - wie auch das zustimmende Nicken von dem jungen Mann - eher von rhetorischer Natur.

»Ihr seid schön vorsichtig mit dem Leichnam umgegangen, nicht wahr? Alles muss unversehrt bleiben.«

Der alte Mann aus San Francisco wähnte sich am Ziel. Vorsichtig kniete er sich auf den Boden, als er von der kräftigen Stimme des Dorfältesten ermahnt wurde.

»Doktor, Sie haben Ihre Handschuhe noch nicht angezogen.«

John machte ein mürrisches Gesicht, doch sein alter Freund hatte recht. Es konnten unbekannte Gefahren in der

Tiefe des Permafrostbodens lauern. Eilig stülpte er den Schutz aus Latex über seine Finger und ahmte weihevoll die Form des toten Körpers nach. »Das ist Lucy. Ich schätze ihr Alter auf knapp 30 Jahre. Lucy war zeitlebens eine recht wohlbeleibte Person.«

Der Einheimische oben am Rand hatte Johns Worte nicht hören können und gab seinen eigenen Eindruck von dem Leichnam unverblümt wieder. »Mann, die Kleine war ganz schön dick. Richtig fett würde ich sagen.«

Aus der Tiefe quittierte John Bolten die Äußerungen mit einem vorwurfsvollen Blick. »Hey, hey, Jay. Contenance. Aber ich bin ja froh, dass *Sie* das so treffend festgestellt haben und nicht ich. Wer weiß, was ich mir sonst von Ihnen hätte anhören müssen.«

Der Dorfälteste kletterte nun ebenfalls in die Tiefe und sah sich den toten Frauenkörper aus nächster Nähe an. »Sehen Sie es mir nach, Doktor, aber die Frau war wirklich sehr fett.«

»Diese Tatsache wiederum ist von unschätzbarem Vorteil für uns.« John hob demonstrativ seinen Zeigefinger. So, als ob er geradewegs vor der Beweisführung in einer Vorlesung stand. »Reichen Sie mir nun bitte die Kiste aus dem Flieger.«

Dann wandte er sich an die beiden jungen Männer. »Alleen, Rony, wir müssen Lucy etwas anheben. Dann werde ich ihr die … «, er zögerte einen Augenblick. »Ihr wisst schon …, ich hatte es euch am Anfang erklärt.«

Die Männer senkten langsam den Kopf und gaben ihm mit einem Augenzwinkern ihr Einverständnis zu verstehen. Schon oft hatte John die nun folgende Prozedur im Kopf durchgespielt. Sein großer Tag war gekommen.

Vor ihm lag ein beinahe unversehrter Leichnam. Jahrzehntelang begraben im immerwährenden Frost der Tundra von Alaska. Die eisigen Temperaturen hatten bei dem Körper für die konservierende Wirkung gesorgt.

Zudem hatte die üppige Fettschicht das umliegende Gewebe zusätzlich vor der Verwesung geschützt. John nahm die Lungenflügel ins Visier. Obwohl schon viele Jahre seit dem Zeitpunkt des Todes verstrichen waren, so waren noch immer die Ödeme und die heftigen Lungenblutungen von damals zu erkennen. Es war gespenstisch. John nahm ein Skalpell in die Hand. Nun galt es, keine Zeit mehr zu verlieren.

Die Ausgrabungen und die Exhumierungen hatten sich über ganze fünf Tage erstreckt; das Herauslösen des Körpergewebes vollzog John dagegen in einer rasenden Geschwindigkeit. Jeder Handgriff, jeder Schnitt saß perfekt. Voller Professionalität steuerte er das Geschehen und band seine drei Helfer effizient mit in die Tätigkeiten ein. In nicht mal einer halben Stunde hatte er die beiden Lungenflügel sauber vom restlichen Körper getrennt. Er blickte zufrieden in die Runde.

»*In situ* biopsiert. Lasst uns das gefrorene Lungengewebe vorsichtig in den Behälter mit der Formalinlösung legen. Und, meine geschätzten Kollegen, ich habe ein spezielles Alkoholfixiermittel für diese historische Autopsie angemischt. Eine Lösung aus RNAzol. Wenn euch das etwas sagt?«

Die drei Männer aus Brevig Mission nickten, obwohl sie keine Ahnung hatten, wovon der Amerikaner sprach.

»Haben Sie gefunden, wonach Sie so lange gesucht haben?«, wollte Jacob wissen. »Werden die Toten jetzt endlich ihre Ruhe finden?«

Für einen Moment lang herrschte eine unbegreifliche Stille. John realisierte, dass sich von nun an vieles ändern konnte. Er sinnierte. Wenn Lucy, wie er die unbekannte Frau nannte, damals eine kleine Kiste mit ihrem Hab und Gut mit ins Grab bekommen hätte, so hätte er dem Gefäß in diesem Augenblick den Namen Pandora gegeben. Er seufzte. War es richtig, das Grab zu öffnen?

»Die Geister, die ich rief …«, flüsterte er leise vor sich hin.

Dann löste sich sein Blick von den Leichen und den ordentlich aufgereihten Skelettknochen auf dem Boden. Er blickte hinauf in den Himmel. Keine einzige Wolke war zu sehen. *Pray, honor and remember* – die Inschriften des Kreuzes kamen ihm mahnend in den Sinn.

»Ja. Die Toten sollen ruhen, Jacob. Von nun an für immer. Sie gaben uns die Möglichkeit, etwas Gutes zu tun. Nicht nur für sie selbst, sondern für die ganze Welt.«

Am Anfang

Am Anfang der Menschenschlange, die sich durch die große Schiebetür der Ankunftshalle am Flughafen drängte, stand ein schlanker junger Mann. Tommie Parker. Ende Zwanzig und Schweizer Staatsbürger. Seine Prüfungen zum Masterabschluss standen kurz bevor und in den vorlesungsfreien Wochen jobbte er als Kurier für Organtransplantationen. Sein aktueller Auftrag versprach einen Extrabonus, woraus Tommie schlussfolgerte, dass das pochende Herz in der Vitalbox für eine hochgestellte Persönlichkeit reserviert sein musste. Sein Blick fiel auf das speziell angefertigte Gepäckstück in seiner linken Hand. Ein kontrollierender Blick auf die Temperaturanzeige unter einer Stoffabdeckung signalisierte ihm, dass alles in Ordnung war. Bis zu 96 Stunden sollten Organe darin gleichbleibend temperiert und transportiert werden können. Der gut isolierte Behälter steckte voller Technik. Tommie zog seine Hand vom Behälterdeckel zurück und strich über ein seitliches Einschubfach. Die Verriegelung war intakt. Darauf kam es an. In der versteckten Lade befand sich ein zusätzliches Serum und das Siegel sollte von ihm mit höchster Penibilität im Auge behalten werden. Er beherrschte seinen Job. Seine Zuverlässigkeit war seine Visitenkarte und brachte ihm die lukrativsten Aufträge ein. In diesem Falle ging es ihm jedoch nicht allein um die finanzielle Komponente. Endlich ergab sich wieder einmal die Möglichkeit, seine chinesische Freundin Lee im Nordwesten der chinesischen Großstadt Wuhan zu besuchen. Das langersehnte Wiedersehen war zum Greifen nahe; einzig die ordnungsgemäße Auslieferung des Organkoffers galt es noch zu erledigen. Die generellen Voraussetzungen waren in den vergangenen Jahren deutlich schwieriger geworden. Überhaupt gab es in China nur eine recht geringe Akzeptanz für Organspenden, was auch daran lag, dass in der chinesischen Kultur seit jeher die Schriften des Konfuzius sehr stark verankert waren. Die Einheit und Unversehrtheit des Körpers waren sozusagen heilig. *Unser Körper, unsere Haare, unsere Haut stammen von unseren Eltern und sie dürfen nicht beschädigt werden. Dieses ist der Ausgangspunkt der kindlichen Pietät.* Das hatten einst die konfuzianischen Schriften postuliert und sie waren noch immer tief in der Bevölkerung verwurzelt und standen der Bereitschaft zur Organspende stark entgegen. Selbst wenn seit 1984 den zum Tode verurteilten Verbrechern die Organe quasi per Gesetz entnommen werden durften, so war die Verordnung offiziell im Januar 2015 aufgehoben worden, wodurch die Organentnahme drastisch erschwert wurde. Mehrere hunderttausend Patienten warteten seitdem verzweifelt auf Herz oder Niere, während jährlich nur rund 10.000 Transplantationen durchgeführt werden konnten. Die Situation war dramatisch und Organe waren Mangelware. Tommie war einer der wenigen Menschen, denen die wertvollen Organe für den Transport anvertraut wurden.

In der Regel wurden wechselnde Übergabepunkte gewählt, bevor die Organe ihren endgültigen Bestimmungsort erreichten. Und nur selten ging es direkt in die Universitätsklinik von Wuhan. Auch in diesem Fall sah es nach einem Organdeal abseits der offiziellen Wege aus. Jedenfalls handelte es sich bei seinem Ziel definitiv nicht um die Universitätsklinik.

Tommie holte sein Smartphone aus der Jackentasche und klickte auf die Adresse. Es schien sich um eine kleine Apotheke inmitten der Innenstadt zu handeln. Der Internationale Flughafen Wuhan Tianhe lag außerhalb der Stadt im Nordwesten. Die Entfernung von gut 30 Kilometern klang nicht viel, doch bei dem regelmäßig auftretenden Verkehrskollaps konnte es gut und gerne über eine Stunde dauern, bis er sein Ziel erreichen würde.

Verdammt lange, schoss es ihm durch den Kopf und sein Blick suchte in der lichtdurchfluteten Ankunftshalle nach den Waschräumen. Neben dem Informationsschalter fand er ein Hinweisschild und hastete den Gang hinunter.

Er stieß die Pendeltür mit seinem Fuß auf und ging schnurstracks zu dem Pissoir. Der großzügig angelegte Raum mit den zahlreichen Toilettenanlagen war vollkommen leer. *Ungewöhnlich,* dachte er und wähnte sich völlig allein.

Dass jemand zeitgleich einen Reinigungswagen vor die Tür schob, ein Schild *Out of Order* über die Klinke hängte und sich zu ihm in die Waschräume begab, bekam Tommie nicht mit. Sein Blick wanderte über den großen Wandspiegel nach oben an die Decke, bis sein Kopf im Nacken lag und er seine Gedanken schweifen ließ.

»Wann haben Sie das letzte Mal richtig Angst gehabt, Tommie Parker?«, ertönte es hinter ihm.

Der Schweizer erschrak. Wer kannte seinen Namen? Hier, inmitten der chinesischen Metropole Wuhan, wähnte er sich bis vor wenigen Sekunden vollkommen anonym. Er riss die Augen entgeistert auf und blickte instinktiv in den Wandspiegel. Umso heftiger fuhr ihm der Schrecken in die Glieder, als er zu seiner Überraschung in ein sehr vertrautes Augenpaar blickte. Auch die tiefschwarzen, wuscheligen Haare kamen ihm bekannt vor. Sie waren ungekämmt. Wie bei ihm selbst. Er blickte in sein eigenes Konterfei.

»Zum Teufel«, entfuhr es ihm. »Wer sind Sie? Sie sehen genauso aus wie ich. Was soll das?«

»Das ist nicht die richtige Antwort auf meine Frage«, hüstelte der Fremde. »Wenn ich zu Ihnen spreche, sollten Sie sich das etwas mehr zu Herzen nehmen. Zu Herzen. Ha, ha, ha.«

Es hat mit dem Organ zu tun, dachte Tommie. *Da will sich jemand das Überleben sichern und mir meine Beute abspenstig machen.* »Angst soll ich haben? Angst wovor?«, entgegnete er selbstbewusst. »Ist es ein Zufall, dass wir uns so verdammt ähnlich sehen?«

Der fremde Doppelgänger kam einen Schritt näher. »Ich sehe schon, Sie haben es nicht verstanden.« Mit einer ruhigen Handbewegung setzte er sich die kabellosen Earbuds in die Ohren und tippte mit dem linken Finger auf den linken Ohrhörer. Die Wiedergabe des Musikstücks startete. »Ich mag *Ravel*. Und nun zu dir und deiner Frage. Wovor du Angst haben solltest? Heute ist ein guter Tag zum Sterben. Davor solltest du Angst haben.«

Ein stechender Schmerz rannte Tommie durch seine Brust. Der Puls schlug bis an seinen Hals. Sterben? Hatte der fremde Eindringling das Wort *Sterben* gewählt? Was lief hier ab? Voller Verzweiflung suchten seine Augen im Spiegel nach einer Erklärung. Mit halb offener Hose stand er vor der gekachelten Wand und fühlte sich so hilflos wie noch nie zuvor in seinem Leben.

Alles was dann folgte, vollzog sich in einer atemberaubenden Geschwindigkeit und mit einer Präzision, die dem Profikiller so unfassbar vertraut war. Ohne jedes Mitgefühl, ohne jede Regung zog er ein dünnes Stahlseil aus der rechten Hosentasche und wickelte die Schlinge mit beiden Händen um den Hals des Schweizer Luft-Kuriers. Tommie versuchte sich zu verteidigen und fuchtelte mit seinen Händen wild in der Luft herum. Doch er konnte seinen Angreifer nicht erreichen und abwehren.

Ein bestialischer Schmerz ließ ihn am ganzen Körper zucken. Schreien konnte er nicht mehr. Das Stahlseil schnürte seinen Kehlkopf zu. Seine Augen verdrehten sich. Der Todeskampf war qualvoll. Der Angreifer blieb ruhig. Kein Anzeichen von Emotion war bei ihm auszumachen, wohl aber die körperliche Anstrengung. Der Killer schloss für einen Moment lang die Augen und lauschte der Musik. Der *Bolero* von *Ravel* verschaffte ihm die seltene Genugtuung, ohne jedes Zeitgefühl über Leben und Tod zu herrschen. Nach der dritten Strophe war der Kampf vorbei. Der Körper von Tommie Parker sackte zu Boden. Das Stahlseil hatte sich tief in seinen Hals gebohrt und das Blut quoll aus den Wunden. Die Zunge hing ihm aus dem Hals.

Der Fremde zog ihn zu einem der WCs und schloss die Tür hinter ihm zu. »Out of Order, kleiner Zwilling«.

Dann schnappte er sich das Handgepäckstück und entfernte das seitliche Siegel für die verborgene Schublade. Eine kleine Ampulle kam zum Vorschein. Er öffnete den Schraubdeckel und entleerte die 100 Milliliter ins Waschbecken. Danach füllte er das Gefäß mit einer eigens mitgebrachten Flüssigkeit wieder auf. »Mit freundlichen Grüßen von Tante Vicky«, flüsterte er mit tiefer Stimme. Die erste Etappe der Mission hatte er erfolgreich absolviert.

* * *

Der Fremde alias Tommie Parker erreichte die kleine Apotheke inmitten der Großstadt mit einer gehörigen Verspätung. Das Verkehrsaufkommen war an diesem Tag extrem und je weiter er in die City kam, umso überlasteter waren die Umgehungsstraßen.

Die Apotheke lag inmitten einer Wohnsiedlung am Rande eines großen Wochenmarktes - und nur knapp hundert Meter entfernt von der Xinhua Road und von der Second Ring Road.

Ohne jede Begrüßung wurde er von einem kleinen Mann, der schon auf ihn gewartet hatte, in die hinteren Räume der Apotheke geleitet. Mit jedem Schritt führte ihn der Weg tiefer in die chinesische Vergangenheit. Merkwürdige Schriftstücke schmückten die Wände und allerlei Getier hing von der verstaubten Holzdecke hinab. Getrocknete Fledermäuse, ausgestopfte Giftschlangen und einbalsamierte, tote Hunde. *Was für ein Paradies für die Zunft der Quacksalber,* dachte der Westeuropäer. Als er schließlich in den Empfangsraum kam, wartete dort bereits eine chinesische Ärztin mittleren Alters auf ihn.

»Sie sind spät dran, Parker«, musterte sie ihn.

Er ging nicht auf die vorwurfsvolle Bemerkung ein. Schließlich wähnte er sich auf der stärkeren Seite. Er warf der Frau einen arroganten Blick zu und klopfte mehrmals auf den Spezialkoffer, auf die Vitalbox. »Es ist mir eine Herzensangelegenheit, Sie zu treffen. Doch halten Sie diese alles andere als steril aussehenden Räumlichkeiten für eine geeignete Kulisse?«

»Sie tun ja so, als ob Sie das erste Mal hier sind«, empörte sie sich. »Dieses Mal ist es etwas ganz Besonderes, wissen Sie? Der Weg dieser Organspende fällt etwas aus dem Rahmen. *Inoffiziell* wäre als Bezeichnung noch geschmeichelt.« Sie lächelte.

»Es geht um eine hochgestellte Persönlichkeit aus dem öffentlichen Leben. Ein Funktionär aus der Partei. Habe ich recht?« Seine Frage blieb unbeantwortet.

Die Ärztin griff in ihre Umhängetasche und zog ein dickes Bündel von Dollarnoten hervor. »Wichtig ist vor allem das Serum. Lassen Sie es mich sehen.« Die Frau verdeckte mit der anderen Hand demonstrativ die Geldscheine. »Zug um Zug. Das Geld gibt es erst, wenn ich das Medikament habe.«

Mit einem zufriedenen Blick quittierte sie die Glasampulle, die aus der Schublade hervorlugte.

»Gut. Sehr gut. Es ist bislang die weltweit einzige verfügbare Medizin. Mein Patient wird anderenfalls sterben. Er leidet unter Alzheimer im fortgeschrittenen Stadium. Es ist ein bislang unumkehrbarer Prozess. Zuerst sterben die Mitochondrien und dann der Mensch.«

Sie öffnete ihre Hand und reichte ihm die Devisen. »Sie versichern mir doch, dass das Zeug ihn retten wird?«

»Madame. Es wird sogar die ganze Welt retten.« Mit einem kryptischen Lächeln schnappte er sich die Dollarnoten. »Ihr Client ist quasi der Patient Zero. Der Mann der ersten Stunde. Stunde Null.« Er lachte. »Morgen ist der 18. Tag in diesem Monat. Der 18. September. Markieren Sie sich den Tag fett rot in Ihrem Kalender, Madame. Sie werden noch oft daran denken.«

Er tippte auf seinen Kopfhörer. Für ihn war der Dialog beendet und er lauschte erneut dem Bolero. Der Rhythmus der Musik übertünchte seine quälenden Gedanken der Eintönigkeit. Für den Profikiller war dieser Tag im September eigentlich viel zu einfach verlaufen. Er verließ die Apotheke. Sein letzter Blick fiel auf die toten Fledermäuse, die Ratten und die Schlangen.

»Na bestens. Einmal im Kreis und das geheime Serum ist wieder zurück an der Quelle. Wenn überhaupt, wird die Spur zu dieser Hexenküche führen«, dachte er. »Vicky wird ihre Freude daran haben.«

Er ließ ein süffisantes Lächeln über seine Gesichtszüge gleiten. Dann machte er sich aus dem Staub. Sein Weg sollte ihn schnurstracks in die nächste internationale Bankfiliale führen. »Payday«, stellte er lakonisch fest. »Die Geschichte kann sich ihren Weg bahnen.«

Kapitel 1

Hongkong

Januar 2020

»Am Anfang hatten alle gedacht, dass es die Demonstranten sein werden, die unsere Stadt zum Stillstand bringen. Aber so? Damit hatte wohl niemand gerechnet.« Der Barkeeper schob das Glas über die Theke.

Wortlos griff der Gast zu seinem Gin-Tonic und machte ein paar Schritte zur vorgelagerten Dachterrasse. Sein Blick schweifte über die Stadtkulisse. Die Wolkenkratzer auf der anderen Seite des Ufers kamen im Dunst nur schemenhaft zum Vorschein. Er kniff die Augen leicht zusammen. Wie Ameisen schienen die Menschen unten am Boden in wilder Panik nach einem Weg zu suchen. Von hier oben wirkte es scheinbar planlos und doch befand sich jeder für sich im existentiellen Überlebenskampf. Die sieben Millionen Menschen in der asiatischen Metropole waren in heller Aufregung. *Wohin* hieß die unbeantwortete Losung in diesen Tagen. Langsam, aber beständig, hatten sich Nervosität und Ungewissheit von Tag zu Tag mehr in den Mittelpunkt des menschlichen Handels gedrängt.

Er ließ den Geschmack des Alkohols ganz leicht zwischen dem Gaumen und seiner Zunge spielen. Die berauschende Wirkung war dabei durchaus beabsichtigt.

»Kommen Sie wieder herein«, rief ihm der Barkeeper zu. »Es gibt da draußen nichts zu sehen und durch die offene Tür zieht nur die verdammte warme Luft in mein Revier.«

Der Mann hinter der Theke war der Herr im Ring; seit vielen Jahren gehörte er zum festen Etablissement der höchsten Bar im Stadtbezirk Kowloon von Hongkong. Der kleine Mann mit schütterem Haar hatte Menschen aller Coleur kommen und gehen gesehen. Unschwer war zu erkennen, dass er sowohl chinesische wie auch europäische Wurzeln in sich trug. Er hatte sich in seinem Fach von der Pike auf nach oben gearbeitet. Nach oben, im wahrsten Sinne des Wortes. Die Ozone-Bar im 106. Stockwerk des Hyatt Regency Hotels zählte zu den höchstgelegenen Bars weltweit und war ein internationaler Hotspot. Ein beliebter Treffpunkt für Geschäftsleute wie auch für die trendigen, jungen Besucher aus allen Teilen der Welt. Seit einigen Wochen hingegen war sein Publikum wie vom Erdboden verschluckt und so war es auch nicht verwunderlich, dass der Barkeeper an diesem Tag nur einen einzigen Gast bewirten konnte.

»Wollen Sie noch einen Drink?«, erkundigte er sich und drehte die chillige Lounge-Musik einen kleinen Tick lauter. *The Look of Love* von *Chris Botti* ertönte Hintergrund.

Der Gast schüttelte den Kopf. »Haben Sie mal auf die Uhr geschaut? Es ist gerade erst Mittag und der Tag ist noch lang. Und der heutige Tag wird ganz besonders lang werden.« Er knallte das leere Glas auf den Tresen. »Ihnen waren die Demonstrationen für Freiheit und Demokratie lieber, stimmt's?« Er wollte den Gastgeber aus der Reserve locken.

Der Mann hinter der Theke musterte seinen Gast. »Was wollen Sie von mir? Ich will nur meine Ruhe haben. Und bis zum Jahr *fourtyseven* dachte ich, wäre das garantiert.« Er wischte mit einem Tuch über den Tresen. Bis zum Jahre 2047 war Hongkong von der Volksrepublik China noch ein Sonderstatus zugesagt worden; in den vergangenen Monaten pochten jedoch vor allem junge Demonstranten auf den Erhalt der demokratischen Werte.

»Ihr habt leicht reden im Westen. Demokratie und Freiheit. Wer sagt denn, dass es die bessere Staatsform ist?«

»Sie überraschen mich. Mein Gin Tonic wird also von einem Anhänger der Tyrannei serviert? Sie sympathisieren demnach mit dem chinesischen Regime. Okay, okay. Ich werde mir die Sache mit dem Trinkgeld nochmals durch den Kopf gehen lassen.«

»Sir, ich bin ein friedliebender Mensch und es liegt mir völlig fern, mich mit Ihnen über die ideale Staatsform zu streiten. Wenn das Virus uns alle dahingerafft hat, spielt es sowieso keine Rolle mehr. Darf ich Sie nach Ihrem Namen fragen? Ich meine, Sie kommen schon seit Monaten fast täglich zu mir auf einen Drink. Immer um dieselbe Zeit. Und ich weiß so gut wie nichts über Sie.«

Der Gast zögerte. Über viele Monate hinweg war die Deckung die oberste Aufgabe gewesen. Fast sechs Jahre lang steckte er nun schon in der ostasiatischen Enklave fest. Niemand sollte wissen, wer sich hinter ihm und seinen Teamkollegen verbarg. Am heutigen Tag war vieles anders. Es sollte der Tag des Aufbruchs werden. Vielleicht war es sogar die letzte Chance, die Stadt zu verlassen. Er blickte den Barkeeper mit einem entschlossenen Blick an.

»Mein Name ist Berg, Peter Berg. Können Sie das für sich behalten?«

Der Mann hinter dem Tresen nickte. »Wenn es Ihnen wichtig ist. Kein Problem, ich wüsste sowieso nicht, mit wem ich darüber sprechen sollte. Ach übrigens, mein Name ist Tiger Woo.« Er verneigte höflich seinen Kopf. »Ich freue mich, Sie kennenzulernen, Peter. Sie sagten vorhin, dass der Tag heute sehr lang wird. Warum? Was haben Sie vor?«

»Wenn es gelingt, werde ich die Stadt verlassen.« Peter atmete tief durch.

»Sie Glücklicher. Celebrating Chinese New Year?«, erkundigte sich der Mann mit Namen Tiger.

Berg schüttelte den Kopf. »Ich weiß, am morgigen Freitag startet das Chinesische Neue Jahr und jeder fährt nach Hause zur Familie. Geschenke, Geschenke, Geschenke. Es wird die obligatorischen Umschläge mit Geld für alle geben. Eine Familienfeier jagt die nächste und das öffentliche Leben kommt zum Erliegen. Nein, bei mir ist es anders. Es handelt sich um einen Trauerfall.«

»Das tut mir leid. Ich, ich, ...« Tiger wusste nicht, was er sagen sollte.

»Lassen Sie es gut sein. Wir kennen uns nicht und Sie wissen nicht, um wen es sich bei meinem Trauerfall handelt.« Peter Berg griff in seine Jackentasche. Ein leichtes Vibrieren hatte seine Aufmerksamkeit geweckt. Er blickte auf das altmodisch anmutende Gerät.

Der Mann hinter der Theke beugte sich nach vorne. »Was ist das? Etwa ein Pager? So etwas habe ich schon seit Jahrzehnten nicht mehr gesehen.«

Peter nickte. »Erstmals wurden die Dinger in New York vor fast 70 Jahren eingesetzt. Die Reichweite betrug schon damals rund 40 Kilometer. Das ist völlig ausreichend für die City von Hongkong.«

Er las die Zeilen auf dem monochromen Display.

»Sorry, ich muss los. Ich denke nicht, dass wir uns in nächster Zukunft wiedersehen. Passen Sie auf sich auf, Tiger, und sehen Sie zu, dass Sie hier nicht zum letzten Mohikaner werden. Denn für einen zweiten *Snake Plissken* fehlt Ihnen die körperliche Fitness.«

»Machen Sie sich um mich keine Sorgen. Ich bin hier in Sicherheit.« Er deutete auf die Spirituosen hinter sich. »Das Virus ist alkoholsensibel. Bei so viel Hochprozentigem hat es hier oben keine Chance.« Er lächelte und zog einen kleinen roten, quadratischen Umschlag aus seiner Sakkotasche.

»Hier, nehmen Sie es. Ein kleines Give-Away. Vielleicht bringt es Ihnen Glück.«

Peter Berg konnte leicht erahnen, worum es sich handelte. Es war der typische Geschenkumschlag, den es als Aufmerksamkeit zum Chinesischen Neuen Jahr gab. Er bedankte sich und verließ die Ozone-Bar. In einer atemberaubenden Geschwindigkeit brachte ihn der Lift einhundert und sechs Stockwerke in die Tiefe.

Kapitel 2

Hongkong

Januar 2020

Am Anfang der Überlegungen stand für Peter Berg das pure Überleben. Die Lage hatte sich in den vergangenen Tagen immer weiter zugespitzt. Nervös machte er einige Schritte in der Lobby des W-Hotels in Kowloon und ließ seine Blicke schweifen. Aus den großen Fensterfronten im sechsten Stockwerk des Hotels hatte er eine gute Sicht über den Hafen und die Tunneleinfahrt hinüber nach *Hong Kong Island*. Der Tunnel war heillos überfüllt und die Blechlawine bahnte sich den Weg zurück aufs Festland. Doch auch diese Richtung versprach keine Rettung für die Menschen der vorgelagerten Insel. *Sie waren wie Ameisen, die vor dem Sturzregen flüchteten*, dachte Peter. *Ein Fliehen war aussichtslos.* Die Enklave war zur tödlichen Falle geworden.

Sein Blick wanderte durch die Hotelhalle hinüber zum Barbereich. Über dem DJ-Pult, wo abends chillige Musikklänge die Hotelgäste zum Verweilen anlockten, prangte ein übergroßer LED-Bildschirm. Nachrichten aus aller Welt wurden kontinuierlich gesendet. Am Vormittag hatte die chinesische Regierung verkündet, die Stadt Wuhan von der Außenwelt abzuriegeln. Die Metropole und die gesamte Region Hubei standen quasi unter Quarantäne. Auf einem Teil des Bildschirms erschienen Statistiken, die die sprunghafte Zunahme der Krankheitsfälle in einer exponentiellen Kurve darstellten.

Es schien sich um das neue Coranavirus *2019-nCoV* zu handeln. Bei dieser viralen Ausprägung hatten alle wissenschaftlichen Forschungen zur Bekämpfung bislang versagt. Weder konnte das Virus im Körper der Infizierten effektiv behandelt werden, noch gab es irgendwelche Ansätze für einen Impfstoff. Die Letalitätsrate nahm täglich zu. Auffällig war zudem, dass sich die Epidemie erstaunlich langsam auszubreiten drohte. Immer wenn die Mediziner gerade gehofft hatten, einen Erfolg bei der Eindämmung der Verbreitungswege zu vermelden oder gar von einem Stillstand zu sprechen, tauchte die Krankheit an neuen, unvermuteten Orten der Welt auf. *Es war wie verhext*, dachte Peter. Und sie waren mittendrin.

Geduldig wartete er auf ein Signal für das Treffen mit seinen Teamkollegen. Zehn der selbsternannten Rebellen waren noch übriggeblieben. Der harte Kern. Irgendwo da draußen in der Welt mochte es noch eine Reihe weiterer Unterstützer geben, doch der Fokus aller Aktivitäten lag bei ihnen. Dem Kern der verbliebenen Zehn. Sieben von ihnen hielten sich seit nunmehr fast sechs Jahren in Hongkong versteckt. Drei weitere von der Truppe – inklusive ihres Anführers Martijn – konnten sich damals im Jahr 2014 nach Guinea retten und verharrten dort im Untergrund. Das Team Afrika bestand aus dem Holländer Martijn, Josh und Alec. Allesamt waren sie ehemalige Spezialagenten der *Enco*, einer überstaatlichen exekutiven Einsatztruppe für Aufgaben, die außerhalb der Interessen eines einzelnen Landes lagen. Inoffiziell hatten sie den Dienst quittiert, als sie herausfanden, dass *under cover* bisweilen Aufträge für eine geheime Organisation namens ONE-C ausgeführt wurden und niemand mehr die Urheberschaft richtig zuordnen konnte. Je mehr sie über die verbrecherischen Motive der ONE-C in Erfahrung bringen konnten, um so engagierter hatten sie sich dem Kampf gegen die Geheimen Drahtzieher verschrieben.

Das Team in Hongkong bildete die Zentrale und bestand aus sieben Mitgliedern. Die US-Amerikanerin Rosanna Sands war von Martijn als seine Stellvertreterin benannt worden, doch diese Rolle hatte zunehmend Jack *The Brain* übernommen. Jack war ein gebürtiger Israeli und ein ehemaliger Hauptmann der Spezialeinheit *Sayeret Matkal*. In den USA hatte er am *MIT*, am *Massachusetts Institute for Technology*, die modernen Datennetze mitentwickelt. Ohne ihn würde es die *Content Delivery Networks*, die CDNs, in der heutigen Form nicht geben. Rosanna hatte zu Beginn der 2000er Jahre einige Zeit mit Jack in der Schweiz verbracht, was nicht selten zu einer gewissen Spannung im Team führte – sie war schließlich mit Peter zusammen.

Der Londoner Computerexperte Joe komplettierte das technische Duo. Er kannte sich bestens in allen Netzwerken aus. An seiner Seite war häufig die Russin Tanja zu finden, wobei sie sich in der letzten Zeit immer öfter aus dem Wege gingen. Carl und Pierre vervollständigen die Mannschaft in Hongkong, die zusammen mit Peter sieben zählte. Sieben. Wie die Nummer ihrer Gefangenen Victoria Vicem. In der geheimen Organisation, der ONE-C, war sie die Nummer Sieben. Seit März 2014 hatten sie sie in ihrer Gewalt gehabt, doch nicht das Geringste aus ihr herausbekommen. Es war ein gefährliches Unterfangen, die hochrangige Führerin aus der geheimen Organisation so lange abgeschottet von allen Kontakten im Verborgenen zu halten. Mal wurde ein präparierter 20-Fuß-Container als Gefängnis umgebaut, mal waren es Kellerräume in luxuriösen Villen auf einer der zahlreichen Inseln im Chinesischen Meer vor Hongkong. All die Jahre war es gut gegangen und niemand hatte sie ausfindig gemacht oder gar einen Rettungsversuch unternommen. Doch die Zeit brachte bedauerlicherweise keine neuen Erkenntnisse. Bei ihrer Gefangennahme hatte sie einen mysteriösen schwarzen Ring getragen. Der Ring war ein unerklärliches

Kommunikationsmedium. Jedenfalls solange er an ihrem Finger steckte. Mit der Trennung von Ring und Finger war es um die Sende- und Empfangsfunktion geschehen. Doch so sehr sich die beiden Allround-Techniker Jack und Joe auch bemühten, etwas über die Wirkungsweise des schwarzen Kristallrings herauszufinden, so waren dennoch alle Anstrengungen ohne Erfolg geblieben.

Fast sechs Jahre lang war nichts wirklich Zielführendes passiert. Im März 2014 hatten die Rebellen einen Angriff auf die chinesisches Hauptstadt Peking abwehren können. Frappierend war, dass es sich schon damals um eine biologische Waffe handeln sollte. Ein neuartiges Virus, das einer tödlichen Mischung von Ebola und MERS ähneln sollte. Seitdem war es erstaunlich ruhig geblieben. Vor allem hinsichtlich möglicher Attentate der ONE-C oder gar bezogen auf die Vorbereitung einer Machtübernahme. Doch die Ruhe war trügerisch. Mit dem Beginn des neuen Jahrzehnts schien sich etwas anzubahnen, was schwer vorhersehbar gewesen war. Auf einmal drohte die Welt aus den Fugen zu geraten und die politischen Spannungen nahmen ständig zu. Kein Kontinent und kein einziges Land waren davon ausgenommen. Inmitten einer Welt, in der die Risiken unabänderlich immer größer wurden, stellte auch Hongkong keine Ausnahme da. Die Unruhen hatten sich in den vergangenen Monaten sukzessive verstärkt und zu allem Überdruss kam nun auch noch das neue Coronavirus *2019-nCoV* hinzu. Das Pflaster in der Metropole wurde tagtäglich heißer und es war nicht absehbar, wie lange man die Stadt überhaupt noch verlassen durfte. Eine komplette Abriegelung von der Außenwelt war möglich und schien unmittelbar bevorzustehen.

* * *

Die junge Chinesin mit dem glatten schwarzen Haar saß am runden Concierge-Tisch inmitten der Lobby. Sie hob ihre Hand und deutete zu ihm hinüber. »Mister Berg?«

Er nickte und nahm den Telefonhörer entgegen. Er erkannte die Stimme von Jack. Er klang alarmiert.

»Peter?« Ohne die Antwort abzuwarten, fuhr Jack mit einer weisenden Stimme fort. »Wir müssen unseren Plan ändern. Die Sache mit dem Containerschiff können wir getrost vergessen. Komm hoch zu uns.«

Peter nahm den Aufzug in die 76. Etage, wo sich auch der *Rooftop Infinity Pool* befand. Er hastete zu der Suite und gab das ausgemachte Klopfzeichen.

»Was ist los?«, wollte er wissen, als ihm Rosanna die Tür öffnete. »Hängt es mit dem Virus zusammen?«

Sie nickte. »Du hast es sicherlich mitbekommen. Seit heute hat China die Stadt Wuhan abgeriegelt. Das ist ein denkwürdiger Tag im Kalender. Am besten rot markieren. Donnerstag, der 23. Januar. Und gleichzeitig wird die gesamte Region Hubei unter Quarantäne gestellt. Es betrifft 57 Millionen Menschen. Das ist der totale Wahnsinn, was da abgeht. Jack hat intensiv recherchiert. Wir sind bei rund 8000 Infizierten. China wird weitere Großstädte abriegeln. Und in genau sieben Tagen wird die WHO den internationalen Gesundheitsnotstand ausrufen. Jeder bringt sich in Sicherheit. Es ist nur noch eine Frage der Zeit, bis auch in Hongkong sämtliche Ausfallwege dicht sind. Das wird den Flughafen betreffen und auch die Seehäfen ...« Sie betonte die letzten Silben bedeutungsvoll.

Peter griff sich ins Haar. Er glaubte, die neue Situation sofort richtig erfasst zu haben.

»Okay. Das heißt, es wird kein Containerschiff mehr in See stechen und unser Spezial-Container kann seine Reise nicht antreten.«

Jack saß zurückgelehnt in einem Sessel und warf ihm ein Nicken zu. »Der Plan war schön gedacht, ist aber passé.«

Mit leichtem Wehmut blickte Peter auf den Schreibtisch, wo die Schnittzeichnung eines 40 Fuß Containers das komfortabel eingerichtete Gefängnis für ihre Geisel dokumentierte. Aus der geplanten Überführung nach Südamerika würde nun nichts mehr werden. Die beiden Masterminds des Projekts, Jack und Joe, hatten sich im Container nicht nur ein High-Tech-Zentrum für ihre Netzwerke aufgebaut, sondern sogar ein kleines Labor eingerichtet, in dem sie weiter an der Zusammensetzung des geheimnisvollen Rings ihrer Geisel forschen wollten.

»Alles in den Wind.« Jack war sichtlich enttäuscht und zerknüllte die Zeichnung. Sein Blick fiel auf eine kleine Schatulle aus Polycarbonat, die von innen mit einer Silberschicht verspiegelt war. Der Aufbau der Schichten sorgte für eine signalabweisende Eigenschaft. Es konnten keine elektromagnetischen Wellen in das Kästchen hineingelangen und ebenso nicht von drinnen nach draußen kommen. Zu gerne hätte er sich weiter mit dem darin befindlichen Ring von Victoria Vicem beschäftigt, hätte die Zusammensetzung des edel anmutenden schwarzen Steinmaterials entschlüsseln wollen und das Geheimnis gelöst, wie der Ring eine Kommunikation zwischen ihrer weiblichen Gefangenen und der kriminellen Organisation ONE-C ermöglichte. Die Ereignisse hatten sich überschlagen und erforderten nun eine Planänderung erster Güte.

»Wir können sie nicht mitnehmen. Das ist völlig ausgeschlossen«, konstatierte Rosanna. Sie machte eine sorgenvolle Miene.

Peter verzog das Gesicht. »Victoria ist eine Kriminelle. Eine Massenmörderin. Wir können sie nicht einfach laufen lassen. Lasst sie uns der Polizei übergeben.«

»*Famous last words*«, entfuhr es Jack. »Du marschierst also in die nächste Dienststelle und erzählst unsere Geschichte? Man wird dir kein Wort glauben und als Erstes sitzt du anschließend selbst in Untersuchungshaft. Vergiss es. Wir können kein Risiko eingehen.«

Rosanna mischte sich in die Unterhaltung ein. »Wir lassen sie gefesselt hier im Zimmer zurück und geben den Behörden eine Information. Inklusive eines kompletten Pakets mit Beweismaterial, was sie hinter Gitter bringen wird. Okay?«

Die anderen nickten. Es klang nach einem guten Plan. Auf dem eingeschalteten Zimmer-Fernseher liefen ständig die neusten Bilder über den Nachrichtenticker.

»Sie setzen Drohnen ein. In den abgeriegelten Regionen wird überprüft, ob die Leute ihre Atemschutzmasken benutzen«, kommentierte Joe. »Perfide, angeblich droht denjenigen, die das Gesetz missachten und fahrlässig andere anstecken, die Todesstrafe.«

»Wie dem auch sei«, mischte sich Rosanna in die Unterhaltung ein. »Wir müssen hier weg, und zwar heute. Wenn alles gut geht, bekommen wir Peter vielleicht noch mit dem Flieger aus der City. Er muss in der nächsten Woche in Deutschland sein. Ein Trauerfall in der Familie.«

Mehr wollte sie nicht dazu sagen. Sie ging ans Fenster. In der Ferne hob gerade ein Flugzeug vom internationalen Flughafen ab. Direkt vor dem Hotel erstreckte sich ein Teil der Hafenanlagen. Ihr Blick blieb an einem Containerschiff hängen. »Bringt sie hoch zu uns!« Rosanna blickte zu Carl und Pierre, die die ganze Zeit auf dem Sofa saßen und aufmerksam der Diskussion gefolgt waren.

Die beiden Männer setzten ihre Atemschutzmasken auf und verließen das Zimmer. Auf dem Gang schnappten sie sich einen Reinigungswagen des Hotels, der voll bepackt mit Handtüchern war. Sie fuhren damit bis ins Untergeschoss und kamen mit dem gegenüberliegenden Servicelift bis hinunter zu den Parkdecks. Carl checkte die Lage und hielt Ausschau nach Überwachungskameras. Dann holten sie die Gefangene aus dem Toyota Van Verso.

Sie hatte einen Knebel im Mund und konnte keinen Laut von sich geben. Mit den festgezurrten Kabelbindern, gefesselt an Händen und Füßen, war sie quasi bewegungslos. Die Männer hievten sie auf den Roll-Wagen und deckten sie komplett mit Handtüchern zu. Der Gefangenentransport in die 76. Etage verlief reibungslos.

* * *

Wenige Augenblicke später saß Victoria Vicem auf dem Sofa in der Suite und zog alle Blicke auf sich.

»Sie haben ausgesprochenes Glück, Lady. Unverdient, jedoch ohne Alternative«, eröffnete ihr Jack. »Wir werden Sie hier zurücklassen. Die hiesige Polizei wird sich um Sie kümmern. Wenn Sie wieder wach werden«, er deutete auf ein kleines Pillendöschen auf dem Schreibtisch, »wird man Sie finden und verhören. Keiner weiß, wie die Sache ausgeht. Gut möglich, dass Sie lebenslang hinter Gitter landen. Vielleicht wird man Ihnen sogar die Freiheit schenken. Oder das, was davon in Hongkong dann noch übriggeblieben ist.«

Rosanna nahm ihr den Knebel aus dem Mund. »Hey Schwester, nimmst du die Medizin freiwillig?«

Victoria verstand die Anspielung und spuckte auf den Teppich. »Verrecken werdet ihr. Alle wie ihr da seid. In hundert Tagen ist der Spuk vorbei.« Sie hob ihren Kopf in Richtung des Fernsehers. Die Bilder zeigten Tausende von Menschen verhüllt in Atemschutzmasken. Menschen, die hastig durch die engen Gassen der Großstadt rannten.

»Was ihr seht, ist erst der Anfang. Das wirkliche Chaos wird apokalyptische Maße annehmen. Ha, ha, ha.« Sie lachte aus vollem Hals.

Peter erschauderte. Ihm schwante, dass sie mehr von dem Virus wusste, als der Öffentlichkeit bekannt war. »Sie wollen doch nicht behaupten, dass Sie dabei ihre Finger im

Spiel hatten. Völlig unmöglich.« Er versuchte, sie aus der Reserve zu locken.

Mit einem triumphalen Schmunzeln genoss Victoria die Situation. »Ihr seid eh verloren, da kann ich euch reinen Wein einschenken. Diesmal seid ihr machtlos.« Sie blickte an die Decke. »Schlimm genug, dass ihr meinen genialen Plan mit dem Flug MH 370 zunichte gemacht habt. Das Ebola Virus hätte Peking schneller vernichtet. Nun gut. Für meinen *Plan B* hatte ich bereits zuvor das grüne Licht gegeben. Ihr Ahnungslosen.«

Rosanna runzelte die Stirn. »*Plan B*? Das kann nicht sein. Der Flugzeugabsturz ist viel zu lange her. Sechs Jahre.« Sie strich sich mit dem Finger über das Kinn.

»Gut Ding will Weile haben«, ergänzte Victoria.

Peter gab seinen Gedanken freien Lauf. »Dann ist es ein künstlich generiertes Virus, das einer Ihrer *Enco*-Agenten in der Stadt Wuhan unters Volk gemischt hat. Wahrscheinlich hat er es im Dezember auf dem Fischmarkt in den Umlauf gebracht.«

»So sollte es aussehen, ganz genau.« Sie lachte. »Lebende Tiere und Fledermäuse und ein tödliches Virus. Aber glaubt mir. Ganz so profan war der Verbreitungsweg dann doch nicht. Ich habe sehr lange an den Konzepten gefeilt. Schon vor vielen Jahren. Jetzt wurden meine Pläne endlich umgesetzt. Ist es nicht tragisch, dass das Virus unter anderem von ahnungslosen Ärzten in den Verkehr gebracht wurde, die damit schwerkranke Menschen heilen wollten, ohne zu wissen, was sie ihnen eigentlich verabreichten.« Sie verzog das Gesicht und lachte sodann. »Ts, ts, ts.«

»Der Spuk ist bald vorbei«, konstatierte Peter.

»Nicht ganz«, verriet die Gefangene und schüttelte den Kopf. »Was ihr gerade erlebt, ist nur die Ouvertüre. Bei herkömmlichen Grippeviren beträgt die Inkubationszeit ein bis zwei Tage. Und selbst wenn die Kranken dann noch einige Tage lang ansteckend sind, so landen sie meistens sofort mit Fieber im Bett. Vorteilhafter ist es, wenn die Inkubationszeit deutlich verlängert wird und ohne Symptome verläuft. Dann kann sich das Virus unbemerkt über weite Distanzen ausbreiten, ohne entdeckt zu werden. Man geht davon aus, dass ein effizientes Virus innerhalb von 48 Stunden um die ganze Welt reisen kann.«

»Jetzt ist es entdeckt und China wird abgeriegelt«, hielt Peter entgegen.

»Zu spät«, erwiderte Victoria. »Das Virus ist schon überall und die eingebauten Zyklen sind genial. Den Anfang macht die Inkubationszeit. Sie beträgt im Mittel fünf bis sechs Tage. Das ist die Zeit bis zum Ausbruch, bis sich die ersten Symptome beim Infizierten zeigen. Richtig gefährlich ist jedoch, dass der Erkrankte bereits einige Tage *vorher* ansteckend ist, also *bevor* sich bei ihm die Symptome zeigen. Die höchste Infektiosität ist am Tag vor dem Symptombeginn vorhanden. Brillant. Und nach dem Ausbruch bleibt der Patient für mindestens zehn weitere Tage ansteckend. Manche zeigen nicht einmal Symptome und sind dennoch ansteckend. Die asymptomatischen Exemplare. Sie sind mir fast am liebsten. Eine Zeitspanne von bis zu vierzehn Tagen nach der ursprünglichen Ansteckung kann somit abgedeckt werden. Plus minus ein paar Tage. Ist das nicht genial? Solange schlummert das Virus im Körper. Nichtsahnend trägt es der Mensch durch die Welt. Niemand kann die entscheidenden Tage erahnen, in denen das Umfeld verseucht wird. Bevor die Krankheit richtig ausbricht, können die Infizierten schon eine ganze Reihe anderer Menschen angesteckt haben.«

Alle Augenpaare richteten sich schockiert auf Victoria.

»War es das?«, wollte Peter wissen. Noch mehr Raum wollte er ihren kriminellen Ausführungen nicht geben.

»Hey, hey, nicht so schnell. Wenn ihr glaubt, es sei nur ein harmloser Grippe-Virus, habt ihr euch kräftig getäuscht. Das Virus ist tödlich. Es wird Hunderttausende dahinraffen. Ach was sage ich? Millionen werden es sein. Und falls ihr meint, dass es nur eine Lungenerkrankung ist, so wartet es ab. Das Virus hat noch einige Überraschungen auf Lager. Es sorgt für einen Multiorganbefall und kann sich unbemerkt ein sicheres Versteck im Körper der Infizierten suchen. Was jetzt in Gang gesetzt wird, ist ein fatales Pre-Seeding, bis die zweite Infektionswelle über den Globus rollt. An deren Ende wird ein Großteil der Menschen ins Gras beißen. Genauer gesagt werden Lunge und Hirn so löchrig sein wie ein Schweizer Käse.«

»Sie sind der Teufel.« Peter atmete tief ein und musste sich zusammenreißen. »Mit welcher Letalitätsrate ist zu rechnen?«, erkundigte er sich.

»Hoffentlich jenseits der fünf Prozent. Warum es nicht mehr trifft, haben meine Experten nicht herausgefunden. Es ist halt kein Ebola Virus.« Sie warf den anderen im Raum einen mitleidsvollen Blick zu. Sie bemerkte das Schweigen der Rebellen und entschloss sich, noch eine weitere Botschaft hinterherzuschicken.

»Ist euch Narren denn aufgefallen, wie das neue Virus genannt wird? *2019-nCoV.* Absolut passend.« Vicky zeigte ein breites Grinsen. »Habt ihr es bemerkt? *nCo.* Na? Die lautmalerische Ähnlichkeit zur *Enco* habe ich als nettes Kompliment empfunden. Und dann auch noch gespickt mit dem Buchstaben *V.* Meiner Initiale. Besser geht es doch nun wirklich nicht. Und zu guter Letzt ist das Virus der siebte Vertreter der Coronaviren, die von Mensch-zu-Mensch übertragen werden können. Nummer Sieben.«

Sie hatte wahrlich ihre Freude an den Ausführungen.

»Gibt es ein Medikament ...?«, erkundigte sich Peter. Ihm lief ein Schauer über den Rücken bei der Vorstellung, dass er bereits zu den Infizierten gehören konnte.

»Natürlich gibt es ein Heilmittel.« Sie verzog einen Mundwinkel. »Doch das werden wir keinem geben, der nicht Teil von uns ist. Erinnert ihr euch an den Piloten des Flugs MH 370? Ahmed? Auch er hatte von mir eine frühe Variante des Virus bekommen. Eine Art MERS. Tödlich, aber leider kaum ansteckend.« Sie schmunzelte diabolisch. »Schade, dass er keine Zeit mehr hatte, sich von mir das Gegenmittel abzuholen.«

Peter ging einen Schritt auf sie zu. Er hatte einen Gedanken gefasst und wollte der Sache auf den Grund gehen. »Vorhin haben Sie so betont und voller Stolz von Ihrem erfolgreichen *Plan B* gesprochen. Heißt das, es gibt vielleicht auch einen *Plan C*?«, wollte er von ihr wissen.

Für einen kurzen Moment zögerte sie. »Cleveres Kerlchen. Du willst mich aus der Reserve locken. Wenn ich wollte, würdet ihr nichts aus mir herausbekommen. Nicht den kleinsten Hinweis. Doch ihr werdet in diesem Falle den Lauf der Geschichte nicht mehr aufhalten können. Die Würfel sind bereits gefallen. Alea jacta est. Am Ende wird die Menschheit nur noch 400 bis 500 Millionen Individuen aufweisen. Und das sind mehr als genug für den Planeten. Wir werden sie kontrollieren und ein neues Zeitalter erschaffen. Es ist schon sehr lange überfällig. Zurück zu den Wurzeln.« Sie zog die Augenbrauen zusammen.

»Tja. Bedauerlicherweise gehört ihr nicht zu den Auserwählten.«

Das war zu viel für Peter. Als ob die ganze Welt in den letzten Augenblicken in sich zusammenbrach. Anstatt der lange geplanten Passage nach Südamerika blieb als Alternative nun nur noch eine überstürzte Flucht aus Hongkong. Mehr war zum Hintergrund von Victoria nicht mehr herauszufinden. Ihre Rolle in der verbrecherischen Organisation lag weiterhin im Unklaren. Wie sie mit ihren Kollegen mithilfe des schwarzen Rings kommuniziert hatte, blieb ein dunkles Geheimnis - und ob sie tatsächlich die leibliche Schwester von Rosanna war, musste ebenso unbeantwortet bleiben. Zudem überschlugen sich die

Nachrichten über das tödliche Virus und drängten sogar die Aufstände der Demokraten in Hongkong in den Hintergrund. Und es schien noch einen weiteren perfiden Plan zu geben. Der *Plan C*, der – selbst wenn das Virus eingedämmt werden konnte - die nächste beängstigende Stufe der Gewaltspirale darstellen würde. Peter atmete heftig. Es war alles zu viel für ihn.

»Shit, shit, shit«, fuhr es aus Jack heraus. »Wir sitzen in der Bredouille. Die ganze Welt gerät aus den Fugen und diese Lady steckt wieder mal dahinter. Wir können sie doch jetzt nicht laufen lassen. Völlig ausgeschlossen.«

* * *

In diesem Augenblick ertönte die Feuersirene und ein ohrenbetäubender Lärm drang durch alle Stockwerke. Rosanna nahm die Pillendose in die Hand und blickte auf Victoria. Nach einem kurzen Abwägen, entleerte sie den Inhalt ins Waschbecken und spülte die Tabletten weg.

»Die Prozedur können wir uns sparen. Good luck Schwester, wenn es wirklich brennen sollte, wird es dir warm ums Herz werden.«

Sie schnappten sich die Handgepäckstücke und setzten ihre Atemschutz-Masken auf. Dann begaben sie sich auf schnellstem Weg zum Treppenhaus und rannten die Stufen hinunter ins Erdgeschoss. Überall auf den Wegen und Gängen herrschte das reinste Chaos. Die Menschen strömten aus den Hotelzimmern und niemand wusste so recht, wohin er eigentlich wollte.

Endlich waren sie in der Tiefgarage angekommen. Sie zwängten sich in den Toyota Proace Van Verso und genossen den Augenblick der Ruhe. Jack startete den Motor und lenkte den Wagen so schnell er konnte aus dem Parkhaus. Mehrere Ambulanz- und Feuerwehrfahrzeuge kamen ihnen mit Blaulicht entgegen.

»Durchatmen Leute. Wir sind aus der Gefahrenzone.«

»Deinen Humor möchte ich haben, Jack. Raus aus der Gefahrenzone? Wovon träumst du nachts?«, Rosanna konnte sich ihren spöttischen Kommentar nicht verkneifen.

»Okay.« Er ließ sich nicht beirren. »Jetzt passiert alles Schlag auf Schlag. Wir bringen euch zur nächsten MTR Station für die Schnellzüge zum Flughafen. Peter, zuerst zu dir.« Er drehte sich zu ihm um. »Joe konnte dich noch auf einen Flug nach México City buchen. Dort triffst du einen Kontaktmann, von dem wir uns sensible Informationen erhoffen. Die Details für deinen Aufenthalt folgen in Kürze. Wie du sie erhältst, sagen wir dir anschließend. Nach deiner Mission in México fliegst du wie geplant über Frankfurt nach Hamburg. Du wirst pünktlich bei deiner … Veranstaltung in der nächsten Woche sein.« Er nickte zu sich selbst und konzentrierte sich auf die nächsten Instruktionen.

»Carl, für dich geht es nach China. Es geht um eine *under cover* Operation. Du musst untertauchen und abwarten. Der Holländer ist auf dem Weg zurück aus Afrika. Er kommt zunächst alleine – Josh und Alec bleiben bis auf Weiteres in Guinea. Er wird dich treffen, wobei es noch einige Monate dauern kann. Wer weiß wie lange? Zurzeit ist die Region Hubei ja komplett abgeriegelt. Du bekommst Bescheid, wenn es soweit ist.«

Jack räusperte sich. Er zog das Programm Punkt für Punkt durch. »Nun zu euch.« Er hielt den Wagen kurz an und drehte sich um zu Rosanna, Pierre und Tanja. »Alle Wege führen nach Rom. Es verdichten sich die Hinweise, dass die nächste Eskalation des Virus möglicherweise in Italien droht. Keiner weiß, wie gefährlich es dort für euch werden könnte. Bleibt also auf der Hut. Flüge und Unterkunft sind gebucht. Die Detailinformationen werdet ihr früh genug vorliegen haben.«

Er atmete tief durch. »So, habe ich etwas vergessen?«

»Das Allerwichtigste, wenn es um die Kommunikation untereinander geht«, meldete sich Joe zu Wort.

»Stimmt«, räumte Jack *The Brain* ein. »Gib ihnen die Geräte und erkläre die Funktionen.«

Alles musste nun sehr schnell gehen. Joe griff in den großen Reiserucksack, der vor seinen Füßen im Fond lag.

»Wie ihr wisst, wird die Kommunikation eine der größten Herausforderung für uns sein. Schließlich dürfen wir keine Spuren hinterlassen. Die Kreditkarten sind nur im absoluten Notfall einzusetzen. Ansonsten findet ihr genügend Bargeld an speziellen Plätzen in jedem Land, in dem ihr euch aufhaltet. Die Nummern auf den Geldscheinen sind nicht rückverfolgbar und auch die Kreditkarten laufen über Drittlands-Accounts, die im Stundentakt neue Konten-Allokationen simulieren. So erscheint ihr dem Verkäufer - oder dem Hotelier - als Kreditor der Zahlung. Der Geldstrom wird jedoch über ein Kaskadenprinzip auf ganz andere Konten umgeleitet, so dass ihr völlig anonym im Hintergrund bleibt. Das war die erste Übung.« Er atmete einmal tief durch und händigte jedem von ihnen ein Paket aus.

»Ein normales Smartphone kommt natürlich nicht in Frage. Dafür bekommt ihr jetzt von uns ein neues Spielzeug. Wer anderes als unser *Brain*, hat es erfunden?« Er deutete mit einer leichten Verneigung hinüber zu Jack.

»Dieses Gerät nennt sich *ComX*. Unser *Communicator* ist ein wahrer Tausendsassa. Im handlichen Gehäuse mit seinem ansprechenden Frontdesign und einer integrierten Touchscreen steckt ein Wunderwerk der Miniaturtechnik mit drei unabhängigen CPUs ...«

»Hey Joe. Mach daraus keine Verkaufsveranstaltung«, ermahnte ihn der Fahrer rechts neben ihm.

»Wird gemacht, Chef. Also, Leute, dann mache ich es kurz. Es ist ein aufgemotztes Telefon. Mit vielen netten Extras.«

Ein fragender Ausdruck zog sich durch Peters Gesicht. »Dann ist es also doch ein Handy?«

Jack schüttelte den Kopf. »Noch mal von vorn. Wir dürfen kein Gerät mit einer SIM-Karte und einer IMSI-Kennung einsetzen. Das ist ein absolutes Tabu. Das *ComX* vereint mehrere Geräte in einem. Einen Minicomputer, ein Smartphone, ein GPS-Navigationsgerät und verschiedene propietäre Betriebssysteme für Internet und Datentransfer. Jede Kommunikation und jeder Datenaustausch erfolgen völlig entkoppelt von allen umliegenden Netzwerken. Es ist ein geschlossenes System, was nicht von außen gehackt werden kann. Alle Nachrichten und Codes sind mit einer AES 256 Verschlüsselung gesichert und die Übertragung erfolgt in der Regel über das Satelliten-Netzwerk Iridium.«

Rosanna pfiff anerkennend durch die Zähne. Davon hatte ihr Jack bisher noch nichts erzählt.

»Respekt. Das klingt nach einem echt chilligen Unit. Das heißt, wir loggen uns über das Satelliten-Netzwerk fürs Telefonieren ein - wie auch für den Datentransfer? Und die Daten können wirklich nicht abgefangen werden?«

»Eben nicht, das ist die Idee«, entgegnete Jack. »Wir verteilen die verschlüsselten Datenpakete in einem mehrstufigen Verfahren. Das ist brandneu. Ihr werdet das Gerät auch in fünf Jahren noch nicht auf der CES in Las Vegas finden. Passt also gut darauf auf.«

Joe hatte die Pause abgepasst und übernahm den nächsten Part.

»Es gibt noch einen kleinen Leckerbissen der besonderen Art. Eine coole Sonnenbrille für jeden von euch.« Er drückte seinen Teamkollegen die stylische Sonnenbrillen im Design der klassischen Ray Ban Brille in die Hand.

Peter begutachtete das High-Tech Utensil. »Echt super. Das sind die Bose Frames, oder?«

»Im Prinzip ja. Diese Modelle sind die nächste Generation. Ihr könnt damit das *ComX* steuern, Protokolle verfassen und untereinander kommunizieren. Die Kombination der Bose Frames mit dem *ComX* ist auch ideal für Videokonferenzen. Es ist ein echtes Dreamteam.«

»Kann ich damit auch meine aktuellen Musikcharts hören?«, schmunzelte Peter. Die anderen lachten. Es war das erste Mal an diesem Tag, dass es etwas zu lachen gab.

Jack bremste das Fahrzeug abrupt ab. »Wir sind am Ziel. Alle weiteren Instruktionen bekommt ihr über die *ComX* Geräte. Denkt daran, die Akkus immer geladen zu haben.«

Sie hatten eine Parkbucht vor der MTR Station in Kowloon erreicht und schnappten sich ihr Reisegepäck. Es hieß Abschied nehmen. Fast sechs Jahre lang hatte das Team der Rebellen auf engstem Raum miteinander verbracht. Sie waren in dieser Zeit als verschworene Gemeinschaft immer stärker zusammengewachsen. Das erste Mal seit Jahren würden sich ihre Wege nun trennen. Außer Jack und Joe, die die Stellung in Hongkong halten würden, ging es für die anderen hinaus in die Welt. In eine ungewisse Zukunft, die von einem unbekannten Virus bedroht war.

»Bevor wir uns gleich *Tschüss* sagen ... was ist, wenn das Virus einen von uns befällt und jede Hilfe zu spät kommt?«, wollte Peter wissen.

Rosanna behielt einen kühlen Kopf. »Nur keine Panik. Es gibt ein Gegenmittel. Victoria ist der beste Beweis. Sie ist mit Sicherheit geimpft worden oder sie hat die entsprechenden Antikörper bereits seit langem in ihrem Blut. Außerdem trifft es nicht jeden, wie ihr gehört habt.«

»Ein äußerst schwacher Trost«, hielt Peter entgegen.

Sie ließ sich nicht beirren. »Wenn es nicht jeden trifft, heißt es, dass ein Weg zur Abwehr des Virus gefunden werden kann. Das sollte uns Hoffnung machen.«

»Die Hoffnung stirbt zuletzt«, warf Joe lakonisch ein.

Sie drückten sich herzlich zum Abschied. Vor ihnen lag eine ungewisse Zeit.

Kapitel 3

México City / Teotihuacán

Januar 2020

Die übergroße Anzeigetafel am Flughafenterminal von México City zog die Blicke des ungleichen Duos magisch auf sich, als die neuen Ankunftsinformationen Reihe für Reihe eingeblendet wurden. Der kleine dickliche Mexikaner erhob sich von der Sitzbank und kniff die Augen zusammen, so dass er die Zahlenreihen besser erkennen konnte. »Mit welcher fliegenden Kiste kommt dein Buddy?«

Der schlanke hochgewachsene andere Mann blieb unbewegt sitzen. »Hombre, Fernández, schau doch mal genauer auf die Tafel. Heute Nachmittag kommt nur eine einzige Maschine aus Hongkong zu uns geflogen.«

Der rundliche Mann drehte seine Hüften. »Ts, ts. Aus Hongkong? Das ist dann vielleicht auch die vorerst letzte Maschine aus dem Pueblo. Hähähä.«

»Halt die Klappe und mach keine Witze darüber.« Der schwarzhaarige Riese tat erbost. »Kein Mensch weiß, wo die Geschichte mit dem Virus enden wird. Setz dir ruhig schon mal deine Atemschutzmaske auf.«

Es bot sich ein gespenstisch anmutendes Bild, als die ersten Passagiere mit ihrem Gepäck in die Ankunftshalle kamen. Alle Neuankömmlinge waren mit Schutzmasken ausgestattet; wobei so gut wie niemandem klar war, wer sich eigentlich vor wem schützte. In México gab es bislang jedenfalls kaum kritische Erkrankungen.

Der schlanke Mexikaner schob seinen braunen Stetson Hut zurecht und schlug sich sodann den feinen Sandstaub von den kunstvoll verzierten Lederstiefeln. Ein Bekannter hatte ihm die klassischen Boots aus den USA, aus Nashville, mitgebracht und die Schuhe waren zurzeit sein größter Stolz.

Er erhob sich, als er Peter in der Menschenmenge entdeckte. »Trotz der Vermummung hab' ich ihn sofort erkannt«, sagte er. »Ich bin gut. Ich bin wirklich gut.«

Mit einem Fingerzeig erklärte er seinem kleinen Compañero, wen er ansprechen sollte. »Los, hol ihn zu uns.« Der kleine dickliche Mann machte schnelle Schritte und ging auf den gerade angekommenen Passagier zu. Peter wusste sofort Bescheid und folgte ihm wortlos.

»Hey Cowboy«, begrüßte er kurze Zeit später den schlanken Mexikaner. Er musterte ihn anerkennend mit einem Blick auf den Stetson, die waschechte Blue Jeans und die klassischen Nashville Boots.

Der Riese schmunzelte. »Willkommen in México City. Sie sind ...«

»Nur die Ruhe Cowboy«, unterbrach ihn Peter. »Keine Namen und keine überflüssigen Fragen. Das ist *TMI*.«

Er sprach die drei Initialen mit einem breiten englischsprachigen Akzent aus.

»T-M-I?«, wiederholte der Riese langsam und betonte die Buchstaben leicht gekünstelt. Er schürzte seine Lippen.

»T-M-I. *Too much information*«, erklärte Peter.

* * *

Sie nahmen die Schnellstraße in den Norden der Stadt. Auf der Fahrt wechselten sie kein Wort - bis auf eine ziemlich einsilbige Vorstellung des schlanken Mexikaners.

»Mein Name ist übrigens Roberto. Aber das scheint Sie ja nicht zu interessieren.«

Die Atemschutzmasken hatten sie kurz nach dem Verlassen des Flughafengeländes wieder abgesetzt und ins Seitenfach der Türen verstaut. Der kleine Mexikaner, Fernández, lenkte das Auto sicher über die geteerten Hauptstraßen. Roberto saß auf dem Beifahrersitz und überprüfte die Route über das Navigationsprogramm seines Mobiltelefons. Nach einer guten Stunde kamen sie an ihrem Zielort an.

Der Parkplatz war staubig und der schlanke Mexikaner machte zunächst nur einige wenige, und recht vorsichtige Schritte - zum Schutz seiner Schuhe. Dann war es ihm offensichtlich egal, wie viel Staub aufs Leder geriet, und es kümmerte ihn nicht mehr.

»Kommen Sie, Amigo.«

Er reichte Peter eine Flasche Wasser. Die Namen waren ab sofort klar verteilt. Roberto sollte in der Öffentlichkeit zur Tarnung *Cowboy* heißen und Peter war *Amigo*.

Nun gut, dachte er. Damit konnte er leben. Er blickte um sich. »Hey Cowboy, verraten Sie mir, wo wir sind?«

»Aber klar, Señor. Das ist Teotihuacán. Der Ort, an dem die Götter auf die Erde kamen.«

Peter schaute ihn skeptisch an. »Ich hoffe, dass Ihnen der Gegenwartsbezug nicht ganz aus dem Fokus gerät. Für eine Geschichtsstunde habe ich keine Zeit.«

Der Mexikaner war empört über die Ungeduld seines Besuchers. Sie waren weit und breit allein. Niemand sonst war zu sehen. Er wollte seinem Unmut Luft verschaffen.

»Ganz mit der Ruhe. Vor Ihnen steht *Profesor Doctor Roberto Martínez*, ich bin ein ausgewiesener Historiker. Etwas mehr Respekt wäre also durchaus angebracht.«

Peter zog eine Augenbraue nach oben. Das Briefing von Jack in Hongkong war äußerst dürftig gewesen und er hatte so gut wie keine Background-Informationen über seinen mexikanischen Kontaktmann erhalten. Und im eigentlichen Sinne wusste er nicht, worum es ging.

Von einer Spur, die sich um den Globus zieht, hatte Jack gesprochen. Von Hinweisen auf ein unbekanntes Versteck, das die ONE-C mit höchster Priorität suchte. Ein verschollener Ort, an dem sich eine ultimative Waffe befinden würde. *In dieser trostlosen Hochebene lag dieser Ort ganz sicher nicht*, dachte Peter.

»Besten Dank, dass Sie mir auf die Sprünge helfen, Professor ... Doktor ... Cowboy ... Roberto ... Martínez.« Er schob ein verhaltenes Lachen als Friedensangebot hinterher.

»Okay, Señor Berg. Legen wir die Karten offen auf den Tisch. Sie suchen nach den fehlenden Steinen im Mosaik. Danach, womit sich die Punkte verbinden lassen. Ihnen und Ihren rebellischen Kumpanen geht es doch einzig darum, die ONE-C außer Gefecht zu setzen und die grassierende Weltenseuche aufzuhalten. Wenn denn die Virusepidemie wirklich auf das Konto der ONE-C gehen sollte. Ist das Ihre Story? Liege ich damit richtig?«

Der Hongkong-Reisende nickte. »Es ist ein Rennen gegen die Zeit. Wenn uns das Virus allesamt dahingerafft haben sollte, bevor wir die Drahtzieher der ONE-C aufgedeckt haben, tja, dann war es das. Ende, aus und vorbei. Die Freiheit des Menschen ist dann endgültig Geschichte. Am Ende wird eine dezimierte Menschheit auf Schritt und Tritt von den tyrannischen Machthabern kontrolliert werden. Verstehen Sie also bitte meine Ungeduld, Professor. Äh, Cowboy.«

Mit einem gütigen Lächeln antwortete der Mexikaner. »Keine Angst. Das, was ich Ihnen zu berichten habe, wird keine Lektion in Sachen Geschichte werden. Ich werde mich kurzhalten. Doch wenn ihr die ONE-C verstehen wollt und ihre Ursprünge zu ergründen sucht, so müsst ihr zurück zu den Anfängen gelangen. Ja, ihr müsst einen langen Weg weit zurück in die Vergangenheit gehen. Sehr weit zurück.«

Er holte ein zerknittertes Stück Papier aus seiner Jackentasche und hielt Peter den Zettel zum Lesen direkt vor die Nase. *Jedem Ereignis geht ein anderes voraus. Die Zukunft ergibt sich aus der Herkunft.*

Peter hielt inne. »Hey, ich kenne das Zitat. Das hat mir mal jemand in einem Büchlein als Hinweis gegeben. *Die Seele der weißen Ameise.* So hieß das Buch, wenn ich mich recht erinnere.«

»Der Autor heißt Eugène Marais. Sie sind gut, Peter. Behalten Sie diese Fährte im Auge. Wenn die Zeit gekommen ist, werden Sie es einzuordnen wissen.«

»Okay, okay. Konkret geht es … worum?«, drückte Peter aufs Tempo.

»Kommen Sie«, forderte ihn der Riese auf. Sie nahmen den direkten Weg durch das beeindruckende Areal des historischen Komplexes. Im Abstand von einigen Metern folgte ihnen Fernández.

»Der gesamte Stadtkomplex von Teotihuacán umfasst gut und gerne 20 Quadratkilometer«, hob Roberto an. »Schauen Sie nach links, Peter. Wir befinden uns auf der Hauptachse. Auf der sogenannten Straße der Toten. Ganz am Ende sehen Sie die Mondpyramide.«

Das Bauwerk am nördlichen Ende des breiten Weges ragte geradewegs in den Himmel und weckte Peters Interesse.

»Nicht schlecht. Wann wurde dieses monumentale Bauwerk errichtet?«

Der Mexikaner lächelte. »Warten Sie, bis Sie vor der Sonnenpyramide stehen. Sie wird Ihnen eine weitere Steigerung bieten.«

Etwas später bat er Peter, sich nach rechts zu wenden.

»Ist sie nicht grandios? Die Grundmaße betragen 225 mal 225 Meter. Mit einer Höhe von 65 Metern stellt sie die zweitgrößte Pyramide des gesamten amerikanischen Kontinents dar. Sie ist die drittgrößte in der Welt.«

Roberto Martínez war sichtlich fasziniert. »Sie wollten wissen, wann die Bauwerke geschaffen worden sind, richtig?«

Er formte mit seinen beiden Händen ein Dreieck und drückte anschließend beide Daumen flach gegeneinander, während er die Zeigefinger senkrecht nach oben streckte. Es sah aus wie ein *U*. »Dieses gewaltige Bauwerk wurde um das Jahr 100 nach Christus errichtet. Das Innere besteht aus Gestein. Basalt und Adobe. Ursprünglich gab es vier Stufen, die bis nach oben führten. Als man die Pyramide im Jahre 1906 quasi wiederentdeckte und Zug um Zug freilegte, wurde bei der Restaurierung fälschlicherweise eine fünfte Stufe hinzugefügt.«

»Ich nehme an, dabei handelt es sich um ein essentielles Detail«, gab sich Peter leicht gelangweilt. »Ich hoffe nur, dass Sie mich nicht nach oben auf die Pyramide schicken wollen. Das sieht nach einer verdammt anstrengenden Kletterpartie aus.«

»Das ist etwas für Touristen«, beruhigte ihn der Professor. »Manche Besucher meinen, dass sie den Göttern ganz nahe sind, wenn sie oben auf der Spitze stehen. Nun ja. Lassen wir sie in dem Glauben. Unsere Geheimnisse verbergen sich eher *unter* den Pyramiden.«

»Nun tun Sie doch nicht so geheimnisvoll, Roberto. Das sind Grabmale, was sonst? Vor vielen Jahren war ich in Gizeh. Da sah es ähnlich aus. Leere Gedenkstätten für die Toten und nichts weiter. Nicht wirklich spannend.«

»Ts, ts. Grabmale? Meinen Sie tatsächlich, dass sich alles derart simpel auf diesen einen Zweck reduzieren lässt?«, warf der Professor ein. Er wog den Kopf hin und her.

»Kein Zweifel. Es handelt sich bei dem Gesamtkomplex um religiöse Stätten. In der Sonnenpyramide hatte man bei den Ausgrabungen in den letzten 50 Jahren nicht nur den Eingang zu einer Höhle im Innern gefunden, sondern auch fünf Bestattungsplätze auf unterschiedlichem Niveau.

Insofern könnten Sie richtig liegen, dass die Sonnenpyramide von Teotihuacán der Verehrung von Göttern diente. Denn an zwei sehr wichtigen Daten des Mayakalenders zeigt die Achse der Pyramide zum Sonnenuntergang. Am 12. August und am 29. April. Zwischen den Daten liegen 260 Tage. Übrigens, in der vorhin erwähnten Höhle soll sich ebenfalls ein Grab befinden und es soll schon bald geöffnet werden ...«

Nun weiteten sich Peters Augen. »Aha. Es hat zwar einige Zeit gedauert, bis Sie auf den Punkt gekommen sind, aber gut. Rücken Sie heraus mit der Story.«

»Ich muss Sie enttäuschen. Was ich Ihnen zeigen möchte, befindet sich an einer ganz anderen Stelle.«

Peters Geduld wurde auf eine harte Probe gestellt. Bereitwillig folgte er dem Historiker. Einige hundert Meter weiter in südlicher Richtung kamen die beiden an eine steinerne Treppe. Zur linken Seite öffnete sich der Blick in einen weit angelegten Innenhof. Es war ein nahezu quadratischer Komplex, umgeben von massiven Mauern mit einer Seitenlänge von gut 400 Metern.

»Eso es todo. La Ciudadela. Das ist es, worum es geht. Die Zitadelle. Grandios, nicht wahr?«

»Okay, Cowboy. Ich sehe einen großen ebenen Platz. Wie ein Fußballfeld mit einer weiteren Stufenpyramide am anderen Ende.« Die Begeisterung hielt sich bei Peter nach wie vor in Grenzen.

»Wir stehen direkt am Eingang. Nur von hier aus, von der Straße der Toten, gelangen Sie in die Ciudadela. Es war vermutlich eine heilige Anlage. Man schätzt, dass sich auf dem inneren Platz bis zu einhunderttausend Menschen versammeln konnten. Einhunderttausend. Stellen Sie sich diese riesige Anzahl an Menschen einmal bildhaft vor. Der Tempel war dem Gott Quetzalcoatl gewidmet. Das war der Gott mit dem Kopf einer gefiederten Schlange.«

»Halt, nicht so schnell. Wie hieß die Gottheit? Quetz ...?«

»Quetz-al-co-atl.« Der Mexikaner gab sich sichtlich Mühe und verlangsamte das Tempo seiner Ausführungen. »Die Bedeutung von Quetzalcoatl ist noch nicht ganz klar. Die gängige Annahme ist, dass es sich um die Darstellung eines noch unbestimmten Wesens handelt, dessen Kopf auf dem Körper einer gefiederte Schlange liegt.«

Peter schüttelte seinen Kopf.

»Und nun noch einmal ganz langsam in meinen Worten. Es handelt sich bei diesem Gott um einen *Körper*. Um einen menschlichen Körper vielleicht? Gepaart mit einem Tier aus Federn – einem Vogel möglicherweise – und einer Schlange? Ziemlich skurril, finden Sie das nicht auch?«

Der Mexikaner strich sich über sein schwarzes Haar. »Wie ich bereits sagte. Teotihuacán ist der Ort, an dem die Götter zu den Menschen herabstiegen. Oder in einer anderen Bedeutung. Der Ort *Wo man zu einem Gott wird*. Quetzalcoatl, die gefiederte Schlange, war eine zentrale Figur in der damaligen Religion. Und der zugehörige Tempel lag inmitten der Ciudadela. Lassen Sie uns noch etwas näher heran gehen.«

Sie gingen geradewegs über den Hofkomplex und gelangten an den Fuß der Stufenpyramide.

»Sie erinnern sich an die Sonnenpyramide, Peter? Und an die Höhe von 65 Metern? Schauen Sie nun auf diesen Tempel. Seine Außenmaße entsprechen genau 65 Metern. Ein Zufall? Wohl kaum. Wenn Sie die gesamte Ruinenstadt aus der Höhe betrachten, so würde Ihnen die perfekte Symmetrie der Gebäudekomplexe auffallen. Es gab übrigens noch eine weitere Bedeutung des Quetzalcoatl. In anderen Schriften wurde er mit dem Abendstern in Verbindung gebracht. Mit der Venus.«

Der Hamburger horchte auf. Erinnerungen schossen durch seinen Kopf. Der Buchstabe *V, Venus, Victoria*. Er versuchte sich zu beruhigen. Es konnte keine Verbindung zu der Frau geben, an die er unwillkürlich denken musste.

»Der Zyklus, in dem die Venus als Morgen-beziehungsweise als Abendstern zu sehen ist, dauert exakt 484 Tage«, fuhr der Professor fort und breitete die Arme aus. »Peter, schätzen Sie bitte die Länge der Mauern, die die Ciudadela umgeben. Es gab hier in Teotihuacán eine standardisierte Längeneinheit. Übertragen auf die heutigen Maße beträgt die sogenannte *TMU*, die *Teotihuacán Measurement Unit*, exakt 82 Zentimeter. Und in dieser Einheit beträgt die Seitenlänge der Mauern ziemlich genau 484 TMU. Fantastisch, oder?«

»Ich bin restlos verzaubert«, stellte Peter Berg lakonisch fest. »Wo ist der Clou, Professor? Ich bin nicht 13.000 Kilometer um die halbe Welt geflogen, um eine Astronomie-Vorlesung zu belegen.«

»Si, si. Ich werde Sie nicht länger auf die Folter spannen. Sehen Sie das Zelt? Direkt am Fuß der Pyramide? Dort werden wir hineingehen.«

Unter der weißen Zeltplane fanden offensichtlich archäologische Ausgrabungen statt. Wortlos deutete der Mexikaner auf den Eingang, der von einem bewaffneten Sicherheitsbeamten vor dem unberechtigten Zutritt geschützt wurde. Sie gingen mehrere Stufen nach unten. Professor Martínez leuchtete mit seiner LED-Taschenlampe den Raum aus.

»Wir führen hier autorisierte Sondierungsgrabungen durch, wissen Sie?« Er ging in die Knie und zeigte auf einen quadratischen Schacht in der Größe von ungefähr fünfzig mal fünfzig Zentimetern. Das Licht der Lampe reichte nur einige Meter weit in die horizontale Tiefe. »Dieser Kanal führte uns direkt unter die Pyramide und wir sind auf eine versteckte Kammer gestoßen. Es ist eine Sensation. Ein Teil der Forschungsergebnisse ist bereits durch die Presse gegangen.« Er legte eine bewusste Pause ein und wollte damit die Spannung steigern. »Mercury«, sagte er schließlich. »Quecksilber.«

»Sie haben da unten Quecksilber gefunden? Ich bin begeistert. Völlig begeistert. Mit Allem hätte ich gerechnet. Aber nicht mit Quecksilber.« Seine Süffisance war unüberhörbar.

Der Archäologe und Historiker ließ sich nicht beirren. »Vergessen Sie für einen Moment die allgemeine Lehrmeinung und lassen Sie Ihrer Fantasie freien Lauf. Diese Pyramiden sind Tausende von Jahren alt. Nach der gängigen Schulmedizin ist der gesamte Komplex in weniger als 350 Jahren kurz nach der Zeitenwende um das Jahr Null erbaut worden. *Si Señor.* Jetzt kommt der von Ihnen langersehnte Clou. Es kann nämlich gut sein, dass sich unter den heute sichtbaren Pyramiden schon damals viel ältere Steinmonumente befanden und die Geschichte des Ortes noch deutlich weiter in der Zeit zurückdatiert werden kann.«

Peter warf ihm einen skeptischen Blick zu. »Sie reden von einem Zeitalter *vor* unserer Zeit? Was hat das zu bedeuten? Und was ist nun mit dem Quecksilber?«

Professor Martínez erklärte ihm die Zusammenhänge und fasste schließlich zusammen. »Verstehen Sie? Solche Mengen an Quecksilber unter der Stufenpyramide waren kein natürliches Vorkommen. Es war eine riesige künstliche Energiequelle. Eine Batterie, so groß wie ein Kraftwerk. Lange vor den Azteken konnten damit die alten Maya oder Olmeken - oder wer immer damals an der Macht war - Strom erzeugen und ihn nutzen. Die Frage ist jedoch, woher die alten Erbauer dieses Wissen hatten. Es stammte eigentlich aus einem ganz anderen Kulturkreis.«

»Halt, halt. Das geht mir eine Spur zu schnell. Für Sie mag das alles sehr interessant sein. Sie haben also flüssiges Quecksilber gefunden, das über Jahrtausende hinweg völlig unzugänglich unter einer steinernen Pyramide versteckt war und bis heute intakt ist. Ehrlich gesagt, mich flasht das überhaupt nicht und bringt uns irgendwie auch kein Stück weiter. Selbst wenn die alten Maya abends ihre Laternen elektrisch zum Leuchten gebracht haben, so wird diese prähistorische Batterie sicherlich nicht das Objekt der Begierde sein, dem die Geheimen Drahtzieher hinterher jagen. Was denken Sie, Roberto? Dass die Strippenzieher von der ONE-C nach einer Stromquelle suchen?«

»Abwarten. Es hängt mit weitaus mehr Aspekten zusammen, als Sie sich vorstellen können. Über die Sache mit dem Flüssigmetall gibt es bereits Abhandlungen, okay. Schade, dass Sie so wenig begeisterungsfähig sind. Ich zeige Ihnen jetzt einige Aufnahmen von anderen Gegenständen, die wir da unten gefunden haben. Darüber werden Sie nirgends etwas finden. Völlig ausgeschlossen. Es ist viel zu heikel. Ein Staatsgeheimnis, verstehen Sie?«

Der Hamburger Geschäftsmann rückte näher an den Mexikaner heran. Mit einem Mal war sein Interesse geweckt. Der Archäologe hatte sich inzwischen wieder erhoben und kramte sein Mobiltelefon aus der Tasche.

»Es ist mein Zweitgerät. Selbstverständlich ist es im Flugmodus. Nur eine Handvoll eingeweihter Kollegen kennt die Fotos und hat sie gesehen. Und über einen dieser Kanäle ist die Information darüber wohl zu eurem Primus gelangt. Jack *The Brain*, wie ihr ihn nennt. Und deshalb sind Sie hier, Peter. Nur aus diesem einen Grund.«

Stolz zeigte der Mexikaner seine erste Aufnahme.

»Ein großes schwarzes Kristall, das hinter einer Glasscheibe liegt?«, erkundigte sich Peter ungläubig.

Der Professor nickte.

»Das Attribut *groß* passt recht gut. Unsere Messungen ergaben einen Durchmesser von fast einem halben Meter. Und auch mit Ihrer Vermutung, dass es sich um ein Glas handelt, liegen Sie richtig. Es ist eine uns unbekannte Zusammensetzung. Eine Art Panzerglas. Bislang ist es uns noch nicht gelungen, eine Öffnung in das Material zu bohren und an den schwarzen Stein zu kommen.«

Unwillkürlich musste Peter an Victorias schwarzen Ring aus Stein denken. Konnte es hier einen Zusammenhang geben?

»Es ist das vielleicht größte Geheimnis der Menschheit. Und nun sehen Sie sich das an«, forderte ihn Roberto auf und scrollte auf seinem Bildschirm zum nächsten Bild.

Peters Augen weiteten sich. »Das ist nicht möglich. Wir sind hier in México. Auf einem Hochplateau. Mitten in Lateinamerika und seit Tausenden von Jahren konnte niemand unter die Steinpyramiden gelangen. Es ist völlig unmöglich.« Er konnte nicht fassen, was er sah.

»Roberto, Hand aufs Herz, die Aufnahmen stammen allesamt von derselben Stelle? Ich bin perplex. Völlig perplex. Dieser Gegenstand liegt hinter der prähistorischen Glasscheibe und neben dem mysteriösen schwarzen Kristall? Wirklich?«

Der Mexikaner nickte wortlos. Peter war fassungslos.

»Ist Ihnen klar, dass Sie eine Sensation in den Händen halten, Professor? Vorerst noch als Fotografie. Aber es kann die Sicht auf unsere Geschichte verändern. Nein, es *wird* die Sicht auf unsere Vergangenheit verändern. Alles wird in dem neuen Kontext neu definiert werden müssen.«

Roberto Martínez fühlte sich geschmeichelt und übte sich dennoch in Zurückhaltung.

»Si, Señor. Das Quecksilber haben wir bereits. Alles andere ist noch ein weiter Weg. Ich bin gespannt, was daraus wird. Als Erstes behindert eine knallharte Glasscheibe den Weg zu den Heiligtümern. Kein Diamantbohrer hat es bislang hindurch geschafft. Es kann noch einige Zeit in Anspruch nehmen, bis wir am Ziel sind. Und was haben wir dann? Letztendlich ist es nur ein schwarzes Kristall - und ein paar Gegenstände hinter einer Glasscheibe aus einer unbekannten Zusammensetzung.«

»Keine falsche Bescheidenheit, Roberto. Es ist eine Sensation.«

Peter holte seinen *Communicator* aus der Jackentasche und richtete die Kameraoptik auf das Mobiltelefon des Professors.

»Darf ich einige Aufnahmen schießen?« Zeitgleich mit der Frage hatte er bereits den Auslöser gedrückt. Er strich mit seinem Finger über den Bildschirm und rief das vorherige Foto beim Mobiltelefon des Professors nochmals auf. Auch davon schoss er einige Aufnahmen.

Der Professor räusperte sich. Er fühlte sich nicht ganz wohl in seiner Haut, als er sah, wie die Fotos in schneller Folge gemacht wurden.

»Sie sind sich der Tragweite hoffentlich bewusst. Die Aufnahmen dürfen unter keinen Umständen veröffentlicht werden, si? Die Fotos werden Sie nie, niemals über das Internet verschicken und Sie werden die Fotos nur mit Ihrem Team teilen«, forderte ihn der Mexikaner unmissverständlich auf. »Die Sache ist der reinste Sprengstoff und wir kommen sonst alle in des Teufels Küche.«

Küche war ein gutes Stichwort. Peter Berg hatte genug gesehen und er verkniff sich jeden weiteren Kommentar zu den Entdeckungen des Archäologen. Der thematische Wechsel kam den beiden sehr gelegen. Sie hatten sich zum Dinner verabredet.

Kapitel 4

México City

Januar 2020

Das Stichwort *Des Teufels Küche* war zur richtigen Zeit gekommen. Sie hatten sich zum Dinner in der Restauration einer historischen Hacienda verabredet. Zuvor hatte Peter im Hyatt Regency Hotel im Stadtteil Polanco eingecheckt und sich dort mit einem eleganten dunkelgrauen Anzug neu eingekleidet. Polanco zählte zu den sichersten Ecken von México City und lag zudem sehr zentral - in nächster Nähe zu den großzügig angelegten Parkanlagen des Bosque de Chapultepec. Nicht weit vom Hotel entfernt fanden sich entlang der Avenida Presidente Masaryk prachtvolle Geschäfte aller internationaler Luxusmarken. In dieser Umgebung fühlte Peter sich sicher.

Er klopfte sich das Sakko glatt und wartete vor dem Hotel auf seinen Fahrer. Er hatte ein konventionelles Taxi angefordert, da er nicht wusste, ob die UBER Buchungen in irgendeiner Weise rückverfolgt werden konnten und somit für seine Widersacher erkennbar waren.

Das Restaurant war nicht weit entfernt. Der Taxifahrer wählte die etwas nördlicher verlaufende Route entlang der Avenida Horacio und erreichte nach einer guten Viertelstunde das historische Restaurant Hacienda de Los Morales. Schon bei der Auffahrt auf das leicht erhöht gelegene Rondell vor dem Lokal bewunderte Peter die stilvolle Eleganz der Hacienda. Der Vorplatz war mit Fackeln gesäumt und versprühte den Charme der

Vergangenheit. Die Ursprünge der historischen Anlage Hacienda de Los Morales gingen zurück bis ins 16. Jahrhundert und der Bau der ersten Farm wurde mit dem Jahr 1647 datiert. Bis in die Neuzeit zählte die Hacienda mit der traditionellen mexikanischen Atmosphäre zu den elegantesten Restaurants der Stadt. Peter war von dem Ambiente mehr als angetan. Vorbei an den geschmackvoll eingedeckten Tischen, wurde er zu seinem Platz geführt, wo ihn der Professor bereits erwartete.

Leise summte er eine Melodie vor sich hin. *I wear my Sunglasses at Night* ... Seine schwarze Spezial-Sonnenbrille hatte er die ganze Zeit getragen. Selbst, als er seinen Platz eingenommen hatte.

»Sehr stylisch, Amigo, das muss ich schon sagen. Aber dann doch etwas übertrieben. Die Sonne ist vor fünf Minuten untergegangen. Muchas specialos«, witzelte er über den Hamburger, der wie ein Geheimagent aussah.

Peter nahm die Brille ab und verstaute sie sorgfältig in seinem Etui. Er achtete darauf, dass die kleine LED-Lampe weiterhin leuchtete und die Verbindung zur Zentrale so lange wie möglich aufrecht erhalten blieb. Ein kurzer Kontrollblick auf seine Armbanduhr signalisierte ihm, dass er gut in der Zeit lag. Es war 18.30 Uhr. »Nette Location, die Sie ausgesucht haben. Außerordentlich authentisch.«

Sein Blick wanderte durch den großen Saal. An einer Ecke des Raums hatte sich ein musikalisches Septett positioniert und spielte typisch mexikanische Melodien. Es war eine Mariachi-Formation, die aus dem Bundesstaat Jalisco stammte. Die sieben Vollblutmusiker legten sich mit Gitarre, Geige, Harfe und Trompeten mächtig ins Zeug und spulten ihr Programm professionell ab. Dazu trugen sie mit Stolz ihre prachtvolle Tracht. La Cucaracha!

Peter warf einen schnellen Blick in die Speisekarte. Er staunte nicht schlecht, als er die Spezialitäten des Hauses entdeckte.

»Ola, ola. Getrocknete Heuschrecken mit Guacamole? Ameiseneier garniert mit einem eingelegten Wurm? Und was ist das hier? Frittierte Maguey Würmer aus der blauen Agavenkaktuspflanze? Ist das Ihr Ernst?«

Der Professor schmunzelte. »Die Maguey Würmer verwenden wir vor allem für die Herstellung von Tequila. Amigo, verlassen Sie sich heute ganz auf mich. Ich werde uns ein köstliches Menü zusammenstellen und es wird Ihnen munden. Außerdem ist es sehr proteinreich. Keine Angst, muchacho Amigo.«

Der Rotwein stammte aus den Anbaugebieten der Halbinsel Bahia de California und sie stießen auf ihr gemeinsames Geheimnis an. Es war zugleich der Auftakt ihres eigentlichen Austauschs.

»Der schwarze Kristallstein ...«, Peter flüsterte die Worte.

»Wir können hier offen reden, Señor Berg. Dieser Raum hat keine Augen und keine Ohren. Hier sind wir sicher. Außerdem wird alles von der Musik übertönt. Saludos.«

»Was wissen Sie, Martínez?« Peter kam direkt zur Sache.

Der Professor rückte etwas näher an ihn heran. »Hören Sie, die Bälle purzeln bereits die Pyramiden hinunter. Ich weiß nicht, ob wir sie noch aufhalten können.«

»Die Entführung des Flugzeugs der Malaysia Airlines mit dem Ziel eines Ausbruchs vom Ebola-Virus in 2014 haben wir jedenfalls gestoppt.« Peter richtete sich auf und fühlte einen gewissen Stolz, bei der damaligen Aktion mit dabei gewesen zu sein.

»Ja, ja. Ihr habt zwar den Ebola Angriff auf Peking aufgehalten. Doch in Westafrika hat das Virus in 2014 gewütet und über 11.300 Tote gefordert. Und erlauben Sie, das ist nun sechs Jahre her und seitdem hat sich Ihre Rebellentruppe in Hongkong vergraben. Glauben Sie, dass die ONE-C danach aufgegeben hat?«

»Es war ruhig seitdem. Und wir haben die Zeit für Recherchen genutzt.« Peter war in die Defensive gerutscht.

»Señor Berg. Die geheimen Drahtzieher der ONE-C ticken in anderen Zeitdimensionen. Wenn fünf Jahre lang nichts passiert, so heißt das gar nichts. Die ONE-C arbeitet an einem finalen Plan. Umgesetzt wird er, wenn die Zeit reif ist. Die Zwischenintervalle können viele Jahre dauern – und was sind schon fünf oder sechs Jahre in der Ewigkeit, die danach folgen soll.«

»Ich weiß«, wurde Peter etwas kleinlaut. »Vielleicht haben wir es unterschätzt und uns zu sehr auf unsere allgemeinen Analysen versteift.«

»Analysen? Reden Sie von den *Triangular Files*? Von den geheimen Zeichen, die bisher niemand entschlüsselt hat? Oder von den mysteriösen Dreiecken auf dem Rücken von Victoria Vicem? Von der Verbindung zwischen Rosanna und Victoria? Geheimnisse, wohin Sie auch blicken, und noch immer keine Antworten. Sie denken also, dass Sie der Sache nähergekommen sind? Bullshit. Sie rätseln doch immer noch daran, wie der Plan aussieht und Sie haben nicht die geringste Ahnung, wie die ONE-C die Weltherrschaft erobern will.«

Der Professor machte ein zerknirschtes Gesicht. Er hatte sich in Rage geredet. Seit vielen Jahren war er mit seinen akademischen Kollegen weltweit verbunden und versuchte, seinen Teil zur Lösung beizutragen – auch wenn er niemals im exekutiven Bereich verortet werden wollte. Er pflegte seine Kontakte zu den - wie er sie nannte - Altvorderen. Zu den *Wise Guys*. Wie zu Doc Einstein, Professor Habermann, zu Aldo in Sizilien und zu Monsieur Hugo in Genf.

Er griff zum Weinglas und blickte Peter tief in die Augen.

»Wir stehen am Anfang des letzten Akts und unser Armageddon wird gerade erst orchestriert.«

Der Rebell zog eine Augenbraue nach oben. »Roberto Martínez, was sagen Sie da?«

»Wir stehen am Anfang des letzten Akts und unser Armageddon wird gerade erst orchestriert.«

»Shit, so wie Sie das betonen, könnte ich direkt Angst bekommen.«

»Das sollten Sie, Peter. Alea jacta est. Die Würfel sind gefallen. Der Startschuss ist abgefeuert worden. Die unsichtbaren Armeen sind in Stellung gebracht worden. Goodbye humanity. Ich habe keine Hoffnung mehr.« Der Professor schloss seine Augen und wirkte nachdenklich.

Peter fröstelte und er fuhr sich über den Arm. »Hey, hey, so einfach geht das nicht. Die ganze Chose – angefangen von der ONE-C und ihren Killer-Truppen der *Enco* – sie alle sind schließlich auch nur Menschen aus Fleisch und Blut. Vergänglich, sterblich und sie sind beileibe keine Übermenschen oder Götter.«

Der Mexikaner lächelte. »Genau da fängt das Problem an. Ich würde Sie zu gerne einweihen, doch ich weiß nicht, ob es schon an der Zeit ist. Die *Triangular Files* sind …«

In diesem Moment kam der Kellner mit den köstlichen Vorspeisen und unterbrach unbeabsichtigt den Satz des Professors.

»Kosten Sie die Oliven. Sie sind vorzüglich.« Er hatte seinen roten Faden verloren und überlegte, womit er seinen letzten Satz beendet hatte. Völlig aus dem Zusammenhang gerissen, fiel ihm die verbrecherische Lady ein.

»Ihr hattet die Nummer Sieben der ONE-C in eurer Gewalt. Fast sechs Jahre lang.« Es klang wie ein Vorwurf.

Peter legte den Kopf kommentarlos zur Seite und schwieg.

»Wie kann man solch eine Verbrecherin laufen lassen. Das ist mir unbegreiflich.« Es *war* ein Vorwurf.

»Widrige Umstände«, gab sich Peter wortkarg. Er nahm einen großen Schluck vom tiefroten Wein. Dann blickte er dem Professor direkt in die Augen.

»Was glauben Sie? Dass wir darüber glücklich waren? Wir haben Victoria Vicem jahrelang versteckt gehalten. Ausgeforscht haben wir sie und jeden noch so kleinen Hinweis über die ONE-C gesammelt. Akribisch. Versessen. Sie können sich das vielleicht nicht vorstellen. Aber so war es. Dass wir sie verloren haben, mitten im Gedränge des Feueralarms im W-Hotel in Hongkong, es war ein GAU. Der größte anzunehmende Unfall. Mea culpa, es war leider nicht zu verhindern.«

Der Professor schluckte. Keinesfalls wollte er seinen Gast an die Wand drücken und ihn maßregeln. Er ruderte nach Kräften zurück. »Sorry. Ich denke, Sie haben alles versucht. Saludos.« Er hielt sein Weinglas in die Höhe und es wirkte wie ein Friedensangebot.

»Cheers«, entgegnete der Hamburger. »Was für eine perfide Frau. Sie ist von Grund auf schlecht.«

»Si. Doch was immer Victoria Vicem bisher angefangen hatte, wurde am Ende immer zu einem Erfolg«, hielt der Professor entgegen. »Wie sonst hätte sie es bis an die Position der Nummer Sieben in der geheimen Organisation geschafft? Bis hinauf in die dritte Führungsebene. Über ihr und den ihr gleichgestellten drei Peers, gibt es nur noch die obersten Drei in der ONE-C.«

»Ich kenne die Gefährlichkeit der Dame. Sie ist eine Terroristin. Punkt.« Peter machte eine kurze Pause. »Sagen Sie mal, Cowboy. Sie wissen doch so viel von dem Ganzen. Wer sind die oberen Drei - beziehungsweise die letzten Sieben?«

»Es sind sechs Männer und Vicky. Sie ist die erste Frau, von der wir wissen, dass sie es soweit in den inneren Zirkel geschafft hat. Niemand kennt die Identitäten. Einer der obersten Drahtzieher tummelt sich im Umfeld der UNO. Schwer vorstellbar, oder? Bei der UNO. Bei den Vereinten Nationen. In New York. Die Hinweise darauf gilt es vage zu halten. Die Infos sind riskant und jede Recherche dazu muss im Keim erstickt werden. Dass ihr Victoria in eurer Gewalt hattet, war vielleicht ein Durchbruch. Bislang konnten sich die anderen extrem gut verstecken und im Verborgenen agieren.«

Er nahm einen Schluck des alkoholischen Getränks. »Sie kennen die Illuminaten-Grundregel von Adam Weishaupt, welche sich auch die Freimaurer in der Führungsstruktur zu eigen gemacht haben?«

»Sie meinen, dass immer jeweils zwei Personen an den nächst höhergestellten Chef berichten?«

»Si Señor«, der Mexikaner nahm sich eine Portion der getrockneten Heuschrecken und ließ sie genüsslich zwischen seinen Zähnen knacken. »Das Prinzip ist so einfach wie genial. Damit kennt jeder seinen Chef und jeweils zwei Untergebene, die an ihn reporten. Bestenfalls kennt jemand den gleichgestellten Peer als Konkurrenten, wenn mal eine Beförderung anstehen sollte. Mit diesem ziemlich begrenzte Personenwissen ist die Geheimhaltung perfekt sichergestellt. Vier bis fünf Kollegen kennen sich. *That's it.* Falls irgendwo eine undichte Stelle auftauchen sollte, so bleibt der Schaden einer Aufdeckung sehr begrenzt. Und zusätzlich wissen die meisten nicht, auf welcher Hierarchiestufe sie sich befinden. Das ist schon eine sehr effiziente Organisationsform.«

»Wie viele sind es weltweit, die wir der ONE-C zurechnen müssen?«, wollte Peter wissen und beäugte die Ameiseneier, die in einer kleinen Schale angerichtet waren.

»Hunderttausende? Millionen? Wer weiß? Wenn der Tag der Machtübernahme gekommen ist, werden sie auf einen Schlag weltweit an allen Hebeln der Macht sitzen und den Rest der Menschheit kontrollieren.«

»Eine erschreckende Vorstellung. Die versklavte Weltbevölkerung. Und das Virus sorgt jetzt dafür, dass die Anzahl der dann noch zu beherrschenden Menschen arg dezimiert wird - was die Kontrolle deutlich einfacher macht.« Vorsichtig probierte Peter eine Löffelspitze der Ameiseneier.

»Sehr richtig, Amigo. Es gibt Spekulationen, dass die ONE-C eine Weltbevölkerung von maximal 300 Millionen Menschen als ideal einschätzt.«

Peter nickte. »Leipzig, im Dezember 2013 ...«

»No entiendo. Wovon sprechen Sie?«

»Ach, das ist eine lange Geschichte. Ich erinnerte mich gerade an mein erstes Treffen im Kreis der Rebellen. Vielleicht kennen Sie den einen oder anderen davon. Ein Holländer namens Martijn hielt genau darüber einen Vortrag. Und wenn ich mich recht entsinne, so hatte der Medientycoon Ted Turner in einem Interview um das Jahr 1996 herum von dieser Zahl gesprochen.«

»Ola. Sie verblüffen mich. Das ist korrekt. Im Jahre 1996 hatte das *President's Council of Sustainable Development* auf dem globalen Gipfel in Rio de Janeiro die Botschaft verkündet, dass die Weltbevölkerung die Zahl von 500 Millionen Menschen nicht überschreiten sollte. Das *President's Council*! Es handelte sich immerhin um den Rat des US-Präsidenten. Schon damals hätte die Zahl einer Reduzierung der Weltbevölkerung um über 90% entsprochen. Es ist eine unfassbare Zahl und eine unglaubliche Aussage. Aber sie ist getroffen worden. Das kann man leicht recherchieren. Und wir können davon ausgehen, dass die Eliminierung von großen Teilen der Menschheit weiterhin eins der wichtigsten Ziele der ONE-C ist. Tja, realistisch betrachtet wird das jedoch allein mit dem Virus nicht umsetzbar sein.«

Peter horchte auf. Gab es also doch noch einen *Plan C*, den Victoria mit Bedacht angedeutet hatte? *Plan A* war die Entführung des Flugs MH 370 - mit dem Vorhaben, Viren nach Peking zu schicken. *Plan B* markierte das aktuell grassierende Coronavirus *2019-nCoV*. Es sprudelte nur so aus ihm heraus.

»Hm, ich verstehe. Das Virus ist noch nicht alles ... Meinen Sie, es ist parallel noch etwas anderes im Gange? Was hat es mit Ihrem finalen Akt und dem Armageddon auf sich? Und was steckt hinter den *Triangular Files*?« Er sah den Professor scharf an.

Der Mexikaner nickte mehrmals und strich sich mit der Hand über das Kinn.

»Gedulden Sie sich einen Moment. Ich werde Ihnen alles erzählen. Mit Adam Weishaupt nahm das Drama in der Neuzeit wieder seinen Anfang. Sie wissen schon, Weishaupt war der Gründer der Illuminaten im Jahre 1776. Sein Mastermind Albert Pike war ein Großmeister - sowohl bei den Freimaurern wie auch bei den amerikanischen Illuminaten. Und jener Albert Pike hatte den Ablauf des Weltenplans in seinem historischen Brief am 15. August 1871 unmissverständlich beschrieben. Er legte darin die fatalen Ziele fest. Im Ersten Weltkrieg sollte es darum gehen, das Zarenreich in Russland auszulöschen. Für den Zweiten Weltkrieg war die Manipulation der deutschen Nationalisten geplant - der russische Einflussbereich sollte ausgedehnt werden und auch die Gründung des Staates Israel in Palästina stand auf dem Programm. Damit nicht genug. Pike hatte schließlich sogar den Dritten Weltkrieg ins Feld geführt. Entfacht werden sollte dieser finale Krieg zwischen den Zionisten und den Arabern. Hören Sie die Bälle purzeln? Keine Pyramidenstufe der Welt kann sie jetzt noch aufhalten.«

Peter runzelte seine Stirn. Er erinnerte sich an das Schriftstück.

»Sie meinen den Brief, der bis in die 70er Jahre des letzten Jahrhunderts im Britischen Museum in London ausgestellt war?«, ergänzte Peter. Die Ausführungen von einem gewissen Thomas van Meulen, den er zusammen mit Rosanna vor neun Jahren in London aufgesucht hatte, waren ihm noch sehr präsent.

77

»Sí, sí. Er hatte den Ersten und den Zweiten Weltkrieg ziemlich genau so beschrieben, wie es später eintraf. Den Dritten Weltkrieg hatte der Illuminat Albert Pike derart konstruiert, dass es die finale Schlacht zwischen den Religionen sein sollte. Ausgelöst als Kampf zwischen dem Islam und dem Christentum. Ist das nicht erschreckend?«

Der Mexikaner wühlte in seiner Aktentasche, die er bislang ans Tischbein angelehnt hatte, nach einem zerknitterten Dokument und legte es auf den Tisch. Jetzt war er voll in seinem Element. Er schob die Teller und Speiseplatten etwas auseinander und legte das Blatt Papier in die Mitte des Tischs. So, dass Peter die Zeilen gut lesen konnte. »Hier steht es schwarz auf weiß. Der Dritte Weltkrieg wird die Menschheit ins Chaos stürzen und den Weg für eine neue Ordnung frei machen. Am Ende wird die ONE-C, die für nichts anderes steht als für die Fortführung der illuminatischen Ziele von Adam Weishaupt, die Macht übernehmen. Hier lesen Sie. Das werden die Ziele sein, die als Erstes umgesetzt werden.«

Er tippte mit dem Finger auf das Schriftstück. Peter überflog die Zeilen und flüsterte bruchstückhaft die Begriffe vor sich hin. Die Liste kam ihm bekannt vor.

1. Ziel: Die Abschaffung jeder ordentlichen Regierung
2. Ziel: Die Abschaffung des Privateigentums
3. Ziel: Die Abschaffung des Erbrechts
4. Ziel: Die Abschaffung des Patriotismus
5. Ziel: Die Abschaffung aller Religionen
6. Ziel: Die Abschaffung der Familie
7. Ziel: Die Errichtung einer Weltregierung

»Die sieben Gebote. Sieben, wie die Nummer von Victoria Vicem«, kommentierte er die Übersicht, die sich wie eine verkürzte Regierungserklärung der Illuminaten las - oder besser gesagt wie die Magna Carta der ONE-C.

»Hm, es wird die Errichtung einer Weltregierung beschrieben. Das ist *scary*. Ein früherer amerikanischer Präsident sprach einmal in seiner Rede von der NWO. Von der *New World Order*. Waren es die Worte eines Mitstreiters der ONE-C?«

Der Mexikaner schüttelte den Kopf. »Schwer zu sagen. Politiker sind oft nur die Marionetten und das Sprachrohr der Drahtzieher. Aber wie dem auch sei. Es wird in absehbarer Zeit zum Dritten Weltkrieg kommen, das ist die bedrohliche Nachricht. Das Virus ist nur so etwas wie die Ouvertüre.«

Ein tiefes Durchatmen war von Peter zu vernehmen. Ihn hatte das Virus mit der hohen Sterblichkeitsrate schon ausreichend geängstigt. Dass nun auch noch die Gefahr eines weitreichenden Krieges hinzukommen sollte, war in seinen Augen unbegreiflich.

»Warum? Warum jetzt?«

»Die Zeit ist gekommen. Für die ONE-C gibt es keine Alternative mehr. Sie müssen die Macht übernehmen, bevor es zu spät ist.«

»Moment. Warum sollte es zu spät sein? Es klingt, als hätten Sie ein gewisses Verständnis für deren Aktivitäten.« Peter Berg reagierte empört. Er konnte den Professor nicht richtig einschätzen. Welche Rolle spielte der Mann, zu dem ihn seine Kollegen aus Hongkong dirigiert hatten?

»Ruhig Blut, Señor. Die Worte *zu spät* bezeichneten nur die zeitliche Dependenz. Wir stehen alle auf derselben Seite. Mehr, als Sie sich vorstellen können. Wir, das ist ein relativ überschaubares Netzwerk von Idealisten, die von Geburt an mit den Fähigkeiten ausgestattet worden sind.«

»Welche Fähigkeiten?« Peter schaute ihn perplex an.

»Haben Ihnen die anderen nichts darüber gesagt?«, wollte der Professor wissen.

Peter schüttelte den Kopf. *Was ging hier vor?* Er spürte eine große Unsicherheit.

»Nun. Menschen sind unterschiedlich. Das Erbgut ist der Schlüssel. Die Sinne sind sehr verschieden ausgeprägt. Und manche Zeitgenossen haben durch einen genetischen Generationssprung so etwas wie den siebten Sinn geerbt, den es schon früher gab. In anderen Zeitaltern nannte man diese Menschen die Wissenden.«

Er schaute den Mexikaner ungläubig an. »Die Wissenden? Die Weisen? Druiden, Zauberer, Seher? Sie sind doch nicht ganz bei Trost. Mit Verlaub, Professor.«

»Hören Sie. Was Menschen behelfsmäßig mit dem Intelligenzquotienten zu greifen versuchen, gibt einen Hinweis auf den ursprünglichen Hintergrund. Mittlerweile sind diese Elemente im Erbgut stark verwässert. Doch hin und wieder kommt es zu einer Kombination und Konzentration der Fähigkeiten, die denen des Beginns der Zeit entspricht. Nennen Sie es einen Segen oder einen Fluch. Bisweilen möchte ich gar nicht alles wissen oder verstehen. Es kann auch eine riesige Belastung sein.«

»Hey, hey, hey. Sie wollen mir weismachen, dass Sie Gedanken lesen können oder die Zukunft in der Glaskugel erkennen können? Bullshit.«

Martínez räusperte sich. »Die Vorstellung davon mag Ihnen gefallen oder nicht. Das ändert nichts an den Tatsachen. Sie haben bereits einige von uns kennen gelernt. Bei voller Konzentration sind wir eins mit der Welt. Die Wellen des Geschehens werden dann fühlbar für uns. Manches zeigt sich nur schemenhaft, denn manchmal fehlt uns die Übersetzung - quasi die Dekodierung der Signale. Und auch wenn es jetzt fantastisch für Sie klingen mag. Wir können über unbegrenzte Distanzen miteinander kommunizieren. Losgelöst von Zeit und Raum erscheinen uns die Dinge und Zusammenhänge wie aus dem Nichts.«

»Das ist starker Tobak. Welche anderen Zeitgenossen mit diesen Fähigkeiten, wenn es sie denn gibt, soll ich bereits kennen gelernt haben?«, erkundigte sich Peter.

»Emil Habermann - sagt Ihnen der Name etwas? Doc Einstein. Na? Läuten jetzt die Glocken? Auch meinen Freund Aldo aus Sizilien haben Sie getroffen, oder?«

Der Hamburger nickte und war fasziniert. Auch wenn er sich kaum vorstellen konnte, wie eine Kommunikation über weite Strecken völlig ohne technische Hilfsmittel funktionieren sollte, so erinnerte er sich an die kryptischen Hinweise, die die genannten Personen ihm und Rosanna gegeben hatten. »Okay. Angenommen es stimmt. Woher wissen Sie voneinander?«

Der Professor strich sich durch die Haare. »Hm. Gute Frage. Wie soll ich sagen? Wenn sich zwei Wesen mit den bestimmten Fähigkeiten treffen, so spüren sie die Verbundenheit auf Anhieb. Einige von uns fielen schon im Kindesalter in das Raster der Hochbegabten. Dafür gab es Schulen, Colleges, Universitäten. Und dort haben wir uns dann zufällig getroffen und sind seitdem untrennbar miteinander verbunden.«

»Ich bin beeindruckt«, sagte Peter mit einem leicht spöttischen Unterton. »Und die Drahtzieher der ONE-C verfügen ebenfalls über diese genetischen Besonderheiten und halten sich für etwas Besseres als alle anderen Sterblichen, richtig?«

»Fast. Einige von ihnen wurden in frühester Kindheit abgefangen und von den Fängern eingeordnet, um es mal so in Worte zu fassen. Es soll auch Fälle gegeben haben, bei denen gezielt versucht wurde, das Erbgut rein zu halten und nicht wieder der Vermischung auszusetzen.«

»Das klingt nach verbotener Eugenik«, warf Peter ein.

»Schlimmer noch«, entgegnete Martínez. »Praktiken wie zur Zeit des Dritten Reichs sollten eigentlich für immer tabu sein. Doch es gibt einen Ort am Ende der Welt ... ein Camp, das das Ende der Zivilisation markiert.« Er stockte. Die Ausführungen gingen dem Professor offensichtlich sehr nahe und es verschlug ihm regelrecht die Sprache.

»Ich verstehe«, nahm Peter den Faden wieder auf. »Die gesamte ONE-C - inklusive der exekutiven *Enco* Truppe - verfügt über diese Fähigkeiten und will die Weltherrschaft übernehmen. Das ist doch Ihre Theorie, Professor?«

Sein Gegenüber schüttelte den Kopf. »Mitnichten. Sie werfen ja alles durcheinander. Es gibt zwar einige wenige, die über diese Talente in Vollendung von ihrer Geburt an verfügen und es ist nicht verwunderlich, dass diese dann hohe Stellungen in der ONE-C bekleiden. Doch die Mehrzahl der ONE-C Mitstreiter ragt nicht besonders stark aus der Masse heraus. Nicht umsonst bedienen sie sich dem Hilfsmittel der steinernen Ringe, wenn sie über weite Distanzen kommunizieren. Das wirkt dann wie ein Resonanzverstärker.«

»Heureka«, zischte es aus Peter hinaus. Er griff in die Innentasche seines Sakkos und holte die kleine Schatulle heraus. »Die Hülle ist ein wirksamer Isolator«, erläuterte er den Mechanismus und öffnete für einen kurzen Augenblick den Deckel, so dass der Professor den schwarzen Kristallring erspähen konnte.

»Wow, wie sind Sie daran gekommen? Gehört der Ring zu Vicky? Dann müsste er im Innenring eine Gravur mit dem Hinweis auf die Nummer Sieben haben.« Martínez war ganz aufgeregt. Noch nie hatte er einen dieser Ringe gesehen - geschweige denn in den Händen gehalten.

»Darf ich?«

Peter schob die Schatulle zu ihm hinüber und der Mexikaner nahm den kunstvoll bearbeiteten Ring aus schwarzem Material vorsichtig aus dem Kästchen.

»Unfassbar. Ich spüre die Kraft der universellen Wellen in einer Stärke, wie ich es noch nie erlebt habe.« Er machte große Augen. »Es ist fantastisch. Ich sehe es. Ich fühle es.«

»Was hat es mit dem schwarzen Kristall auf sich? Glauben Sie, dass unter der Pyramide von heute Nachmittag noch mehr von diesem Material steckt?«

Der Mexikaner nickte heftig mit dem Kopf. »Absolut. Mit diesem Kristall kann man die Welt verändern. Es ist der Zugang zu den letzten Geheimnissen und zu den Anfängen. Peter, hören Sie gut zu. Wir haben einen Verbündeten bei den Vereinten Nationen. Er sitzt im UNO Hauptquartier in New York. Offiziell steht er in den Diensten der ONE-C, doch insgeheim ist er auf unserer Seite und versucht, die Dinge zum Guten zu wenden. Ihr müsst ihn treffen. Ich weiß zwar, dass Sie als Nächstes zurück nach Hamburg müssen. Ihre Frau ...«

Er legte eine kurze Pause ein.

»Doch nehmt das bitte anschließend mit höchster Priorität mit auf die Agenda. Der Krieg muss verhindert werden. Der Verbindungsmann in der UNO nennt sich ...«

In diesem Augenblick erschrak der Mexikaner. In der Tür zum Nebenraum stand ein Mann mit einem landestypischen Sombrero und hielt einen Revolver in der Hand. Er zielte aus der Hüfte und drückte mehrmals ab. Der Professor sackte tödlich getroffen am Platz zusammen und sein Kopf knallte auf die Tischoberfläche. Peter zuckte zusammen und griff instinktiv zu dem Silbertablett vor sich auf dem Tisch. Die Reste der Vorspeisen flogen wild durch den Raum, als er Schutz hinter der Metallplatte suchte. Die Kellner eilten herbei und überwältigten den Schützen. Ohne Gegenwehr ließ er sich zu Boden drücken.

Der Sommelier kam zu Peter und legte ihm eine Hand auf die Schulter. »Sie sind in Sicherheit. Wir halten den Angreifer fest, bis die Guardia Civil kommt. Wie sieht es mit Ihrem Freund aus?« Er fühlte den Puls des Professors. »Ich befürchte das Schlimmste.«

»Er ist tot«, stellte Peter fest. »Sonst hätte der Scheißkerl nicht aufgehört zu schießen.«

Er strich mit seinen Fingern vorsichtig über die Augen des Professors und schloss ihm die Augenlider. Mit einem gezielten Griff sicherte er sich den Ausdruck der sieben

Gebote der Illuminaten. Er wollte schnellstmöglich weg und keinesfalls den Behörden als Zeuge zur Verfügung stehen. »T-M-I«, flüsterte er zu sich selbst.

Er bat das Servicepersonal, ihm den Weg zu den Toiletten zu weisen. Auf schnellstem Weg verließ er die Waschräume durch das ebenerdige Fenster und rannte hinunter zur Straße. Das harte Kopfsteinpflaster hämmerte beim Rennen durch seinen gesamten Körper. In wilder Folge rasten die Gedanken durch seinen Kopf. Hatten sie ihn geortet? Just in dem kurzen Moment, als er den steinernen Ring aus dem Isolatorkästchen geholt hatte? Warum hatte es der Killer ausschließlich auf den Professor abgesehen? Sollte das Wissen um die archäologischen Ausgrabungen und die Existenz des großen schwarzen Kristalls unter der Stufenpyramide von Teotihuacán verborgen bleiben? Wollte sich die ONE-C den exklusiven Zugang zu dem unschätzbaren Wert sichern? Er fand keine Antworten und war froh darüber, dass ihn der Killer verschont hatte. Er fingerte nach seiner Sonnenbrille und tippte an den rechts angeordneten Taster. »I wear my sunglasses at night«, summte er eine bekannte Melodie vor sich hin. »Jack?«, rief er fragend in die Stille der Nacht.

Es dauerte eine ganze Weile, bis sich eine Stimme am anderen Ende der Verbindung meldete. »Du lebst, das ist die Hauptsache. Wir hatten die Signale zu spät empfangen und konnten euch nicht warnen. Verlass das Land so schnell wie möglich. Der Boden ist dort zu heiß geworden.«

»Was du nicht sagst, Jack. Ich hatte gerade überlegt in meinem netten Hotel noch einige Verlängerungstage dranzuhängen. Spaß beiseite. Was soll ich tun?«

»Du begibst dich auf direktem Weg zum Airport. Keine Umwege. Joe hat dich auf die 20.40 Uhr Maschine nach Frankfurt gebucht. Das Boarding startet in 20 Minuten. Gib Gas, Kollege, und schnapp' dir das nächstbeste Taxi.«

Völlig außer Atem erreichte Peter die Verbindungsstraße und winkte hektisch einen Fahrer herbei. Er rückte sich die Sonnenbrille zurecht.

»Jack, hörst du mich? Die haben etwas in Teotihuacán unter der Pyramide gefunden. Es ist der reinste Sprengstoff.«

»Wir kennen die Story vom Mercury...«, wiegelte Jack ab.

Peter nahm das *ComX* in die Hand und suchte nach den Fotoaufnahmen. »Davon rede ich nicht. Unter der *Quetz-sonst-wie* Pyramide liegt ein verdammt großer Brocken des schwarzen Spezial-Kristalls. Hinter einer Art Panzerglas aus der Urzeit. Und noch etwas anderes ist da unten verborgen, was es hier gar nicht geben dürfte. Es ist ...«

Die Verbindung brach ab, bevor Peter seinen Satz beenden konnte.

Kapitel 5

Über den Wolken

Februar 2020

»Sterben ist scheiße.« Es regnete in Strömen und der lehmige Boden war aufgeweicht. Der Mann wischte sich seine klitschnassen Haare aus dem Gesicht. »Doch solange die Ungewissheit bleibt, gibt es Hoffnung.«

Mit letzter Kraft hielt er sich an einer Baumwurzel fest. Sein Blick fiel hinüber auf die andere Seite der Schlucht, durch die sich in einer atemberaubenden Geschwindigkeit ein reißender Fluss schlängelte. Es gab kein Halten. Was immer auf dem glitschigen Untergrund ins Rutschen geriet, glitt unaufhaltsam hinunter in den Abgrund und verhieß allem Lebendigen den sicheren Tod.

Worin sollte in dieser ausweglosen Lage noch Hoffnung bestehen? Er biss die Zähne zusammen und spürte, wie ihm trotz des tropisch warmen Regens die Schweißperlen auf der Stirn standen. Er wollte nicht aufgeben. Niemals. Doch er konnte die Anspannung einfach nicht mehr aushalten. Auf der gegenüberliegenden Seite der Schlucht, in nicht mal zwanzig Metern Entfernung, kämpften zwei Menschen ums Überleben. Zwei Frauen. Die Frau in einer olivfarbenen Uniform sah aus wie eine Soldatin und klammerte sich mit letzter Kraft an einen Ast. Ihr Gesicht war schmerzverzerrt und voller Verzweiflung. Die andere Frau in ihrem Regen durchnässten weißen T-Shirt und einer dunkelblauen Leggins hielt sich mit ihren Händen - so gut sie konnte - am Fußgelenk der Soldatin fest. Mit ihrem linken Fuß stützte sie sich auf einem Felsvorsprung ab. Es war der letzte Strohhalm, der ihr blieb. Die beiden Frauen kämpften nicht gemeinsam um ihr Leben. Jede für sich. Für die Frau in Uniform bestand nur dann noch eine Chance mit dem Leben davon zu kommen, wenn die unter ihr hängende Gegnerin endlich ihr Fußgelenk losließ und in die Tiefe stürzen würde. Und umgekehrt. Sobald die Soldatin keine Kraft mehr hatte, sich am Ast festzuhalten, gab es nichts mehr in der Welt, was die beiden vor dem sicheren Tod bewahrte.

Die Sekunden rannen unaufhaltsam dahin und die Reserven der beiden ließen zusehends nach. Voller Anspannung beobachtete der Mann das Geschehen auf der anderen Seite der Schlucht, doch er konnte nicht eingreifen. Die unten baumelnde Frau am Abgrund war seine Partnerin und es zerriss ihn förmlich, dass er ihr nicht zur Hilfe eilen konnte. Sein Blick war angsterfüllt.

Sie schrie ihn an. »Nimm endlich die Knarre aus dem Rucksack und schieß' sie ab. Oder soll ich hier verrecken?«

Er schluckte und ließ seine Hand ins Seitenfach des Gepäckstücks gleiten. Die Pistole war bereits durchgeladen, seit sie den Weg in den Dschungel angetreten hatten. Was sollte er tun? Würde er die Uniformierte überhaupt treffen? Was wäre, wenn dann alle beide unaufhaltsam in die Tiefe rutschen würden? Sein Puls raste. Er spürte, wie das Blut in seinen Adern puckerte und ein Kribbeln an seinem Hals emporstieg. Sein Finger spürte schon den leichten Gegendruck am Abzug.

Die Atmung wurde immer schneller. Er hielt es nicht mehr aus und er wollte schreien. Doch es ging nicht. Den Mund weit geöffnet, riss er die Augen weit auf.

»Nein. Nein ... Neeein ... «

Kapitel 6

Frankfurt

Februar 2020

Schweißgebadet fiel er in seinen Sitz zurück. Er war aufgewacht aus einem Albtraum, der echter nicht hätte sein können. Die Frau neben ihm zuckte bei seinem heftigen Aufschrei ebenfalls zusammen. Auch einige Passagiere der benachbarten Sitzreihen drehten sich zu ihm um. Er riss sich den Kopfhörer hinunter und stoppte die Wiedergabe des Songs *Day of the Dreamer* auf seinem Smartphone. *Once more I'm safe in your arms.*

»Sorry, ich habe einen schlechten Traum gehabt«.

Die mitreisende Sitznachbarin schaute ihn an. In ihren Ausdruck mischte sich ein gewisses Maß an Faszination und eine gute Portion Mitgefühl. »Es ist nicht schlimm. Jetzt sind Sie ja wieder unter den Lebenden.«

»Unter den Lebenden? Wie meinen Sie das?«

Die Frau schüttelte den Kopf. »Nur so.« Sie wusste nicht, wie Sie darauf reagieren sollte, schließlich hatte sie sich nichts Besonderes bei ihrem Kommentar gedacht

»Ich wollte nicht unhöflich sein. Darf ich mich erst einmal vorstellen? Mein Name ist Peter Berg. Und normalerweise schrecke ich nicht so spektakulär aus meinem Schlaf hoch.«

Die junge Frau lächelte erfreut. Die Spannung hatte sich schlagartig gelöst.

»Nett, Sie kennenzulernen. Ich heiße Nicole …«, und mit einer kurzen Verzögerung ergänzte sie ihren Nachnamen.

»Violetti.«

»Das klingt nicht gerade typisch deutsch.« Peter konnte seine antrainierte Neugier nicht unterdrücken.

»Meine Vorfahren stammen aus Italien. Ist aber lange her. Ich komme aus Berlin. Ist Ihnen das deutsch genug?«

Berg schwieg. Die Frau war attraktiv und schlagfertig. *Wie alt mochte sie sein? Ende zwanzig, Anfang dreißig,* schätzte er. Sie sah trotz des langen Interkontinentalflugs erstaunlich erholt aus. Ihre ebenen Gesichtszüge und die glatten dunkelbraunen Haare verliehen der Frau eine aparte Erscheinung.

»Was hatte Sie nach México City geführt?«, wollte er wissen.

Für einen kurzen Augenblick zögerte sie und ihre Augen fixierten ihn.

»Business.« Sie konnte sich sehr gut vorstellen, dass diese Antwort ihren neugierigen Mitreisenden keineswegs zufriedenstellte und so kam sie einer weiteren Nachfrage zuvor. »Verschwiegenheit gehört zu meinem Metier. Also, falls Sie mal einen Anwalt brauchen sollten, besser gesagt, eine Anwältin, so rufen Sie mich an.«

»Verschwiegenheit ist gut. Sehr gut.« Er reichte ihr sein schwarzes Notizbuch und warf ihr einen auffordernden Blick zu. Als er ihre leichte Irritation wahrnahm, erklärte er. »Ihre Telefonnummer. Wie soll ich Sie sonst anrufen?«

Sie schmunzelte und notierte widerstandslos ihre Kontaktdaten auf eine freie Seite. »Andere hätten Adresse und Mobilnummer ins Handy eingespeichert«, sagte sie, als sie ihm das Büchlein zurückgab. Sie griff in die Innentasche ihres Blazers und holte eine Visitenkarte heraus. »Darf ich Ihnen meine Karte zusätzlich geben?«

Er lächelte. »Kompliment. Das Layout gefällt mir. Und die Karte ist sogar aus Kunststoff. Sehr praktisch.« Er klemmte sie in sein Büchlein und lehnte sich zufrieden in seinem Sitz zurück.

»Wollen Sie mir sagen, wovon Sie geträumt haben?«

Die Frage war ihm eine Spur zu indiskret. Er kannte die Frau nicht. Und nur, weil sie seit einigen Stunden auf dem Flug zurück nach Deutschland neben ihm saß, ergab sich daraus noch keine Vertrautheit. Normalerweise sprach er mit niemandem über seine Gedanken und Träume.

»Eigentlich würde meine Antwort an dieser Stelle *T-M-I* lauten.«

»*T-M-I*? Muss mir dieses Akronym etwas sagen?«

»*Too much information*. Die ideale Antwort, wenn man über eine Sache nicht reden möchte«, klärte er sie auf.

»Oh, cool. Das werde ich mir merken. Echt cool. Es ist ja völlig okay, wenn Sie nicht über den Inhalt Ihres Traums sprechen möchten ...« Sie ließ einfach nicht locker bei dem Thema.

»Ich denke, Sie sind Juristin oder gehörte Sigmund Freud ebenfalls zu Ihrer Familie?«

Sie schüttelte den Kopf. »Nee. Doch Traumdeutungen sind eine Art Hobby von mir.«

»Die Erinnerung ist vage, das kennen Sie sicherlich aus eigener Erfahrung. Und bestimmt gibt Ihnen der Plot genügend Spielraum für Interpretationen.«

»Schießen Sie los. Es handelte sich um eine ausweglose Situation, habe ich recht?«

Peter löste den Sicherheitsgurt und rückte etwas näher an sie heran.

»Na ja, das war wohl nicht schwer zu erraten. So wie ich aus dem Schlaf hochgeschreckt war, ging es doch eindeutig um Leben und Tod, oder?«

»So, so. Es ging um Leben und Tod? Also um das Grundmotiv alles Lebendigen.«

»Bingo. Das Ganze war ein Dilemma.« Er drehte sich zu seiner Nachbarin und schaute ihr direkt in die Augen. »Was glauben Sie? Darf man einen Menschen töten, um dadurch einen anderen vielleicht retten zu können?«

»Oh, Sie stellen seltsame Fragen. Das gehört in den Bereich der Ethik. Was das Handeln bestimmt ... ist es teleologisch oder deontologisch ausgerichtet?«

»Sie meinen, ob man zielgerichtet handelt oder den festgelegten Regeln folgt.«

»Genau. Sie sind gut.«

»Wie lautet denn nun Ihre Antwort? Ich muss schon sagen, dass ich recht überrascht bin, dass Sie nicht gleich kategorisch jede Legitimation für das Töten an sich ausgeschlossen haben. Und das sagt eine Juristin?«

»Halt, halt. Das steht im wahren Leben außer Frage. Aber hier geht es doch um Ihren Traum. Es sind nur Symbole und Vorboten. Vielleicht stehen Sie vor einer schwerwiegenden Entscheidung. Die Menschen in Ihrem Traum, wer waren die Personen? Kennen Sie sie?«

Peter schüttelte den Kopf. »Ja, nein, vielleicht. Die eine Frau war vom Militär. Sie ist mir noch nie begegnet. Bei der anderen Frau bin ich mir nicht ganz sicher.«

In diesem Moment kam die Ansage aus dem Cockpit. Der Landeanflug auf Frankfurt hatte bereits begonnen.

»Ich habe noch etwas Zeit für meinen Anschlussflug nach Hamburg. Geht es bei Ihnen direkt weiter nach Berlin?«, erkundigte sich Peter, als er seine Sachen wieder im Handgepäck verstaute.

Sie nickte. »Und wenn es Sie mal in die Hauptstadt verschlägt, dann melden Sie sich bitte.«

Kapitel 7

Frankfurt - Hamburg

Februar 2020

An der Passkontrolle war Peter Berg einer der ersten Passagiere.

»Woher kommen Sie?«, wollte der Beamte wissen. Peter nannte den Abflughafen. Die Frage an sich war nicht ungewöhnlich. Das Einlesen seines Reisepasses hingegen dauerte deutlich länger als sonst.

»Willkommen zurück in der Heimat, Herr Berg. Sie waren einige Zeit weg. Was führt Sie wieder zu uns?«

Peter Berg hatte in den vergangenen Jahren so viele unglaubliche Situationen erlebt, dass diese jedenfalls nicht standardmäßige Nachfrage nicht mal ansatzweise seinen Argwohn weckte.

»Zurück zur Familie«, entgegnete Peter und fügte noch einen Zusatz hinzu. »Es ist kein erfreulicher Anlass.«

»Es geht um Ihre Frau?«, fragte der Mann hinter der Glasscheibe.

Mit einem versteinerten Blick verharrte Peter. Das konnte und durfte der Mann in Uniform nicht wissen. Augenblicklich war Peter klar geworden, dass mit dem Einscannen des Passes alle Daten über ihn auf dem Monitor sichtbar sein mussten. Die mit dem Reisepass verknüpften Flugnummern, seine Ein- und Ausreisedaten. Von Hongkong wie auch von México City. Wahrscheinlich zeigte der Bildschirm das komplette Dossier an - mit allem, was über ihn in Deutschland gespeichert war.

»Ich glaube nicht, dass Sie das etwas angeht. Und wenn Sie sich schon so schlau geben, sollten Sie wissen, dass Claudia meine *Ex*-Frau ist ... war.«

Der Dialog war augenblicklich verstummt. Der Beamte reichte ihm den Reisepass zurück. »Der Nächste bitte.«

* * *

Beim Einchecken am Gate bat ihn die Mitarbeiterin mit dem gelben Halstuch um einen kleinen Moment Geduld.

»Sie erhalten eine Sitzplatzänderung. Die Maschine ist restlos überfüllt und ich kann leider nichts daran ändern. Alle wollen zurück. Bedauerlicherweise bekommen Sie einen Mittelplatz. Aber Sie sitzen jetzt weiter vorn.«

Sie lächelte und reichte ihm den Papierausdruck des Ticketabschnitts. Direkt unter seinem Namen stand die Bezeichnung des neuen Sitzplatzes. Schwarz auf weiß. Peter reichte ihr den Zettel postwendend zurück.

»*9B*? Das ist ein schlechter Witz. Ein ganz schlechter Witz. Und es soll so ganz zufällig in Ihrem System entstanden sein? Tun Sie mir bitte den Gefallen und geben mir einen anderen Platz. Von mir aus ganz hinten im Flieger.«

Die Lufthansa-Mitarbeiterin verzog das Gesicht. »Was um alles in der Welt spricht gegen 9B? Aber wie Sie wollen, ich werde mein Bestes geben.«

Auf dem Weg zum Flieger, auf der Gangway, sprach ihn ein großgewachsener älterer Mann mit weißem Haar an.

»Darf ich Sie mal etwas fragen? Ich habe eben am Schalter Ihr Gespräch mit der Dame mitbekommen. Wissen Sie, ich reise sehr viel, aber von einem Aberglauben, der mit dem Sitzplatz 9B zusammenhängt, habe ich noch nie etwas gehört.«

Peter drehte sich zu dem Mann um. »Aberglaube? Wissen Sie, auf welchem Platz angeblich das erste Opfer der Anschläge vom 11. September gesessen haben soll? Nein? Sie wissen es nicht? Nun wissen Sie es. Der Platz lautete *9B*. Der Flug der American Airlines AA11. Platz *9B* in der Business Class. Um die Sache für Ihr Verständnis komplett zu machen, sei Ihnen verraten, dass es bestimmte Systeme gibt, in denen Buchstaben auch für Zahlen stehen. Die Römischen Zahlen kennen Sie vielleicht, oder?«

Peter hatte sich fast in Rage geredet. Der Mann schaute ihn entgeistert an und antworte brav mit einem *Ja, ich kenne die Römischen Zahlen*. Peter führte seine Erklärung ungeschmälert fort.

»Tja, die Römischen Zahlen. Und wenn Sie nach einem Zahlen-Code für den Buchstaben *B* suchen, so kommen Sie recht schnell auf das Hexadezimalsystem. Nun raten Sie mal. Welcher Zahlenwert versteckt sich wohl hinter dem Buchstaben *B*?«

Der hagere Mann schaute irritiert und zuckte mit den Schultern. Eine solch ausführliche Antwort hatte er nicht erwartet und der Inhalt der Botschaft beunruhigte ihn.

»*B* steht für die *11*«, kommentierte Peter und setzte den Fuß in den Flieger. Wie aus dem Nichts durchfuhr ihn ein höllischer Schmerz. Er fasst sich an seinen Rücken und verzog sein Gesicht. Dann hustete er. Drei, viermal. Der Husten war trocken und tief sitzend. In Hongkong musste er sich einen hartnäckigen Infekt eingefangen haben. Er zögerte. *Hoffentlich hatte das nichts mit dem neuen 2019-nCoV zu tun.* Ein letztes Mal drehte er sich zu dem Mann um.

»Entschuldigen Sie, aber auf *9B* möchte ich nun wirklich nicht sitzen. *9B* ist *9/11*, der Sitzplatz des angeblich ersten Opfers dieses verhängnisvollen Tages.«

Der Mann hinter ihm machte große Augen. Er war sich nicht mehr sicher, ob er den Flug überhaupt noch antreten wollte. Künftig würde er sich sehr gut überlegen, Fragen nach der Bedeutung von Sitzplatznummern zu stellen.

Kapitel 8

Hamburg

Februar 2020

Es klingelte an der Tür. Peter rückte sich den Manschettenknopf zurecht und warf einen flüchtigen Blick in den Spiegel. Sein Kompagnon, Frederik Koop, meldete sich über die Türsprechanlage.

»Soll ich noch kurz zu dir hochkommen oder wollen wir direkt los?«

So viel Zeit musste sein. Die beiden Männer waren nicht nur über die Anfänge ihrer gemeinsamen Agenturtätigkeit miteinander verbunden. In den vielen Jahren, die sie sich kannten, waren sie zu echten Freunden geworden.

»Sechs lange Jahre, Peter. Wo ist die Zeit hin? Gut, dass du wieder da bist.« Frederik begrüßte den Rückkehrer herzlich und umarmte ihn.

»Es tut mir sehr leid. Wegen Claudia. Das kam alles sehr überraschend.«

Peter drückte ihn und dankte ihm für sein Mitgefühl.

»Ja. Damit hatte wohl niemand gerechnet. Wie sagt man? Aus heiterem Himmel? Anscheinend war sie gerade auf dem besten Weg, mit ihrem neuen Partner glücklich zu werden. Wie ich hörte, ist alles für die Trauerfeier vorbereitet?«

Frederik nickte. »Stimmt, das hat ihr Neuer in die Hand genommen. Und ihre Eltern. In der Kirche wird es wohl sehr voll werden.«

»Voll? Heute ist Donnerstag. Warten wir es ab.«

Die Männer gingen nach unten und stiegen ins Auto.

»Eine nette Kiste hast du dir geholt. Nagelneu?«

Der Agenturchef Frederik schüttelte den Kopf. »Nein, das wäre schön. Mehr Schein als Sein. Der Mustang ist geleast. Weißt du, unser Geschäft läuft nicht mehr gut.« Er schluckte. »Gar nicht gut.«

»Wieso? Die Verträge waren doch alle unter Dach und Fach. Sind uns Kunden abgesprungen?«

»Zum Teil auch das. Ja. Wir werden zunehmend mit enormen Zahlungsausfällen konfrontiert. Hinzu kommt eine Patentverletzungsklage.«

Peter zog seine Augenbraue hoch. »Wiederhole das bitte. Eine Patentverletzung? Das ist doch unmöglich. Wir hatten uns die Schutzrechte für all unsere Produkte gesichert.«

»Es ist kompliziert. Peter, du bist ehrlich gesagt seit sechs Jahren aus dem Business heraus. Der Ton ist sehr rau geworden. Schutzrechte? Hm. Offensichtlich sind einige unserer Modellreihen doch nicht in bestimmten Ländern abgedeckt. Das Schreiben der Patentanwälte aus Shanghai liest sich wie eine Bankrotterklärung.«

»Shanghai? So 'ne Schiete. Wäre ich doch in Hongkong geblieben. Ich habe fast das Gefühl, die ganze Welt bricht zusammen. Ist es wirklich so schlimm, Frederik? Kannst du noch etwas machen? Du bist doch der Finanzprofi.«

Sein Gegenüber presste wortlos die Lippen aufeinander. Die Lage musste dramatisch sein.

Frederik setzte den Blinker und bog nach rechts ab. »Wir müssen uns entscheiden. Wenn du nach der Beerdigung noch Zeit hast, kann ich dir die Optionen aufzeigen.«

»Komm schon. Wir müssen nicht bis zum Nachmittag warten. Welche Alternativen haben wir? Los, sag.«

»Peter, die Klage überleben wir nicht. Allein die Anwaltsgebühren rauben uns die letzte Liquidität. Ein Telefonat mit den internationalen Anwälten schlägt bereits mit Hunderten von Dollar für wenige Minuten zu Buche.

Da rinnt uns das Geld nur so durch die Finger. Eigentlich bleibt nur der Verkauf, sonst gehen wir den Bach runter.«

»Verkauf? Mit diesen Belastungen finden wir doch keinen Investor. Schlag dir das aus dem Kopf. Wir müssen kämpfen.«

»Es wäre ein Kampf gegen Windmühlen, mein Lieber. Vergiss es. Die Gesetzmäßigkeiten der Wirtschaft werden wir nicht ändern können. Und ja. Es gibt einen Kaufinteressenten. Dabei handelt es sich ausgerechnet um das Unternehmen, das über die bewussten Patente verfügt. Ein chinesischer Mittelständler.«

Mit einem bedächtigen Nicken quittierte Peter die Ausführungen. »Verstehe. Dann ziehen sie die Klage zurück und schnappen sich unser gesamtes *Intellectual Property* für einen Spottpreis. Das kann nicht legal sein. Gangster sind das. Wirtschaftskriminelle. Hey, Frederik, das wollen wir doch nicht akzeptieren, oder?«

Sein Partner schien sich bereits entschieden zu haben. »Wir haben keine Wahl. Ich habe seit Wochen mit verschiedenen Experten gesprochen. Wenn du zustimmst, kann es ganz schnell eine Rettung geben. Sonst geht die *M.E.P* Agentur den Bach runter. Und wir gleich mit.«

»Wie viel?«, wollte Peter wissen.

»Eine Million für alles. In Euro.«

Peter sagte nichts. Die letzten Jahrzehnte zogen an ihm vorbei wie ein Film im Zeitraffer. Die beiden Freunde waren gleichberechtigte Gründer und Partner. Ihm würden 500.000 Euro bleiben. Abzüglich Steuern und Gebühren. Nicht gerade viel für ein Lebenswerk und schon gar nicht als Ausgleich für die jahrelange Aufbauarbeit und die Zeit der Entbehrungen.

»Das ist alles? Der wahre Wert liegt bei weitem darüber. Was ist mit unseren Agenturmitarbeitern? Werden sie übernommen und bleibt der Firmensitz in Hamburg bestehen?«

»Das lässt sich sicherlich noch diskutieren. Die Vertragsentwürfe sind jedenfalls schon vorbereitet. Was ist? Wirst du mit von der Partie sein?«

Peter griff sich in den Nacken und verzog die Mundwinkel. Noch überwog die Skepsis.

»Die Sache geht mir zu schnell. Kann es nicht sein, dass es einen Haken dabei gibt? Wie aus dem Nichts werden wir mit einer Klage konfrontiert. Gerade zu einem Zeitpunkt, wo das Geschäft mal nicht so rund läuft. Und die Chinesen stehen schon Gewehr bei Fuß. Es sind zu viele Zufälle, Frederik. Die Sache stinkt. Glaub es mir. Jemand will uns aus dem Business drängen.«

»Na, logisch. Das Unternehmen aus China baut seine Marktanteile aus. Das ist alles. Überlege es dir. Und wenn's geht, bitte schnell. Wir haben nur noch wenige Tage, bis die Einspruchsfrist bei der Klage vorüber ist. Dann tickt die Uhr und es gibt keinen Weg mehr zurück.«

* * *

Sie hatten die kleine Stichstraße zur Kirche erreicht und stellten das Fahrzeug ab. Die Trauergemeinde hatte sich bereits eingefunden. Peter nahm in der ersten Reihe auf der linken Seite Platz. Kurz nach ihm kam sein Sohn Robert mit seiner Freundin Lizzy in die Kirche und sie setzten sich neben ihn.

Die Pastorin fand die richtigen Worte. Als das Spiel der Orgel ansetzte, rannten auch bei Peter die Tränen über die Wangen. Es hatte viele gute Jahre gegeben. Er legte seine Hand auf Roberts Schulter. Die Zeit, als sie sich ihr Leben gemeinsam aufgebaut hatten, und die glücklichen Jahre, als sie eine junge Familie waren, blieben unvergessen. Erinnerungen an die gemeinsamen Urlaube in Dänemark wurden geweckt. Warum wurde seine Ex-Frau so früh aus dem Leben gerissen? Es gab keine Antwort.

Der Himmel war wolkenverhangen und es nieselte an diesem nasskalten Tag im Februar. Die Männer trugen die Urne zum Grab und setzten sie behutsam in die Tiefe. *Die machen nur ihren Job, reine Routine*, dachte Peter. Er versuchte, einen künstlichen Abstand zu der Situation aufzubauen. Doch es wollte ihm nicht recht gelingen. Er drückte die Hand von Claudias letztem Lebenspartner. Beide hatten etwas Wichtiges in ihrem Leben verloren. Peters Blick wanderte durch die Reihen, die am Grab standen. Er erspähte die Kolleginnen aus Claudias Boutique, die Angehörigen sowie Freunde und Bekannte. Manche hatte er das letzte Mal vor vielen Jahren gesehen. Die meisten von ihnen würde er bei der anschließenden Trauerfeier im nahegelegenen Café wiedertreffen. Bevor sich Peter auf den Weg zurück zum Parkplatz machte, wurde er von einem alten Bekannten abgefangen.

»Herr Berg. Welch eine Überraschung, dass Sie hier sind.« Die Ironie in der Stimme war nicht zu überhören.

»Kriminalkommissar Winter. Hanno Winter. *Sie* habe ich heute wirklich nicht erwartet. Haben Sie dienstfrei oder genießen Sie schon Ihren Ruhestand? Sagen Sie, kannten Sie meine Frau oder was führt Sie an diesem verregneten Tag hinaus aus dem warmen Büro?«

»Haben Sie einen Moment?«

Die beiden Männer machten ein paar Schritte zur Seite und stellten sich neben einen hohen Wacholderbaum. Seit dem tödlichen Anschlag auf seine Agentur im Sommer 2013 hatte er den Kommissar nicht mehr gesehen. Der Beamte hatte damals den Mord an einem IT-Spezialisten untersucht und Winter vermutete, dass das Attentat eigentlich Peter Berg selbst galt.

»Ich bin froh, dass es Ihnen gut geht, Herr Berg. Hat sich aus Ihrer Sicht in der Sache noch etwas Neues ergeben?«

»Sie meinen, ob ich inzwischen weiß, wer hinter dem Überfall steckt? Herr Winter, das liegt sechseinhalb Jahre zurück. Wissen Sie, ich bin indessen zu der Einsicht gelangt, dass es manchmal besser ist, nicht zu sehr im Nest der Hornissen zu wühlen. Warum fragen Sie?«

Der alte Haudegen strich sich durchs Haar. »Erstens ist der Fall für mich noch nicht abgeschlossen. Der Täter konnte bis heute nicht ausfindig gemacht werden und Sie ...«, er zögerte. »Sie, mein lieber Berg, sollten eigentlich das Opfer sein und ins Gras beißen. Das ist Ihnen mittlerweile wohl auch klar geworden. Was mich nur wundert, ist, dass man Sie am Leben gelassen hat.«

Peter schlug sich den Kragen seines Wollmantels hoch.

»Ich bin beeindruckt. Sie verstehen es so richtig, einem Mut zu machen. Wer soll mich denn Ihrer Meinung nach im Visier haben? Und warum? Will sich jemand meine Agentur und die Patente unter den Nagel reißen?«

»Netter Ablenkungsversuch. Um Ihre Firma geht es nicht, das wissen Sie selbst. Die steht kurz vorm Exitus. Gut möglich, dass das ein Teil des Plans ist. Aber soll ich Ihnen etwas sagen. Nein, darum geht es nicht. Es muss etwas ganz anderes sein. Wissentlich oder nicht waren sie damals im Besitz brisanter Information – oder vielleicht sind Sie es noch.«

»Wie kommen Sie darauf? Wissen Sie mehr als ich?«

»Wohl kaum.« Der Kriminalkommissar blieb stehen und blickte Peter vis-a-vis in die Augen. »Doch wie erklären Sie sich, dass vor einigen Wochen zwei Männer vom Bundesnachrichtendienst bei mir auftauchten und alle Akten über Sie und den Mord in Ihrer Agentur einsehen wollten? Der BND, mein Lieber. Das ist keine harmlose Geschichte aus dem Vorstadtrevier.«

Peter stutzte. Der BND? Der Bundesnachrichtendienst? Augenblicklich konnte er die Reaktion des Grenzbeamten in Frankfurt besser einordnen. Jemand wusste, dass er auf dem Weg zurück nach Deutschland war. Seit der Nachricht vom Tod seiner Ex-Frau wurden wahrscheinlich weltweit alle Passagierlisten durchsucht, wann und wo ein gewisser Peter Berg plötzlich wieder auftauchte. Doch welches Interesse sollte der deutsche Geheimdienst an einem unbescholtenen Unternehmer haben?

»Interessant. Da gebe ich Ihnen recht. Das ist ziemlich merkwürdig.«

»Das können Sie wohl sagen. Die Jungs vom Nachrichtendienst waren ziemlich hartnäckig und erkundigten sich nach einem geheimnisvollen USB-Stick. Den wir allerdings nicht in unseren Ermittlungsakten hatten und ich nehme an, Sie haben das Ding auch nicht oder doch?«

Peter schwieg. Der Kommissar machte einen loyalen Eindruck, doch sollte er ihm sein Geheimnis anvertrauen?

»Rein theoretisch – also nur mal angenommen – es würde den bewussten Memorystick geben. Was dann? Stellen Sie sich vor, es fänden sich darauf Informationen, die das gesamte Weltgeschehen in einem anderen Licht erscheinen lassen würden. Zahlen, Daten, Fakten, die selbst die Enthüllungen von Eddie Downsen bei weitem in den Schatten stellen würden.«

»Immer locker bleiben, Herr Berg. So schlimm wird es schon nicht sein. Und bitte nicht übertreiben.«

»Meine Mutter sagte immer, *nur nicht provozieren lassen*. Punkt. Ich werde Ihnen – in diesem rein theoretischen Gedankenspiel – nicht sagen, worum es sich handeln könnte. Die Sache ist zu groß. Nichts fürs Vorstadtrevier.«

»Ihre Entscheidung. Behalten Sie Ihr Wissen für sich und ich drücke Ihnen die Daumen, dass Sie es nicht mit in den Tod nehmen.«

»Ich mag Ihren Sarkasmus nicht.«

»Berg. Das ist kein Spiel. Sie können von Glück sagen, dass man Sie noch am Leben lässt. Warum weiß der Teufel. Mir kamen die Kerle vom BND auch nicht ganz geheuer vor und ich habe nicht die geringste Ahnung, in wessen

Auftrag die Männer eigentlich bei mir waren. Sie waren bestens im Bilde und die seltsamen Bemerkungen über den Tod ihrer *Ex* schmeckten mir gar nicht.«

Peter zögerte und kniff seine Augen zusammen. »Was für Bemerkungen? Wovon reden Sie?«

»Nun. So etwas im Sinne von *eine verstummte Zeugin ist keine Gefahr mehr*. Wissen Sie, ich hatte von den Männern zwar keine Anteilnahme erwartet, aber die Äußerungen gingen weit über jeden Zynismus hinaus. Mein kriminalistischer Spürsinn war gelockt und ich habe mir einen Einblick in die Krankenakten verschafft.«

»Das geht?«, erkundigte sich Peter.

»Fragen Sie nicht so viel. Jedenfalls machte mich der Verlauf der Erkrankung skeptisch. Also rein theoretisch und mit ganz viel Fantasie, könnte man auch vermuten, dass ihre Ex-Frau keines natürlichen Todes gestorben ist.«

Peter schluckte. Er konnte nicht glauben, was er hörte und ihm lief ein eiskalter Schauer über den Rücken.

»Eine weitergehende Untersuchung, beziehungsweise eine Exhumierung, scheidet leider aus«, stellte er fest.

»*Ashes to ashes*. Sie sagen es. Das konnte ich nicht verhindern. Und im Großen und Ganzen ist es ja auch nur eine Spekulation von mir. Wie sieht Ihr Plan aus?«

Der Unternehmer schüttelte wortlos den Kopf. Der Boden unter ihm schien unvermittelt ins Wanken zu geraten. Soeben hatte er seine Ex-Frau zu Grabe getragen, seine Agentur stand vor dem Untergang, der Kontakt zu seinen Verbündeten in Hongkong war quasi abgerissen und auf ein kleines Kommunikationsgerät beschränkt. Es war wie verhext. Um alles in der Welt wollte er seinen Sohn aus der Geschichte heraushalten. *Der Kommissar fragte nach einem Plan?* Den gab es nicht. Nach den schrecklichen Ereignissen in Asien, wollte er eigentlich aussteigen und wieder ein ganz normales Leben führen. Das war ihm nicht gelungen. Stattdessen steckte er jetzt mitten drin in der gefährlichsten Mission seines Lebens. Professor Martínez hatte gar von einem bevorstehenden Dritten Weltkrieg gesprochen. Und alle Aktivitäten wurden von der aktuellen Virus-Epidemie überschattet, die jegliche Koordination einer Gegenwehr behinderte.

Die Zeichen der Zeit ließen befürchten, dass die Geheimen Drahtzieher nicht ruhten und bereits die nächsten Schritte zu einem globalen Umsturz vorbereiteten, doch es gab nicht den geringsten Hinweis. Rein gar keinen Anhaltspunkt – außer vielleicht dem neuen *2019-nCoV* Virus, das jedoch immer noch auf ganz natürliche Ursachen zurückgehen konnte.

Wenn es überhaupt noch eine Zielsetzung für die Rebellen gab, so bestand sie darin, die geheime Organisation aufzudecken und ihre Anschläge zu verhindern. Doch es war ein aussichtsloser Kampf. Schon gar nicht konnte dabei ein Kommissar aus Hamburg helfen, so lautete jedenfalls Peters unverblümte Meinung. Der Stick beinhaltete sowieso nur alte Informationen bis zum Jahre 2011. Brisant genug waren sie noch immer, keine Frage, und vielleicht waren sie seine einzige Lebensversicherung. Er sinnierte. Sollte er eine Kopie der Daten beim Kommissar hinterlassen. Nur für alle Fälle?

»Rein theoretisch könnte ich Ihnen eine Kopie des Datenspeichers besorgen. In einem verschlossenen Umschlag, der bei Ihnen sicher verwahrt bleibt. Nur für den Fall, dass mir etwas zustoßen sollte ...«

»Oh, damit hatte ich gar nicht gerechnet, dass ich schon so bald einen Blick in den Umschlag werfen kann.«

Nun musste auch Peter lachen. Das erste Mal an diesem Tag.

»Sagte ich bereits, dass ich Ihre Art nicht mag? Kommissar Winter, ich gebe Ihnen einen kleinen Hinweis, worum es geht, dann können Sie die Sache besser einordnen. Vor fast 15 Jahren lebten hier bei uns in

Hamburg-Harburg begabte Studenten. Aus Ägypten und aus Saudi-Arabien.«

»Hey, hey, Sie reden jetzt aber nicht von den Attentätern des 11. Septembers in New York, oder? Damals war hier die Hölle los. Sie glauben gar nicht, was uns dadurch für ein Stress bereitet wurde.«

»Hielten Sie die Studenten für die Täter?«

»Berg, was ist das denn nun wieder für eine Frage? Die Kerle haben die Flugzeuge entführt und in die Türme gesteuert.«

»Wirklich?«

»Das liegt außerhalb meines Ermittlungsbereichs. Bei uns in Hamburg sind die Jungs vorher jedenfalls nicht aufgefallen.«

»Logisch, denn keiner von ihnen zählte zu den wahren Attentätern.«

Der Kommissar fuchtelte mit seinen Armen in der Luft herum. »Verschonen Sie mich mit Verschwörungstheorien. Das ist ausgemachter Blödsinn. Tünkram.«

»Sehen Sie. Lassen Sie den Umschlag verschlossen und die Vergangenheit ruhen, jedenfalls solange ich unter den Lebenden weile. Manches Wissen macht einen nicht froh. Was denken Sie? Rein theoretisch gesehen?«

Der Kriminalkommissar nickte. »Sie können sich auf mich verlassen. Geben Sie mir ein Signal, wenn ich Ihnen helfen kann.«

Peter verabschiedete sich und schloss sich der Trauergemeinde an.

»Was wollte der Typ?« fragte Frederik, als Peter die Wagentür des Ford Mustangs zuschlug.

»Erinnerst du dich nicht mehr? Der Mann ist von der Kripo. Er hatte damals bei uns in der Agentur nach den Schüssen auf den IT-Experten ermittelt. «

»Ah, verstehe. Kommissar Winter. Was wollte der denn bei der Beerdigung von Claudia? Sehr merkwürdig.«

* * *

Die Gastwirtschaft lag ganz in der Nähe und sie brauchten keine fünfzehn Minuten für die Wegstrecke. Kurz bevor sie ihr Ziel erreichten, beugte sich Peter zu seinem Kompagnon hinüber.

»Du könntest mir einen Gefallen tun. Hattest du nicht mal einen Kontakt ins Bundeskanzleramt in Berlin?«

Frederik schaute ihn leicht irritiert an. »Glaubst du etwa, die werden sich für unsere Agentur einsetzen? Im Ernst?«

»Nein, es geht um etwas ganz anderes. Ein politisches Thema. Großes Kino.«

»*Tit for tat*. Als hätte ich es im Gefühl gehabt, dass ich dir im Gegenzug etwas anbieten kann. Erst gestern fiel mir die Visitenkarte eines Bekannten aus dem diplomatischen Dienst in die Hände. Deal or no deal?«

Peter ahnte, worauf sein Freund und Geschäftspartner hinauswollte.

»Du bist gewieft. Ich soll den Vertrag unterschreiben und unsere Agentur verkloppen, dann stellst du den Kontakt her? Stimmt's? Aber vielleicht ist es wirklich das Beste für uns.«

Ohne zu antworten, hielt Frederik seine Hand über die Mittelkonsole. Peter schlug ein. Der Handschlag kam der Aufgabe von einem Teil seines Lebens gleich. Hamburg, seine Agentur und sein Lebenswerk würde er nun endgültig hinter sich lassen. Es war vorbei. Die Spezialagentur *M.E.P.* war Geschichte.

Es gab Kaffee und Plattenkuchen. Schon nach kurzer Zeit herrschte ein lauter Geräuschpegel. Viele der Gäste hatten sich seit langem nicht mehr gesehen und es gab zahlreiche Neuigkeiten, die ausgetauscht wurden. Nach den Beileidsbekundungen bahnte sich Peter Berg den Weg zu seinem Sohn. Er nahm ihn in den Arm und drückte ihn.

»Wir werden sie nie vergessen. Versprochen.«

Über die Wangen seines Sohns liefen Tränen. Der Verlust der Mutter war gravierend. Hin und hergerissen zwischen Trauer und Erinnerungen. Die Frage nach dem *Warum* war verbunden mit einer ungewissen Zukunft.

»Wie geht es nun weiter, Dad?« Robert wischte sich mit der Hand über das Gesicht. Er wollte tapfer sein. Die beiden suchten sich ein ruhiges Plätzchen, wo sie ungestört reden konnten. Roberts Freundin gesellte sich zu ihnen.

»Auch wenn der Anlass zutiefst traurig ist, so ist es doch schön, euch gesund wieder zu sehen. Robert, Lizzy, fühlt ihr euch sicher?«

Sein Sohn nickte. »Kein Problem. Wir haben einige recht gute Verbindungen aufgebaut. Im wahrsten Sinne des Wortes in den Untergrund. Wenn du auch mal richtig abtauchen musst, sag Bescheid. Tief unter der Oberfläche gibt es verborgene Orte, wo einen niemand findet.«

»Danke, doch es wird nicht so einfach sein, den Kontakt miteinander aufzunehmen. Ganz bewusst bin ich quasi offline.« Peter legte sein *ComX* auf den Holztisch.

»Ist es das neue iPhone?«, zeigte sich Robert angetan.

»Habe ich mir in Hongkong besorgt. Es ist noch nicht auf dem Markt.« Er lächelte. »Nein, Spaß. Das Gerät ist eine Erfindung unserer technischen Experten. Es funktioniert nicht mit einer normalen SIM-Karte, sondern via Satellit. Exklusiver Zugang nur mit meinen biometrischen Merkmalen. Iris und Fingerabdruck. Ihr könnt mich darauf nicht anrufen, denn es gibt keine Nummer. Aber wenn ich es richtig verstanden habe, lassen sich damit über verschlungene Pfade Nachrichten auf eure Social-Media-Kanäle schicken. Mobiltelefone sind für die Rebellen tabu. Ihr wisst ja, wie leicht die Dinger abgehört werden können. Die einzige Möglichkeit, dass wir miteinander kommunizieren, ist unser direktes Gespräch oder ich schicke euch eine Nachricht über den Verbindungskanal.«

»Der Technikfreak ist Joe, richtig? Wie geht es Rosanna? Und wo sind sie eigentlich? Immer noch in Hongkong?«

»Rosanna ist unterwegs, wie die meisten von uns. Durch die verschärften Sicherheitsaspekte in der Kommunikation werden wir noch einige Wochen lang nichts voneinander hören. Joe hält die Stellung in Hongkong. Zum Glück ist er dort nicht allein. Es gibt noch jemanden, der auf unserer Seite ist. Ein Profi durch und durch. Er nennt sich Jack.«

Es blieb keine Zeit für Erklärungen. Lizzy und Robert nahmen die neue Information einfach so hin. Sie bemerkten, wie sehr Peter unter Druck war. Er hustete und fasste sich zugleich mit seiner Hand an den Rücken.

»Dad, was ist? Hast du Schmerzen? Du solltest mal zum Arzt gehen.«

»Alles zu seiner Zeit. Erst muss ich die Sache zu Ende bringen.«

Lizzy mischte sich in die Unterhaltung ein. »Was heißt das? Zu Ende bringen? Sollen wir die Karten aufdecken und den Bericht über 9/11 veröffentlichen? Es wird überall hohe Wellen schlagen, wenn herauskommt, dass bei vielen politischen Entscheidungen andere Hintermänner die Fäden in der Hand halten und dass viele Terroranschläge auf ein Konto aus den eigenen Reihen gehen. Prinzipiell müssten viele Regierungen komplett abdanken.«

»Hey Lizzy, natürlich bin ich davon ausgegangen, dass deine Reportage inklusive des letzten journalistischen Feinschliffs im Kasten ist. Schließlich hattet ihr sechs Jahre Zeit dafür.«

Sie nickte. »Worauf also warten?«

»Ich habe schon lange darüber nachgedacht. Die Veröffentlichungen würden im Keim erstickt werden. Wenn überhaupt ein renommiertes Magazin darauf anspringt, so kämen die Widersacher aus allen möglichen Lagern. Nicht auszuschließen, dass ihr mit Klagen überhäuft würdet. Die Story könnte schnell versanden und wir wären keinen Schritt näher an die Geheimen Drahtzieher herangekommen.«

Robert hob seine Hand. Es wirkte wie ein Einspruch. »Nicht so schnell. Die Frau, die ihr damals in Hongkong in eure Gewalt bringen konntet, wie hieß sie doch gleich? Victoria? Was habt ihr aus ihr herausgequetscht?«

Peter stimmte ihm Kopf nickend zu. »Es war nicht sehr ergiebig. Da haben sich unsere Agenten-Profis die Zähne ausgebissen. Erst am letzten Tag hat sie andeutungsweise Details herausgelassen ...«

»Am letzten Tag? Äh? Ist sie tot?«, wollte Robert wissen.

Peter wand seinen Kopf. »Nein, sie erfreut sich bester Gesundheit. Sie konnte im Trubel von Hongkong fliehen.«

»Ihr hattet gehofft, über Victoria an die geheime Organisation zu kommen, habe ich recht? Vielleicht bereiten sie längst die nächsten Anschläge vor, nachdem die Entführung der Malaysia Airlines MH 370 mächtig schief gegangen ist.«

»D'accord. Genau davon gehe ich auch aus. Das Virus *2019-nCoV* ist erst der Anfang. Ist euch beim Namen des Virus etwas aufgefallen? Es klingt verdammt nach der *Enco* und dem *V* von Victoria. Sie hatte uns einige Hintergründe dazu verraten. Nun, in Kürze wird der Name des Virus wohl neu festgelegt werden, damit nichts mehr auf die Urheberschaft hindeutet. Die nächsten Attacken sind in der Planung. Und sie werden schlimmer werden als alles andere zuvor. Ganz im Geiste von Albert Pike, dem Illuminaten.«

Die Bedienung stand mit einem Tablett und frischem Kaffee neben ihnen, doch Peter lehnte dankend ab.

»Ihr habt von Pike gehört?«, fasste er nach. Ihre ratlosen Blicke sprachen Bände.

»Ich mach's kurz. Albert Pike war ein Freimaurer, ein Illuminat, der im August 1871 die Weltkriege vorhergesagt hatte. In seinen Briefen hatte er den Bauplan für die

Entwicklungen im Weltgeschehen festgelegt. Wir müssen davon ausgehen, dass es immer noch Kräfte gibt, die alle Hebel in Bewegung setzen, diesen Ablaufplan einzuhalten. Und nun zu deinem Vorschlag, Lizzy. Wir sollten den Weg, an die Öffentlichkeit zu gehen, in petto behalten, aber sehr genau timen. Und handeln, erst wenn die Zeit reif ist – sonst verschießen wir nur unser Pulver und verjagen die Raubtiere. Ich werde in absehbarer Zeit noch einen letzten Versuch unternehmen, die offiziellen Pfade zu nutzen.«

»Die da wären?«, zeigte sich sein Sohn voller Neugier.

Peter drückte seinen Oberkörper nach vorn heraus und wollte Stärke demonstrieren.

»Wir sind ein demokratisches Land. Daher werde ich den Kontakt zu unserer Regierung aufnehmen und von der Gefahr berichten. Wenn die Strategie aufgeht, wird der Staatsapparat die Aufgabe übernehmen. Rebellen hin oder her. Auf uns allein gestellt werden wir der Sache und dem kolossalen Umfang niemals gewachsen sein.«

»Du spinnst, Dad. Ich kann mir nicht vorstellen, dass das gut geht. Wen kennst du denn von denen? Die Kanzlerin ja wohl nicht, oder?«

»Frederik kennt einen Insider im Staatsdienst. Ich werde den Mann so schnell wie möglich treffen und ihm alles erzählen. Dann sind die Fakten aktenkundig, ein für alle Mal.«

Lizzy drückte ihre Skepsis aus. »Ganz so sicher wäre ich mir nicht. Auch bei den Enthüllungen von Eddie Downsen ist das meiste totgeschwiegen worden. Wie immer. Bis ein Untersuchungsausschuss ins Leben gerufen wird, vergeht wertvolle Zeit. Und die haben wir vielleicht nicht.«

»Wenn es klappt, werde ich schon in wenigen Wochen ein Treffen in Berlin arrangieren. Übrigens Robert, hast du noch den USB-Stick? Du weißt schon, welchen ich meine.«

Sein Sohn nickte. »Klaro. Der hütet ein süßes Geheimnis.«

Peter verstand die Anspielung nicht und zog eine Augenbraue nach oben. »Ein süßes Geheimnis?«, wiederholte er.

Robert beugte sich zu ihm und flüsterte in sein Ohr. »Versteckt in einem Glas Nutella. Sicher verpackt in einem kleinen Plastikbeutel, umgeben von der köstlichen, leckeren Nuss-Nougat Masse.«

Die Vorstellung daran weckte bei Peter keine Freudensprünge.

»Solange ich das Teil nicht mit meinen Fingern dort herausholen muss ... Die Überlegung ist die folgende. Vorhin, auf dem Friedhof, sprach mich Kommissar Winter an. Du wirst dich bestimmt an ihn erinnern. Winter hatte im Sommer 2013 in der Sache des Anschlags auf unsere Agentur ermittelt. Ich denke, wir können ihm trauen. Möglicherweise als einzigem zurzeit. Wir könnten den USB-Stick bei ihm hinterlegen. Nur für alle Fälle.«

Sein Sohn schaute ihn bestürzt an. Womit rechnete sein Vater? Hatte er plötzlich Angst bekommen, dass ihm etwas Unerwartetes zustoßen könnte? Wie dramatisch war die Lage wirklich? Bislang schien sich eine kleine rebellische Truppe ehemaliger *Enco*-Agenten erfolgreich formiert zu haben. Gegenmaßnahmen wurden akribisch koordiniert und letztendlich konnte sogar ein geplanter Anschlag durch das entführte Verkehrsflugzeug der Malaysia Airlines abgewendet werden. Die Zentrale der Attentäter in Hongkong hatten sie ausgehebelt und sie konnten sogar eine Gefangene machen. Eine hochkarätige Gefangene. Victoria Vicem, die Nummer Sieben aus der Top-Führungsriege der geheimen Drahtzieher der ONE-C. Offensichtlich war jedoch jeder Versuch fehlgeschlagen, über Victoria Vicem an die Hintermänner der Organisation zu kommen. Der Ansatz, den die Truppe der Rebellen verfolgte, war gescheitert. Für Robert und Lizzy bestand in der Veröffentlichung des Reports die beste Option.

»Dad. Bist du in Gefahr? Dann wäre doch die Flucht nach vorn eventuell die beste Strategie. Mit einer Publikation nehmen wir allem den Wind aus den Segeln und du kommst wieder in dein normales Leben zurück.«

Nüchtern betrachtet war die Lage jedoch schlimmer als je zuvor. Peter relativierte die Einschätzungen bezüglich einer Veröffentlichung aufs Deutlichste.

»Vergesst es. Ein für alle Mal. Wir sind alle verloren, wenn wir die ONE-C nicht stoppen können. Ein Zeitungsbericht wird daran nichts ändern. Der Krieg wird von der ONE-C bereits vorbereitet. Nur, dass niemand weiß, wann und wo die Schlacht beginnt. Wir haben alles versucht, es aus ihr herauszuquetschen. Ohne Erfolg. Victoria Vicem ist eine Schlange. Drückt uns die Daumen. Manche verschollen geglaubten Kollegen sind wieder mit an Bord. Martijn zum Beispiel. Und noch einige andere, die bei unserer 2013er Konferenz in Leipzig mit dabei waren. Noch haben wir nicht aufgegeben.«

Sein Sohn nickte. »Okay, Dad. Wir drücken die Daumen.«

»Also, zurück zum USB-Stick. Könnt ihr ihn in einem versiegelten Umschlag beim Kommissar vorbeibringen? Und parallel müsstet ihr den Zugangscode bei einem Notar sicher hinterlegen.«

Die beiden stimmten zu.

»Wir behalten jedoch eine Kopie davon, korrekt?« Lizzys Blick wirkte leicht kokettierend und bei ihrem Lächeln zeigten sich ihre kleinen Grübchen.

Peter erinnerte sich noch sehr gut an den Rosetta Stone.

»Vom Rosetta-Stone-USB-Stick? Ja, zieht euch eine Kopie, aber setzt den Datenspeicher niemals in einen Rechner, wenn er mit dem Internet verbunden ist. Niemals. Übrigens, wisst ihr, wo sich der echte Rosetta Stone befindet? Im Britischen Museum in London. Es ist ein sehr beeindruckender Stein. Das Original stammt aus Ägypten und mit seiner Hilfe konnten die Hieroglyphen entziffert werden. Im Jahre 2011 hatte ich ihn im Britischen Museum das erste Mal mit Rosanna gesehen.«

In seiner Stimme schwang eine Warmherzigkeit mit und es war zu spüren, dass er seine Partnerin vermisste.

»Der Rosetta Stone. Das darauf verfasste Dekret war in drei Sprachen ausgeführt worden. Wie eine Codierung. Der Rosetta Stone ist der Schlüssel«, fuhr er fort.

»Jeder Satz ein Vortrag«, stellte Robert mit einem Schmunzeln fest. Früher hatte es ihn genervt, wenn sein Vater versuchte, mit weit ausholenden Erklärungen sein Wissen zu vermitteln. Mittlerweile stufte er es als liebenswerte Marotte des alten Herrn ein und wusste, wie er ihn mit seinem Standardkommentar ausbremsen konnte.

»Gut, gut, die altägyptische Geschichte scheint euch nicht sonderlich zu interessieren. Wusstet ihr eigentlich, dass der erste Tag des Jahres im Kalender der alten Ägypter und der Äthiopier auf den 11. September fiel?«

»Heben wir uns das bitte für ein anderes Mal auf, Dad. Jetzt kümmern wir uns zunächst um den Rosetta-Stone-USB-Stick.« Er machte mit seinen Fingern eine Schiebe-Bewegung, die den Mechanismus des Datenspeichers nachahmte. »Übrigens, brauchst du deinen Wagen, wenn du nach Berlin willst?«

Peter verstand die Frage sofort und schüttelte seinen Kopf. »Fährt das Auto noch? Du kannst den Porsche gerne so lange haben, wie du möchtest. Ich werde in aller Ruhe mit Susan sprechen. Sie kann mir die Bahnverbindungen heraussuchen. Wahrscheinlich kommt Berlin als nächster Zielort schneller als gedacht. Die Order kommt ganz automatisch.« Er deutete auf das *ComX* Unit.

»Also, haltet euch gesund und bleibt in Sicherheit. Ihr wisst von nichts und vor allem nicht, wo ich bin. Tschüss ihr Lieben. Ich werde jetzt Susan suchen, sie müsste auch hier sein.«

Er drückte die beiden ganz fest und wusste, dass er sie für lange Zeit nicht mehr wiedersehen würde.

Der ehemalige Agenturchef suchte seine Assistentin. Jahrelang hatte er sie nicht mehr gesehen. Sie hatte ein verweintes Gesicht. »Es ist so schrecklich, Peter. Mir fehlen die Worte und es tut mir so unendlich leid.«

Er drückte sie und schloss seine Augen. Susan hatte seit der Anfangszeit in der Agentur engagiert mitgearbeitet und sie war seitdem die gute Seele im Büro, die für einen guten Zusammenhalt im Team sorgte.

»Schön, dass du wieder zurück bist. Es sind über sechs Jahre, die du weg warst. Es hat sich vieles verändert.« Susan hatte urplötzlich wieder einen sehr sachlichen Ton. »Ähm, ... Peter, hast du einen Moment? Bei uns laufen zurzeit sehr beunruhigende Gerüchte durch den Betrieb. Ist da 'was dran?«

Peter legte seinen Kopf etwas zur Seite und seine Nackenwirbel knackten. »Die Zeiten sind schwierig geworden. Frederik hat alles versucht. Wir wissen noch nicht genau, wie es künftig mit der Agentur weitergeht. Auch ein Verkauf ist nicht ausgeschlossen, wobei wir darauf drängen werden, dass ihr eure Jobs behaltet.«

Sie schlug ihre Hand vors Gesicht. »Verkauf? Also doch?«

Peter nickte. »Es scheint immer noch die beste Alternative zu sein. Glaub mir, die Entscheidung ist uns total schwergefallen. Die ganze Welt ist augenblicklich aus den Fugen geraten. Wie sehr würde ich mir wünschen, die Zeit zurückdrehen zu können.«

Die frühere Selbstsicherheit ihres Chefs schien angekratzt zu sein. Sein unerschütterliches Auftreten war in der Vergangenheit sein Markenzeichen gewesen. Stets gut gelaunt und immer optimistisch, so motivierte er seine Mitarbeiter Tag für Tag aufs Neue. Susan hatte ihn immer wegen seiner positiven Lebenseinstellung bewundert. Es war wie weggeweht. Was war nur mit ihm in den letzten Jahren geschehen?

Peter räusperte sich. »Susan, würdest du etwas für mich organisieren?«

Sie nickte. »Na sicher. Was kann ich für dich tun?«

Er bat sie darum, die Bahnverbindungen nach Berlin herauszusuchen. Anschließend hatte er noch einen speziellen Wunsch.

»Mein Rücken ist nicht mehr der jüngste. Irgendwie muss ich mir auf dem Rückflug aus México einen Wirbel verknackst haben. Es schmerzt gewaltig in meinem Kreuz. Kennst du einen guten Orthopäden, bei dem ich morgen spontan einen Termin bekommen könnte?«

»Einen Termin? So kurzfristig? Na, das ist wirklich eine Herausforderung. Was hältst du alternativ von einem Chiropraktiker? Der könnte dich vielleicht wieder einrenken.«

»Das wäre auch okay«, freute sich Peter und bedankte sich für ihre Unterstützung. »Merci. Falls du dann noch einen Tipp gegen starken Husten hast, wäre ich dir unendlich dankbar.«

Wie aufs Stichwort musste er in diesem Augenblick kräftig husten und hielt sich seinen Arm vors Gesicht.

»Hey, hey, hey. Hoffentlich hast du nicht das Corona Virus mitgebracht. Warst du nicht für eine lange Zeit in Hongkong oder was hatte Frederik vorhin erzählt? Ich besorge dir lieber einen Allround-Mediziner, der bestätigt, dass du gesund bist. Schließlich will ich mich nicht mit dem Corona Zeugs anstecken und schon gar nicht will ich in Quarantäne.«

Er lachte herzhaft. »Ich war sechs Jahre lang in Quarantäne und ich weiß genau, was du meinst.«

»Okay, okay. Du solltest dennoch besser für ein paar Tage das Bett hüten. Und wenn du willst, werde ich dir eine ganze Kiste voller Arzneien liefern.«

Sie verabredeten sich für den nächsten Morgen in der Agentur. Peter wollte es sich nicht nehmen lassen, noch einmal bei seinen Mitarbeitern im Büro vorbeizuschauen. Vor allem, weil er sich nicht sicher war, ob sich nach dem Verkauf überhaupt noch eine Gelegenheit bieten würde.

Er verabschiedete sich nach und nach von den Trauergästen und verließ zusammen mit Frederik den Saal.

»Was denkst du? Wann lässt sich der Termin mit dem Kontaktmann in Berlin organisieren? Für nächste Woche?«

»Nächste Woche? Machst du Witze? Innerhalb der nächsten Monate wäre es wohl eher realistisch. Und keine Ahnung, wie sich das Virus darauf auswirkt. Es scheint ja nun auch in Deutschland loszugehen. Wer weiß, was auf uns zukommen wird. Ausgangssperren, die Absage von Karnevalsfeiern, keine Bundesligaspiele mehr. Vielleicht sogar ein Lock-Down?«

»In jedem Falle kommt eine Tragepflicht für Atemschutzmasken.«

»Wo lebst du Peter? Es ist erwiesen, dass die Masken nichts bringen. Bestenfalls die Infizierten sollen sie tragen.«

»Erwiesen? Das sind die Botschaften der selbsternannten deutschen Experten. Schau mal nach China, nach Südkorea, Singapur, Japan und Hongkong. Dort trägt jeder eine chirurgische Maske, die *Surgical Mask*. Aus gutem Grund. Es wird vielleicht noch einige Monate dauern, bis Deutschland auch zu der Erkenntnis kommt. Also, Frederik. Deal ist Deal. Du versuchst, was du beim Termin machen kannst, und ich werde morgen früh als Erstes meine Unterschrift unter den Verkaufsvertrag setzen.«

Sein Kompagnon hielt ihm die offene Hand entgegen.

»Ich versuche mein Bestes. Versprechen kann ich es nicht, wann der Termin zustande kommt.«

Kapitel 9

Hamburg

Februar 2020

Wie viele Erinnerungen verband Peter mit seiner Agentur? Seit der Gründung waren viele Jahre vergangen. Er stand vor dem Bürogebäude an der Binnenalster und ließ die wichtigsten Entscheidungen und Entwicklungen noch einmal Revue passieren. Es war eine gute Zeit gewesen und es fiel ihm schwer, gedanklich von seinem Unternehmen loszulassen. Vielleicht stellte sein heutiger Besuch einen Abschied für immer dar. Ohne großes Brimborium, ohne Schnörkel. Einfach hanseatisch kurz und knapp. Auf den Punkt, wie er oftmals zu sagen pflegte. Effizienz in allen Abläufen war seiner Meinung nach ein wichtiges Erfolgskriterium, welches ihn und die Firma nach vorn gebracht hatte. Das Ende einer Ära? Vielleicht. Jedenfalls hatte er sich fest vorgenommen, alle Brücken hinter sich abzubrechen. Hamburg und seine bisherige Welt sollten ihn nicht mehr zurückhalten. Er brauchte einen freien Kopf und war fest entschlossen, sich so gut er konnte einzubringen. Aus tiefster Überzeugung wollte er helfen, endlich die Wahrheit ans Licht zu bringen. Ihm fiel der Spruch von Martin Luther King ein, den er im Sommer 2013 in Norwegen seinem Sohn mit auf den Weg gegeben hatte. *Our lives begin to end the day we become silent about things that matter.*

Sein Sohn hatte ihn damals für einen Weltverbesserer gehalten und vielleicht war er das auch im tiefsten Innern.

Stand Peter vor der nächsten großen Stufe seines Lebens, die als Herausforderung auf ihn wartete? Seit er sich im Sommer 2013 mit Rosanna Sands auf den gemeinsamen Weg gemacht hatte, war er mit den Aufgaben gewachsen. Wie hatte ihm ein gewisser Thomas van Meulen damals in London in seinen Ausführungen zu den Freimaurern die drei Entwicklungsstufen des Menschen auf dem Weg zur Vollkommenheit erklärt? Es waren die berühmten drei Ebenen, denen Prüfungen und Erkenntnisse vorausgingen. In seiner eigenen Wahrnehmung war Peter nach der *Operation Sonnenwende* und den *Kaskaden des Salamanders* auf der zweiten Stufe angelangt. War er nun bereit für den finalen Schritt? Die Zeit schien dafür reif zu sein.

* * *

»Moin Susan. Was gibt's Neues?«

Sie freute sich. Es war seine wohlbekannte Floskel, mit der er früher sein Team an jedem Morgen begrüßt hatte. Doch die Assistentin realisierte sogleich, dass es dieses Mal anders sein konnte. Sie erinnerte sich nur zu gut an den Morgen vor fast sieben Jahren, als die Spekulationen über ein Leben auf dem Mars über den Ticker liefen, und ihr Chef dieselbe Frage stellte. Auch an diesem Morgen gab es beunruhigende Nachrichten.

»Neues? Das Coronavirus ist auf dem Anmarsch. Italien hat die ersten Fälle gemeldet. Ich hoffe nicht, dass die Skigebiete davon betroffen sein werden. Anfang März geht es bei mir nach Ischgl. Zum Après-Ski.«

»Überlege dir besser ein Alternativprogramm. Das Virus könnte sich schneller verbreiten, als uns die Politiker weismachen.«

»Sei kein Spielverderber, Peter. Es wird schon nicht so schlimm werden. Unser Gesundheitsminister sagte im TV, der *Krankheitsverlauf sei milder als bei einer Grippe*.«

»Milder als bei einer Grippe? So, so. Ich vertraue auf andere Quellen. Wir müssen leider befürchten, dass es sehr, sehr böse werden kann und es erst der Anfang ist. Der Krieg wird vor unserer Haustür stattfinden. Überall. Die Zeit des Friedens ist bedroht. So stark wie seit 75 Jahren nicht mehr.«

Sie stand auf und ging zum Kaffeeautomaten.

»Du machst mir Angst. Wie redest du denn? Hier in Hamburg gibt es höchstens mal einen Bandenkrieg bei den Mackern auf der Reeperbahn. Es ist ein Virus. Na und? Aber ein Virus ist doch kein religiöser Fanatiker, der uns in die Luft jagen will. Es wird keinen Krieg geben. Wie kommst du darauf?«

»Ich wollte dich nicht beunruhigen, doch ich habe so viele Dinge in den letzten Jahren und Monaten erlebt, dass ich zu keinem anderen Schluss komme. Das Schlimmste ist, dass man kaum noch unterscheiden kann, in welchen Fällen wirklich Terroristen für die Taten verantwortlich gemacht werden können und wann vielleicht sogar staatliche Stellen diese Anschläge inszenieren.«

Sie füllte zwei Tassen mit Kaffee. »Staatliche Stellen? Hm. Du hast zu viele Verschwörungsgeschichten gelesen. Stärk' dich erst mal.« Sie reichte ihm die Tasse hinüber.

»Besten Dank. Der Kaffee ist köstlich.« Dann kam er auf ihre Äußerung zu den Verschwörungstheorien zurück. »Okay, vergiss es, Susan. Ich kann es eh nicht in wenigen Sätzen erklären. Doch vielleicht nur so viel als Hinweis. Was glaubst du, wo das Flugzeug der Malaysia Airlines geblieben ist?«

»Flug MH 370? Sprichst du von dem großen Mysterium der Luftfahrt? Das ist Jahre her und keiner weiß, wo das Flugzeug abgeblieben ist. Das hast du doch sicherlich auch in Hongkong mitbekommen.«

Er nickte. »Nicht nur am Rande. Ich war mitten drin. Das Flugzeug hatte biologische Kampfstoffe an Bord und sollte für einen tödlichen Anschlag auf die chinesische Hauptstadt in Peking eingesetzt werden.«

Sie blickte ihn entgeistert an. »Blödsinn. Wie kommst du darauf? Niemand weiß, was mit der Maschine passiert ist und was heißt das überhaupt, du warst *mitten drin*? Bist du sicher, dass der Orthopäde als ärztliche Betreuung bei dir ausreicht?«

Er lachte. Ihr Humor war ganz in seinem Sinne und er wusste, damit umzugehen.

»Die Klapsmühle muss noch warten. Wenn ich von meiner nächsten Mission zurückkehre, können wir darüber erneut verhandeln. Und ich sagte, *wenn* und nicht *falls*, alles klar?«

»Aye, aye Captain. Du bist der Boss.« Sie stellte ihre Tasse auf den Empfangstresen und suchte ihm den Zettel mit der Adresse des Arztes heraus.

»Ich habe meine Verbindungen spielen lassen. Um halb elf kannst du bei Doktor Vogt dein Rückgrat stärken.« Susan lächelte salomonisch. »Selbst wenn du einige Zeit im Wartezimmer verbringen musst, es wird sich lohnen. Einen Orthopäden habe ich so schnell nicht auftreiben können, aber Vogt ist ein guter Allgemeinmediziner – auch wegen deines Hustens. Du kannst dich dann ja gleich auf Corona untersuchen lassen. Übrigens habe ich dir den Intercity nach Berlin gebucht. Die Tickets sind für den 14 Uhr Zug ausgestellt und sind drei Monate gültig, falls du umbuchen willst. Ist das so, wie du es dir vorgestellt hast?«

Er nickte. »Du bist die Beste. Was würde die Agentur ohne dich machen?«

Es war der Wink mit dem Zaunpfahl. Sie wusste, worum es ging. Schließlich hatte sie die letzten Fassungen der Verträge ausgedruckt und in die Wiedervorlage gelegt.

»Frederik sitzt schon an seinem Schreibtisch und liest die Dokumente. Willst du noch eine Tasse mitnehmen, wenn du zu ihm hinüber gehst?«

Peter ging selbst an den Automaten und füllte sich frischen Kaffee nach. Sein Geschäftspartner brütete bereits über den Papieren.

»Moinsen. Und? Ist es das gewesen?«

»Wenn du denkst, für mich ist es einfach, dann täuscht du dich, Peter. Ich hänge an der Agentur genau so wie du.«

Sie setzten ihre Unterschrift unter den Vertrag. Alles Weitere schien eine Formsache zu sein.

»Hier ist die Adresse in Berlin.« Frederik reichte ihm eine Visitenkarte. »Das Gebäude ist ganz in der Nähe des Regierungsviertels, in Sichtweite vom Brandenburger Tor. Mit dem Termin kann es sich eventuell noch bis in den Mai hinziehen. Am besten rufst du hin und wieder bei mir an und erkundigst dich.«

»Besten Dank, mein Lieber. Ich wusste, dass du es möglich machen würdest.«

»Au revoir. Man sieht sich. Viel Erfolg bei deiner *Mission Impossible*.«

* * *

Peter verließ die Agentur. Susan hatte ihm ein Taxi bestellt. Ein letzter Blick aus dem Heckfenster markierte eine Zäsur in seinem Leben. Von diesem Moment an trennten sich die Wege der beiden Geschäftspartner. Vielleicht auf nimmer Wiedersehen. Vor der Arztpraxis kündigte Peter dem Fahrer an, dass er anschließend zum Hauptbahnhof wollte. Der Fahrer bot an, in der Zwischenzeit seine etwas verfrühte Mittagspause einzulegen und auf ihn zu warten.

Der Doktor fasste die Ergebnisse seiner ersten Einschätzung zusammen. »Ehrlich gesagt wäre es nicht verkehrt gewesen, wenn Sie schon mal eher zu mir gekommen wären. Die Rückenschmerzen sehen nach einer chronischen Angelegenheit aus. Da müssen Sie zu einem Fachkollegen. Ich kann Ihnen nur empfehlen, eine

Röntgenaufnahme zu machen. Der Kollege wird sich Ihre Brustwirbel anschließend im Detail auf einer MRT Aufnahme ansehen. Das ist die Magnetresonanztechnik, schon mal gehört?«

Peter nickte. »Haben Sie eine Adhoc-Diagnose, Doktor?« Er hustete mehrmals kräftig in seinen Arm.

»Vereinfacht würde ich sagen, es ist der altersbedingte Verschleiß. Passen Sie auf sich auf. Das kann zu einer Intercostalneuralgie führen. Die Schmerzen sind dabei erbärmlich. Übrigens, seit wann haben Sie den auffälligen Husten? Dafür schreibe ich Ihnen noch etwas auf.«

»Der Husten plagt mich seit ein paar Tagen. Ich war vorher einige Zeit in Fernost.«

»So so. Das ist nicht gut. Bitte im Auge behalten und melden Sie sich sofort, wenn Sie Fieber bekommen. Nicht, dass Sie dieses neue Coronavirus erwischt haben. Sonst kommen Sie schleunigst in die Sprechstunde und wir machen den Test. Für den Rücken habe ich Ihnen die Ibuprofen 600er aufgeschrieben. Sie können beobachten, inwieweit die Tabletten anschlagen und Sie Ihre Schmerzen in den Griff bekommen. Sollen wir für nächste Woche einen weiteren Termin ausmachen?«

»Ich melde mich. Noch weiß ich nicht, was sich in den nächsten Wochen ergibt. Herzlichen Dank, Herr Doktor.«

* * *

Er hatte sich von der Sprechstundenhilfe die Kontaktdaten der Praxis geben lassen und nahm die Rezepte an sich. Der Taxifahrer hatte tatsächlich auf ihn gewartet und brachte ihn schnurstracks zum Hauptbahnhof. Mehr als einen Rucksack hatte Peter nicht als Gepäck dabei, als er in den Schnellzug nach Berlin einstieg. Gute zwei Stunden sollte die Fahrt dauern. Es war die schnellste Verbindung in die Hauptstadt.

Kapitel 10

Wuhan

April 2020

Der Holländer erkannte den Shuttle-Bus auf Anhieb und signalisierte dem Fahrer mit einer Handbewegung, dass er mitfahren wollte. In großen Lettern prangte der Name des Hotels auf dem Fahrzeugblech. Sein Kollege Carl saß bereits auf der Rücksitzbank. »Du hast die freie Platzauswahl, Martijn. Die Touristen wirst du hier genauso vermissen wie die internationalen Geschäftsreisenden. Die Stadt erwacht nur scheinbar. Von Chinesen wimmelt es überall, als wäre nie etwas gewesen. Aber westliche Gesichter sind hier absolute Mangelware.«

»Carl, du alter Schwede. Deshalb habe ich dich auch sofort erkannt.« Der Holländer lachte lauthals und zeigte seine weißen Zähne mit einem breiten Grinsen. »Schön, dich zu sehen. Ist 'ne Ewigkeit her. Was macht die Kunst?«

»Sechs Jahre. Du hast dich kaum verändert.« Er reichte dem Holländer eine Schutzmaske. »Hier, nimm. Wir sind mitten im Auge des Sturms.«

Martijn nahm die chirurgische Maske dankbar an. »Weißt du, ich bin der Hölle in Westafrika entkommen. Die Wahnsinnigen hatten das Ebola-Virus losgelassen. Im Vergleich dazu ist das SARS Zwo doch 'ne harmlose Nummer. Aber Vorsicht ist die Mutter der Porzellankiste. Dank u well.« Er rückte sich den Mundschutz zurecht und zog das Basecap tiefer ins Gesicht. »Für unsere Tarnung.«

»Ich habe noch eine Kleinigkeit für dich.« Carl holte die spezielle Sonnenbrille und den *Communicator* aus seinem Rucksack. »Dein Mobiltelefon hast du bereits vor dem Flug verschrottet, richtig?«, vergewisserte er sich und arbeitete die Instruktionen von Jack Punkt für Punkt ab.

Der Holländer nickte. »Das hat sich unser neuer Primus ausgedacht, richtig? Wie ist er? Ich habe viel über ihn gehört.«

»Jack *The Brain*? Ein Israeli. Geboren in den Vereinigten Staaten. Top ausgebildet. Weißt du? Er bekleidete den Dienstgrad eines Hauptmanns in einer israelischen Spezialeinheit, der sogenannten Sayeret Matkal.«

»Jeeez ..., wat je niet zegt. Einiges hatte ich schon über ihn gehört, aber dass er bei der Sayeret Matkal war ... Die Einheit ist legendär. Die *Seher* werden sie genannt. Die *Späher des Generalstabs*. Ich bin gespannt, ihn mal persönlich kennenzulernen.« Er fasste sich an sein Ohrläppchen und drückte sich nach hinten in den Sitz.

»Jack ist unser Brain *par excellence*. Nach seiner militärischen Laufbahn hatte er Ende der 90er Jahre die CDNs entwickelt und weltweit aufgebaut. Die Content Delivery Networks, ohne die sich heutzutage nichts mehr in der Welt bewegen würde. Halt dich fest, Martijn. Er hat Zugriff auf so gut wie jede Datei weltweit. Der Typ ist eine Koryphäe.« Er tippte auf die Sonnenbrille. »Ich weiß nicht, wie weit du darüber im Bilde bist.« Er warf einen kurzen Kontrollblick zum chinesischen Fahrer, der seine Augen voller Konzentration auf den Straßenverkehr gerichtet hatte und den beiden keine Aufmerksamkeit zollte. Carl lehnte sich ein Stück nach vorne.

»Die Brille basiert auf den Bose Frames. Sie ist mit einem Langzeitakku ausgestattet und verbindet sich via Bluetooth oder NFC, dem Near Field Chip, mit deinem *Communicator*.«

Carl reichte ihm das Equipment.

»Gibt's darin auch eine Kamera?« Martijn beäugte die technischen Geräte mit einiger Skepsis. Die Brille hatte es ihm besonders angetan. »Big Brother Jack?«

Carl schüttelte den Kopf. »Eine Kamera? In der Sonnenbrille? Nicht, dass ich wüsste. Die High-Tech Komponenten stecken allesamt im Master-Unit *ComX*. So soll der *Communicator* offensichtlich heißen.«

»*ComX* ... ich verstehe. Das ist sicherlich auch eine Innovation von unserem *Brain*?«

»Hundertprozentig. In dem kleinen Gerät steckt das non-plus-ultra der Prozessortechnik. Ausgestattet mit allen Finessen. GPS-Ortungssysteme sind dabei wohl nur die Basisausstattung. Das Gerät empfängt sämtliche drahtlosen Netzwerke. Mobilfunknetze von 3G bis 5G. WiFi, Near Field, bis hin zu elektromagnetischen Feldern.«

»Ein kleines Wunderding. Gut, gut. Und wie nehmen wir den Kontakt untereinander auf?«, wollte der Holländer wissen.

»Das Gerät greift auf ein propietäres *Operating System* zurück. Die Abschirmung soll phänomenal sein. Ein maximal wirksamer Shield unterschiedlichster FireWalls. Wobei nur extrem selten in Echtzeit kommuniziert werden soll. Wie das dann genau geschieht, darüber hüllt sich Jack in Schweigen. Ich vermute, dass es über das Iridium Satellitennetzwerk abläuft.«

Martijn zog eine Augenbraue nach oben. »Da krame ich doch glatt in meinem Langzeitgedächtnis. Das Projekt Iridium startete vor 35 Jahren. Initiiert von Motorola. Es wurden mehrere Milliarden Dollar hineingesteckt, doch die Zahl der angestrebten Abonnenten wurde massiv verfehlt. Statt Millionen Usern kamen sie nur auf ungefähr 50.000 Kunden. Es folgte die Pleite im Jahre 2000, richtig?«

Carl nickte.

»Und am 1. Januar 2001 ging es unter neuem Namen und Besitzer wieder los. Seitdem betreibt Boeing die

Satelliten. Die Nutzer sind vor allem Fluglinien, Reedereien, Unternehmen aus der Bodenschatzförderung und Wissenschaftler. Aber der größte Anwender ist das Militär.«

»Ah, ik begrijp het. Das ist es. Das Militär. Dann sind die Geheimdienste auch nicht weit entfernt. Und du hältst das für einen sicheren Kanal? Ich bin nur Laie in dieser Hinsicht, aber so ganz leuchtet mir das nicht ein.«

»Der Einwand ist sicherlich berechtigt. Das ging mir auch schon durch den Kopf. Jack hat es uns erklärt, wobei ich zugegebenermaßen nicht alles verstanden habe. Es geht um eine End-to-End Verschlüsselung, die auf dem AES 256 Standard fußt und einen völlig anderen Inhalt simuliert, selbst wenn jemand Bruchstücke entschlüsseln könnte.«

»Wer's glaubt wird selig. Bisher ist doch fast alles decodiert worden. Es ist nur eine Frage der Zeit.«

»Nicht alles, kluger Holländer. Die ägyptischen Hieroglyphen warten immer noch auf ihre vollständige Übersetzung.«

»Iridium, also gut. Solange es funktioniert. Und das *ComX* lässt sich sonst wie ein iPhone bedienen?«

»Ja, du wirst damit klarkommen. Die Kamerafunktionen sind gut und im *ComX* steckt einer der leistungsfähigsten CPU-Prozessoren, die es je gegeben hat.«

»Welche Auswahlmöglichkeiten habe ich bei der Farbe?«

Beide mussten lachen. Sie blickten entspannt aus dem Fenster. Der Fahrer hatte die breite Ringstraße verlassen und fuhr laut hupend in eine Seitengasse. Auf den Bürgersteigen wimmelte es von Menschen. Alle trugen die Mund-und-Nase Schutzmasken. Das Hotel lag direkt an der Straße und war auf den ersten Blick ein funktionaler Bau mit 33 Stockwerken. Der Fahrer versuchte sich darin, in einem bruchstückhaften Englisch seinen Passagieren die Ankunft am Ziel mitzuteilen.

»Please, Hotel Tianya. 1911. Stop here and out you get.«

»Mijn lieve. Die vier Sterne müssen wir erst noch suchen. Was bedeutet der Zahlenzusatz? 1911. Steckt darin etwa unser Leitmotiv 9-1-1? Ein Zufall?«

Das Hotel lag im Herzen von Wuhan, ganz in der Nähe des Stadtmuseums und des Zhongshan Park. Das 4-Sterne Hotel Wuhan Tianya 1911 war in Martijns Augen nichts Besonderes; zweckmäßig für einen Business-Aufenthalt, mehr aber auch nicht. Ihm war klar, dass die Location aus einem anderen Grund bewusst ausgewählt worden war.

»1911. Hast du etwa im Geschichtsunterricht nicht aufgepasst?«, belehrte ihn Carl. »Im Herbst 1911 begann die Xinhai Revolution. Sie markierte das Ende des 2100 Jahre langwährenden chinesischen Kaiserreichs und beendete zugleich die Regentschaft des letzten Manschu Kaisers *Puyi*. That's life. Es kam, wie es kommen musste. Der junge Kerl, der sechs-jährige Thronfolger verzichtete und so konnte am 1. Januar 1912 die erste Chinesische Republik gegründet werden.«

»Dank je wel. So komprimiert habe ich die Story noch nie eingetrichtert bekommen.« Mit leichter Ironie quittierte er die Ausführungen von Carl und schnappte sich seinen Rucksack.

Sie bezogen ihre geräumige Suite im 15. Stockwerk und untersuchten den Raum auf Wanzen oder versteckte Kameras, die eigentlich in jedem Hotelzimmer in China vermutet werden mussten. Wortlos strichen sie mit ihren Händen über die Tapete, über den Teppichboden, blickten unter jeden Lampenschirm und inspizierten die Möbel und das Bettgestell. »Wie in den guten alten Zeiten. Hast du deine Grundausbildung bei der *Enco* noch in Erinnerung?«

Carl zog eine Augenbraue nach oben. »Deine Wortwahl alarmiert mich bisweilen.«

Martijn verstand die Anspielung auf seine Erwähnung der *Enco*, doch er wusste, wann er mit dem Feuer spielen wollte und wann nicht. Die Zeit in der *Enco* lag viele Jahre zurück und wenn die *Ministry of State Security* MSS erst bei diesem Schlüsselbegriff auf die beiden aufmerksam geworden wäre, so wurde sie zumindest vorübergehend auf eine falsche Fährte gelockt. Vor seinem geistigen Auge zogen die Informationen über das Politbüro 610 in schneller Folge wie ein Film im Zeitraffer vorüber.

Offiziell waren sie als europäische Geschäftsleute aus der Stahlbranche zu Vertragsgesprächen in Wuhan. Es lockten interessante Deals, die für die Region Hubei gerade im Zuge des Wiederaufbaus sehr wichtig waren. Insofern rechneten sie mit einer großen Portion Wohlwollen in der Einordnung ihres Aufenthalts. Die Storyline war perfekt konstruiert und das Risiko einer Demaskierung sollte sehr gering sein. Dennoch waren die beiden Profis auf der Hut.

Am Nachmittag unternahmen sie einen Spaziergang in der Nähe des Hotels und erkundigten die Gegend. Mehr zufällig schossen sie Fotos der umliegenden Straßenzüge und von den Häuserfluchten. Einige der Ziele, die auf ihrer Liste standen, hatten sie bereits nach eineinhalb Stunden absolviert. Kurz bevor sie zum Hotel Tianya 1911 zurückkehrten, kündigte Martijn mit knappen Worten an, dass er noch einen Folgetermin wahrnehmen musste. »Du weißt schon, ich darf mein Sportprogramm keinesfalls verpassen. Vielleicht wartet dort ein Trainingspartner?«

Sein Rucksack war vollgepackt mit Sneakern und einer kompletten Sportausrüstung inklusive Badesachen für eine anschließende Erfrischung im kühlen Nass. Das Tianya Hotel verfügte über keinen eigenen Sportcenter und so hatte er sich wenige Gehminuten entfernt in das Gym eines Appartementkomplexes eingebucht. Er absolvierte einige Kilometer auf dem Laufband, trainierte einen gebirgigen Aufstieg auf dem Trimmrad und übte sich im Gewichtheben. Das Sportstudio befand sich im obersten Stockwerk des Hochhauses und er hatte durch die Fensterfronten einen atemberaubenden Rund-Um-Blick auf die Stadtgebiete von Wuhan und den Yangtze Fluss, der sich quer durch die Metropole schlängelte. Durch eine raumhohe Schiebetür gelangte er nach seiner Sportstunde auf die vorgelagerte Terrasse und genoss den Wasserstrahl der Außendusche. Seine spezielle Sonnenbrille hatte er am Beckenrand des Pools abgelegt, während sein *ComX* im Rucksack verblieb. Auf den Infinity Pool hatte er sich schon die ganze Zeit gefreut und er sprang kraftvoll in das türkisfarbene Wasser. Nachdem er einige Bahnen im Becken geschwommen war, lehnte er sich an die Seitenwand und ließ den kräftigen Wasserstrahl seinen Oberkörper massieren, während sein Blick über die Silhouette der Großstadt wanderte. Gedankenversunken schloss er für einen Moment die Augen, bis er die zärtliche Berührung einer Hand an seinem Nacken spürte.

»Er ist nicht der längste, aber immerhin Nummer Drei«, hauchte eine sympathische weibliche Stimme.

Martjin war einigermaßen irritiert, drehte sich jedoch nicht um. »Verehrteste, Sie wollen doch wohl nicht mit Ihrer Feststellung auf meine Männlichkeit anspielen?«

»Mister Polo? Soll ich Sie so nennen? Die Lettern auf Ihrer Badeshorts leuchten ja unübersehbar durchs ganze Becken. Vorname Marco nehme ich an.«

Nun realisierte Martijn, wer sich hinter ihm befand. Sein Briefing war sehr knapp ausgefallen. Das Erkennungswort seiner Kontaktperson in Wuhan lautete jedenfalls Marco.

»Dann sind Sie ... Taylor?« Ursprünglich hatte er mit einem männlichen Informanten gerechnet.

»Der Name wird seit dem 19. Jahrhundert sowohl als weiblicher wie auch als männlicher Vorname genutzt. Ich sage das, weil ich ein leichtes Zögern in Ihrer Stimme zu erkennen glaubte.« Ihre Hände massierten ihn zärtlich bis zum Haaransatz. »Ja, ich bin Taylor Chong.«

Der Holländer war im Begriff, sich umzudrehen und ihr ins Gesicht zu schauen, doch sie dirigierte seinen Kopf mit ihren Händen. »Genießen Sie die Aussicht. Das ist Wuhan. Und mit dem Drittlängsten meinte ich den Fluss. Sehen Sie ihn? Es ist der Yangtze.«

Ein zufriedenes Lächeln zog sich über sein Gesicht. In ihrer Stimme lag ein leicht erotisches Timbre, welches ihn faszinierte. Sie wusste gekonnt, mit der Doppeldeutigkeit der Wörter zu spielen.

»Nach dem Nil und dem Amazonas ist der Jangtsekiang mit 6380 Kilometern der drittlängste Strom der Welt. Übersetzt heißt sein Name *langer Fluss* und das trifft es genau. Seine Quelle liegt im tibetanischen Hochland.«

»Ihre Aufgabe als Fremdenführerin machen Sie sehr gut.«

»Und das ist nicht mein einziges Talent.« Sie strich ihm mit ihren Fingernägeln langsam über den Rücken.

Er machte eine elegante Drehbewegung im Wasser und ließ die Düse mit voller Intensität auf seine Wirbelsäule strahlen. Ein Lächeln huschte über sein Gesicht. Dass es sich bei Taylor um eine junge attraktive dunkelhaarige Frau handelte, wertete er in diesem Moment als Hauptgewinn der gesamten Mission. Ihr glattes nasses Haar fiel bis auf die Schultern und ihre ebenmäßige Haut gab ihr ein jugendliches Aussehen. Er schaute ihr tief in die rehbraunen Augen, bis sein Blick an ihren Lippen hängen blieb.

»Das Geschäft zuerst«, ermahnte ihn sein Gegenüber und gab ihm zu verstehen, sich wieder umzudrehen. Er gehorchte widerstandslos und verkniff sich jeden Kommentar.

»Was interessiert Sie am meisten?«, fragte sie ihn.

»Schießen Sie einfach los. Natürlich geht es um das Coronavirus SARS-CoV-2. Die Anfänge, die Ursprünge und die Verbreitungswege. Doch ich kann mir sehr gut vorstellen, dass der Gesamt-Scope vielleicht eine Nummer größer ist. Richtig?«

»Punkt eins. Ich arbeite für den NSB und berichte direkt an die Zentrale nach Taipeh«, fing Taylor mit ihren Ausführungen an. Ohne einen direkten Augenkontakt fiel es ihr schwer einzuordnen, inwieweit der Holländer ihr folgen konnte. »Der NSB ist der Geheimdienst von Taiwan«, ergänzte sie. »Das *National Security Bureau*.«

»Darüber bin ich im Bilde.« Wie zufällig griff er zu seiner Sonnenbrille, die am Beckenrand lag. Und obwohl er sich alle Mühe gab, die Bewegungen so natürlich wie möglich aussehen zu lassen, bemerkte sie dennoch, dass er unauffällig den seitlichen Startknopf betätigte. Sie ließ sich jedoch nichts anmerken.

»Sorry, ich vergaß Ihre *Enco*-Vergangenheit. Gut, dass Sie mittlerweile zu den Rebellen übergelaufen sind ...«

»Hey, Taylor. Ich war sozusagen der Rebell Nummer Eins«, gab sich Martijn selbstbewusst. »Und Sie gehören doch jetzt auch zu unserem Sympathisanten-Umfeld, wie man mir berichtet hat.«

»Ich gebe mir Mühe.« Sie massierte gleichzeitig seine Rückenmuskulatur. »Klar, dass zurzeit nur das Virus im Mittelpunkt der Diskussionen steht. Doch lassen Sie uns die Zeit bis in den November 2019 zurückdrehen. In Sydney, in Australien, hatte ein ehemaliger chinesischer Spion ausgepackt und sich ausführlich über die versuchte Einflussnahme von China in Hongkong, Taiwan und Australien geäußert. Liam Wiqiang heißt der Überläufer. Heute lebt er mit seiner Frau und seinem kleinen Sohn in Sydney im Asyl. Wir hatten ihn bereits vorher im Visier, doch es war nicht absehbar, was er im Schilde führte. China hatte ihn natürlich sofort diskreditiert und alle Aussagen in Zweifel gezogen. Die chinesische Regierung stellte ihn als arbeitslosen Betrüger dar, der schon drei Jahre zuvor in der Provinz Fujian zu einer Haftstrafe verurteilt worden war. Doch so sehr man auch versuchte, seine Glaubwürdigkeit zu untergraben, umso interessanter wurde, was Wiqiang mitzuteilen hatte. Seinen Angaben zufolge hatte er persönlich an den Infiltrationen und Störaktionen in Hongkong, Taiwan und Australien teilgenommen. Es ging eindeutig darum, die Demokratiebewegung in Hongkong zu untergraben. Ebenso standen feindliche Aktivitäten der chinesischen Geheimdienste in Australien auf der Agenda. Der weitreichendste Vorwurf ging zurück auf eine Geschichte aus dem März 2019. Offensichtlich war dem chinesisch-australischen Autohändler Nick Zhao eine Summe von einer Million australischen Dollar angeboten worden, wenn er für die Liberale Partei im Parlament kandidieren würde. Statt das Geld anzunehmen, hatte sich der 32-jährige Zhao dem australischen Geheimdienst ASIO anvertraut. Tja, das war wohl sein Todesurteil. Wenige Tage später wurde er in Melbourne in einem Hotelzimmer tot aufgefunden. Die Todesumstände wurden bis heute nicht vollständig aufgeklärt. Kein Geld, kein Sitz im Parlament. Anstatt seiner zog die in Hongkong geborene Francis Xiu ins Parlament in Canberra ein. Zurück zu Wiqiang. Im November hatte er die australische Spionageabwehr über die Hintergründe der Einflussnahme und den Mord in Melbourne genauestens informiert, aber auch die Identitäten von hochrangigen Kräften der chinesischen Geheimdienste genannt. In Peking herrschte seitdem Alarmstufe Rot.«

»Hammer. Wie ist Mister Zhao gestorben?«

»An einer Überdosis Rauschgift. Die Umstände blieben mysteriös. Er hatte das Angebot abgelehnt und wollte nicht als Agent für das diktatorische Regime in Peking tätig sein. War das sein Todesurteil? China ist eine Diktatur.«

Martijn nickte. »Die andere Dame? Wie ist man auf sie gekommen, kannte sie Mister Zhao?«

»Francis? Hm, Mrs. Xiu verneinte mehrfach Nick Zhao zu kennen, bis Fotos bei *News.com.au* auftauchten, die das

Gegenteil bewiesen. Beide saßen in trauter Eintracht direkt nebeneinander bei ihr zu Hause am Tisch in großer Runde. Wie dem auch sei. Es war das erste Mal, dass ein chinesischer Dissident auspackte und Namen nannte. Die Story soll nur verdeutlichen, wie sehr China die Weltherrschaft anstrebt und an allen Hebeln der Macht dreht. Die chinafreundlichen Politiker werden gezielt aufgebaut, mit Geld gefügig gemacht und wie Schachfiguren auf dem Spielbrett in Stellung gebracht. Es ist eine sehr langfristig geplante Installation.«

Der Holländer strich sich mit einer Hand voll Wasser über die Haare. »Sind diese Art der Infiltrationen in erster Linie auf die drei Länder ausgerichtet? Hongkong, Taiwan und Australien?«

Die schlanke Frau zupfte sich den blau glänzenden Bikini zurecht und fasste Martijn mit etwas Druck in die Hüften. »Mit Naivität gewinnt man keinen Pokal. Was denken Sie? Chinas Führung will die Weltherrschaft. Dazu müssen sie alle Länder in den Griff bekommen. Das Interessante ist, dass durch das Virus nun sowohl die Enthüllungen in Australien bei der ASIO als auch die Demokratiebewegung in Hongkong völlig aus dem Fokus geraten sind. Alles, wirklich alles dreht sich einzig und allein um das Virus.«

»Das Virus, welches am Anfang so passend *2019-nCoV* hieß«, ergänzte der Holländer. »*nCo* als Synonym für die *Enco* und die Versalie *V* für Victoria, die mutmaßlich dahintersteckte.«

»Sie liegen richtig und dann auch wiederum nicht. Die Sache ist komplex. Sehr komplex. Alles wissen wir auch noch nicht. Wo soll ich anfangen?«

»Wer steckt dahinter? Ist es China und war es ein Unfall in einem biologischen Hochsicherheitslabor oder hat es eine verbrecherische Organisation wie die ONE-C in die Welt gebracht.«

»Als Erstes. Wir sind ganz und gar nicht der Meinung, dass die ONE-C nur eine von vielen Geheimorganisationen ist. Es ist *die* Organisation überhaupt. Die oberste Instanz der Geheimen Drahtzieher. Sie steht an vorderster Stelle. Zu Ihrer Frage. Eine genaue Antwort muss ich Ihnen schuldig bleiben. Uns fehlen leider einige Mosaiksteine im Puzzle. Ich könnte jetzt bei Adam und Eva anfangen ...«

Sie strich ihm über den Po.

»Oh, dazu fällt mir so einiges ein. Die Zwei waren am Anfang nackt.« Seine Lippen formten sich zu einem vielsagenden Lächeln.

Taylor zog ihre Hand zurück. Gekonnt baute sie die Spannung bis ins Unermessliche auf. »Damit will ich sagen, dass es eine Geschichte *vor* der Geschichte gibt. Angefangen hat es mit dem SARS Virus Nummer Eins aus dem Jahre 2002. SARS steht für das *Schwere Akute Atemwegssyndrom*, das s*evere acute respiratory syndrome.* Allgemein angenommen wird, dass der Ausbruch von SARS CoV am 16. November 2002 erfolgte. Haben Sie von dem chinesischen Oberarzt Liu Jianlun gehört? Er gilt als einer der ersten Superspreader. Ohne zu wissen, dass er das Virus in sich trug, reiste der 64-jährige Lungenspezialist anlässlich einer Hochzeitsfeier am 21. Februar 2003 nach Hongkong ins Hotel Metropole. Dort bezog er das Zimmer 911. Ich nehme an, dieses Detail gefällt Ihnen, oder? Zwölf Hotelgäste wurden durch Liu innerhalb von 24 Stunden infiziert, bevor er nach vier Tagen verstarb. Im weiteren Verlauf wurden zunächst 350 Personen ermittelt, die sich bei Liu angesteckt hatten. Insgesamt sollen sogar rund 4000 Infizierte direkt oder indirekt auf Liu zurückgehen. Er war der erste Superspreader. Selbst das Hotelgebäude wird seitdem so genannt. Wissen Sie Martijn, das Prinzip der Superspreader ist der Schlüssel zu einer effizienten Verbreitung. Ich werde darauf später zurückkommen. Und selbst SARS Nummer Eins hatte eine Vorgeschichte. Es begann im Jahre 1978, als erstmals in Fledermäusen das Virus *Bat-SARS-CoV* nachgewiesen werden konnte. Man nimmt an, dass es im Juni 1991 zu dem sogenannten *cross-species-jump* gekommen ist. Der Sprung von der Fledermaus auf den Menschen. Doch es dauerte weitere sieben Jahre, bis sich das Virus an den menschlichen Wirt angepasst hatte. Aus diesem *Human-adapted SARS CoV Virus* bildeten sich ab Juni 1998 verschiedene Stämme. Die eher harmloseren Stämme wiesen den Genotyp *C* auf, dafür gab es bei ihnen keine Löschung der Sektion *29-nt*. Übrigens wurden diese Varianten in 2003 auch in den Civets gefunden, in den Civet-Schleichkatzen. Soweit so gut. Die richtig gefährliche Variante des SARS Virus stammte ebenfalls direkt von dem *Human adapted* Virus ab, wies jedoch stattdessen den Genotyp *T* auf und dort gab es eine Löschung der Sektion *29-nt*. Diese Mutation war hochvirulent. Tödlich. Seit 2002 war dieser Stamm als SARS-CoV in der Welt und für den Outbreak und die weltweite Epidemie vor 18 Jahren verantwortlich.«

»Hey. Stopp! Das geht mir eine Spur zu schnell. Ich bin kein Virologe«, warf der Holländer ein. »Wenn ich das richtig verstanden habe, sagten Sie, dass das tödliche SARS-CoV *nicht* von den Civets auf den Menschen übertragen worden sein soll? Das ist doch aber genau die allgemeine Lehrmeinung.«

»Clever und smart«, sie tauchte kurz unter Wasser, als wollte sie einen neuen Anlauf beginnen. »Wie sagt man so schön? Das ist des Pudels Kern. Vereinfacht gesagt, gab es zwei Stämme, die sich aus den menschlich-adaptierten *huSARS CoV* Viren entwickelt haben. Der eine Stamm mit dem C-Genotyp infizierte Menschen und führte zu Lungenerkrankungen, die aber eher harmlos verliefen. Erst später wurden die Infektionen von Menschen auf die Civets übertragen und nicht umgekehrt. Entgegen der gängigen Ansicht waren die Civets *eben nicht* der Zwischenwirt. Und nun zum anderen Virus Stamm. Auch er stammte vom humanen *huSARS CoV* Virus ab. Mit dem Genotyp *T* war dies jedoch die tödliche Variante. Äußerst virulent und mit einer extrem hohen Letalität, so dass die Wirte – also die Menschen, relativ schnell verstarben.«

»Ah«, mischte sich der Holländer ein. »Wie beim Ebola Virus. Eine hohe Sterberate tötet natürlich den Wirt ab und stoppt relativ schnell die Verbreitung, wenn das Virus nicht mehr rechtzeitig vor dem Tod seines Wirtes ein neues zu Hause findet.«

»Volià. So gefährlich SARS-CoV auch war, gab es bei der Epidemie glücklicherweise nur gut 8000 Infizierte und ganze 774 Tote.«

»Eine Frage, Taylor. Woher wollen Sie wissen, dass es zwei Stämme gab? Und wieso soll die Civet-Schleichkatze nicht der Zwischenwirt gewesen sein? Alle Publikationen deuten darauf hin?«

»Wer aus der Masse hervorstechen will, sollte nicht in ihr aufgehen. Wenn zahlreiche Veröffentlichungen denselben Sermon herunter beten, heißt das gar nichts. Punkt eins. Es wurden spezifische SARS-CoV Antikörper im Blut von Kindern aus Peking und bei Erwachsenen aus Guandong und Hongkong nachgewiesen. Und diese Blutproben stammten aus den Jahren 2001 und 2002. Also aus einem Zeitraum, *bevor* die Pandemie ausbrach. Vorher! Verstehen Sie? Die spezifischen SARS Antikörper, die sogenannten Immunglobuline IgG, waren bei bestimmten Menschen schon vorhanden. Hervorgerufen von unbemerkten Infektionen mit dem eher harmloseren Stamm des Genotyps *C*, der jedoch sehr gut von den menschlichen ACE2 Rezeptoren aufgenommen werden konnte. Punkt zwei. Bei den Civet-Schleichkatzen gab es zu diesem Zeitpunkt *keine* nachweisbaren Antikörper – die konnten bei den Tieren erst später identifiziert werden. Das Fazit ist aufschlussreich. Sie können es auch einen Erdrutsch nennen. Eine Übertragung des SARS Virus von den Civet-Schleichkatzen auf den Menschen hat nicht stattgefunden. Es war eher umgekehrt der Fall. Damit fällt die Story vom Zwischenwirt der Civets in sich zusammen. Nach wie vor bleibt im Dunkeln, wo die wahren Ursachen des tödlichen SARS-CoV Stamms mit dem Genotyp T zu suchen sind. Das Ganze ist schwer fassbar.«

»Okay. Sie werden Ihre Quellen haben. Ohne Zwischenwirt also? Das klingt mysteriös, aber die Argumentation des zeitlich versetzten Auftretens der Antikörper leuchtet mir ein. Sie wurden demnach bei einigen Menschen bereits zu einer Zeit gebildet, als es das tödliche Virus noch gar nicht gab. Faszinierend. Quasi ein Doppelangriff von zwei unterschiedlich gefährlichen Virusstämmen. Das war jetzt doch ziemlich nahe dran an Adam und Eva. Verdammt lang her. Was gibt es denn zum neuen SARS-CoV-2 Virus zu berichten?«

»Hey, Sie sind ungeduldig. Ich fange jetzt mal mitten drin an. Vor etwas über einem Jahr, im vierten Quartal 2018, waren die Forschungen an einer neuen Familie der Coronaviren recht weit gediehen. Die Welt kannte zu diesem Zeitpunkt bereits sechs humane Coronaviren Stämme. Zwei davon waren mega gefährlich und tödlich. SARS-CoV aus dem Jahre 2002 und MERS-CoV aus dem Jahre 2012. MERS führte ebenfalls zu schwerwiegenden Lungenentzündungen bis hin zum Nierenversagen. MERS war jedoch nur schwer von Mensch-zu-Mensch übertragbar. Bis heute gibt es rund 2500 Infizierte und 850 Tote. Die anderen vier Coronavirenstämme waren eher harmlos und führten nur zu Husten und grippalen Effekten - ohne jeden Pandemie-Charakter. Zurück in den Oktober 2018. Das Wissen über SARS war inzwischen in den Hintergrund gedrängt worden und auch die frühere Entwicklung eines Impfstoffs war mehr und mehr im

Niemandsland versickert. Beim SARS-CoV Coronavirus in 2002 und 2003 war die Letalität zwar außerordentlich hoch, doch seine Verbreitung erfolgte dermaßen langsam, dass die Epidemie relativ schnell eingedämmt werden konnte. Insofern bedurfte es keines Impfstoffs.«

»Glücklicherweise«, warf Martijn ein.

»Ja, richtig. Sie müssen mir verzeihen, dass ich in der Darstellung der Abläufe nun der Einfachheit halber die Position derjenigen einnehmen werde, die ein perfektes tödliches Virus entwickeln wollten. Offiziell ging es immer darum, ein optimales Gegenmittel und einen Impfstoff zu finden, inoffiziell jedoch ...«

»... sollte die vollkommene Biowaffe geschaffen werden, für die man bereits ein Gegenmittel in petto hatte«, ergänzte er.

»Richtig. Die Dualität wurde konsequent durchgezogen. Übrigens galt diese Prämisse nicht ausschließlich für das BSL-4 Labor in Wuhan, sondern prinzipiell für viele andere Biolabore weltweit. Im Oktober 2018 lagen die neuen Erreger des Fledermausvirus in einer isolierten Form vor. Die stellvertretende Leiterin des Wuhan BSL4 Labors, Professor Shang-Yin-Lan, hatte monatelang zuvor in tiefen Höhlen in der Region Yunnan nach Fledermäusen Ausschau gehalten. Yunnan liegt 1000 Kilometer von Wuhan entfernt im südlichen Teil von China. Unzählige Fledermäuse wurden gefangen und ihr Kot eingesammelt. Die Proben sowie die lebenden Tiere und Kadaver wurden zurück ins Hochsicherheitslabor nach Wuhan gebracht. Die Viren wurden analysiert, isoliert, gezüchtet und wieder untersucht. Die gute Nachricht war, dass keins dieser Coronaviren einen humanen Charakter aufwies. Nichts davon konnte einem Menschen direkt gefährlich werden. Es gab bei diesen ursprünglichen Fledermausviren keinen – nennen wir es mal so – keinen Andockmechanismus an menschliche Enzyme.«

»Wie ein Laptop ohne eine Docking-Station.«

»Guter Vergleich. Die Professorin Shang-Yin-Lan hatte dann ...«

»Hey, können Sie das noch mal wiederholen? Wie hieß die Virendoktorin? *Shangri-La*?«

»Nein. Sie heißt Professorin Shang-Yin-Lan. Sie ist die stellvertretende Leiterin des Labors. Eine hochdekorierte Wissenschaftlerin. Summa cum laude. Respektiert und anerkannt von der WHO und von den kompetentesten Virologen weltweit. Sie ist bestens vernetzt. Nehmen Sie ein beliebiges Biolabor oder die größte Universitätsklinik in Europa. Die Charité in Berlin. Alle Experten werden die höchsten Lobeshymnen auf Shang-Yin-Lan anstimmen.«

»Sie sehen das anders, Taylor.«

»Martijn. China ist unser Erzfeind. Wir trauen dort niemandem. Die Welt hat den Schlaf in den Augen. Irgendwann werden es alle erkennen. Nun gut. Zurück zu den Viren aus dem Labor. Solange die BAT Coronaviren keinen humanen Rezeptor in sich trugen, waren sie nur bedingt gefährlich und Spielball vieler medizinischer Laborversuche. Man hat sie verglichen mit dem ersten SARS Virus SARS-CoV, mit MERS-CoV und mit dem gesamten Reservoir, was in den Schubläden so vorrätig war. Mit der nächsten Stufe wurde es gefährlicher. Tierversuche standen auf der Tagesordnung. Mäuse, tibetanische Zibetkatzen und andere Säugetiere wurden den Viren ausgesetzt und auf Reaktionen untersucht. Nach wie vor gab es null Risiko für den Menschen. Schließlich herrschte bei diesem Virus, welches nur in der Hufeisennasenfledermaus nachgewiesen wurde, eine natürliche Anpassungsbarriere vor, die eine Übertragung auf den Menschen verhinderte. Übrigens, das jetzt grassierende Sars-CoV-2 ist in seiner Genomsequenz zu 96,2% identisch mit dem eben erwähnten Fledermausvirus *Bat CoV RaTG13* aus dem Labor in Wuhan im Herbst 2018.«

»Wow, das ist verdammt nah dran!«

»Knapp daneben ist auch vorbei. Wie gesagt. Bis dahin war eigentlich noch alles ungefährlich. Im Kalender schreiben wir ein Datum im Oktober 2018. Wenn der Übergang auf den Menschen simuliert werden sollte, um im gleichen Zuge einen Impfstoff zu entwickeln, war die Zeit reif für das nächste Level in der Forschung. Doch das Vorhaben war brisant. Ein Spiel mit dem Feuer. Wenn die Vorgehensweise je ans Tageslicht kommen sollte, so stände die Existenz des Labors auf dem Spiel. Die Reputation der Wissenschaftler, allen voran der Ruf von Professorin Shang-Yin-Lan, wäre für immer beschädigt worden. *No regrets.* Wer auch immer das grüne Licht gab, dürfte nie wieder in den Spiegel schauen.«

Der Holländer schluckte. Seine Gedanken rasten durch den Kopf. Handelte es sich also doch um einen Laborunfall. Oder schlimmer, wurde das tödliche Virus dort erst entwickelt? Um wen konnte es sich handeln, der das grüne Licht gegeben hatte? Wer war es, der niemals wieder in den Spiegel blicken konnte? Unwillkürlich fiel sein Blick auf die Wasseroberfläche. Taylor bemerkte das und legte ihren Kopf zur Seite.

»Der Mensch besieht sein Spiegelbild nicht im fließenden Wasser, sondern im stillen Wasser.«

Selbst im Pool war die Wasseroberfläche noch zu sehr in Bewegung, als dass sich eine klare Spiegelung ergeben konnte. »Hinter dem Spruch steckt sicherlich ein alter Philosoph aus der Gegend«, vermutete Martijn.

»*Zhuangzi* hieß der Meister. Ein berühmter Philosoph und Dichter. Es wird eine Zeit der Reflexion auf das Geschehene kommen. Aktuell sind wir davon sehr weit entfernt. Zurück in den Oktober vor eineinhalb Jahren. Was dann folgte, war ein schreckliches Verbrechen.«

»Ruhig Blut, mijn liefde. Wir sind ja auch keine Engel. Warst du als Agentin schon im Außeneinsatz? Dann weißt du, wie nahe der Tod bisweilen an dich herankommt.« Fast unbemerkt hatte der Holländer angefangen sie zu duzen.

»Mit dem *Du* kommen wir uns näher«, sagte sie spitz.

»Außeneinsatz? Ich bin hier in China und lebe noch. Das sagt wohl alles zu deiner Frage. Apropos Tod. Solange die isolierten Viren im BSL-4 Labor in Wuhan untergebracht waren, hatte niemand die Demarkationslinie überschritten. Es waren allenfalls Viren der Hufeisennasenfledermaus, die dem Menschen nichts anhaben konnten. Doch irgendjemand gab das grüne Licht. Lass mich kurz etwas zu dem Labor an sich sagen. Das Mikrobiologielabor befindet sich seit 1956 im Komplex der Chinesischen Akademie der Wissenschaften in Wuhan. Seit 1978 trägt es den Namen *Wuhan Institut für Virologie*, kurz WIV. Vor fünf Jahren wurde innerhalb des WIV das erste chinesische Labor mit der Schutzstufe BSL-4 errichtet und beherbergt die größte Sammlung von Virusstämmen im asiatischen Raum. 1500 Erregerstämme lagern dort. Ein Arsenal des Todes. Die Schutzmaßnahmen für ein BSL-4 Labor sind immens hoch. Unbefugte dürfen nicht mal in die Nähe der Labore kommen. Es gibt eine permanente Videoüberwachung und innerhalb der Gebäude sind die hygienischen Barrieren extrem hoch. Zu den Auflagen gehören mehrstufige Schleusen für Material und Mitarbeiter - inklusive der Dekontaminationsschleusen-, gasdichte Türen sowie hermetisch abgeschlossene Compartments aus Edelstahl. Die Filtersysteme müssen Mikroorganismen bis zu einer Größe von maximal zehn Nanometer herausfiltern. Der Aufwand ist wirklich enorm. Deshalb gibt es auch nur 54 BSL-4 Labore weltweit. Nur in einem BSL-4 Labor dürfen die hochinfektiösen Erreger wie Ebola, Hanta, Marburg, Lassa und Pocken lagern.«

»Das ist eine Menge Stoff«, sagte Martijn. »Wenn ich das jetzt richtig verstanden habe, so hatten die Forscher im virologischen Wuhan Institut WIV aber nur die

Fledermaus-Coronaviren isoliert, die noch kein humanes Log-In-Protein aufwiesen, korrekt?«

Die Taiwanerin lächelte. »Ja. Das sogenannte Spike-Element fehlte noch. Es wird für das Andocken an den menschlichen Organismus benötigt. Aus diesem Grund wurde im Herbst 2018 ein Geheimprojekt freigegeben. Große Mengen der Bat-Corona Viren *Bat CoV RaTG13* wurden gezüchtet und an andere geheime Orte gebracht. Teile und herrsche. Im WIV waren nur wenige in das Projekt eingeweiht.«

»Jetzt wird's spannend«, kommentierte der Holländer leicht spöttisch.

»Wusstest du, dass es im WIV Komplex weitere Labore gibt? Sie erfüllen zwar nicht den höchsten Standard der Stufe 4, sind jedoch für die dritthöchste Kategorie qualifiziert. Genauer gesagt ist eins davon als ABSL-3 Labor eingestuft. Das *A* steht für Animal. Na, klingelt es bei dir?«

»Tierversuche. Aber was ist daran jetzt so besonders?«

»*In vivo.* Nun ging es nicht mehr um Experimente mit dem Virus *an* Tieren ... sondern um Versuche *in* Tieren. *In vivo* bezeichnet in der Wissenschaft Prozesse, die im lebendigen Organismus ablaufen. Bei *in vitro* passiert es im Reagenzglas, bei *in vivo* im lebenden Tier. Nun halt dich gut fest. Neben dem ABSL-3 Labor gibt es noch eine weitere Forschungseinrichtung in Wuhan. Sie liegt direkt gegenüber von deinem Hotel, dem Tianya 1911 Gebäude.«

Martijn verschlug es die Sprache. »Wat? Wat je niet zegt. Wir hatten uns heute schon den Fischmarkt angesehen. Der liegt ja bereits in fußläufiger Entfernung ...«

»In genau 911 Fuß Entfernung vom Labor«, ergänzte sie. »275 Meter. Kaum zu fassen. Ich weiß. Eine *smoking gun*, oder wie nennst du das? Kein Zufall jedenfalls. Das Labor in deiner Nachbarschaft gehört zum *Wuhan Centre of Disease Control*, kurz WHCDC. Trotz der relativ geringen

Sicherheitsstufe mit BSL-2, hatte sich die Einrichtung auf grenzwertige *in vivo* Experimente spezialisiert. Auf geheime Studien, die unter allen Umständen tief unter dem Radar bleiben sollten. Tierversuche der besonderen Art. Setz mal die Sonnenbrille ab und schau aufs Wasser. Was siehst du? Die Realität? Oder ein Spiegelbild davon?«

Martijn blickte etwas zur Seite. »Na, im Moment ist alles verschwommen. Es gibt kein klares Bild. Meinst du das?«

»In jeder Beziehung. Ja, das meine ich. Was du siehst, ist eher ein Trugbild. Anders ausgedrückt eine Chimäre. Und dieses Wort aus der griechischen Mythologie bezeichnet noch etwas anderes.« Sie legte eine Pause ein und wollte dem Holländer eine Chance geben, sich einzubringen.

Doch Martijn machte keine Anstalten. Er setzte die Brille wieder auf, blickte starr geradeaus und wiederholte den Begriff. »Eine Chimäre?«

»Das sind Mischwesen«, klärte sie ihn auf. »In der griechischen Mythologie bestand das Fabelwesen Chimära aus drei Tieren: Vorne war es ein Löwe, in der Mitte eine Ziege und hinten ein Drache.«

»Jetzt wird es märchenhaft. Da kann ich mithalten. Der chinesische Drache wird Lóng genannt. Auf dem Körper einer Schlange sitzt ein Löwenkopf. Du siehst, ich habe meine Reiselektüre ausgiebig studiert.«

»Gut gebrüllt Löwe. Du überraschst mich. Chimären sind der Schlüssel. So nennt man in der Biomedizin einen Organismus, der aus genetisch unterschiedlichen Zellen besteht und dennoch ein einheitliches Individuum ist. Eine Kreuzung, die aus verschiedenen befruchteten Eizellen entstammt.«

»Und der bekannteste Vertreter von genetischen Vermischungen ist das Maultier, habe ich recht?«

»Danke für deine Ergänzung. Übrigens werden sogar Tier-Mensch-Embryonen für die Stammzellenforschung hergestellt. Dazu wird menschliches Erbgut in die Eizellen von Tieren injiziert. Das ist sehr umstritten. Nicht auszudenken, wenn dabei Zwitterwesen entstehen.«

»Ich teile deine Bedenken, Taylor. Und du gehst davon aus, dass auch mit den Virenstämmen solche genetischen Experimente gelaufen sind? Hier in Wuhan, in dem Labor am Ende der kleinen Straße gegenüber unserem Hotel?«

Sie nickte mehrmals.

»Es war eine sorgfältig aufgeteilte Zusammenarbeit der Labore. Im Wuhan ABSL-3 Labor lagerten immerhin die originären SARS-CoV Viren, das HIV/AIDS Virus und das H7N9 Influenza Virus. Allesamt hochgefährlich.«

»Sorry, die ersten beiden Erreger sagen mir etwas, vom letzten H7 ... habe ich noch nie etwas gehört.«

»Das H7N9 ist ein Grippevirus und wurde erstmals im Jahr 2013 entdeckt. Es gehört in die Gruppe der Vogelgrippe-Viren. Beim Geflügel verläuft eine H7N9 Infektion in der Regel milde, beim Menschen hingegen endet sie oft tödlich. Man geht bei H7N9 von einer Todesrate von dreißig Prozent aus.«

»Dreißig Prozent?« Der Holländer pfiff durch die Zähne.

»Oh, ja. Die *case fatality ratio* von dreißig Prozent macht das H7N9 zu einer wahren Todeswaffe. Auf der anderen Seite ist bislang keine Übertragung von Mensch-zu-Mensch dokumentiert worden. Erst wenn eine leichte Übertragbarkeit *und* eine hohe Virulenz zusammentreffen, dann ergibt sich der perfekte Sturm. So wie vor einhundert Jahren, als 1918 die Spanische Grippe zig Millionen Opfer forderte. Das perfekte Virus ist kontagiös und virulent zugleich. Hoch ansteckend wie eine normale Grippe und tödlich wie die Spanische Grippe oder das HIV-Virus.«

Martijn atmete tief durch. Er bekam es mit der Angst zu tun. Es klang nach einem perfiden Konzept.

»Weißt du?«, fuhr Taylor fort. »Im Labor bei dir um die Ecke lagen diese drei tödlichen Viren vorbereitet für die Versuchsreihen wie auf dem Silbertablett. Allesamt recht schwer oder gar nicht von Mensch zu Mensch übertragbar. Eine HIV-Infektion geschieht vorrangig über das Blut, während H7N9 ist so gut wie gar nicht von Mensch zu Mensch übertragen werden kann. Besondere Vorsicht galt für das dritte im Bunde, das erste SARS-CoV Virus, welches für die Experimente aus dem Tresor des ABSL-3 Labors herbeigeschafft wurde. Im Oktober 2018 wurden die ersten Tests durchgeführt. *In vivo*.«

»In *vino veritas* wäre mir jetzt lieber«, witzelte Martijn.

Sie kniff ihn in die Hüftmuskulatur. »Wein gibt es später. Zurück zum Labor. Der Neuankömmling war das *Bat CoV RaTG13* Virus aus dem BSL-4 Labor. Was ihm fehlte war der humane Rezeptor. Das *Glycoprotein S* – auch Spike genannt. Mit diesem Spike sollte das Anheften an die menschlichen ACE-2 Enzyme gelingen. ACE-2 bezeichnet ein Angiotension-konvertierendes Enzym.«

»Ehrlich gesagt, verstehe ich kein Wort«, gab der Holländer unumwunden zu.

»ACE-2 kommt an vielen Stellen im menschlichen Körper vor. In der Lunge, in der Niere, im Magen-und Darmtrakt und schließlich auch im Herzen. ACE-2 ist zudem ein perfekter Rezeptor für die unterschiedlichen Coronaviren. Die Dockingstation.«

Martijn lächelte. Er war wieder im Rennen.

»Der Mechanismus einer Infektion würde dann wie folgt ablaufen. Das Virus heftet sich an das ACE-2 Protein und aktiviert damit die benachbarten TMPRSS2 Moleküle, die ebenfalls auf der Oberfläche der menschlichen Wirtszelle sitzen.«

»TMPRSS2. Okay. Und was macht das nun genau?«

»Die Abkürzung steht für ein transmembranes Serinproteasen Enzym. Der Name sagt schon, was es macht. Bei Aktivierung ermöglicht es das Eindringen des Virus in die Wirtszelle. Wenn das ACE-2 Enzym das Schloss für den Spike-Schlüssel vom Virus ist, so wird mit dem TMPRSS2 Enzym die Tür geöffnet. Das Virus dringt in die Zelle und setzt sein RNA-Genom frei. Damit wird die Wirtszelle umprogrammiert und es wird die Reproduktion neuer Viren angeregt. Durch diese RNA-Replikation entstehen in kürzester Zeit weitere Viren, die dann aus der Zelle geschleust werden und sich im Körper auf die Suche nach neuen Wirtszellen machen. Es ist eine Kettenreaktion, die auf einen Eroberungsfeldzug durch den menschlichen Organismus abzielt.«

»Verstanden.« Sein Kommentar fiel kurz und knapp aus. »Solange die Fledermausviren kein Schlüsselprotein auf ihrer Hülle hatten, also ohne Spikes unterwegs waren, war das Virus für Menschen ungefährlich. Dann bleibt die Frage, wie diese Schlüssel entstanden sind.«

»Entstanden? Das klingt recht passiv. Ich würde eher sagen, sie sind gezielt geschaffen worden. *In vivo*. Wie bei einer Chimäre wurden nun verschiedene Tiere mit dem Fledermausvirus *Bat CoV RaTG13* infiziert und noch während der Inkubationszeit wurden sie einem zweiten Virus ausgesetzt. Gleichzeitig, verstehst du? Es wurde tief in die Trickkiste gegriffen. Sobald ein Tier an dem injizierten Bat-Corona Erreger erkrankte, wurde in den befallenen Wirtszellen ein zweites Virus hinzugefügt. Wahlweise handelte es sich um SARS-CoV oder HIV. Oder auch um das H7N9 Virus. Und es kamen noch beliebige weitere harmlose Erreger hinzu. In den unterschiedlichsten Dosierungen. Es war wie bei Dr. Frankenstein. Ein Labor des Wahnsinns.«

Martijn atmete tief durch. Diese Informationen musste er erst einmal verarbeiten. »Das ist der pure Irrsinn. Woher weißt du das? Es ist der reinste Sprengstoff, Taylor.«

»Meinen Informanten habe ich erst vor wenigen Wochen rekrutiert. Er hatte eine indirekte Verbindung zum WHCDC *Wuhan Centre of Disease Control*.«

»Hatte? Wo ist er jetzt?«, hakte er nach.

»Der Typ ist versetzt worden. Keine Ahnung wohin. Wahrscheinlich steckt er momentan in einem weit entfernten Bezirk. Hier sind sehr viele Mitarbeiter aus der zweiten und dritten Reihe komplett ausgetauscht worden, als die Epidemie in Wuhan im Dezember von den Behörden und der staatlichen Führung nicht mehr vertuscht werden konnte.«

»Es gab doch auch zwei chinesische Forscher, die vor einigen Wochen ihre Vermutungen dazu äußerten, oder?«

»Du redest von Botao Xiao und Lei Xiao? Das Dossier stammt vom 6. Februar 2020 und ist mittlerweile von den Webseiten verschwunden. Ja, die beiden beschrieben einige brisante Details, verpackten es clever als reine Hypothese. Vor allem legten sie den Fokus auf das *Wuhan Centre for Disease Control* WHCDC. Wie gesagt ist es zentral in der City gelegen an der North Jiang Road Nummer 24. Nur einen Katzensprung entfernt vom berühmt berüchtigten Fischmarkt. Gegenüber von deinem Hotel. Und das *Disease Control Centre* war auch an vorderster Stelle ab Januar bei der Bekämpfung der Pandemie mit dabei.«

»Es soll paranoide Feuerwehrleute geben, die selbst das Feuer legen, was sie anschließend löschen wollen.«

»Warte, soweit sind wir noch nicht. Du wolltest Näheres zum Bericht von Botao Xiao wissen. Zusammen mit seinem Studienkollegen Lei Xiao hatte er die Studie mit dem verheißungsvollen Titel *The possible origins of 2019-nCoV coronavirus* am 6. Februar hochgeladen. Das 4-seitige Dokument hatte es in sich. Die beiden fragten sich, wie Fledermäuse aus der fast 1000 Kilometer entfernten Yunnan Provinz auf den Fischmarkt geflogen sein sollten und hatten vielmehr das nahe gelegene WHCDC in Verdacht, daran beteiligt zu sein. Hunderte von Horseshoe Fledermäusen würden dort für Experimente eingesetzt und einmal soll sogar ein Laborant von einer Fledermaus angegriffen worden sein, worauf er sich eine 14-tägige

Selbstquarantäne verordnete. Wie dem auch sei. Die ganze Studie war nur ein Klopfen auf den Busch. Sicherlich einigermaßen mutig. Die Theorie war ebenso naheliegend wie richtungsweisend, doch für einen Laborunfall gab es keinen Beweis. Man sucht vergeblich danach in der Studie.«

»Okay, das habe ich verstanden. Damit ist ein Leak nicht ausgeschlossen, aber das Xiao-Papier hilft nicht weiter.«

»D'accord. Wahrscheinlich hatten sich die zwei von einer kurz zuvor erschienenen Publikation inspirieren lassen. Bereits am 24. Januar 2020 erschien auf der Plattform *thelancet.com* der Artikel *Clinical features of patients infected with 2019 novel coronavirus in Wuhan, China*. Darin wurde erstmals der Bezug der dokumentierten Erkrankungen zum Seafood-Market in Zweifel gezogen. Trotzdem sind das alles Interpretationen aus diesem Jahr.«

»Dann war es schließlich doch ein Laborunfall?«

»Nein, wie kommst du darauf? Ein Unfall wäre sofort gemeldet worden und es hätten sämtliche Pandemie-Alarmglocken geläutet. Die anfänglichen Spekulationen zeigen doch nur, dass weder die Ärzte noch die Virologen aus dem näheren Umfeld irgendetwas von dem Outbreak geahnt hatten. Wuhan wurde komplett davon überrascht. Noch bis zum 14. Januar wurde vehement ausgeschlossen, dass es beim neuen Virus überhaupt zu einer Übertragung von Mensch-zu-Mensch kommen konnte. Selbst die WHO hatte auf Druck von China bis zum 30. Januar mit der Pandemiewarnung gewartet. Wertvolle Zeit wurde vergeudet. Es sollte nicht sein, was nicht sein durfte.«

»Taylor, mich interessiert trotzdem, wie der Erreger entstanden ist und wie er den Weg in die Öffentlichkeit von Wuhan fand. Ob mit oder ohne Unfall im Labor.«

»Okay. Lass mich noch mal in der Zeit zurückgehen in den Herbst 2018. Mein Informant war damals sehr nahe dran. Er hatte mir von einer persönlichen Unterhaltung mit dem *Chief Technician* des Instituts, Joao Huachun, berichtet. Joao ist ein Workaholic. Von ihm kursiert sogar ein PR Video für das WHCDC im Netz. Unter dem vielsagenden Titel *Youth in the Wild* wird in einer siebenminütigen Doku über seine Expeditionen in die legendären Höhlen in Yunnan berichtet. Er war dort mehrfach mit Professor Shang-Yin-Lan gewesen und hatte hunderte Exemplare von Fledermäusen gefangen und nach Wuhan gebracht.«

»Wie viele hatten sie hier in ihrem Labor?«

»Ungefähr 600. Genug für ausgiebige Testreihen, die unter die GoF Projekte fielen.«

»GoF. Nie gehört. Was ist das nun wieder?«

»Der *Gain-of-Function* Masterplan, kurz GoF. Damit sollte herausgefunden werden, wie sich die Eigenschaften eines Virus verändern, wenn es durch von Forschern hervorgerufene Mutationen bewusst modifiziert wird. Die Chimären-Viren waren somit als GoF Projekt generell sanktioniert. Über allem standen drei Grundsätze. Die frühzeitige Entwicklung von Antikörpern und die Produktion von Impfstoffen«, sie machte eine kurze Pause.

»Und was ist die dritte Direktive?«

»Biologische Kampfstoffe. Wobei die Forscher und Wissenschaftler in Wuhan wohl alle davon ausgegangen waren, dass sie ausschließlich im Dienst der ersten beiden Ziele tätig waren. Doch niemals darfst du in China die Rechnung ohne den Wirt machen und die Kommunistische Partei und das Militär vergessen. Dem langfristigen Staatsziel ist alles untergeordnet. Übrigens wurde zeitgleich im Wuhan Institute for Virology untersucht, wie HIV-Viren in menschliche Lymphozyten eindringen.«

»Das klingt besorgniserregend. HIV-Viren dringen doch nur über die Körperflüssigkeiten wie Blut oder Sekret ein. Du erwähntest vorhin, dass sie sogar die HIV-Viren bei den *in vivo* Experimenten auf die Tiere losgelassen haben. Ist denn eine Kombination überhaupt denkbar?«

»Chapeau. Du bist gut im Thema. Eine Vermischung mit dem *Bat CoV RaTG13* wäre in der Tat eine Sensation. Beide Viren sind nämlich total unterschiedlich. Beim HIV ist der Reproduktionsprozess sehr komplex. Dabei wird die Virus-RNA in menschlichen Zellen zunächst in eine DNA-Erbsubstanz umprogrammiert, bevor sie in den Zellkern vorstößt und in die menschlichen Genome gelangt. Bei den SARS-CoV-2 Viren, wie auch bei allen anderen Coronaviren, gelangt die RNA Sequenz normalerweise *nicht* in den menschlichen Zellkern. Hierin könnte eine tödliche Langfrist-Waffe stecken. Ein Trojaner.«

»Ich ahne Schlimmes.« Martijn spürte seinen Puls bis an den Hals schlagen. »Kann es sein, dass mit dem SARS-CoV-2 ein eher harmloses Virus in den menschlichen Körper eindringt und auf den ersten Blick nur eine relativ geringe Letalität aufweist? Mit einem Wert von einigen Prozentpunkten. Und dass sich ein Teil der Viren im Körper quasi versteckt hält und auf einen günstigen Moment wartet, um in den Zellkern einzudringen?«

»Jetzt wird es abenteuerlich, Mann. Eigentlich ist das unmöglich, was du da in den Raum stellst. Doch es gibt Virenstämme, die sich im Menschen viele Jahre lang verstecken. Ein Herpesvirus bleibt lebenslang bei dir und bricht alle paar Wochen wieder aus. Auch beim HIV-Virus vermutet man, dass es geheime Plätze im Menschen findet, wenn es einmal im Organismus steckt. Eine Arbeitsgruppe des Labors für Molekulare Virologie im französischen Montpellier hatte im März 2017 einen dieser Rückzugsorte gefunden und eine Methode beschrieben, wie sich die Plätze auffinden lassen würden. Sie hatten ein Molekül mit der Bezeichnung CD32a auf der Oberfläche von ruhenden T-Zellen gefunden, die mit dem HIV-Virus infiziert waren. Doch was hilft es, wenn man das Versteck kennt? Die ruhenden T-Lymphozyten gehören ja eigentlich zur Elite des menschlichen Immunsystems. Wenn sie beispielsweise durch die HIV-Viren aktiviert werden, so holen sich die T-Zellen weiteren Support in Form der Zytokinproteine. Dadurch droht der gefürchtete Zytokinsturm. Eine Autoimmunreaktion, bei der der Körper gegen sich selbst kämpft. Wie eine unaufhaltsame Kettenreaktion zerstört das Immunsystem die eigenen Organe und führt zu schwerwiegenden Entzündungen. Dann gehen selbst Zellen zugrunde, die gar nicht vom Virus befallen sind. Die Gefäßwände quellen auf und werden durchlässig. Das Gewebe nimmt Wasser auf und führt zu Bauchdecken, die kurz vorm Platzen sind. Hohe Entzündungswerte einerseits und ein gleichzeitiger Mangel an Lymphozyten. Der Zytokinsturm ist ein Damoklesschwert und für viele ein Todesurteil. Du könntest also richtig liegen. Wenn solch eine Kombination gelingen würde, wäre es die perfekte tödliche Bio-Waffe. Kurzfristig führt der harmlose Teil des Virus zu einer hohen Infektionsrate und sucht sich bei den Infizierten ein lebenslanges Asyl an einem geheimen Rückzugsort. Wenn die Zeit reif ist, tötet das Virus seinen Wirt. Ein absoluter Albtraum ...«

»Das wäre das Armageddon. Das Ende. Frei nach Louis Pasteur, dass *die Mikroben das letzte Wort haben*. Wollen wir hoffen, dass das die reinen Hirngespinste sind und keine HIV Genome im neuen SARS-CoV-2 mit enthalten sind.« Es schauderte ihm. Mit einem Mal hatte er mächtig Angst bekommen.

»Ruhig Blut. Wir werden das Virus eindämmen.« Plötzlich herrschte eine seltsame Stille und sie hörten nur noch das Wasser plätschern. War es auch Taylor unheimlich geworden? Die Implikationen wären gewaltig, denn sowohl das HIV-Virus als auch das Influenza Virus H7N9 gehörte zu den Ingredienzen der Chimären-Tierversuche. Der Holländer durchbrach das Schweigen.

»Warte mal, jetzt fällt mir gerade etwas ein. Warum glaubst du eigentlich, dass das jetzige Coronavirus SARS-

CoV-2 auf den Versuchen mit dem *Bat CoV RaTG13* Virus basierte? Hätte man nicht auch das alte SARS-CoV dafür nehmen können?«

»Martijn ...«, ein leichtes Zurechtweisen lag in ihrer Stimme. »Erstens ist es evident. Das neue SARS-CoV-2 ist zu 96,2 Prozent identisch mit dem *Bat CoV RaTG13* der Hufeisennasenfledermaus, während die Ähnlichkeit der Genomstruktur zum ersten SARS Virus nur bei etwa 80 Prozent liegt. Zweitens wäre das alte SARS doch eine Stufe zu virulent. Denk an die Letalität. Es erreichte Werte bis zu 15 Prozent. Christiana Salbi, die Sprecherin des WHO Centers in Kopenhagen sagte einmal, *dass ein Virus, das eine niedrige Sterblichkeit aufweist, dafür aber eine große Zahl an Menschen infiziert, letztlich zu mehr Toten führen kann.* Das trifft den Nagel auf den Kopf.«

»Okay. Die Experimente basierten demnach allesamt auf dem *Bat CoV RaTG13*. Welche Tiere mussten dafür herhalten? Vor allem waren es wohl die Fledermäuse aus der Hufeisennasen-Familie, nehme ich an.«

»Ja, mein Informant hat die Methodik und die - wie soll ich sagen - Zutaten bestätigt. SARS Eins, HIV und H7N9 waren zwar die Grundaddititve für die Versuche, doch die bereits erwähnten fehlenden 3,8 Prozent sind eine gewaltig große Lücke. Auch in der Natur wird ein komplementäres Auffüllen nicht mal eben so durch einen *cross-species-jump* erreicht. Auf dem natürlichen Weg könnte es bis zu 50 Jahre dauern. Daher wurden die Testreihen in einem Rekordtempo durchgeführt. In einem sich täglich steigernden Stakkato. Die Tiere mussten für alle Versuche herhalten, bis sie starben. Fledermäuse, Schweine, Affen, Makaken. Und vor allem wurden kleine Ferkel mit den Virenmischungen infiziert. Ganze drei Tage waren sie alt. Man entnahm ihnen die Virenproben und jagte anschließend neue Kombinationen in die kleinen Säugetiere, die dem Menschen im Erbgut so ähnlich sind.

Tag für Tag wurden neue Spritzen gesetzt, um Mutationen und neue Vermischungen bei den Viren zu provozieren. Irgendwann im Oktober 2018 war es dann soweit. Ein reproduzierbares Virus war entstanden. Keiner wusste mehr so genau, wie es passiert war und ob man den Prozess wiederholen konnte. Denn die Aufzeichnungen waren schon längst nicht mehr so akribisch verfasst worden, wie am Anfang der Versuchsreihe. Es sah nach Überstunden aus. Das neue Virus musste isoliert werden und vor allem kultiviert werden. So viel war sicher; als Basis hatte es das *Bat CoV RaTG13* Virus. Sämtliche anderen Proben wurden vernichtet und das kleine Team konzentrierte sich ausschließlich auf das neu kreierte Coronavirus. Es blieb über mehrere Injektionen und Inkubationszyklen stabil. Sie probierten es an den verschiedensten Tieren aus. Wie mir der Informant sagte, waren wohl auch die Pangolins darunter. Die Schuppentiere. Das wiederum könnte erklären, warum man das Virus später auch in diesen Tieren nachweisen konnte und sie fälschlicherweise sogar für einen potentiellen Zwischenwirt hielt. Richtig erfolgreich hatte das Team jedoch das Virus in den Ferkeln durch mehrere Phasen gebracht. Kurz vor Ende Oktober 2018 meldeten sie ihren Triumph bei dem Kontaktmann ohne Namen und ohne Rang. Er wurde immer von zwei jüngeren Männern begleitet, wenn sie ihm Bericht erstatten mussten. Seine Reaktion muss wohl überwältigend gewesen sein. Sie sollten auf schnellstem Wege alle Ergebnisse vernichten, die Viren isolieren und für einen Transport zurück in das Hauptlabor, ins BSL-4 im WIV vorbereiten. Das Team im WHCDC machte sich ans Werk. Das ursprüngliche Virus hatten sie sorgfältig in separaten Wirtstieren getrennt gehalten. Sie nannten es die erste Ordnung. Innerhalb weniger Tage war es ihnen gelungen, daraus eine weitere Mutation zu zaubern, die sie als das *zweite Auge* betitelten.

Am Tag, an dem sie alle Unterlagen zusammenpacken sollten, glückte ihnen vom zweiten Virus-Typ noch eine Untervariante. Sie gaben ihm den Namen *Triangel-Virus*.«

»Drei Stämme? Mit recht fantasievollen Arbeitstiteln.«

»So ist es. Am Ende kristallisierten sich durch die *in vivo* initiierten Mutationen drei leicht unterschiedliche Virenstämme heraus, die allesamt als Basis das *Bat CoV RaTG13* Virus hatten.«

»Daher die Übereinstimmung zwischen dem SARS CoV2 und dem ursprünglichen *Bat CoV RaTG13* Virus zu 96,2 Prozent«, schlussfolgerte Martijn.

»Richtig! Das angestrebte Ergebnis war voll und ganz erreicht. Ein neues humanes Coronavirus, ursprünglich aus einer Fledermaus in Yunnan stammend und durch nachdrücklich provozierte Mutationen komplettiert mit Genomsequenzen von einem Potpourri an Spielvarianten aller Art. Inklusive SARS-CoV, HIV und H7N9 sowie einer Prise Adenoviren. Nicht zu vergessen wurden die ursprünglich fehlenden Spikes ebenfalls durch die Chimären-Technologie mit implementiert, um an die humanen Proteine anzudocken. Drei Stämme. Ähnlich, aber doch leicht unterschiedlich. Ausgerichtet auf die menschlichen ACE-2 Rezeptoren, die Angiotensin-konvertierenden Enzyme. Am Ende war dem neuen Virus seine Herkunft nicht mehr anzumerken. Welche Elemente im Einzelnen daran beteiligt waren, ließ sich in späteren Genom-Analysen nicht mehr nachvollziehen. Schon gar nicht deutete auch nur das kleinste Detail auf eine Erschaffung im Labor hin, was maßgeblich an den *in vivo* praktizierten Chimären-Injektionen lag. Drei Stämme. Drei Einfallstore. Das neue Virus konnte sowohl respiratorisch aufgenommen werden, also durch eine Tröpfcheninfektion vor allem durch Mund und Nase. Als Zweites durch eine Schmierinfektion, wenn sich jemand mit den Fingern, an denen die Viren sitzen, die Augen reibt. Und drittens über den Darm. Es war vollzogen, die Schöpfung des neuen Coronavirus nCoV. Das siebte humane Coronavirus.«

»Nummer Sieben. Wie Victoria Vicem, die offensichtlich bei der ONE-C die operativen Fäden in der Hand hält.«

»Ja, damit war das siebte menschliche Coronavirus in der Welt. Pünktlich zum einhundertsten Jahrestag der Spanischen Grippe, an die am 1. November 2018 anlässlich des ersten weltweit organisierten Weltgrippetages im *Chinese Centre for Disease Control and Prevention CCDC* in Wuhan deren Generaldirektor Desmond E. Dhao gedenken ließ. Das *WHCDC* in Wuhan ist übrigens Teil des *CCDC*. Die Zeremonie war zugleich der 15. Gedenktag zum Ausbruch des *Schweren Akuten Respiratorischen Syndroms*.«

»SARS-CoV. Es gab also einen Gedenktag als Erinnerung an den Ausbruch der Epidemie im November 2002«, ergänzte Martijn. »Wow. Was für eine Koinzidenz. Da haben die Jungs zeitgleich am 1. November 2018 auch an die Spanische Grippe erinnert? Unglaublich.«

»Ja, es ist unfassbar und nur wenig entfernt wartete ein neues Virus in drei Varianten auf seinen Einsatz.«

»Hey. Wie ging es weiter? Dann kamen die Viren zurück ins WIV nehme ich an.«

Sie drückte sich ins Hohlkreuz. »Eben nicht. An dieser Stelle fing das Problem an.«

»Moment. Was war passiert?«

»Nun. Alles war für den Kurierdienst vorbereitet. Sämtliche Unterlagen, Gewebemuster, isolierte Viren und alle Behältnisse waren vorschriftsmäßig verpackt und gekennzeichnet worden.«

»Das kann ja nicht schwierig gewesen sein. Hauptsache, die Viren sind gut gesichert.«

»Das stimmt im Allgemeinen. Viren sind relativ einfach konstruiert und bestehen aus einem oder mehreren Molekülen, die das Erbgut enthalten. In der DNA oder der RNA ist die Information für die Reproduktion gespeichert.

Viren besitzen weder eine eigene Zelle noch einen Stoffwechsel. Einige Viren haben daneben eine Eiweißhülle als Schutz außen herum. Das war es. Deshalb gelten sie auch nicht als Lebewesen. Ohne eine Wirtszelle können sie nicht lange überleben. Und das ist für jeden Transport das wichtigste Kriterium. Internationale Vorschriften regeln die Sicherheitsverpackungen und der Transportweg wird lückenlos überwacht. Nur wenige spezialisierte Kuriere dürfen die Beförderung durchführen.«

»Na, dann konnte ja nichts schief gehen. Doch ich ahne bereits, was du mir sagen willst. Es gab einen Haken.«

»Genau. Die Pakete mit den Proben kamen niemals im WIV BSL-4 Labor an.«

Vom Holländer war ein lautes Stöhnen zu vernehmen. »Wat? Dat kan niet waar zijn. Die Fahrzeuge waren doch sicherlich mit einem GPS-Tracker ausgestattet, oder?«

»Es war ein einziger Transporter«, korrigierte sie ihn. »Die Sache muss sorgfältig geplant gewesen sein. Die Strecke führte durch einen Tunnel, aus dem weder Fahrzeug noch Fahrer je wieder hinauskamen. Kein Signal, kein Tracking. Die Mobilfunkverbindung war tot. Es konnten seitdem keine Positionsdaten mehr vom Kurier abgerufen werden. Der Mann samt seiner Ausrüstung war wie vom Erdboden verschwunden.«

»Wow. Das gab Stress.«

»Mächtigen Stress. Die verantwortlichen Laborleiter waren förmlich in Aufruhr. Von diesem Moment an fanden alle Krisensitzungen nur noch im kleinen Kreis hinter verschlossenen Türen statt. Mein Informant war außen vor. Niemand konnte sich einen Reim darauf machen. Es war nicht nachzuvollziehen, wer eigentlich der Auftraggeber für das Projekt gewesen war. Es musste sich innerhalb der Gremien verselbständigt haben und das Team aus dem WHCDC konnte nur eine vage Beschreibung von dem Mann abliefern.«

»Und von den Resultaten der Versuchsreihen gab es keine Belegmuster? Keine Dokumentation? Gar nichts?«

Sie schüttelte den Kopf. »Nicht ein einziges Überbleibsel. Man kann den Sicherheitsstandard BSL-2 des WHCDC zwar kritisieren, aber in dieser Sache hatten sie einen guten Job gemacht.«

»Ohne Proben, ohne Viren, wusste man im WIV dann natürlich auch nicht, worum es sich bei dem neuen Virus handelte.«

»Exakt. Sie tappten völlig im Dunkeln, während jemand anderes im Besitz der drei hochinfektiösen Virenstämme war.«

»Sag mal. Unbegrenzt haltbar sind die Viren nicht, oder?«

»Der Weg zwischen dem WHCDC und dem WIV war für maximal eine halbe Stunde kalkuliert. Dafür waren nur Kühlpolster der mittleren Kategorie vorgesehen.«

»Kälte konserviert die winzigen Biester, richtig?«

»Coronaviren können auf unbelebten Oberflächen wie Metall, Glas oder Kunststoff bis zu neun Tagen überleben und infektiös bleiben. Bei minus 80° Grad Celsius bleiben sie jedoch Jahrzehnte lang komplett funktionsfähig. Und Virusstöcke, die für die Virusanzucht verwendet werden, bewahrt man in flüssigem Stickstoff bei minus 196° Grad Celsius auf. Dann leben sie quasi ewig.«

»Das ist lange. Aber offensichtlich konnte irgendjemand einen so langen Zeitraum nicht abwarten. Was geschah nach dem ... was war es eigentlich? Ein Diebstahl? Ein versehentliches *Abhandenkommen*?«

»Wie ich schon sagte. Die Wissenschaftler waren in Panik. Keiner von ihnen konnte einschätzen, wie gefährlich das Virus war, wenn es freigesetzt würde. Es gab keine Referenzmuster, von denen man die Genomsequenz isolieren und entschlüsseln konnte, um vielleicht schon prophylaktisch einen Impfstoff zu entwickeln.«

»Gab es offizielle Reaktionen oder Warnungen? Niemand konnte davon ausgehen, dass sich die Sache von selbst erledigen würde.«

»Es gab keine offiziellen Statements. Darüber ist nichts bekannt. Der innere Druck bei den Wissenschaftlern muss unermesslich groß gewesen sein. Ungewissheit und Spekulationen mischten sich miteinander. Alle beteiligten Kollegen der Labore ABSL-3 im WIV und vom BSL-2 im WHCDC wurden tagelang befragt, doch es ließ sich nichts mehr rekonstruieren. Alle Spuren im WHCDC waren zuvor auf Geheiß der Order einer höheren Instanz vernichtet worden. Das war niemandem der beteiligten Forscher verdächtig vorgekommen, weil sämtliche Ergebnisse, Lebendviren und Gewebeproben zurück auf dem Weg ins Hochsicherheitslabor BSL-4 gewähnt wurden. Der Schock saß tief. Die größte Befürchtung vom Team um Professor Shang-Yin-Lan bestand darin, dass die Kollegen bei ihren *in vivo* Versuchen an den Ferkeln tatsächlich ein neues humanes Coronavirus geschaffen hatten, wie sie es behaupteten und in den ersten Verhören unumwunden angaben. In den darauffolgenden Tagen wichen sie davon ab – schließlich konnte weder die geplante Analyse der Genomsequenz im BSL-4 Labor erfolgen und eine Bestätigung liefern noch gab es irgendeinen Beweis einer Infektion an einem Menschen. Die Angst blieb. Shang hielt es Anfang Dezember nicht mehr aus. Tag und Nacht arbeitete sie mit ihren engsten Kollegen an einer Studie, die einerseits den aktuellen Stand ihrer Forschungen dokumentieren sollte und andererseits versteckte Hinweise auf eine drohende Gefahr liefern sollte. Eine Art akademisches *Whistle Blowing* der kryptischen Couleur. Und in gewisser Weise stellte die Publikation auch eine Distanzierung des Teams dar. Sollten die neuen Viren tatsächlich von Mensch-zu-Mensch übertragbar sein und nicht mehr aufzuhalten sein, wollten sie dafür nicht zur Verantwortung gezogen werden. Die Studie war in einer Rekordzeit verfasst worden und erschien am 10. Dezember 2018.«

»Jeeez ... Findet man die Studie noch?«

»Na, sicher. Unter dem Titel *Origin and evolution of pathogenic coronaviruses*. In den letzten beiden Absätzen des Dokuments erwähnen die Autoren explizit die *in vitro* und *in vivo* Methodik und empfehlen im abschließenden Satz, die Barrieren zwischen dem menschlichen Kulturkreis und den natürlichen Reservoirs aufrecht zu erhalten.«

»Kein Wunder, wurden doch genau diese Grenzen bei den *in vivo* Experimenten offensichtlich aufgehoben und der Geist aus der Flasche gelassen. Der Dschinn, der drei Wünsche zu erfüllen hatte. Drei Stämme. Es klingt wie der Fluch der bösen Tat.«

»Du sagst es, Martijn. Wenn du dir das Dokument besorgen kannst, schau dir vor allem die Grafik auf der dritten Seite an. Dort werden sieben humane Coronaviren skizziert. Sieben, verstehst du?«

»Hm, im Dezember 2018 waren doch nur sechs bekannt, die auf den Menschen überspringen konnten.«

»Richtig. Die Abbildung beginnt mit den bekannten vier harmlosen Coronaviren, gefolgt von SARS und MERS. Am Ende wird das siebte aufgeführt, welches dort noch als SADS-CoV bezeichnet wird und einige Jahre zuvor von der Fledermaus auf das Schwein übergesprungen sein soll. Der *cross-species-jump*. Und explizit heißt es dann. *SADS-CoV, named SADS coronavirus; there is no evidence of infection in humans*. Das Schwein ist in der Grafik der Zwischenwirt. Noch direkter konnte kein Hinweis in die Studie eingebracht werden. In meinen Augen haben die Wissenschaftler damit ihre schrecklichsten Befürchtungen der weltweiten Öffentlichkeit subtil vermitteln wollen.«

»Und ihrem schlechten Gewissen Luft verschafft«, ergänzte der Holländer.

»Übrigens, sechs Wochen später schob Professor Shang-Yin-Lan eine weitere Studie hinterher. Am 29. Januar 2019 wurde das Dokument mit dem Titel *Bat Coronaviruses in China* eingereicht und es war sogar noch eine Spur direkter. Gleich in der zusammenfassenden Einleitung heißt es *Thus, it is highly likely that future SARS- or MERS-like coronavirus outbreaks will originate from bats, and there is an increased probability that this will occur in China.* Wahrlich prophetische Worte.«

»Es war eine Warnung. Moralische Bedenken höre ich zwar nicht heraus, doch ein gewisses Schuldbewusstsein und eine Partizipation könnte man daraus ablesen.«

»Verständlicherweise. Shang sah möglicherweise ihr gesamtes Lebenswerk in Gefahr. Seit 2004 sammelte sie zusammen mit internationalen Forscherteams Proben aus Fledermauskolonien und führte wegweisende Analysen durch. Ihr ist es zu verdanken, dass der pathogene Charakter bestimmter Coronaviren überhaupt erst bekannt wurde. Zuvor galten die Viren nur als Auslöser harmloser Erkältungen. Sie fand auch heraus, dass die Coronaviren in Fledermäusen nur kurzlebig waren und saisonal auftauchten. Antikörper wurden erst Wochen bis Jahre später gebildet. Shang gilt als absolute Koryphäe. Niemand weiß mehr über die Coronaviren als sie. Es ist kaum nachzuvollziehen, wie groß der Schock gewesen sein musste, als sie vor einigen Monaten am 30. Dezember 2019 schließlich vom Ausbruch eines neuen Virus erfuhr.«

»Sie war ja gleich um die Ecke nehme ich an.«

»Eben nicht. Der Anruf erreichte sie auf einer Konferenz in Shanghai. Im Schnellzug ging es sofort zurück nach Wuhan. Wer weiß, was ihr in den Stunden der Zugfahrt so alles durch den Kopf ging? Der Albtraum war zur Realität geworden. Im WIV Labor angekommen analysierte ihr Team die Proben der Erkrankten mittels der *polymerase chain reaction* PCR Technik, womit die genetischen

Sequenzen des Virus entschlüsselt werden konnten. Das Ergebnis war nur bedingt eine Bestätigung ihrer Vermutungen, denn das neue Virus war gerade mal zu 96,2 Prozent identisch mit dem *Bat-CoV-RaTG13* Virus, welches sich im WIV Institut befand. Und glücklicherweise weit genug entfernt von allen Viren, auf die die Virologen im WIV in Wuhan Zugriff hatten. Damit konnte das Team mit Fug und Recht behaupten, dass das neue Virus *nicht* aus ihrem Labor stammte. Verschwiegen wurde natürlich, dass genau dieses Virus bei der weiteren Entwicklung in einem nahegelegenen Labor Pate gestanden haben könnte.«

»Nun war das neue Virus SARS-CoV-2 in der Welt. Coronavirus Nummer Sieben. Quasi zum ersten Geburtstag nach der Erschaffung. Ich kann mir sehr gut vorstellen, dass das Warten fast noch schlimmer gewesen war, als wenn es einen Bekenner gegeben hätte. Einen Erpresser oder einen Trittbrettfahrer, der aus den Viren Profit schlagen wollte. Niemand meldete sich. Die Zeituhr tickte, doch niemand wusste, auf welche Zeit der Zünder eingestellt war.«

»Du bringst es auf den Punkt. Zwischen Dezember 2018 und dem Ausbruch ein Jahr später lag eine dunkle Periode. Wir haben so gut wie nichts darüber in Erfahrung bringen können.«

»Wusstet ihr denn zumindest bei eurem NSB-Verein, dass die neuen Coronaviren auf dem Transport verschwunden waren?«

»Hey, ich darf dir nichts zu den Zeitpunkten sagen, wann wir davon Wind bekommen haben. Im späten Frühjahr 2019 gab es die ersten Spekulationen, dass etwas in der Luft lag. Die unbeantwortete Frage war, wer wirklich dahintersteckte.«

»Oh, Moment. Bis hierher hattest du China für alles verantwortlich gemacht. Kommt jetzt die Kehrtwendung?«

Sie schubste ihn leicht im Wasser nach vorne.

»Never. Das Leben in den Laboren ging weiter, als wäre nichts geschehen. Im Frühjahr 2019 kamen auf dubiosen Pfaden neue Viren aus internationalen BSL-4 Laboren in Wuhan an. Unter anderem aus Winnipeg in Kanada. Eine verbündete Wissenschaftlerin hatte mutmaßlich illegal hochinfektiöse Virenproben - inklusive Ebola - an die Institute in Wuhan geschickt. Am 5. Juli 2019 wurde Frau Dr. Yintao Tsiu, zusammen mit ihrem Mann und einigen ihrer Studenten, gewaltsam von der *Royal Canadian Mounted Police* aus dem Institut abgeführt. Die Sendung verstieß gegen die Policy des *Canadian National Microbiology Laboratory NML*. Da half auch nicht, dass sie erst im Jahr zuvor mit dem *Governor General's Innovation Award* ausgezeichnet worden war. Auf die beiden wartet ein spektakulärer Prozess. Die Anklage lautet auf Spionage. Das solltet ihr euch mal genauer anschauen. Nehmt einen Besuch in Kanada mit auf eure Agenda.«

Der Holländer schüttelte den Kopf.

»Das wird ja immer krimineller.«

»Und wenn du denkst, damit war es vorbei. Mitnichten. Das WIV in Wuhan suchte bis zuletzt im November 2019 in Stellenausschreibungen nach Doktoranden, um an Fledermäusen molekulare Mechanismen zu erforschen, die es – wörtlich - *Ebola und SARS ähnlichen Coronaviren erlauben, für eine lange Zeit im Organismus zu schlafen, ohne Krankheiten auszulösen.*«

»Ahhrg. Da kann einem wirklich schlecht werden. Das lässt sich doch durch nichts in der Welt rechtfertigen.«

»Nun, denke an die drei übergeordneten Ziele. Neue Viren sollten erforscht werden, damit erstens Antikörper entwickelt werden können, bevor das Virus ausbricht. Als Zweites soll ein Impfstoff gegen das Virus entwickelt werden. Und drittens bleibt in letzter Instanz der Einsatz als biologische Waffe. Das Prinzip ist immer gleich. Eine Pandemie mit Ansage.«

»Das ist sehr beunruhigend. Ich werde Kanada mit auf unsere Tagesordnung nehmen. Verstanden. Das heißt, bis zum Sommer letzten Jahres blieb alles ruhig und ihr wart genauso im Dunkeln. Ohne jeden Anhaltspunkt?«

»Es herrschte eine trügerische Stille. Für die Welt war es der letzte globale Sommer alter Prägung. Ein Detail kann ich dir noch nennen, welches vielleicht ebenfalls einen versteckten Hinweis darstellt. Danach schildere ich dir, was wir über die Vorboten des Ausbruchs wissen.«

»Die Fakten bitte«, gab er sich unnachgiebig, hatte jedoch einen freundlichen Unterton in seiner Stimme.

»Besorge dir den Jahresbericht des GPMB aus dem September 2019 mit dem Titel *A World at Risk*.«

»Stopp. GPMB steht für ...?«

»GPMB ist das *Global Preparedness Monitoring Board* Komitee. Es gehört eins zu eins zur World Health Organization, zur WHO, und es ist keine eigene legale Einheit. Das 15-köpfige Gremium setzt sich aus weltweit hochangesehenen Persönlichkeiten unter der Führung der ehemaligen norwegischen Premierministerin Frau Dr. Gro Harlem Brundtland zusammen.«

»Okay, ein 15-köpfiges Gremium. Ich muss kurz mal rechnen, weil die Zahl bei mir eine Assoziation auslöst.« Er zählte leise vor sich hin. »Eins, zwei, vier, acht. Ergibt als Summe 15.«

»Ich verstehe nicht, was du meinst.«

»Egal, es war nur so ein Gedanke. *A World at Risk.* Der Name ist Programm und es hat sicherlich etwas mit Viren zu tun.«

»Bingo. Auf 48 Seiten bringt das PDF-Dokument alles auf den Punkt. Es liest sich wie eine Blaupause für das bevorstehende Szenario einer globalen Pandemie. Besonderes Augenmerk solltest du auf die Seite 27 werfen, in der Paginatur als Seite 17 beziffert. Die Überschrift lautet *Preparing for the worst*.«

Sie schwamm durch das Becken zu den Einstiegsstufen, wo sie ihre Sachen abgelegt hatte. In ihrem Blouson kramte sie nach einem Kärtchen, welches in eine transparente Kunststofffolie einlaminiert war.

»Wasserfest,« kommentierte sie ihre Aktion und las ihm den Abschnitt vor. »*Preparing for the worst. A rapidly spreading, lethal respiratory pathogen pandemic. High-impact respiratory pathogens, such as an especially deadly strain of influenza, pose particular global risks in the modern age. The pathogens are spread via respiratory droplets; they can infect a large number of people very quickly and, with today's transportation infrastructure, move rapidly across multiple geographies. In addition to a greater risk of pandemics from natural pathogens, scientific developments allow for disease-causing microorganisms to be engineered or recreated in laboratories. Should countries, terrorist groups, or scientifically advanced individuals create or obtain and then use biological weapons that have the characteristics of a novel, high-impact respiratory pathogen, the consequences could be as severe as, or even greater, than those of a natural epidemic, as could an accidental release of epidemic-prone microorganisms.*«

»Amen. Das klingt wie das Vaterunser der Virologie.«

»Peace. Jedes Wort, jedes Detail ist eine Warnung der Güteklasse eins. Lass dir den zentralen Satz des Essays auf der Zunge zergehen. *Disease-causing microorganisms to be engineered or recreated in laboratories.* Und? Klingelt es bei dir? Bezieht sich das nicht eindeutig auf Viren, die im Labor hergestellt werden? Auf die *in-vivo* Methodik? Versuche an lebenden Tieren? Und der nächste Abschnitt ist die ultimative Alarmierung. *Should countries, terrorist groups, or scientifically advanced individuals create or obtain and then use biological weapons that have the characteristics of a novel, high-impact respiratory pathogen, the consequences could be as severe as, or even greater, than those of a natural epidemic.* 'Sollten Länder, terroristische Gruppen oder gut ausgebildete Wissenschaftler biologische Waffen herstellen oder beschaffen und dann verwenden, die die Eigenschaften eines neuartigen, hochwirksamen Erregers der Atemwege aufweisen, können die Folgen so schwerwiegend oder sogar noch größer sein als die einer natürlichen Epidemie'. Martijn, in diesem Satz steckt alles, wovor wir Angst haben sollten.«

»Mein Gott. Du sagtest, der Report ist im September 2019 erschienen?«

»Am 18. September. Ja. Verbinde die Punkte und das Bild wird klarer. Entweder hatte das GPMB einen Hellseher im Gremium oder es gab ein gewisses Vorwissen beziehungsweise einen entscheidenden Hinweis. Das wird sich wohl kaum mehr aufklären lassen, doch der Bericht an sich - und auch das Erscheinungsdatum - sprechen für sich selbst. Meiner Meinung nach war das ein *Whistle Blowing* auf der allerhöchsten Ebene. Sie wussten, *dass* etwas passieren würde. Jedoch nicht, *wann* das Drama losbrechen würde und *wer* eigentlich dahintersteckte.«

»Shit. Dann wusste möglicherweise ein kleiner, elitärer Kreis über die bevorstehende Pandemie Bescheid. Die Staatschefs? Geheimdienste? Topvirologen? Die WHO?«

»Ein kleiner Kreis ist das nicht, den du da aufzählst. Nur so viel kann ich dir dazu als Tipp geben. Es waren sehr, sehr wenige. Wir haben das im Nachhinein im Ausschlussprinzip gegen gecheckt. Wer wirklich im Bilde war, bleibt verborgen. Mit dem Wissen war offenbar eine hochwirksame Vergatterung verbunden. Menschen sind Menschen. Sie können sich nicht vollends verstellen, wenn sie etwas wissen, über das sie nicht reden dürfen. Mittlerweile gibt es exzellente AI-Programme, die das analysieren können. Stimme, Gestik, Mimik. Menschen sind ein offenes Buch, wenn man weiß, wie es zu lesen ist.«

»Ihr habt die verschiedenen Regierungserklärungen mit den *Artificial Intelligence* Programmen analysiert?«

»Nicht allein die offiziellen Statements. Jedes Interview und jeder Kommentar liefen durch unsere Applikationen. Sofort seit dem Bekanntwerden des Outbreaks im vergangenen Dezember. Es war äußerst aufschlussreich. Ziemlich schnell wurde klar, wer zu den Eingeweihten gehörte und wer bloß dummes Zeug zum Besten gab.«

»Mit einem gesunden Menschenverstand würde man wahrscheinlich eine relativ große Übereinstimmung mit euren Computerprogrammen für künstliche Intelligenz erzielen, oder?«

Sie schmunzelte. »Es kommt auf den Menschenverstand des Einzelnen an. Es ist jedenfalls erstaunlich, wie gut das Wissen geheimgehalten wurde. Das lässt sich vor allem dadurch erklären, dass niemand genau einschätzen konnte, wie gefährlich es werden konnte. Und ehrlich gesagt, wusste auch keiner ganz genau, wie viel Dreck das eigene Land am Stecken hatte. Wenn du siehst, wer die potentielle Herkunft des Virus aus einem Labor am vehementesten an die Seite schob und stattdessen auf natürliche Quellen, Überträger und Zwischenwirte verwies, so sagt das schon eine Menge aus. Selbst einige Geheimdienste gingen überraschend weit in Deckung. Und warum? Kontagiöse Virenkulturen wurden seit vielen Jahren gegenseitig ausgetauscht. Solange niemand genau wusste, wie und wo das neue Coronavirus entstanden war und vor allem *wer* es schließlich in die Welt gebracht hatte, hielten alle Dienste die Füße still.«

»Jep. Der In-Verkehrbringer blieb nach wie vor im Verborgenen. Ach, das macht die Zusammenhänge nicht einfacher. Oder vielleicht doch. Du weißt über unsere Mission Bescheid, Taylor. Als ehemalige *Enco*-Agenten hatten wir einiges über die Machenschaften der ONE-C herausgefunden. Die ONE-C ist eine weltweit agierende Geheimgesellschaft, die ganz im Sinne einer Illuminaten-Nachfolge die Weltherrschaft erringen will. Die obersten

Lenker sind bestens vernetzt und sitzen an den globalen Schalthebeln der Macht. Niemand weiß, wer sie sind. Victoria Vicem ist die Nummer Sieben und war auf dem Weg nach ganz oben. Wo immer sie jetzt auch steckt.«

»Was heißt, *wo immer sie auch steckt*? Ihr hattet sie in eurer Gewalt und habt sie entkommen lassen? Unfassbar. Ich hatte mich auf unser Treffen vorbereitet und wie du schon richtig festgestellt hast, sympathisiere ich mit euren rebellischen Ansichten. Dass es eine übergeordnet agierende exekutive Truppe, die *Enco* gibt, ist mir klar. Auch, dass ihr euch davon losgerissen habt, als ihr mitbekommen hattet, dass die Befehle von unbekannten Institutionen und Instanzen erfolgten. Ihr nennt sie die ONE-C. Doch für deren Existenz gibt es keine echten Belege.«

»Taylor. Genau das ist der beste Beweis, dass es sie gibt. Geheimhaltung ist das Grundprinzip der ONE-C.«

Für einen Moment lang blieb es still im Infinty Pool.

»Hm. Ich bin selten sprachlos. Okay. Lassen wir es so stehen. Interessiert dich das Ende meines Berichts?«

»Sorry. Ich habe dich unterbrochen. Einige Staatschefs waren also informiert und standen unter Eid. Die WHO wahrscheinlich ebenso. Für alle anderen wurden die vagen und allgemeinen Hinweise in die Welt gestreut. Wer das Dossier *A World at Risk* vom 18. September 2019 aufmerksam gelesen hatte, konnte sich seinen eigenen Sermon darauf abspulen und Vorbereitungen treffen – oder auch nicht. Was habt ihr noch herausgefunden? Wann und wie wurde das Virus freigesetzt? Und vor allem bleibt die Frage, durch wen wurde es in die Welt getragen?«

»Die letzte Frage solltest du dir am besten selbst beantworten, denn darauf habe ich keine Antwort. Die Drahtzieher bleiben bis heute im Verborgenen.«

»Was weißt du, Taylor?«

»Am 18. September ...«

»... ist der Report *A World at Risk* erschienen. Ich weiß.«

»Nicht nur das. Am 18. September 2019 wurde das erste Mal einem Patienten ein neuartiges Serum in die Venen gespritzt. Intravenös. Der hochbetagte Mann litt an der Alzheimer-Krankheit und seine Lebenserwartung war gering. Jahre zuvor war er ein hochrangiger Funktionär in der Partei gewesen und all seine Hoffnungen lagen bei der Ärztin seines Vertrauens und ihrer Medikation. Das verheißungsvolle Serum hatte sie am Tag zuvor bekommen.«

»Lass mich raten, wo der Alte zu Hause war. In Wuhan? Und im Serum befand sich SARS-CoV-2, stimmt's?«

»Die Ärztin war davon ausgegangen, dass sie eine Weiterentwicklung des Impfstoffs mit den monoklonalen Antikörpern 9D5 erhalten hatte. Da die gesamte Aktion illegal war und keine Aufmerksamkeit erzeugen durfte, hatte sie dem Patienten die gesamte Dosis verabreicht und keine Referenzmenge aufbewahrt. Der Greis mit Alzheimer war einer der ersten, der mit dem neuen Erreger infiziert worden war.«

»Sein Zustand hatte sich damit nicht verbessert, oder?«

»Schwer zu sagen. Ich denke nicht. Am Ende war er tot.«

»Woher wusstet ihr davon? Darüber gibt es sicherlich keine Dossiers.«

»Nenne es das übliche Tagesgeschäft. Am Flughafen in Wuhan wurde ein Luft-Kurier aus der Schweiz ermordet aufgefunden. Er war ein Spezialist für Organtransporte. Wir fanden in den CCTV-Archiven vom Airport jedoch Aufnahmen, die einen identisch aussehenden Mann das Flughafengebäude beim Verlassen zeigten.«

»So schlau wird der chinesische Geheimdienst auch gewesen sein.«

Sie stieß einen triumphalen Laut aus. »Yes. Die Kollegen hatten beobachtet, wie der Mann in einen Wagen stieg. Mehr nicht. Weitere Spuren blieben ihnen unbekannt.«

»Ihr seid 'ne gute Truppe beim NSB. Warst du es, die es herausgefunden hat?«

»Ein Kollege. Die Bilderkennungssysteme konnten das Double des Kuriers mit Namen Tommie Parker relativ zügig anhand seiner biometrischen Merkmale ausfindig machen. Darin liegt unser Vorteil, dass wir auf Datenbanken Zugriff haben, an die das Chinesische Ministerium für Staatssicherheit nicht so schnell kommt.«

»Ihr hattet sein Handy überwacht?«, erkundigte er sich.

»Nee, so schlau war der Killer dann doch. Wir fanden jedoch seine internationalen Bankaccounts und landeten einen Volltreffer. Am späten Nachmittag hatte er in einer zentral gelegenen Filiale erkleckliche Summen an Bargeld in kleinen Scheinen abgehoben. Und wenn du fragen solltest. Kurz danach wurde sein Konto komplett gelöscht und der Geheimdienst der chinesischen Kollegen konnte nichts mehr über ihn herausfinden. Wir hingegen konnten nun im Reverse-Verfahren die Minuten *vor* seinem Besuch in der *Wuhan Rural Commercial Bank* recherchieren. Die flächendeckende Videoüberwachung machte es möglich und brachte uns zu der Adresse einer kleinen Apotheke im Stadtbezirk Tangjiaduncun. Ganz in der Nähe vom Fischmarkt. Nicht weit entfernt von deinem Hotel.«

»Na ja, so stolz du auch sein magst. Ich kann mir dennoch vorstellen, dass die Chinesen wussten, dass in ihrem Terrain ein Fremder unterwegs war.«

»Wie dem auch sei. Wir haben die Ärztin identifiziert und ihre Patientenkartei. Und für den Folgetag stand für ihren wichtigsten Mandanten eine Spezialbehandlung im Kalender. Der Kreis hatte sich geschlossen.«

»Respekt. Ihr habt den Patient Null ausfindig gemacht. Glückwunsch. Warum habt ihr ihn nicht sofort eliminiert und die Pandemie gestoppt?«

»Hey, hey. Immer mit der Ruhe. Das sind die Fakten, die wir über die letzten Monate gesammelt haben. Das Puzzle hat sich doch erst im Nachhinein nahtlos zusammengesetzt. Wer sollte denn ahnen, um welches Serum es sich am 18. September gehandelt hat? Das konnte alles Mögliche sein. Bis unsere *outer intelligence* die Optionen gegen geprüft hatte, waren einige Wochen ins Land gegangen. So schnell mahlen die Mühlen nirgendwo auf der Welt. Erst jetzt stellt sich der Ablauf so dar, wie ich es dir geschildert habe.«

»*Escusement*. Verstanden. Der Mann alias Tommie Parker. Wo können wir ihn finden?«

Sie zögerte. Welche vertraulichen Informationen durfte sie ihm geben? Wie automatisch führte sie ihre Hände unter Wasser zusammen und zog langsam die transparente Deckfolie von dem Dokument *A World at Risk* vom Papier, so dass sich die Fasern langsam im Wasser auflösten und die Sätze unlesbar wurden. »Parker? Er ist jede Woche woanders. Ein kleiner Fisch im großen Teich. Mach dir einen Screenshot von den Kontaktdaten, wenn du gehst.«

»So, war es das? War das der Beginn des Ausbruchs? Am Ende war es doch fast unspektakulär. Was in Wuhan begonnen hatte, nahm von dort aus seine Fortsetzung.«

»Martijn. Nicht so ungeduldig. Die Theorie eines Patienten Null, von dem ein Virus seinen Feldzug um die Welt antritt, kannst du ins Reich der Fantasie verfrachten. Zunächst muss sich überhaupt erst mal jemand anstecken. Das trifft nicht auf jeden zu. Einige Menschen haben im Blut bereits Antikörper, die eine Infektion im Keim ersticken. Und dann? Ende im Gelände. Das Virus wäre dann einfach ausgebrannt. Schneller als gedacht. Oder der Kranke überlebt nicht einmal die Inkubationszeit. Aus die Maus. Auch dann gibt es keine Epidemie. Und selbst wenn er krank wird, so muss er andere anstecken können. Auch das ist nicht immer sichergestellt. Du siehst. Das Konzept eines Patienten Null verspricht keinen Erfolg. Die Chancen sind extrem niedrig.«

»Du wirfst meinen kompletten Wissensschatz über Bord. Es gab also keinen Patienten Null?«

»Nein, den gab es aller Wahrscheinlichkeit nach nicht. Weder in Wuhan noch in Italien oder sonst wo auf der Welt. Stattdessen gab es wohl sogenannte Target-Groups.«

»Zielgruppen? Was meinst du?«

»Unser Expertenteam in Taipeh hält das für den *superior approach*. Eine kleine ausgesuchte Gruppe wird dabei ins Visier genommen und gezielt mit den Viren in Kontakt gebracht. Drei bis fünf Personen. Mehr nicht. Und davon werden mehrere Cluster in einer geringen Entfernung aufgebaut. Der Begriff der Entfernung kann dabei die räumliche Dimension sein – dann wären es maximal einige hundert Meter – oder auch die soziale Komponente, dass sich die Cluster-Gruppen in unregelmäßigen zeitlichen Abständen treffen. Sport, Hobby, Beruf, Großfamilie. Jedes sozialökonomische Umfeld ist in Betracht zu ziehen. Bei diesem *superior approach* kommt es zu selbstverstärkenden Effekten und garantiert zu einer Weitergabe der Erreger.«

»Klingt überzeugend. Von einem Patienten Null bleibt im Extremfalle rein gar nichts übrig. Wirt und Virus sind tot und werden einsam unter die Erde gebracht.«

»Ich mag deine bildhafte Sprache.«

»Gibt es übrigens Beweise, dass das Virus schon seit September unterwegs war? Bislang hieß es doch, der Ausbruch nahm auf dem Fischmarkt am 10. Dezember seinen Beginn mit der Krankmeldung der 57 Jahre alten Shrimpsverkäuferin Wei Guixian. Es war der erste weltweit dokumentierte Fall.«

»Inzwischen werden auch von offizieller Seite die ersten nachweisbaren Infektionen in Wuhan auf Ende November zurückdatiert. Wir gehen davon aus, dass es in China, in Wuhan, am 18. September losging. Es gibt dazu einen sehr interessanten Bericht von Jon Cohen. Veröffentlicht wurde er am 31. Januar 2020 im Magazin *Science*. Der Titel lautete

New coronavirus threat galvanizes scientists. Du müsstest ihn recht leicht im Internet finden. Er beschreibt das Zurückrechnen der Zeit anhand einer Analyse der Genomdaten des SARS-CoV-2 und minimaler Mutationen darin. *Genomes offer clues about virus's past.* Ein Zurückdrehen der Zeit durch die Rechenmodelle des *clock ticking backwards.* Demnach errechnete ein Forscherteam das Anfangsdatum für den 18. September.«

»Voilà. Der Punkt geht an dich. Wenn es also nicht den Patienten Null gab, wie ging es dann weiter?«

»Zunächst sehr langsam. In den kleinen Target-Groups, die ab Anfang Oktober 2019 systematisch infiziert wurden. Die Ausbreitung geschah fast unbemerkt, da sie junge und gesunde Personen ausgesucht hatten. Für eine effiziente Verbreitung war das essentiell. Bis es die Alten erwischte, die dann durchweg heftig krank wurden, vergingen vier bis sechs Wochen. Von da an kennst du die Geschichte und die extremen Versuche alles zu vertuschen, solange es ging. Der 34-jährige Augenarzt Li Wenliang machte als Erster am 30. Dezember auf das neue Virus aufmerksam. Er wurde zum Schweigen verdonnert und starb schließlich selbst im Februar daran.«

»Okay, verstanden. Das war der Ausbreitungsweg in Wuhan. Und diese Region hattest du eben ganz besonders betont oder irre ich mich? Gab es vielleicht parallel noch andere Verbreitungswege?«

»Oh, ja. Erinnerst du dich an die drei Virenstämme? Inzwischen hat der Genetiker Dr. Peter Foster von der *University of Cambridge* die Existenz der drei Virenstämme nachgewiesen. Das Ursprungsvirus von SARS-CoV-2 nannte er den Typ *A*. Es gilt als die Wurzel des Ausbruchs. Merkwürdigerweise ist Typ *A* jedoch am meisten in Nordamerika und Australien verbreitet und nur sporadisch in Wuhan selbst.«

»Jeeezus. Wie kann das sein? Was ist mit Typ *B* und *C*?«

»Der zweite Stamm Typ *B* ist demnach über *zwei* Mutationen aus dem Typ *A* entstanden. Viren des Typus *B* finden sich vor allem in Wuhan. Das ist eine Überraschung, da man eigentlich das ursprüngliche Virus dort als Erstes vermutet hätte. Und schließlich bezeichnet Typ *C* quasi eine Tochter vom Typ *B* und weist eine weitere Mutation auf. Der dritte Stamm, Typ *C*, hat sich vor allem in Singapur und in Europa ausgebreitet.«

»Sehr interessant. So sind die drei Stämme aus dem Labor in Wuhan wieder aufgetaucht. Entweder hat jemand *A* und *B* versehentlich vertauscht, da der Beginn des Ausbruchs eigentlich für Wuhan orchestriert gewesen war. Oder es gibt einen anderen Grund. Vielleicht geht von den Virenstämmen ein unterschiedliches Gefährdungspotential aus?«

»Das wissen wir nicht. Zurzeit vermischen sich die Stämme sowieso überall und bald werden sie nicht mehr auseinander zu halten sein. Doch es könnte ein Indiz dafür sein, das gewisse Staaten ein Vorwissen hatten und daher recht zügig ihre Grenzen schlossen und ihre Bürger so schnell wie möglich ins Heimatland zurückholen wollten.«

»Für mich ergibt sich eine weitere Frage. Du sagtest eben, dass sich Typ *B* von Typ *A* durch *zwei* Mutationen unterscheidet. Kann es sein, dass auch noch die Mutation dazwischen existiert? Der verlorene Stamm *A/1*?«

»Hey, du bist gut. Darauf bin ich noch nicht gekommen. Mein Informant hatte zwar immer nur von drei Stämmen gesprochen, doch ich will das nicht ausschließen. Einiges war auch eine geheime Verschlusssache.«

»Zurück zu den Verbreitungswegen. In erster Linie geschah es über eine Tröpfcheninfektion von Mensch-zu-Mensch, richtig?«

»Nicht ausschließlich. Wir sind noch damit beschäftigt, die anderen Routen aufzulisten. Sicher ist, dass auch Banknoten zur Verbreitung eingesetzt wurden.«

»Heureka. Der Terrorist alias Tommie Parker hatte sich eine Vielzahl Banknoten in Wuhan besorgt.«

»Ja, es könnte ein Zusammenhang bestehen. Jedenfalls werden anlässlich des Chinese New Year millionenfach Geldscheine als Geschenk in hübsche Umschläge gesteckt und als Aufmerksamkeit übergeben. Und sie werden auch mit der Post verschickt. In alle Welt.«

»Ihhh. Das klingt gar nicht gut.«

»Als die gesamte Region Hubei in der Quarantäne festsaß, wurden alle Banknoten, die im Umlauf waren, eingezogen und desinfiziert - beziehungsweise durch den Shredder gejagt.«

»Mit Viren verseuchte Briefumschläge. Ein perfides Geschenk zum New Year's Day. *From China with Love.*«

»Es geht noch weiter. Auf Kunststoff halten sich die Viren besonders gut. Hast du schon mal über E-Zigaretten nachgedacht und woher sie stammen? Die Röhrchen und die Liquids? Die Liste ist lang. Eine zentrale Frage bleibt jedoch, wer hat das alles koordiniert und von wo aus?«

»Hm. Meine Theorie lautet ungefähr so. Die Labore in Wuhan ziehen seit Jahren ihr Ding durch. Mit Virenversuchen inklusive der umstrittenen *in vivo* Methodik. Die USA sind in dieser Hinsicht auch keinen Deut besser. Was unter dem vorherigen Präsidenten gestoppt wurde, läuft seit 2017 wieder auf Hochtouren. Und soweit ich weiß, dürften auch die Chimären-Experimente mit dazu zählen. Wahrscheinlich auch mit Viren. Die ONE-C weiß davon. Sie ist über alle Geheimprojekte weltweit im Bilde und macht sie sich zu Nutze. Das Wuhan Chimären-Experiment war am vielversprechendsten. Victoria Vicem hatte schon früh den Masterplan vorgelegt. Als die Zeit reif war, gegen Ende 2018 , hatte sich einer ihrer Wasserträger die Virenstämme gesichert und außer Landes geschafft. Dann schlummerten die drei Stämme bei Minusgraden vor sich hin und warteten auf ihren Einsatz. Hervorragend im Timing ging es dezidiert ans Werk. Auf allen Kontinenten gleichzeitig. Die USA bekamen den Stamm *A*, China Stamm *B*. Europa das Derivat *C*. Der Rest der Welt würde sich automatisch anstecken. Jedes Virus reist innerhalb von 48 Stunden um die ganze Welt und ist nicht mehr aufzuhalten. Die drei Stämme machen es extrem schwierig, einen Impfstoff zu entwickeln, der alle Mutationen im Zaume hält. Wenn das Chaos groß genug ist und die wirtschaftlichen Schäden am Zenit angekommen sind, kommt die ONE-C aus ihrem Versteck und beansprucht die Weltmacht. Halt. Und wenn es noch nicht ausreichen sollte, wird der vierte Stamm aus dem Schaft geholt. Die Variante *A/1*. Vielleicht ist das die tödlichste Mutation? Die mit einem Trojaner-Virus, welches sich nach der Infektion im menschlichen Körper versteckt - wie ein HIV-Virus. Selbst eine Impfung wird dann nicht helfen können, da sich die Verstecke im Organismus nicht aufspüren lassen. Zu einem unbestimmten Zeitpunkt werden die Viren bei einem körperlichen Zytokinsturm quasi explodieren und das Immunsystem wird zusammenbrechen. Der Mensch stirbt und mit ihm die ganze Menschheit. Ausgenommen ist nur die Elite der ONE-C mit ihren Verbündeten, die sich schon frühzeitig das Gegenmittel gesichert haben.«

»Na, das nenne ich mal eine Motivationsrede. Du kannst mich ja richtig begeistern«, ihre Stimme war voller Ironie. »Habe ich überhaupt eine Chance zu überleben?«

»Hmm. Wenn ich mir selbst so zugehört habe ... die Chancen stehen schlecht.«

»Dann brauchen wir eine Panazee.« Sie lächelte.

»Genau. Wenn du mir jetzt noch verrätst, was das ist.«

»Panazee ist das mythische Allheilmittel. Benannt nach Panakeia, der Tochter des griechischen Gottes der Heilkunst Asklepios.«

»Das Zeugs brauchen wir. Panazee. Oder wir benötigen viel Zeit, um alles in den Griff zu bekommen.«

»Die Zeit heilt alle Wunden. Meinst du das?«

Er drehte sich um. »Apropos Zeit. Ich denke, es ist an der Zeit aus dem Wasser zu gehen.«

Die Taiwanerin fasste ihn zärtlich an seinen Hals. Wie aufeinander abgestimmt ertönte in diesem Augenblick über die Außenlautsprecher leise der Song *Obsesión* von *Aventura*.

»Ich denke, es wird Zeit, dass du deine Sonnenbrille abnimmst und die Aufnahme stoppst.«

Martijn zog eine Augenbraue hoch. »Du wusstest ...?«

Ohne zu zögern setzte er sein High-Tech Gerät ab und legte es am Beckenrand ab. Sie lächelte ihn an.

»Wie war das? Mit Naivität gewinnst du keinen Pokal.«

Der Holländer schaute sie mit großen Augen an. Eigentlich wollte er aus dem Wasser, doch nun war er von ihrer Attraktivität unendlich fasziniert.

Sie schenkte ihm ein Lächeln. »Erst die Arbeit ... und die haben wir jetzt hinter uns.«

»Und dann das Vergnügen«, ergänzte er vorsichtig.

»Weißt du? Ich habe schon lange keinen Mann mehr gespürt. Keinen Europäer ...«

Martijn schmunzelte. Seiner Meinung nach hatte sie es faustdick hinter den Ohren. Er schwieg und blickte ihr in die Augen.

»Wie war das mit dem längsten? ...Fluss?«, schob sie mit einer leichten Verzögerung und einem lasziven Blick hinterher. Ganz langsam zog sie ihn an sich heran und küsste ihn. Sie schlang ihre Arme um seinen Kopf und kraulte sein Haar. Auch Martijn fand den richtigen Platz für seine Hände und streichelte sie zärtlich. Die Wasseroberfläche war der Horizont. Ihre Lust spielte sich unter der Oberfläche ab.

Kapitel 11

Hongkong

Mai 2020

Joe klappte den Monitor des Laptops hinunter und sah mit einem Schmunzeln zu seinem Kollegen. »Und? Was denkst du?«

»Ich kann mir sehr gut vorstellen, was dir durch den Kopf geht. Der Bericht von der Frau aus Taiwan war spitzenmäßig und ihr Screenshot der Kontaktdaten wird uns garantiert weiterhelfen. Allerdings lagen zwischen dem Ende der Aufzeichnungen und dem Foto dreißig lange Minuten. Du fragst dich wahrscheinlich, was in der Zwischenzeit passiert ist.« Jack zog vielsagend die Augenbrauen nach oben.

»Was sonst, Boss? Der fliegende Holländer ist wirklich zu beneiden. Die Agentin muss verdammt attraktiv sein, wenn ich einige Kommentare richtig eingeordnet habe. Die beiden werden ihren Spaß gehabt haben. Eine halbe Stunde lang.«

»Nur kein Neid.«

»Hey, was erwartest du? Wir stecken hier seit Wochen in unserem High-Tech Container fest und kommen mit keiner Menschenseele in Kontakt. Da darf man doch wohl ein bisschen träumen.« Er kullerte mit den Augen.

»Was ist mit Tanja? Du hattest kein Veto eingelegt, als ich sie für den Trip nach Europa zusammen mit Rosanna und Pierre eingeteilt habe.«

Die Frage war für Joe etwas unbequem, er räusperte sich.

»Alles hat seine Zeit. Wenn du es genau wissen möchtest. Wir hatten schon seit einigen Monaten nicht mehr miteinander geschlafen.«

»TMI. *Too much information*, Joe. Ich bin kein Seelenklempner, der sich für dein unerfülltes Sexleben interessiert. Außerdem. Was soll ich denn sagen?«

Beide Männer lachten.

»Willst du ein Bier?« Joe machte ein paar Schritte zum zweitürigen Kühlschrank, der inmitten des Containers stand. Sie stießen auf das gute Zwischenergebnis an und ließen die wichtigsten Aussagen noch einmal Revue passieren.

»Ich werde die Faktenlage in einer tabellarischen Übersicht zusammenfassen. Manches ist klarer geworden, vieles jedoch wird zunehmend verworrener. Wir haben nicht den geringsten Anhaltspunkt, wann und wo die ONE-C zuschlagen wird. Gefühlt entfernen wir uns von einer Aufklärung im Quadrat der absolvierten Distanz.«

»Sag doch einfach, dass wir null Ahnung haben.« Joe hatte sichtlich Freude an seiner provokanten Feststellung.

»Ganz so schlimm ist es nicht. Wir müssen zurück bis zum Anfang gehen und alle Details erneut überprüfen. Vielleicht haben wir etwas übersehen. Lass uns bitte mit den anderen eine Videokonferenz terminieren und die neuen Punkte miteinander abgleichen.«

* * *

Den Termin hatte Joe für Ende des Monats eingestellt. Alle waren mit an Bord. Peter hatte sich aus Berlin eingewählt. Rosanna gemeinsam mit Pierre und Tanja aus Rom. Martijn war inzwischen mit Carl in Seoul gelandet und hatte sich bei einem früheren Kontakt aus *Enco*-Zeiten einquartiert. Es gab acht Teilnehmer und vier Video-Fenster. Die Technik funktionierte einwandfrei.

»Ich eröffne unsere heutige Konferenz«, ergriff Jack das Wort und bat jeden darum, das Sicherheitsprocedere zu bestätigen. »Bevor wir starten, berichtet ihr bitte kurz über euer Umfeld. Ich sehe zwar eure exakten Geodaten, doch möglicherweise fehlen Details im Gesamtbild, die wichtig sein könnten. Rosanna, möchtet ihr starten?«

Peter nickte zu sich selbst. Es war ihm klar, dass Jack seine Ex als Erstes aufforderte. Die früheren Bande waren nie vollständig gekappt worden. Selbst wenn inzwischen 15 Jahre seit der Trennung ins Land gegangen waren, lag noch immer etwas in der Luft, wenn sich die beiden unterhielten.

»Hi Jack. Gerne. Wir stecken in einem Gebäudekomplex in der Heiligen Stadt. Der Vatikan liegt einen Steinwurf entfernt. Das Penthouse, das ihr uns angemietet habt, ist einigermaßen passabel. Es könnte eine Renovierung vertragen. An einigen Stellen kommt die Tapete schon von der Wand. Speisekammer und Kühlschrank sind prall gefüllt. Wegen der Ausgangssperren in den letzten Wochen haben wir so viel gekauft, wie wir konnten. Analysen und Recherchen sind zurzeit extrem schwierig. Man kommt so gut wie kaum an irgendjemanden heran. Unsere Online-Berichte habt ihr bekommen. Über die Resultate sprechen wir gleich im Anschluss. Die Umgebung ist unauffällig. Die Nachbar-Appartements sind leerstehend. Niemand hat uns zur Kenntnis genommen. Safe.«

»Gut. Wollt ihr weitermachen, Martijn, Carl?«

»Seoul calling. Ja, klar. Nett dich kennenzulernen, Jack. Wir müssen mal ein Bier trinken gehen, wenn die Sache vorüber ist.«

Jack verstand den Wink mit dem Zaunpfahl. Bevor er selbst zum Team der Rebellen gestoßen war, hatte der Holländer die Führerschaft inne. Erst als dieser in den Urwäldern zwischen Sierra Leone und Guinea verschollen gegangen war, übernahm Rosanna die Führung und teilte sie sich später zunehmend mit Jack. Als die Teams dann weltweit zersplittert agieren mussten und die zentrale Koordination aus dem Hight-Tech Container in Hongkong erfolgte, war für alle klar, dass Jack das Sagen hatte.

»Schön, dass du wieder dabei bist, Martijn. Ich denke, wir haben die Sache in deinem Sinne weiterverfolgt. Rosanna hat bei allen Entscheidungen das letzte Wort, so wie du es vorgesehen hattest in deiner Botschaft aus dem Ebola-Land.«

Der Holländer schickte ein zufriedenes Lächeln über den Äther. Er hatte sofort registriert, wie sehr sich der Israeli zurückgenommen hatte, als es um die hierarchische Standortbestimmung ging.

»Cheers. Ihr habt eure Sache gut gemacht. Ihr seid ein tolles Team und ich freue mich, endlich wieder mit an Bord zu sein. Es sind keine Erklärungen notwendig, Buddy. Und nun folgt unser Report. Vorweg, Carl und mir geht es gut.«

Joe meldete sich zu Wort und konnte sich seinen Einwurf nicht verkneifen. »Das 30-minütige Black-out in Wuhan war wohl das Highlight des China Besuchs.«

»Wovon redest du? Dreißig Minuten, pahh, es dauerte mehr als eine Ewigkeit, bevor ich ein Foto von den VCF Kontaktdaten des Killers schießen konnte.«

Nun mischte sich Jack ein, da er die ratlosen Blicke der anderen wahrgenommen hatte. »Unsere Zeit ist kostbar, Leute. Und ja, wir sind heilfroh, dass ihr unbeschadet wieder aus China herausgekommen seid. Was macht euer Umfeld? Seid ihr safe?«

»Alles Roger«, gab Martijn Entwarnung. »Wir sind im Strandhaus von einem Aspiranten untergekommen.«

»Einem … Aspiranten?«, erkundigte sich Tanja.

»Hey, Süße«, konterte der Holländer. »Unsere ganze hübsche Truppe mit dem rebellischen Charakter wäre nie entstanden, wenn ich nicht vor zehn Jahren damit begonnen hätte, einen nach dem anderen von der *Enco* loszueisen. Alles hat einen Anfang. Ohne Aspiranten wären wir längst am Ende.«

Ein leises *sorry* von der Russin ging in der Breitbandverbindung völlig unter und Martijn fuhr fort.

»Wir sind *Outlander*. Überall und für jeden. Vielleicht sind wir die letzte Bastion, die die Menschheit vor ihrem Untergang bewahren kann. Die finale Schlacht wird in naher Zukunft losschlagen. Gewaltig. Und sie wird alles in den Schatten stellen. Wenn ihr denkt, dass die Gefahr von dem Coronavirus ausgeht, seid ihr falsch gewickelt. Das SARS-CoV-2 ist bestenfalls die Mobilmachung. Ein *Pre-seeding*. Hey, *Outlander*. Wir steuern auf den Dritten Weltkrieg zu. Darum geht es. Um nichts anderes. Nummer Drei. Das finale Armageddon. Für das, was getan werden muss, um es zu verhindern, wird es keine Autorisierung geben. Wir müssen es tun, da niemand sonst die Zügel in die Hand nimmt. Wir werden uns im rechtsfreien Raum bewegen. *And we got nothing to be guilty of.* Der Zweck wird die Mittel sanktionieren. Lasst uns so viele Mitstreiter wie möglich rekrutieren. Jeder, der an unserer Seite kämpft, wird gebraucht werden. *We've got a Highway to the Sky.*«

Das Pathos in der Stimme von Martijn war unüberhörbar. Man konnte die anderen förmlich schlucken hören und es herrschte eine unmittelbare Stille, als er seinen Satz beendet hatte. Der Anführer der Rebellen war zurückgekehrt. Alle wussten es und es bedurfte keines weiteren Kommentars. Augenblicklich hatten sie zu ihrer Bestimmung - zu ihrem *sense of being* - zurückgefunden.

Kapitel 12

Hongkong

Ende Mai 2020

Die Claims waren wieder klar abgesteckt. Das Kommando lag bei Martijn, und Rosanna nahm die Stellvertretung wahr. Jack *The Brain* hatte die Rolle des *Chief of Operations* inne und wurde dabei von Joe unterstützt – sie steuerten das Geschehen und die Einsätze aus der Ferne. Bei ihnen liefen die operativen Fäden zusammen. Pierre, Tanja und Carl waren den verschiedenen Teams zugeordnet und leisteten den direkten Support vor Ort. Peter Berg war der Achte im Bunde. Seine Rolle als Newcomer lag nunmehr fast schon sieben Jahre zurück. Er fühlte sich als Teil des Teams, voll integriert und akzeptiert. Dennoch wusste er sich selbst am besten einzuordnen und hielt sich bei allen Aspekten der inneren Hackordnung vornehm zurück. Die vier Bildfenster waren bei allen Teilnehmern identisch angeordnet; im Uhrzeigersinn fing es oben links mit Rom an, zog sich über Berlin und Seoul weiter und endete in der unteren linken Bildecke mit Hongkong. Sie hatten sich auf jeweils ein *ComX* Gerät pro Team verständigt; nur in der Zentrale in Hongkong hatten sich die beiden Moderatoren einen großen Monitor eingerichtet. Der Holländer erteilte Jack das Wort und die Agenda folgte somit wieder der ursprünglichen Reihenfolge.

»Eine Frage vorweg nach Seoul. Wie lange wollt ihr dortbleiben? Soll ich euch ein neues Ziel buchen?«

»Wir werden darauf zurückkommen. Hongkong ist nicht unsere erste Wahl.« Er lachte. »Ich hatte zeitweise über Taipeh nachgedacht ...«

»Was nicht wirklich eine Überraschung ist«, mischte sich Joe ein. »Wobei die Idee gar nicht so schlecht ist. Wir könnten euch dort gut in einer Warteposition unterbringen. Lass mich mal die Optionen checken bezüglich der Flüge.«

»Peter, was ist mit dir? Alles im Lot?«, wollte Jack wissen und die erste Runde abschließen.

»Viele Grüße zur Tea-Time nach Ostasien. Bei uns in Berlin ist es noch am frühen Vormittag. Ansonsten ist soweit alles okay. Die Termine in Hamburg habe ich absolviert ...« So sehr er sich um eine sachliche Darstellung bemühte, war den anderen nicht entgangen, dass er innerlich mit sich kämpfte.

»Sorry, es war sicherlich keine einfache Mission. Hast du deinen Sohn Robert wiedergesehen?«, wollte Rosanna wissen.

»Ja, danke. Es geht ihm gut. Er tourt immer noch mit seiner Freundin Lizzy in der Weltgeschichte herum. Zurzeit ist ihr Horizont natürlich auf die Hansestadt beschränkt. Das Coronavirus lässt grüßen. Die beiden sind in Sicherheit. Sie haben sich völlig isoliert und wir haben jedes Thema über die Vergangenheit rigoros ausgeblendet.«

»Sehr gut.« Jack zeigte sich zufrieden mit dem Status zur Tarnung. »Wie ist dein Umfeld in Berlin einzuschätzen?«

»Bisher dachte ich, dass ich mich in Berlin auskenne. Aber die Ecke, die ihr für mich ausgesucht habt, ist schon echt speziell. Direkt neben meiner völlig freigeräumten Zwei-Zimmer-Bude liegt anscheinend ein Tonstudio. Da geben sich überlebende Szenemusiker aus der Punk-Ära die Klinke in die Hand. Die Gestalten sehen ziemlich wild aus. Wie ihr hört, bin ich safe und es ist kein Geheimdienst in der Nähe. Was sagt ihr zu meinen Fotos aus México?«

»Einen Moment noch«, rief der *Chief of Operations* zur Einhaltung der Tagesordnung auf. »Ich schlage vor, dass ich zusammen mit Joe den Statusbericht vorstelle. Anschließend zeigen wir euch eine Excel-Übersicht, in der wir die offenen Fragen und Themenkomplexe aufgeführt haben. Ist das okay für euch?«

Es gab keine Einwände. »Fangen wir an mit dem Status-Quo zu SARS-CoV-2. Ihr habt den ausführlichen Bericht aus Wuhan bekommen und gelesen, nehme ich an? Demzufolge kennen wir die Ursprünge. Die Entwicklung reiht sich überraschenderweise fast nahtlos an den fatalen Plan von Victoria Vicem aus dem Jahr 2013. Vor sechseinhalb Jahren hatte sie Viren auf Basis des Ebola-Erregers von skrupellosen Wissenschaftlern in Westafrika konzipieren lassen. Dank Martijn erfuhren wir von dem geplanten Terrorangriff inklusive Virus auf die chinesische Hauptstadt Peking und den Transportweg per Flugzeug.«

»Der Flug MH 370 hatte seinen Bestimmungsort nicht erreicht«, stellte Rosanna trocken fest.

»Dankenswerterweise, ja. Was wir wissen ist, dass die ONE-C den ursprünglichen Plan niemals aufgegeben hat und Victoria Vicem schon damals den Grundstein für einen Alternativplan *B* gelegt hatte. Offensichtlich hatten sie sich die weltweit umstrittenen Virus-Forschungen der GoF Projekte zu Nutze gemacht.«

»G-O-F?«, warf Pierre kleinlaut in die Videokonferenz.

»Du hast das Protokoll nicht aufmerksam genug gelesen. *Gain of Function.* Dabei geht es um die bewusste Anreicherung bei bestehenden Viren um zusätzliche Eigenschaften. Man bedient sich der *in vivo* Methodik und schafft eine gleichzeitige Infektion der Wirtszellen in Versuchstieren und provoziert dadurch Mutationen, die in der freien Natur ein Vielfaches an Zeit erfordern würden. Also keine Entwicklung im Reagenzglas, wohl aber eine künstliche Erschaffung in einer kontrollierten Umgebung.«

»Die Nummer Sieben in der ONE-C wusste davon. D'accord. Doch allein die Tatsache und das Wissen darüber, ermöglichten noch keinen zielgerichteten Projektauftrag«, gab Rosanna zu bedenken. »Wie sollte Vicky auf die Wissenschaftler eingewirkt haben, das Virus mit der verheerenden Wirkung zu entwickeln? Für einen detailliert geplanten Terrorplan wird sich die Perfektionistin doch nicht auf den Kollegen Zufall verlassen haben? In der Hoffnung, dass sich in China genügend kriminelle Energie befindet, die solche pandemischen Bio-Waffen auch ohne eine konkrete Order initiiert? Nein, nein und nochmals nein. Kurzum, Victoria hätte nichts dem Zufall überlassen.«

»Das stimmt. Genau auf diesen Punkt haben Joe und ich in den letzten Wochen sehr intensiv unseren Fokus gerichtet. Wir haben sämtlichen Kommunikationstraffic - *inbound* und *outbound* - der Labore in Wuhan gesichtet. Rückwirkend über die vergangenen sieben Jahre. An dieser Stelle dürft ihr Applaus klatschen, denn es war mega schwierig durch die chinesischen Firewalls zu gelangen. Sie waren teilweise höher als die Chinesische Mauer.«

Doch viel mehr als ein anerkennendes Lächeln wurde den beiden nicht zurückgespiegelt.

»Okay, Leute. An dieser Stelle folgt die erste faustdicke Überraschung. Wir fanden ein *Classified Document* der höchsten Geheimhaltungsstufe, welches übrigens zu keiner Zeit als digitale Datei durchs Netz geschickt worden war. Was wir fanden, war eine gute altmodische Fotoserie vom Dokument als Bilddatei. Verschlüsselt und versiegelt. Echt genial, da war ein Profi am Werk. Der Inhalt des Dokuments ist brisant. In einer Art Wettbewerb sollte es darum gehen, ein hoch-effizientes humanes Virus zu erschaffen. Mit einer höchstmöglichen Infektiosität - wie die eines Influenza-Virus - und einer niedrigen, einstelligen Letalität in der ersten Erkrankungsphase. Von diesem

Virus sollten drei weitgehend ähnliche Stämme vorliegen, die sich bloß unwesentlich in der Genomsequenz unterscheiden sollten und nur wenige Mutationssprünge aufweisen durften. Dennoch sollten die Viren möglichst viele unterschiedliche Symptome bei einer Infektion hervorrufen. Als weiterer zu erfüllender Aspekt war im Projektbriefing des *Classified Document's* erwähnt, dass ein Teil der Viren für immer im Körper verbleiben sollte und wie im Verborgenen aus einem schwer zugänglichen Versteck agieren sollte. Die Inkubationszeit sollte substanziell länger dauern als bei normalen grippalen Infekten, wobei die Ansteckung von anderen Menschen schon *vor* dem Ausbruch der Krankheit sichergestellt sein sollte. Gefordert waren mindestens zwei Tage Infektiosität in der noch symptomfreien Phase; für jeden weiteren Tag wurden zusätzliche Kompensationen ausgelobt.«

»*Holy shit.* Das klingt wie das Nonplusultra des Viren-Gefahrenpotentials, welches überhaupt vorstellbar ist. Und es kommt verdammt nahe an das SARS-CoV-2 heran.« Martijn polterte. Er stemmte sich die Hände in die Hüften. »Genial, wie habt ihr das Dokument gefunden und vor allem, wo? Und was mich am meisten interessiert: Was war dafür als Entlohnung in Aussicht gestellt worden? Es ist nachvollziehbar, dass die Chinesen die Herausforderung angenommen haben und sich den Pokal holen wollten. Sie haben es ja auch geschafft.«

»Die Sache ist komplizierter«, erklärte Joe. »Wir fanden die Fotosequenz im Darknet. Originär erstellt im Jahr 2013. Das wiederum passt zu der These, dass die ONE-C und Victoria ihre Finger schon damals im Spiel hatten. Parallel zu dem Plan, Viren per Flugzeug nach Peking zu schicken. Als Empfänger dieses klassifizierten Geheimpapiers war tatsächlich das WIV Institut in Wuhan gelistet ... doch die Liste der Rezipienten war um ein Vielfaches länger. Es war nichts anderes als die komplette Nomenklatur der weltweiten Biolabore der Klassifikationen ABSL-3 und höher. Wisst ihr ... *alle* hatten das Papier bekommen.«

»Hä? Was ergibt das denn für einen Sinn?« Es war das Team aus Rom, das sich mit der Stimme von Pierre zu Wort meldete. »Alle Hochsicherheitslabore wussten davon? Aus welchem Grund sollten sie der Aufforderung folgen und an dem sogenannten Wettbewerb teilnehmen?«

»Der Deal war, dass diejenigen drei Labore, die als Erste ein Virus mit den genannten Eigenschaften entwickelt hatten, untereinander den gegenseitigen exklusiven Zugang zu den Viren-Kulturen erhalten würden.«

»Drei Labore? Drei Stämme? Sie durften offensichtlich bei der Entwicklung kooperieren und andere Labore vor der Tür lassen.«

»Das freie Spiel der Kräfte. Es scheint, dass die Konstellationen am Anfang offen waren und sich erst im Laufe der Entwicklung herauskristallisierten. In der zweiten Phase des Projektes sollten die drei Gewinner-Labore dann Medikamente und Impfstoffe entwickeln und den Weltmarkt entsprechend aufteilen dürfen. Die Spielregeln waren von Beginn an klar definiert: Pro Land durfte nur jeweils ein Labor nominiert werden. Am Ende jeden Jahres sollte jedes Labor einschätzen, wie viele Monate oder Jahre es noch von der Realisierung entfernt sei. Die oberste Prämisse für den Wettbewerb lautete, dass es bei dem Virus darum ging, die größte Gefahr für die Menschheit erkennbar, adressierbar und beherrschbar zu machen. Es sollte alles dafür getan werden, dass es niemals zu einem Ausbruch des Virus kommen konnte – und falls doch, sollten die Heilmittel bereits parat stehen, was vor allem für die drei *prime countries* nicht zum Nachteil sein sollte.«

»Parbleu. Eine merkwürdige Art eines Wettbewerbs. Wer bei den letzten Drei dabei war, hatte mit der Aussicht auf Medikament und Impfstoff das ganz große Los gezogen.

Eine Finanzspritze größten Kalibers. *The Winner takes it all.*« Pierre brachte die Dependenzen auf den Punkt. »Es war ein Deal, ein Pakt, ein Gentlemen's Agreement, bei dem wahrscheinlich alle Labore mitmachten.«

»Fast alle«, erläuterte Jack. »Wir fanden eine relativ simple Bestätigungskommunikation. Natürlich ohne den Aspekt, worauf sich die Zustimmung bezog. Doch es war für uns ein Klacks, den kausalen Zusammenhang herzustellen. Die große Frage war, wer das *Classified Document* ins Leben gerufen hatte. Eine Grundregel für die teilnehmenden Parteien, Länder und Labore war, genau diese Frage nicht stellen zu dürfen. Jeder vermutete jeweils ein anderes Land hinter der Initiative. Manche mutmaßten, es sei die WHO, eine private Stiftung oder global agierende Interessenverbände. Schließlich war der Ehrgeiz zu den ersten Drei zu gehören, größer als die Skepsis. Es wurden keine weiteren Fragen mehr gestellt. Und die Aussicht auf eine spätere Lizenz zum Gelddrucken überwog. Unser Fazit lautet, dass - obwohl wir keine unumstößlichen Beweise dafür gefunden haben - die ONE-C wohl dahintersteckte. Es ist jedenfalls naheliegend. Möglich, dass sie sich hinter einem anderen Auftraggeber versteckt hielt. Für uns steht fest, dass Victoria früher oder später mit einem perfekten Virus rechnen konnte. Das Projekt nahm seinen Lauf, das Rennen war eröffnet. Wuhan lag bis zum November 2018 an der Spitze - bis sie nach einem Boxenstopp quasi aus dem Rennen geworfen wurden.«

»Arggh. Da kann man sagen, dass es für Wuhan dumm gelaufen ist. Jemand hatte ihrem Formel-1-Rennwagen die vier Räder abmontiert und sich damit aus dem Staub gemacht.« Der Holländer verschränkte die Arme hinter seinem Kopf und lehnte sich weit zurück.

»Ein schöner Vergleich mit den vier Rädern«, ergänzte Joe. »Denn schließlich können wir beim Virus tatsächlich von vier Stämmen sprechen.«

»Ursprünglich ging es immer nur um drei Stämme«, korrigierte ihn Jack. »Drei Labore, drei Stämme, drei Kontinente. Bei dem Motiv der Zahl drei ging mir unwillkürlich der Begriff der *Triangular Files* durch den Kopf ...«

»Naa«, wiegelte Joe neben ihm ab. »Der vierte Stamm ist das *Missing Link*. Ich würde jede Wette eingehen, dass die bis dato fehlende Mutation zwischen dem Stamm *A* und dem Stamm *B* nur noch auf ihren Einsatz wartet. *A/1*.«

»Gut möglich«, bestätigte Martijn aus seinem Domizil in Seoul. »Die Idee hatte ich auch schon. Dann gebe ich aber zu bedenken, dass nach eurer Analyse der vierte Stamm weder in der Ausschreibung vorgesehen war noch von der ONE-C so eingeplant war. Die 100 Millionen Dollar Frage lautet nun, wer hat die Viren geklaut? Denn die Chinesen haben sie ja garantiert nicht selbst an die Seite geschafft. Ich kann mir sehr gut vorstellen, was danach los war. Denn was mit einem gemeinsamen Ziel begonnen hatte und die drei führenden Nationen in der entscheidenden Phase vielleicht sogar zu einer noch engeren Zusammenarbeit drängte, führte nun zu einer tiefen Misstrauenskrise. Gut möglich, dass plötzlich vielleicht ein kleines Land verdächtigt wurde, sich der Virus-Stämme bemächtigt zu haben. Oder eine terroristische Vereinigung wie der IS. Mann-o-Mann. Das ist starker Tobak.«

»Du sagst es. Wir haben einige sehr verstörende Nachrichten aus den Tagen vorm Jahreswechsel 2018-2019 ausfindig gemacht. Das frappierende dabei ist, dass nichts davon auf ein Mitwissen irgendwelcher *Stakeholder* hindeutet. Alle standen mit einem Mal vor einem unlösbaren Rätsel. Erst einige Wochen zuvor hatte China - beziehungsweise das WIV in Wuhan - angekündigt, dass sie kurz vor einem Durchbruch ständen und der Kommission angeboten, die Ergebnisse testweise zu überprüfen. Danach wären die nächst platzierten Labore ermittelt worden und die Viren wären ihnen für die zweite Phase zur Verfügung gestellt worden. Bis zum November 2018 sah alles gut aus. Dann kam der überraschende Rückzieher und es herrschte eine große Ratlosigkeit.« Jack rief eine Präsentation dazu auf.

»Das erklärt die gegenseitigen Vorhaltungen zwischen China und den USA bis heute, aber auch die vorsichtige Zurückhaltung, sobald Spekulationen über einen Laborunfall oder über ein künstlich geschaffenes Virus auftauchten. Ich denke, sie alle haben Dreck am Stecken.« Martijn öffnete sich eine Bierdose und prostete den anderen zu.

»Absolut richtig. Bis zu einem gewissen Grad wurden hoch-infektiöse Viren untereinander ausgetauscht. Wie sagt man so passend? Eine Krähe hackt der anderen kein Auge aus. Da sitzen jetzt eine Menge Länder im Glashaus und halten die Steine schön nahe bei sich am Körper. Leute, in der Phase, als die Viren abhandengekommen waren, bezichtigte jeder jeden. Das führte zu nichts und jede Nation begann, sich wieder möglichst gut gegen die anderen abzuschotten. Seit dem Jahreswechsel 2018-2019 gab es eine gehörige Portion Angst und ein Vorwissen, bei dem sich einige berufen fühlten, darüber zu berichten.«

»Du meinst, die *Whistle Blower* haben in Wirklichkeit nur ihre Spekulationen gut verpackt weitergegeben?«, wollte Rosanna wissen.

»Fakt ist, die Virenstämme waren ab Dezember 2018 nicht mehr in den Laboren in Wuhan. Wir vermuten, dass sie bei minus 80° Grad an einem unbekannten Ort verwahrt wurden. Insofern kannst du schon von echten *Whistle Blowern* ausgehen. Doch zum einen waren sie ja selbst nicht ganz unschuldig und zum anderen wussten sie ja nur von dem letzten Status der Virenstämme, aber nichts über den Verbleib und den Standort. Alles, was sie herauslassen konnten, waren allgemein gehaltene

Warnungen. Nach den kürzlichen Hinweisen von Martijn und Carl, nahmen wir uns intensiv den Bericht des GPMB vor. Des *Global Preparedness Monitoring Board*.«

»Das 15-köpfige Gremium ...«, es war Rosanna, die mit einem leicht ironischen Unterton die Zahlenkette addierte. »Die Summe von eins, zwei, vier und acht. Reiner Zufall.«

»Es ist ein vollkommen honoriges Board, Rosanna.«, hielt Jack entgegen. »Die Mitglieder sind weltweit anerkannte Persönlichkeiten. Als Erstes fielen uns die prominenten Vertreter im Gremium auf. Außer dem Generaldirektor Desmond E. Dhao des *Chinese Centre for Disease Control and Prevention CCDC* in Wuhan, saß auch der Immunologe und U.S. Regierungsberater Dr. Alberto Fowley mit in dem Gremium.«

»Hey, Alberto Fowley ist ein Volksheld. Die Amerikaner vertrauen ihm mehr als dem Präsidenten«, warf Peter ein.

»Das ist richtig. Aber wusstest du, dass Fowley auch das Nationale Institut für Allergien und Infektionskrankheiten leitet? Und dass das *NIAID* im letzten Jahr Wissenschaftler vom *WIV*, dem Wuhan Institute for Virology, bei der Forschung an Fledermaus-Coronaviren unterstützt hatte? Das erste Programm lief über fünf Jahre und endete erst in 2019. Insgesamt sind 3,7 Millionen US-Dollar vom *NIAID* und dem *NIH*, dem National Institute of Health, ins Budget nach Wuhan geflossen.«

»Der Kreis schließt sich«, meldete sich Pierre zu Wort.

»In der zweiten Phase des Projektes wurde 2019 eine Laufzeit von weiteren fünf Jahren mit derselben Summe von nochmals 3,7 Millionen US-Dollar vereinbart. Jetzt sollte es auch um die umstrittenen *Gain-of-Function* Forschungen gehen. Im Projektplan hieß es: *Wir werden S-Protein-Sequenzdaten, infektiöse Klontechnologie, in-vitro und in-vivo Infektionsexperimente und die Analyse der Rezeptorbindung verwenden, um die Hypothese zu testen, dass prozentuale Divergenzquellen in S-Protein-Sequenzen das*

Spillover-Potential vorhersagen. Es ist vielleicht nicht ganz so leicht zu verstehen ...«

»Nicht ganz so leicht zu verstehen, Jack?«, gab sich Martijn empört. »Ich hoffe, ich stehe mit meiner Unkenntnis nicht allein da. Könntest du das bitte noch mal im Klartext vorlesen?«

»Einfach gesagt, ging es um die *Gain-of-Function* Herangehensweise. Das Überlaufpotential bezieht sich auf die Fähigkeit eines Virus, auf Menschen überzuspringen und sich an die Rezeptoren in den menschlichen Zellen anzuheften«, erklärte Jack mit ruhiger Stimme. Er strich sich über das Haar und wartete auf einen Kommentar der anderen. Peter meldete sich.

»Ein Andocken an die humanen ACE-2 Rezeptoren ... hmm. Das konnte durch die *Gain-of-Function in vivo* Experimente provoziert werden. Tiere - wie zum Beispiel Frettchen oder Ferkel - werden solange mit bestimmten Viren infiziert, welche schlecht von Mensch-zu-Mensch übertragbar sind, bis eine Mutation auftaucht und erstmals ein Tier daran erkrankt, ohne dass ihm das Virus absichtlich injiziert worden war. Das Interessante ist, dass ab 2014 unter dem vorherigen US-Präsidenten die *Gain-of-Function* Forschung inklusive der *in vivo* Chimären-Virus Experimente eingestellt werden musste. Durch die Zusammenarbeit mit dem WIV Institut in Wuhan konnte die Zeit einigermaßen gut überbrückt werden, bevor es auch in den USA ab 2017 am NIH weitergehen durfte. Das Moratorium war beendet und die Forschungen an den Studien wurden wieder fortgeführt. Wie ihr seht, gab es einen gut etablierten Austausch der Labore untereinander. Und sowohl *GoF* als auch *in vivo* wurde auf beiden Seiten des Pazifiks praktiziert. Zumindest zwei Mitglieder im GPMB Board müssten demnach über die Projekte und Forschungen recht gut im Bilde gewesen sein. Und das passt sehr gut in den Kontext des Papiers *A World at Risk.*«

195

Martijn klatschte mehrmals langsam in seine Hände. »Das Bild wird schlüssig. Könnt ihr bitte noch mal den Text aus *A World at Risk* auf den Monitor werfen? Vor allem die Seite 17 beziehungsweise Seite 27.«

Joe wühlte einen Moment lang in den Dateien und suchte den entsprechenden Abschnitt. »Hier ist es. Könnt ihr den Text gut erkennen?«

Preparing for the worst. A rapidly spreading, lethal respiratory pathogen pandemic. High-impact respiratory pathogens, such as an especially deadly strain of influenza, pose particular global risks in the modern age. The pathogens are spread via respiratory droplets; they can infect a large number of people very quickly and, with today's transportation infrastructure, move rapidly across multiple geographies. In addition to a greater risk of pandemics from natural pathogens, scientific developments allow for disease-causing microorganisms to be engineered or recreated in laboratories. Should countries, terrorist groups, or scientifically advanced individuals create or obtain and then use biological weapons that have the characteristics of a novel, high-impact respiratory pathogen, the consequences could be as severe as, or even greater, than those of a natural epidemic, as could an accidental release of epidemic-prone microorganisms.

»Nun«, schlussfolgerte der Holländer. »Durch das Ausschlussprinzip steckt der versteckte Hinweis im entscheidenden Satz. 'Should *countries, terrorist groups, or scientifically advanced individuals* create or obtain and then use biological weapons that have the characteristics of a novel, high-impact respiratory pathogen, the consequences could be as severe as, or even greater, than those of a natural epidemic'. Leute, es ist so klar wie Kloßbrühe. Nicht erwähnt werden die offiziellen BSL-4 Labore und die ordentliche, legitimierte Forschung. Nein, hier geht es eindeutig um die Adressierung in Richtung eines bösen Gegners, eines unsichtbaren Feindes. Eine terroristische

Gruppierung oder ein kriegstreibendes Land, das die Virologen und Wissenschaftler in ihrer Gewalt hat. Es ist ganz deutlich von einem Feind die Rede. Ein Feind, der außerhalb der Staatengemeinschaft steht. Und im zweiten Halbsatz steht das Wort *obtain*. Ein Hinweis darauf, dass der Feind - auf welchen Wegen auch immer - das tödliche Virus erhalten oder es sich beschaffen könnte.«

Rosanna nickte. »Ich gebe dir recht. Noch deutlicher konnten sie es in dem Dossier nicht auf den Punkt bringen. Es wird ein Feind der Menschheit beschrieben, der das Virus bereits in seinem Besitz hat oder es in kürzester Zeit haben würde. Wann sagtest du, Joe, ist das Dokument von der WHO veröffentlicht worden?«

»Am 18. September 2019«, antwortete er entschlossen. »Am Tag des vermuteten Outbreaks von SARS-CoV-2.«

»Seht ihr?«, erklang die Stimme aus Seoul. »Es passt alles zusammen. Dann wurden ab Ende September 2019 die drei Virus-Stämme wohldosiert unters Volk gebracht.«

»Unter die Völker«, korrigierte ihn Jack. »Die Rückverfolgung der Genomsequenzen ergab für den Stamm *A* den nordamerikanischen Raum sowie Australien; für den Stamm *B* die Region Hubei und Wuhan und schließlich Italien als Ausgangsland für den verbleibenden Stamm *C*. Das heißt im Umkehrschluss, dass das Virus schon viele Wochen zuvor durch die Welt geisterte, bevor es der Augenarzt Dr. Li Wenliang in Wuhan als Verursacher der neuen Krankheit COVID-19 erkannte.«

»Ich verstehe ja, dass das Virus demnach ab dem 18. September freigelassen wurde. Zunächst in kleinen Testgruppen, um die Wirkung und die Verbreitung sicherzustellen. In großem Maße erfolgte die Verbreitung sicherlich erst einige Wochen später. Kann es nicht auch sein, dass die drei Stämme anlässlich der *2019 Military World Games* in Wuhan verteilt wurden? Die Spiele begannen am 18. Oktober. Ich habe mir das Szenario mal etwas genauer angesehen«, führte Martijn aus. »Als Erstes möchte ich darauf hinweisen, dass es die siebten Militärischen Weltspiele des Internationalen Militärsports CISM gewesen sind. Die siebten Spiele! Das dürfte der Nummer Sieben in der ONE-C, unserer alten Bekannten, sehr gut gefallen haben. Es wurden Spitzensportler aus 100 Ländern erwartet. In Summe fast 10.000 Militärangehörige. Bei der Eröffnungszeremonie wurde die weltweit größte 3D-Bühne mit einem 360°-Grad-Panoramablick vorgestellt. Das zentrale Stadion in Wuhan war bis auf den letzten Platz ausverkauft und die Zuschauer erlebten eine grandiose 50-minütige Darbietung mit dem Titel *Das Feuerwerk des Friedens*. Über 210.000 Freiwillige wurden für die Unterstützung dieses weltweit einmaligen Sportevents rekrutiert.«

»Gut möglich. Jedenfalls hätte dort eine gute Gelegenheit bestanden, die sportlichen Vertreter bestimmter Nationen gezielt zu infizieren und andere vielleicht sogar zu verschonen«, räumte Jack ein. »Doch ganz neu ist dieser Verdacht nicht. Angeblich hatte es mehrere Athleten während der Spiele im Oktober so heftig erwischt, dass sie ins Jinyintan Hospital in Wuhan gebracht werden mussten. Der Chefarzt Dr. Zhang Dingyu beharrte jedoch bei späteren Nachfragen darauf, dass sie an Malaria erkrankt waren und es kein COVID-19 war.«

»Halt, nicht so schnell«, hielt Martijn dagegen. »Habt ihr auch den Fall des Fecht-Olympiasiegers Matteo Tagliariol recherchiert? Er nahm an den Militär-Sportspielen teil und fing sich vor Ort einen extrem trockenen Husten ein. Er war zusammen mit sechs Sportlern seiner italienischen Delegation in einer kleinen Wohnung untergebracht. Alle sieben wurden krank und er wusste auch von anderen, die Fieber bekamen. Tagliariol vermutete im Nachhinein, dass er sich bereits im Oktober mit SARS-CoV-2 infiziert hatte.«

»Nee, diese Story ist neu«, räumte Joe offen ein.

»Für den Italiener fing der wahre Horror erst an, als er zurück in der Heimat war. Er bekam sehr hohes Fieber und konnte kaum atmen. Ganze drei Wochen lang war er bettlägerig und völlig geschwächt. Sein 2-jähriger Sohn steckte sich bei ihm an und litt drei Wochen lang unter starkem Husten, während seine Frau nur leichte Symptome zeigte. Für Matteo stand fest, dass er die COVID-19 Krankheit durchgemacht hatte.«

»Gut möglich«, sagte Joe. »Das könnte ein Fingerzeig auf die Verbreitungswege sein. Bisher sind Jack und ich davon ausgegangen, dass die drei Virenstämme in den Regionen selbst verteilt wurden. Mit den CISM Militärsportkämpfen in Wuhan hätten sie gleich mehrere Fliegen mit einer Klatsche erwischt. Gut trainierte, gesunde Sportler würden sich nur leicht infizieren – ohne allzu dramatische Symptome – und die Krankheit als Souvenir mit in ihre Heimatländer nehmen.«

»Ich weiß nicht«, wiegelte Jack ab. »Die Erkrankungen wurden dokumentiert. Gut möglich, dass die Blutproben schon daraufhin analysiert wurden. Und auch jetzt im Nachhinein könnte man Matteo & Co. noch auf Antikörper hin untersuchen.«

»China hat alle Spuren verwischt«, hielt Martijn dagegen. »Man wird wohl kaum mehr irgendwelche Serumsderivate ausländischer Sportler finden. Jeder Hinweis auf einen noch früheren Ausbruch der Krankheit – und dann erneut in Wuhan – würde augenblicklich im Keim erstickt werden. Die Mär ist gestrickt, dass das Virus auf dem Fischmarkt seinen Anfang nahm.«

»Es bestreitet ja auch niemand von uns, dass wir die Spuren nicht mehr vollständig rekonstruieren können. Dennoch wollen wir herausfinden, *wer* das Virus auf *welchen* Wegen verbreitet hat.« Jack zeigte sich energisch und drängte auf einen Maßnahmenplan. »Wissen wir denn, *wie* und *wo* das Virus angezüchtet worden ist?«

»Angezüchtet? In den Laboren in Wuhan oder wovon sprichst du?« Die Russin strich sich mit ihrem Finger über die Unterlippe.

»Tanja!« Es klang leicht vorwurfsvoll, zumindest ungeduldig. Joe rief ein PowerPoint Chart auf und sendete es auf den Master-Bildschirm der Videokonferenz.

»Wir haben die verschiedenen Szenarien in dieser Übersicht zusammengeführt«, erläuterte der IT-Profi. »Zwischen dem Verschwinden der drei isolierten Virus-Stämme im November 2018 und dem Wieder-Auftauchen im September 2019 lagen wichtige Monate. Als Erstes mussten aus den geringen Anfangspräparaten des Virus und den Gewebeproben substantielle Mengen angezüchtet werden. Ohne ein ausreichendes Volumen wäre das Risiko groß gewesen, dass das Virus schon in der ersten Phase einfach dem sogenannten *Ausbrennen* zum Opfer gefallen wäre. Insofern musste jederzeit ein quasi unbegrenztes Kontingent in der Hinterhand zur Verfügung gestanden haben. Das Anzüchten ist übrigens nicht trivial. Es musste systematisch und nachvollziehbar erfolgen. Und in der Regel geschah es *außerhalb* von Wirtstieren, sonst hätte die Gefahr unkontrollierter Mutationen bestanden.«

»Klär uns auf, Joe«, zeigte sich Peter wissbegierig.

»Wie gesagt, das Anzüchten ist nicht einfach. Wir haben dazu eine kürzlich veröffentliche Studie aus der Schweiz gefunden. Wissenschaftlern des IVI, des Instituts für Virologie und Immunologie an der Universität in Bern, ist es gelungen, große Mengen des SARS-CoV-2 herzustellen. Und nun aufgepasst. Es geschah auf der Basis von Hefechromosom-Kulturen im Reagenzglas. Sie haben die Viren geklont. *In vitro.*«

»Wow. Wer immer diese Technik beherrschte, konnte sich über die Monate hinweg Viren in beliebiger Menge beschaffen und zugleich die Reinheit der drei Stämme beibehalten? Ich meinte vier Stämme«, korrigierte Rosanna sich selbst. »Ich gehe davon aus, dass sich nicht nachweisen lässt, in welchen BSL-4 Laboren eine derartige Anzucht-Erfahrung vorliegt, oder? Insofern tappen wir hier wohl noch im Dunkeln. Ich könnte mir den Professor aus der Schweiz schnappen und versuchen, mehr darüber herauszufinden. Bern ist ja nicht allzu weit entfernt.«

»Ja, du liegst richtig. Über das gezielte Anzüchten ist sehr wenig bekannt. Es ist jedenfalls sehr bedeutend für die Herstellung von Impfstoffen und Medikamenten. Wenn wir unterstellen, dass jemand – also eine verbrecherische Organisation wie die ONE-C – das Virus in die Welt gebracht hat, so musste sie zuvor sicherstellen, nicht selbst am Virus zu Grunde zu gehen. Man kann schlecht einen Superspreader auf Welt-Tournee schicken und der Verteiler stirbt selbst als Erster daran. Doch ehrlich gesagt, haben wir nicht den geringsten Anhaltspunkt, wo sich die Anzucht-Farm befinden könnte.« Joe runzelte die Stirn.

Rosanna meldete sich aus Rom zu Wort.

»Vielleicht müssen wir ganz anders an die Sache gehen. Das Labor für die Anzucht könnte aus dem Bereich der Veterinärmedizin stammen. Wenn man den Forschern dort nicht mitteilt, worum es geht, werden sie als ahnungslose Werkzeuge instrumentalisiert. Teile und herrsche. Und lass niemals einen Beteiligten das ganze Ausmaß erkennen. Pars pro toto. Ein Teil dient dem Ganzen - ohne zu wissen, worin sein Beitrag besteht.«

»Der Veterinärbereich? Wie kommst du darauf, Rosanna?«

»Ich weiß nicht. Es war nur so eine spontane Idee.«

»Wir nehmen es mit auf die *to-do* Liste. Diese Option ist relevant«, stimmte Jack zu. »Und deinen Vorschlag nach Bern zu fahren, trage ich ebenfalls mit ein. Apropos Schweiz. Wenn du du dort bist, plane bitte auch eine Visite bei Tommie Parker ein. Beziehungsweise bei seinem Alias. Ich schicke dir die VCF-Daten auf dein *ComX*.«

»*Be prepared*«, schickte Joe hinterher. »Du solltest gut bewaffnet sein. Vergiss die Peitsche nicht, wenn du zum Tommie gehst. Auch eine Pistole könnte dich schützen.«

»Es heißt, *wenn du zum Weibe gehst*. Ich habe Zarathustra von Nietzsche gelesen. Frag mich nach dem radikalen Individualisten oder dem Übermenschen, und ich gebe dir die entsprechende Antwort. Aber, ich kann dich beruhigen. Ich weiß, dass Parker ein Profikiller ist. Er ist jedoch kein Mitglied der exekutiven *Enco* sondern ein angeheuerter Söldner.«

»So einer wie Jack Henkins, der uns im Sommer 2013 nach Norwegen gefolgt war«, erinnerte sich Peter an seine gemeinsame Zeit mit Rosanna in Skandinavien.

»Ich werde ihn besuchen, ausfragen und ausschalten.«

Für einen kurzen Moment lang herrschte Stille in der Konferenz. Die absolute Entschlossenheit der Agentin sorgte für eine gewisse Perplexität. Es wurde nicht in irgendeiner Weise darüber abgestimmt. Jeder wusste, was er zu machen hatte. Eine Zustimmung war ausdrücklich unerwünscht und ausgeschlossen.

»Si. Es ist alternativlos.« Jack rief die nächste Folie auf. »Vor uns liegen noch weitere Themenkomplexe, die wir nicht aus den Augen verlieren sollten. Der vierte Stamm und die Aspekte eines verborgenen Verbleibens des Virus im Körper. Wir müssen herausfinden, ob eine globale Zeitbombe in unseren Körpern steckt, bevor die Menschheit wie die Fliegen dahingerafft wird. Für diesen Fall müssen wir ein universelles Heilmittel identifizieren.«

»Eine Panazee.« Der Kommentar kam von Martijn.

»Du sagst es. Und ich rede nicht von Remdesivir, Chloroquin oder Kaletra. Ideal wäre ein Medikament, welches die Spike-Proteine der Viren blockiert. Dann wäre kein Andocken mehr an die menschlichen Rezeptoren möglich. Das neu-entwickelte Enzym APN-01 könnte eine perfekte Lösung sein. Oder der Wirkstoff Plitidepsin. Er stammt aus einer Seescheidenart, die im Pazifischen Ozean vor Australien vorkommt. Plitidepsin blockiert die Proteine, die SARS-CoV-2 zur Vermehrung benötigt. Außerdem gibt es noch die Chimären-Antikörper 47D11 und in Belgien haben Wissenschaftler in einem Forschungslama spezielle Antikörper entdeckt, die die Corona-Spikes neutralisieren.«

»Nennen wir es einfach die Panazee. Das ist griffig und trifft es auf den Punkt. Das Allheilmittel, welches die Menschheit vor dem Untergang bewahrt.« Martijn konnte sich mit seinem Vorschlag durchsetzen und es gab ein allgemeines Nicken an den Monitoren.

»Okay. Verstanden, ich werde mit Joe checken, wer aus unserem Netzwerk sich damit am besten auskennt und sende euch die Einsatzpläne. Als nächstes haben wir den Aspekt der Drahtzieher. Wer steckt hinter dem gezieltem Outbreak? Nach allen vorliegenden Informationen können wir die großen Nationen ausschließen. Es mag sein, dass die Amerikaner – und vielleicht auch andere BSL-4 Labore, die an dem fragwürdigen *Global Scope Committment*, also dem fatalen Wettbewerb, teilgenommen hatten – frühere Proben aus Wuhan bekommen hatten und selbst an den Fledermausviren *Bat CoV RaTG13* weiter herumgedoktert hatten. Und genau aus diesem Grund halten auch alle aktuell die Füße still. Man erinnere sich an die Leaks im letzten Jahr in den USA am militärischen BSL-4 Labor in Fort Detrick in Maryland. Im Juli 2019 wurden alle Aktivitäten stillgelegt und erst im November wieder aufgenommen. Es ist eine merkwürdige Synchronizität. Übrigens, auch der kanadischen Spur in Winnipeg sollten wir *en detail* nachgehen. Rosanna, Nordamerika zählt zu deinem Wirkungskreis, richtig?«

»Hm, Jack. Hilf mir bitte gerade mal auf die Sprünge. Von welcher Spur in Winnipeg sprichst du?«

Martijn mischte sich ein.

»Die Info hatte ich von Taylor Chong bekommen. Vermutlich gab es einen regen illegalen Austausch von hochinfektiösen Viren zwischen den Instituten in Winnipeg und Wuhan.«

»Aha. Danke. Ich bin wieder auf Spur.«

»Zurück zur Frage der Drahtzieher. Wie gesagt werde ich mit Joe die Fakten zusammenstellen und euch über die Einsatzvorschläge informieren. Wenn wir die ONE-C als ultimative Adresse der Verantwortlichkeit unterstellen, sollten wir die Hinweise darauf sehr ernst nehmen, weil darin die einzigen Botschaften auffindbar sein könnten, was wirklich dahintersteckt.«

»Der Dritte Weltkrieg. Das finale Armageddon«, konstatierte Peter. »Ihr habt meinen Bericht aus México hoffentlich noch gut im Ohr. Professor Martínez war fest davon überzeugt. Das ganze Viren-Klimbim sei demnach nur ein moderater Auftakt und eine Art *Priming* für die Weltbevölkerung. Es geht um die gezielte Vernichtung.«

»D'accord. Ein Weltkrieg, in dem sich Armeen, Länder und Kulturen gegenseitig massenhaft dezimieren, bis eine anschließende Weltregierung das Zepter übernimmt. In dieser Hinsicht stimmen wir dir uneingeschränkt zu. Die Frage ist, wo dieser auslösende Großanschlag verübt werden soll. Das müssen wir herausfinden, um es zu verhindern.« Jack hatte die Aufgabenstellung damit klar umrissen. Er lehnte sich in seinem Bürostuhl zurück und verschränkte die Arme hinter seinem Kopf. »An diesem Punkt stehen wir noch relativ am Anfang. Anders gesagt. Wir haben null Ahnung. Selbst mit Spekulationen kommen wir nicht weiter. Dem kürzlichen Antrag bei den Vereinten Nationen, bis auf Weiteres eine globale Waffenruhe für alle kriegerischen Auseinandersetzungen zu vereinbaren - ein Moratorium auf unbestimmte Zeit – diesem Antrag wurde nicht entsprochen. Es kann also theoretisch überall in der Welt losbrechen. Zu jedem x-beliebigen Zeitpunkt. Niemals zuvor waren die Nationen so brav zu Hause. Ein jeder ist bei seiner Familie im Rahmen der globalen *Lock-Down* Bestrebungen. Wenn der Krieg nicht im Sommer der Nordhalbkugel ausbricht, so passiert es vielleicht in einer der nächsten Virus-Wellen. Im Herbst oder im Frühjahr.«

Pierre meldete sich zu Wort. »Hey, Leute. Mir fällt dazu etwas ein. Vor einigen Wochen ist ein umstrittenes Papier veröffentlicht worden. Mit dem Titel *Veritas liberabit vos*.«

Fragende Gesichter huschten über die Monitore.

»*Veritas liberabit vos* heißt so viel wie *die Wahrheit wird uns befreien* – entlehnt aus der Bibel. Im Johannes Evangelium 8,32 sagte Jesus zu den Juden, die zum Glauben an ihn gekommen waren, *dann werdet ihr die Wahrheit erkennen und die Wahrheit wird euch befreien*«, erläuterte der Franzose. »Der Aufruf wurde in Rom erst vor drei Wochen am 8. Mai von hochrangigen Kardinälen und katholischen Verantwortungsträgern veröffentlicht. Auch zahlreiche Journalisten, Ärzte und Anwälte haben ihre Unterschrift daruntergesetzt. Ihr findet das Dokument unter der Adresse *veritasliberabitvos.info* – der Name ist Programm.«

»Ach, jetzt weiß ich, was du meinst. Ich habe davon gehört«, räumte Rosanna ein. »Ich kannte es nur nicht unter diesem Motto. Was steckt wirklich dahinter? Weißt du mehr, Pierre?«

Er schmunzelte und sah sie direkt an. »Si Signorina. In der aufrüttelnden Mahnung heißt es wörtlich, *Wir haben Grund zu der Annahme, dass es Kräfte gibt, die daran interessiert sind, in der Bevölkerung Panik zu erzeugen. Auf diese Weise wollen sie dauerhaft Formen inakzeptabler Freiheitsbegrenzung aufzwingen, die Menschen kontrollieren und ihre Bewegungen überwachen. Diese illiberalen Maßnahmen sind der beunruhigende Auftakt zur Schaffung einer Weltregierung, die sich jeder Kontrolle entzieht*.«

»Das passt wie die Faust aufs Auge. Genial, Pierre. Dahinter müssen Insider stecken, die mehr wissen. Alles deutet auf die illuminatische ONE-C hin. Unfassbar.« Man konnte Martijn seine Begeisterung förmlich anmerken. Er war ganz aufgeregt und kratzte sich am Kopf. »Gibt es weitere relevante Passagen in dem Appell?«

»So viele, wie du willst. Wie gefällt dir der folgende Satz? *Der Kampf gegen COVID-19, so ernst er auch sein mag, darf nicht als Vorwand zur Unterstützung undurchsichtiger Absichten übernationaler Organisationen und Gruppen dienen, die mit diesem Projekt sehr starke politische und wirtschaftliche Interessen verfolgen.*«

»Das ist brisant. So klar hat noch niemand die Ziele der Illuminaten auf den Punkt gebracht«, stellte Jack fest. »Gibt es in dem Dokument ein Rezept, die Gefahr abzuwenden?«

Pierre war in seinem Element und kramte in den Dateien auf seinem *ComX* Gerät.

»Hier ist etwas. Der Hinweis kommt ziemlich am Ende. *Eine demokratische und ehrliche Debatte ist das beste Gegenmittel gegen die Gefahr subtiler Formen der Diktatur, vermutlich noch schlimmer als jene, die unsere Gesellschaft in der jüngeren Vergangenheit entstehen und vergehen sah.*«

»Jeeezus«, schrillte es aus Seoul mit der Stimme des Holländers. »Das ist eine klare Anspielung auf das Dritte Reich mit dem wahnsinnigen Deutschen und auf den Zweiten Weltkrieg. Die Parallelen sind frappant. Ob diesen Entwicklungen mit einer Debatte entgegenzuwirken ist, mag bezweifelt werden. Mich erinnert das sehr an die Appeasement-Politik der Engländer. Beschwichtigungen und Zugeständnisse haben ihre Zeit. Wenn es darum geht, einen Krieg zu verhindern, taugen sie nicht viel. Das grandiose Scheitern der Politik des britischen Premierministers Neville Chamberlain ist hinreichend dokumentiert. Der Zweite Weltkrieg konnte damit keineswegs verhindert werden. Wenn ich mich recht erinnere, hatte Chamberlain seine außenpolitische Bruchlandung mit Beschämung in einer Rede am Vorabend seines 70. Geburtstags am 17. März 1939 eingestanden, im Wortsinn von ... *ist dies das Ende eines alten Abenteuers oder der Beginn eines neuen? Ist dies der letzte Angriff auf einen kleinen Staat oder sollen ihm weitere folgen? Ist dies gar ein Schritt in jene Richtung, die versucht die Welt durch Gewalt zu dominieren?* Das sagte er kurz nachdem die deutsche Wehrmacht im März 1939 überfallartig in die Tschechoslowakei einmarschiert war. Hey Leute, die Appeasement-Politik war damals gescheitert und sie würde auch heute nichts bewirken. Wir werden kämpfen müssen mit allen Mitteln, die uns zur Verfügung stehen oder die wir mobilisieren können. Und übrigens, der letzte Satz in der erwähnten Rede von Chamberlain lautete *Ich glaube nicht, dass es jemanden gibt, der meine Aufrichtigkeit in Frage stellen würde, wenn ich sage, es gibt kaum etwas, was ich nicht für den Frieden opfern würde. Aber es gibt eine Sache, die ich davon ausnehmen muss, - und das ist die Freiheit, die wir seit Hunderten von Jahren genießen und die wir niemals aufgeben werden. And which we will never surrender.*«

Martijn wusste sehr gut mit Worten umzugehen und seine Rhetorik wirkungsvoll einzusetzen. Er hatte wieder sein unverwechselbares Pathos in der Stimme. Mit seinem niederländischen Akzent. Alle hörten ihm aufmerksam zu und nickten zustimmend. Es war ein Signal, das Joe dankenswert aufgriff und einen Soundtrack dazu einspielte. *Words are unnecessarry, they can only do harm.* Es dröhnte *Enjoy the Silence* von *Depeche Mode* über die mobilen audiovisuellen Systeme. Alle verstanden den Impetus ihres Anführers. Unmissverständlich war es ihre Mobilmachung. Der Zweck der einzusetzenden Mittel sollte sich jeder Rechtfertigung entziehen. Sie ballten ihre rechte Hand zur Faust und reckten den Arm im rechten Winkel nach vorne in Richtung der Kamera.

»Getrennt marschieren, vereint kämpfen«, setzte Martijn noch eine Portion oben drauf und war in seinem Element.

»Unser Handeln wird sich an einer teleologischen Ausrichtung orientieren. Wir wissen nicht, wo der Dritte Weltkrieg seinen Anfang nehmen wird, doch die Agenda ist bereits verfasst. Peter hatte das Illuminaten-Dokument von Albert Pike erwähnt. Auch der Professor in México sprach von dem finalen Armageddon und berief sich auf die sieben Punkte des Programms, welches nach dem Krieg umgesetzt werden soll. Auslöser des Kriegs wäre demnach ein Konflikt zwischen den Weltreligionen. Der finale Krieg zwischen den Arabern und den Zionisten.«

»Moment mal«, warf Rosanna ein. »Ich kenne den prophetischen Brief, habe jedoch nie so recht über den Zionismus hinsichtlich seines geografischen Aspekts nachgedacht. Wie ihr sicherlich wisst, bezeichnete der Berg Zion den Tempelberg in Jerusalem, den Wohnsitz JHWHs, des Gottes der Israeliten. Es hat etwas mit Jerusalem zu tun. Ich bin mir sicher. Sobald es in unseren Ablaufplan passt, sollte sich ein Team von uns in Jerusalem umsehen.«

»Das nehmen wir gerne mit auf. Als Erstes liegt jedoch Rom nahe. Ihr solltet mit dem Verfasser des *Veritas liberabit vos* Aufrufs sprechen. Marco Mattia Marino. Er ist eine illustre Persönlichkeit und einer der ärgsten Kritiker des Papstes. Der italienische Geistliche wurde 1941 in der Lombardei in Varese geboren. Das liegt nahe der Grenze zur Schweiz am Lago Maggiore.«

»Nett, da wollte ich immer schon mal hin«, frohlockte Rosanna und erinnerte sich an ihre Zeit vor 15 Jahren, als sie mit Jack in der Schweiz lebte. »Oder finde ich den Priester mit seinen Gesinnungsgenossen hier in Rom?«

»Ich checke das und sende dir die Daten.« Joe machte sich einen Vermerk auf seinem Block. »Übrigens haben sich bereits Zehntausende Unterstützer für den Aufruf auf der Webseite *veritasliberabitvos.info* eingetragen. Frag ihn doch mal, was es mit der ONE-C auf sich hat.«

»Was haben wir noch?«, drängte Martijn auf die Zeit.

Jack projizierte die Agenda auf die Monitore. »Peter wird sich am nächsten Freitag in Berlin mit einem politischen Berater treffen. Mir ist zwar nicht ganz klar, was wir uns davon erhoffen können, doch wir sollten der Spur nachgehen. Pass auf dich auf. Die Gefahren lauern überall und du bist allein auf dich gestellt. Wenn wir einen Moment lang bei Peters Ermittlungen aus México bleiben können ... ich gehe davon aus, dass ihr die Conclusions komplett gelesen habt?« Jack wartete nicht die einzelnen Bestätigungen ab und fuhr fort. »Es sind bahnbrechende Entdeckungen von Martínez, die jetzt bedauerlicherweise in dem kompletten Pandemie-Wahn untergehen. Das schwarze Kristall scheint eins zu eins den heiligen Steinen der ONE-C zugeordnet zu sein. Steine, die einen noch völlig unerforschten Kommunikationskanal ermöglichen könnten. Sie sind quasi ein Zugang zu bestimmten Wellenformationen, die unsere Welt auf verborgenen Wegen durchdringen, sowie ein Transmitter für Gedanken und Befehle der ONE-C Mitglieder untereinander. Der Ring an Victoria Vicem's Finger war sicherlich ein Teil solch eines heiligen Steins. Es muss offensichtlich eine mysteriöse Macht vom Kristall ausgehen, die wir nicht kennen. Der Brocken unter dem mexikanischen Tempel in Teotihuacán scheint ein extrem großer Vertreter dieser Kristalle zu sein. Möglicherweise markiert der Stein den spirituellen Anfang einer historischen Hochkultur in Mittelamerika, denn er muss sich dort in der Tiefe seit Jahrtausenden befinden. Und Teotihuacán heißt ja nicht weniger als *der Ort, an dem man zu einem Gott wird*. Ich wünschte, wir hätten mehr Zeit, dieser hochinteressanten Sache nachzugehen. Umso mehr, als dass es neben dem Stein hinter der Glasscheibe, die selbst Panzerglas in ihren Eigenschaften übertrifft, zwei weitere Utensilien gibt, die dort eigentlich nicht sein dürften. Zum einen befindet sich an dem Ort ein riesiges Reservoir an Quecksilber, welches zur Energie- und Stromerzeugung verwendet worden sein könnte. Zum anderen liegt dort ein Dolch.«

Die Abbildung der altertümlichen Waffe hatte Jack bislang geheim gehalten. Erstmals sahen sie das Foto.

»Das ist unmöglich.« Rosanna kniff ihre Augen zusammen. Sie war aufs höchste konzentriert. »Völlig unmöglich. Ich kenne den Dolch. Oder vielmehr das Original. Die Stichwaffe zählt zu dem unermesslich wertvollen Grabbeigaben von Tutanchamun. Holy shit. Der Griff weist ein filigranes Dekor aus feinem Gold auf und endet mit einem Bergkristall. Die Klinge besteht aus einem nichtrostenden, homogenen Material. Aus Eisen mit einer Beimischung von zehn Prozent Nickel und 0,6 Prozent Kobalt. Die Klinge ist extraterrestrischen Ursprungs.«

»Amen«, kommentierte Tanja die Ausführungen. »Ich brauche eine Pause. Mir brummt der Schädel. Viren, Pandemie, die drohende Weltregierung, die New World Order. Und nun auch noch Außerirdische. Ich bin raus. Das ist für mich die absolute Reizüberflutung. Das eine hängt doch nicht mit dem anderen zusammen oder wollt ihr mir jetzt weismachen, dass Aliens hinter dem Virus stecken? Völlig abgedreht.«

Jack realisierte, dass er den anderen eine Menge abverlangt hatte. Schließlich war er es gewesen, der die Entdeckung des schwarzen Kristalls in México ins Spiel gebracht hatte und erst dadurch das Augenmerk auf den Dolch gerichtet hatte. Rosanna half ihm aus der Bresche.

»Naa, Tanja. Alles hängt mit allem zusammen. Wenn wir den Ursprung der Illuminaten und der ONE-C ergründen wollen, müssen wir weit in der Geschichte zurückgehen. Diesen Hinweis haben wir mehr als einmal von unseren *Wise Guys* bekommen. Übrigens, Außerirdische kommen nicht in der Story vor. Die Klinge des Dolchs ist kosmischen Ursprungs, aber das bezieht sich auf das Material, was wohl von einem Eisenmeteoriten stammt.

Darauf deutet der hohe Nickelgehalt hin und das ist untypisch für irdisches Eisen.«

»Dann ist es ja gut«, zeigte sich die Russin versöhnlich.

Rosanna schüttelte den Kopf. »Doch verdammt. Wie kommt denn ein Duplikat von Tutanchamuns Dolch unter die Steinbauten des heiligen Ortes in México? Tuti lebte rund 1300 Jahre vor der Zeitenwende und so alt sind die Pyramiden in México noch lange nicht. Oder doch? Gab es vielleicht am selben Ort bereits zuvor heilige Bauten? Jedenfalls scheint es eine transatlantische Verbindung gegeben zu haben. Hm. Das schwarze Kristall ist der gemeinsame Nenner, auf den alles zurückgeht. Und das gilt gleichermaßen für die Ursprünge der Illuminaten und der ONE-C – auch wenn wir noch nicht genau wissen, wie das Kristall wirkt. Dafür wäre es jetzt gut, Victoria in unserer Gewalt zu haben. Wir haben leider keine Ahnung, wo sie steckt.«

»Oh, doch.« Das Statement von Jack sorgte für eine große Überraschung. Einer nach dem anderen beugte sich näher an den Bildschirm heran. *Wie? Wo? Wohin?* waren die Fragen, die das Team beschäftigten. Jack löste das Rätsel augenblicklich auf. »Immer mit der Ruhe. Wir hatten die Terroristin über fünf Jahre lang in unserer Hand. Wir konnten sie erfolgreich abschirmen, dennoch gelang es uns nicht, sie zu *lesen*. Die Frau ist unfassbar professionell. Nur ganz am Ende hatte sie ihre Contenance verloren, als sie für meinen Geschmack ein bisschen zu viel über das Virus und ihr eigenes Involvement herausließ. Fünf Jahre lang. Irgendwann musste sie schlafen. Tief schlafen. Ich würde zwar kaum als Spitzenchirurg im nationalen Vergleich durchgehen, aber eine kleine OP bekomme ich immer noch recht gut hin. Ein Schnitt hier, ein Schnitt dort. Und eine örtliche Betäubung mit extrem langer Wirksamkeit. Eine klitzekleine Narbe, die nicht viel mehr als ein Jucken an Victorias Rücken hervorrief. Und flugs war der Chip implementiert. Ein *Near-Field-Chip* ohne Akku und ohne Stromversorgung. Ein Tracker für die Ewigkeit - wann immer sich die *Vicious Vicky*, die bösartige Lady, einem Detektor innerhalb von eineinhalb Metern nähert.«

Die Blicke sprachen Bände. Sie waren hin und hergerissen zwischen Anerkennung und Skepsis. Peter war es, der als erster sein Feedback gab.

»Kompliment, Jack. Davon habe ich während unserer Zeit in Hongkong nichts mitbekommen. Können solche Chips nicht in Metalldetektoren nachgewiesen werden? Dann werden die Security-Guards der ONE-C doch ganz schnell das Skalpell zur Hand nehmen und deinen Tracker wieder entfernen?«

»Eben nicht. Schon 2005 hatte eine deutsche Firma aus Erlangen RFID-Chips auf Kunststoffbasis entwickelt. Inzwischen sind die Transponder quasi miniaturisiert und so gut wie kaum noch nachweisbar. Man müsste sie mit den richtigen Detektoren anfunken und sichtbar machen.«

Joe ergänzte die fehlenden Informationen. »Nicht umsonst wird Jack auch *The Brain* genannt. Er hat den Frequenz-Modulator im Chip so programmiert, dass die Eingangssignale nicht wieder in derselben Frequenz zurückgesendet werden, sondern in einem völlig anderen Segment des Spektrums. Der *Near-Field-Chip* bei Victoria ist somit kontinuierlich im *stealth mode*. Quasi unauffindbar.«

»Nun gut«, knickte Peter ein. »Verstehen muss ich das wohl nicht. Dafür seid ihr beide ja da. Aufgabenteilung war schon immer eins meiner Lieblingsfaibles. Wo ist die Frau jetzt?« Gekonnt hatte Peter einen Akzent gesetzt.

»Sie vertreibt sich die Zeit auf einem Frachter rund um Kap Horn. Die großen Schiffe haben es ihr scheinbar angetan. Zunächst war sie auf einem Containerschiff von Hongkong nach Callao unterwegs ...«

»Das ist in Südamerika, richtig?«, wollte Carl wissen.

»Callao ist einer der Seehäfen von Peru«, sagte Jack.

»Dann kennst du sicherlich auch ihre Destination?«

»Aber klar, Carl«, entgegnete er spitz. »Sie hatte sich erstaunlich lange in Peru aufgehalten. Jetzt dampft der Frachter laut AIS im Schneckentempo nach Buenos Aires zum Puerto Nuevo. Weiß der Himmel, was sie da für eine Verabredung hat. Vielleicht gefallen ihr auch die Matrosen an Bord des Frachters. Keine Ahnung, welchen Deal sie mit den Kerlen hat.«

»Auch eine Art der Quarantäne zur Corona-Zeit«, spottete Rosanna über den Monitor. »Vielleicht wird sie dort mal richtig rangenommen.«

»Hey, hey«, protestierte Peter. »T-M-I. *Too much information.*«

»Jedenfalls werden wir es verkünden, wenn sie an einem Hotspot auftaucht«, fuhr Jack fort. »Zurzeit hält sie sich komplett unter dem Radar. Sie ist im Torpor Modus.«

»Im Torpor?«, erkundigte sich Pierre.

»Ja, sie befindet sich in einem torpiden Zustand. Sozusagen in einem physiologischen Schlafzustand, in dem alle Körperfunktionen auf Sparflamme gehalten werden. Wie beim Siebenschläfer, dem kleinen Nagetier, das für sieben Monate in einen Ruhezustand verfällt.«

»Okay, okay«, mischte sich der Holländer in die Diskussion ein. »Es ist nur eine Frage der Zeit, bis sie einen Wake-up Call erhält und dann wieder das Zepter übernimmt. Die Frau ist das reinste Dynamit.«

Joe rief die letzte Folie der Präsentation auf. *AOB. Any other Business.* »Was gibt es sonst noch?«

Zunächst blieb es ruhig. Dann meldete sich Peter aus Berlin. »Ich würde gern wissen, was sich letztendlich hinter den *Triangular Files* verbirgt. Das Motiv zieht sich wie ein roter Faden durch meine Erfahrungen der letzten neun Jahre oder sechzehn Jahre. Ganz wie man will. Seit ich euch im September 2004 zufällig in Paris traf.«

Weder Jack noch Rosanna wollte dazu etwas sagen.

Er verstand den Wink und schickte eine weitere Frage hinterher.

»Wenn wir schon nicht wissen, was die *Triangular Files* sind, was ist dann mit den Dreiecksformationen, den Muttermalen, die sich sowohl auf Rosanna's Rücken befinden wie auch auf dem Rücken von Victoria Vicem?«

»Wir nehmen es mit auf die Themenliste«, versprach Jack. »Wenn es euch wieder möglich ist, nach New York zu fliegen, geht ihr den Anfängen nach. Ich habe eine gewisse Vorahnung. Wenn es wirklich damit zusammenhängt, wird es dir nicht gefallen, Rosanna. Es ist deine Entscheidung. Aber wenn dein Partner darauf besteht ...«

»Wir werden sehen«, gab sich Rosanna wortkarg. »Noch sind die Grenzen dicht.«

»Wenn es sonst keine Anträge mehr gibt ...«. Damit wollte Jack die Konferenz schließen. Was jedoch nicht ohne einen Kommentar von Martijn vonstattengehen würde. Joe bemerkte, dass sich der Holländer für sein Statement startklar machte, und er suchte in seiner Musikbibliothek bereits nach dem passenden Titel *Guilty*. Martijn hob mit kräftiger Stimme zu seinem Plädoyer an.

»Es klingt nach einem guten Plan. Wir wissen, was wir tun müssen. Wir wissen, was wir verhindern müssen. Und wir wissen, worauf wir Antworten erwarten und die Hintergründe in Erfahrung bringen wollen. Das eine hängt mit dem anderen zusammen. Unsere Mission hat gerade erst richtig begonnen. Wir werden auf alle Mittel zurückgreifen, die notwendig sein werden. Dabei wird ein teleologisches Handeln unser Credo sein. Es werden Gefahren in der Dunkelheit auf uns warten. Was im falschen Kontext als illegal eingestuft werden könnte, wird uns und die Menschheit retten. *We got a Highway to the Sky. And we got nothing to be guilty of.* Cheers Rebellen, auf gutes Gelingen.«

Kapitel 13

Rom / Varese

Anfang Juni 2020

Es war noch früh am Morgen, als Rosanna ihren Teamkollegen ein kurzes Good-bye zurief. Die Reisetasche war mit allen wichtigen Utensilien gepackt und sollte sie unabhängig machen. Es war nicht klar, ob und wann sie zurück in die Wohnung kommen würde. Sie faltete einen ausgedruckten Legitimationsausweis vierfach zusammen und verstaute ihn in ihrem hellbraunen Lederblouson. Die Ausgangssperren waren seit einigen Wochen aufgehoben, dennoch musste hie und da noch mit Straßenkontrollen gerechnet werden. Ihr Ziel kannte selbst Rosanna nicht. Nur so viel, dass sie an der nächsten Gabelung der kleinen Gasse vor ihrem Appartement Haus auf eine dunkle Limousine warten sollte. Sie würde erkennen, dass das Fahrzeug für sie bestimmt sei, hieß es in der codierten Nachricht auf ihrem *ComX* Gerät. Flott rannte sie die Treppen hinunter. In einem Schaufenster begutachtete sie ihr Outfit und befand es für angemessen. Ihr weißes Top mit einem Rundausschnitt, die dunkelblaue Röhrenjeans und die hellbraunen Stiefeletten. Der Lederblouson machte sich gut, dachte sie und warf ihre langen glatten Haare über den Stehkragen.

Kurz hinter einem Kiosk erkannte sie die Gabelung und lehnte sich an die Häuserwand, ein Bein angewinkelt. Lange brauchte sie nicht zu warten. Eine dunkelbraune Limousine fuhr vor. Rosanna versuchte die Marke ausfindig zu machen, doch es gelang ihr nicht. Die hintere rechte Seitentür wurde langsam aufgestoßen und sie bemerkte eine blass-weiße Hand, die sie hinein winkte. Mit einer eleganten Bewegung nahm sie auf dem Rücksitz Platz und das Auto brauste davon.

»Buongiorno, Signora«, begrüßte sie eine freundliche männliche Stimme zu ihrer linken Seite. Sie machte große Augen und konnte es kaum fassen.

»Na, das ist jetzt eine echte Überraschung. Was hat Sie denn aus Sizilien nach Rom verschlagen? Der Mann, der das *A* und das *O* in seinem Namen trägt. Den Anfang und das Ende. Alpha und Omega. Ich freue mich sehr, Sie zu sehen, Aldo.«

»Ganz meinerseits. Sagen Sie, haben Sie mit einer längeren Fahrt gerechnet?« Er deutete mit seinem Zeigefinger auf die Tasche, die sie zwischen ihren Beinen im Fußraum abgestellt hatte.

»Na, ich weiß doch nicht, wohin es geht. Aber es kann sein, dass mich mein darauffolgender Einsatz hinaus aus der Ewigen Stadt führt.«

»Die Ewige Stadt, erbaut auf sieben Hügeln am östlichen Ufer des Tibers.«

»Ich weiß«, entgegnete Rosanna. »Zu der Zahl Sieben habe ich ein gespaltenes Verhältnis.«

Der Heilige aus Taormina lächelte. »Ich erinnere mich. Victoria Vicem. Ist sie immer noch die Nummer Sieben in der geheimen Organisation?«

»Davon ist auszugehen.«

Der Wagen bog in hohem Tempo in eine Seitenstraße und der Fahrer betätigte mehrmals die Hupe.

»Kennen Sie die Namen der sieben Hügel?«, wollte der Mann wissen.

Als sie nicht sofort antwortete, fuhr er fort. »Es sind *Aventin, Caelius, Esquilin, Kapitol, Palatin, Quirinal* und *Viminal*. Sieben. So wie das Virus, welches die Welt aktuell in Angst und Schrecken versetzt, das siebte humane Coronavirus ist.«

»Aldo«, ermahnte sie ihren Sitznachbarn. »Ich kenne die Allegorie. Vielmehr beunruhigt mich gerade, dass der siebte Hügel mit dem Buchstaben *V* beginnt und ausgerechnet dann auch noch ein *i* folgt. Wie bei Victoria. Ich fange bereits an, Gespenster zu sehen.«

»Ganz mit der Ruhe, Signora. Nur nicht verrückt machen lassen. Denn dann könnten Sie sogar nervös werden, weil die ersten drei Hügel alphabetisch mit den Initialen *A*, *C* und *E* beginnen. Wie das Andockungsenzym Angiotensin ACE für das tödliche Virus. Aber es ist nichts daran. Die Hügel hießen schon seit ewigen Zeiten so.« Er lächelte gütig und zupfte sich seinen purpurfarbenen Umhang zurecht.

Sie senkte ihren Kopf etwas und drehte sich in seine Richtung. »Soweit ich mich an unser erstes Treffen vor sechs Jahren erinnere, waren Sie immer schon sehr gut im Hellsehen. Aldo, ich bin beeindruckt, wie viel Sie über die Hauptstadt wissen. In welchen Stadtteil fahren wir nun?«

Er schüttelte seinen Kopf und deutete dem Fahrer wortlos an, das Navigationssystem zu starten. »Es wird eine relativ lange Strecke sein. Größtenteils nehmen wir die Autostrada ...«

Rosanna warf einen Blick auf den Bildschirm, als die Entfernung und die Ankunftszeit eingeblendet wurde.

»666 Kilometer? Das ist nicht Ihr Ernst.«

»Ob der Zahl an sich oder ist es die Entfernung, die Sie abschreckt?« wollte der Heilige wissen.

Sie wiegte ihren Kopf etliche Male hin und her. »Signor. Just in dem Augenblick, als ich auf den Monitor blickte, erstrahlte die Dreier-Kombination der Zahl Sechs. Ich würde nicht sagen, dass ich hypersensibel bin. Aber das war eine Spur des Zufalls zu viel, ja. Und 13.33 Uhr als voraussichtliche Ankunftszeit? Sie verlangen mir viel ab.«

»Silenzio. Der Wunsch war von Ihnen geäußert worden, Seine Exzellenz zu treffen.« Er zog eine Augenbraue nach oben und strafte sie mit einem provozierenden Blick.

Rosanna antwortete nicht und war froh, ihre Tasche wohlweislich gepackt zu haben. *Be prepared*, pflegte Joe immer zu sagen. Wie recht er damit hatte, dachte sie. In diesem Augenblick war ihr klar geworden, dass sie nach dem Treffen nicht mehr zurück nach Rom kommen würde.

»Der Erzbischof wohnt derzeit an einem unbekannten Ort. Das war mir bekannt. Können Sie mir denn verraten, wohin es geht? Oder bleibt es ein Geheimnis, bis wir dort sind?«

»Meine Liebe. Wir fahren in die nördliche Richtung. In die Lombardei. Dorthin, wo Marino geboren wurde. Am 16. Januar 1941 in Varese.«

Sie zögerte einen Augenblick. »Es geht in die Lombardei. Direkt ins Auge des Sturms. Okay. Hm ... Haben Sie keine Angst? Gehören Sie nicht eventuell zur Gruppe der Gefährdeten?«

Der Heilige aus Sizilien lächelte. »Nett von Ihnen, wenn Sie sich Sorgen um mich machen. Ihnen schoss wahrscheinlich mein damaliger Schwächeanfall ins Gedächtnis, als Sie mit Ihrem deutschen Freund ... wie hieß er doch gleich? Peter, richtig? Geht es ihm gut?«

Sie nickte und staunte, dass er sich an den Besuch so gut erinnern konnte.

»Es kommt mir vor, als wäre es erst gestern gewesen. Wir sprachen über das *A* und das *O*. Das *A*, das Dreieck und das *O*, welches einen Kreis symbolisiert. Zeichnen Sie fünf Punkte im gleichen Abstand auf den Kreisumfang. Die Punkte liegen jeweils 72° Grad auseinander. Fünf mal 72 sind 360 und der Kreis schließt sich. Wenn Sie die Punkte verbinden, ergibt sich ein Fünfeck. Das Pentagon. Und wenn Sie die Diagonalen einzeichnen, entsteht der fünfzackige Stern. Das Pentagramm. Erinnern Sie sich?«

Rosanna nickte und schloss für einen Moment ihre Augen. Das Pentagramm galt als das Zeichen des Bösen, aber nur wenn es auf der Spitze stand. Ansonsten überwog die positive Strahlkraft des Symbols, das sich schon die Pythagoreer zu Nutze gemacht hatten. »War es nicht so, dass sich die Geraden im Pentagramm im Verhältnis des Goldenen Schnitts teilten?«

»Gut, sehr gut«, zollte Aldo ihr Respekt. »Im Pentagramm findet sich der Goldene Schnitt mit der magischen Zahl 1,618 immerhin zehn Mal. Es war zurecht ein göttliches Symbol der Christen. Die fünf Spitzen standen für die fünf Wunden von Jesus Christus bei seiner Auferstehung und lösten die früheren Bedeutungen der Spitzen für die vier Elemente Wasser, Erde, Luft und Feuer, sowie den Geist als fünftes Element, ab. Später waren es die Freimaurer, die sich des Symbols bemächtigten und den Spitzen die Bedeutungen der Klugheit, der Gerechtigkeit, des Fleißes, der Mäßigkeit und der Stärke gaben. Vom Pentagramm zurück zum *A* und *O*. Zu mir. Nicht umsonst beginnt mein Name mit einem *A* und endet mit dem *O*. Sie wollten wissen, ob ich mich vor dem Virus fürchte, richtig? No, Signora. Ich werde nicht daran erkranken. Ein Virus wird nicht an mich herankommen. Und das entspringt nicht einer mystischen Einschätzung. Es fußt einzig und allein darauf, dass unser Blut bestimmte Eigenschaften aufweist, die das Schädliche von uns fernhalten.« Er bemerkte den leicht irritierten Blick in ihren Augen. »Naa, und Sie brauchen sich auch nicht zu sorgen. Sie sind ja vom gleichen Stamm.«

Beruhigt war sie nach seinem letzten Kommentar nicht. Ganz und gar nicht. Sie runzelte ihre Stirn und verkniff sich jede weitere Nachfrage. Offensichtlich hatte Aldo ihr etwas mitzuteilen und früher oder später würde er damit herausrücken. Die Fahrt war eh lang genug und es gab keine Eile.

Als sie die Autostrada erreicht hatten, konnte der Fahrer endlich das Gaspedal durchtreten. Die Wolken am Himmel hatten sich verzogen und die Sonne strahlte an diesem Tag, dem 3. Juni, intensiv vom Himmel. Trotz der dunklen Scheiben heizte es sich im Fahrzeuginnern relativ schnell auf. Sie wollte nicht darum bitten, die Klimaanlage noch weiter hinunter zu regeln und streifte sich ihren Lederblouson ab.

»Varese heißt unser Ziel also. Das liegt am Lago Maggiore, richtig? Dorthin wollte ich immer schon mal. Wissen Sie, ursprünglich hatte ich sowieso vermutet, dass sich der Erzbischof dort aufhalten würde.«

Aldo presste die Lippen aufeinander und überlegte für einen Moment. »Si, si. Es ist eigentlich recht naheliegend. Und dennoch nicht korrekt. Man findet eigentlich keine verlässlichen Quellen. So sollte es jedenfalls sein und wir wollen, dass jeder zunächst auf einen Aufenthaltsort in Rom tippt. So lauteten in der Kommunikation mit eurem Koordinator die Ortsangaben. Nun gut. Ehrlich gesagt, fahren wir noch ein Dorf weiter als Varese. Warten Sie es ab. Eine Frage erlauben Sie mir noch. Ein Handy oder etwas anderes, was Ihre Location orten kann, haben Sie nicht dabei Verehrteste, stimmt's?«

»Pacta sunt servanda. So war es abgemacht. Ich besitze kein Mobiltelefon. Stattdessen werden Sie mich zeitweise mit einer stylischen Sonnenbrille sehen, die jedoch nur den Audio-Teil aufnimmt. Und unsere Teams sind mit einem kleinen Tablet-Computer im Halbformat ausgerüstet, der sich nur sporadisch in die Satelliten-Telefon-Netzwerke einloggt und niemals von fremden Kräften via Geotagging gefunden werden kann.«

»Benissimo«, er zeigte sich zufrieden.

»*Veritas liberabit vos*. So heißt es doch?«

Aldo nickte. »Es ist aus dem Johannes Evangelium 8,32. Die Wahrheit wird euch befreien.«

»Irre ich mich oder ist das nicht auch die Inschrift im CIA Hauptquartier? Und sieht der Auslandsgeheimdienst der USA nicht darin seine Legitimation für Folter und Mord, wenn dadurch die Wahrheit erpresst werden kann?«

»Silenzio, Rosanna. Sie machen mir Angst. Der Vergleich hinkt. Was die CIA im Sinne hat, ist uns fremd. Die Wahrheit von der wir sprechen, ist die höchste Wahrheit auf Erden und im Himmel. Sie ist unteilbar und lässt keinen Interpretationsspielraum zu. Es ist die Wahrheit. *E si*, sie wird uns befreien. *Veritas liberabit vos*.«

Der Fahrer schaltete die Musikanlage an. Ganz leise und kaum wahrnehmbar, lief *Walk on by* mit der Stimme von *Diana Krull* im Hintergrund.

»Die CIA, wohl wahr. Bitte verstehen Sie mich nicht falsch, nur weil mir das eben in den Sinn kam. Ich habe den Folterreport der CIA aus dem Jahr 2014 gelesen.«

»Bene, das vollständige Dokument? Über 6000 Seiten?«

Sie lächelte. »Mir genügten die knapp 500 Seiten der kompakten Zusammenfassung. Die Foltermethoden lesen sich wie der ultimative Leitfaden zur Perfektionierung der Grausamkeiten. Vom Schlafentzug bis zur Halluzination. Scheinhinrichtungen. Waterboarding. Rektale Folterungen, bei denen puriertes Essen in den Dickdarm eingeführt wurde. Erwähnt wurden sogar vorgetäuschte Begräbnisse. Und nicht zu vergessen, der Einsatz von Insekten.«

»Hören Sie auf, ich will es mir gar nicht vorstellen. Die CIA hatte geheime Gefängnisse zur Folterung in Europa. Polen und Rumänien standen ganz oben auf der Liste.«

»Sie reden im Präteritum? Nach meinem Kenntnisstand existieren die *Black Sites* nach wie vor. Man sollte sich tunlichst von ihnen fernhalten. Ich habe noch sehr gut die Stimme des unabhängigen Senators Angus King im Ohr, der sagte, *Wir haben Dinge getan, für die wir japanische Soldaten nach dem Weltkrieg wegen Kriegsverbrechen vor Gericht gestellt haben*.«

Aldo schwieg. Es machten sich Urängste in ihm breit. Die Wahrheit und die Freiheit des Menschen waren für ihn untrennbar verbunden. All das schien unaufhaltsam in Gefahr zu sein.

»Haben Sie von der Skulptur vor der Agency in Langley gehört? Vom Kunstwerk Kryptos?«, erkundigte sie sich.

Der Sizilianer schmunzelte. »Die Spielerei eines begabten Bildhauers und einem pensionierten CIA Angestellten namens Ed Scheidt. Vier codierte Botschaften stecken in 765 Zeichen. Drei sind bereits entschlüsselt, bei der vierten beißen sich alle Experten die Zähne aus. Dennoch, es scheint so zu sein, dass die ersten beiden Codierungen auf polyalphabetischen Auswechslungen basieren. Es ist also keine *Rocket Science*. Nummer Drei bedient sich eines Transpositions-Chiffres. Und Nummer Vier ist ungelöst. Interessant finde ich allerdings, dass sich die dritte Mitteilung auf ein Zitat von Howard Carter bezieht, als er die historische Graböffnung beschreibt.«

»Sie reden von *der* Graböffnung überhaupt? Vom Grab des Tutanchamun?« Ihr lief ein kalter Schauer über den Rücken; erst einige Tage zuvor hatte sie über den ägyptischen Kinds-König gesprochen. Die Koinzidenz kam ihr unheimlich vor.

Er nickte. »Das hat nichts zu bedeuten. Wie ich schon sagte. Ein begnadeter Künstler, ein talentierter Amateur im Chiffrierwesen. Irgendwelche Botschaften mussten halt ausgewählt werden. Von dem vierten Rätsel ist bislang nicht viel entschlüsselt worden. Es geht um die Berlin-Uhr und die Richtungsangabe *NORTHEAST*. Das wäre etwas für unseren Kryptologen Doc Einstein. Was meinen Sie?«

»Okay. Ihr Wort in Gottes Ohr. Dann hefte ich es als Enigma-Spielerei ab. Zurück zum Slogan *Veritas liberabit vos*. Dahinter steckt weitaus mehr, richtig? Ich habe mir die Webseite angesehen. Täglich kommen neue Übersetzungen hinzu und die Zahl der Unterstützer steigt kontinuierlich.«

»Sie werden von ihm fasziniert sein. Marco Mattia Marino ist eine beeindruckende Persönlichkeit. Er wird all seine Kraft einsetzen, um die Menschheit zu warnen.«

»Aldo, der Aufruf ist am 8. Mai auf der Webseite veröffentlicht worden. Genau 75 Jahre nach dem Ende des Zweiten Weltkriegs. Ein Zufall?«

»Nichts ist ein Zufall, meine Liebe. Das Datum am allerwenigsten. *Die Zukunft liegt in der Herkunft.*«

Der letzte Satz schien ihr aus dem Zusammenhang gerissen zu sein. Sie hatte die Aussage schon einmal von ihm gehört, doch hatte sie den Satz immer eher auf den Menschen bezogen und nicht auf Daten oder Ereignisse. Sie beschloss, dem Statement auf den Grund zu gehen.

»Mit der *Herkunft* meinen Sie das Ende des letzten großen Krieges, richtig?«

Er schüttelte den Kopf. »Das wäre eindeutig zu kurz gesprungen. Nein, die Herkunft liegt weit zurück in der Vergangenheit. Am Anfang. Ganz am Anfang, meine Verehrteste. Aber Sie haben recht, auch mir ging vorhin das Kriegsende durch den Kopf, und ich mag Sie verwirrt haben. Si Signora, die Schar der Unterstützer nimmt täglich zu. Seit dem 12. Mai veröffentlichen wir nicht mehr die komplette Liste. Manche sagen, aus Gründen des Datenschutzes, andere wissen, dass wir vorsichtig sein müssen. Niemand will sich zum Zielobjekt machen.«

»So, so. Eine neue Form des Rebellentums. Sie fangen an, unseren Job zu übernehmen.«

Der Heilige lachte. »Mitnichten.«

»Aldo, würden Sie mich freundlicherweise für die Begegnung mit Seiner Exzellenz briefen? Was muss ich wissen, wenn ich mit ihm zusammentreffe? Ist er einer aus dem Kreis Ihrer speziellen Weggefährten, den *Wise Guys*?«

»Oh, das sind eine Menge Fragen. Ob Marco einer von uns ist? In gewisser Weise schon, im engeren Sinne nicht. Jedenfalls nicht, was die Gene betrifft oder die Herkunft.«

Da war das Wort *Herkunft* schon wieder. Rosanna horchte auf. Der Erzbischof war demnach ein Verbündeter im Geiste, doch nicht ein *Wise Guy* mit dem natürlichen Zugang zu den holistischen Welleninformationen und zu den Wurzeln des Seins.

»Sie wollen ein Briefing bekommen? Marco ist einer der militantesten Kritiker des Papstes. Zwischen 2011 und 2016 war er der mächtigste Vertreter der katholischen Kirche in den USA. Der Apostolische Nuntius. Sein Weg in der Kirche ist eine Aneinanderreihung vieler eindrucksvoller Schritte. Im März 1968 erhielt er seine Priesterweihe. In seinem Erzbischofswappen findet sich die lateinische Inschrift *Scio cui credidi* was übersetzt heißt, *ich weiß wirklich, an wen ich glaube.* Marco ist strenggläubig und er sieht die Gefahren. Die Bedrohungen für die katholische Kirche, für den christlichen Glauben und vor allem die Gefahr für das menschliche Leben, wie wir es kennen.«

»Okay, verstanden. Und mit dem amtierenden Papst steht er auf Kriegsfuß?«

»Si, si. Es wäre nicht steigerungsfähig.«

Die Limousine hatte inzwischen die norditalienische Metropole Mailand hinter sich gelassen und befand sich auf der Autobahn in nördlicher Richtung. Das Panorama der Alpen zeichnete sich am Horizont bereits ab. Rosanna schloss die Augen. Die Fahrt hatte sie ermüdet und die gleichmäßigen Klänge der orientalischen Musik aus den Lautsprechern übten eine betörende Wirkung auf sie aus. *Cleopatra in New York* von *Nickodemus Feat. Carol C.* Allzu weit konnte es jetzt nicht mehr sein. Als sie die Stadtgrenze von Varese erreichten, tippte Aldo ihr vorsichtig auf die linke Schulter. »Wir sind gleich da.«

Kapitel 14

Varese / Castelveccana

Anfang Juni 2020

Es war am frühen Nachmittag, als sie über die Hauptstraße das Stadtzentrum von Varese erreichten. Der Mann aus Sizilien richtete seinen Oberkörper auf und lugte aus dem Fenster. »Schauen Sie nach rechts. Dort taucht in wenigen Augenblicken die Basilika auf.«

Die Via Luigi Sacco war als Einbahnstraße angelegt, was bei dem geringen Verkehrsaufkommen zurzeit gar nicht notwendig gewesen wäre. Obwohl der Aufenthalt im Freien seit einigen Wochen wieder zulässig war und auch die Cafés sich wieder über Gäste freuten, so war das öffentliche Leben nach wie vor nicht mit der Zeit vor der Virus-Pandemie zu vergleichen. Rosanna bewunderte die gepflegten Häuserfronten. Die City strahlte eine sehr friedvolle Atmosphäre aus. »Ich nehme an, wir sind nicht mehr weit von der Schweiz entfernt«, erkundigte sie sich.

»Von hier aus sind es nur knappe zehn Kilometer bis zu den Eidgenossen.« Er beugte sich zum Fahrer nach vorne über die Mittelkonsole. »Wir nehmen die SS396 bis nach Laveno und dann die SP69 am See entlang. Die malerische Route.« Er lächelte. »Für die letzten 30 Kilometer werden wir wohl noch eine Dreiviertelstunde einkalkulieren müssen. Möchten Sie etwas trinken?« Er reichte ihr eine Flasche Mineralwasser.

Das Ufer des Lago Maggiore wirkte beruhigend. Die Touristen fehlten noch und die Natur hatte in den letzten

Monaten die Oberhand gewonnen. Kurz vor der Ortschaft Castelveccana verließen sie die Via Europa und drehten eine Runde durch die kleine Hafenstadt. Einige Segelschiffe waren aus dem Porto Turistico bereits ausgelaufen und ankerten vor dem Ufer. Es gab nur wenige Geschäfte an der Promenade. Beim Sunset Bistrot machten sie kurz Halt. *Es war perfekt vorbereitet*, dachte Rosanna. Ein Kellner kam mit mehreren kalten Platten auf das parkende Fahrzeug zu. Er las zur Kontrolle die Notizen auf seinem handgeschriebenen Zettel laut vor.

»*Antipasti Misto*, vier Mal. *Tagliere di Salumi e Formaggi*, zwei Mal. *Polpo alla Griglia con Burrata*, drei Mal. Es müsste alles komplett sein. Prego.« Er reichte die Platten ins Fahrzeug und wartete höflich, bis die Seitenscheibe an der Beifahrerseite wieder bis ganz oben verschlossen war.

»Wir werden einen Happen vertragen können nach der langen Fahrt«, konstatierte Aldo und kramte allmählich seine persönlichen Dinge aus den Seitenfächern zusammen. Die letzte Etappe führte sie auf einer schmalen Zuwegung mit einigen Serpentinen am Berghang hinauf. Prachtvolle Villen lagen am Wegesrand. Villa Constanze, Villa Ortensia. *Ein Platz, an dem es sich aushalten ließ*, dachte Rosanna. Schließlich erreichten sie ihr Ziel. Ein großzügig angelegtes Landhaus mit einem vorgelagerten Rondell und einem Springbrunnen.

Ein schlanker Italiener mit pechschwarzem Haar öffnete ihnen die massive Holztür und bat sie ins Haus. »Seine Exzellenz der Hochwürdigste Herr Erzbischof erwartet Sie bereits. Gehen Sie bitte direkt durch bis auf die Terrasse.«

Es bot sich ein prächtiger Blick auf den tiefblauen See und die umliegenden Bergmassive. Der parkähnliche Garten wirkte äußerst gepflegt. Zur linken Seite lag ein freistehender Wintergarten neben einem Pavillon, zur rechten Seite erstreckte sich ein Pool. Das Wasser schimmerte in einem sanften Türkis. Rosanna's Blick klebte an dem kleinen Badehaus, welches sich einige Stufen oberhalb des Pools auf einem Hügel befand. Sie traute kaum ihren Augen. Eine bildhübsche, hochgewachsene junge Frau schritt elegant die Treppenstufen hinab. Sie trug High Heels und sonst … nichts. Rosanna hüstelte.

»Aldo, sehen Sie die Frau? Sie ist … nackt.«

Der Sizilianer drehte seinen Kopf nach rechts. »No, sie ist nicht nackt. Sie hat Schuhe an und wenn mich meine Augen nicht täuschen, so trägt sie auch Dessous.«

Rosanna rümpfte die Nase. »Mit viel Fantasie ist es ein Hauch von Nichts. Sie ist nackt, basta. Aber sie ist ausgesprochen attraktiv, das steht fest. Gehört sie zur ...« Sie fand nicht das passende Wort, nach dem sie suchte.

»Sie wollen wissen, ob Signora Bella Donna zur Einrichtung gehört? Zum Haus, zu den Angestellten? Ob sie eine Muse ist? Ich kann sie beruhigen. Sie ist die Frau des Hauses. Es gehört ihr. Sie wird sich gleich eine Stola über die Schultern werfen und sich dann quasi unsichtbar machen.«

»Fällt diese Einschätzung in den Bereich ihrer hellseherischen Fähigkeiten oder sind sie öfter hier?«

»Meine Liebe. Wir sind hier zu Gast. Auch Seine Exzellenz. Es ist nicht ausgestanden, wissen Sie. Er lebt seit Jahren im Verborgenen. Immer noch aus Angst vor einer Vergeltung durch den Papst. Seine Gefolgsleute sind froh, wenn sie zeitweise für ihn wechselnde Bleiben finden. Dass dieser Ort damit verbunden sein könnte, für wenige Augenblicke eine leicht bekleidete weibliche Schönheit um sich zu haben, ist fürwahr nicht als eine *conditio sine qua non* einzustufen, doch wir können damit leben. Eva hatte auch nicht das meiste am Körper, als sie am Anfang im Paradies herum hüpfte.«

Rosanna schmunzelte. Ihr gefiel sein Humor. Sie warf einen genussvollen Blick auf die wohl geformte Figur am Rande des Swimmingpools und drehte sich dann zu Aldo.

Neben ihnen wurden schwere Eichentische auf die Terrasse getragen und ein Antipasti Buffet aufgebaut. Karaffen mit frischem Wasser und tiefrotem Wein schmückten die Tischplatte.

»Saluti.« Aus dem Dunkel der Villa ertönte eine Stimme. Sie lag etwa eine Oktave höher, als Rosanna es erwartet hatte. Seine Exzellenz Marco Mattia Marino schritt mit dezenten Schritten auf die Terrasse und hatte einen gütigen sympathischen Ausdruck in seinem Gesicht. Sie blickte direkt in sein Augenpaar und sinnierte. Er kam ihr bekannt vor, obwohl sie ihn noch nie zuvor getroffen hatte.

»Ich glaube zu wissen, was Sie zu mir führt. Sie müssen ob der langen Anreise ein Hungergefühl verspüren, verehrte Signora.«

Sie lächelte. »Mein Name ist Rosanna Sands, Euer Exzellenz. Ehemals war ich als amerikanische Geheimagentin bei einer Spezialeinheit mit der Bezeichnung *Enco* gelandet.«

»*Esprit and Company*«, ergänzte Aldo in einem Flüsterton. Der Erzbischof hob wissend seine Hand.

»Si, man hat mich darüber in Kenntnis gesetzt. Die *Enco* agiert im Verborgenen und sie ist nicht für zimperliche Methoden bekannt. Viele Staaten haben der exekutiven Supertruppe *Enco* ihre besten Agenten zur Verfügung gestellt, ohne genau zu wissen, wer die Einsätze steuert und von wem die Befehle kommen. Wissen Sie, ich war einige Jahre in den USA stationiert. Da habe ich Dinge erfahren, von denen ich eigentlich nichts wissen sollte.«

»Zu Ihrer Zeit als Apostolischer Nuntius, nehme ich an?« Der Erzbischof nickte.

»Das war die Zeit ab Oktober 2011 für fünfeinhalb Jahre. Mir ging es immer um die Wahrheit, was mir nicht immer gut bekommen ist. Seit Jahrzehnten kämpfe ich gegen die Korruption und die Vetternwirtschaft.«

Rosanna nahm sich einen Teller und kostete vom Buffet.

»Nach dem Rücktritt des Washingtoner Alt-Erzbischofs und dem Vertuschungsskandal um seine Vergehen forderten Sie den Papst in Rom zum Amtsverzicht auf. Das war eine deutliche Ansage.«

»Wie schmeckt es Ihnen? Was möchten Sie trinken? Machen Sie mir eine Freude und genießen Sie unseren vorzüglichen Wein. Es ist ein ganz besonderer Jahrgang.«

Sie schmunzelte und wollte ihm den Wunsch nicht abschlagen. Sie stießen mit den Gläser stilvoll an, wobei Seine Exzellenz das klare Bergquellwasser bevorzugte.

»Grazie, Euer Exzellenz. Es ist eine wirklich hervorragende Rebe. Apropos Wahrheit. Liegt nicht auch im Wein die Wahrheit? *In vino veritas?*«

Sie wusste, wie sie ihn erreichen konnte. Marco Mattia nahm einen kleinen Teller mit den Appetithappen und kam einen Schritt näher an sie heran.

»Es ist gut, dass Sie hier sind. Die Zeichen stehen auf Sturm und es bleibt nicht mehr viel Zeit. Wenn es ernst wird, bleibt die Wahrheit als Erstes auf der Strecke. Die Wahrheit Christi ist in Gefahr. Wir alle sind in Gefahr. Die Kräfte des Bösen verbünden sich und bereiten den letzten Angriff vor. Den endgültigen Angriff.«

»Sie sprechen von einem Anschlag auf den Glauben?«

Der italienische Geistliche schüttelte den Kopf. Ganz langsam, so dass ihm seine purpurfarbene Kopfbedeckung nicht verrutschte. Er hielt sich die goldene Kette fest, die weihevoll über dem bordeauxfarbenen Ornat hing. »Es ist mehr als nur der Glaube, um den es geht, meine liebe Frau Sands. Es wird das finale Armageddon vorbereitet. Die endzeitliche Entscheidungsschlacht nach der Offenbarung des Johannes. Das jüngste Gericht.«

»Euer Exzellenz. Sie wollen mir hoffentlich keine Angst machen?«

»Das Wort Harmagedon kommt nur ein einziges Mal in der Bibel vor. In der Offenbarung 16,16. *Es wird keine*

Schlacht sein, die nur im Nahen Osten ausgetragen wird, sondern sie wird die ganze Erde betreffen. So steht es bei Jeremia 25,32. Und in Lukas 21,24 geht es weiter. *Und Jesus sagte uns, dass Jerusalem – als Symbol für Gottes Herrschaft – von den Nationen zertreten wird, bis die bestimmten Zeiten der Nationen erfüllt sind.* Die *bestimmten Zeiten der Nationen* sind nichts anderes als die *sieben Zeiten* aus Daniel 4.«

»Ein Krieg der Welten, der in Jerusalem seinen Anfang nimmt? Wird es so sein?«

»Das Armageddon wird allen von Menschen gebildeten Regierungen ein Ende machen. Ja, es wird der dritte und zugleich der letzte Weltkrieg sein.«

»Das ist nahe dran an Verschwörungstheorien. Und ist es nicht so, dass Sie von Ihren Kritikern damit gerne in Verbindung gebracht werden?«

Der Erzbischof senkte den Kopf. »Verschwörung? Das ist das Totschlagargument schlechthin. Selbst das Wissen und die Wissenschaft sind nur Annahmen. Wenn sich neue Fakten ergeben, so wird die gültige Lehrmeinung sehr flexibel angepasst. Verschwörungen haben eine lange Tradition. Es war Gaius Julius, der sich nach seiner Rückkehr aus Ägypten im Jahre 46 vor Christus zum Diktator ernennen ließ. Als sich jedoch herausstellte, dass er die Republik in die Tyrannei führen würde, planten 80 Senatoren seine Ermordung. Und mit 23 Messerstichen wurde Julius Caesar am 15. März 44 vor Christus getötet. 60 Senatoren und 60 Mörder. Caesars Frau hatte vorher Albträume gehabt und der Augur Spurinna warnte den Diktator noch mit den Worten *Cave idus Martias.* Hüte dich vor den Iden des März. Doch es war dem Herrscher unmöglich der Senatssitzung fernzubleiben, da zur Monatsmitte die Wahl der Consuln stattfand. Interessant ist, dass die Verschwörung und das Komplott trotz der erheblichen Anzahl von Mitwissern in Gänze geheim gehalten wurden. Aber die Verschwörer hatten sich getäuscht. Sie wurden nicht als Befreier der Republik gefeiert. Das Volk hasste sie und verehrte den Getöteten Caesar. So kann es den Verschwörern gehen. Immer wenn es darum geht, den Herrschenden das Leben schwer zu machen oder der Wahrheit mehr Geltung zu verschaffen, heißt es sofort, es sei eine Verschwörung im Gange. Doch diejenigen, die auf eine Konspiration hinweisen, sind meistens nicht die Verschwörer. Im Gegenteil. Der beste Beweis für eine wirkungsvolle Verschwörung ist die Tatsache, dass eben nichts darüber bekannt ist.«

»Wahrheit, Verschwörung, Veritas. Ihr neuester Appell an die Menschheit hat hohe Wellen geschlagen.«

Er nickte. »Sie würden es vielleicht einen Wake-up Call nennen. Ich hingegen kann nicht anders, als auf die Missstände hinzuweisen und zu warnen vor dem, was sich ankündigt.«

»Die Weltregierung? Sie beschreiben die Gefahren recht deutlich in Ihrem Appell.«

»Si. Es ist von langer Hand vorbereitet. Das Virus haben die Drahtzieher als künstlich geschaffene Plage über den Planeten gescheucht.«

»Das deckt sich mit unseren Recherchen. Für Sie sind es die Geheimen Drahtzieher oder die Illuminaten, bei uns nennen sie sich die ONE-C.«

Der Italiener nickte. »Nomen est Omen. Sie haben sich der unterschiedlichsten Namen bedient. ONE-C kursiert bereits sehr lange, doch niemand wagt, die Bezeichnung auszusprechen. Dabei steckt so viel darin, was uns die Hintergründe vermittelt. ONE ist die eins. Und es sind drei Buchstaben. Eins und drei. Der Buchstabe C ist der dritte im Alphabet. Eins und drei. Die heilige Dreieinigkeit. Das Eine im Dreieck. Wenn Sie die Buchstaben in eine andere Reihenfolge bringen, können Sie sowohl eine neue *Drei* schaffen, das NEO-C, oder das einmalige ONCE. Oder einen CONE, den Kegel. Viele Wege führen nach Rom.«

»Wir sind auf der richtigen Spur. Immer geht es um eine Spitze und den Unterbau. Dreieck, Pyramide, Kegel. Die Organisation der Illuminaten - und auch der ONE-C - ist durchgängig so aufgebaut, dass derjenige an der Spitze zwei Reports, also zwei Untergebene, besitzt. Ein Dreieck. Die Plage, die Seuche, wurde aus drei Stämmen gebildet und nahm auf drei Kontinenten ihren Anfang. Und bereits viel früher als allgemein angenommen. Wir gehen davon aus, dass auch Italien schon im vergangenen Herbst betroffen war - ohne es als solches wahrzunehmen.«

»Sie wollen doch nicht etwa Eulen nach Athen tragen? Oder Romulus und Remus nach Rom? Die Provinz Varese gehört zur Lombardei, meine Liebste. Hier brach die Hölle des Virus sozusagen als Erstes los. In dieser Region gab es bereits im vergangenen Herbst Tausende unerklärlicher Lungenentzündungen. Darf ich Sie fragen, ob Ihnen der italienische Professor Giuseppe Remuzzi etwas sagt?«

Rosanna neigte langsam ihren Kopf von einer auf die andere Seite und presste die Lippen aufeinander. Ihr Blick fiel auf Aldo, der es sich in einem Schaukelstuhl am Ende der Terrasse im Halbschatten gemütlich gemacht hatte und ein Nickerchen hielt. »Remuzzi? Keine Ahnung.«

»Remuzzi sprach als Erster von den *strange pneunomias*, die bereits im November in Norditalien gewütet hatten. Giuseppe ist Direktor am pharmakologischen Mario Negri Institut. Er hatte Patienten in Scanzorosciate, Fara Gera D'Adda und Crema mit ähnlichen Symptomen untersucht. Die örtlichen Ärzte schlossen übrigens eine normale Influenza aus, weil all diese Erkrankten dagegen erst kürzlich geimpft worden waren. Und einen COVID-19 Test gab es im November noch nicht.«

»Halt, Exzellenz. Sie erwähnten, dass die Infizierten gegen die Grippe geimpft waren. Das ist interessant. Es gibt eine Theorie, dass die Substanzen der Influenza Impfstoffe eine Art Pre-seeding für das SARS-CoV2 sind.«

Der Erzbischof nickte. »Ich bin kein Virologe. Doch was man mir in diesem Zusammenhang zugetragen hatte, ist die Möglichkeit, dass die Impfstoffe selbst der Träger des neuen Virus waren. Nur ein kleiner Teil. Aber der hätte ausgereicht für eine wirkungsvolle Erstverbreitung.«

Sie runzelte die Stirn und kniff die Augen zusammen. »Ahh, daran hatte offensichtlich noch niemand gedacht. Es wäre besonders perfide.«

»Wie gesagt. Ich bin nur ein Laie und kann nur wiedergeben, was man mir erzählte. Es sei wohl so, dass zweimal im Jahr festgelegt wird, gegen welche der vier Grippe-Virenstämme der saisonale Impfstoff helfen soll. Die Saatviren werden in Hühnereiern angezüchtet. Für jede Impfstoffdosis wird ein Hühnerei benötigt. Nun raten Sie mal, wer festlegt, wie der jeweilige Impfstoff aussehen muss? Ich spanne Sie nicht auf die Folter. Es ist die Weltgesundheitsorganisation. Die WHO. Sie geben den Ratschlag, ob gegen Influenza *A* oder Influenza *B* geimpft werden soll. Oder *C* oder *D*. Der letztgenannte kommt eigentlich nie zum Tragen, da vom Influenza *D* Virus nur Vieh befallen wird. Damit bin ich am Ende meiner Virus Expertise. Ich weiß nicht, ob Ihnen das in irgendeiner Art und Weise helfen kann.«

»Hm ... damit sind es also drei Grippe-Viren. Es gibt hier zu viele Variablen, die sich merkwürdigerweise ähneln. Die WHO legt die Impfstoffe fest. Wenn sich jetzt noch herausstellen sollte, dass einige der Vakzine über verschlungene Pfade mit SARS-CoV-2 infiltriert wurden, dann würde sich ein diabolischer Kreis schließen. Ich danke Ihnen für den Hinweis, Herr Bischof. Wer hat Ihnen das denn zu-gezwitschert?«

Mehr als ein vielsagendes Lächeln konnte sie nicht aus ihm herauslocken. Er deutete ihr an, noch etwas vom Buffet zu nehmen und schenkte ihr den Wein nach. »Sie sind ein wacher Geist. Saluti, Sie gefallen mir, Rosanna.«

»Cheers. Sie müssen entschuldigen. Ich wollte nicht mit Ihnen über Theorien zum SARS-CoV-2 Virus fachsimpeln. Mich interessieren Ihre Ansichten zur Weltregierung, und ob tatsächlich ein Weltkrieg bevorstehen könnte. Falls ja, brennt mir die Frage unter den Nägeln, wie wir das verhindern können. Darf ich zurückkommen zu meinen Eingangsfragen? Sie haben sich mit dem amtierenden Papst überworfen und zählen zu seinen schärfsten Kritikern. Aus Angst vor Vergeltung halten Sie sich nur noch im Verborgenen auf. Wie hier am Lago Maggiore. Was steckt wirklich dahinter, Euer Exzellenz?«

»Eine Weltregierung. Si. Eine Weltreligion. Das ist der geheime Plan. Es gibt sogar manche, die behaupten, dass es innerhalb der Vereinten Nationen, der UNO, eine gut versteckte Unterorganisation mit der Bezeichnung URO gibt. Die United Religious Organisation. Sie sei seit Jahrzehnten mit dem Credo beschäftigt, dass sich die religiösen Bekenntnisse homogenisieren müssen.«

»Oops. Was genau verstehen Sie darunter?«

Der Erzbischof lehnte sich an den Eichentisch. Er schwieg für einen Augenblick. Dann sprach er weihevoll.

»The House of One.«

»ONE«, wiederholte Rosanna und dachte sich das C im Stillen hinzu.

»Das Projekt soll in Berlin realisiert werden. Ein Haus für die drei Religionen. Drei.«

Fasziniert hörte sie dem Geistlichen zu.

»Die Idee ist eine sehr alte. Vielleicht erinnern Sie sich an die Rosenkreuzer, die im 17. Jahrhundert eine allgemeine Generalkirche schaffen wollten und ein Weltkonsistorium abhalten wollten. In einem einzigen Tempel sollten die drei monotheistischen Weltreligionen zusammenfließen. Das Christentum mit der Kirche Roms, die Mosaische Kirche Jerusalems und die mohammedanische Kirche von Medina.«

Er gab dem schlanken Mann, der an der Terrassentür lehnte, einen Fingerzeig und rollte seinen Finger mehrmals. Der Mann verstand. Er verschwand im Haus und legte eine Musik-CD in den Player aus den 80er Jahren. Die Außenlautsprecher sorgten für eine dezente Untermalung und die Trompetenklänge von Herb Albert ertönten im Hintergrund. *Jerusalem.*

»Der amtierende Papst hatte die Vision eines gemeinsamen Hauses für die *abrahamitischen Religionen* wieder aufgegriffen und unterzeichnete schließlich einen Absichtsbrief im Februar 2019 in Abu Dhabi.«

Sie fasste nach. »Die abrahamitischen Religionen?«

»Si. Wie schon erwähnt. Die drei monotheistischen Weltreligionen, das Christentum, das Judentum und der Islam, berufen sich allesamt auf Abraham als gemeinsamen Anfang ihrer Religion. Das ist der gemeinsame Nenner für die drei Weltreligionen.«

»Ein gemeinsames Haus für drei Glaubensrichtungen. Das klingt verdächtig nach einem Grundmotiv à la ONE-C. Was geschah nach der Unterschrift in Abu Dhabi?«

»Sie finden das Dokument über *Die Brüderlichkeit aller Menschen* auf der Seite des Vatikans *w2.vatican.va*, doch meine Meinung dazu ist mehr als gespalten. Was nach einer nachhaltigen Initiative des friedfertigen Miteinanders aussieht, ist prinzipiell die Aufgabe unseres Glaubens. Wie kann die Erklärung von dem *einen* Gott sprechen? Nach unserem Glauben ist der Gott der Christen zwar in seiner Natur *eins*, doch in Form von *drei* Personen. Dem Vater, dem Sohn und dem Heiligen Geist.«

Rosanna machte ein skeptisches Gesicht. Die Aussagen verwirrten sie zunehmend, dennoch passten die Mosaiksteine überraschend gut ineinander. Eins, drei. Die Heilige Dreieinigkeit. War es am Ende genau das, was sich hinter der ONE-C verbarg? Ausgeschlossen. Völlig ausgeschlossen. Die ONE-C war der Gegner. Das Böse.

Der Geistliche war nun in seinem Element. »Vor einem Jahr, im April 2019, warf sich der Papst in Rom sogar drei politischen Ministern aus dem Sudan vor die Füße. Drei Tage später brannte die Kathedrale von Notre Dame in Paris am 15. April. Und im November 2019 empfing der Papst den Großimam Al-Tayyeb. Es ging um nichts Geringeres als das Großprojekt *Abrahamic Family House*.«

Sie nickte. »Das Haus der Familie Abrahams für die drei monotheistischen Weltreligionen.«

»Es ist die Erfüllung eines Plans, der von geheimen Sekten seit mehr als zwei Jahrhunderten konzipiert wurde. Es ist ein Schritt der Desillusion und der Auflösung der althergebrachten religiösen Überzeugungen. Dann folgen die nächsten Phasen in schneller Taktung. Sie kennen die Ziele der Illuminaten? Die sieben Grundregeln? Die fünfte setzt sich die Abschaffung aller Religionen zum Ziel. Und das siebte und finale Gebot betrifft die Errichtung einer Weltregierung.«

»Sie meinen also, dass ein mögliches Zusammengehen von Christentum, dem Judentum und dem Islam den Frieden eher gefährdet als ihn sichert? Wieso soll denn das Armageddon und der Dritte Weltkrieg näher sein als je zuvor?«

»Meine Liebe. Warten Sie. Es ist komplex. Der Dritte Weltkrieg wird losbrechen als die finale Schlacht zwischen den Arabern und den Zionisten. So steht es geschrieben in den Briefen von Albert Pike von 1871. Eine kriegerische Auseinandersetzung zwischen den monotheistischen Religionen. Da hilft auch die beste Absicht zuvor nicht, im Gegenteil. Vielleicht entfacht sie selbst den Krieg oder befeuert die Heftigkeit der Kluften. Der finale Krieg bricht aus, wenn die Welt am wenigsten damit rechnet. Vom Virus zermürbt. Den nationalen Charakter der Staaten neu entdeckt. Die Angst vor einer nächsten Welle des Virus wird systematisch weiter geschürt. So fängt es an.«

Sie schnappte sich ein Stück vom Parmaschinken und nahm noch einen Schluck vom Rotwein. »Verstanden. Und dahinter stehen Ihrer Meinung nach die Illuminaten, wo auch immer sie sich versteckt halten.«

»Schauen Sie, Signora. Dort hinten liegt die Isola Bella. Wunderschön, der Traum von einer Insel. Wir sehen nur, was über der Wasseroberfläche liegt. Die Welt darunter ist uns verborgen. Doch niemand wird anzweifeln, dass es sie gibt. Nennen Sie sie, wie Sie wollen. Es gab sie vom Beginn der Zeit an. Und im eigentlichen Sinne schon davor. Ihr Geist und ihr Wesen werden immer wieder auftauchen. Es ist fest verwoben mit der Welt, wie wir sie kennen. Gut, dass es auch einige gibt, die mit denselben Fähigkeiten ausgestattet sind – vielleicht sogar talentierter sind – und sich *nicht* mit dem Geistesgut der ONE-C identifizieren können. Wie Sie hören, habe ich Ihre Bezeichnung für die Geheimen Drahtzieher übernommen.« Er schmunzelte.

»Exzellenz, erlauben Sie mir die folgende Frage. Ich kann mir sehr gut vorstellen, dass es zu jeder Zeit verlockend gewesen sein muss, den Theorien über Verschwörungen, Illuminaten und allen anderen verrückten Geheimbünden Gehör zu schenken und davor zu warnen, dass in allernächster Zukunft der Umsturz der Welt bevorsteht. In den meisten Fällen ist nie etwas passiert. Die Welt ist weder nach dem Maya-Kalender untergegangen noch folgte fatalistischen Weissagungen ein wirklicher Krieg. Kurzum, es kam nie so schlimm wie befürchtet. Warum sollte es dieses Mal anders sein? Ein neues Virus geht um die Welt. Das wird sich wieder beruhigen. Schon bald sind wir wieder im Normalzustand, selbst Italien wird im Juni die Grenzen wieder öffnen.«

»Meinen Sie? Glauben Sie wirklich an das, was Sie gerade sagten? Spüren Sie nicht auch, dass es dieses Mal völlig anders ist? Haben Sie es je erlebt, dass Familien für Monate zu Hause in Quarantäne eingesperrt waren?«

»Es war wie ein globaler Reset. Eine Vollbremsung. Könnte nicht doch noch Hoffnung bestehen ...«, sie zögerte und war selbst über ihre Wortwahl überrascht. »Könnte nicht doch noch die Möglichkeit bestehen, dass wir die ONE-C überschätzen und nichts von den endzeitlichen Szenarien Realität wird? Die Zeitungen sind voll von Berichten über die zahlreichen Verschwörungstheorien. Das gab es so noch nie. Jede verquere Ansicht wird zerrissen und Menschen, die an abenteuerliche Theorien glauben, werden ins Abseits gestellt.«

»Das ist ein weiteres Indiz. Es ist der letzte Versuch der Regierungen, die Menschen im Zaum zu halten. Die drohenden Anschläge und den Weltkrieg als Hirngespinste Einzelner darzustellen und die Personen, die sich damit beschäftigen, zu diskreditieren. Ich muss Sie beunruhigen, meine Liebe. Das Drehbuch wurde vor langer Zeit geschrieben. Die Klappe ist gefallen. Die Domino-Steine werden umstürzen. Einer nach dem anderen. Bitten wir die heilige Jungfrau und Gottesmutter Maria. *Ora pro nobis.* Bete für uns. Es ist an der Zeit für die dritte Botschaft, das dritte Geheimnis.«

Sie musterte ihn mit einem scharfen Blick. Was meinte er mit dem dritten Geheimnis? Wie ein roter Faden zog sich die Kombination der Zahlen *eins* und *drei* durch ihre Unterhaltung. Ging es um die *Triangular Files*, schoss es ihr durch den Kopf. *Es hing alles miteinander zusammen.* »Das dritte Geheimnis? Euer Exzellenz, darf ich Sie fragen, was ich darunter verstehen muss?«

Er räusperte sich und blickte zu den Bergen, in den endlos erscheinenden Himmel. »Am 13. Mai 1917 waren in Portugal drei kleine Hirtenkinder im Alter zwischen sieben und zehn Jahren mit ihrer Schafherde unterwegs. Francisco und Jacinta Marto und ihre Cousine Lúcia dos Santos. Über einer Baumkrone war ihnen eine helle Lichtgestalt erschienen. Strahlender als die Sonne. Die Jungfrau Maria.

Die Gottesmutter hatte den Kindern aufgetragen, am 13. Tag eines jeden nächsten Monats wieder an dieselbe Stelle zu kommen. Die Kinder hatten Stillschweigen über ihre Erscheinung vereinbart, doch Jacinta erzählte es anderen. So fanden sich schon am 13. Juni einige Neugierige am Ort ein und es wurden von Monat zu Monat mehr. Am 13. Oktober schließlich waren Zehntausende gekommen und wohnten einem unerklärlichen Wunder bei. Man spricht von 70.000, die sich an der Stelle der Marienerscheinung um einen Platz drängten. Es regnete in Strömen, bis plötzlich die Wolkendecke aufriss und die Sonne zu zittern begann. Sie schwankte nach rechts und nach links, bis sie sich wie ein überdimensionales Feuerrad, um sich selbst zu drehen begann, und schließlich zum Stillstand kam. Dann ging das Wunder von vorne los. Dreimal geschah es und das Spektakel dauerte insgesamt zwölf Minuten lang. Danach war Schluss. Nach sechs Erscheinungen zwischen dem 13. Mai und dem 13. Oktober gab es nie wieder eine Marienerscheinung an diesem Ort.«

»Fatima«, hauchte Rosanna. »Das Sonnenwunder von Fatima. Es wurde im Umkreis bis in eine Entfernung von 40 Kilometern beobachtet. Es heißt, dass rote, grüne und blaue Farbkaskaden aus dem Gestirn herausgeschossen seien. Ein Wunder.«

»Die Kirche entscheidet, was echte Erscheinungen sind und was ein Wunder ist. Seit 1870 gibt es im Vatikan eine festgeschriebene Definition, dass Wunder im Widerspruch zu den Naturgesetzen stehen. Si, Fatima war ein echtes Wunder. Am 13. Mai 1930, 13 Jahre später, wurden die Erscheinungen vom Bischof von Leiria für glaubwürdig erklärt. Und am 13. Mai 2017, also 100 Jahre nach ihrer ersten Marienerscheinung, wurden die Hirtenkinder heiliggesprochen.« Er nahm einen Schluck vom Wasser. »Die Geschehnisse von 1917 sind gut verbrieft. Die Gottesmutter hatte gemeinsam mit den Hirtenkindern gebetet und ihnen aufgetragen, am 13. Tag des nächsten Monats wiederzukommen. Beim dritten Mal … hören Sie? Es waren drei Kinder und beim dritten Mal, als sie an dem heiligen Ort waren und wiederum eine Erscheinung der Gottesmutter erlebten, wurden den Kindern drei Geheimnisse mitgeteilt. Die drei Prophezeiungen sind bekannt als die drei Geheimnisse von Fatima. Auch hatte die Jungfrau Maria vorausgesagt, dass zwei der Kinder einen frühen Tod erleiden und das dritte Kind sich eines langen Lebens erfreuen würde. Es trat so ein; Francisco und seine kleine Schwester Jacinta starben zwei Jahre später an der Spanischen Grippe, während Lúcia dos Santos 97 Jahre alt wurde. Über die drei Geheimnisse sollten die Kinder Stillschweigen bewahren. Für lange Zeit. Erst 1941 schrieb Lúcia den Inhalt der ersten und der zweiten Weissagung auf. Das erste Geheimnis betraf einen weiteren Krieg nach dem Ende des Ersten Weltkriegs und die Beschreibungen enthielten schreckliche, apokalyptische Visionen. Während die ersten beiden Botschaften sofort veröffentlicht wurden, verhielt es sich mit Nummer Drei völlig anders. Im Jahre 1944 verfasste Lúcia einen Brief über das dritte Geheimnis. Sie versiegelte das Schreiben und ließ es dem Papst übergeben. Vor dem Jahre 1960 sollte niemand die Botschaft lesen.«

»Okay«, kommentierte sie. »Dann wissen wir also nach Adam Riese schon seit 60 Jahren, was darin stand, richtig?«

»Mitnichten. Johannes XXIII. verkündete am 8. Februar 1960 in einer Presseerklärung, dass die Kirche nicht die Verantwortung übernehmen wolle, die Wahrhaftigkeit der Worte zu garantieren, von denen die Hirtenkinder sagen, dass die Gottesmutter sie an sie gerichtet habe. Damit begann eine beispiellose Vertuschungsaktion und bis heute ist der komplette Wortlaut des dritten Geheimnisses noch immer nicht veröffentlicht worden.«

»Aha. Die Kirche hat sich von der Botschaft distanziert?«

»Mehr als das. Indirekt machte sie damit die Heilige Jungfrau mundtot.«

»Was wird in der dritten Botschaft verkündet? Es ist doch sicherlich seitdem etwas durchgedrungen.«

Der Erzbischof schmunzelte.

»Si, si. Es gab seitdem immer wieder Andeutungen, Interpretationen, Stellungnahmen. Und es sind Auszüge veröffentlicht worden. Unter der Überschrift *Die Botschaft von Fatima* finden Sie auf der Webseite des Vatikans *vatican.va* sämtliche Dokumente. Jedenfalls diejenigen, die den Weg in die Öffentlichkeit fanden. Im Jahr 2000 gab Papst Johannes Paul II. das grüne Licht. Seitdem wissen wir zumindest so viel, dass in der Prophezeiung von einem weißen Bischof die Rede ist, der von Kugeln getroffen wird und zusammenbricht.«

»Mein Gott, der Papst?«

»Si, possibile. Aber nicht so, wie es oftmals interpretiert wurde. Es stimmte zwar, dass am Jahrestag der Erscheinungen, am 13. Mai im Jahre 1981 ein Attentat auf Johannes Paul verübt worden war, doch der Attentäter Ali Agca berief sich selbst auf die Erscheinungen von Fatima. Insofern ist das Datum seiner Tat naheliegend. No, Signora. Es steckt weitaus mehr dahinter als ein verrückter Fanatiker und türkischer Rechtsextremist aus den 80er Jahren. Der ganze Satz vermittelte auch, dass *ein in Weiß gekleideter Bischof halb zitternd und mit wankendem Schritt durch eine große Stadt, die halb zerstört war, ging und schließlich von einer Gruppe von Soldaten getötet wurde, die mit Feuerwaffen und Pfeilen auf ihn schossen. Genauso starben nach und nach die Bischöfe, die Priester, die Ordensleute und weltliche Männer und Frauen unterschiedlicher Klassen und Positionen.* Die Prophezeiung beschreibt einen großen Krieg. Das Armageddon.«

»Findet man den vollständigen Text des Briefes oder zumindest die öffentlichen Fragmente davon?«

Der Erzbischof verschwand in der Villa und kam mit einer dunkelbraunen Ledermappe unter dem Arm zurück. Sorgfältig zog er vier Blätter heraus, die in Klarsichthüllen steckten. »Hier, sehen Sie. Dort steht es schwarz auf weiß.« Offensichtlich handelte es sich um Kopien. Ihre Augen flogen über die Zeilen. Manche Sätze las sie mehrmals.

J.M.J.

Der dritte Teil des Geheimnisses, das am 13. Juli 1917 in der Cova da Iria, Fatima, offenbart wurde.

Ich schreibe aus Gehorsam gegenüber Euch, meinem Gott, der es mir aufträgt, durch Seine Exzellenz den Hochwürdigsten Herrn Bischof von Leiria, und durch Eure und meine allerheiligste Mutter.

Nach den zwei Teilen, die ich schon dargestellt habe, haben wir links von Unserer Lieben Frau etwas oberhalb einen Engel gesehen, der ein Feuerschwert in der linken Hand hielt; es sprühte Funken, und Flammen gingen von ihm aus, als sollten sie die Welt anzünden; doch die Flammen verlöschten, als sie mit dem Glanz in Berührung kamen, den Unsere Liebe Frau von ihrer rechten Hand auf ihn ausströmte: den Engel, der mit der rechten Hand auf die Erde zeigte und mit lauter Stimme rief: Buße, Buße, Buße! Und wir sahen in einem ungeheuren Licht, das Gott ist, "etwas, das aussieht wie Personen in einem Spiegel, wenn sie davor vorübergehen" einen in Weiß gekleideten Bischof "wir hatten die Ahnung, dass es der Heilige Vater war". Verschiedene andere Bischöfe, Priester, Ordensmänner und Ordensfrauen einen steilen Berg hinaufsteigen, auf dessen Gipfel sich ein großes Kreuz befand aus rohen Stämmen wie aus Korkeiche mit Rinde. Bevor er dort ankam, ging der Heilige Vater durch eine große Stadt, die halb zerstört war, und halb zitternd mit wankendem Schritt, von Schmerz und Sorge gedrückt, betete er für

die Seelen der Leichen, denen er auf seinem Weg begegnete. Am Berg angekommen, kniete er zu Füßen des großen Kreuzes nieder. Da wurde er von einer Gruppe von Soldaten getötet, die mit Feuerwaffen und Pfeilen auf ihn schossen. Genauso starben nach und nach die Bischöfe, Priester, Ordensleute und verschiedene weltliche Personen, Männer und Frauen unterschiedlicher Klassen und Positionen. Unter den beiden Armen des Kreuzes waren zwei Engel, ein jeder hatte eine Gießkanne aus Kristall in der Hand. Darin sammelten sie das Blut der Märtyrer auf und tränkten damit die Seelen, die sich Gott näherten.
Tuy-3-1-1944

»Es ist beunruhigend, nicht wahr?« Der Bischof nahm die Ausdrucke wieder an sich und verstaute sie in der Dokumentenmappe. »Es gab seitdem unzählige Versuche, die Deutungshoheit der Botschaft an sich zu reißen. So hieß es, dass der Engel mit dem Flammenschwert an ähnliche Bilder aus der Geheimen Offenbarung erinnere. Der Appell *Penitenza, penitenza, penitenza* könnte sich auf den Beginn des Evangeliums beziehen, wo es bei Markus 1,15 heißt *Tut Buße und glaubt an das Evangelium.* Mit drei Symbolen wird sodann der Ort des Geschehens anschaulich dargestellt. Ein steiler Berg, eine große Stadt - die halb in Schutt und Asche liegt - und ein gigantisches Kreuz aus unbehauenen Teilstücken. Ich sage Ihnen, die Erscheinungen der drei Hirtenkinder waren göttliche Botschaften. Ihre fast schon an Ekstase grenzenden Visionen vom 13. Juni 1917 begründeten das dritte Geheimnis von Fatima, welches den Dritten Weltkrieg und die Apostasie in der Kirche betrifft.«

Der Erzbischof nickte dreimal.

Sie schluckte. »Ein Berg, eine Stadt in Trümmern und ein großes Kreuz? Die Apostasie in der Kirche. Apostasie? Ich kann Ihnen nicht ganz folgen. Das ist mir nicht geläufig ...«

»Die Apostasie bezeichnet in der Kirche die Abkehr vom Christentum. Sie ist eine vollständige und freiwillige Aufgabe des christlichen Glaubens. Eine *Apostasia a fide, ab ordine, a religione.*«

»Sie glauben jedes Wort der Hirtenkinder und insbesondere die Aufzeichnungen von Lúcia, nehme ich an.«

Der Bischof machte große Augen durch die runden Gläser seiner Nickelbrille. Rosanna ruderte augenblicklich zurück, was ihr jedoch nur zum Teil gelang.

»Ich möchte nichts davon in Frage stellen. Schon gar nicht sollen meine Fragen auch nur im Entferntesten nach einer Beleidigung klingen. Allerdings wurde ich so ausgebildet. Jede Option sollte in Betracht gezogen werden. Das *um-die-Ecke-Denken* ist bisweilen der kürzere Weg zu neuen Erkenntnissen. Einen Schritt zurückweichen - nicht um sich von der Sache zu entfernen - sondern um Anlauf zu nehmen und zum Sprung anzusetzen. Ich möchte nur in den Raum stellen, dass die Kinder vielleicht gut fabulieren konnten ...«

»Der Glauben steht über dem Wissen. Lúcia konnte im Jahre 1917 noch nicht lesen und schreiben. Die Kinder waren nur ein Medium; die Botschaften kamen von jemand anderem. Von der Gottesmutter. Es war Jesus, der in seiner Abschiedsrede zu seinen Jüngern von der Wahrheit sprach. *Noch vieles hätte ich euch zu sagen, aber ihr könnt es jetzt nicht ertragen. Wenn aber jener kommt, der Geist der Wahrheit, wird er euch in die ganze Wahrheit einführen.* Was wäre, wenn in Fatima bereits ein erster Teil der ganzen Wahrheit verkündet worden war?«

Rosanna machte einige Schritte. Sie blickte über den Lago Maggiore und tausend Gedanken schossen ihr durch den Kopf. Sie wollte vermeiden, sich zu sehr von den Themenkomplexen der katholischen Kirche vereinnahmen zu lassen. Doch die Zeichen der Zeit passten zusammen.

Wenn die ONE-C den illuminatischen sieben Zielen folgend beabsichtigte, den Dritten Weltkrieg zu inszenieren, so sollte die finale Schlacht ihren Anfang nehmen als Auseinandersetzung zwischen Arabern und Zionisten. Eine Annäherung der drei monotheistischen Weltreligionen wäre vielleicht ein perfekter Auftakt. Wenn der Krieg erst losbrechen würde, ginge es nicht mehr um die Religionen. Aus dem Chaos würde sich irgendwann die Neue Weltordnung herauskristallisieren und anschließend die überlebende Menschheit unterdrücken und versklaven. Die Beweggründe von Erzbischof Marino mochten sich unterscheiden von denen der Rebellen, doch es ging ihnen gemeinsam um nichts anderes, als den Krieg um jeden Preis zu verhindern.

»Sie haben völlig recht. Die Hirtenkinder waren nur die Überbringer. Der Inhalt der Botschaft ist unzweifelhaft. Wo und wann werden die Geheimen Drahtzieher zuschlagen? Die globale Führung der ONE-C hat sich sicherlich bereits in Position gebracht, doch keiner von ihnen wird sich zeigen, bevor die Schlacht losgeht. Möglicherweise erst dann, wenn das weltweite Chaos am Kulminationspunkt angelangt ist. Die vorrangigen Fragen lauten *wer, wo und wann*?«

Er schüttelte den Kopf. »Das *Wann* ist beantwortet, denn die Feinde haben die Schlacht bereits begonnen. Das Virus ist eine der ersten Waffen und die Welt steht ohne echte Gegenwehr da. Es wird nicht vorüber sein, wenn die Zahl der Infektionen wieder gen Nullpunkt geht. Die nächste Welle ist schon in Vorbereitung und sie kommt schneller als die Heilmittel. Es sind die neuzeitlichen sieben Plagen. Viren, Krankheiten und Existenznöte. Das alles sind jedoch nur die Vorboten des Krieges. Sobald die ersten Bomben fallen und Soldaten aufeinander schießen, wissen wir das die finale Schlacht beginnt.«

»Nationen kämpfen nicht grundlos gegeneinander.«

»Si. Es wird eine den Angriff auslösende Provokation geben, eine massive Attacke auf die Grundwerte eines anderen Volkes. Und es werden traurigerweise unzählige Leben ausgelöscht werden.«

»Sagt Ihnen Ihre Intuition etwas über das *Wo*?«

Er strich sich mit seinen Fingern über die Stirn. »Ich beobachte den Weg des Virus. Es scheint überall zu sein. Falls es der Vorbereitung dient, kann der Terrorangriff quasi überall erfolgen. Wenn es jedoch der endgültige Krieg zwischen dem Islam und den Zionisten sein soll, so kann sich der Ort der Auseinandersetzungen nur im Nahen Osten befinden. Die Region ist dafür prädestiniert.«

Aus der Richtung des Schaukelstuhls war ein tiefes Brummen zu hören. Aldo meldete sich wieder zu Wort.

»Der Logik folgend könnte der Nukleus tatsächlich im Nahen Osten liegen. Zwischen Israel, Ägypten und der Arabischen Halbinsel. Einer unserer *Wise Guys* vermutet Wellenformationen, die darauf hindeuten. Es könnte mit einer zeitweisen, lokal begrenzten Magnetfeldanomalie, einer sogenannten Polumkehr, zusammentreffen. Wie ihr vielleicht wisst, schwächt sich das Magnetfeld der Erde derzeit ab. Ohne ein schützendes Magnetfeld – selbst wenn es in einer eng umgrenzten Region nur für wenige Monate verschwindet, umkippt, und dann wieder zurückkehrt - wäre der Nahen Osten ungeschützt. Satelliten, Strom- und Kommunikationsnetze wären gefährdet und eine höhere Strahlenbelastung bedroht die Menschen dort. Seit 1840 hat sich unser Erdmagnetfeld um ein Sechstel abgeschwächt und in jeder Woche wandert der magnetische Nordpol um einen Kilometer aus Kanada in Richtung Russland. Die letzte große Umkehr liegt 41.000 Jahre zurück. Damals führte die Laschamp-Exkursion zu einem rund 500 Jahre andauerten Wechsel der Polung. Das zwischenzeitlich umgekehrte Magnetfeld war deutlich schwächer und erreichte nur ein Viertel der normalen Stärke. Dadurch gelangte eine viel größere kosmische Strahlung auf die Erde. Und es könnte bald wieder soweit sein. Fragt Kapitäne, die auf den Meeren vor Südafrika unterwegs sind. Dort wackeln die Kompassnadeln schon heute hin und her. Wie gesagt, der Zipfel im Nordosten des afrikanischen Kontinents könnte schon bald von derartigen Anomalien betroffen sein. Das würde zu einer großen Magnetfeldschwäche in der Region führen und ein Anschlag erscheint dann mehr als wahrscheinlich.«

»Okay, vermerkt. Darauf werden wir uns konzentrieren. Wenn Sie mir bei Gelegenheit noch die exakten Koordinaten und GPS-Daten schicken könnten, Aldo ...«

Er lächelte. »Und behalten Sie Jerusalem im Auge.«

Das war das Stichwort für den schlanken Italiener, der unauffällig an der Terrassentür wartete und sich um das Wohl der Gäste kümmerte. Er startete erneut den passenden Track auf dem Herb Albert Album. *Jerusalem*. Während Aldo immer redseliger wurde, schwieg der Erzbischof. Er ahnte, worauf sein Glaubensgenosse hinauswollte.

»Jerusalem ist das Zentrum für das Christentum, das Judentum und für den Islam. Für alle drei Weltreligionen, die an den einen Gott glauben. Auf dem Tempelberg wurde einst Abraham, der gemeinsame Urvater der Juden, Christen und Muslime, auf die Probe gestellt und sollte seinen Sohn opfern. Im Islam heißt es in der Überlieferung, dass Mohammed auf dem Tempelberg mit Moses, Abraham und Jesus gebetet haben soll. Der Tempelberg. Wie auch der Berg Zion. Die Propheten sagten voraus, dass die Rettung der Menschheit vom Berg Zion kommen würde. Es passt alles zusammen. Wie hieß es in der dritten Botschaft von Fatima? Die drei Symbole für den Ort seien ein steiler Berg, eine große Stadt in Trümmern und ein großes Kreuz oben auf dem Berg. Jerusalem wird eine tragende Rolle in den Szenarien zukommen.«

Sie blickte zum Erzbischof, der gedankenversunken nickte. Sie hatte alle Informationen bekommen, auf die sie gehofft hatte. Dennoch waren die Zusammenhänge noch viel zu vage, als dass sich daraus ein Plan ableiten ließe. Ein Plätschern aus der Richtung des Außenpools riss sie aus ihren Gedankenspielen. Die Dame des Hauses hatte die Schwalldusche angestellt. Rosanna beobachtete die grazilen Bewegungen der nackten Schönheit. Das hauchdünne schwarze Negligé bedeckte nur wenige Stellen ihres Körpers. Sie ließ das verführerische Gewand vom Körper gleiten und schlüpfte aus den High Heels. Elegant glitt sie ins Wasser und zog ihre Bahnen durch den Pool.

»Wohin geht es als Nächstes«, erkundigte sich Aldo und holte Rosanna aus den Gedanken in die Gegenwart zurück.

Sie fasste in die Innentasche des Blousons nach ihrem *Communicator*, dem *ComX*. Ein schneller Blick auf das Display verriet ihr die Agendapunkte. »Wenn möglich, müsste ich auf die andere Seite des Seeufers. In die Schweiz. Zwei Zieladressen stehen auf meiner Liste. Das *Berner Institut für Virologie* und die eines Mannes, der im vergangenen September in Wuhan war. Haben Sie einen Tipp für mich, wie ich am besten über die Grenze komme? Noch sind die Schlagbäume zu den Eidgenossen nach unten geklappt, oder?«

Der Erzbischof lächelte. »Es war mir eine Freude, Sie kennenzulernen. Ganz außerordentlich. Es gibt nur wenige, denen ich zutraue, die Situation und die Menschheit zu retten. Sie und Ihre Rebellen gehören dazu. Wenn ich im Gegenzug meinen bescheidenen Teil dazu beitragen kann, sehr gerne. Mein Fahrer wird Sie im Lexus zu einem kleinen Hafen in einer versteckten Bucht bringen. In einer zurückliegenden Berghöhle befindet sich ein Daycruiser mit einem Elektromotor. Bei Dunkelheit gleitet das Boot fast geräuschlos über den See hinüber ins Tessin.

Wenn Sie es sich zutrauen, könnte ich Ihnen eine Moto Guzzi zur Verfügung stellen.«

Sie lachte erfreut. »Im Ernst? Das wäre fantastisch. Welches Modell ist es, Euer Exzellenz?«

»Tun Sie mir den Gefallen und nennen mich bei meinem Namen. Marco.«

Sie warf ihm ein Augenzwinkern zu. »Marco, sehr erfreut. Ich bin schon lange nicht mehr Motorrad gefahren und noch nie auf einem italienischen Modell aus Genua.«

»Es ist eine Griso 8V aus dem Modelljahr 2010. Die Spezial-Edition mit dem roten Mattlack und der schwarzen Sitzbank. Es zählt zu der Bauart *Naked Bike*.«

Rosanna schmunzelte. Das Motiv der Nacktheit schien sie an diesem Tag zu verfolgen. »Wunderbar. Mit welcher Spitzengeschwindigkeit kann ich fahren?«

»Maximal 230 Kilometer pro Stunde. Das sollten Sie in der Schweiz aber nicht ausreizen. Die Strafen sind dort eklatant hoch. Mein Fahrer wird Ihnen alles erklären. Wo Sie die Maschine finden und was darüber hinaus zu beachten ist. Er wird Ihnen auch eine vollständige Kluft besorgen. Schwarzes Leder. Sie werden Ihre Eleganz gegen eine Montur für die kommende Phase tauschen müssen. Die schwarze Lederkluft passt dafür einfach besser.«

Sie empfand es als sehr angenehm und spürte die Nähe, die Unterstützung des hohen Vertreters der Kirche. Es ging ums Ganze. Nie zuvor war es ihr klarer geworden als in diesem Moment. Sie blickte hinüber zu Aldo und bedankte sich für seine Hilfe. »Gibt es noch etwas, das ich wissen sollte? Ein Detail, ein Motiv, worauf ich achten sollte?«

Aldo erhob sich aus seinem Schaukelstuhl und ging auf sie zu. Er schloss seine Augen und konzentrierte sich, als ob er den Zugang zu irgendwelchen verborgenen Informationsquellen suchte. Nach einer ganzen Weile öffnete er schlagartig die Augen. Er hob seinen rechten Zeigefinger und hielt ihn bedeutungsvoll neben sein Auge.

»Si, si. Eine Sache gibt es vielleicht noch. Das Motiv ist der Codename der Operation. Ich habe lange darüber nachgedacht. Es zieht sich wie eine Grundmelodie durch deine Geschichte. Durch eure Geschichte. Peter Berg und Rosanna Sands. Vielleicht gibt es eine Verbindung. Die erste Operation, die euch zusammengeführt hatte, war die *Operation Sonnenwende*. Mit Sonne, Sonnenuntergang und Sonnenwende. Farblich würde ich dieser Mission den Code Rot zuordnen. Als nächstes folgte die *Operation Salamander* mit der Grundfarbe Grün. Die drei Farben Rot, Grün, ...«

Sie verstand die vom Heiligen aus Taormina eingelegte künstlerische Pause auf Anhieb. »Blau!« Sie strahlte und ihre Stimme war hell und fröhlich.

»Esattamente. Rot, Grün, Blau. Questo è tutto. Es sind die additiven Grundfarben des Lichts. Rot, Grün und Blau. Jeder TV-Monitor basiert darauf. Die Summe von Rot und Grün und Blau ergibt das weiße Licht.«

Sie nickte. »Das weiße Licht, das die Hirtenkinder am 13. Mai in Fatima über der Baumkrone gesehen hatten.«

Nun huschte auch über das Gesicht von Marco ein gütiges Lächeln. »Das Licht.« Mehr sagte er nicht.

Die musikalische Untermalung der Herb Albert CD war mittlerweile beim Titel *Rise* angekommen und die melodischen Klänge der Trompeten schufen geradezu eine Gänsehautstimmung.

»ONE-C. Eins und drei. Die Illuminaten haben das ureigene Grundmotiv des Lichts gewählt. Rot, Grün, Blau. Mit der *Operation Blue* wollen sie ihr Werk vollenden und die Kontrolle übernehmen. Die Erleuchteten. Die ONE-C. Die Summe aus den drei Basisfarben.« Rosanna war selbst am meisten von ihren Schlussfolgerungen begeistert.

»Buona fortuna.« Marco ging auf sie zu und umarmte sie. »Buon viaggio und viel Erfolg. Successo.«

Kapitel 15

Castelveccana/ Tessin/ Bern

Anfang Juni 2020

Der Fahrer überreichte ihr die komplette Ledermontur und sie sortierte die schwarze Kluft sorgfältig auf der Rücksitzbank.

»Wie weit ist es?«, erkundigte sie sich.

»Von Castelveccana fahren wir eine gute Viertelstunde bis zu unserem kleinen versteckten Hafen. Dort werde ich Ihnen die Schlüssel für die Moto Guzzi geben. Für die Griso 8V. Gehen Sie bitte vorsichtig mit der Maschine um ... Sie ist ein Prachtstück.«

Rosanna beachtete die Hinweise nicht weiter. »Eine Viertelstunde? Hm. Dann schmeißen Sie bitte Ihre Audioanlage an und holen aus dem Subwoofer die letzten Reserven heraus. Ich werde mich programmieren. Der Einsatz beginnt. NLP, verstehen Sie? Back to the roots. Zurück zu den Wurzeln. In den 90er Jahren habe ich meine Grundausbildung absolviert. Suchen Sie in Ihrer Online-Musikbibliothek nach ganz bestimmten Titeln. Vorher fährt Ihr Lexus nicht von der Stelle, verstanden?«

Ihre Order war unmissverständlich. »Si Signora. Welche Songs möchten Sie hören?«

»Dem Zeitgeist entsprechend bildet *Rhythm of the Night* den Auftakt. Von *Corona*. Passender geht es nicht. Dann spielen Sie *Ride of Time* von *Black Box*. Es wird mein Ritt zurück in die Vergangenheit. *The First The Last Eternity* von *Snap* ist das Finale. Willkommen in der Unendlichkeit.«

Sie hatte die Songs bewusst in dieser Reihenfolge ausgewählt. Die Spieldauer würde ziemlich genau der Viertelstunde Fahrzeit entsprechen. Die Bässe brachten das Chassis der schweren Limousine zum Beben. So gefiel es ihr. Die tiefen Rhythmen versetzten ihren Körper in Schwingung. *Eternity*. Der unsichtbare Feind hatte den Wahnsinn begonnen. Ab jetzt wurde zurückgeschlagen. Die Stunden in der Villa in Castelveccana waren wie im Flug vergangen und es dämmerte bereits. Bei Anbruch der Dunkelheit sollte sie vom Fahrer des Erzbischofs über den Lago Maggiore zum Schweizer Ufer im Tessin gebracht werden. Sie zog sich auf der Rückbank um. Dass sie zeitweise völlig nackt war und der Fahrer verstohlene Blicke in den Rückspiegel warf, störte sie nicht im Geringsten. Die Lederkluft stand ihr ausgesprochen gut. Die eng sitzende schwarze Lederhose betonte ihre Rundungen, der Nierengurt saß fest um ihre Taille und die Lederjacke sah aus wie eine Uniform. Der Mann hatte wirklich an alles gedacht. In den Schutzhelm hatte er sogar eine schwarze Atemschutzmaske gelegt. Nun war sie bestens ausgestattet. Spaßeshalber setzte sie für einen Moment ihre Ray Ban Bose Frames auf und checkte ihr Outfit im Rückspiegel. *Perfekt*, dachte sie, *es konnte losgehen*.

Die Nacht war klar und es wehte kein Wind. Die Wasseroberfläche spiegelte sich und das kleine Motorboot mit dem Elektroantrieb fuhr in langsamer Verdrängerfahrt zum anderen Ufer. Alles klappte wie am Schnürchen und es gab keine Kontrollen an diesem Abend. Er lenkte das Boot seitlich an einen privaten Steg, südlich von Locarno.

Der Italiener hielt das Steuerrad fest.

»Wir können nicht festmachen, das wäre zu gefährlich. Sie überqueren die Via Moscia und gehen zu dem Holzschuppen neben der Boutique. So wie ich es Ihnen erklärt habe. Wenn es Ihnen nichts ausmacht, können Sie darin übernachten. Es gibt eine Pritsche unter dem Giebel.

Die Griso 8V befindet sich unter einer grauen Schutzhülle. Es wäre schön, wenn Sie ...«

Sie lächelte. »Ich weiß. Ich werde gut auf das Motorrad achtgeben. Und versprochen. Wenn es sich irgendwie einrichten lässt, bringe ich Ihnen den Ofen zurück.«

* * *

Der Holzschuppen war besser als gedacht. Nur von außen wirkte er unauffällig und vielleicht ein wenig renovierungsbedürftig. Sie hatte den Zugangsschlüssel für die Seitentür - den Instruktionen folgend - unter der Regenauffangtonne gefunden. Sie zog die Vorhänge zu und schaltete eine Tischlampe an. Drinnen war es fast schon luxuriös eingerichtet. Das Motorrad stand in der Mitte des Raums. Wie ein Ausstellungsstück in einem Museum. Der Mann hatte ihr alles haarklein beschrieben. Hinter einem Vorhang befand sich der Kühlschrank. Weißwein, Bier, Mineralwasser und eine Flasche Tonic Water. Im Mittelfach lagen zwei in Folie eingeschweißte Päckchen Vollkornbrot. Perfekt. Besser hätte sie es selbst nicht planen und vorbereiten können. Über einige Stiegen gelangte sie in den kleinen Raum unter dem Giebel. Sie blickte auf die Matratze und ihre Entscheidung war gefallen. Einige Stunden Schlaf würden ihr gut tun. Bis Bern würde es am nächsten Morgen eine mehrstündige Fahrt sein, so dass die Ruhepause durchaus zur rechten Zeit kam. Es fiel ihr gar nicht so einfach, sich wieder aus der enganliegenden Kluft zu befreien. Sie schmiss sich ein Handtuch über den nackten Oberkörper und setzte sich auf den Hocker neben der Tischlampe. Wenig später konnte sie sich mit dem *ComX* ins Satellitennetz einloggen.

»Calling Hong Kong. Seid ihr schon wach?«

»Rose, du bist gnadenlos.« Es war Joe, der sich am anderen Ende meldete. »Wir haben bis vor wenigen

Stunden deine Aufzeichnungen vom Ökumenischen Kirchentag in Varese studiert. Hard stuff, würde ich sagen. Da braut sich etwas zusammen. Zu deiner Vermutung einer blauen Operation habe ich übrigens nichts Aktuelles herausgefunden. *Code Blue* ist bekannt als internationaler medizinischer Notfallcode. Klar könnte das zur Pandemie passen. Das wäre aber zu einfach und führt uns nicht weiter. Ansonsten findet man die *Operation Blau* im Zweiten Weltkrieg, wie könnte es anders sein. *Operation Blau* war der Codename für den Überfall im Sommer 1942 von Hitlers Sechster Armee auf die kaukasischen Ölfelder. Die Briten wollten zeitgleich die Erdölreserven der Sowjetrussen aus der Luft bombardieren. Der Codename ihrer Operation lautete *Pike*. Da staunst du, oder?«

»Guten Morgen, Joe. Sorry fürs Anklingeln. Ich wollte nur sicher gehen, dass ihr meine Nachricht bekommen habt und fragen, ob für morgen alles vorbereitet ist. Hey Joe, und ich danke dir für die schnellen Recherchen. Pike? Du dachtest dabei an Albert Pike und seinen Masterplan für die Weltkriege? Naa, es wirkt zu dick und wäre viel zu konstruiert. Und noch etwas. *Operation Blue* aus dem WWII wäre eine der schlechtesten Analogien, die sich die ONE-C aussuchen könnte. Dazu brauche ich gar nicht lange in meinem Geschichtswissen zu kramen. Das Unternehmen Blau war ein strategischer Misserfolg auf der ganzen Linie. Das Ende der Sechsten Armee war ihre totale Vernichtung. Joe, ich glaube nicht, dass wir einen Hinweis auf die jetzige Operation in der Vergangenheit finden. Und sag, ist alles für morgen vorbereitet?«

»Ich sende dir im Anschluss den genauen Ablaufplan. Du wirst Professor Dhiel treffen. Er wird dich um 12.00 Uhr erwarten. Deine Story lautet wie folgt: Du kommst im Auftrag der WHO und sollst ein erstes vertrauliches Sondierungsgespräch führen. Die WHO interessiert sich für die Forschungsergebnisse der Berner Wissenschaftler.

Viren sind extrem schwierig zu klonen. Dhiel und sein Team haben es innerhalb einer Woche bewerkstelligt. Das ist absoluter Rekord. Du sondierst und stellst Fördermittel und Zuschüsse in astronomischer Höhe in Aussicht. Und nebenbei versuchst du für uns herauszufinden, ob es Spuren gibt, die auf den Ursprung oder die Verbreitung von SARS-CoV-2 hindeuten.«

»Schon verstanden. Und der Professor wird keinen Argwohn schöpfen?«

»Du machst das mit deinem bezaubernden Charme. Los, zeig mal die Kiste. Eine Moto Guzzi, das ist der Hit.«

Sie löste den Video-Button aus und richtete das *ComX* auf das Motorrad. Die Begeisterung von Joe war unüberhörbar. »Wow. Wie viele Kubik stecken im Motor?«

»Elf-hundert-fünfzig.« Sie ließ sich die Worte auf der Zunge zergehen. »Joe, bevor du mich über alle technischen Features der Maschine ausfragst, möchte ich mir lieber ein paar Stunden Schlaf gönnen. Okay?« Sie drehte den *Communicator* und warf ihm einen herzlichen Blick zu.

»Kein Problem. Du sagst, was gemacht wird. Ich sende dir die Adressen für Bern und Zürich. Gute Nacht.«

»Hey, halt«, protestierte sie. »Was ist in Zürich? Stehe ich gerade auf dem Schlauch oder ist mir etwas entgangen?«

»Tommie Parker. Oder der, der sich für ihn ausgibt. Der *Enco*-Killer, der in Wuhan am 18. September die ersten Serumsproben an die Apothekerin verteilt hatte. Wir haben ihn gefunden. Jack hatte eine Reihe von Ringschaltungen initiiert, bis er uns ins Netz gegangen ist.«

»Alles klar. Zürich hatte ich noch nicht auf dem Schirm. Ich habe die kleine Walther P99 mit. Geladen und gedämpft. Für alle Fälle. Guts Nächtle, wie die Schweizer sagen. Ich melde mich morgen.«

* * *

Am nächsten Morgen ging es früh hinaus. Es dämmerte um fünf und Rosanna machte sich reisefertig. Es blieb noch Zeit für eine Tasse Kaffee. Kurz vorm Sonnenaufgang, um viertel vor sechs, schob sie die 250 Kilogramm schwere Maschine aus der Tür. Sie checkte den Schuppen ein letztes Mal. Mit einem kurzen bestimmten Nicken signalisierte sie sich, dass sie alles wieder so hinterließ, wie sie es am Abend vorgefunden hatte. Der satte Motorensound des Vierzylinders hallte von den umliegenden Häuserwänden wider. Sie setzte sich den Integralhelm auf und düste los. Geradewegs auf die A2. Die Gotthard-Autobahn. Gute drei Stunden Fahrt hatte das Navigationssystem errechnet. In Luzern legte sie eine Pause ein und besorgte sich einige frische Sachen. Und einen Trekkingrucksack, in dem sie alles gut verstauen konnte. Den *Tour Air 32* der Marke Deuter, Farbe Ocean. Ihre Reisetasche blieb dabei im wahrsten Sinne des Wortes auf der Strecke. Zunächst besorgte sie sich in einem Reformhaus einen weißen Laborkittel und eine weiße Atemschutzmaske sowie einige Sets weißer Lycra-Baumwollhandschuhe. In einem Outdoor-Spezialgeschäft erwarb sie ein Qeedo Drei-Personen Campingzelt. Die Zelthaut war bei diesem sogenannten Sekundenzelt bereits am Gestänge vormontiert, so dass es sich innerhalb von 30 Sekunden aufbauen lassen sollte. In der Farbe Blau. Es war nicht anders vorrätig. Sie musste unwillkürlich lächeln. Auf einmal begegnete ihr das Motiv *blau* überall und in allen Ausprägungen – im Wasser, im Ozean oder am Himmel.

* * *

Im Großraum Bern angekommen nahm sie die A1 und folgte der Autobahn in die Hauptstadt der Schweiz auf der westlichen Route. Joe hatte ihr ein ganzes Bündel ergänzender Infos zu der im Jahr 1191 gegründeten

Zähringerstadt geschickt. 1191? Die Ziffern weckten eine gewisse Assoziation in ihr. Nun gut. Das Wappentier der Stadt war der Bär. Mit 140.000 Einwohnern stand sie weit zurück hinter Zürich, Genf und Basel. Joe's Kommentar stimmte. Die Stadt wirkte recht beschaulich, als Rosanna von der Autobahn den Stadtzubringer über die Murtenstraße nahm. Für ihre Moto Guzzi fand sie einen nahegelegenen Parkplatz. Direkt gegenüber vom Universitätsgelände befand sich der teilweise überdachte Bahnhof von Bern. Zwischen der Station und einem kleinen Park gab es ein Gelände mit Kurzzeitparkplätzen. Eine Ecke war komplett für Motorräder reserviert. Die letzten Meter zur Universität wollte sie zu Fuß nehmen. Auf dem Weg über die Parkterrasse legte sie an einer Holzbank eine kurze Pause ein. Sie zog die schwarze Lederjacke aus und tauschte sie gegen ihren hellbraunen Blouson und den Laborkittel. Leicht skeptisch blickte sie an ihrer enganliegenden Lederhose und den schwarzen Stiefeln hinunter. *Mir wird eine Erklärung einfallen, wenn die Frage aufkommt,* redete sie sich ein und warf sich den Rucksack über die Schultern. Kurz vor dem Hochschulgelände setzte sie sich die High-Tech Sonnenbrille auf und führte einen schnellen Soundcheck durch. *Roger, alles klar.* Die Spiele konnten beginnen.

Um Punkt 12.00 Uhr betrat sie die Cafeteria Maximum. Sie wunderte sich. Die Tür war unverschlossen und nur leicht angelehnt, obwohl an der Klinke ein Schild mit großen stilvoll geschwungenen Lettern prangte und die Botschaft unmissverständlich auf den Punkt brachte. *Vorübergehend geschlossen.*

»Hallo, ist dort jemand?«, rief sie in den halbdunklen Raum. Die Gardinen vor den Fenstern waren zugezogen und die Holzstühle umgekehrt auf die Tische gestapelt.

»Grüezi, Mrs. Fields, nehme ich an? Ich heiße Sie willkommen.«

Sie ging durch den Raum in Richtung der Stimme.

»Professor Doktor Dhiel? Volkmar Dhiel?«

»Sie sagen es. Sie sind ja pünktlich wie die Maurer. Es ist beim Glockenschlag genau 12.00 Uhr mittags.« Er lachte und wirkte auf sie sehr sympathisch. Fast wollte sie ihm die Hand zur Begrüßung reichen, bis sie ihren Arm im letzten Augenblick umdirigierte und stattdessen ihre Atemschutzmaske etwas nach oben über die Nase zog.

Der Professor erhob sich von der halbrunden Eckbank und stellte ihr einen Stuhl an den Tisch. Dann ging er ans Fenster und zog die Vorhänge ein Stück zur Seite.

Jetzt konnte sie ihn besser sehen. Er trug einen Drei-Tage-Bart und eine braun eingefasste Brille. Sein Haar war glatt und er hatte ein leicht altmodisch aussehendes Sakko an. Das Baumwollhemd war gemustert. *Nicht stylisch, nicht modisch*, dachte sie. Er entsprach voll und ganz dem Klischee eines Hochschulprofessors oder eines begnadeten Wissenschaftlers.

»Pünktlichkeit ist eine Tugend, so habe ich es gelernt. Herr Professor, ich danke Ihnen sehr herzlich, dass Sie sich die Zeit nehmen. Ich hätte mir gewünscht, dass die Umstände andere wären. Ehrlich gesagt fällt mir das Sprechen mit der Atemschutzmaske nicht leicht. Der Stoff kribbelt überall an meinem Mund ...«

»Äxgüsi. Wir sind unter uns. Sie können die Maske ablegen.« Demonstrativ zog er sich seinen chirurgischen Atemschutz vom Kopf und lächelte sie an. »Bei mir sind Sie sicher. Ich werde Sie nicht anstecken und umgekehrt kann mir auch nichts passieren.« Er zog die Mundwinkel nach oben und schaute sie vertrauenerweckend an.

»So?«

»Mrs. Fields. In meinem Blut befinden sich Antikörper. Es sind die Immunglobuline G in ausreichender Menge und in der richtigen Spezifität. Es ist kaum zu glauben, dass die Tests nicht flächendeckend eingesetzt werden.

Möchten Sie einen Schnelltest machen? Ich habe immer einige Exemplare dabei.«

Rosanna machte große Augen. Der Professor legte ein beträchtliches Tempo vor. Sie nickte und im Handumdrehen erfolgte der Test. Im wahrsten Sinne des Wortes. Im Test-Kit war ein kleiner Piekser eingearbeitet und in Sekundenschnelle landete ihr Bluttropfen in der kleinen runden Kavität des Kunststofftableaus. Zwei Fenster waren mit *IgM* und *IgG* bezeichnet. Der Professor erklärte ihr das Prozedere.

»Sehen Sie, Mrs. Fields. So kommen wir ohne Umschweife schneller zum Thema als gedacht. In *medias res*. In wenigen Minuten erhalten Sie Ihr Ergebnis. Die Immunglobuline *M* bildet der Körper als Immunreaktion relativ schnell, bei den Immunglobulinen *G* dauert es einige Wochen länger. Dafür sind die *IgG's* das Langzeitgedächtnis unseres Abwehrsystems. Wann immer ein verwandtes Virus es wieder wagt, in unseren Körper einzudringen, wissen die *IgG* Antikörper sofort Bescheid. Mit ihren y-förmigen Armen umschließen sie die Proteinhülle vom Virus und machen ihm den Gar aus. Tolle Sache. Hey, schauen Sie. Beim *IgM* schlägt nichts an. Demnach hatten Sie kürzlich jedenfalls keine COVID-19 Infektion.«

Sie nickte. »Alles andere hätte mich auch überrascht.«

Er hob seinen Zeigefinger. »Ab jetzt können Sie aufatmen. Sehen Sie die Farbveränderung beim oberen Streifen? Sie haben eine gehörige Portion der spezifischen *IgG* Antikörper. Herzlichen Glückwunsch. Zu einem gewissen Grad können Sie von einem Immunschutz gegen das SARS-CoV-2 Virus ausgehen.«

»Moment. Das ging jetzt sehr schnell. Sie sagen, ich habe bereits einen Immunschutz mit den Antikörpern des I-Typs *G*? Dann habe ich das Virus schon bei mir im Körper gehabt? Oder wie muss ich das verstehen?«

Der Professor nickte einige Male. »Ja, ja. Da fängt die Magie an. Die Tests sind natürlich so aufgebaut, dass sie nur auf bestimmte Immunglobuline anschlagen. *IgG* an sich hat man ja schließlich als Mensch nun mal. Der eine mehr als der andere. Aber es ist wie bei einem Schloss und dem Schlüssel. Das eine muss hundertprozentig zu dem anderen passen. Sonst geht die Tür nicht auf. Ein x-beliebiges *IgG*, welches von einer früheren Erkrankung herrührt, kann das neue SARS-CoV-2 nicht in den Griff bekommen. Schlüssel und Schloss. Deshalb wird bei den Tests eine ganz spezifische Protein-Schicht verwendet, die haargenau der Virus-Hülle vom neuen SARS entspricht. Wenn die Immunglobuline *G* die richtigen sind, dann arbeiten sie sich sozusagen durch die Eiweißschicht hindurch und die darunterliegende Farbe wird sichtbar. Magie, Magie und doch ganz einfach.«

Rosanna nickte langsam. »Aber das heißt, ich muss das Virus schon gehabt haben ...?«

»Hm. Eigentlich ja. Ja. Tja, nun. So ganz sicher sind wir uns da nicht. Die Forschung fördert immer wieder neue Erkenntnisse zu Tage. Manche haben das Virus völlig unerkannt durchmacht, andere haben die Antikörper Gott weiß woher. Bei SARS-CoV-2 wird ein Multiorgan-Befall befürchtet. Das macht es ungleich schwerer, der Sache auf den Grund zu gehen. Vielleicht hatten Sie über Wochen einen trockenen Husten, bei dem Sie sich nicht viel gedacht hatten. Und aus dem Nichts kamen plötzlich Schüttelfrost und Darmkoliken hinzu. Zum Glück gibt es wohl auch andere Wege, um an die Antikörper zu kommen. Wenn ich es herausgefunden habe, schicke ich Ihnen eine exklusive Vorab-Version der Publikation.« Sein Lächeln zog sich über das gesamte Gesicht.

»Womit wir direkt beim Thema unserer Unterhaltung wären. Sie sind Weltklasse, Herr Professor Doktor Dhiel. Wie darf ich Sie anreden?«

»Sagen Sie einfach Dhiel und guet ist's.«

»Im Januar hatten Sie Ihre Untersuchungsergebnisse zur Verbreitung der neuen Viruserkrankungen vorab der WHO zur Verfügung gestellt, was wir sehr wohlwollend zur Kenntnis genommen haben.«

Dhiel blinzelte und freute sich über die Anerkennung.

»Vorab«, fuhr sie fort. »Wollen Sie sich über meine Legitimation und meinen Auftrag vergewissern? Ich könnte Sie direkt in das involvierte Projektteam der WHO durchstellen und Sie mit dem Budgetverantwortlichen verbinden.«

»Nein, bitte nicht. Ihr Assistent hatte sich heute Morgen bereits bei uns gemeldet und Sie angekündigt. Es ist alles in bester Ordnung und Sie passen hundertprozentig zu der Beschreibung. Einzig Ihre Beinbekleidung kommt mir etwas … sagen wir mal … ungewöhnlich vor.«

Sie schmunzelte und warf ihm einen liebevollen Blick zu. »Das ist den europäischen Quarantänebestimmungen geschuldet. Mit dem Motorrad komme ich überall hin und viel problemloser.«

»Sie fahren ein Töff. Wie schön. Damit bin ich früher in meiner Studentenzeit auch in den Alpen herum gedüst.«

Er griff unter den Tisch und zauberte zwei Gläser und eine große Karaffe, die mit einem Korken verschlossen war, hervor. »Möchten Sie? Darf ich Ihnen ein Glas Apfelschorle anbieten?« Er füllte die Gläser.

»Nochmals, Glückwunsch zu Ihren Entdeckungen Herr Dhiel. Es ist bahnbrechend. Ihr Institut hat als Erstes das SARS-CoV-2 Virus geklont. Übrigens, Sie wollten sich unbedingt hier in der Uni treffen. Ihr Labor, das IVI, befindet sich außerhalb der Stadt, richtig?«

»Ja, unsere virologischen Speziallabore liegen in der Ortschaft Mittelhäusern. Das ist ungefähr zwanzig Minuten mit dem Auto oder mit dem Töff entfernt. Aber ehrlich gesagt, geben unsere Labore dort nicht viel her.«

»Ihr Hochsicherheits-Labor, das IVI Institut für Virologie und Immunologie, liegt an der Sensenmattstraße in der Nähe der Sense und gehört zum Schweizer Bundesamt für Lebensmittelsicherheit und Veterinärwesen, stimmt's?«

Der Professor nickte. »Ja, unsere Forschungsräume sind weit abgelegen vom täglichen Leben, was durchaus seine Vorteile hat. Vor allem konnten wir in aller Ruhe unsere Studien durchziehen.«

»Ihnen und Ihrem Team gelang es, das SARS-CoV-2 Virus aus synthetischer DNA zu klonen. Wie haben Sie das gemacht? Die gesamte Fachwelt blickt mit Faszination auf Sie.«

Er fühlte sich geschmeichelt. »Die Fachwelt staunt? Ja, das freut uns natürlich ganz besonders. Wissen Sie, liebe Mrs. Fields, zu einem guten Teil war es nichts weiter als eine konsequente, dezidierte und professionelle Anwendung unserer handwerklichen Fähigkeiten. Wenn es grundsätzlich darum geht, ein Virus anzuzüchten, also es zu vermehren …«

Sie räusperte sich. »Entschuldigen Sie meine kurze Zwischenfrage. Warum, für welchen Zweck und für wen müssen Sie von einem hochinfektiösen Virus zusätzliche Mengen anfertigen?«

Der Professor machte große Augen und schaute etwas entgeistert. »Liebe Mrs. Fields, genau aus diesem Grund sind Sie doch hier. Erinnern Sie sich an den Antikörpertest von vorhin? Dafür müssen die Proteinschichten des originären Virus zur Verfügung stehen oder sie müssen nachgebaut werden. Wie sonst wollen Sie Impfstoffe entwickeln. Die Medikamente, die Vakzine, die COVID-19 Teströhrchen und die Antikörpertest-Kits. Das alles basiert auf Viren, Viren, Viren. Sie benötigen viele davon. Sehr viele.«

»Hundert Punkte, Herr Dhiel. Sie bringen genau den richtigen Geist mit, den wir für unser Projekt benötigen.«

Für einen kurzen Moment lang war es eng geworden, doch Rosanna hatte sich gekonnt aus der Affäre gezogen. Dennoch setzte sie ein weiteres Mal nach. »Das Anzüchten könnte jedoch auch gefährlich sein, falls das Virus in die falschen Hände gerät.«

»Na, das wollen wir doch bitte von vorneherein ausschließen. Aber Sie haben natürlich recht, die Menge birgt durchaus einige Gefahren. Angenommen es gäbe ein neuartiges humanes Virus, was erstmals bei einem einzigen Menschen auftaucht mittels eines *cross species jump*, dann ist die Wahrscheinlichkeit – oder besser gesagt das Risiko – einer weltweiten Epidemie doch relativ gering. Selbst wenn das Virus noch so virulent und toxisch ist.«

»So?«

»Absolut. Schauen Sie. Zunächst könnte dieser eine und zugleich einzige Infizierte sterben, bevor er irgendwelche Symptome entwickelt. Er könnte vom Zug überfahren werden, einen Herzinfarkt erleiden, einen Berghang hinabstürzen oder von einem Gangster erschossen werden. Egal wie hoch die Eintrittswahrscheinlichkeit für diese Fälle ist, so könnte er auch direkt an der neuen Infektion sterben, bevor er jemand anderen ansteckt. Dumm gelaufen fürs Virus, denn es stirbt gleich mit seinem Wirt. Oder der Erkrankte ist ein einsamer Mensch. Ein Einsiedler, der keine Kontakte zu anderen Menschen pflegt. Auch dann brennt das Virus innerhalb kürzester Zeit einfach aus. So heißt das bei uns im Fachjargon. Ausbrennen. Sie sehen. Ein einziger Infizierter macht keine Epidemie. So wie eine Schwalbe keinen Sommer macht.«

»D'accor. Ich verstehe. *Ein* Patient ist *kein* Patient. Für eine Pandemie gibt es demnach immer eine kritische Masse von Infizierten.«

»Guet. Sie haben's vehebt. Wenn es nur einen Infizierten gibt, schicken sie ihn mit einer Rakete ins All und das Virus-Problem ist aus unserer Welt verschwunden.«

»Aber es gibt ja keine derart bösen Menschen, die ein Virus anzüchten würden, um damit gezielt eine Epidemie in Gang zu setzen.« Sie hob eine Augenbraue nach oben.

Er schaute sie nachdenklich an. Was führte die Gesandte der WHO im Schilde? Wollte sie ihn aus der Reserve locken? Für einen Moment lang zweifelte er, ob er einen Anflug von Ironie bei ihr entdecken sollte. Doch er schob seinen Argwohn schnell an die Seite.

»Wie gesagt, für die Forschung, für die Test-Kits und vor allem für Medikamente und Impfstoffe werden viele Virenproben benötigt. Grundsätzlich gibt es zwei Wege. Die vertikale und die horizontale Vermehrung. Ich nehme an, vieles von dem, was ich Ihnen erzähle, ist für Sie kein Neuland. Bitte stoppen Sie mich, wenn ich allzu viel Bekanntes von mir gebe.«

Sie hob die Hände und spreizte ihre Finger. »Nein, es ist alles okay. Sie erklären das so gut wie kein anderer. Was verbirgt sich hinter der horizontalen Virusvermehrung?«

»Ja, das ist interessant. Die horizontale Vermehrung geschieht beispielsweise bei pathogenen Viren durch die Übertragung von Mensch-zu-Mensch. Das Virus nistet sich in der Wirtszelle ein und vermehrt sich dort. Während bei einem profanen Lippen-Herpes bezogen auf jede befallene Wirtszelle nur 50 bis 100 neue Viren gebildet werden, entstehen bei einer Polio-infizierten Zelle bis zu 1.000 neue Viren. Je Zelle wohlgemerkt. Demgegenüber funktioniert die vertikale Vermehrung völlig anders. Stellen Sie sich herkömmliche Hefe vor. Auch Hefen können von Viren befallen werden und die werden dann Mykoviren genannt. Diese Partikel bestehen aus einer doppelsträngigen RNA und einem relativ simpel aufgebauten Kapsidprotein. Nun wird es spannend. Bei einer Zellteilung der Hefe werden die Viren auf *beide* Tochterzellen verteilt. Genial und doch so einfach. Allerdings besitzen die Mykoviren keinen Infektionszyklus, so wie es bei Viren höherer Organismen der Fall ist. Hören Sie, Mrs. Fields, ich habe Ihnen soeben unser kleines Geheimnis verraten.« Er lächelte.

Sie zögerte und griff zunächst zur Apfelschorle, bis sie ihre Gedanken sortiert hatte. »Wenn ich es richtig verstanden habe, fehlt jedoch noch etwas. Sie haben ja das SARS-CoV-2 erfolgreich geklont, weshalb die Fachwelt so begeistert auf Ihr Team blickt. Aber selbst, wenn Sie es irgendwie in eine Hefemixtur eingeschleust haben sollten, so wären es Ihren Ausführungen zufolge nur Mykoviren, die nicht infektiös für Menschen sind, oder?«

»Guet. Sie sind guet. Ich verrate es Ihnen. Als Erstes haben wir uns Stücke des Corona SARS-CoV-2 Erbguts aus synthetischer DNA hergestellt. Dann haben wir es in ausgesuchten Hefezellen wieder zusammengesetzt. Dazu benutzten wir die sogenannte TAR-Methode, die Transformation-assoziierte Rekombination.«

»Aha«, sie senkte bedeutungsvoll den Kopf. »Ahnte ich es doch, dass es auf die TAR-Technik hinausläuft.«

»Oh, Sie kennen sich damit aus?« Der Professor zeigte sich erstaunt und fuhr sich übers Haar.

»Nein, ich habe nicht die geringste Kenntnis davon. Aber ich werde es mir merken. Die Transformation-assoziierte Rekombination.« Sie schmunzelte.

»Ach, so kompliziert ist es nicht. Die einzelnen Teile der DNA-Sequenz werden dabei wieder zu einem vollständigen Virus zusammengeführt. Das Ergebnis war ein künstliches Hefechromosom. Und darauf war die komplette Genomsequenz des Virus gespeichert. Danach ging es mit dem Hefechromosom ins Reagenzglas. *In vitro*, wie wir sagen. Aber ohne die Hefezellen. Und dann haben wir mittels der T7-RNA-Polymerase eine infektiöse RNA Struktur geschaffen, die wir in tierische Wirtszellen eingebracht haben. Fertig war das geklonte Virus. Eins zu eins identisch mit dem originären SARS-CoV-2. Faszinierend, nicht wahr?«

Rosanna nickte und zollte ihm Anerkennung. »Eine virologische Meisterleistung. Sie und Ihre Kollegen haben das innerhalb einer einzigen Woche realisiert. Alle Achtung. Sie haben die Hefe für die vertikale Vermehrung genutzt und dann die neugeschaffene RNA zur Herstellung der Virenklone verwendet. Damit wäre der Weg für eine horizontale Verbreitung der Virenklone frei. Eine Frage Herr Dhiel. Würde man auf diesem Weg auch das Anzüchten der Viren durchführen? Ist diese Methode anderen Alternativen überlegen?«

»Hm, ich bin der Überzeugung, dass unser vertikales Klonen Vorteile bringt und komplementär dazu beitragen kann. Die eigentliche Anzüchtung wird bekanntlich über die beiden klassischen Prozesse bewerkstelligt. Über die Zellkulturen und über die Hühnerembryokultur. Die Zellkulturen bringen einige positive Eigenschaften mit sich. Die sogenannten Vero-Zellen vermehren sich in rasender Geschwindigkeit und man kann sie recht einfach mit Viren infizieren, die sich dann reproduzieren.«

»Vero-Zellen sind ...«

»... ein Kunstwort. Zusammengesetzt aus den Elementen *verda* für grün und *reno* für Niere. Esperanto.«

»Grüne Niere? Okay, wofür steht das?«

»Es handelt sich um normale Nierenzellen, die von den Grünen Meerkatzen stammen. Affen-Nieren, wissen Sie? Das ist eine etablierte Zelllinie und sie funktioniert recht gut. Im Falle von SARS-CoV-2 würde man wohl die Vero E6 Zellkultur für die Herstellung von Impfstoffen einsetzen.«

»Aber es gibt dabei Nachteile?«, erkundigte sie sich.

»Es ist in jedem Fall eine recht günstige Methode. Doch die Inkubationstanks enthalten nach wie vor die zerkleinerten Affennieren mit allen bekannten und unbekannten Inhaltsstoffen. Diese Verunreinigungen können einerseits zu heftigen Nebenwirkungen führen ...«

»Das klingt alles andere als beruhigend. Gab es nicht Spekulationen darüber, dass durch die Lebendimpfstoffe sogar krebserzeugende Viren in die Menschheit eingeschleust wurden?«

Der Schweizer zog die Mundwinkel nach unten. »Das SV40-Virus stammte ursprünglich vom Affen. Ja, es wird vermutet, dass es sich über die Vero-Zellkulturen den Weg in den Menschen gebahnt hat und für die Non-Hodgkin-Lyphom Erkrankung verantwortlich ist. Das ist halt die Gefahr bei den tierischen Zellkulturen. Wenn die Viren darin vermehrt werden, können sie sich verändern und die Mutationen führen dann möglicherweise zu einem unkontrollierbaren Impfstoff.«

»Ah«, hakte sie ein. »Wenn das Virus also in seiner eigentlichen und ursprünglichen Form bei der Anzüchtung erhalten bleiben soll, ist die Zellkultur nicht unbedingt die erste Wahl.«

Er nickte. »Stimmt. Doch unter wirtschaftlichen Gesichtspunkten kommt man kaum drumherum.«

»Sie erwähnten noch eine andere Möglichkeit ...«

»Die Technik des embryonierten Hühnereis, ja richtig. Der Klassiker. Entwickelt von dem amerikanischen Pathologen Ernest Goodpasture in den 30er Jahren. Ein befruchtetes Hühnerei wird bei 38° Grad Celsius und 60% Luftfeuchte bis zu zwei Wochen in einem speziellen Brutschrank weiter bebrütet. Anschließend werden das Hühnerembryo und seine Anhangsorgane mit Viren infiziert. Alles geschieht natürlich völlig steril unter Reinraumbedingungen. Nach einigen Tagen ist es dann soweit. Das Ei wird über Nacht auf unter 4° Grad abgekühlt, damit der Embryo stirbt. Die Blutgefäße ziehen sich zusammen und die vermehrten Viren können effizient herausgelöst werden. Das ist die klassische Methode. Auf diese Art und Weise ergeben sich nach der Filtration sehr reine Virenkulturen. Ohne Mutationen.«

»Ich stelle mir gerade vor, wie die Ursprungsviren ins Ei kommen ...«

»Das ist Handwerk. Eine pure handwerkliche Fähigkeit. Jedenfalls war es früher so.« Er lächelte. »Zunächst wird das Hühnerei vor eine Lichtquelle gestellt, damit man die Lage des Dottersacks lokalisieren kann. Dann wird an der Außenschale eine Markierung aufgebracht und ein kleines Loch in die Eierschale gebohrt. Danach bringt man mit einer Halbzoll 27-Gauge Nadel die Viren an die richtige Stelle beim Embryo und verschließt anschließend das Loch in der Schale mit Paraffin. Wenn man dann nach zwei bis drei Tagen genügend neue Viren angezüchtet hat, wird dieselbe Eintrittsöffnung wiederum für die Virenentnahme benutzt. Normalerweise bekommen Sie aus einer Anzucht genügend Virenmaterial, um daraus *eine* Impfstoffdosis von 15 Mikrogramm zu produzieren.«

Sie pfiff durch die Zähne. »Jeeez ... ein Hühnerei für eine einzige Impfstoffportion? Dann braucht man im Falle der Influenza-Vorsorge in jedem Jahr Milliarden Eier?« Sie runzelte die Stirn.

»Nun«, entgegnete der Professor. »Mittlerweile läuft der Prozess hoch automatisiert ab. Bei Sanofi-Aventis gab es schon vor zehn Jahren eine Anlage mit einem Output von 32.000 Eiern pro Stunde - und ebenso vielen Impfdosen.«

Rosanna erhob sich und machte einige Schritte im Raum. Sie sortierte ihre Gedanken und versuchte, sich detailliert an den Bericht von Martijn zu erinnern und die Geschehnisse zu rekonstruieren. Drei – besser gesagt vier - Virenstämme des SARS-CoV-2 wurden durch Chimären-Experimente im *in vivo* Verfahren aus dem ursprünglichen Fledermausvirus *Bat CoV RaTG13* geschaffen. Die Stämme *A, A/1, B* und *C*. Die verschiedenen Sorten mussten an einem geheimen Ort weiter vermehrt worden sein. Und zwar in einem Verfahren, durch das es keine ungewollten neuen Mutationen gab. So wie sie es verstanden hatte, kam dafür eigentlich nur die klassische Technik des embryonierten Hühnereis in Frage. Zellkulturen aus der Affenniere erschienen ihr für den vermuteten Zweck der gezielten Virenvermehrung zu unsicher. Möglicherweise könnte künftig auch das vertikale Klonen über den Zwischenweg der Hefekultur eine wichtige Rolle spielen. Für Professor Dhiel und sein Team würde die Zeit noch kommen. In diesem Fall jedoch tippte Rosanna eindeutig auf die klassische Methode.

»Herr Dhiel, Herr Professor. Ich bin begeistert. Sie haben mich voll und ganz überzeugt und ich weiß, wie meine Empfehlung an die Kommission zur Vergabe der Förderungen aussehen wird. Ihre Viren-Klon-Technik ist wegweisend, damit kommt die Entwicklung der Impfstoffe beim SARS-CoV-2 garantiert einen großen Schritt schneller ans Ziel. Die Gelder werden übrigens anonym überwiesen. Ich hoffe, dass das kein Problem für Sie darstellt.« Sie wollte ihn bewusst zum Nachdenken bringen; ganz so einfach sollte es dem Wissenschaftler nicht vorkommen.

»Über welche Größenordnung reden wir?«, tastete er sich vorsichtig heran.

»Hm, wenn alle Kriterien erfüllt werden, können wir eine siebenstellige Summe erreichen. In Schweizer Franken wohlgemerkt.«

Er machte große Augen und lehnte sich auf der Sitzbank nach hinten. Die Aussicht auf eine Förderung in Millionenhöhe war für ihn schlichtweg unfassbar.

»Eine Frage ist auf meiner Check-Liste noch offen, Herr Dhiel. Es ist doch so, dass die Viren selbst aus *einer* Quelle kommen können und die Vermehrung der Viren an einem ganz *anderen* Ort stattfindet, korrekt? Während die Entwicklung des Impfstoffs wiederum irgendwo anders vonstattengehen kann. Das wäre wichtig für das Konzept, welches bei dem Projekt verfolgt werden soll.«

Der Professor nickte.

»Kein Problem. Sie können die Viren unter der Voraussetzung einer fachgerechten Lagerung und bei Temperaturen von unter minus 80° Grad Celsius überall hin transportieren. Es kann sogar ein Zusammenspiel von Laboren, die sich auf humanpathogene Viren spezialisiert haben, mit Laboren aus dem Veterinärbereich in Erwägung gezogen werden. Mit einer Aufgabenteilung lassen sich die weltweit besten Labors und Kompetenzen bündeln und jeder trägt optimal zum Gelingen bei.«

»Anders ausgedrückt, *Teile und herrsche*.«

»*Divide et impera*? Na, na, Verehrteste. Sie wollen doch nicht die Maxime aus dem Römischen Reich ins Spiel bringen, wonach am Ende immer die Zentralmacht in Rom die Zügel in der Hand behielt.«

»Bitte nicht falsch verstehen, Herr Professor. Uns geht es nur darum, eine straffe Organisation im Sinne einer zügigen Entwicklung der Medikamente sicherzustellen. Nichts anderes darf für uns und für das Wohlergehen der Menschheit eine Rolle spielen.«

Er nickte und signalisierte seine Zustimmung. »Mrs. Fields, benötigen Sie von mir oder dem Institut noch irgendetwas? Müssen wir einen formalen Antrag stellen?«

»Ich habe alles gehört, was im Fokus unseres Treffens stand. Sie werden von mir eine Nachricht erhalten, wenn es soweit ist. Einen konkreten Termin kann ich Ihnen heute nicht nennen.«

»Guet. Ich danke Ihnen auch im Namen des Instituts ganz herzlich. Wohin geht es bei Ihnen als Nächstes.«

Sie hob ihren Zeigefinger und lächelte. »Darüber darf ich eigentlich nicht sprechen. Aber so viel kann ich sagen, Genf wäre naheliegend.«

»Ich hätte es mir denken können. Äxgüsi, entschuldigen Sie.« Er legte einige Testkits für Antikörper auf den Tisch. »Für alle Fälle, nehmen Sie sie bitte. Vielleicht sind sie mal nützlich. Es war sehr nett, Sie kennengelernt zu haben.«

Kapitel 16

Zürich

Anfang Juni 2020

Die Autobahn A1 führte direkt von Bern nach Zürich. Dem Professor vom Institut für Virologie IVI in Bern hatte sie bewusst Genf als Reiseziel genannt. Es war als Location des Hauptsitzes der Weltgesundheitsorganisation WHO in jedem Falle plausibel gewesen. Falls der Professor oder einer seiner Teamkollegen Misstrauen schöpfen würde, so wäre sie unauffindbar gewesen. Mehr als eineinhalb Stunden benötigte sie nicht für die Wegstrecke. Im Großraum von Zürich kannte sie sich bestens aus. Zwischen 2002 und 2006 verbrachte sie die Jahre mit Jack in der Schweiz. Ihre Partnerschaft war von einer rein funktionalen Natur geprägt. Als Agenten der *Enco* wurden sie nach den Einsätzen im Sommer 2001 und den Anschlägen vom 11. September in eine obligate 4-jährige Quarantäne versetzt. Paarweise, wie auf der Arche Noah, wurden die Agenten-Pärchen zusammengewürfelt und weltweit an sicheren Orten *geparkt*. Die Zeit in der Schweiz war nicht die schlechteste gewesen und sie dachte gerne an die Jahre zurück. Wann immer sie aus der Deckung ausbrechen konnten, unternahmen sie Städtetouren quer durch Europa. Amsterdam, London und Paris. Auf einem dieser Trips im Jahr 2004 hatten sie Peter Berg und seine Frau Claudia kennengelernt. War es Schicksal gewesen? Seit sie ihn nach vielen Jahren in der Versenkung fast zufällig zu Beginn des letzten Jahrzehnts in London wiedergetroffen hatte, waren sie mehr oder weniger ein Paar. Manchmal zwar für Monate getrennt, doch die gemeinsame Zeit in der Enklave Hongkong hatte sie endgültig zusammengebracht. Sie wusste, dass sie gerne ihr Leben mit ihm verbringen würde, wenn die ganze Sache endlich zu Ende wäre. Er war ein freier Mann und genau der Richtige für sie. Sie drückte ihm die Daumen, dass er heil durch seine Mission in Berlin kommen würde.

Sie fühlte über den seitlichen Reißverschluss an ihrer schwarzen Lederjacke. Die Walter P99 formte sich spürbar hinter der Ledernaht ab. Die Waffe verlieh ihr das Sicherheitsgefühl, welches sie in diesen Tagen unbedingt brauchte.

Am frühen Abend erreichte sie die Stadtgrenze von Zürich. Sie nahm die Nordumgehung durch die Ortschaft Oerlikon und fuhr noch einige Kilometer weiter bis nach Dübendorf. Dort stattete sie dem kleinen Museum der schweizerischen Fliegertruppen am Militärflugplatz einen höflichen Kurzbesuch ab. Sie drehte eine Runde vorm Eingang und sinnierte, ob es ihren früheren Bekannten Hans Frey dort noch gab. Es waren viele Jahre seither vergangen. Ob er noch lebte? Früher hieß das Museum *Aviation Center Dübendorf*; heute prangte über dem Eingang ein moderner Schriftzug. *Flieger Flap Museum.* Nun gut, dachte sie. Sie wollte Hans nicht in Gefahr bringen. Niemand wusste, wie weit die Personenüberwachung reichte – auch bedingt durch die Epidemie.

Außerhalb des Dorfs nahm sie einen Schotterweg, der bergauf führte. Als sie keine Wohnbebauung mehr sah, suchte sie sich einen abgelegenen Rastplatz an einer Bergwiese und baute sich ihr Sekundenzelt auf. Inmitten der grünen Wiese war das blaue Zelt ein auffälliger Farbklecks in der Landschaft. Hätte sie einen knallroten Pulli in ihrem Gepäck gehabt, wäre die Farbkombination wieder komplett gewesen, dachte sie. Rot, grün, blau.

Die dünne Zelthaut war ideal für die Satellitenverbindung. Sie machte sich nicht die Mühe auszurechnen, wie spät es in der Zentrale in Hongkong war.

»Jungs. Helvetia Calling.« Sie lachte und hielt die Kamera aus dem Zelt hinaus. Mit der Zoomfunktion warf sie einige Milchkühe auf die Linse des *Communicators* und machte sich einen riesigen Spaß aus der Sache.

»Wisst ihr, was ich vermisse? Die Kühe sind nicht lila.« Sie lachte lauthals.

Aus Hongkong kam nur ein müdes *Hahaha*. »Schieß' los, Rosanna. Und bitte mit der Präzision eines Schweizer Taschenmessers. Wie war es bei dem Klonkrieger aus dem Sternbild des Großen Bern.«

»Hey, Joe. Ist heute dein humorvoller Tag? Der Professor ist ein faszinierender Mensch. Er kennt sich extrem gut aus. Ich habe unendlich viel über Impfstoffe gelernt – und jetzt würde ich mir jede weitere Impfung verdammt gut überlegen.«

»Erzähl mehr«, forderte Joe sie auf. »Bekomme ich eine Kurzzusammenfassung oder muss ich mich nachher auf die lange Version deines Reports gefasst machen?«

»Alles mit der Ruhe. Mit dem *ComX* sende ich dir später die ausführlichen Mitschnitte. Von mir bekommst du jetzt das exklusive Vorab-Exemplar. Wie fange ich am besten an? Drei Virus-Stämme haben wir angenommen, richtig? *A*, *B* und *C*. Wobei es bei *A* noch eine Zwischenmutation *A/1* zu geben scheint, die noch im Verborgenen lauert. Diese drei Stämme sind aller Wahrscheinlichkeit nach in Wuhan im WDCD Labor als Chimär-Viren mittels der *in vivo* Technik in lebenden Organismen entstanden.«

»In Ferkeln, ich weiß. Und dann sind die isolierten Viren auf mysteriöse Art und Weise geklaut worden. Irgendwo auf der Wegstrecke zwischen den beiden virologischen Instituten in Wuhan. Soweit waren wir schon.«

»Gut, gut. Ich wollte dich nur kurz antesten. Die ersten Viren waren so etwas wie die Ursubstanzen des SARS-CoV-2. Wenn man diese Miniaturmengen direkt auf die ersten menschlichen Opfer losgelassen hätte, wäre die Gefahr eines Ausbrennens des Virus sehr groß gewesen.«

»*Ausbrennen*, Rosanna, was heißt das?«

Sie zog den Reißverschluss vom Zelt zu und machte es sich in einer Ecke des Qeedo Zelts gemütlich. »Ausbrennen heißt, dass das Virus schneller wieder aus der Welt verschwindet als gedacht. Die erkrankten Menschen könnten sterben. Am Virus selbst oder an etwas anderem. Oder die Menschen werden so schnell so krank, dass sie gar nicht mehr effektiv andere anstecken können. Oder sie leben derart zurückgezogen, dass sie gar keinen Kontakt zu anderen Mitmenschen pflegen. In allen Fällen bedeutet es, Ende im Gelände. Zusätzlich wäre auch denkbar, dass die ersten Infizierten auf wundersame Weise bereits Antikörper besitzen und die Wirtszellen gar nicht erst befallen werden. Auch dann wäre das Virus schnell ausgestorben. Du siehst, es kann viel schief gehen, wenn es weltweit nur einige wenige Infizierte gibt.«

»Ja, das leuchtet mir ein, Rose. Deshalb warst du auch bei dem Schweizer Schlaumeier, um alles über die Virus-Vermehrung herauszufinden. Und? Wie geschieht das?«

»In der Horizontalen und in der Vertikalen. So läuft die Fortpflanzung ab. Eigentlich wie immer.« Sie lachte herzhaft. »Frag doch mal Tanja.«

»Hey, hey. Nur nicht persönlich werden. Wir waren bei den Viren und keinen Beziehungskisten.« Joe hängte seine Atemschutzmaske über die Webcam.

»Sei doch nicht gleich eingeschnappt. Von der horizontalen Virenvermehrung spricht man, wenn die Viren von Mensch-zu-Mensch, von Wirtszelle zu Wirtszelle wandern und sich auf diese Weise vervielfältigen. Dasselbe passiert bei der gezielten Infektion von Zellkulturen oder beim klassischen embryonierten Hühnerei. Bei den beiden letztgenannten Methoden werden die Viren isoliert und für Lebend-Impfstoffe beziehungsweise für Tot-Impfstoffe eingesetzt. Die vertikale Vermehrung wäre so etwas, wie es die Wissenschaftler aus Bern realisiert haben. Sie haben Teile der Genomsequenz vom SARS-CoV-2 in Hefezellen eingebracht. Sobald sich das Virus darin wieder selbsttätig zusammengesetzt hatte, wurde es anschließend durch die Hefe-Zellteilung vermehrt und danach in tierischen Wirtszellen wiederum infektiös gemacht. Also letztendlich war deren Klonen eine Kombination aus der vertikalen und einer horizontalen Vermehrung.«

»Verstanden. Horizontal, vertikal. Wenn die drei ursprünglichen SARS-CoV-2 Virenstämme also zunächst gezielt vermehrt werden sollten, so kommen dafür sämtliche Labore und Impfhersteller in Frage. Das grenzt den Kreis keinen Zentimeter weiter ein. Im Gegenteil.«

»Ja und nein, Joe. Weißt du, die Leute vom IVI in Bern sind dem virologischen Veterinärwesen zugeordnet. Wenn ich die Bemerkungen des Professors Revue passieren lasse, so könnte es vielleicht möglich sein, dass ein Veterinär-Hochsicherheitslabor, welches sich eigentlich mit der Virenforschung für Tierseuchen beschäftigt, für die Anzucht ausgewählt wurde. Ohne richtig involviert gewesen zu sein. Ohne zu wissen, welche neuen Viren sie vermehren sollten.«

»*Denn sie wissen nicht, was sie tun*«, tönte die Stimme aus Hongkong. »Aber du könntest damit richtig liegen. Ich werde die BSL-3 und BSL-4 Labore nach diesen Kriterien noch einmal durchforsten. Andererseits kämen nun auch sämtliche Hersteller von Impfstoffen in Frage oder nicht?«

Sie schüttelte den Kopf und konnte ihn jetzt auch wieder auf dem Monitor sehen. Er hatte die Atemschutzmaske von der Webcam abgenommen.

»Ich vermute, der Kreis der Beteiligten war sehr klein.«

»Okay. Dann konzentrieren wir uns auf die biologischen Hochsicherheitslabore mit dem Schwerpunkt *Viren für Tiere*.«

Sie sah, wie er seine Dokumente zusammenpackte und schloss daraus, dass er sich am liebsten bald schlafen legen wollte. In der ostasiatischen Großstadt war es mitten in der Nacht. Dennoch wollte sie ihre generellen Gedanken zur Sicherheit von Impfstoffen noch bei ihm loswerden.

»Joe, ich lass dich gleich in Ruhe. Nur für den Fall, dass bei dir eine Impfung anstehen sollte. Bei den Anzüchtungen in Zellkulturen kann es immer mal wieder zu Verunreinigungen kommen. Darauf bezog sich mein Hinweis von vorhin. Meistens werden die Zellkulturen aus Affennieren hergestellt. Und wer weiß schon, welche Nebenwirkungen wir uns dadurch einhandeln. Bis hin zu Krebserkrankungen. Angeblich stammt ein sogenanntes SV40-Virus aus der besagten Affenniere und kann durch verunreinigte Impfstoffe zum Lymphom-Krebs beim Menschen führen.«

»Jesses Maria. Das wäre ein Albtraum. Stell dir mal vor, wenn eine Affen-Nieren-Zellkultur für die alljährlichen Influenza-Viren noch Spuren von vorherigen Versuchen enthalten würde. Nicht auszudenken, wenn bei solch einem … *Unfall?* … die ganz normalen Grippe-Impfstoffe mit Spuren von SARS-CoV-2 verseucht wurden. Vielleicht sogar unwissentlich und unabsichtlich.«

»Joe!«, ermahnte sie ihn. »Wir haben es mit der ONE-C und der *Enco* zu tun. *Unabsichtlich* gehört nicht zu deren Wortschatz. Wenn die Influenza-Impfstoffe also verseucht sein sollten, dann war es kein Zufall. Dann wäre es eine perfide Methode gewesen, das neue Virus SARS-CoV-2 systematisch in die Welt zu bringen. Über Impfstoffe, die die Menschen eigentlich schützen sollten. Sie haben dann zwar keine Grippe bekommen, aber etwas Neues. Eine pneumatische Zeitbombe, die sporadisch verteilt in den

Impfkanülen steckte. Das wäre ein teuflischer Plan. Niemand könnte die untergemischten Präparate im Nachhinein herausfinden. Man müsste recherchieren, ob viele der ersten Erkrankten im letzten Herbst gegen die Influenza-Grippe geimpft wurden. Aber wie dem auch sei. Das gehört in den *to-do* Bereich für die Analyse der Verbreitungswege. Für uns muss zunächst im Fokus sein, das Labor für die Viren-Anzüchtung zu finden. Und vielleicht rechtzeitig den Stamm A/1 zu eliminieren, bevor er auf den Afrikanischen Kontinent losgelassen wird.«

Sie sah, wie Joe sich erhob. »Für morgen sollte alles klar sein. Du weißt, wo du den Typ alias Tommie Parker findest. Sein aktueller Deckname lautet Tiberius Potter. Sehr blumig. Die Adresse habe ich dir auf dein *ComX* geschickt. Denk daran, morgen die Akkus aufzuladen. Du gehst auf den Reservebereich zu. Gute Nacht.«

Sie sagte nichts mehr, sondern winkte ein zweimal in die Kamera und loggte sich aus der Videokonferenz aus.

* * *

Am nächsten Morgen wurde sie von einem landestypischen tierischen Konzert geweckt. Es war noch vor Sonnenaufgang, als die Kühe von der Nachbarwiese lautstark den Tag ankündigten.

Rosanna wählte für das Treffen ihr Alltags-Outfit mit der Jeans, der weißen Bluse und den hellbraunen Stiefeletten. Sie verstaute ihre Sachen im Rucksack und begutachtete die Moto Guzzi. Mit dem Motorrad war alles in Ordnung. Sie setzte sich auf die Sitzbank und studierte auf dem *ComX* die Instruktionen von Joe. Die Zieladresse lag zentral in Zürich. Es handelte sich um eine Penthouse-Wohnung mit einer Sicht auf den Üetliberg und das Alpenpanorama mit den ersten Jura-Zügen. Laut dem Exposé war das Wohnzimmer zweigeschossig angelegt und versprach einen unverbaubaren Blick auf den Zürichsee. Leben und Wohnen in 80 Meter Höhe.

»Sehr geschmackvoll und ansprechend«, sagte sie zu sich selbst, als sie einige fotografische Abbildungen der Inneneinrichtung sah. »Doch der Typ hat sich seinen luxuriösen Lebensstil mit schmutzigem Geld finanziert. Ein mieser dreckiger Auftragsmörder. Hey, Assassin, du wirst dich über den heutigen Besuch nicht freuen können.«

Sie war im Begriff einen tiefen Hass gegen den Killer aufzubauen und musste aufpassen, dass sie sich nicht in eine Vendetta verrannte. Schließlich war der Mann nur ein unwichtiger kleiner Fisch im großen Haifischbecken der Attentäter. Sie prägte sich die Route ein und ging ein letztes Mal ihre Rolle durch. Wenigstens konnte sie nahezu das Pseudonym vom Vortag beibehalten. Frau Feld. Susanne Feld. Sie war eine Beauftragte des Nationalen Mobilfunkproviders NATEL, die im Rahmen eines weitläufigen Feldversuchs die Netzwerkabdeckung an den sogenannten City-Hotspots überprüfen sollte. Der Köder musste dem Fisch schmecken und nicht dem Angler, hatte Joe seine Taktik für die Kontaktanbahnung beschrieben.

Sie schüttelte den Kopf, als sie über die letzten Zeilen der Korrespondenz flog. Es las sich beinahe wie eine unterschwellige Anmache. Jedenfalls hatte der Fisch aus dem Penthouse angebissen und einem Treffen in seiner Wohnung zugestimmt. Im Ort besorgte sie sich noch einen hell beigefarbenen Trenchcoat, der ihr ein alltägliches Aussehen für den Termin verleihen sollte.

* * *

Sie klemmte den Motorradhelm seitlich an den Rucksack und brachte sich in Positur, als sie den Klingelknopf drückte. Dann rückte sie ihre schwarze Sonnenbrille zurecht und strich sie durch das blonde schulterlange Haar ihrer Perücke. Joe wusste genau, auf welchen Typ Frau der Mann aus der Penthousewohnung abfuhr. Für Rosanna war klar, dass es irgendwo im Hausflur eine versteckte Kamera gab und der Mann sie bereits auf seinem Schirm hatte. Aus dem geriffelten Lautsprecher ertönte eine ruhige Stimme. »Kommen sie herein, Frau Feld. Ich öffne ihnen die Tür. Und dann nehmen sie bitte den Lift bis in die oberste Etage.«

* * *

Der Mann entsprach exakt dem Bild, welches sie von ihm abgespeichert hatte. Schwarzes wuscheliges Haar. Ein rundes Gesicht. Die Körpergröße? Nicht allzu groß, vielleicht 1,75 Meter. Er stand in der Tür, das weiße Baumwollshirt hing locker über seiner Jeans, die oberen Hemdknöpfe waren geöffnet und sein schwarzes Brusthaar kräuselte sich am Kragen. Instinktiv schaute sie an ihm hinab und bemerkte, dass er barfuß war.

»Kommen Sie herein, schöne Frau.« Seine Worte schlossen sich nahtlos an die vorherige schriftliche Kommunikation an, die allerdings über Joe gelaufen war. Sie beschloss, das Spiel mitzumachen.

»Sie wohnen sehr nett hier oben. Wie auf einer Wolke.«

»Schön haben Sie das gesagt, Frau Feld. Ich mag intelligente Frauen. Und wenn sie dann noch so attraktiv wie Sie sind. Wollen Sie Ihren Mantel ablegen? Durch meine großzügigen Fensterfronten gelangt recht viel Sonnenlicht in meine bescheidene Behausung und die Räume heizen sich schnell auf.«

»Solange das nur für die Räume gilt.« Sie lachte vieldeutig. »Ihr Ausblick von hier oben ist wirklich prächtig.«

Er verstand ihre Begeisterung als Aufforderung, ihr die Wohnung zu zeigen.

»Wissen Sie, ich habe mir gesagt, *Weniger ist mehr.* Deshalb habe ich meine überschaubaren Räume auf den 218 Quadratmetern so puristisch wie möglich eingerichtet. Hier neben der Küchenzeile ist meine kuschelige Schlafecke.«

Er breitete seine Arme aus und wies auf die doppelstöckigen grauen Matratzen hin, die bis ans raumhohe Panoramafenster heranreichten.

»Bei sternenklarer Nacht kann man aus dem Bett die Sternschnuppen beobachten. Es ist fantastisch. Wenn Sie Lust haben, können wir uns das nachher vielleicht noch etwas näher ansehen.« Er blinzelte mit seinen Augen.

Rosanna legte den Kopf zur Seite. Sie konnte es kaum fassen. Was für eine billige Anmache. Sah sie etwa sexuell so ausgehungert aus? Sie lächelte. »Chaque chose en son temps. Alles zu seiner Zeit.«

Inmitten des offenen Wohnraums befand sich ein Bücherregal in Form eines Raumteilers. »Es bietet Platz für 2000 Bücher ...«, gab er an.

»... die Sie jedoch weder gelesen haben noch in Ihre nette kleine Wohnung hineinquetschen würden.«

Für einen kurzen Moment lang war er irritiert und wusste nicht so recht, damit umzugehen. *Sie machte Witze,* schlussfolgerte er schließlich und lachte - wenn auch etwas gekünstelt. Er stellte sich neben die Eingangstür vor den bis zum Boden reichenden Wandspiegel.

»Noch ein weiterer Leckerbissen findet sich hinter diesem Wandvorsprung. Es ist eine Stiege aus Edelstahl, die in mein Obergeschoss führt. Zu meinen alternativen Schlafgemächern. Es ist immer wichtig, gut ausgeruht zu sein.«

Ein klein wenig perplex war sie nun wirklich. Hätte Joe das Wording in der Kommunikation während der Vorbereitungsphase nicht ein bisschen abschwächen können? *Der Typ ging ja ran wie Blücher,* dachte sie.

»Möchten Sie etwas trinken? Vielleicht können wir gemeinsam auf eine gute Netzwerkverbindung anstoßen, Frau Feld. Oder darf ich Susanne sagen?«

Er zog eine Kühlschublade auf und stellte eine Flasche *Veuve Clicquot* auf den Marmortisch. Zwei eisgekühlte Champagnergläser platzierte er gleich daneben. Erwartungsvoll zog er beide Augenbrauen nach oben und zauberte mit einem Lächeln alle Sympathie in sein Gesicht, die er abrufen konnte. Vergeblich. Rosanna sprang nicht darauf an.

»Die gute Witwe Clicquot. Die junge Veuve zählte erst 27 Jahre, als sie die Luxusmarke erfand. Anstoßen? Später vielleicht. Erst muss ich den Status Ihrer drahtlosen Netzwerke dokumentieren.«

Sie legte ihren leichten Mantel ab und wühlte in ihrem Deuter-Rucksack nach dem *ComX* Gerät. Sie ließ die Kommunikationsplattform ausgeschaltet, startete jedoch den Netzwerk-Scanner. Die Grafiken auf dem Monitor waren eindrucksvoll. Gleich mehrere Netze erschienen parallel in den Grafiken, die sich ständig neu aufbauten.

»Sehen Sie, wie gut die Abdeckung der Wellensegmente ist, Herr ... wie darf ich Sie nennen?«

»Ich bin Tiberius Potter. Sagen Sie doch einfach Tibb zu mir. Ich meine, es ist doch an der Zeit, dass wir uns duzen. Wenn wir gleich im Bett landen und eine Runde ficken, wäre ein *Sie* doch etwas zu förmlich oder stehen Sie auf perverse Spiele, Susanne?« Er knöpfte sich einen weiteren Hemdknopf auf.

»Worauf ich stehe und wonach ich suche, werde ich an diesem Ort wohl bestimmt nicht finden. Smarte Intelligenz, tugendhaftes Verhalten, gesunder Menschenverstand und Liebe. Und über meine Vorlieben im Sexleben werde ich nicht mit Ihnen sprechen, Herr Tiberius Potter. *T.Potter*. Klingt wie *Teapot*, finden Sie nicht auch? Etwas gekünstelt. Eine Teekanne. Wow.«

Er stand völlig sprachlos im Raum, die Augen weit aufgerissen. Sie setzte weiter nach.

»Apropos Teapot. Wahrscheinlich sagt Ihnen die *Operation Teapot* nichts, oder? Das war 1955. In der Wüste von Nevada betraf diese Operation die elfte Serie der amerikanischen Kernwaffentests. Und Sie träumen davon, dass hier in Ihrer Wohnung heute Nachmittag irgendetwas Geiles passiert? So viel kann ich Ihnen versichern, das einzige, was sich hier aufbauen wird, sind die Grafiken auf meinem Monitor. Für alles andere gilt heute ein *Hängen im Schacht*. Wie ich schon sagte. *Chaque chose en son temps.* Und heute ist es nicht an der Zeit, Herr Tiberius Potter oder soll ich Sie Tommie Parker nennen?«

Er wurde augenblicklich kreidebleich. Seine Hände zitterten unwillkürlich und er versuchte sich das Hemd wieder zuzuknöpfen.

»Wer sind Sie? Wer … wer … sind Sie wirklich? Sie … wollen doch nicht die ... Netzwerke bei mir … überprüfen? Sie … Sie … haben gar kein Interesse ... an einem Date?«

Er stotterte. Wieso warf die Frau den Namen Parker in den Raum? Er war völlig durcheinander.

»Sie irren schon wieder. Das Date stand immer im Vordergrund. Nur dass bei mir eine diametral andere Interessenlage vorliegt als bei Ihnen, Tommie Parker.«

»Hey, ich bin nicht … Tommie … Parker«, beharrte er.

»Ich weiß. Tommie ist tot. Sie haben ihn abgeschlachtet. Oder wie würden Sie den Auftragsmord nennen? Geschehen in Wuhan im September 2019. Sind Sie auch einer der Gestörten, die beim Killen einen Lieblingssong hören? Ja, Sie sind so einer. Wie lautet Ihr Song?«

Er schwieg. Einen Moment zu lange.

»Wie lautet Ihr Song?«, schrie sie ihn an.

»Bo...le...ro.« Er flüsterte fast.

»Anmachen«, befahl sie und behielt ihn genau im Auge. Er brauchte nur die Fernbedienung betätigen und wie automatisch starteten die eingängigen Rhythmen. Erst leiser, dann allmählich immer lauter werdend.

»Ravel also? Okay. Wissen Sie, Tiberius, Tommie, oder wie immer Sie sich nennen. Ich war selbst in der *Enco*. Viele Jahre lang. Und für die besonders dreckigen Aufgaben gab es immer die Handlanger des Todes. Die Kontrakt-Killer, die die Drecksarbeit übernehmen mussten. Ihr Pech ist, dass ich die Seiten gewechselt habe. Tommie Parker und seine Familie haben keinen Anwalt, der ihnen zum Recht verhelfen kann. Sie, Tiberius, sind damit durchgekommen, ohne Rechenschaft ablegen zu müssen. Bis jetzt.«

Sein Puls raste bis an den Hals. Er wirkte vollkommen eingeschüchtert und fragte sich beständig, was sie wusste und woher.

»Sie waren in China. In Wuhan. Und Sie haben Tommie getötet, um seine Rolle für eine Serums-Übergabe einzunehmen. In diesem Zusammenhang haben Sie die Medikamente ausgetauscht, stimmt's?«

Langsam nickte er. »Ja, ich habe bloß das Serum umgefüllt. Bei einer einzigen Ampulle. Ich habe nur meinen Job gemacht. Es war für einen Alzheimer-Patienten, glaube ich.«

»Jedenfalls war er der Erste, der mit dem SARS-CoV-2 infiziert wurde. Von wem hatten Sie die Viren-verseuchte Probe bekommen? Steckte Victoria dahinter?«

»Sie … Sie wissen von … Victoria?«

»Ich kenne die Schwester, ja. Also, 'raus mit der Sprache. Wer gab Ihnen das Zeugs? Ich nehme an, die Übergabe erfolgte in China?«

»Na klar, was denken Sie denn? Dass ich mit dem tödlichen Serum freiwillig um die Welt reise? Das gehört nun wirklich nicht zu meinem Metier.«

»Nennen Sie mir einen Namen!«, schrie sie ihn an.

Er kniff die Augen zusammen und versuchte, seine Situation zu beurteilen. Eigentlich war ihm nicht nach einer kooperativen Mitarbeit zu Mute. Und er durfte über keine Details sprechen. Doch die Frau in seiner Wohnung hatte etwas außerordentlich Bestimmtes an sich und flößte ihm mächtigen Respekt und vor allem Angst ein.

»Es gibt keine Namen. Sie kommen offensichtlich aus der Branche, dann wissen Sie doch Bescheid. Es war eine kleine unscheinbare Frau, die mir die Flasche am Flughafen in die Hand drückte. Sie nannte mir das Codewort und machte noch ein oder zwei Bemerkungen. Ich sollte vorsichtig mit dem Serum umgehen, es hätte bereits eine sehr lange Reise hinter sich. Und sie sollte mir Grüße von Victoria ausrichten. Das war alles. Ich kenne keine Victoria. Und ich kannte auch die dunkelhaarige Chinesin nicht.«

»Eine Chinesin? Kam Ihnen das nicht ungewöhnlich vor?«

Er schüttelte wortlos den Kopf.

»Das Codewort. Wie lautet der Name der Operation?«

Der Auftragsmörder zögerte. Er durfte darüber nichts sagen, sonst hätte er die Demarkationslinie überschritten. Die Gedanken rasten durch seinen Kopf und er überlegte krampfhaft, welche Waffen er in den Schränken versteckt hielt und welche davon am nächsten war.

»Ich … ich weiß es nicht. Gehen Sie jetzt.« Er machte einen Schritt zur Seite und stand mit dem Rücken zur Eingangstür.

»Wenn Sie leben wollen und nicht über das Codewort sprechen dürfen, dann schreiben Sie es auf, Mann. Oder haben Sie es bereits irgendwo notiert?«

Sein Blick fiel unwillentlich auf sein imposantes Bücherregal. Rosanna wusste die Augenbewegungen zu deuten.

»Keine Überraschung, Tibbi. Welche Buchempfehlung würden Sie mir geben, wenn Sie die erotische Literatur für einen Moment ausblenden?«

»Lesen Sie das Standardwerk über Mao Zedong Zhuan. 1949 bis 1976. Es sind zwei Werke mit fast 1800 Seiten. Die Seite 1670 fand ich besonders bunt beschrieben.«

Seine Worte kamen wie aus der Pistole geschossen. Wie fremdgesteuert hatte er die Hinweise nur so hinunter gerattert. Als hätte er sich seine Geheimnisse und Gewissensbisse von der Seele geredet, drückte er demonstrativ seinen Oberkörper durch. Er hatte wieder Oberwasser bekommen.

»Jetzt trinken wir etwas, Susanne. Auf unsere neu definierte Partnerschaft.« Er ging mit langsamen Schritten auf den Marmortisch zu.

»Gar nichts werden wir zusammen machen. Nicht trinken, nicht ficken. Sie legen sich jetzt ganz allein in Ihr Bett mit dem Panoramablick und ich werde Sie an die Matratzen fesseln. *Fifty Shades of Zurich*. Diese Version kennen Sie bestimmt noch nicht.«

Was dann folgte, geschah im Bruchteil von Sekunden. Der Killer machte einen Ausfallschritt an der Wand entlang und gelangte zu einer weißen Vitrine. Er drehte sich blitzschnell um und öffnete ein Klappfach. Rosanna beobachte sein Treiben. Instinktiv fiel ihr Blick auf den Wandspiegel neben der Wohnungstür und sie sah, wie er aus dem Klappfach eine Waffe in die Hand nahm. Ihre Reaktionsgeschwindigkeit rettete sie. Im Handumdrehen griff sie nach der Walther P99 in ihrer Jackentasche und zielte auf seinen Oberkörper. Als er sich ruckartig zu ihr wandte, drückte Rosanna ab. Es gab keine manuelle Sicherung. Die Waffe war sofort schussbereit gewesen und musste weder entspannt noch geladen werden. Ihre Schüsse waren zielgenau und tödlich. Der Mann verdrehte seine Augen und sackte in sich zusammen. Alles war so schnell gegangen. Durch den Schalldämpfer war von den Schüssen des 9mm Kalibers nicht viel zu hören gewesen. Kurz, dumpf und ohne jeden Hall. Der Mann war tot.

Rosanna ging zu ihm und fühlte mechanisch seinen Puls. Sie schloss ihre Augen und formte die Lippen zu einem *O*. Dann atmete sie mehrmals kräftig aus, bis es einen sehr erschöpften Klang markierte. Es war gut. Jetzt war es gut.

* * *

Sie hatte keine Idee, wie lange sie in der Hocke an die Wand angelehnt mit verschlossenen Augen neben dem toten Körper verharrte. Wie aus dem Nichts riss sie plötzlich die Augen auf und war hellwach. Der Bolero von Ravel lief im Wiederholungsmodus und das Stück begann von vorn. Sie knallte mit der Pistole gegen den Ausschaltknopf und die Musik verstummte.

»Das Ende von Tiberius Potter kam schneller als das Ende der CD. Wer hätte das gedacht?« Sie führte Selbstgespräche und holte aus dem Bad ein großes Handtuch, um den Leichnam abzudecken. Doch sie machte sich nicht die Mühe, die Blutlache auf dem Holzparkett wegzuwischen. Stattdessen nahm sie die Baumwollhandschuhe aus dem Rucksack und zog sie sich an.

»Das Codewort. Mao Zedong. Shit, shit, shit. Der Kerl hat ja viel mehr Bücher im Schrank, als er je gelesen hat.«

Sie stand vorm Regal, ihren Kopf auf die linke Schulter gelegt und las die jeweiligen Titel auf den Buchrücken.

In der linken Hosentasche wurde plötzlich der Vibrationsalarm vom *ComX* ausgelöst. Es war Joe.

»Ist bei dir alles okay? Keine Verluste? Bist du noch in der Wohnung, Rose? Zwischendurch riss das Signal ab ...«

Voller Unverständnis schmiss sie das Gerät gegen ein Lexikon. »Das waren drei Fragen auf einmal. Bist du verrückt, Joe? Ich wäre hier fast draufgegangen und du hast diesen Idioten auch noch vorher so spitz wie Nachbars Lumpi gemacht. Shame on you.«

Es herrschte Funkstille. Auf beiden Seiten. Sie fasste nach dem Gerät am Boden. »Joe? Bist du noch da?«

»Hey, hey, hey, das hörte sich an wie ein Wutausbruch. Du kannst von Glück sagen, dass die Dinger so robust sind. Sorry für meine Fragen – aber das Setting für das Date ist nicht auf meinem Mist gewachsen. Der Typ tickt nun einmal so. Wo ist er übrigens?«

»Tot, mausetot. Sein Blut verschmutzt gerade das ganze schöne Parkett. Es ist ein Jammer. Um den Holzfußboden, nicht um den Killer. Er kannte das Codewort für die Operation und das Ausgangsserum hatte er im September 2019 von einer Chinesin bekommen. In Wuhan, am Flughafen, sie war schwarzhaarig. Er steht auf klassische Musik von Ravel. Bolero & Co.«

»Ich habe kein Wort kapiert. Du bist ja noch völlig durch den Wind. Der Kerl ist also tot. Warst du …?«

»Joe, ich habe ihn liquidiert. Gezwungenermaßen. Können wir das Thema damit beenden?«

Wortlos nickte er in die Kamera und wartete auf ihren Kommentar.

»Sagt dir der chinesische Führer Mao Zedong etwas? Check bitte mal schnell, ob der schlitzäugige Diktator irgendetwas mit Wasser zu tun hatte. Mit der Farbe Blau.«

»Uihh. Wie kommst du jetzt auf Mao? Aber okay, ich werde parallel danach suchen.«

Sie schritt das Bücherregal systematisch ab, bis sie bei einer Doppelausgabe fündig wurde. Es war die chinesische Ausgabe, aber zweifelsfrei das Werk, worauf sich der Killer bezogen hatte. Sie nahm den zweiten Band heraus - in der Annahme, dass sich darin die besagte Seite befinden würde. Die Seite 1670 musste sich ziemlich weit am Ende befinden. Sie blätterte durch die Seiten, bis sie einen Knick an der oberen rechten Buchseite bemerkte. Offensichtlich war sie auf dem richtigen Weg. Sie blätterte eine Seite weiter, da es sich um eine gerade Zahl handelte. Unter den

Textzeilen befand sich dort eine handschriftliche Notiz neben der Paginatur. *1670* stand dort. Klar und deutlich. Die Ziffernfolge hatte in jedem Falle etwas damit zu tun. Über den chinesischen Schriftzeichen gab es Notizen, die mit einer blauen Tinte verfasst worden waren. Das einzige Wort in Versalien lautete *Herbin*. Die anderen Fragmente ergaben keinen Sinn und außer den Worten *Anniversary* und *Ocean* konnte sie nichts entziffern. Joe verfolgte ihre Entdeckungen und rief plötzlich lautstark ins Mikrofon.

»Genial. Es handelt sich um eine Tinte. *Herbin* bezeichnet klassische Tinten. Seit dem Gründungsjahr 1670 hatte der französische Seemann Jacques Herbin mit hochwertigen Siegellacken und Farbstoffen gehandelt. Nun halt dich fest. Vor acht Jahren gab das Unternehmen eine nostalgische Referenztinte zu Ehren des Gründers heraus. Die *Herbin-1670-Ocean Blue*. Na, was sagst du jetzt?«

»Wie hieß die Tinte? *Herbin-1670-Ocean Blue*? Spitze. Das muss der Name der Operation sein. Abgekürzt *Operation Herbin Blue*.«

»Noch ist es eine Vermutung, Rose. Übrigens, während du weiter die Wohnung durchkämmst, lade bitte in der Zwischenzeit dein *ComX* auf. Der Akku geht zur Neige.«

Sie kramte das Ladegerät aus einer Seitentasche des Rucksacks und klemmte den *Communicator* an eine Steckdose. Dann ging sie zum Marmortisch und füllte eins der Gläser mit dem Champagner. Sie hob den Kelch und prostete in Richtung des toten Körpers.

»Cheers, Teapot. Wenn du verheiratet gewesen wärst, gäbe es jetzt eine Veuve mehr in dieser Welt.« Sie trank das Glas in einem Zug aus. Dann riss sie sich die Perücke vom Kopf und warf sie auf das Handtuch, das den Leichnam bedeckte.

»*Chaque chose en son temps*. Nun ist es an der Zeit, in deine heimlichen Schatullen zu schauen, welche dreckigen Geheimnisse du in 80 Metern Höhe aufbewahrst.«

Rosanna verstand ihr Handwerk. In Windeseile zog sie die Schubladen aus dem Sideboard und entleerte den Inhalt auf dem Boden. Das meiste davon war für ihre Suche unnütz. Im Kleiderschrank stieß sie unter der fein säuberlich aufgestapelten Unterwäsche auf eine schwarze Aktenmappe. Sie war sich auf Anhieb sicher, fündig geworden zu sein.

»Ein Pedant. Der Typ war ein Pedant.« Sie nahm die Mappe mit zum *ComX* und hielt die einzelnen Seiten vor die Linse, so dass Joe am anderen Ende der Leitung sofort mitlesen konnte.

»Siehst du das? Er hat alles akribisch aufgelistet. In ordentlicher Druckschrift. Man findet jeden einzelnen Auftragsmord. Datum, Umfang, Kontaktpersonen. Eine Bilanz des Todes. Ich vermisse die Einträge aus dem September 2019.« Sie blätterte in den Unterlagen vor und zurück. »Die betreffende Seite scheint herausgerissen zu sein. Merkwürdig.«

»Zeig mir alle Seiten vorher und nachher einzeln, ich werde einige Screenshots anfertigen und mit den Bildbearbeitungsprogrammen eine Multilayer-Kontrast-Analyse vornehmen. Vielleicht finde ich etwas zwischen den Zeilen.«

Parallel las sie die Einträge selbst mit. »Joe, wenige Monate vorher, im Frühjahr 2019 war unser Killer schon mal in Ostasien. Der Eintrag ist höchst interessant. *Treffen mit Messenger LX / Venetian Macao / Operation Herbin Ocean Blue / 100k USD / Datum 1.Mai / Tag der Arbeit … es geht los*. Das könnte ein Anhaltspunkt sein. Es kommt einiges an Arbeit auf dich zu. Das *Venetian* ist soweit ich mich erinnere ein Luxushotel und Casino. Da dürfte es massenweise CCTV Kameras geben. Es wird eine wahre Fundgrube sein und deine Bilderkennungsprogramme werden heiß laufen. Übrigens, hast du gesehen, dass er beim Wort *Ocean* die beiden Buchstaben *e* und *a* eingekreist hat. Was könnte das bedeuten? Es ist sicherlich kein Zufall.«

»Keine Ahnung. Ich jage die Infos durch meine AI-Systeme. Mal sehen, was die *Artificial Intelligence* dazu herausfindet. Blättere mal ein paar Seiten weiter, ich will doch sehen, was in der Zukunft passiert.«

Vorsichtig wendete sie mit ihren Baumwollhandschuhen die Seiten und blieb an einer Seite mit zahlreichen Einträgen hängen. Auf den Seiten zuvor schien es sich nur um die monatliche Auflistung seiner sonstigen Kosten und Ausgaben zu handeln. Hier jedoch ging es ums Ganze.

»Wow. Das sieht nach einem strammen Programm aus. Ab September herrscht auf seinem Wochenplan die Hauptsaison. Im zweitägigen Rhythmus folgen ... lass mich zählen ... fünfzehn, nein sechzehn Einsätze. Seine Kompensationen gehen bei jedem Auftragsmord um weitere 50k US-Dollar nach oben. Plus Spesen. Eine äußerst lukrative Serie. Die entgeht ihm jetzt ...«

»Jesus. Das ist eine Millionensumme. Sechzehn Mal 250 Tausend als Basis macht vier Millionen Dollar. Und die Erfolgsprämie, die sich nach jedem erfolgreichen Attentat um 50 Tausend steigert, bringt nochmals sechs Millionen. Das wäre ein Zehn-Millionen-Dollar Deal gewesen. Heiliger Strohsack. Ohne ihn passiert jetzt nichts, oder?«

Sie rümpfte die Nase und stemmte ihre Arme in die Hüften. »Du vergisst, dass die ONE-C als Auftraggeber dahintersteckt. Die Messenger sind die Verbindungsleute, über die mit der *Enco* und mit den Killern kommuniziert wird. Glaub ja nicht, dass eine solch umfangreiche Serie einem einzigen Attentäter aufgetragen wird. Allein anhand der Erfolgsprämie siehst du, wie unwahrscheinlich es eingeschätzt wurde, dass einer allein alle Zielobjekte erledigen kann. Es stehen mindestens drei weitere in petto und bleiben solange in der Wartestellung, bis sie aktiviert werden. Dennoch kann es gut sein, dass die Daten für die geplanten Auftragsmorde unverändert beibehalten werden. Je nachdem wie schwierig es ist, die Opfer in den Bewegungsprofilen an bestimmte Orte zu lotsen oder bereits zu wissen, wann sie dort sein werden. Es sind weder Ortsangaben noch Zeiten dokumentiert. Stattdessen sieht es nach Geo-Koordinaten und dem Universal Time Code UTC aus. Okay, Screenshot und Decodierung sind deine Aufgabe, Joe. Wenn wir schnell sind, können wir vielleicht rekonstruieren, um welche Zielpersonen es sich handelt und die Attentate verhindern. Hier, die GPS-Kennung vom Anschlag Nummer Vier sieht nach New York aus. Und es würde mich nicht wundern, wenn du auch Jerusalem unter den letzten fünf findest.«

Die Ermittlungen nahmen an Geschwindigkeit zu. Es traten immer mehr Details zu Tage. Rosanna spürte, dass die Zeit knapp werden konnte. Sie und ihre Rebellen verfügten kaum über die ausreichenden Ressourcen, um sechzehn geplante Auftragsmorde zu lokalisieren und zu verhindern. In diesem Augenblick ertönte ein mehrstufiges Alarmsignal auf dem *ComX*. Es war das internationale Warn- und Gefahrensignal. Ein langer Ton gefolgt von vier kurzen Tönen in ständiger Wiederholung.

»Pack deine Sachen, Rosanna. Wenn dort noch irgendwo Spuren von dir sind, beeile dich mit der Beseitigung. Das AI-System hat eine Gefahrenlage in Berlin detektiert.«

In Berlin?, schoss es ihr durch den Kopf. Peter war in Berlin und wollte sich mit einem Verbindungsmann aus der Politik treffen. *Was konnte das Alarmsignal bedeuten?*

»Shit, das heißt, ich düse jetzt quer durch Deutschland mit meiner Moto Guzzi? Komme ich da überhaupt hinein oder wie sieht es mit den Sicherheitsmaßnahmen an den Grenzen aus? Joe, du arbeitest mir den Plan aus, okay?«

Sie zog sich ihr Alltags-Outfit aus und drehte das *ComX* auf die Rückseite. »Ich werde mich für die Autobahnfahrt wieder in meine Lederkluft zwängen.«

Rosanna vermisste eine Rückmeldung von ihm. »Hallo Joe, ich kann dich hören – vorausgesetzt du sagst etwas.«

Sie hörte ein Rascheln, als ob er gerade Papiere sortierte.

»Sorry, für die Pause. Aus meinem Drucker kamen soeben zahlreiche Ausdrucke zur Codewort-Recherche. Später schicke ich dir einen vollständigen Report. In aller Kürze. *Ocean* und die additive Grundfarbe *blau* scheinen zu passen. *Herbin* hingegen könnte ein Wortspiel sein. Erinnerst du dich an die eingekreisten Buchstaben bei *Ocean*? Das *a* und *e*? Wenn du bei *Herbin* das *e* tauscht …«

»Harbin.« Sie nahm das *ComX* wieder in die Hand und verstaute das Ladegerät als Letztes im Rucksack. »Das ist eine Großstadt im Nordosten von China. Gab es dort nicht auch ein Labor?«

»Hundert Punkte, Rose. Harbin ist noch relativ neu auf der Landkarte der BSL-4 Labore. Im Sommer 2018 wurde dort in China das zweite 4er Biolabor nach Wuhan feierlich eröffnet. Harbin ist bekannt für die virologische Schwerpunktforschung im Veterinärbereich. Bingo.«

»Das Bild fügt sich zusammen. Wir können die Punkte verbinden. Die haben das Projekt perfekt nach dem Prinzip des *Divide et impera* durchgezogen. In Wuhan waren die Wissenschaftler um Professorin Shang-Yin-Lan nach dem Virenraub völlig perplex und vor ein Rätsel gestellt. In Harbin wusste umgekehrt niemand, welche neuen Kulturen bei ihnen angeliefert wurden und woher sie kamen. Es ist so einfach und naheliegend. Drei von vier Stämmen des SARS-Cov-2 wurden ab September 2019 über die bekannten Kanäle in die Welt gebracht. Einen Virenstamm, den A/1er, haben die Drahtzieher noch zurückgehalten und sparen ihn sich für die nächste Welle auf. Ich frage mich nur, wie es der ONE-C gelungen sein soll, unter den Augen der chinesischen Diktatur derart effektiv die Fäden in der Hand zu behalten. Sie müssen über ausgezeichnete Kontakte verfügen. Bis hin zu sehr einflussreichen Größen in der Politik, der Wirtschaft oder dem Militär. Können wir Martijn zurück nach China schicken? Oder besser zuvor nach Macao, wenn du den Background des Messenger-Treffens im Venetian Casino besser einschätzen kannst.«

Joe machte sich Notizen. »Geht klar. Zu Berlin weiß ich noch nichts Genaues. Ich melde mich mit den Infos, sobald ich kann. Nun sieh zu, dass du loskommst. Vor dir liegen über 800 Kilometer und mindestens ein Tankstopp.«

Sie hatte den Integralhelm bereits aufgesetzt und tippte sich ans Visier.

»Richte meine Grüße an Jack aus und sag ihm, dass Zürich vor 15 Jahren ein friedlicheres Pflaster war. Gönnt euch ein Bier auf den Zwischenerfolg – aber erst, nachdem ihr mit den Analysen fertig seid.«

Er spielte im Hintergrund ein Musikstück von Leonard Cohen ein. *First we take Manhattan*, in der Version von Jennifer Warnes.

»Cheers Rosanna. Gute Fahrt. *Then we take Berlin*.«

Kapitel 17

Berlin

Anfang Juni 2020

Endlich hatte Peter das grüne Licht aus Hamburg bekommen. Regelmäßig hatte er sich am Ende jeder Woche bei seinem Kompagnon gemeldet. Und fast jedes Mal wurde er von Frederik vertröstet. Am Anfang hatte es nach immer einfallsreicheren Ausreden ausgesehen, schließlich wurde alles auf die Pandemie und die Kontaktbeschränkungen geschoben. Deutschland war im Entwöhnungsmodus angekommen. Der Konsum hatte ein Allzeit-Tief erreicht. Die Menschen gingen sich aus dem Wege und hatten scheinbar verlernt, was Herzlichkeit und persönliche Nähe bedeutete. Die Kommunikation beschränkte sich auf die Social-Media Kanäle und auf Videocalls. Peter war froh, dass sich mit dem Monat Juni endlich die langersehnte Entspannung ankündigte.

Auch wenn bei seinen Kollegen in Hongkong die Skepsis überwog, so war er wild entschlossen, die politischen Kontakte von seinem Geschäftspartner zu nutzen und falls es sein musste, auch die ganze Geschichte publik zu machen. Er setzte all seine Hoffnungen darauf, dass es der richtige Weg war. Im Vorfeld hatte er sich viele Notizen gemacht, wie er seine Darstellungen am besten ordnen könnte. Denn er wusste nicht, wie viel Zeit ihm für das Gespräch überhaupt eingeräumt werden würde. Er warf einen Blick auf die Visitenkarte. Mehr als ein Name und eine Adresse waren darauf nicht vermerkt. Josef Neuland.

Es klang nach einem Allerweltsnamen. Was hatte ihm sein Kompagnon Frederik empfohlen? Er sollte sich zur angegebenen Adresse fahren lassen und an der Gegensprechanlage nach diesem Namen fragen. Alles andere würde sich dann von selbst ergeben. Berlin wartete nicht auf ihn, aber Peter sah voller Spannung dem Treffen mit dem Unbekannten entgegen.

* * *

»Ick kenne ja nun mal viele Straßen hier in Berlin und gerade in diesem Viertel is mir eegentlich schon jedes Häusken mal untergekommen, aber det is mir neu. Dorthin habe ich noch nie jemanden gebracht. Wer soll denn da wohnen?«

Peter zuckte mit den Schultern. Er hatte genau so wenig eine Ahnung wie der Taxifahrer. Sein Blick fiel auf das Brandenburger Tor und die von dort aus beginnende Straße *Unter den Linden*. Diese Stelle markierte bis 1989 die Trennung der beiden deutschen Staaten. Genau hier, im Herbst 1989, hatte die Öffnung der Grenze stattgefunden.

»Wat isn dat für nen Schuppen?« Der Taxifahrer war neugierig, was sich hinter dem hohen Zaun und dem mehrgeschossigen Altbau verbarg.

Peter zuckte mit den Schultern und stieg aus dem Taxi. Er wollte es ganz bewusst auf sich zukommen lassen. Für einen kurzen Moment lang schaute er dem Taxifahrer nach, bis er das große Stahltor mit den Ornamenten öffnete und von einer uniformierten Sicherheitskraft zum Gebäude geleitet wurde.

Pünktlich um 11.30 Uhr stand er wie abgemacht allein vor einem Schild mit mehreren Klingelknöpfen. Es fanden sich keine Namen darauf, noch gab es einen Hinweis, welche Behörde in diesem Gebäude angesiedelt war. Er drückte auf die Knöpfe.

»Was wollen Sie?«, lautete die schroffe Frage am anderen Ende der Sprechanlage.

»Es geht nicht um ein *Was*, sondern darum, *Wen* ich sprechen möchte. Josef Neuland. Wir haben einen Termin vereinbart.« Peter wusste sich zu behaupten.

Es gab keine Antwort, außer einem Surren für den elektrischen Türöffner. Er begab sich ins Treppenhaus und wartete dort geduldig einige Minuten.

Vom Ende des langen Gangs waren langsame Schritte zu hören. Peter versuchte, jemanden zu erkennen. Es gelang ihm nicht; der Flur lag im Halbdunkel und er konnte die Person nicht ausmachen.

»Berg? Sind Sie derjenige, mit dem ich einen Termin für halb zwölf habe?«

»Herr Josef Neuland, nehme ich an.«

»Kommen Sie. Hier ist es zu ungemütlich. Wir gehen ins Obergeschoss.«

Er folgte dem Mann nach oben. Neuland hatte einen leicht schleppenden Gang. Er war etwas untersetzt. Einen guten Kopf kleiner als Peter Berg. Der Anzug wirkte abgetragen, sein Haar war dünn und eine Idee zu lang, dachte Peter. Er ging hinter ihm die Treppe hinauf und nutzte die Zeit, den Mann ausgiebig zu mustern. *Falls so die Elite des deutschen Vaterlands aussah, wäre es an der Zeit, sich Sorgen zu machen*, stellte Peter für sich fest. Der sogenannte Kontaktmann von der Regierung hatte ihn bislang jedenfalls nicht überzeugen können.

Sie kamen in einen großen möblierten Raum, der fast wie ein Wohnzimmer aus den 80er Jahren des letzten Jahrhunderts aussah.

»Suchen Sie sich einen Sessel aus«, sagte der Mann. Peters Blick wanderte über die verschiedenfarbigen Polster. Rot, grün, blau und gelb. *Es musste sich um einen Test handeln*, dachte er. Er würde sofort in eine bestimmte Kategorie eingestuft, je nachdem welche Farbe er wählte.

Die meisten Menschen würden wohl instinktiv zum blauen oder roten Sitz tendieren, sinnierte Peter. Aus Prinzip setzte er sich auf den gelben Sessel.

»Na. Sie wollen mir doch nicht weismachen, dass Gelb Ihre Lieblingsfarbe ist? Lieber Herr Berg. Unsere Zeit ist kostbar. Dann erzählen Sie mal.«

»Eine Frage vorweg. Schreiben Sie mit und machen Sie sich Notizen? Um es klar zu sagen. Ich werde hier nicht wie bei einem Callcenter am Telefon mehrmals mein Anliegen schildern, um danach immer weiter verbunden zu werden. Ich schildere Ihnen meine Ansichten ein einziges Mal. Wenn Sie nicht der Richtige sind, sagen Sie es an dieser Stelle frei heraus. Ist das okay?«

Sein Gegenüber verzog keine Miene. Er rückte sich seinen Hemdkragen zurecht. »Schießen Sie einfach los. Ich habe ein gutes Gedächtnis.«

»Wie viel Zeit haben wir?«

»Daran wird es nicht mangeln, dennoch, je schneller Sie zur Sache kommen, umso besser.«

Peter räusperte sich mehrmals und überlegte, womit er am besten anfangen sollte. War es nicht so ähnlich wie mit der Dramaturgie bei einem Drehbuch? Wie sagte der frühere Hollywood-Filmregisseur Howard Hughes so passend? Mit einem Erdbeben sollte man anfangen, um sich dann ganz langsam zu steigern.

»Okay, zurück auf Start. Nehmen Sie die Anschläge vom 11. September 2001. Nach der einhelligen Meinung sind alle Attentäter bei den Angriffen ums Leben gekommen.«

»Und das stimmt Ihrer Ansicht nach nicht?«

Peter nickte. »Sie leben noch - wenn auch mittlerweile nicht mehr alle von ihnen. Dennoch weilen die meisten von ihnen immer noch unter den Lebenden. Es handelte sich bei den wahren Attentätern auch nicht um diejenigen, die damals der Weltöffentlichkeit als die vermeintlichen 19 Terroristen präsentiert wurden.«

Der Mann auf dem roten Sessel erwiderte nichts. Er zeigte keine Reaktion. Mit einem einzigen Wort forderte er Peter auf, seine Ausführungen fortzusetzen. »Beweise?«

»Na, hören Sie mal. Stimmen Sie mir demnach zu und wollen Sie, dass ich Ihnen die wahren Täter nenne oder sind Sie ein Verfechter der offiziellen Version?«

»Berg. Beruhigen Sie sich. So läuft das nicht. Ich werde Ihnen nichts bestätigen. Erzählen Sie mir Ihre Geschichte und von den angeblichen Bedrohungen, die auf uns zukommen. Darum geht es Ihnen doch, oder? Das war jedenfalls das vage Briefing, welches mir Ihr Kollege gab. Am Ende erhalten Sie meine Kommentare. Nicht vorher.«

Der Mann, der sich Josef nannte, saß selbstgefällig auf seinem Sessel. War das der angemessene Stil eines engen Vertrauten des Bundeskanzleramts? Peter befielen Zweifel, doch er ließ sich nicht beirren. Vielleicht war es seine einzige Chance, auf die Gefahren aufmerksam zu machen.

»Nun gut. Ich sage Ihnen, dass die 19 arabischen Männer, die hinlänglich als Attentäter gelten, nicht – ich wiederhole – *nicht* diejenigen waren, die die damaligen Anschläge in New York geplant und ausgeführt haben. Dahinter steckten andere, die wiederum mehrere Rollen in der gesamten Inszenierung eingenommen hatten. Unter anderem waren manche von ihnen parallel zu der aktiven Mitarbeit bei den Terrorakten auch in die Identitäten von Opfern geschlüpft. Um es ganz konkret zu sagen, in den Passagierlisten der betroffenen Flugzeuge fanden sich eben diese Personen, die regelrecht als Opfer konstruiert worden waren. Und diese Opfer – oder besser gesagt Täter - sie leben noch heute.«

»Ist Ihnen klar, was Sie da behaupten? Das ist doch ausgemachter Blödsinn.«

»Ich kann es beweisen. Warten Sie es ab. Es ist ja nicht damit getan, dass ich Ihnen nur die wahren Hintermänner der fatalen Anschläge präsentieren will. Zuallererst lassen sie mich feststellen, dass die Türme des World Trade Centers nicht – ich wiederhole - *nicht* durch Flugzeuge zum Einsturz gebracht worden sind. Die Türme sind professionell gesprengt worden. Punkt. Alles was die Welt gesehen hatte, waren perfekte Bildmanipulationen. Die gute Nachricht hingegen ist, dass die angeblich sehr hohe Anzahl von Opfern gar nicht existierte. Die Operation war eingebettet in die alljährlichen Militärübungen der US-Amerikanischen Armee. Allerdings auf eine derart perfide Weise, dass nicht mal das Militär die eigene Rolle richtig realisierte und es für die Geschehnisse zweckentfremdet und mit eingebaut wurde. Für die Ausführung der kompletten Manöver inklusive der vorgetäuschten Flugzeugentführungen wurde die Verantwortung größtenteils von einer Spezialeinheit übernommen, der sogenannten *Enco*.«

»Die *Enco*?«, stutzte der Mann.

»Das steht für *Esprit 'n Company*, wenn ich mich richtig erinnere. Die Spezialagenten der *Enco* agieren in einem überstaatlichen Kontext. Sie haben Zugriff auf alle Geheimdienste und führen die Aufträge oftmals so aus, dass keine Spur zu ihrer Urheberschaft rückverfolgbar ist.«

Der Mann, der sich Josef Neuland nannte, formte mit seinen Händen ein *T*. Für ein *Time out*. »Halt. Kurze Pause. Sie behaupten demnach, dass es ein Exekutivkommando für Terroranschläge gibt, welches von den Staaten gedeckt wird? Mit der Zielsetzung, dass Attentate bewusst anderen Gruppierungen in die Schuhe geschoben werden können? Und diese Truppe nennt sich *Enco*?«

Peter nickte. »Besser hätte ich es auch nicht auf den Punkt bringen können. Sind Ihnen diese Zusammenhänge bekannt, Herr Neuland?«

Der Mann nickte. »Ach wissen Sie, da muss ich Sie enttäuschen. Selbst wenn die Bundesregierung von solch einer paramilitärischen Einheit etwas wüsste, ja glauben

Sie, dass das irgendjemand einräumen würde? Selbst das Internet ist doch in den Augen unserer Kanzlerin noch absolutes Neuland für uns alle. Neuland, verstehen Sie?«

Er lachte schäbig. In Anspielung auf seinen Namen machte ihm das Zitat offensichtlich Freude. Peter war sprachlos und schwieg.

»So so«, hakte Neuland nach. »Diese Jungs von der *Enco* waren also für den 11. September verantwortlich und nicht der Ägypter Mohammed Atta, der bei Ihnen in Hamburg studiert hatte? Dann verraten Sie mir doch, in wessen Auftrag diese Organisation gehandelt haben soll? Die Terroranschläge geschahen unter den Augen der US-Regierung? Und Sie behaupten, dass es ein Vorwissen gab und eventuell sogar eine Duldung und Unterstützung?«

Peter Berg richtete seinen Oberkörper auf. Seine Rückenwirbel schmerzten und er fasste sich an die rechte hintere Seite. »So ist es. Das Wissen darüber zählt vielleicht zu den bestgehüteten Geheimnissen unserer Zeit.«

»Berg. Was haben *Sie* am Ende damit zu tun? Sie sind doch nur ein Geschäftsmann. Worin besteht die Verbindung?«

»Reiner Zufall. Ich war am falschen Ort zur falschen Zeit.«

»Wann und wo? Sie waren doch nicht etwa in Manhattan am 11. September 2001?«

»Nee, zum Glück nicht. Es war genau drei Jahre später, als einige der *Enco*-Agenten zufällig an einem Samstagabend mitten in Europa ihren dritten Jahrestag der Anschläge feierten.«

»Hey, jetzt wird es wirklich skurril. Sie sagen, dass sich der Rest einer versprengten Agenten-Truppe im September 2004 in Europa getroffen hatte und Sie unverhofft in deren Party geraten sind? Das ist eine völlig abgedrehte Geschichte. Und Sie, Herr Berg, wollen die Leute als die Täter der Anschläge erkannt haben?«

»Nein, keine Spur. Ich hätte nicht im Traum daran gedacht, dass es dort eine Verbindung gab. Die Menschen, die ich an jenem Abend traf, waren reale Menschen mit einer ganz anderen Identität.«

»Sehen Sie, und was wollen Sie mir eigentlich erzählen?«

Peter atmete erst mal tief durch. Er erhob sich aus dem Sessel. »Ruhig Blut. Im Jahre 2004 war mir die Verbindung nicht klar, woher auch? Die Erkenntnis kam später. Viel später. Nämlich als alle Agenten der *Enco* zehn Jahre nach den Anschlägen überprüfen sollten, ob ihre Spuren aus der Vergangenheit komplett verwischt waren und die neu konstruierten Identitäten keine Rückschlüsse mehr auf die wahren Hintergründe vom 11. September liefern konnten. Es war im Jahr 2011. Genau zehn Jahre danach. Sie nannten es die *Operation Sonnenwende*. Und in diesem Zuge wurde auch ich als ein möglicher Kontakt überprüft.«

»Wenn ich vervollständigen darf. Bei der sogenannten Überprüfung fiel es Ihnen wie Schuppen von den Augen und potzblitz waren Ihnen die Zusammenhänge klar geworden. Das ist der Grund, weshalb Sie vor mir sitzen, habe ich recht? Tolle Geschichte. Filmreif, aber irgendwie ohne richtigen Clou, weil es zu unwahrscheinlich ist.«

Peter war enttäuscht. Bei seinem Gegenüber schienen die Schilderungen kein gesteigertes Interesse hervorzurufen. Der Mann nahm die Äußerungen einfach so hin. Es gab nicht das geringste Zeichen der Entrüstung, dass die Opfer des schlimmsten Anschlags aller Zeiten nichts weiter als künstlich geschaffene Identitäten gewesen sein sollten und die wahren Attentäter noch immer quicklebendig und unbehelligt in der Welt unterwegs waren. Laut Peter Berg waren sogar einige der damaligen Opfer dem Kreis der Attentäter zuzuordnen. Dennoch wirkte es so, als ob der Mann im roten Sessel nicht darauf anspringen wollte.

Peter konnte es nicht fassen und stemmte seine Hände in die Hüften.

»Okay, das Jahr 2001 liegt Ihnen wahrscheinlich zu lange zurück und die Relevanz für unser heutiges Tun und Wirken mag Ihnen gering erscheinen – auch wenn es nicht so ist. Doch was halten Sie davon, wenn ich Ihnen sage, dass die Spezialagenten der *Enco* bis heute ihre Aufträge von einer Gruppierung von geheimen Drahtziehern erhält. Eine noch gar nicht so lange zurückliegende Operation bezieht sich auf das entführte Verkehrsflugzeug der Malaysia Airlines MH 370 ...«

»Stopp, stopp, stopp. Etwas langsamer bitte. Sie reden von geheimen Auftraggebern? Wer soll das sein?«

»Eine sehr okkulte Gesellschaft, die nirgendwo in der Öffentlichkeit wahrnehmbar ist. Vermutlich trägt sie die Bezeichnung ONE-C und folgt dem Geist der Freimaurer oder dem der Illuminaten. Jedenfalls sorgt die ONE-C dafür, dass die Prophezeiungen eines gewissen Albert Pike in Erfüllung gehen.«

»Total abgefahren. Das ist völlig irre. Fahren Sie fort.«

»Das Flugzeug MH 370 sollte eigentlich auf Peking stürzen und dort einen Biowaffenanschlag auslösen. Doch die Sache ging schief, weil sich eine Gegenbewegung formiert hatte, die aus ehemaligen Agenten der *Enco* bestand. Der tödliche Anschlag konnte verhindert werden. Er sollte zu einer ganzen Reihe von Terrorakten gehören, die unter dem Stichwort der *Kaskaden des Salamanders* zusammengefasst wurden. Der Flieger liegt nun trotzdem unauffindbar auf dem Meeresgrund. Das ließ sich leider nicht verhindern.«

»Es wird immer abenteuerlicher mit Ihnen, trotz des unbestreitbaren Unterhaltungswerts Ihrer Geschichte. Sie wollen mir also weismachen, dass Sie bei all diesen Ereignissen hautnah dabei waren?«

Peter nickte. »So ist es.«

Bewusst legte er eine Pause ein. Er wartete auf die Reaktion des Mannes.

»Ich lass das mal so im Raum stehen. Sie sind sicherlich nicht mit der absoluten Dringlichkeit zu mir gekommen, um mir von alten Kamellen zu erzählen. Geschichten, die allesamt in der Vergangenheit liegen.«

Jetzt endlich waren sie an dem Punkt angelangt, der Peter vorschwebte.

»Ja, das stimmt. Was gestern war, ist geschehen. Aus und vorbei und es kann nicht mehr geändert werden. Doch die Serie wird sich fortsetzen. Man muss mit schrecklichen Anschlägen rechnen, die alles Bisherige in den Schatten stellen werden. Die geheimen Drahtzieher der ONE-C sind mit ihrer Kampftruppe, der *Enco,* so stark wie nie zuvor. Der Einblick, den ich mehr zufällig in die bislang einzige Gegenbewegung bekommen habe, ist ernüchternd. Die Rebellen, wenn ich sie einmal so nennen darf, sind viel zu wenige und vergleichsweise machtlos. Sie werden es nicht allein schaffen. Auch wenn wir zeitweise ein gewichtiges Pfand in unseren Händen hatten.«

Der Mann spitzte die Ohren und seine Pupillen weiteten sich.

»Ein Pfand? Wovon reden Sie, Mann?« Sein Interesse schien geweckt zu sein. Mit einem Mal. Peter witterte seine Chance.

»Eine Frau aus dem Kreis der oberen Sieben befand sich für einen signifikanten Zeitraum in unseren Händen. Wir konnten sie dingfest machen.«

Josef Neuland pfiff durch die Zähne. Diese Information kam auch in seinen Augen einer kleinen Sensation gleich.

»Also stimmt es, dass Victoria Vicem in Ihrer Gewalt war? Los erzählen Sie Mann.«

»Victoria, korrekt. Woher wissen Sie das? Was sagt Ihnen der Name? Haben Sie die ganze Zeit über nur gepokert?«

Das Bild, welches Peter sich von seinem Gegenüber machen konnte, blieb löchrig. Die Aussagen, Fragen und Kommentare wollten einfach nicht zusammenpassen.

»Wo finden wir die gute Dame? Und wo steckt der Rest der sogenannten Rebellen?«

»Hey, hey. Was bilden Sie sich ein? Das war nicht das Ziel unseres Treffens. Ich dachte, Sie wollen mir im Sinne der Bundesregierung helfen, dass wir künftige Gefahren abwenden können und unsere demokratische Freiheit schützen.«

»Demokratische Freiheit? Welche Pillen haben Sie denn geschluckt? Mein lieber Herr Berg. Wenn Sie so weiter machen, landen Sie ganz schnell auf der Talfahrt Ihres Lebens. Und ich verspreche Ihnen. Die Schussfahrt nach unten nimmt überproportional mit der Zeitdauer an Geschwindigkeit zu und am Ende knallen Sie einfach vor eine Wand. Ende, aus, vorbei. Also? Kooperieren Sie?«

Peter schwieg und er wusste nicht, ob sein Schweigen klug war. Der Mann wurde hingegen nun umso munterer.

»Haben Sie schon mal etwas davon gehört, dass Bürger unseres deutschen Vaterlands überwacht worden sind? Ziemlich flächendeckend sogar. Und zwar nicht nur von fremden Geheimdiensten. Nein, nein. Auch unsere eigenen Experten waren mit dabei. Falls Sie jetzt denken, es ging dabei vorrangig um politische Figuren oder aufsässige Zeitungsreporter. Weit gefehlt. Es waren zahlreiche völlig unbescholtene Bundesbürger darunter. Dreimal dürfen Sie raten, ob Sie vielleicht auch zu diesem erlesenen Kreis der Überwachten gehört haben.«

Peter Berg wurde kreidebleich. Irgendwie hatte er schon immer damit gerechnet, nicht erst seit den Enthüllungen von Eddie Downsen über die weltweiten Abhöraktionen. Konnte es also wirklich sein, dass er überwacht wurde? Schon seit vielen Jahren? Es war unfassbar. Mit welcher Legitimation konnte das geschehen?

»Das entbehrt jeder rechtlichen Grundlage. Ich bin ein freier Bürger dieses Landes und ich habe mir nie etwas zu Schulden kommen lassen«, gab er sich empört.

»*Don't be evil*, sagt Google und sammelt Daten, was das Zeug hält«, entgegnete der andere Mann. »Wissen Sie? Unsere Dienste bekamen vor sieben Jahren den Auftrag von der anderen Seite des großen Teichs, dass wir Sie mal ins Visier nehmen sollten. *Business as usual*. Damals hatten Sie einen E-Mail-Account bei Yahoo, stimmt's, Herr Berg?«

Er sagte nichts. *Was lief hier ab?* Es überstieg seine kühnsten Befürchtungen. Der Mann wusste mehr über ihn, als er wollte. War er in eine Falle getappt? Eigentlich war er davon ausgegangen, dass der Mann ihm helfen wollte. Peter wurde nervös.

Neuland sah ihn eindringlich an. Er ließ nicht locker.

»Nun ja, selbst wenn die großen Provider wie Yahoo von vorneherein jede Kooperation mit den Geheimdiensten abstritten, so kann ich Ihnen dennoch versichern, dass es unzählige Wege und Möglichkeiten gab, an die Daten zu kommen. Wir konnten beispielsweise sämtliche E-Mails nach bestimmten Schlüsselwörtern durchforsten. Und bumms. Sobald das eingegebene Wort unter den Treffern war, lasen wir den kompletten Inhalt Ihres Schriftverkehrs mit. Sie glauben gar nicht, wie einfach es war.«

Er lachte und es hatte etwas Verächtliches. »Sie sind einer von denjenigen, die von einer freiheitlichen Demokratie faseln. Sie sind ein Träumer, Berg. Und bei Ihnen ist jeder Tag ein *Day of the Dreamer*.«

Ein weiteres Mal zuckte Peter zusammen. Der Mann wurde ihm immer unheimlicher. Konnte es sein, dass er sogar wusste, welche Musik zu den Favoriten seiner Playlist zählte? *Scary, es war einfach nur scary*, dachte Peter und erinnerte sich daran, dass er den Song das letzte Mal im Flieger von México City nach Frankfurt gehört hatte. Es konnte natürlich auch nur ein Zufall sein.

Doch Neuland setzte nach. »War das nicht ein angestaubter Song von der Popgruppe *Renaissance*? Na ja, vielleicht verwechsle ich es nur und irre mich.«

Der Mann spielte mit ihm, schoss es ihm durch den Kopf. Der Kerl wollte ihn einschüchtern, zweifelsohne. Vor sieben Jahren hatten sie ihn angezapft und komplett durchleuchtet. Er überlegte scharf. Seit seiner Flucht nach Norwegen im Sommer 2013 war er eigentlich von der Oberfläche verschwunden. Er schöpfte Hoffnung und setzte zum Gegenangriff an.

»Das sind olle Kamellen und kalter Kaffee. Sie erzählen mir Geschichten, die fast ein Jahrzehnt alt sind.«

Josef Neuland räusperte sich. »Okay, der Punkt geht an Sie. Wir wissen nicht, wie Sie es angestellt haben, aber seit Juni 2013 waren Sie tatsächlich unauffindbar. Dass Sie das als Laie hinbekommen haben, hatte uns wirklich sehr erstaunt.«

»Der Fachmann staunt und der Laie wundert sich«, gab Peter zum Besten. »Scottie hatte mich weg gebeamt.«

»Scheiß drauf. Die Tatsache, dass Sie quasi verschwunden waren, machte Sie interessanter als zuvor, als Sie in Hamburg als mittelmäßig erfolgreicher Unternehmer herumschwirrten. Wie dem auch sei. Anfang des Jahres hatten wir wieder eine Order bekommen, Sie zu lokalisieren. Und es hat funktioniert. Wir konnten uns denken, dass Sie zur Beerdigung Ihrer Frau vielleicht doch einmal aus Ihrem Versteck kriechen würden.«

Ein Zittern durchlief seinen Körper. Warum um alles in der Welt war er selbst in den Fokus der Ermittlungen gerückt? War es deshalb, weil sein Wissen über die Rebellen den Geheimen Drahtziehern ein Dorn im Auge war und eine geplante Operation gefährden konnte? Hatte die ONE-C möglicherweise Druck und Einfluss bis in die staatlichen Organe Deutschlands hinein aufgebaut? Das konnte und durfte nicht sein. In diesem Falle hätte er den Bock zum Gärtner gemacht und sich genau an die falsche Adresse gewandt. Peter wollte ruhig bleiben und noch gab er die Hoffnung nicht auf.

»Hören Sie, ich habe vielleicht eine wichtige Botschaft für die Regierung. Sie hingegen labern gequirlten Quatsch und sind ziemlich nutzlos. Aber es ist mir egal. Das einzige, was mich interessiert, ist, für wen Sie arbeiten. Sie sind nicht jemand aus dem Kanzleramt. Eher tippe ich auf den BND oder den Militärischen Abschirmdienst, wobei Sie für beides eigentlich gar nicht intelligent genug sind.«

»Bitte nicht ausfallend werden. Sie sind überwacht worden. Punkt. Ja. Und wir wissen so ziemlich alles über Sie. Was fehlt, ist die Information, wo sich die anderen Rebellen aufhalten. Wo ist Victoria? Und wie lautet der Gegenplan der sogenannten Rebellen? Sagen Sie es mir. Es ist sowieso alternativlos.«

Das klang nach einer strikten Ansage, doch Peter wollte sich nicht unter Druck setzen lassen.

»So allmählich bekomme ich den Eindruck, dass ich bei Ihnen an der falschen Adresse bin. Machen Sie einen brauchbaren Vorschlag, sonst breche ich an dieser Stelle sofort ab und werde mir einen anderen Weg suchen. Und? Wie lautet Ihre Entscheidung?«

Josef Neuland verzog seine Mundwinkel zu einem Lächeln. Er erhob sich von seinem Sessel und machte ein paar Schritte auf ihn zu.

Peter verharrte auf seinem Platz und richtete sich innerlich auf ein Verabschiedungsprozedere ein. Weit gefehlt. Der Mann, der fast einen Kopf kleiner war als er, kam ganz nahe an ihn heran. *Würde der Typ jetzt einlenken?*, fragte sich Peter.

In diesem Augenblick wurde er von einem kräftigen Hieb in seine Magengrube überrascht. Er krümmte sich, als ihn ein zweiter Schlag mit voller Wucht in die Rippen traf. Ein stechender Schmerz durchlief seinen Körper. Er schrie laut auf und fasste sich an die Seite.

»Was ist in Sie gefahren? Spinnen Sie? Wir sind doch zivilisierte Menschen«, protestierte Peter.

Sein Gegenüber lächelte noch immer und versetzte ihm den nächsten Hieb mit seiner Faust geradewegs aufs Kinn. Peter ging zu Boden. Mit heftigen Schmerzen und halb bewusstlos lag er neben dem blauen Sessel.

»Den hätten Sie gleich von Anfang an wählen sollen. Den blauen Sessel. Wer nimmt denn die Farbe Gelb? Wir werden Sie schon dazu bringen, mit uns zu kooperieren. Sie wollen doch nicht so enden wie Ihre Frau. Ihre Ex, meinte ich.« Er lachte und wiederholte die letzten Worte. »Ihre Ex, hahaha, das passt wie die Faust aufs Auge.«

Voller Entsetzen hielt sich Peter die Hand vor den Mund.

»Was soll das heißen? Dass Claudia keines natürlichen Todes gestorben ist?« Er krümmte sich, die Schmerzen waren heftig.

Der Mann schaute ihn mitleidig an. »Der Herr holt sich die Seinen, wann er will. Tja. Ihre Ex-Frau wird jedenfalls niemanden mehr als Zeuge identifizieren können. Wie praktisch, nicht wahr?«

Peter spürte, wie der Boden unter seinen Füßen weggezogen wurde.

»Sie Schwein. Was sind Sie nur für ein Mensch?«

»Beruhigen Sie sich. Ich habe nichts damit zu tun und auch sonst keiner von unseren Mitarbeitern. Wir arbeiten seriös.«

»Dass ich nicht lache. Sie haben mich k.o. geschlagen.«

Peter lag am Boden. Der Übergriff hatte ihn überrascht und die Schläge waren von einer unerwarteten Wucht gewesen. Nichts war von seiner körperlichen Fitness geblieben. Er war nur noch ein Spielball des Agenten.

»Peter und der Wolf. Kennen Sie das? So müssen Sie sich jetzt ja fast vorkommen. Allein unter Wölfen. Wie in dem Musical von Prokofjew. Allmählich sollten Sie sich fragen, warum sie überhaupt noch am Leben sind. Ein kleiner Unternehmer aus Hamburg, der glaubt, er könnte in der großen Weltpolitik mitmischen und mal eben so – quasi en passant – das Mysterium vom 11. September auflösen? Bullshit. Sie sind ein Nichts. Ich will Ihnen sagen, warum Sie noch nicht ausgeschaltet wurden. Einzig und allein, weil man glaubt, dass wir über Sie an die Rebellen kommen. Und dass wir darüber hinaus vielleicht sogar herausfinden, wer sich hinter den Geheimen Drahtziehern wirklich verbirgt.«

»Ah, also doch. Sie tun nur so allwissend. Den Befehlen der ONE-C müssen Sie letztendlich genauso folgen wie alle anderen. Habe ich recht?«

»Wie auch immer. Sie werden uns alles sagen, was Sie wissen. Doch Berg, Sie können beruhigt sein. Mit mir haben Sie die längste Zeit zu tun gehabt. Ein Kollege wird sich um Sie kümmern. Und so viel kann ich Ihnen schon jetzt verraten. Sie ... werden ... reden.« Er machte nach jedem Wort eine kurze Pause, um seiner Drohung noch mehr Wirkung zu verschaffen.

Josef Neuland, falls der Mann wirklich so hieß, stieß zum Abschied mit seinem Fuß auf brutalste Weise in den Unterbauch von Peter. Er ging zur Tür und warf einen letzten Blick auf den am Boden Liegenden. Peter wimmerte vor Schmerz und schaute ihm nach. Die Tür zum Nachbarraum stand einen Spalt weit offen und er sah einen zweiten Mann, der von Josef Neuland offensichtlich Instruktionen erhielt. Der Fremde war stämmig und groß. Mit mächtigen Oberarmen. *Gütiger Gott*, dachte Peter und traute kaum seinen Augen. War das der Nächste, der ihn verhören wollte? Er zitterte am ganzen Körper. *Verraten und verkauft*, dachte er. Das konnten keine offiziellen Vertreter deutscher Behörden sein. Völlig ausgeschlossen. Jemand musste ihn überwacht haben, seit er im Februar wieder in Deutschland angekommen war. Wie war das möglich gewesen? Er besaß kein Mobiltelefon, mit dem er geortet werden konnte. Er verstand die Welt nicht mehr. Hatte er sich selbst ans Messer geliefert?

»Wer sind Sie?«, röchelte er leise vor sich hin, als der bullige Mann auf ihn zukam.

Der Neue spielte den Triumph seiner Überlegenheit genüsslich aus.

»Moin sagt man im Norden, habe ich in Erinnerung. Sie sind Peter Berg aus Hamburg. Die Firma mussten Sie im Februar verkaufen. Das Geld ist hingegen immer noch nicht auf Ihrem Konto. Tja. Der chinesische Käufer lässt Sie zappeln. Das scheint Ihnen ziemlich schnuppe zu sein, denn Sie haben sich nach Berlin abgesetzt und lungern seitdem in einer kleinen Zwei-Zimmer-Wohnung im Szeneviertel direkt neben einem heruntergekommenen Tonstudio herum.«

Woher wusste der Kerl das?, fragte sich Peter. Hatten Sie ihn pausenlos beschattet?

Der Fremde ohne Namen nahm das Zögern seines Gegenübers wahr. »Es war einfacher, als wir gedacht hatten. Aus dem hanseatischen Kommissar Winter war nicht viel herauszuquetschen. Doch Sie selbst waren eine ergiebige Quelle. Seit Sie wieder in Hamburg waren, sind wir Ihnen auf Schritt und Tritt gefolgt. Ein Kinderspiel. Die Anrufe aus Ihrem Büro und die endlosen Versuche, einen Kontakt aus dem politischen Umfeld in Berlin anzuzapfen. Sie selbst haben die Initiative ergriffen, Berg. Nun gut, Ihre Identifikation lief klassisch ab. Als Sie mit Winter auf dem Friedhof auftauchten, war alles klar. Tja, das war es dann wohl. Für jemanden, der mit den angeblich *best-in-class* ausgebildeten Spezialagenten der Welt jahrelang im direkten Kontakt gestanden haben will, haben Sie sehr dilettantisch agiert, finden Sie nicht auch? Nun ist es zu spät. Ciao, ciao. Ich werde mich um Sie kümmern.«

Der Mann drückte die Tür zu. Peter war mit ihm allein im Raum. Er fühlte sich unwohl und biss die Zähne zusammen. Welches Spiel wurde hier gespielt? Er versuchte sich zu konzentrieren.

Konnte es sich bei seinem Gesprächspartner wirklich um einen Vertreter einer offiziellen deutschen Behörde handeln? Offenbar wussten diese Typen, dass er sich auf den Rückweg von Hongkong über México City nach Deutschland gemacht hatte. *Klar,* überlegte Peter, *seit er vom Tod seiner Ex-Frau erfahren hatte, war ihm die undurchsichtige Truppe einer unbekannten Behörde auf der Spur und seine Schritte wurden spätestens von diesem Moment an wieder lückenlos überwacht.* Wie naiv war er doch gewesen, zu glauben, dass es in Berlin eine offizielle Stelle gab, die sich mit der Aufklärung von Staatsgeheimnissen beschäftigen würde. Steckten denn alle unter einer Decke?

Er schüttelte seinen Kopf und fasste sich an die Hüfte. Der Rücken schmerzte ihn mindestens genauso wie die Schläge in seine Magengrube. Falls er sich je aus dieser bedrohlichen Lage befreien konnte, so würde er die Zusammenhänge schonungslos offenlegen, das schwor er sich und schlug mit seiner Faust mehrmals auf den Fußboden. Es waren Zeichen der Verzweiflung.

Der breitschultrige Mann stand vor ihm im Lichtschein. Er kam mit schweren Schritten auf ihn zu. Erst kurz vor seinem Gesicht machte er Halt und stampfte mit den schwarzen Springerstiefeln kräftig auf den Boden.

War das rein weg als Einschüchterung zu verstehen?, überlegte Peter. Er bekräftigte seinen Schwur, nichts weiter zu sagen. Doch er konnte keinen klaren Gedanken mehr fassen, so sehr er sich auch anstrengte. Krampfhaft suchte er für den widerlichen Kerl nach einem Köder, der ihn vom körperlichen Malträtieren verschont lassen würde.

»Bei mir hat bisher noch jeder geredet«, gab sich der Dicke selbstbewusst.

Er drehte am Lichtschalter die Lampen auf die volle Helligkeit und nahm seinen Rucksack ab. Nach und nach legte er Gegenstände auf den Tisch. Bewusst so, dass Peter die Werkzeuge gut erkennen konnte.

Es sah so aus wie das Besteck beim Zahnarzt. Er zuckte zusammen. Ein Schaudern durchfuhr ihn. *Diese Bestie wollte sich doch hoffentlich nicht an seinen Zähnen zu schaffen machen?*

»Kennen Sie die Werbung von früher? Für eine Zahnpasta. Ich komme gerade nicht auf die Marke. Als der kleine Junge nach Hause kommt und stolz verkündet, Mama er hat gar nicht gebohrt. Ha, ha, ha.«

Der Mann lachte verächtlich.

»Pech für Sie. So schmerzfrei wie der Junge mit seinen strahlend weißen Zähnen, werden Sie bei mir leider nicht davonkommen. Ich bin nämlich ziemlich untalentiert. Ha, ha, ha.«

Der Dicke zog seinem Ledergürtel aus den Schnallen und fesselte Peter die Hände auf dem Rücken zusammen. Jeglicher Widerstand war zwecklos; er war viel zu geschwächt. Der Mann setzte ihn auf einen Sessel. Es war sicherlich kein Zufall, dass er den roten favorisierte.

»Verdammter Mist, was soll das?«, schrie Peter, als ihm der Mann auch noch einem Gurtstraffer quer über den Brustkorb spannte und ihn zusammen mit dem Sessel wie ein Paket verschnürte.

»Hä, hä, hä«, erklärte der selbsternannte Zahnklempner. »Ich möchte Ihnen ja nicht hinterherrennen müssen, falls ich mal einen Nerv treffe. Hä, hä, hä. Man hat mir gesagt, dass es wohl höllisch weh tut.«

Die Situation war aussichtslos. Nicht einmal Houdini höchstpersönlich hätte sich aus diesen Fesseln befreien können. Es war der reinste Albtraum. Der Dicke weidete sich an der Hilflosigkeit seines Opfers und ritzte mit einem Skalpell leicht über die Tischoberfläche. In seiner Fantasie stellte sich Peter bereits vor, wie sich die Bluttropfen den Weg über seine Wange bahnten.

Der Dicke legte das silberne Werkzeug wieder auf den Tisch und wischte die Klinge sauber.

»Diese kleinen Messerchen sind schärfer, als man denkt. Keine Angst, das war nur die Generalprobe. Die echte Show wird um Stufen aufregender werden. Es ist wie in einem Sterne-Restaurant. Gleich gibt es Messer und Gabel. Ha, ha, ha.«

Peter schluckte. Es war klar, dass ihm nicht die Rolle des Zuschauers zugedacht worden war. Er war die Mahlzeit und nicht der Gast. Doch er beschloss, dem Dicken so schwer wie eben möglich im Magen zu liegen.

»Sie wollen mich umbringen, stimmt's?«

»Mein Auftrag besteht darin, Sie zum Reden zu bringen.«

Der Peiniger ging an den Beistelltisch und sortierte die Werkzeuge wie ein Formalist.

Peter schrie auf. »Das nennt man Folter und es ist gegen das Recht auf deutschem Boden. Sie und ihr aalglatter Kollege Neuland werden nicht davonkommen. Spätestens wenn meine Partner zur Polizei gehen, fliegt der ganze Laden hier auf. Es ist der Wahnsinn. Mitten in Berlin.«

»Seien Sie nicht so naiv. Schon morgen wird das Gebäude wieder geräumt sein. Ohne jede Spur. Einen Josef Neuland gibt es genauso wenig wie mich. Und vielleicht gibt es Sie dann auch nicht mehr.« Er lachte dreckig und immer lauter werdend.

»An eins haben Sie nicht gedacht. Ich habe ein Mobiltelefon dabei und Ihr Kollege hat es mir nicht abgenommen. Tja. Wie wollen Sie ausschließen, dass nicht all Ihre Drohungen sorgfältig mitgeschnitten werden?«

Der Dicke stutzte. Das erste Mal schien ihn etwas aus dem Konzept zu bringen. Er blinzelte mit seinen Augen.

»Ich würde es einen Kardinalfehler nennen«, schob Peter hinterher.

Dem Mann standen plötzlich Schweißperlen auf der Stirn. Wo möglich würde die Verantwortung am Ende auf ihn abgeschoben werden. An seinem Chef alias Neuland würde alles abprallen. Er griff zu einem Messer mit einer 20 Zentimeter langen Klinge und ging auf Peter zu.

»Wo soll ich suchen? Wo haben Sie es?« Er hielt die Klinge an seine Kehle.

Peter schaute an seinem Körper hinab nach unten. »Es ist gut versteckt hinter meiner Gürtelschnalle. Ts, ts. Falls Sie mich vorher mit einen Metalldetektor überprüft hätten, wäre Ihnen das aufgefallen. Aber wer derart viel Hybris in sich trägt und keine Kontrollen durchführt. Ts, ts.«

Missmutig begutachtete der Mann seine eigenen akribischen Fesselungen. Es blieb ihm nichts anderes übrig, als sie zumindest teilweise wieder aufzutrennen. Mit kurzen scharfen Schnitten löste er die Spanngurte. Peter hob seinen Brustkorb; endlich bekam er wieder etwas Luft zum Atmen. Der Dicke wurde in dieser Phase plötzlich unvorsichtig. Wie besessen fühlte er nach dem Handy und schnitt weitere Riemen der Fesselung durch, um besser an den Gürtel zu kommen. Er fand kein Gerät und blickte Peter mit großen Augen an. »Wo ist das Ding?«

»Mag sein, dass ich mich geirrt habe. Vielleicht steckt es doch in meinen Socken. Jetzt bin ich gerade etwas unsicher.« Er lächelte.

Wütend kniete sich der Mann auf den Boden und tastete die Hosenbeine ab. Als er am linken Fußknöchel angelangt war, witterte Peter seine Chance. Er verlagerte sein ganzes Körpergewicht nach hinten, so dass der Sessel ins Wanken geriet. Der Dicke versuchte noch, ihn zu halten, doch er schaffte es nicht. Mit aller Wucht trat Peter im Fallen mit seinen beiden Füßen dem Mann ins Gesicht. Er nahm all seine Kräfte zusammen und zog die Arme aus den mittlerweile gelockerten Fesseln. Mit einem lauten Rumms ging der Sessel zu Boden. Der Dicke hielt sich sein Gesicht; offensichtlich hatte ihn der Tritt empfindlich an seinen Augen getroffen. Er torkelte und fuchtelte mit dem Messer durch die Luft.

Es musste nun ganz schnell gehen, dachte Peter. Wenn überhaupt, konnte er die Situation nur solange nutzen, bis der Mann wieder die Oberhand gewinnen würde. Er rüttelte sich mit dem Sessel ein klein wenig zur Seite und suchte nach einer Position, aus der er dem Mann ein zweites Mal einen Tritt verpassen konnte. Dieses Mal gegen sein Schienbein. Es gelang. Der Mann schrie laut auf und ging zu Boden wie ein nasser Sack. Er hatte die Kontrolle verloren. Das Messer hatte sich durch den Fall in seinen Brustkorb gebohrt. Wenn auch nur in einem schiefen Winkel, so war es dennoch tief genug eingedrungen, um ihn lebensbedrohlich zu verletzen. Er wimmerte und fasste sich mit beiden Händen an den Brustkorb. Er blutete stark. Alles war sehr schnell gegangen. Wie im Zeitraffer. Peter konnte die neue Lage noch gar nicht rasch genug realisieren. Gab es nun eine Chance für ihn zu entkommen? Er starrte auf den Mann, der sich am Boden krümmte. Es galt, schnell zu handeln. Peter befreite sich die Füße aus den Fesseln und konnte aufstehen. Er wischte sich das Blut aus dem Gesicht und griff nach hinten an seine Hose. Dann hielt er das *ComX* triumphierend in die Höhe.

»Na, Dicker, ich hatte mich geirrt. Das Handy steckte doch nicht in der Socke. Und das nächste Mal trägst du eine Atemschutzmaske, wenn du mir so nah kommst. Da es wohl keine Fragen mehr gibt, würde ich jetzt gehen.«

Peter warf einen Blick auf den Schwerverletzten. Es war gewöhnlich nicht seine Art, einen Hilfsbedürftigen zurückzulassen, doch in diesem Fall machte er eine Ausnahme. Er schloss die Tür hinter sich und stürmte ins Erdgeschoss. Vor dem Eingang stand ein Wachposten. Selbstsicher gab er dem Mann eine kurze Anweisung.

»Der Austausch ist beendet. Sie sollen hier auf Ihren Kollegen warten. Er verfasst nur noch den Bericht und wird in wenigen Minuten bei Ihnen sein. Verstanden?«

Er war über sich selbst überrascht. Nur wenige Augenblicke zuvor hatte er sich in tödlicher Gefahr befunden und befürchtet, das Gebäude nicht mehr lebend zu verlassen, und nun erteilte er einem seiner Widersacher eine unmissverständliche Order.

»Verstanden. Ich warte«, lautete die knappe Antwort. Befehl und Gehorsam funktionierten gut in der Armee und allen ähnlich organisierten Gesellschaften. Es erfolgte keine Frage zu seinen blutverschmierten Händen noch über seine zerzausten Haare. Jeder halbwegs normale Mensch hätte sich erkundigt, was dort oben in den Räumen geschehen war. Nichts dergleichen. Die einzige Reaktion bestand in einem *Verstanden. Ich warte*. Peter nickte und dachte, *Gut so*.

* * *

Er hastete zurück zur Hauptstraße und hielt Ausschau nach einem Taxi. In Berlin gab es über 7500 davon. Eine recht hohe Dichte bei dreieinhalb Millionen Einwohnern, die nur von wenigen Städten weltweit übertroffen wurde. Selbst New York City mit fast achteinhalb Millionen Menschen verfügte gerade mal über 13.000 Taxen. Er brauchte nicht lange zu warten. Es hielt ein Mercedes. In der klassischen Farbe Hellelfenbein, die mit der Kennung RAL1015 bis zum Jahr 2004 in Deutschland gesetzlich vorgeschrieben war. Peter riss die Tür auf.

»Nehmen Sie mich mit?«

Der Fahrer rückte sich die Schirmmütze zurecht.

»Warum nicht? Damit verdiene ick mir schließlich die letzten Kröten. Wohin soll's gehen?« Der Berliner drehte sich zu seinem Fahrgast um und erschrak. »Geht's Ihnen gut? Sie sehen so aus, als ob Sie gerade in einen Nahkampf verwickelt waren.«

»So war es auch. Scheint so, als hätte ich gewonnen. Fahren Sie los. Ich sage Ihnen gleich, wohin es geht.«

Der Taxifahrer widersprach nicht. Es sah nach einer lukrativen Tour für ihn aus und er gab sich Mühe, den Betrag auf dem Taxameter zu optimieren. Im Rückspiegel verfolgte er aufmerksam, wie sich sein Fahrgast vor Schmerzen krümmte.

»Wenn ich Ihnen ein Ziel vorschlagen dürfte, wäre es das nächste Krankenhaus.«

Peter schüttelte den Kopf. »Danke für den Rat. Es sind die Rückenwirbel. HWS, BWS und LWS. Sagt Ihnen das etwas?«

Der Fahrer hüstelte. »Ick war mal mit 'ner kleenen süßen Heilpraktikerin liiert. Ein ganz klein bisschen habe ich davon noch behalten. Passen Sie auf, dass es nicht auf die Diagnose einer Intercostal-Neuralgie hinausläuft. Das ist eine böse Sache. Herrührend von den Blockaden der Brustwirbelsäule kann das zu den schwersten Schmerzen im gesamten Brustkorb führen. Und übrigens, darf ich Sie an das Tragen der Atemschutzmaske erinnern?«

Peter kramte in seiner Tasche nach dem Mundschutz. »Ihre Warnung mit der Intercostal-Neuralgie. Besser trifft es die Sache nicht, und entschuldigen Sie, wenn ich nicht gleich die Maske getragen hatte. Meine Rippen schmerzen schon extrem. Es zieht sich von den Rückenwirbeln über den kompletten Brustraum. Aber das wird daran liegen, dass mir vor wenigen Momenten ein ganz fieser Sack heftige Tritte verpasst hat. Hoffentlich habe ich mir dabei keine Rippe gebrochen.

Er fasste sich in die Hüfte und biss die Zähne zusammen. Der Schmerz trat jetzt wieder verstärkt zu Tage. Der Fahrer meldete sich zu Wort. »Ick will ja nicht neugierig sein … aber sollten Sie nicht die Polizei rufen?«

»Dann seien Sie auch nicht neugierig. Die Polizei? Wie? Es sei denn, Sie würden mir Ihr Mobiltelefon ausleihen.«

Der Fahrer reichte ihm wortlos sein Gerät nach hinten. Im Gegenzug sollte ein zusätzliches Trinkgeld winken.

Der Hamburger wählte die Notrufnummer der Polizei. »Ja? Hallo? Mein Name ist Peter Berg. Ich bin hier in Berlin ganz offensichtlich in eine Falle gelockt worden. Als unbescholtener Bürger wurde ich verhört und misshandelt. Werfen Sie bitte dringend einen Blick in das Haus in der Straße … warten Sie bitte, ich schaue kurz nach.«

Er scrollte auf seinem *ComX* nach der Adresse, die ihm Frederik gegeben hatte und gab die Daten durch. Dann legte er ohne weiteren Kommentar auf. Zunächst wollte er das Telefon sofort wieder an den Fahrer zurückgeben, bis ihm eine Idee durch den Kopf schoss. Er holte sein schwarzes Notizbuch aus der Sakkotasche und blätterte durch die Seiten. Er suchte nach der Adresse der Anwältin, die er im Flugzeug aus México City getroffen hatte. Lange musste er nicht stöbern, dann ihm fiel die Visitenkarte der Frau geradewegs entgegen. Nicole Violetti. Er drehte die Visitenkarte. Das Design und auch die Materalauswahl der Karte waren ungewöhnlich. Dahinter musste eine sehr interessante Frau stecken, lautete seine Schlussfolgerung. Er nannte dem Taxifahrer die Adresse.

Jetzt gab es ein Ziel.

Peter war froh, dass er die Kontaktdaten der Sitznachbarin gefunden hatte und versuchte sich an die damalige Konversation im Flugzeug zu erinnern. Sie war Juristin. Angestellt in einer Kanzlei in Berlin, wenn er es sich korrekt gemerkt hatte. Er hatte eine Idee und wandte sich an den Fahrer.

»Hey, Sie. Aus Ihren Äußerungen vorhin habe ich entnommen, dass ein kleiner Hinzuverdienst bei Ihnen durchaus willkommen sein könnte, richtig?«

»Worum geht's?«

»Um Ihr Telefon. Ich würde gerne noch ein Telefonat damit führen. Keine Angst, es ist kein Auslandsgespräch. Nur eine Nummer in Berlin. Sie bekommen 50 Euro extra. Na, ist das was?«

Der Fahrer hatte bereits damit gerechnet. Die 50 Euro fand er jedoch etwas übertrieben. Die Sache kam ihm nicht ganz geheuer vor. Warum sollte dem Fahrgast ein Telefonat so viel Geld wert sein? Hatte er kein eigenes Mobiltelefon? Selbstverständlich willigte er ein, gab sich aber zögerlich.

»Aber nur kurz. Ich könnte einen Anruf bekommen. Und die 50 Schienen extra kommen nicht mit auf den Beleg. Klaro?«

Peter wählte die Nummer von der Visitenkarte. Zweimal ertönte das Freizeichen, dann meldete sich eine Frauenstimme am anderen Ende. Sie war es. Peter war erfreut. Er sah ein Licht am Ende des Tunnels.

»Hallo, ich weiß nicht, ob Sie sich noch an mich erinnern? Es war im Februar auf dem Flug nach Frankfurt. Der Mann mit dem Albtraum. Wissen Sie, wer ich bin?«

»Peter Berg? Richtig? Sind Sie etwa in Berlin und wollen sich mit mir treffen? Na, das ist ja mal eine tolle Überraschung.«

Er fühlte sich geschmeichelt.

»Frau Violetti. Sie sind doch Anwältin, sagten Sie. Ehrlich gesagt, ich bin scheinbar in eine Angelegenheit geraten, die mehr als komplex ist. Man hat mich heute bedroht, und zwar massiv. Man könnte sagen, dass ich nichts mehr ohne meinen Anwalt machen sollte. Haben Sie noch Kapazitäten frei für einen neuen Mandanten?«

»Was immer es ist, wovon Sie sprechen. Wenn es so dramatisch ist, wie es sich anhört, dann unternehmen Sie nichts mehr allein. Kommen Sie direkt zu mir in die Kanzlei. Dann sehen wir weiter.«

Peter überprüfte nochmals die Adresse auf der Visitenkarte. Eine weitere Nummer wählte er dann doch noch. Die von seinem Büro in der Hamburger Agentur. Er hatte direkt seine Assistentin am Apparat.

»Susan? Geht es dir gut? Ja? … Okay. Pass mal bitte auf. Der Termin in Berlin ist komplett schiefgelaufen. Das waren keine Regierungsbeamten. Dass man sich dermaßen in Menschen täuschen kann. Sei's drum. Vergessen und vorbei. Hast du die Nummer von Kommissar Winter?«

»Du meinst den von der Kripo, der damals wegen des Anschlags auf unsere Agentur ermittelt hatte? Die Nummer habe ich gespeichert. Wenn du willst, kann ich dich gleich weiter verbinden. Soll ich?«

Nach wenigen Sekunden hatte Peter den Beamten aus Hamburg am Ohr.

»Moin, Herr Kommissar. Ich hätte nicht gedacht, dass wir schon so bald wieder miteinander sprechen würden. Eins vorweg. Das Telefonat wird von anderen mitgehört.«

Der Taxifahrer fühlte sich angesprochen und schaute in den Rückspiegel. Peter schüttelte seinen Kopf und führte das Gespräch fort.

»Ich werde überwacht. Die Typen kannten die ganze Zeit meinen Aufenthaltsort. BND, MAD und wer sonst noch. Die ganze Geheimdienst-Mischpoke mischt dabei mit. Und wer weiß, ob noch ganz andere Kräfte darin verwickelt sind. Daher schildere ich es jetzt in Kürze für jeden, der hier in der Leitung ist. Sie hatten recht, Herr Kommissar. Die Kerle wussten, dass ich anlässlich der Beerdigung meiner Ex-Frau zurück nach Deutschland kommen würde. Es ist nicht auszuschließen, dass sie auch beim Tod meiner Ex die Hände im Spiel hatten. Vielleicht sollte sie als Zeugin ausgeschaltet werden. Und nun hören Sie. Aus mir wollte man hier in Berlin Informationen herauspressen. Es ging um den Aufenthaltsort von Personen, die ich zufällig getroffen habe und welche die wahren Hintergründe zu den terroristischen Anschlägen vom 11. September 2001 in New York, zu den Anschlägen in Madrid im Jahre 2004 und zu den Attacken in London am 7. Juli 2007 kennen. Und auch die Entführung der Verkehrsmaschine Malaysia Airlines MH 370 gehört mit ins Bild.«

Der Taxifahrer konnte nicht fassen, was er hörte.

Am anderen Ende meldete sich der Hanno Winter zurück. »Halt. Stopp. Heißt das, Sie standen seit Jahren mit extremistischen Attentätern im Kontakt? Dann ist es doch kein Wunder, dass Sie überwacht werden, Berg?«

»Nee, nee. Ganz im Gegenteil. Es waren allesamt *False Flag* Aktionen. Die Welt sollte glauben, dass dahinter die bösen Terroristen aus der Al Quaida Organisation steckten. Es wurde ihnen in die Schuhe geschoben. Die Attentate gehen auf das Konto einer hochprofessionellen Gruppe, die ihre Order von einer übergeordneten Organisation erhält. Hoch geheim und okkult. Ganze Regierungen werden von dieser Organisation gelenkt. Sie selbst nennt sich die ONE-C. Diejenigen, die ich kennengelernt habe, sind Rebellen. Sie haben sich von ihrer alten Truppe losgesagt und wollen Schlimmeres verhindern. Kommissar, verstehen Sie? Vielleicht bin ich der einzige, der den Weg zu den Rebellen kennt. Deshalb bin ich der Schlüssel. Eine Gefahr und der einzige Zugang zugleich.«

»Ach du Schiete. Selbst wenn ich Ihnen nur die Hälfte von diesem Tünkram glauben wollte, so klingt alles, was von ihrem Märchen übrigbleibt, dramatisch genug. Im Zweifel wird Sie irgendjemand aus dem Gegenlager umbringen. So wie es Ihrer Ex-Frau widerfahren ist. Nichts anderes war der Hintergrund vor sieben Jahren bei dem Anschlag auf Ihre Agentur. Sie wissen so gut wie ich, dass *Sie* das eigentliche Ziel des Attentats waren. Man wird sich durch Ihr Ableben zwar der Quelle zu den Rebellen berauben, aber das kann das kleinere Übel sein. Mein Rat. Bringen Sie sich in Sicherheit. Und tun Sie nichts, was auf Ihren Aufenthaltsort einen Rückschluss zulässt. Das haben Sie im Sommer 2013 doch auch recht gut geschafft, als Sie sich nach Nordnorwegen abgesetzt haben. Wenn Sie es einrichten können, kommen Sie zu uns ins Präsidium. Ich könnte Polizeischutz für Sie organisieren. Ansonsten, schön die Klappe halten. Mit oder ohne Atemschutz.«

Beide beendeten die Verbindung. Peter schaltete das Smartphone komplett aus und öffnete die Fensterscheibe. Er hielt Ausschau. Im erstbesten Augenblick, als es der Verkehr zuließ, warf er das Gerät in einem hohen Bogen hinaus.

»Sind Sie noch zu retten?«, entfuhr es dem Taxifahrer. »Dat schöne Teil. Einfach wegzuschmeißen. Darin steckt mein gesamtes Leben. Sie spinnen doch. Hätten Sie mir reinen Wein eingeschenkt, was Sie vorhaben, hätte ich auf die 50 Euro extra verzichtet. Doof, total doof.« Er kam gar nicht mehr zur Ruhe.

»Glauben Sie mir, das Handy hätte Sie nicht mehr glücklich gemacht. Früher oder später wären bei Ihnen ein paar dubiose Kerle aufgetaucht und hätten Sie nach Strich und Faden auseinandergenommen. Sie wären Ihres Lebens nicht mehr froh geworden. Jetzt können Sie stattdessen unbeschwert weiter in Ihrem gelben Benz fahren. Wenn ich könnte, würde ich liebend gerne mit Ihnen tauschen. Und zu Ihrer Beruhigung. Ich hatte ursprünglich nicht vorgehabt, Ihr Handy wegzuwerfen. Was halten Sie von einer 500 Euro Kompensation?«

Der Taxifahrer machte einen knurrenden Laut und gab sich zerknirscht, obwohl er innerlich einen Luftsprung machte und hochzufrieden war.

Sie hatten die Zieladresse erreicht. Er stand vor der hell getünchten Villa im Jugendstil und seine Augen wanderten über das goldene Schild der Sozietät. Dr. Decker, Dr. Francke, Violetti & Kollegen. Er klingelte, doch es tat sich nichts. Es war schon spät am Freitagnachmittag. Die Anwälte schienen alle bereits zu Hause zu sein.

Die schwere Tür öffnete sich. Nicole Violetti stand im Eingang. In einem attraktiven dunkelblauen Business-Outfit und einer weißen, offenherzigen Rüschenbluse. Auffällig waren die nachtblauen High Heels, die ihm sofort ins Auge fielen. Sie hieß ihn willkommen.

»Herr Berg? So schnell hatte ich Sie wirklich nicht bei mir erwartet. Kommen Sie als Mandant oder doch vielleicht als Besucher auf der Suche nach einem Date?« Sie schmunzelte vielsagend.

»Glauben Sie mir, Frau Violetti. Nichts lieber als das. Doch das müssen wir auf ein anderes Mal verschieben. Ich stecke in der Klemme. Und zwar mächtig.« Er atmete hastig und seine Hände wirkten unruhig.

Sie öffnete einen Schrank und füllte ein Glas mit Wasser. »Nun kommen Sie erst mal richtig zur Tür hinein und setzen sich.« Sie reichte ihm das Glas. »Hier, trinken Sie einen Schluck. Sie sind ja völlig außer Atem.«

Die Schmerzen waren heftig. Er schloss die Augen und strich sich mit der rechten Hand über die Stirn. Wo sollte er anfangen? Wie konnte ihm die Anwältin am besten helfen?

»Ich brauche Ihren Rat«, ging er an die Sache heran, um gleich darauf wieder eine Pause einzulegen. Sie musterte ihn und ihr fielen die Blutspuren in seinem Gesicht auf.

»Was ist Ihnen zugestoßen? Soll ich Ihnen etwas zum Desinfizieren bringen? Oder ein Pflaster?«

Peter gab sich hart. »Lassen Sie, ich blute ja nicht. Aber etwas zum Abtupfen wäre vielleicht nicht schlecht.«

Sie holte aus dem Bad ein feuchtes Handtuch und einige Papiertücher. Ihr Blick war liebevoll und besorgt zugleich, als sie sich vor ihn kniete und ihm das Gesicht vorsichtig abwusch. Es waren für Peter kurze Momente des Durchatmens und eine gute Gelegenheit, seine Gedanken zu sortieren.

»Es ist eine lange Geschichte, die viele Jahre zurückreicht, wenn ich sie komplett erzählen wollte«, hob er an.

»Konzentrieren Sie sich zunächst auf die wichtigsten Geschehnisse des Hier und Jetzt«, erwiderte sie.

»Das Hier und Jetzt? In Berlin?«, wiederholte er. »Okay, das macht vielleicht sogar Sinn.«

In wenigen Sätzen schilderte er die Situation aus dem geheimnisvollen Gebäude, wo er sich als Informant mit einem der Regierung nahestehenden Insider treffen wollte.

»Der Mann war kein Eingeweihter. Jedenfalls keiner, der mir vorschwebte. Der Typ war eine ominöse Figur, die sich Josef Neuland nannte. Der Name ist garantiert nicht echt, davon können Sie ausgehen. Der Kontakt zu ihm wurde über meinen Kompagnon hergestellt. Frederik, mein Partner, oder besser gesagt, mein ehemaliger Partner, denn wir haben die Firma vor einigen Wochen verkauft. Er pflegte seit einigen Jahren sehr gute Verbindungen zu den Lobbyisten in Berlin. Das wusste ich und es war naheliegend, dass ich ihn darauf ansprach. So ist der Termin mit Herrn Neuland zustande gekommen«

»Das habe ich verstanden. Doch es ist in meinen Augen gar nicht so relevant, wie der Kontakt zu dem Mann entstand. Erzählen Sie mir, was Sie ihm mitteilen wollten.« Sie drängte ihn, schneller zur Sache zu kommen.

»Nicole, darf ich Sie so nennen?«, wagte er sich einen Schritt näher an die Anwältin heran.

Sie nickte. »Tun Sie sich keinen Zwang an«, wobei sie zunächst noch beim distanzierten *Sie* blieb.

»Nicole. Kannst du dir vorstellen, dass manche Verschwörungstheorien gar keine sind, sondern viel näher an der Wahrheit sind, als man es für möglich hält?«

»Kryptisch, kryptisch. Sagen Sie doch endlich, worum es geht. Ich falle schon nicht gleich aus allen Wolken.«

Er nahm einen Schluck Wasser. »Wolken? Das passt. Wer steckte denn deiner Meinung nach hinter dem mysteriösen Verschwinden der Malaysia Airlines MH 370?«

Er wartete ihre Antwort nicht ab und schloss direkt mit einer weiteren Frage an.

»Du glaubst doch nicht der offiziellen Darstellungsweise der Attentate vom 11. September 2001, oder? Nun? Wo stehst du?«

Sein Blick war bohrend. Für ihn standen die Antworten fest. Unumstößlich.

»Ich bin Juristin. Wissen Sie. Festlegen ist nicht unbedingt meine Sache. Vieles kann man aus verschiedenen Blickwinkeln sehen. Und wie sagt man so schön? Recht haben und Recht bekommen, sind zwei verschiedene paar Schuhe. Soll heißen, selbst wenn Sie jetzt mit einigen kruden Theorien um die Ecke kommen, so bedeutet das noch lange nicht, dass das irgendetwas ändert. Es sei denn, Sie haben Beweise. Echte Beweise.«

Sein Blick war konsterniert. Bei ihr war keine Regung auszumachen. Kein Schock, nichts dergleichen.

»Hey, Nicole. Ich rede vom größten Terroranschlag der Geschichte. 9/11. Mitten ins Herz der Vereinigten Staaten. Und du reagierst völlig cool, als ob dich das gar nicht interessiert. Was ist denn, wenn es nicht die 19 Attentäter waren, wie man uns immer weiß machen wollte? Wenn es stattdessen ausgebildete Spezialagenten waren, die der Weltöffentlichkeit eine noch nie dagewesene Inszenierung ihrer Fähigkeiten präsentierten? Hey, das kann dich doch nicht kalt lassen?«

Sie sagte nichts. Aus dem Schrank holte sie eine weitere Flasche. Dieses Mal handelte es sich um etwas Hochprozentiges.

»Möchtest du auch etwas? Ich glaube, das können wir jetzt vertragen.« Sie war zum *Du* übergegangen und stellte zwei Whiskygläser auf den Tisch.

Sie nahm einen Schluck und schaute ihn mit großen Augen an. »Ist diese Sache nicht eine Nummer zu groß für dich? Du bist ein erfolgreicher Unternehmer und beschäftigst dich mit Verschwörungstheorien?«

»Vergiss das mit dem Unternehmer. Wie gesagt, die Agentur ist verkauft«, fiel er ihr ins Wort.

»Mein Gott. Und nun willst du deine gesamte Energie in die Aufklärung des 11. Septembers stecken? Wirklich?

Warum und für wen? Wenn du die Sache richtig durchdenken möchtest, dann taste dich vom Ende heran. Ganz so, wie es die Kanzlerin immer so schön empfiehlt. Was ist, wenn du am Ende wirklich weißt, wie es geschah? Wen wird es interessieren? Glaubst du, dass das irgendetwas am Lauf der Dinge ändern wird? Nicht ein Stück. Das ist meine Meinung. Es ist ein Kampf gegen die Windmühlen, Don Quichotte. Reden wir lieber von der Zukunft. Was droht uns deiner Meinung nach?«

Er schüttelte den Kopf voller Unverständnis.

»Nicht so schnell, Nicole. Nee, nee. Es ist ja nicht nur so, dass es sich um professionelle Agenten handelte, die einen sogenannten *False Flag* Auftrag ausführten. Halt dich fest. Zumindest einige der damals Beteiligten leben bis heute unter uns. Nur mit einer völlig anderen Identität.«

Sie runzelte die Stirn. »Ist dir klar, was du da behauptest? Du willst die Identitäten dieser Menschen aufdecken, sie an den Pranger stellen oder sogar anklagen? Vergiss es, dafür bin ich nicht die Richtige. Erstens wird man das nie, nie, niemals beweisen können. Die Alibis dieser Personen sind hieb und stichfest. Und zweitens, wenn du diese Angelegenheit zu deinem persönlichen Feldzug machen möchtest, dann ohne mich. Meine Antwort lautet Nein, Nein und nochmals Nein.«

»Nicole«, sein Blick wirkte fast flehentlich. »Du hast mich total missverstanden. Ich will die Identitäten dieser Agenten keineswegs aufdecken. Nie und nimmer. Im Gegenteil. Alles, was du sagst, ist richtig. Natürlich lässt sich keine meiner Aussagen offiziell beweisen. Es war halt alles perfekt angelegt. Und nein, die Menschen, von denen ich spreche, werde ich niemals der Öffentlichkeit ans Messer liefern. Zum einen waren sie nur die ausführenden Organe. Soldaten, wenn man so will. Die wahren Schuldigen für die Attentate muss man bei den Drahtziehern suchen, die hinter den Aktionen standen.

Und zweitens haben sich diejenigen, von denen ich spreche, längst von der Spezialeinheit losgelöst. Weißt du, Nicole? Inzwischen versuchen diese Abtrünnigen selbst herauszufinden, von wem sie damals die tödliche Order bekommen haben. Und sie versuchen Schlimmeres zu verhindern. Es ist so, dass sehr viel Beunruhigendes auf uns zurollt. Auf uns und auf die ganze Welt.«

Sie nahm einen tiefen Schluck und pfiff durch die Zähne. »Wow. Die Geschichte ist komplex. Das heißt, dass die Eingangsstory und der ganze Kram um 9/11 für dich überhaupt nicht im Fokus steht?«

Er schüttelte den Kopf. »D'accord. Das interessiert mich schon lange nicht mehr. Ich weiß ja, wie es wirklich geschah. Das einzige, worum es mir und den Rebellen jetzt geht, sind die geheimen Auftraggeber. Sie sind es, die unser Weltgeschehen zu großen Teilen bestimmen und lenken.«

Er griff zum Glas und leerte den Whisky in einem Zug. Es wirkte wohltuend schmerzbetäubend. Er erzählte ihr vom Aufbau der Organisation. Die geheime Gesellschaft nannte sich ONE-C und agierte weit verzweigt. Die Mitglieder waren fest im realen Leben verankert, bekleideten teilweise sogar hochrangige Ämter, und niemand wusste etwas von ihrem parallelen Wirken. Der okkulte Zirkel setzte sich aus kosmopolitischen Führern zusammen, die nicht im Interesse eines einzelnen Staates handelten. Die ONE-C sah sich in der Tradition der Illuminaten. Am 1. Mai 1776 hatte der deutsche Hochschullehrer Adam Weishaupt den *Bienenorden* gegründet, den *Bund der Perfektibilisten*, der später als *Illuminaten-Orden* bekannt wurde. Der organisatorische Aufbau der ONE-C folgte exakt dem Schema, welches vom Gründer der Illuminaten-Bewegung im 18. Jahrhundert ins Leben gerufen wurde. An den obersten Führer berichteten zwei Untergebene, die wiederum über zwei Berichtslinien verfügten. Vollkommen symmetrisch angelegt ergaben sich durch diesen binären Aufbau bis zur zweiten Ebene drei Mitglieder der ONE-C, bis einschließlich der dritten Ebene waren es sieben. Und so ging es tausendfach weiter. Zu den obersten Sieben gehörte seit sieben Jahren eine Frau. Victoria Vicem, die Nummer Sieben der ONE-C. Und eben jene Victoria befand sich für einige Zeit in der Gewalt der abtrünnigen *Enco*-Agenten, was einer historisch einmaligen Chance gleichkam. Die Anwältin horchte auf. Ihr Interesse war zunehmend geweckt.

»Es klingt wie eine gruselige Story à la Ku-Klux-Klan.«

»Gutes Stichwort«, entgegnete Peter. »All diese Geheimbünde bilden einen guten Nährboden im Sinne der ONE-C. Es ist auch nicht auszuschließen, dass die Führer der unterschiedlichen Organisationen in Verbindung miteinander stehen. Apropos Ku-Klux-Klan. Weltweit soll es immerhin bis zu fünf Millionen Mitglieder geben. Eine gefährliche Fraktion. Übrigens ist der Buchstabe *K* der elfte im Alphabet. Dreimal elf ergibt den Wert dreiunddreißig. Das ist nichts Geringeres als der höchste Grad bei den Freimaurern beziehungsweise bei den Illuminaten.«

»Stopp«, warf sie ein. »Du machst mich ganz verrückt mit deinen ständigen Hinweisen auf diese okkulten Geheimbünde. Worin soll denn jetzt die akute Gefahr bestehen? Los, rück mal raus mit den echten Fakten. Und vor allem. Wo steckt die Frau? Ist sie immer noch in Hongkong?«

Peter schüttelte den Kopf. »Der Aufenthaltsort von Victoria ist unbekannt. Sie ist uns im Chaos von Hongkong abhandengekommen. Dich interessiert die akute Gefahr? Genau darum geht es. Wie soll ich anfangen?« Er erhob sich und machte einige Schritte durch den Raum. »Warst du mal im Britischen Museum in London?«

Nicole presste die Lippen aufeinander und wog ihren Kopf hin und her. »Nicht, soweit ich mich entsinne.«

»Bis vor wenigen Jahren wurde dort ein Brief eines gewissen Albert Pike ausgestellt. Pike war sozusagen der Chef-Illuminat vom Dienst. Am 15. August 1871 verfasste er ein prophetisches Dokument, welches bis heute die Roadmap für die Geheimen Drahtzieher definiert. Es ist die finale Strategie für die ONE-C, die mächtigste Organisation von allen. Pike legte einen exakten Fahrplan fest, der sowohl den Ersten als auch den Zweiten Weltkrieg umfasste.«

Sie zog eine Augenbraue nach oben und drehte ihren Kopf in seine Richtung. »Was? Dieser Pike hatte die Weltkriege beschrieben, lange bevor sie losbrachen? Wie war das möglich?« Sie füllte die Gläser bis zur Hälfte.

»Der Typ war kein Prophet. Vielmehr jemand, der eine Richtlinie erarbeitet hatte. Willst du wissen, welche Ziele von der illuminatisch angehauchten ONE-C verfolgt werden? Sieben Ziele waren es und sind es bis heute geblieben. Sieben, da ist sie wieder, die magische Zahl. Ich sage dir, worum es geht und was bei denen auf der Agenda steht.«

Peter griff zu seinem schwarzen Notizbuch und schlug die betreffende Textstelle auf. »Erstens geht es um die Abschaffung jeder ordentlichen Regierung, dann um die Abschaffung des Privateigentums und drittens um die Abschaffung des Erbrechts. An der vierten Stelle steht die Abschaffung des Patriotismus, an Stelle fünf die Abschaffung aller Religionen. Sechstens folgt die Abschaffung der Familie und siebtens geht es um die Errichtung einer Weltregierung. Es ist echt gruselig, oder?«

»Wow. Das kann einem Angst machen«, zollte sie ihm anerkennend Respekt. »Du bist ganz schön gebildet.«

Peter steckte sein Notizbuch wieder in die Sakkotasche. Für alle Fälle hatte er seine Aufzeichnungen immer bei sich, falls er wichtige Details nicht mehr aus dem Gedächtnis abrufen konnte.

»Nur keine Süffisance, bitte. Die Sache ist gefährlich. Denen geht es um die gesamte Menschheit. Im biblischen Sinne um eine Unterjochung, eine Versklavung. Und Nicole, Albert Pike hatte darüber hinaus die Mechanismen für den Dritten und letzten Weltkrieg beschrieben. Am Ende wird die Umsetzung aller zuvor genannten Ziele stehen. Das ist die Gefahr, um die wir uns kümmern müssen. Kleinere Scharmützel und Grenzstreitigkeiten können die Staatengemeinschaften in den Griff bekommen, doch wenn das Große und Ganze erst mal ins Rollen gerät, kann nichts in der Welt den globalen Krieg verhindern.«

»Du machst mir Angst. Wir haben doch sehr gut in den letzten 75 Jahren in Europa in Frieden gelebt.«

Sie ging ans Fenster und blickte zur Straße. »Ein globaler Krieg. Das würde alles ändern. So manches bekommt jetzt auch für mich eine andere Bedeutung.« Ihre Stimme war leise und nachdenklich. »Ein Weltkrieg?«, flüsterte sie.

»Verstehst du nun? Die aktuelle Pandemie mit dem Coronavirus ist nur der Auftakt. Es werden weitere Infektionswellen folgen, die jedes Mal schlimmer werden. Irgendwann werden die Attentäter zuschlagen und den Weltenbrand entfesseln. Ich wollte die Bundesregierung informieren und warnen. Es war ein Satz mit *x*. Das war wohl nix. Stattdessen wurde ich brutal niedergeschlagen mit dem Ziel, meine Mitstreiter zu verraten. Dann jedoch wäre alles verloren. Was denkst du? Was sollen wir tun?«

Sie strich sich das Haar aus dem Gesicht. »Wie soll man vor einem Dritten Weltkrieg warnen? Das Ganze ist doch ausgemachter Blödsinn und unendlich vage. Ich meine, wir können doch nicht mir nichts dir nichts ins Kanzleramt marschieren und die bevorstehende Apokalypse vermelden, ohne etwas Konkretes in der Hand zu haben. Das fliegt uns komplett um die Ohren und wir landen in der Klapsmühle. Du zumindest, denn ich werde mich früh genug davon distanzieren.«

Peter zögerte. Sie hatte recht. Greifbare Hinweise waren dünn gesät. Wie schon bei der Entführung des malaysischen Flugzeugs, tappten die Widerstandskämpfer noch völlig im Dunkeln.

Es herrschte eine bedrückende Stille in der Kanzlei. Nichts war zu hören, außer dem Atem der beiden Menschen, die sich den Kopf zerbrachen. Inmitten des Schweigens ließ sie ein Geräusch aufschrecken. Es war der Klingelton der Eingangstür. Peter wurde nervös.

»Erwartest du noch jemanden? Um diese Uhrzeit?«

Nicole Violetti schüttelte den Kopf. »Nein, wer sollte das sein? Hier ist normalerweise niemand mehr anzutreffen, so spät am Freitag. Soll ich öffnen?«

Sie schaltete das Licht im Flur an. An der Tür klopfte jemand.

»Moment. Ich bin gleich da.« Sie hielt die Klinke in der Hand und lugte vorsichtig durch den Türspalt.

»Ein Päckchen für Frau Nicoletti. Können Sie es annehmen? Sorry, ich habe es nicht eher geschafft. Es war viel Verkehr heute.«

Der Mann trug eine Fahrradmontur und reichte ihr ein würfelförmiges Paket. *Es war der Kurierdienst*, dachte Peter, der in sicherer Entfernung im Nebenraum geblieben war. Ungewöhnlich war einzig die Uhrzeit, denn die Auslieferung per pedes und per Fahrrad hatte sich zu einer verlässlichen Alternative zu den etablierten Diensten entwickelt. Sie quittierte die Lieferung und kehrte zu Peter zurück.

»Jetzt erzähle mir nicht, dass sich darin eine Bombe befindet.« Sie lachte und auch er musste nun endlich einmal schmunzeln. Wo immer es ging, versuchte sie gute Laune und eine positive Stimmung zu verbreiten. Das musste Peter ihr zu Gute halten.

»Schon gut. Ich werde mich von jetzt an zurückhalten.« Er sah ihren fragenden Blick, den er mit einer direkten

Aufforderung beantwortete. »Ja, klar. Mach es auf. Für Weihnachtsgeschenke ist es noch zu früh im Jahr. Freuen wir uns doch einfach über eine Überraschung.«

»Wir? Das Paket ist an mich adressiert«, stellte sie klar und riss die äußere Verpackung aus dem braunen Packpapier auf. Peter schaute ihr über die Schulter. Seine gespielte Neugier rief bei ihr ein Lächeln hervor. Sie mochte ihn. Wie schon seit dem allerersten Kennenlernen im Flugzeug kurz vor der Landung in Frankfurt. Sie konnte ihn nicht richtig einschätzen, dennoch übte er eine ungekannte Faszination auf sie aus.

Es kam ein Briefumschlag zum Vorschein und ein zweiter Karton, der ebenfalls sorgfältig verpackt war.

»Den Brief würde ich zuerst öffnen«, schlug Peter vor.

»Gut, dass für die einfachen Weisheiten im Leben immer ein Mann zur Hand ist«, warf sie ihm schnippisch entgegen. Gesagt getan. Sie riss den Umschlag auf und las die Zeilen vor.

»*Guten Abend Frau Nicoletti. Entschuldigen Sie die späte Störung, doch ich hoffe, meine Nachricht erreicht Sie zur rechten Zeit. Es kann sein, dass bei Ihnen ein unerwarteter Gast auftaucht. Namens Peter Berg.*« Sie stutzte und drehte ihren Kopf. »Wie kann das sein? Niemand weiß, dass du hier bist.«

»Lies weiter, Nicole.«

»Von mir aus. Also gut, wo war ich stehengeblieben? Ach, hier ist die Textstelle. *Falls es so sein sollte, reichen Sie ihm das innen liegende Paket. Ich bin sicher, Sie werden daraus einen Auftrag für Sie ableiten können, der für Sie finanziell interessant sein dürfte. Im Falle, dass Herr Berg noch nicht bei Ihnen aufgetaucht sein sollte, so verwahren Sie das Paket bitte an einem sicheren Ort. Es gehört Ihnen nicht, wenn ich darauf hinweisen darf. Sollte sich niemand bei Ihnen melden, wird das Paket in genau vier Wochen wieder bei Ihnen abgeholt. Ich danke Ihnen für Ihre Mitarbeit.* Hm, das ist sehr merkwürdig.«

333

Peter kratzte sich am Kopf. »Die Sache wird langsam mulmig. Wer konnte wissen, dass ich zu dir komme?«

»Komm, wir rufen die Polizei. Das Ganze ist nicht koscher.« Sie war drauf und dran, das Paket wieder zu verschließen.

»Nein, nein. Warte. Die Polizei kommt sowieso nicht mehr in Frage. Wahrscheinlich ist einer meiner Peiniger von heute verblutet und ich werde als Tatverdächtiger gesucht. Außerdem möchte ich zu gerne einen Blick in den anderen Karton werfen. Er ist ja offensichtlich für mich gedacht. Vielleicht klärt sich dann alles auf.«

Nicole holte ein Messer und zerschnitt vorsichtig das Paketband. Beide machten große Augen. Das Paket war prall gefüllt mit allerlei Geldnoten. Sie fanden mehrere Bündel, die in Klarsichtfolie eingeschweißt waren.

»Das müssen Tausende von Euros und Dollar sein«, rief er aus. Irgendwo musste es bei dem unverhofften Geldregen einen Haken geben. Die bohrende Frage war die nach dem Absender. Sie durchsuchten das komplette Paket nach einer Botschaft. Zwischen den Folienpäckchen voller Geld fand sich eine Klappkarte. Er nahm sie in die Hand. Der Text war ebenso sachlich wie instruktiv gehalten – ähnlich wie bei dem Anschreiben an die Anwältin.

»Peter, du hast eine gute Wahl getroffen. Juristische Hilfe ist jetzt eine gute Idee und du solltest Frau Violetti mit deinem Mandat beauftragen, dass sie dich in den nächsten Tagen begleitet. Euer erstes Ziel wird in Polen liegen. Frau Violetti wird mit dir morgen nach Krakau fahren. Die Adresse wird ihr in der Früh als SMS aufs Mobiltelefon geschickt werden. Alles muss strikt geheim bleiben und ihr dürft unter keinen Umständen an die Öffentlichkeit gehen. Dein Leben ist in großer Gefahr. Halte dich in Deckung, bis ich wieder Kontakt mit dir aufnehmen werde. Ein Freund.«

Er pfiff durch die Zähne und atmete tief durch.

»Hast du eine Ahnung, wer dahinterstecken könnte?«

Sie schüttelte den Kopf. »Es ist unheimlich«, warf sie ein. »Jemand weiß über uns Bescheid. Ich werde jedenfalls heute Nacht nicht in meine Wohnung gehen. Was hältst du davon, wenn wir erst mal etwas Essen gehen? Ich könnte checken, ob wir im Grill Royal einen Platz bekommen.«

* * *

Innerhalb weniger Minuten waren sie bereit zum Aufbruch. Sie warf sich einen Sommermantel über die Schulter und zeigte auf ihr Auto, welches vor der Einfahrt zur Villa stand. Peter ging ein paar Schritte hinter ihr und warf einen Blick auf ihre Beine. Er konnte gar nicht anders. In ihren High Heels hatte sie einen sehr verführerischen Gang. *Was waren das für wohl geformte schlanke Beine*, dachte er. Sie trug schwarze Nylons und darüber den knielangen Rock ihres dunkelblauen Businesskostüms.

Das Verdeck ihres 1er BMW-Cabrios war verschlossen. Sie fuhr los und schaltete instinktiv den CD-Player an. Aus den Lautsprechern ertönten die sanften Töne einer Hammondorgel. Peter warf ihr einen Blick zu. Die Melodie kam ihm bekannt vor. Es war ein Klassiker aus dem Jahre 1967. Er summte mit und interpretierte die vielsagenden Worte des Textes. »Was erschien im Spiegel? Zuerst das Gesicht, aber nur schemenhaft, bis es sich schließlich in einem anderen Licht zeigte. *A whiter shade of pale.*«

»Hundert Punkte. Du kennst dich gut aus. Der Song ist einer meiner Favoriten. Magst du das Stück?«

Peter nickte. »Na klar. Es ist von *Procol Harum* aus den 60er Jahren. Die Musik geht ursprünglich auf Johann Sebastian Bach zurück. In Anlehnung an das Stück *Air*, wenn ich mich recht erinnere.«

»Soll ich dir sagen, worum es im Text geht?« Sie wartete seine Antwort gar nicht erst ab. »Ein Mann befindet sich auf einem Schiff und er ist weit draußen auf dem Meer.«

»Du und dein Hobby der Traumdeutung. Bei dem Mann auf dem Schiff auf hoher See, denkst du jetzt aber nicht an mich, oder?«, kokettierte er.

Ein bezauberndes Lächeln war ihre Antwort. »Du scheinst dir deiner Sache ziemlich sicher zu sein, Mister Geheimagent. Der Erzähler in dem Song ist quasi auf einem erotischen Beutezug und hätte seine Herzensdame lieber im Ocean-Bed, anstatt sie in den sicheren Hafen der sechzehn Jungfrauen der Halbgöttin Vesta zu lassen, wo sie rein und keusch bleiben müsste.«

»Oho, eine Verführungsstory voll knisternder Erotik.« Ihm gefiel die Vorstellung daran.

Sie bog mit dem Wagen um die Ecke und hielt nach einem Parkplatz Ausschau. Das Dinner kam einer Premiere gleich. Erst seit Mitte Mai hatte das Restaurant wieder geöffnet. Das Grill Royal war strenggenommen ein ganz normales Steakhaus. Doch es war kein übliches Restaurant. Die Gäste repräsentierten ein schickes, mondänes und hedonistisches Berlin. Entweder waren sie wirklich vermögend oder sie lebten einfach über ihre Verhältnisse. Es war egal, vor allem Nicole und Peter. Glücklicherweise konnte sie ihre Verbindungen spielen lassen, so dass sie trotz der Einschränkungen und den vorherrschenden Hygienemaßnahmen einen freien Tisch bekamen. Ideal. Es war ein Zweiertisch direkt am Fenster mit einem Blick auf die Spree. Ihre Wahl fiel auf zwei große Steaks und eine Flasche trockenen Rotwein.

»Ist es der richtige Augenblick, dass wir über die Planung für die nächsten Tage sprechen?« Sie legte ihre rechte Hand auf den Tisch mit der Innenfläche nach oben. Es kam einem Angebot zur Zusammenarbeit gleich.

»Ja. Ich möchte dich als meine Anwältin engagieren. Die Kosten bleiben hoffentlich im Rahmen und deine Aufgabe wird darin bestehen, mich zu beraten und zu begleiten. Und die Fakten zusammenzutragen.«

»Abgemacht. Dein Nachteil ist, dass ich Kenntnis von dem vielen Geld im Paket habe. Das wirkt sich leider drastisch auf meinen Tagessatz aus. Eintausend Euro plus Spesen. Sind wir im Geschäft?« Sie lächelte ihn fragend an.

Peter nickte.

»Mir ist nicht nach Verhandeln zu Mute. Hand drauf.«

Er legte seine Hand auf ihre und drückte sie ganz sanft.

»Nicole, wenn wir von Spesen sprechen, sollten wir bei der heutigen Übernachtung anfangen. Ich kann nicht in meine bescheidene Zwei-Zimmer Wohnung zurück und du nicht in dein Appartement.«

Sie lächelte und schwieg. Dann schob sie ihm einen Untersetzer mit einem Werbeaufdruck zu. »Hier, mach bitte eine kurze Notiz über den Tagessatz und setze deine Unterschrift darunter. Die besten Verträge werden auf Bierdeckeln festgehalten.«

Sie hatten einen Deal. Ganz klar war ihm nicht, was dabei eigentlich herauskommen sollte. Doch offensichtlich war es keine schlechte Konstellation. Sie war eine erfahrene Juristin und kannte die Schlupflöcher des Gesetzbuchs. Gemeinsam sollten sie sich am kommenden Tag auf den Weg nach Polen machen. Vielleicht ergab sich dort ein Hinweis, der bislang übersehen worden war.

Als die Unterschriften auf der runden Pappe paraphiert waren, kam Peter zu den Ausführungen über die ONE-C zurück. Er konzentrierte sich dabei auf eine möglichst knappe Darstellung.

Sie hob eine Augenbraue. »Uiih. Es ist allerhand, was du erlebt hast. Allmählich tendiere ich dazu, dir zu glauben. Bisher dachte ich, zwischen Gut und Böse unterscheiden zu können. Aber mittlerweile bin ich total verwirrt, wer am Ende auf der guten Seite steht.«

Die freundliche Servicekraft kam an den Tisch. Das Essen wurde serviert und die beiden schnitten sich ihre 700 Gramm Portionen des T-Bone Steaks zurecht.

»Santé«, entgegnete Peter und stieß mit seinem Glas an ihres. »Wir trinken darauf, dass die Guten gewinnen.«

»Cheers.« Sie nahm einen Schluck vom Wein. »Jetzt blicke ich klarer. Es ist ja gar nicht so kompliziert. Die einen sind die Guten, die anderen sind die Bösen. Du jagst die Bösen. Gefühlt befinden wir uns also auf der richtigen Seite. Und ich werde auf deiner Seite sein, *an* deiner Seite.«

Sie nahm einen weiteren Schluck und hatte bereits einen leichten Schwips.

»Ja. Das Vertrackte ist allerdings, dass uns die geheimen Kräfte der ONE-C immer einen Schritt voraus sind.«

»Ach, lass sie marschieren«, beruhigte sie ihn mit ruhiger Stimme. »Wer immer einen Schritt voraus ist, stürzt auch als Erster vom Kliff in die Tiefe, wenn es soweit ist. Apropos. Leben und Tod. Was macht dein Albtraum vom Langstreckenflug? Verfolgt er dich noch immer?«

Peter strich sich über die Stirn. Er erinnerte sich noch sehr intensiv an den Albtraum aus dem Flugzeug. Die Gedanken daran bereiteten ihm Unbehagen. Sie musterte ihn und schaute ihm direkt in die Augen.

»Es ging um eine signifikante Entscheidung, Peter. Du konntest deine Partnerin nur retten, wenn du jemand anderen töten würdest. So oder so ähnlich war es doch.«

Er nickte und blieb stumm.

»Wer ist deine Partnerin?«

Er schwieg. Es war die Kardinalfrage. Er befand sich inmitten einer angeregten Unterhaltung mit einer äußerst attraktiven jungen Frau und er wollte das Gespräch nicht auf Rosanna lenken, die sich in zigtausend Kilometern Entfernung irgendwo an einem unbekannten Ort befand. Damit würde er den zaghaften Beginn des Flirts direkt im Keim ersticken.

»Partnerin? Das ist ein großer Begriff. Weißt du Nicole, ich war verheiratet. Bis vor einigen Jahren. Meine Ex-Frau ist Anfang dieses Jahres gestorben.«

»Das tut mir leid. Das wusste ich nicht.« Sie griff nach seiner Hand und strich zärtlich darüber.

»Und es gibt eine Kollegin im Team«, räumte er ehrlicherweise ein.

»Sie ist deine Freundin?«

Peter wollte sich nicht erklären und ganz bewusst wollte er diesen Punkt offenlassen. »Wir haben in den letzten Jahren sehr gut zusammengearbeitet. Zurzeit sind jedoch alle von uns räumlich sehr weit voneinander getrennt.«

Nicole schob den Teller zur Seite und beschloss, nicht weiter ihrer Neugier nachzugeben. Vielleicht würde sie ihn ansonsten nur zu einem Bekenntnis drängen, welches sie gar nicht hören wollte.

»Also gibt es nicht Neues, was deinen Traum angeht?«

Er schüttelte den Kopf. »Nein, ich glaube auch nicht, dass uns das weiterbringt.«

»D'accord. Nehmen wir noch einen Digestif bevor wir aufbrechen?«

»Kannst du denn noch fahren?«, erkundigte er sich nach ihrer Fahrtauglichkeit. Sie nickte und wählte auf der Karte einen Cognac. Besser gesagt zwei Remy Martin.

»Santé, Peter. Lalalalala, ich bin *Supalonely*.« Sie lächelte ihn an und kippte den Cognac in einem Zug hinunter. »Ich verrate dir unseren Plan. Wir brauchen ein Hotel. Meine Wohnung ist tabu, das hast du ja schon selbst festgestellt und deine Zwei-Zimmer Butze kommt auch nicht in Frage. Wir fahren zum Motel One am Tiergarten. Ab jetzt gilt unser Deal.« Sie tippte mit ihrem Finger mehrmals auf den Pappdeckel mit der Vereinbarung.

»Das Motel One. One? Was auch sonst. Du gehst ja ganz schön ran.« In seinen Worten schwang eine gewisse Begeisterung für ihr Temperament mit.

* * *

Kaum saßen sie im BMW, drehte Nicole die Musikanlage auf die volle Lautstärke und wählte den Song *Supalonely* von *Benee*. Die Bässe hämmerten. Fast so stark wie die Herzen der beiden. Sie lehnte sich zu ihm hinüber und küsste ihn stürmisch.

Von unterwegs rief sie im Hotel an. Sie hatten Glück. Es gab noch ein freies Zimmer im Motel One Upper West am Tiergarten für eine Nacht. Der Tag war lang gewesen. Zu lang, um noch einen Drink an der Bar zu nehmen.

Sie fuhren direkt mit dem Lift hinauf in die zwölfte Etage und standen vor der Zimmertür. Nicole hielt eine CD in der Hand. »An der Rezeption sagten sie, dass es einen Player auf unserem Zimmer gibt. Willst du den Song noch einmal mit mir hören?«

Er legte den Kopf zur Seite und nahm sie in den Arm. »Welchen Song meinst du?«

»Zuerst hören wir *Supalonely*. *I'm a lonely chick*.« Sie lachte herzlich und ihre zarten Grübchen verliehen ihr einen hinreißend sympathischen Ausdruck. »Und danach – oder auch etwas später – folgt *A whiter shade of pale*. Der Klassiker.«

»*A whiter shade of pale*? Gerne. Und wir werden uns den Text dann ganz genau anhören.«

Er küsste sie leidenschaftlich. Sie winkelte ihr linkes Bein an und schmiegte sich an ihn. Schnell schob sie die kleine Plastikkarte in den Schlitz und drückte die Tür auf. Dann verschwanden sie im Zimmer.

Kapitel 18

Berlin / Stockholm

Anfang Juni 2020

Nicole stand am Fenster, das bis zum Boden reichte, und schaute auf eins der Wahrzeichen von Berlin. Die Gedächtniskirche war prachtvoll angeleuchtet. Ihr Blick suchte die vielen kleinen Gedenkkerzen, die an das Attentat auf dem Breitscheidplatz erinnerten, doch sie konnte sie aus der luftigen Höhe nicht vor der Kirche erkennen. Peter hatte die Lautstärke der Musik etwas gedämpft und schlich sich von hinten an sie heran. Ganz langsam streichelte er mit seiner Hand über ihre Schulter.

»Du bist also das *lonely chick*?«, hauchte er ihr ins Ohr.

Sie summte die Melodie des Songs mit. »Oh, ja und wie. Ich bin *supalonely.*« Sie drehte sich um und lächelte ihn an. »*I should't be with ya.*«

Dann sagten beide nichts mehr und ließen ihren Gefühlen den freien Lauf. Er streichelte sie zärtlich am Rücken und zog ihr den dunkelblauen Blazer aus. Sie schlüpfte aus ihrem Rock und wenig später stand sie nur noch in Nylons und High Heels vor ihm. Er küsste sie liebevoll und zog sie behutsam auf das Doppelbett. Sie rissen sich die verbleibenden Kleidungsstücke vom Körper und wälzten sich lustvoll durch die Kissen. Wie ausgehungert fielen sie anschließend noch ein zweites Mal übereinander her. Seine Schmerzen waren verflogen und sie machten sich keine Gedanken darüber, ob ihre Geilheit und das Stöhnen in den Nachbarzimmern zu hören war.

Peter strich ihr die Strähnen aus dem Gesicht. »Was war das für ein geiler Sex.« Er legte seine Hand sanft auf ihren Oberschenkel und fühlte ihre weiche Haut. »Du bist süß Nicole. Und verdammt heiß. Das *lonely chick* gehört jetzt in die Vergangenheit.«

»Du bist ein Spinner.«

Sie ging an den CD-Player und startete den Track, über den sie gesprochen hatten. *A whiter shade of pale*. Sie legte sich wieder zu ihm und umarmte ihn. »Komm, küss mich.«

Er liebkoste sie zärtlich, ihre Lippen waren unendlich weich. *A whiter shade of pale*. Die tiefenpsychologische Analyse des Songtextes fiel aus. Stattdessen schauten sie sich minutenlang verträumt in die Augen. Welches Geheimnis steckte hinter der bezaubernden Juristin? Er schob seine Gedanken beiseite.

Sie stand auf und ging ins Bad, um sich frisch zu machen. Währenddessen legte Peter seine Sachen ordentlich zusammen. Er war erstaunt darüber, wie wenig er bei sich trug. Neben seiner Kleidung war es eigentlich nur das *ComX* mit den Bose Frames, sein Portemonnaie, die verschiedenen Ausweispapiere, das schwarze Notizbuch und die kleine Kunststoffbox mit dem schwarzen Ring. Nicht zu vergessen die Geldbündel, die in der Kanzlei angekommen waren. Plötzlich klopfte es an der Tür. Leicht irritiert ging er näher heran und fragte, worum es ginge.

»Zimmerservice. Ihr Champagner.«

Er lächelte. Anscheinend hatte Nicole an alles gedacht. Er lugte durch den Türspion, sah jedoch niemanden vor der Tür auf dem Flur. Wahrscheinlich stand der Champus im Eiskühler direkt vor der Tür, dachte er und drückte die Türklinke hinunter.

Kaum, dass die Tür einen Spalt geöffnet war, drückte jemand von außen kraftvoll gegen das Türblatt. Peter erschrak aufs Heftigste und bedeckte mit den Händen seine Blöße.

»Was ist … ? Das kann nicht wahr sein. Du?«

Vor ihm stand eine Frau in einer schwarzen Lederkluft. Die Person war kaum zu erkennen, denn das Visier vom schwarzen Integralhelm war heruntergeklappt. Einzig die Augenpartie verriet ihm, wer vor ihm stand.

»Rosanna? Was machst du hier?« Er war völlig irritiert.

Sie klappte das Visier hoch und legte ihren Zeigefinger auf die Lippen. »Psst. Kein Wort.« Sie zückte die Pistole und machte einen Schritt ins Zimmer. Die andere Frau musste im Badezimmer sein. Sie stieß die Tür auf und riss die Waffe von links nach rechts durch den gefliesten Raum, bis sie die Zielperson direkt im Schussfeld hatte.

Sie drückte dreimal kurz hintereinander ab. Der Schalldämpfer tat seinen Dienst und es waren nur kurze dumpfe Laute zu vernehmen. Die nackte Frau im Bad sackte in sich zusammen. Sie versuchte noch, sich an der Glastür zur Dusche festzuhalten, doch die Kräfte verließen sie augenblicklich. Sie war tödlich getroffen und das Blut quoll aus den Einschusslöchern. Rosanna riss den Bademantel vom Haken und warf ihn über die Tote.

Peter stürmte hinzu und schlug sich die Hand vor Entsetzen vors Gesicht. »Du hast sie erschossen. Bist du noch bei Trost?«

Ohne Kommentar ging Rosanna zur Musikanlage und drehte die Lautstärke etwas hoch. »Pack deine Sachen, ich erkläre dir alles, wenn wir in Sicherheit sind.«

Er schüttelte den Kopf. »Ich kann es nicht fassen. Die Frau, Nicole, du hast sie getötet. Warum? Sie ist Juristin und wollte mir helfen ...«

»Helfen? Wobei? Damit du zügig nach Polen kommst? Dort wirst du nämlich bereits erwartet. Die Folterknechte haben sich schon auf dich eingerichtet. Die Frau, die sich Nicole nannte, hatte einzig und allein die Aufgabe, dich im feindlichen Lager abzuliefern. Glaub mir, dagegen waren deine bisherigen Peiniger reine Dilettanten.«

»Folter? Ich verstehe nicht. Sie war meine Anwältin.«

»Du irrst dich, Peter. Zwei Semester Jurastudium reichen dafür nicht aus. Sie war eine Agentin mit einem klaren Auftrag. Ein Lockvogel, der dich wahrscheinlich schon auf dem Flug aus México City geködert hatte. Joe war so fleißig gewesen und hatte sämtliche Funkzellenortungen nachvollzogen. Von allen Kontakten, die sich in deiner Nähe aufgehalten hatten. Anhand der GPS-Daten vom *ComX* konnte er den Querabgleich vornehmen. Er ist darauf gestoßen, dass sich deine Nicole auffällig oft in deinem näheren Umkreis befand. Außerdem ergab ein Near-Field-Scan über das *ComX*, dass du irgendwie eine Art Miniaturpeilsender bei dir hattest oder immer noch hast.«

Peter nickte. »Das kann stimmen. Die brutalen Typen heute haben mir dasselbe erzählt. Aber ich habe wirklich nichts bei mir.«

»Komm, bevor wir starten, leg all deine Sachen hier aufs Bett.«

Er tat, wie sie sagte und blickte neugierig auf die wenigen Dinge. Sie schaute ihn fragend an.

»Sehr übersichtlich. Im Bett schien mehr Gewühl geherrscht zu haben.«

»Rosanna, ich …« Im Hintergrund ertönte Musik.

»War das der Song, zu dem ihr es getrieben habt? War die kleine Schlampe wirklich so *supalonely*? Sie hätte dir besser die *explicit* Version davon vorspielen sollen. Darin heißt es, dass sie eine *lonely bitch* war – von wegen *harmloses, einsames Küken.«* Sie warf ihm einen vorwurfsvollen Blick zu. »Was ist im schwarzen Notizbuch? Sind darin irgendwelche Unterlagen, die dir jemand zugesteckt hat?«

Er blätterte durch die Seiten und es fiel eine Kunststoff-Visitenkarte hinaus. »Die Karte ist von Nicole Violetti, der Anwältin.«

»Ich nehme an, sie gab sie dir auf dem Rückflug aus México City.« Rosanna suchte im Badezimmer nach einer Nagelschere, fand aber nichts. Der Korkenzieher aus der Minibar musste stattdessen herhalten und sie ritzte mit der Metallspitze in die Kunststoffoberfläche, bis die Karte zerbrach. Ein kleiner Chip mit kupferfarbenen Mustern kam zum Vorschein.

»Voilà, das war dein ständiger Begleiter. Sie wussten die ganze Zeit, wo du warst. Lass uns starten. Wohin auch immer.«

Peter zog sich an und warf einen Blick auf die folierten Geldbündel. »Nehmen wir das Geld mit?«

Rosanna schüttelte den Kopf. »Besser nicht. Wer weiß, ob zwischen den Scheinen nicht gleich der nächste Chip mit einem Peilsender versteckt ist.«

Die Musik wechselte im Wiederholungsmodus zurück zum Track *A whiter shade of pale*.

»Oha, ihr hattet mächtigen Tiefgang. *Procol Harum*. Ich hoffe, ihr Tod geht dir nicht zu nahe. Stell dir einfach die Wahrheit vor. Sie hätte dich ans Messer geliefert und *du* wärst an ihrer Stelle gestorben. Wir müssen los. Meine Maschine steht in der Tiefgarage am Europacenter. Wir werden laufen so schnell wir können. Die Buddys von Nicole könnten uns bereits auf den Fersen sein.«

Er nickte wortlos und verstaute seine Sachen. »Ich habe vielleicht eine Idee, wohin wir uns retten können. Dann müsste ich jedoch irgendwo telefonieren ...«

Sie stürmten zum Lift und fuhren direkt bis ins Erdgeschoss. Über die Kantstraße und die Budapester Straße gelangten sie zum Europacenter. Peter staunte nicht schlecht, als er die Moto Guzzi sah. Sie sortierte den Inhalt ihres Rucksacks neu und trennte sich von einigen Dingen.

»Du erwähntest einen Plan? Es wird nicht einfach sein, aus Deutschland herauszukommen. Brauche ich das Zelt noch oder werden wir irgendwo unterkommen?«

»Das Zelt kannst du hierlassen. Wir fahren nach Rostock. Mit deinem Feuerofen sind wir in zweieinhalb Stunden an der Küste. Ich müsste nur noch mit Frederik sprechen.«

* * *

Die Tage im Juni waren die kürzesten des Jahres. Ein frühsommerliches Hochdruckgebiet hatte sich seit einigen Tagen über Skandinavien festgesetzt und sorgte für einen klaren Himmel. Das kam ihnen während der Fahrt über die Autobahn nach Rostock entgegen. An einer Tankstelle gelang es Peter, ein Telefonat nach Hamburg zu führen.

»Frederik, bist du es? Sorry für die Störung.«

Am anderen Ende meldete sich sein Kompagnon, der aus dem Tiefschlaf hochgeschreckt war.

»Hast du eine Ahnung, wie spät es ist? Es ist mitten in der Nacht, mein Lieber.«

Peter kam schnell auf den Punkt und konnte sich die Zustimmung von seinem Partner einholen. Als Sicherheit hatte er ihm einen Teil der Geldsumme aus dem Unternehmensverkauf angeboten. Nur für alle Fälle. Sie waren Freunde und hatten sich schon so manches Mal gegenseitig aus der Patsche geholfen.

Rosanna schaute ihn erwartungsvoll an. »Gibt es bei dir gute Neuigkeiten zu vermelden?«

Er nickte und machte einen zufriedenen Eindruck. »Es ist alles geritzt. Wir haben eine Bleibe für die Nacht und ein Fortbewegungsmittel für die nächsten Tage.«

»Spann mich nicht auf die Folter«, sagte sie.

Er wiederholte nur das Wort Folter und beide mussten herzhaft lachen.

* * *

In den frühen Morgenstunden kamen sie an der Küste in Warnemünde an. Der Ort an der Mündung der Warnow lag friedlich im Morgengrauen und die Wellen von See plätscherten nur ganz leicht gegen die Kaimauer. Im Osten dämmerte es bereits.

»Wir sind noch nicht ganz am Ziel, habe ich recht? Du wolltest mir den Ort bei Nacht zeigen. Hier ist ja auch schrecklich viel los um diese Uhrzeit«, stellte sie mit einem ironischen Unterton fest.

»In der Tat. Es gab eine direktere Strecke, aber dann hättest du die City nicht gesehen. Ist es nicht traumhaft hier? Du müsstest dir hier mal den Sonnenuntergang zur Sonnenwende ansehen. In zwei Wochen ist es soweit. Das ergibt faszinierende Fotomotive.« Er lächelte. »Wir nehmen die Fähre auf die andere Seite des Flusses.«

Peter ging zu einer Schautafel und studierte den Fahrplan der Fähre.

»Die nächste Verbindung startet in zehn Minuten. Um 4.40 Uhr. Pünktlich zum Sonnenaufgang.«

Sie vertraten sich noch etwas die Beine, was ihnen nach der langen Fahrt sehr gut tat. Auf der anderen Seite angekommen, begaben sie sich zur Yachthafenresidenz Hohe Düne, wo Rosanna einen sicheren Stellplatz für das Motorrad fand. Die Zündschlüssel versteckte sie in einem Einschubfach unter der Sitzbank. Sie machte sich eine kurze Notiz mit den Koordinaten, die Joe anschließend an die Italiener weitergeben sollte. Sie erinnerte sich lebhaft daran, wie wichtig ihren Unterstützern aus Varese die Moto Guzzi gewesen war.

»Willkommen in der *Hohen Düne*.« Er hob einen Finger.

Rosanna blickte auf das luxuriöse Vier-Sterne Hotel, doch Peter drehte seinen Kopf in die Richtung der Ostsee.

»Es ist eher ein Wasserbett, was uns erwartet«, wagte er sich langsam wieder in ihre Nähe. Er streckte seinen Arm aus und deutete auf den Yachthafen.

* * *

Den Liegeplatz der Yacht fand Peter auf Anhieb. Die Beschreibung seines Kompagnons war präzise. Sie standen auf dem Steg und bewunderten das Schiff. Es sah schnittig aus. Peter presste seine Lippen aufeinander.

»Chic, wirklich chic. Es ist schon das neue Modell. Erst ein paar Jahre alt.«

»Mit Booten kenne ich mich nicht besonders gut aus«, räumte Rosanna ein. »Sag mir, was ich wissen muss.«

»Als Erstes gehen wir an Bord.«

Die weiße Yacht lag mit dem Heck am Steg und es war nur ein kleiner Schritt, den sie aufs Teakdeck machen mussten. Peter öffnete das rückseitige Cover-Verdeck und orientierte sich im Cockpit. Frederik hatte ihm erklärt, dass er in der Kühlbox auf der Steuerbordseite den Schlüssel für die Schiebetür zum Innensalon finden würde. Peter fingerte zwischen den alkoholischen Getränken herum. Neben der Ramazotti-Flasche fand sich ein blaues Kunststoffkästchen mit der Aufschrift *Eiswürfel*. Er öffnete die seitliche Verschlusskappe und schüttelte das Gefäß solange, bis ein Schlüssel in seine Hand fiel.

»Komm, wir gehen unter Deck.« Er schob die geschwungene Cockpittür nach rechts und stieg die vier Stufen hinunter in den Salon. Die Sitzecke sah gemütlich aus. Klein, aber fein mit den in elfenbeinfarben bezogenen Lederpolstern. Rechts befand sich eine kleine Kombüse. Mit Kühlschrank, Kochnische und einer Mikrowelle.

»Es ist eine Princess Motoryacht«, erklärte Peter. »Frederik hatte schon das Vorgängermodell. Sie ist echt superchic im Design, diese V40«, stellte er respektvoll fest.

»Mir gefällt der Dampfer«, sagte Rosanna kurz und knapp. Zielstrebig fand sie das *en-suite* Badezimmer auf der Steuerbordseite unter Deck und verschwand darin.

Inzwischen durchstöberte Peter den Kühlschrank und öffnete als Erstes zwei Flaschen Bier.

»Prost und willkommen zurück. Ich freue mich dich zu sehen.« Er reichte ihr das Rostocker Flaschenbier und stieß mit ihr an.

»*Peace.* Es ist alles gut«, sagte sie mit einem versöhnlichen Augenzwinkern.

Er verstand und entgegnete nichts. Dann zeigte er ihr, was sich hinter der vorderen Tür verbarg. »Das ist unsere Eignerkabine. Frederik sagte, wir sollen uns ganz wie zu Hause fühlen. Was denkst du? Wir könnten noch gut eine Mütze Schlaf gebrauchen, bevor wir in See stechen.«

»Fein für mich. Kennst du dich mit der Technik aus? Gibt es an Bord eine Musikanlage? Dann würde ich eine kleine Nachtmusik für uns aussuchen.« Sie schmunzelte.

Er öffnete die Schrankklappen über der Küchennische. Zunächst folgten einige Kontrollblicke auf die Tafel für die Bordelektronik mit dem Ladezustand der Batterien und dem Füllstand des Frischwassers. Dann schaltete er das Fusion-Marineradio an.

»Hast du einen besonderen Wunsch?«

Sie stellte sich neben ihn und schaute sich die CDs an. Ihre Wahl fiel auf eine aktuelle Kompilation und der gefühlvolle Song *ILY, i love you baby* von *Surf Mesa featuring Emilee* erklang leise aus den Lautsprechern. Sie zog ihn zärtlich an sich heran. »Hey Gauner, du kannst doch alles von mir haben.« Sie umarmte ihn und küsste ihn.

* * *

Seit langem hatten sie nicht mehr die Gelegenheit gehabt, sich ungestört richtig nahe zu kommen. Der Sex hatte etwas Unmittelbares, vielleicht sogar etwas Animalisches. Es tat ihnen gut und kam einem Pakt nach. Endlich waren sie wieder vereint und wollten ihren Weg von nun an gemeinsam gehen. Der Zauber des Anfangs, als sie sich vor neun Jahren in London kennen und lieben gelernt hatten, flammte in einer lang ersehnten Intensität von neuem auf. Es bedurfte keiner großen Worte. Sie sahen sich an und hatten verstanden. Sie lagen auf dem Doppelbett in der vorderen Kabine und blickten durch die Deckluke. Der Vollmond strahlte in scharfer Kontur am klaren und wolkenlosen Morgenhimmel. Im Hintergrund lief leise die Musik und sie schliefen dann sehr schnell erschöpft ein.

Ein lauter tiefer Brummton weckte sie gegen acht Uhr aus dem Tiefschlaf. Wie von der Tarantel gestochen saßen sie augenblicklich kerzengerade auf der Matratze in ihrer Koje. Sie sah ihn mit großen Augen an.

»Normalerweise sind es die Kreuzfahrtschiffe, die sich mit ihren alles durchdringenden Signaltönen aus dem Hafen von Warnemünde verabschieden. Doch die Flotte liegt im Quarantäne-Dock fest. Es muss ein Frachter sein, der im Fahrwasser mit seinem Horn einen Segler aus dem Weg räumen will.«

Sie lächelte und drückte ihm einen zärtlichen Kuss auf die Wange. »Du kennst dich aus, Seemann.«

In den Oberschränken fanden sie ausreichend Verpflegung für das Frühstück und ein belebender frischer Kaffeeduft erfüllte die Kabinen. Peter zeigte ihr das Schiff und er war stolz, dass er sich mit den Funktionen noch immer recht gut auskannte. Es gab sogar eine Dusche an Bord, die sie ausgiebig nutzten. Gegen neun Uhr waren sie startklar. Peter checkte die seemännische Ausrüstung und legte die Feststoff-Rettungswesten in die Gästekabine.

Danach verschwand er für einige Minuten im Maschinenraum und überprüfte den Ölstand der beiden Dieselmotoren. Die Volvo Penta D6 Maschinen waren fast nagelneu und hatten nicht einmal 100 Betriebsstunden auf der Uhr. In der Zwischenzeit hatte Rosanna den Kontakt mit der Zentrale in Hongkong aufgenommen.

Die Lage in Hongkong hatte sich weiter verschärft. Aus China waren beunruhigende Nachrichten gekommen, die die Autonomie der Metropole zusätzlich bedrohen konnten. Joe hatte schnell realisiert, dass die beiden den Weg über die Ostsee nach Skandinavien einplanten und Stockholm das erklärte Ziel war. Schweden war die erste Wahl. Dänemark hingegen war tabu, denn dort waren die Häfen nach wie vor für ausländische Besucher geschlossen. Seine Aufgabe für die nächsten beiden Tage bestand darin, eine Verbindung von Stockholm nach New York zu suchen, wo sie ihren nächsten Informanten treffen sollten, den Jack inzwischen ausfindig gemacht hatte. Es sollte eine nicht zu unterschätzende Herausforderung werden. Die Vereinigten Staaten hielten noch immer ihre Grenzen für alle Einreisenden aus dem europäischen Schengenraum geschlossen und ließen nur US-Staatsbürger oder Personen aus dem Diplomatischen Dienst in ihr Land. Zusätzlich durfte sich niemand, der an der Immigration auftauchte, in einem 14-tägigen Zeitraum zuvor in Europa aufgehalten haben. Für Rosanna als US-Amerikanerin sollte es tendenziell möglich sein, eine Stop-over Verbindung zu finden, doch für Peter sah er erst einmal schwarz. Sie ließ sich nicht beirren und hauchte ihm zum Abschied mit leiser Stimme in das *ComX* Gerät.

»Der Mensch wächst mit seinen Herausforderungen, Joe. Du bekommst das hin. *Be prepared*, weißt du noch?«

Peter meldete *Klar Schiff* aus dem Cockpit und nahm bereits auf dem Fahrersitz Platz, um die Maschinen zu starten.

»Hey, Captain. Warte noch einen Augenblick. Spendest du mir einen Tropfen deines blauen hanseatischen Blutes?«

Er blickte hinunter zu ihr in den Salon. »Willst du mit mir die Blutsbrüderschaft schließen, oder was soll das geben?«

Sie hielt ein scharfes Keramikmesser in der Hand.

»Es ist nur ein kleiner Pieks. Ich biete dir einen kostenlosen, unverbindlichen Antikörpertest an. Mir ist aufgefallen, dass du endlich deinen tiefsitzenden Husten losgeworden bist. Vielleicht hast du COVID-19 schon überstanden?«

Sie holte das Testkit aus dem Rucksack und legte es auf die marmorierte Arbeitsplatte in der Küche. Der Test war eine Prozedur von wenigen Minuten, die für beide von einem erfreulichen Ergebnis gekrönt wurde. Die Farbveränderung bestätigte das Vorhandensein der spezifischen Immunglobulin G Antikörper.

»Willkommen in der Komfortzone. Wir sind beide safe.«

Er nickte. »Keine Frage, man fühlt sich gleich wesentlich besser. Und meinem Rücken geht es auch schon besser. Was hältst du davon, wenn wir nun endlich in See stechen? Heute ist der D-Day.«

Als er ihren nach Orientierung suchenden Blick wahrnahm, schob er die Erklärung für seine Assoziation hinterher. »Im Kalender schreiben wir heute Samstag, den sechsten Juni. Decision-Day. D-Day.«

»Okay, okay. Ich hatte nicht das Datum mit der Schnapszahl vor Augen. Wir können los. Was muss ich tun, Skipper?«

In wenigen Worten gab er ihr eine Einweisung in die Grundzüge der Seemannschaft, der Navigation und der Sicherheit an Bord. In den Schränken fanden sie sogar passende Kleidung und windundurchlässige weiße Jacken mit einem *Princess Motoryachts* Schriftzug. Sie war wirklich beeindruckt. »Ich staune, was du über die See weißt. Braucht man eigentlich einen Schein für die Yacht?«, erkundigte sie sich vorsichtshalber.

»Bei mir bist du sicher. Ich bin an der Elbe aufgewachsen. Dort gehört ein Motorbootführerschein zur Grundausbildung. Früher bin ich viele Touren gemeinsam mit Frederik gefahren. Reise, Reise, die Tanks sind voll.«

Mit wenigen Handgriffen hatten sie die Leinen gelöst und Peter lenkte das Schiff behutsam mit den beiden Z-Antrieben aus der Box hinaus. Rosanna verstaute die seitlichen Fender in den Teak beplankten Fächern. Sobald sie die Hafeneinfahrt verlassen hatten, legte er die Gashebel nach vorne und brachte die Yacht ins Gleiten. Mit knapp 30 Knoten düsten sie entlang der Küste nach Nordosten. Der leichte Südwestwind bescherte ihnen eine vorteilhafte Heckwelle. Sie kamen gut voran und machten viele Seemeilen in den Vormittagsstunden.

»Erkläre mir bitte kurz, wie die Logistik und die Technik funktioniert«, bat sie ihn, als ihre Augen über die zahlreichen Bordinstrumente wanderten.

Er lächelte. »Nichts lieber als das. Die Technik zuerst. Vor dir befindet sich der Plotter. So nennt man das Navigationssystem für Schiffe. Position, Geschwindigkeit und Kurs hast du dort auf einen Blick. Im Menü sehe ich den Verbrauch und unsere maximale Reichweite. Bei den Motoren muss regelmäßig die Kühltemperatur gecheckt werden. 85° Grad sind ein guter Wert. Hier siehst du unsere Treibstoffmenge.« Er tippte auf das Datenfeld. »Vollgetankt waren es gut 700 Liter. Jetzt haben wir noch ungefähr 550 im Tank.«

»Wie viele Liter jagst du pro Stunde durch? Reicht es bis zur schwedischen Küste oder muss ich später paddeln?«

»Hey, hey, Leichtmatrose. Die Yacht liegt perfekt im Wasser. Man achte auf den tief geschnittenen V-Rumpf.« Er geriet förmlich ins Schwärmen und erinnerte sich daran, wie er sich vor einigen Jahren mit seinem Kompagnon auf der englischen Werft des Yachtproduzenten die Herstellung des glasfaserverstärkten Kunststoffrumpfes im Resin-Infusion Verfahren angesehen hatte.

»So wie wir jetzt bei fast 30 Knoten durchs Wasser gleiten, brauchen wir keine dreieinhalb Liter pro Seemeile. Das heißt umgerechnet, dass wir eine Reichweite von über

200 nautischen Meilen haben. Damit kommen wir locker bis nach Südschweden. Schau mal hier auf die Seekarte beim digitalen Plotter. Dort liegt Karlskrona. Vielleicht schaffen wir es heute sogar bis nach Kalmar an der schwedischen Ostküste.«

Nach und nach ließ sie sich alle Knöpfe und Schalter erklären, bis sie am VHF Funkgerät angekommen waren. »Es ist ausgeschaltet. Genau wie der AIS Transponder. Die Küstenwache muss ja nicht all unsere elektronischen Fingerabdrücke auf dem Präsentierteller bekommen.«

Der erste Wegepunkt lag am Huk des Darßer Orts. Von dort aus wählte Peter den Kurs Nordost mit 52° Grad, den sie geradewegs für die nächsten 150 Seemeilen ohne Korrektur beibehalten konnten. Sie genossen die Stunden der Überfahrt. Die klare Sicht bis zum Horizont und die glatte See hinter der deutschen Ostseeinsel Rügen, versprachen eine ruhige Überfahrt in das skandinavische Seegebiet. Sie saßen nebeneinander. Auf der rechten Seite, auf der Steuerbordseite. Er hatte den Autopiloten aktiviert und kontrollierte nur hin und wieder den Kurs auf dem Kartenplotter. Wie aus dem Nichts formulierte er eine Frage, die ihm seit Stunden unter den Nägeln brannte.

»Warum musstest du sie umbringen? Gab es keine andere Möglichkeit als die Ultima Ratio? Sie war noch so jung ...«

»Und unschuldig? Wolltest du das etwa sagen? Mein Eindruck war, dass sie bestenfalls jung war.« Sie zögerte für einen Augenblick. Dann setzte sie kraftvoll nach.

»Und wenn du mir jetzt ein Motiv à la Eifersucht unterstellen willst, vergiss es. Ich hatte keine Ahnung, wie sie aussah, als ich ins Bad stürmte. Mag sein, dass sie hübsch war, das junge Ding. Doch es musste ihr vorher bewusst gewesen sein, worauf sie sich eingelassen hatte. Sie hätte dich eiskalt ans Messer geliefert. Tot, tot, tot wärst du jetzt. Und du hättest uns alle verraten. Glaube es mir.«

»Eigentlich bin ich es ja, auf den du sauer sein müsstest. Es tut mir leid, dass ich sie nicht durchschaut habe.«

»Hey, hey, Gauner. Netter Versuch. Denkst du, ich lasse dich so leicht aus der Sache heraus? Du bist fremd gegangen. Du hast sie gefickt und es hat dir verdammt viel Lust bereitet. Oder etwa nicht?«

Er sagte nichts. Sie hatte recht. Die Hitze des Augenblicks hatte ihn in dem Hotelzimmer regelrecht übermannt und er hatte Nicole in diesen Stunden begehrt wie nichts anderes in der Welt. Kleinlaut räumte er ein, dass es ihm leid tat. »Sie hatte mich verführt und ich habe mich verführen lassen. Vielleicht habe ich auch die Impulse gegeben. Ich war wie fremdgesteuert. Es war nicht richtig. Von nun an ...«

In diesem Moment schlug eine heftige Welle unter das Boot und der Rumpf schlug hart aufs Wasser auf. Beide wurden kräftig durchgeschüttelt und er fing sie schützend in seinen Armen auf.

»Skipper, an deiner Seite fühle ich mich wohl. Ich möchte gerne Position und Kurs beibehalten.« Sie warf ihm einen verträumten Blick zu.

»Wind und Welle können wir nicht bestimmen, aber wenn wir den richtigen Kurs einschlagen, werden wir unser gemeinsames Ziel erreichen. Ich will sehr gerne dein Skipper sein. Für alle Tage, die da kommen.«

Er küsste sie leidenschaftlich und ließ den Autopiloten seinen Dienst verrichten.

* * *

Es war bereits am späten Nachmittag, als sie die vorgelagerten kleinen Inseln an der Südostspitze Schwedens in der Ferne erkennen konnten. Die nächstgrößere Stadt auf dem Festland war Karlskrona. Ganze 170 Seemeilen hatten sie an diesem sonnigen Tag bereits zurückgelegt. Peter justierte den Kurs an der Autopilotsteuerung auf dem Display etwas nach Backbord. Der neue Wert von 37° Grad galt für die folgenden zehn Seemeilen. Danach ging es in die Fahrrinne von Kalmar.

Peter zeigte sich zufrieden. »Endspurt. Vor uns liegen die letzten 35 Seemeilen. Die Tanks waren heute Morgen randvoll. Es sieht so aus, dass wir tatsächlich mit einer Füllung bis an unser heutiges Tagesziel gelangen.«

Er klatschte in die Hände und zoomte im Plotter auf die an Steuerbord gelegene Insel Öland. Die Bedingungen von Wind und Welle waren ideal gewesen und hatten den Treibstoffverbrauch extrem begünstigt. Mit nahezu den letzten Litern Diesel im Tank steuerte Peter die Yacht im Hafenbecken von Kalmar auf die Seetankstelle zu. Rosanna nutzte die Zeit, um in der Stadt frische Lebensmittel einzukaufen. In einem Fischgeschäft bekam sie eine reiche Auswahl an Krustentieren und frisch gefangenen Steinbutt. Ihr fiel auf, dass alkoholische Getränke relativ teuer in Schweden verkauft wurden. Dennoch entschied sie sich für zwei Flaschen vom 2019er Chardonnay Blanc.

Als sie zum Boot zurückkehrte, hatte Peter seinen Tankvorgang noch immer nicht abgeschlossen. Mehrmals musste er seine Kreditkarte aufs Neue autorisieren, um die beiden Tanks bis zum Anschlag aufzufüllen. Er staunte nicht schlecht, als er die Abgabemenge auf der Tankuhr sah.

»Wow. Viel weiter wären wir wohl auch nicht mehr gekommen. Das waren zusammen 710 Liter. Wenn wir morgen wieder so eine glatte See haben, kommen wir damit bis in die Schärenwelt von Stockholm.«

Sie kam an Bord und verstaute die Lebensmittel. »Wonach steht dir der Sinn? Es ist Samstag und wir haben einen freien Abend.«

Er lachte. »Viel kann ich dir hier nicht bieten. Ich habe das *ComX* befragt, als du unterwegs warst. In Kalmar leben keine 40.000 Einwohner. Viel mehr als die historische Altstadt und ein Schloss gibt es in der Gegend nicht zu entdecken. Vielleicht gibt es einen besseren Vorschlag ...«

Sie zog die Augenbraue hoch und schaute ihn erwartungsvoll an. »Jetzt bin ich aber gespannt.«

Peter begann, die Leinen an den Klampen zu lösen. »Es ist die Zeit der weißen Nächte. Mit jeder Meile, die wir nördlicher kommen, bleibt es länger hell. Wenn wir noch drei Stunden weiterfahren, erreichen wir Västervik. Dort soll es richtig nett sein.«

Sie nickte. »Du bist der Kapitän.«

Mit eingeübten Handgriffen legten sie vom Steg ab und navigierten die Yacht weiter in nördliche Richtung. Die beiden 330 PS Volvo-Penta Motoren waren unermüdlich und zuverlässig. Peter scrollte durch die Menüfunktionen an den Bordinstrumenten und freute sich darüber, dass sein Freund und Geschäftspartner so gut vorgesorgt hatte. Auf dem Plotter war das komplette Kartenmaterial von Skandinavien geladen. Gegen halb zehn erreichten sie die Inselwelt von Västervik und die Sonne war noch immer nicht untergegangen. So sehr sich Peter auf das beliebte Reiseziel an der Ostküste Schwedens gefreut hatte, so schnell musste er auch einsehen, dass es aussichtslos war, einen freien Liegeplatz für das Schiff zu ergattern. Der Hafen war restlos überlaufen. Im Sommer drängte es die Menschen an die Küste, und in diesem Jahr noch mehr als sonst. Sie hatten eine Runde nach der anderen im Hafenbereich gedreht, bis sie sich der Situation fügten. Es blieb ihnen nichts anderes übrig, als nochmals einige nautische Meilen zusätzlich einzuplanen. Das Gute daran war, dass nun alles in nächster Nähe lag. Kleine unbewohnte Inseln, malerische Passagen und geschützte Naturhäfen. Auf der Ostseite der Insel Korsholmen fanden sie einen idealen Ankerplatz für die Nacht. Die Wassertiefe lag bei drei Metern und sie waren in der Bucht ganz allein.

»Es ist der Himmel auf Erden«, sagte Rosanna völlig verzückt. Der Vollmond war am Horizont aufgegangen und spiegelte sich in der glatten Wasseroberfläche. Sie holte den Fisch aus der Kühlbox und würzte ihn mit frischen Kräutern und Knoblauch. Peter heizte den Cockpit-Grill auf und stellte die Weingläser auf den Tisch aus Teakholz.

»Skål! Wir haben es uns verdient.« Der eisgekühlte Weißwein schmeckte sehr erfrischend.

Das Dinner hätte mit dem Angebot eines luxuriösen Fischrestaurants mithalten können. Nach der Vorspeise bestehend aus Steinkrebsen und Austern, folgten die Maiden Lobster. Überbrückt mit einigen Gläsern Chardonnay bildete der gegrillte Steinbutt den krönenden Abschluss.

»Cheers, Peter. Ich möchte die Zeit mit dir anhalten.«

Er huschte unter Deck und hoffte, dass er eine bestimmte CD in der Sammlung von Frederik finden würde. Das Stück war eins seiner Favoriten. *Long Way home* von *ATB*. Die Lautstärke drehte er mit jeder Strophe ein wenig lauter.

»Was immer kommt und geht, auch wenn die Zeit gegen uns läuft ...« Er nahm sie in seinen Arm. »Mit dir möchte ich den längsten Weg nach Hause nehmen, den es gibt.«

Sie küssten sich. Es war die innigste Verbindung zwischen zwei Menschen, die es geben konnte. Nichts auf der Welt sollte sie jemals mehr trennen können.

»Hey, Skipper, du machst mich ganz sentimental. Was gibt deine Playlist denn sonst noch so her? Hältst du mich ganz fest? Jetzt und für immer?«

Er nickte und erfüllte ihr den Musikwunsch mit dem Song von Johnny Logan. »*It's just the two of us again. Hold me now*. Ich liebe dich.«

Ihre Augen wurden glasig. Und sie drückte ihn noch fester als zuvor. »Ich dich auch, Seemann. Mit dir gehe ich jeden Weg. Wo du hingehst, da will auch ich hingehen.«

Sie gingen die Stufen hinunter auf die Heckplattform und machten einige langsame Tanzschritte.

»Schöner hättest du es nicht sagen können«, kam er auf ihren Spruch zurück. »Das ist eine berühmte Bibelstelle aus dem Alten Testament … und ein beliebter Trauspruch. Weil er so bedingungslos ist. Für Paare, die aus verschiedenen Kulturen stammen oder einen unterschiedlichen Glauben haben. Meinst du, es könnte mit uns etwas werden?«

Ihre Augen strahlten vor Glück. »Wir schaffen das.«

Vor ihnen lag die bewaldete Insel. Friedlich. Unbewohnt. Weit weg von jeder Krise. Das Sars-CoV-2 Virus schien Lichtjahre entfernt zu sein. Und auch alles andere war in weite Ferne entrückt. Nichts drängte sich in ihre Nähe. Keine Spekulationen über ein mögliches Machtstreben einer wahnsinnigen, verschworenen Geheimorganisation. Die ONE-C passte einfach nicht in die natürliche Umgebung einer unberührten Schäreninsel. Ob die Völkergemeinschaft schon in Kürze vor einer der größten Herausforderungen stehen würde? Hier spielte es keine Rolle. Selbst wenn irgendwo da draußen kriegerische Auseinandersetzungen toben würden, es wäre wie eine Schlacht in einem weit entfernten Universum. Gab es ein größeres Bollwerk gegen die Zerstörung, den Krieg und die Vernichtung als die Liebe?

Sie drückten sich aneinander wie noch nie zuvor und kuschelten sich unter eine Fleecedecke. Von der Sitzbank aus hatten sie einen traumhaften Blick über die Bucht. Rosanna hatte ein Teelicht angezündet, obwohl es nach wie vor taghell war.

»Wird es hier gar nicht mehr dunkel? Dann kommen wir ja gar nicht mehr ins Bett …«, erkundigte sie sich mit einem koketten Unterton.

Bevor er antworten konnte, vernahmen sie das leise Vibrieren des *ComX*. Am Eintrag auf dem Display war leicht zu erkennen, wer sich meldete.

»Guten Morgen Hongkong. Ihr seid verdammt früh dran. Leidet ihr an Schlaflosigkeit oder geht's bei euch gleich in die Kirche?«

»Die schwere Form der Insomnia träfe wohl eher auf euch in Schweden zu.« Es war Jack. »Wir wollen euch auch gar nicht lange stören.«

Sie positionierten sich vor dem *Communicator* und blickten in die Kamera. »Schießt los. Wie lebt es sich mit der chinesischen Bedrohung? Der Volkskongress macht jetzt bald Ernst mit den neuen Gesetzen.«

»Du bringst es auf den Punkt, Peter. Die Lage wird unübersichtlich. Die chinesische Staatsführung will immer mehr Einfluss auf die Stadt nehmen. Habt ihr die Bilder von vorgestern von den Tausenden von Demonstrierenden am alten Flughafen gesehen? Sie sangen die Hymne *Glory to Hongkong*. Alle fürchten, dass durch das neue Sicherheitsgesetz die Autonomie von Hongkong wesentlich ausgehöhlt wird. Die Parallelen zum Massaker am Tiananmen Platz sind unverkennbar. Das war vor genau 31 Jahren. Ich sage euch, die Luft ist hier zum Schneiden. Keine Ahnung, wie lange es noch gut geht.«

»Habt ihr einen Rückzugsort?«, wollte Rosanna wissen.

»Wir können jederzeit zurück in den Alternativ-Container, der an einem stillgelegten Pier in den Industriegebieten von Tseung Kwan liegt. Klein, spartanisch und sicher nicht unsere erste Wahl«, gab sich Joe zerknirscht.

»Wir drücken die Daumen, dass ihr gut durchkommt. Sagt, was gibt es Neues?« Rosanna nahm noch einen Schluck vom Chardonnay.

»Ihr fliegt morgen von Stockholm nach Übersee. Die Sache war nicht einfach zu bewerkstelligen. Zunächst zu dir, Rose.« Joe war für die Logistik zuständig. »Für dich haben wir die Lösung noch einigermaßen zügig gefunden. Als US-Bürgerin kommst du eigentlich problemlos hinein.

Bei Peter haben wir einen Honorarkonsul befragt.« Er lachte. »Ab sofort bist du im diplomatischen Dienst tätig. Dennoch ist es äußerst tricky, solltet ihr die US-Immigration unbeschadet erreichen. Die Bedingung lautet, dass ihr die letzten 14 Tage nicht in Europa wart. Daher habe ich mir überlegt, dass ihr über das isländische Reykjavik weiter nach Barbados fliegt. Dort gilt zwar ebenfalls eine 14-tägige Quarantäne, die wir jedoch für euch etwas verkürzen können.« Er schmunzelte mit einem breiten Lächeln in die Linse. »Ich sende euch die Informationen, welche Pässe ihr nehmen werdet. Ich weiß nur noch nicht, wie es für euch in Reykjavik klappen wird. Die weltweit in den Datenbanken hinterlegten Back-Ups werden wir parallel korrigieren. Jack ist zuversichtlich, dass ihr gesund und munter ins Land der unbegrenzten Möglichkeiten einreisen könnt.«

»Gesund? Das sollte wirklich klappen. Wir haben beide den Antikörpertest positiv absolviert. Unser Blut strotzt nur so vor der Gesundheitspolizei der Immunglobuline *G*.« Sie blinzelte in die Linse.

»Apropos Polizei«, meldete sich Peter zu Wort. »Konntet ihr zufällig etwas über meine Peiniger aus Berlin herausfinden? Waren die Jungs vom BND oder von einer anderen Spezialtruppe?«

Joe klärte ihn auf. »Vorweg. Meine Recherchen sind nicht vollständig. Du kennst wahrscheinlich die Spezialkräfte der deutschen Polizei besser als ich. Jedenfalls war die Grenzschutztruppe GSG definitiv nicht mit im Spiel. Das Spezialeinsatzkommando SEK verfügt zwar über einige versprengte Einheiten, die jedoch normalerweise eng an der Leine geführt werden. Die SEKs sind viel häufiger im Einsatz als allgemein vermutet. Allein in Berlin kommt es zu über 500 Einsätzen pro Jahr. Meistens im Geheimen. Die Spezialkräfte sind bestens ausgebildet und bleiben nur bis zum Alter von 40 Jahren im aktiven Dienst. Dann gibt es noch die Mobilen Einsatzkommandos, die MEKs. Die sind für die Observation der Zielpersonen zuständig und kennen sich sehr gut mit Peilsendern, Kameras und der telefonischen Überwachung aus. Die anderen Teams kannst du vergessen, die haben mit deiner Sache garantiert nichts zu tun. Weder die TEGs, die technischen Einsatztruppen, noch die Verhandlungsgruppen, die VGs, kommen dafür in Frage.«

Peter pfiff durch die Zähne. »Ich hätte nie gedacht, dass bei uns solch eine Vielfalt an Überwachungsorganen unterwegs ist. Nun gut. Weißt du, wer mich in die Zange genommen hat?«

»Hm. Einen Josef Neuland gibt es natürlich nicht. Der andere Typ ist verblutet. Den hast du auf dem Gewissen.«

»Es war Notwehr«, protestierte Peter über den *Communicator*. Der Empfang war astrein. Die Sicht auf den klaren Himmel war ungetrübt. »War das alles? Keine Spur zu den Hintermännern oder zu deren Identität?«

Jack mischt sich ein. »Immer mit der Ruhe. Wir haben die Personen rückverfolgt und die Bewegungsprotokolle zwischen Hamburg und Berlin abgeglichen. Es deutet alles darauf hin, dass es eine Verbindung zur *Enco* gibt. Genauer gesagt zur polnischen Einheit. Dort hält sich offenbar ein Kernteam under cover versteckt. Einer von ihnen kam im Januar von einem Killer-Kommando aus México City zurück. Wir vermuten, dass das Attentat auf Professor Martínez auf sein Konto geht. Aktuell ist die gesamte Truppe quasi im Tiefschlaf.«

»Im Torpor«, warf Rosanna ein. Sie erinnerte sich an den Begriff, als es um den Aufenthaltsort von Victoria bei ihrer letzten großen Videokonferenz ging.

»Chapeau«, konterte ihr Ex. »Der Übergang war sehr gekonnt und professionell. Zu Victoria gibt es nichts Neues. Sie schippert in Verdrängerfahrt über den Atlantik. Der Zielort ist Pointe-Noire im Kongo.«

»Okay. Victoria nehmen wir uns später vor. Behaltet die Killer-Gang im Blick. Es ist naheliegend, dass sie in Bereitschaft ist und eine Rolle spielen wird.«

Peter schob seinen Kopf näher an die Linse heran. »In den USA. In New York. Was genau sollen wir dort machen? Ich meine, die Städte brennen doch gerade lichterloh. Das Virus wütet unvermindert stark und überfordert sämtliche Gesundheitssysteme … und jetzt kocht auch noch zurecht die Volksseele nach dem Polizeimord an George Floyd bis zum Siedepunkt. Ist es wirklich eine gute Idee, uns dorthin zu schicken?«

Für einige Sekunden herrschte auf beiden Seiten ein tiefes Schweigen, bis sich Jack zu einem Kommentar hinreißen ließ. »Wir sitzen auf einem Pulverfass und das Feuer an der Dynamitschnur schwelt bereits. Das Verrückte ist, dass die völlig berechtigten Aufschreie und Demonstrationen als Reaktion die Gesamtlage weiter verschärfen. Das Virus wäre schon schlimm genug. Jeder weitere Layer, der sich hinzugesellt, kann das Fass noch schneller zum Überlaufen bringen. Dennoch ist es keine Alternative, dass ihr euch von New York City fernhaltet. Wir haben einen echten Volltreffer gelandet. Es ist der Maulwurf höchstpersönlich. Der Tippgeber, der schon bei der Operation Salamander im Hintergrund die Fäden gezogen hatte und uns das Material zuspielen ließ.«

Joe hob zur Erinnerung seinen Zeigefinger. »Für diese angeblich höchst relevanten Informationen über ein Krabbeltier auf dem Planeten Mars, was sich schließlich als Fake-News herausgestellt hatte, musste ich mein geliebtes Studio in London aufgeben und in die Luft sprengen. Was für ein Verlust. Und das alles für einen Salamander.«

»Jeder muss hier sein Opfer bringen«, ermahnte ihn seine langjährige Kollegin. »Als Zeichen hast du eine faszinierende Lichtpyramide in den Nachthimmel von London projiziert. Das war echt eindrucksvoll.«

Der Hacker aus London fühlte sich geschmeichelt und gab ihnen weitere Informationen zur Mission in den Vereinigten Staaten. »New York, Washington und danach werden wir euch noch irgendwie nach Winnipeg lotsen. Dann wird es höchste Zeit für euch, wieder zurück nach Europa zu kommen. Wir arbeiten an der Agenda für eine gemeinsame Konferenz mit allen *Wise-Guys*, die wir ausfindig machen können. Ort und Datum stehen bis dato nicht fest. Ihr werdet es zeitnah erfahren.«

»Das klingt nach einem Mammutprogramm. Warum tippt ihr auf Europa? Glaubt ihr, dass von dort aus die kriegerischen Aktivitäten starten werden?«

»Du redest vom Anfang des Dritten Weltkriegs, richtig Peter?« Jack wartete die Antwort gar nicht erst ab. »Alles deutet darauf hin. Die ONE-C wird ihr FPM, das *final phase meeting*, wohl als Zusammenkunft im Toleranzbereich des ersten Breitengrads planen. Das haben wir aus einer abgefangenen Depesche erfahren. Es zentralisiert sich letztendlich alles in Europa und im Nahen Osten. Cheers.«

Sie beschlossen, die Verbindung formlos zu beenden. In Schweden war der Himmel in die Pastellfarben der Sonnenuntergangsstimmung getüncht. Der Vollmond stand hoch am Himmel und in wenigen Stunden würde die Sonne schon wieder aufgehen. Die Stille der Natur in der beschaulichen Inselwelt der schwedischen Schären war grandios. Doch ganz tief im Innern fühlten sie, dass es die letzten friedlichen Stunden waren. Die Ruhe vor dem Sturm, der unbändig loszubrechen drohte.

Kapitel 19

Stockholm / Reykjavik

Juni 2020

Es wurde gar nicht richtig dunkel und die Morgendämmerung setzte bereits gegen drei Uhr in der Früh wieder ein. Sie hatten kaum geschlafen. Rosanna räkelte sich ein letztes Mal gemütlich im Bett. Dann hieß es *Raus aus den Federn* und sie beschloss, einen frischen Kaffee aufzusetzen. Die Tür zum Salon war nur angelehnt und er genoss vom Bett aus den Anblick ihres aparten nackten Körpers. Sie stellte ihm die Tasse auf die seitliche Ablage und zog die hellgrauen Aluminium-Jalousien vor den Seitenfenstern nach oben. Die morgendliche Aussicht war fantastisch. Die Wasseroberfläche war völlig glatt und der steinige Strand der kleinen, flachen Waldinsel schien zum Greifen nahe zu sein.

»Ich könnte eine Abkühlung vertragen. Kommst du mit ins Wasser?« Sie sah ihn mit großen Augen an.

Im Osten ging gerade die Sonne auf, als sie von der Badeplattform ins glasklare Wasser sprangen. Es war noch empfindlich frisch und sie mussten in Bewegung bleiben, damit sie sich nicht unterkühlten. An einer seichten Stelle stellte sich Rosanna auf einen flachen Stein, so dass sie nur noch bis zu den Knien im Wasser stand. Sie legte den Kopf in den Nacken und strich sich das Wasser aus ihrem glatten Haar.

Peter kam zu ihr und umfasste mit beiden Händen ihre Taille. Er sah sie mit einem verträumten Blick an.

»Hier könnte ich mit dir bleiben. Für eine sehr, sehr lange Zeit. Der Außenwelt entfliehen und alle Zwänge und Konventionen vergessen. Könnte das eine Option sein?«

Sie lächelte salomonisch und küsste ihn. »Irgendwann, Peter, irgendwann werde ich mein Versprechen einlösen. Ich spreche von den drei Münzen aus Norwegen. Ich habe sie noch immer bei mir. *Come with me.* Den Song werden wir hören, wenn wir uns auf Bora Bora in die Unendlichkeit fallen lassen. Und wenn du willst, können wir die Südsee-Insel auch gegen eine schwedische Schäreninsel eintauschen. Aber irgendwann ist nicht heute. Vor uns liegt eine Aufgabe, die wir erfüllen müssen. Sonst ist der schöne Traum für immer verloren.«

Er schwieg. Die letzte Einsicht fehlte ihm. Je weiter die Ereignisse in die Ferne gerückt waren, umso weniger schienen sie überhaupt zu existieren. In der Wildnis um sie herum spielte weder das Virus eine Rolle noch die bürgerkriegsähnlichen Unruhen in den USA. Und für einen bevorstehenden Weltkrieg gab es nicht das geringste Anzeichen.

»Was ist, wenn sich am Ende des Jahres alles in Luft auflöst?«, formulierte er schließlich seine Gedanken. »Wenn das Virus verschwunden ist und nur noch die wirtschaftlichen Herausforderungen zu meistern sind?«

Sie legte den Kopf auf die Seite. »Du weißt, dass das ein Wunschtraum ist. Das Virus für sich gesehen ist vielleicht wirklich nicht viel mehr als ein scheinbar zufälliger Schicksalsschlag. Doch es sind die Zeichen und Signale, die zu der Gewissheit führen.« Sie reckte sich nach hinten, bis ihr Blick senkrecht in den Himmel fiel. »Siehst du die Sterne dort oben? Schon bald wird ihre Strahlkraft von der aufgehenden Sonne verdrängt werden. Doch solange wir die Sterne noch sehen, ist es an uns, sie einzeln als unzusammenhängende Lichtpunkte wahrzunehmen oder Konstellationen und Sternbilder zu erkennen.«

Peter suchte nach einem vertrauten Sternbild. »Ich suche nach dem ... Orion ... davon redest du doch, oder?«

Sie lächelte. »Das Sternbild Orion kehrt auf der Nordhalbkugel erst ab dem Monat August zurück. Dann ist es klar und deutlich am Morgenhimmel bis April zu sehen. Aber ja. Die Punkte verbinden. *Connecting the dots.* Vielleicht liegt darin ein wesentliches Merkmal unseres menschlichen Wesens begründet. Die Konstellationen als solche wahrzunehmen und am nächsten Abend wiederzuerkennen. Nichts anderes verfolgen wir mit den vielen aktuellen Zeichen, die uns zum Handeln zwingen. Es ist eine lange Liste.« Sie legte ihren Arm auf seine Schulter. »Die Motive der ONE-C und ihre mittelfristige Strategie, die Bedeutung des schwarzen Kristalls und seine Kraftfelder. Was geschieht mit dem Virus? Folgt eine nächste Welle, die alles Bisherige in den Schatten stellen wird? Gibt es einen vierten Stamm, der für den afrikanischen Kontinent gedacht ist? Schließlich bleibt die Frage, wo das Virus angezüchtet wurde und wer die Superspreader an die Hot-Spots dirigierte. Waren es gezielt eingesetzte *Enco*-Agenten, die mit den Virenkulturen quer durch die Welt gereist waren? Attentäter, die bereits auf ihre nächsten Einsatzkommandos warten? Dient am Ende die gesamte Panikmache um das Virus herum einzig dazu, die Welt an den Rand der Unkontrollierbarkeit zu steuern? *A World at Risk?* So hieß der Bericht der WHO, der am 18. September 2019 veröffentlicht wurde. Es war sozusagen die Blaupause für das, was der Welt gerade widerfährt. Und sobald sich die Menschen wieder einigermaßen in Sicherheit wähnen, schlagen die feindlichen Kräfte unvermutet zu. Denn sie werden nichts unversucht lassen, weiterhin Zwietracht zwischen den Völkern zu streuen.«

»Ich hätte dir wirklich gerne das Sternbild Orion präsentiert. Mit den drei Achsensternen *Alnitak*, *Alnilam* und *Mintaka*. Jeder Name besteht aus sieben Buchstaben.«

Er schmunzelte und freute sich über sein gutes Gedächtnis an den gemeinsamen Besuch bei einem der *Wise Guys* in Genf vor einigen Jahren. Ihr Verbündeter Hugo hatte ihnen zahlreiche Informationen über das Sternbild des Orion gegeben.

»Du bist gut. Die drei Sterne werden auch die drei Könige genannt und manche Forscher glauben, in ihnen die identische Anordnung der drei ägyptischen Pyramiden in Gizeh wiederzuerkennen.«

»Connecting the dots. Das Motiv zieht sich durch viele Zeitalter.«

»Absolut. Und das Sternbild Orion steht gegenwärtig an seiner nördlichsten Stellung, bis es in weiteren 13.000 Jahren den südlichsten Punkt am Firmament erreichen wird. Ein immerwährender Zirkel von 26.000 Jahren.«

»Willst du damit sagen, dass wir gerade jetzt im Zeitalter eines Wendepunkts leben?«

»Mir wird kalt. Lass uns an Bord gehen.« Sie frottierte sich auf dem Teakdeck, bis sie wieder warm und trocken war, und schlüpfte in einen leichten Morgenmantel.

Sie holten sich einen frischen Kaffee und schauten auf die friedliche Atmosphäre von Wasser, Land und Himmel.

»Ob wir im Zeitalter des Wendepunkts leben?« Sie griff seinen Gedankengang wieder auf. »Ich weiß es nicht. Damit kennen sich unsere alten weisen Kollegen viel besser aus. Obwohl mir die Deutungshoheit der *Wise Guys* nicht ganz geheuer ist. Es spielt zu oft eine gehörige Portion Mythologie mit hinein. Dennoch muss es einen tieferen Grund geben, dass die ONE-C gerade jetzt alles daransetzt, den globalen Umsturz in Gang zu bringen.«

So sehr sie auch versuchten, die Puzzle-Teile in die richtige Reihenfolge zu bringen, es gelang ihnen nicht. Sie räumten das Boot auf und brachten alles wieder in die ursprüngliche Ordnung. Bevor sie den Ankerplatz verließen, versenkte Rosanna ihre Walther P99 im

Küstengewässer. Einen besseren Ort konnte sie sich für die Aufgabe der Waffengewalt nicht vorstellen, auch wenn die Zeit der Deeskalation nur von temporärer Natur sein sollte.

Gegen neun Uhr holten sie den Anker ein und navigierten vorsichtig aus der Bucht heraus. Die See war glatt und sie kamen zügig voran. Die Anfahrt auf Stockholm war atemberaubend und sie mussten sich besonders konzentrieren, da die Fahrrinne mit zahlreichen Markierungen betonnt war. Als sie in das Gewässer kurz vor der schwedischen Hauptstadt kamen, suchte Peter nach einer Seetankstelle und füllte die Tanks auf. Er wollte seinem Partner das Schiff in einem tadellosen Zustand hinterlassen.

Sie fanden einen sicheren Liegeplatz an einem privaten Holzsteg. Der Besitzer freute sich, als sie ihm das Liegegeld für 50 Tage gleich in einer Summe in die Hand drückten. Das Telefonat vom Festnetzapparat nach Hamburg war darin mit inbegriffen. Nun wusste Frederik, wo er sich seine Yacht bei nächster Gelegenheit wieder abholen konnte. Er staunte nicht schlecht, als er sich die Position notierte. In Hamburg sagte man zum Abschied Tschüss und dieses Tschüss der beiden Geschäftspartner war ein Tschüss für sehr lange Zeit.

* * *

Sie nahmen ein öffentliches Taxi und ließen sich direkt zum Flughafen Arlanda bringen.

Der Taxifahrer kutschierte die beiden durch die Innenstadt und ließ es sich nicht nehmen, seine touristische Ader spielen zu lassen. Er zeigte ihnen die Gamla Stan und drehte so manche Extrarunde, die sich auf dem Taxameter für ihn vorteilhaft niederschlug. Sie protestierten nicht. Im Gegenteil. Es war, als ob sie die letzten unbeschwerten Momente in Skandinavien kompromisslos bis zum Schluss in vollen Zügen auskosten wollten. Der Fahrer beobachtete die beiden im Rückspiegel.

»Du är kär! Hur vacker.«

Peter schaute seine Partnerin verdutzt an. Sie sah förmlich das Fragezeichen in seinen Augen und klärte ihn auf. »Er meint, dass wir verliebt seien.«

»Womit er recht hat.« Er küsste sie.

Dann lehnte sich Peter über die Mittelkonsole etwas nach vorne. »Können Sie bitte eine flotte Musik aus ihrem Kasten zaubern?«

Die Aufforderung schien dem Fahrer sehr willkommen zu sein. Er spielte einen Track von seiner Musik-CD an. Die rhythmischen Klänge dröhnten durch das Fahrzeuginnere. Peter musterte den Taxifahrer und störte sich etwas an den stark gegelten, schwarzen Haaren. In die Musik mischten sich orientalische Klänge, die seine Neugier weckten.

»Hey, wissen Sie, wie das Lied heißt?«

Es zählte zu den Lieblingssongs des Fahrers und er konnte die Antwort aufs Stichwort liefern. »Das ist vom Meister *DJ Disse*. Gillar du det? Gefällt es dir?«

»Vielleicht. Wie heißt es?«

»*Taxi to War.*«

»Na, na. Was soll das? Wir wollen nur zum Flughafen.«

Rosanna zupfte an seinem Ärmel. »Lass ihn. Wir bewegen uns auf einem anderen Spielfeld als er.«

* * *

Sie erreichten den Flughafen von Arlanda am frühen Nachmittag. Alle Flüge ab Stockholm waren auf das Terminal 5 umgeleitet worden. Der Abflug war pünktlich für 15.10 Uhr avisiert und es blieb ihnen noch etwas Zeit für Einkäufe in den Duty-Free Shops. Es war beinahe ein ungewohntes Gefühl, nach Monaten der Quarantäne und Kaufzurückhaltung, wieder in den Regalen nach einem passenden Outfit zu stöbern. Die Wettervorhersage für den Big Apple verhieß sommerliche Temperaturen von über 25° Grad und puren Sonnenschein für die nächsten Tage. Sie suchten nach legeren Klamotten und sportlichen Sneakern. Einzig das Sakko von Peter hatte die Auswahl für die Reise überlebt. Schließlich sollte er als Diplomat ins Land kommen und wenn Kleider Leute machten, so gehörte ein gut sitzendes Sakko zur Basisausstattung. Sie packten ihre Sachen sorgfältig in den Rucksack, doch es war reichlich eng und sie entschlossen sich für eine weitere Schultertasche, in die das technische Equipment wanderte.

Da die Frequenz in diesen Tagen auf wenige Flugzeuge und eine sehr überschaubare Anzahl von Starts und Landungen begrenzt war, verlief das Boarding überpünktlich. Die Maschine der Icelandair brachte sie sicher nach Reykjavik.

Kaum waren sie in Island von Bord gegangen, war es mit der gut organisierten Reiseplanung vorbei. Reykjavik und die nächsten Stationen kamen einer Odyssee gleich. Joe hatte sich und seine Möglichkeiten aus der Ferne vollkommen überschätzt. Alle Flugverbindungen waren von großen Unsicherheiten geprägt. So schön die Idee eines Stopps in Bridgetown auf der Karibikinsel auch sein mochte, er konnte keine funktionierende Flugverbindung dorthin ausfindig machen. Reykjavik stellte sich zu alledem auch noch als Sackgasse dar. Es war wie verhext.

Direkt am Internationalen Flughafen in Keflavik hatten sie einen Corona-Schnelltest erfolgreich absolviert. Noch war diese Überprüfung kostenlos; ab dem 1. Juli sollte dafür eine Gebühr von 100 Euro erhoben werden. Dadurch konnten sie immerhin die 14-tägige Quarantäne umgehen. Zusätzlich hatte Joe sie als *visiting film crew* kategorisieren lassen. Damit waren sie doppelt abgesichert, denn seit Mitte Mai gab es Ausnahmen für Wissenschaftler, Athleten, Journalisten und eben für die Film Crews. Als Mitglied einer solchen Gruppe wären sie selbst bei einem positiven Corona-Test nur in das Quarantäne B-Segment gefallen, was deutlich vereinfachte Einreisebedingungen verheißen hätte. Jedenfalls waren sie soweit erst einmal gut durch die Einwanderungsbehörde gekommen.

Doch auf die Frage des Weiterflugs nach New York zuckte Joe nur hilflos mit seinen Schultern und ließ sich zu einem *comme ci comme ça* hinreißen. Als sie das hörten, hatte Rosanna nur noch spöttische Bemerkungen für das Organisations-Team in Hongkong übrig.

»Jungs, ihr sitzt mit eurem Hintern im warmen Sessel. Wir stecken hingegen im Polarmeer auf einer verlassenen Insel voller Geysire fest. Nicht mal die Dunkelheit traut sich in diese Gegend. Und mein schönes Zelt musste ich in einem Berliner Parkhaus zurücklassen. Cheerio.«

Die COVID-19 Einreisebestimmungen beherrschten den weltweiten Reiseverkehr und nur wenige Länder hatten damit begonnen, die Beschränkungen wieder aufzuheben. Island war zumindest für eine Nacht ihre Destination. Joe fand ein Hotel in der City und reservierte ein Zimmer für sie.

Zunächst favorisierte er London als nächstes Ziel, da von dort aus noch relativ viele Flugverbindungen gebucht werden konnten. Er brütete stundenlang und war der Verzweiflung nahe. Es war umso dringender, da Jack bereits die Termine in Manhattan mit den Kontaktleuten fixiert hatte. Doch es hatte alles keinen Zweck. Sowohl den Flug über London als auch alle Ideen zu Barbados konnte er getrost durch den Schredder schicken. Endlich hatte er eine Presseveröffentlichung von der Fluggesellschaft Iceland Air abgefangen, die voraussichtlich am nächsten Vormittag - am Montag, den 8. Juni - herausgeben werden sollte. Demnach wollte die Fluglinie ab dem 15. Juni wieder den Service zu elf internationalen Zielen aufnehmen. Darunter befand sich Boston.

* * *

Die beiden Ankömmlinge aus Stockholm quartierten sich im Herzen von Reykjavik im Vier-Sterne Hotel *ION* ein. Es lag direkt an der Haupteinkaufsstraße Laugavegur und sie hatten ein Zimmer mit Meerblick bekommen. Da es eh nicht dunkel wurde, genehmigten sie sich einen Drink an der hauseigenen Bar *One for the road*. Das Gute daran war, dass sie nicht mehr fahren mussten.

»Ich empfehle eindeutig den Brennivin. Den *Schwarzen Tod*, so wie wir unseren Schnaps hier nennen.«

Der Barkeeper schob die Gläser über die Theke. Peter schaute zu ihr hinüber. Nicht skeptisch, aber neugierig.

»Brenninvin? Das klingt verdammt nach Branntwein und das wird es wohl am Ende auch sein. So hochprozentig, wie das Zeugs ist, dürfte das Coronavirus hier keine Chance haben. Skål.«

Sie stürzten das Glas mit der Landesspezialität direkt hinunter und orderten die nächste Lage gleich hinterher.

»Was wissen wir über die Insel am nördlichen Polarkreis? Oder besser gesagt, was sollten wir wissen?«

Sie fühlte ihm auf den Zahn und wollte herausfinden, wie gut er sich vorbereitet hatte. Peter war nicht auf den Mund gefallen und konnte auf einige Details zurückgreifen, die er über Island im Vorfeld herausgefunden hatte.

»Island gilt als das friedlichste Land der Erde und weist die mit Abstand geringste Kriminalitätsrate auf. Skål. In den Sommernächten scheint die Sonne 22 Stunden lang. Skål. Die Telefonbücher sind hier nach Vornamen sortiert. Das gibt es sonst nirgends auf der Welt. Und eine weitere interessante Sache ist die Anti-Inzucht-App. Skål.«

Sie zog eine Augenbraue nach oben.

»Bitte was? Es gibt hier eine Anti-Inzucht App …?«

»Ja, du hast richtig gehört. Damit werden unverzüglich die Daten und der Verwandtschaftsgrad abgeglichen. So kann vor einem Date ausgeschlossen werden, ob man etwa zu nah miteinander verwandt ist. Wir beide dürfen uns übrigens treffen, da wir nicht aus Island stammen.« Er lächelte und bestellte eine weitere Runde des Hochprozentigen.

Sie waren gut drauf und genossen die Fröhlichkeit und die Unbeschwertheit. Außer ihnen waren nicht mehr viele Hotelgäste in der Bar.

»Hey Skipper, wenn du denkst, dass du der erklärte Island-Fachmann bist, dann weißt du sicherlich auch, dass es hier ein Penismuseum gibt. Mit mehr als 200 Phalli und Phallusteilen von Säugetieren aller Art - wie Wal, Robbe und Walross. Den Menschen eingeschlossen. Skål.«

Er trank den Schnaps und überlegte, was er darauf entgegnen sollte. »Okay, das muss ich wohl so stehen lassen. Was immer du mir damit sagen wolltest ... im Winterhalbjahr ist es hier täglich bis zu 22 Stunden lang dunkel. Was sollen die Menschen denn sonst machen?«

»Das werden wir jetzt nicht vertiefen«, ermahnte sie ihn und hickste. Sie hatte einen Schluckauf bekommen und schob es auf den Brenninvin - was sie nicht daran hinderte, noch eine Bestellung abzusetzen. Es sollte die letzte sein.

Peter hatte vor der Panorama-Glasfront einen Flügel entdeckt und strich über die edle Holzoberfläche. Sie waren jetzt die einzigen Gäste. Peter traute sich und setzte sich vor die Klaviatur. Sanft bediente er die Fußpedale und schlug den ersten Akkord an. Mit einem vorsichtigen Blick tastete er sich zu Rosanna vor.

Sie lächelte ihn verliebt an. »Spiel mir etwas auf deinem Schifferklavier vor, Seemann.«

Er spielte eine melancholische Melodie und summte dazu. »Hmm. *Good morning love - begin, this day with me again. I look at you with love. Hmm.*«

Ihre Augen waren glasig und sie wischte sich eine Träne des Glücks aus dem Augenwinkel. »Ist das Stück von dir?«

Er nickte. »Es ist vor langer Zeit entstanden. Aus dem Nichts. Aus meinen Gefühlen. Ich wusste, dass ich irgendwann einen Menschen wie dich treffen würde. Ich liebe dich.«

* * *

Sie waren beschwipst und torkelten leicht über den Flur zu ihrem Zimmer. Durch die Fensterfronten fiel das Mondlicht und tünchte den Raum in eine blass-blaue Atmosphäre.

»Jetzt wissen wir, warum die Operation Herbin Blue heißt ...« Sie zog ihn aufs Bett und knöpfte sein Hemd auf.

»Operation Herbin Blue?«, erkundigte sich Peter.

»Ach, das weißt du ja noch gar nicht. Wir hatten es bilateral besprochen. Das habe ich aus dem Killer in Zürich herausbekommen. Lass uns das bitte morgen dis... dis... diskutieren. Ich bin total müde ...« Sie hatte eindeutig einen Schnaps zu viel gehabt und konnte ihre Schwierigkeiten bei der Artikulation kaum noch verbergen.

»Komm sag, ich kann sonst nicht einschlafen. Was bedeutet *Operation Blue*. *Herbin Blue*?« Er ließ nicht locker und strich ihr die Haare aus dem Gesicht.

»Sonnenwende, Salamander, Herbin Blue. Es sind die Farben rot, grün, blau. Und eigentlich geht es um Harbin. Die Stadt in China.« Sie fiel augenblicklich in einen tiefen Schlaf.

Kapitel 20

Harbin

Juni 2020

Für Martijn war es ein Wunscheinsatz erster Güte. Als ihn die Informationen über die bevorstehende Mission in China erreichten, machte er einen innerlichen Freudensprung. Der Zeitraum des Untertauchens in Südkorea war für ihn lange genug gewesen und er bedauerte fast täglich, dass er aus Taipeh kein grünes Licht erhalten hatte. Jeder Kontakt der Rebellen zu Taiwan war vom NSB in der Bewertung nach wie vor als zu heikel eingestuft worden und sie wollten kein Risiko eingehen, dass die chinesischen Geheimdienste in Peking Wind von ihrem Treiben in Ostasien bekamen. Missionen außerhalb von Taiwan hingegen wurden voll und ganz unterstützt.

Der Einsatz war generalstabsmäßig durchgeplant und mehr als ausgeklügelt. Der Flug führte den Holländer Martijn zusammen mit seinem Kollegen Carl über die Drehkreuze in Singapur und Kuala Lumpur. Mit der Zielsetzung einer maximalen Verwischung jedweder Spur und Rückverfolgbarkeit. Auf dem Flug nach Peking saß neben ihm ein bekanntes Gesicht, was kein Zufall war. Er wusste, diese Geste von Joe außerordentlich zu schätzen.

»Das ist aber eine nette Überraschung. Wie geht es dir?«

Die junge Frau, die am Fenster in der dritten Reihe der Business Class saß, drehte sich zum Gangplatz nach links um und tätschelte flüchtig seinen Oberarm.

»Schön dich zu sehen, Marco Polo.« Sie lächelte.

»Ganz meinerseits, Taylor. Die Zeit war furchtbar einsam ohne dich.«

»Alter Charmeur.« Sie lockerte ihren Sitzgurt ein wenig und beugte sich zu ihm hinüber. Sie sprach bewusst gedämpft und wählte eine recht tiefe Stimmlage. »Der Flieger hat tausend Augen und Ohren und wir sollten alle Signalwörter tunlichst ausklammern.«

Er nickte. »Ik heb begrepen. Übrigens, neben mir, auf der anderen Seite des Mittelgangs, das ist Carl. Mijn Collega.«

Sie warfen sich einen gegenseitigen Blick zur Begrüßung zu. In wenigen Minuten erklärte sie dem Holländer den Hintergrund ihrer Tarnung. Als Nachwuchstrainerin der indonesischen Basketballnationalmannschaft sollte sie an einem asiatischen Austauschprogramm mitwirken und junge Talente aus der Stadt Harbin für ein Sommercamp einladen. Ihr Outfit hatte sie perfekt an die Rolle angepasst. Sie trug einen hautengen Jogginganzug in der Farbe Rosa mit weiß aufgestickten Werbebannern. Ihre Haare waren kastanienbraun gefärbt und zu einem Pferdezopf zusammengebunden. Selbst die Fingernägel passten zum Styling. Sie waren hellrosa lackiert und kamen frisch aus der Maniküre. Martijn war von ihr ganz begeistert. Er bewunderte ihre Figur und ließ sich zu einem Kompliment hinreißen.

»Hej. Je bent lekker.«

Sie war sich nicht sicher, wie sie das verstehen sollte. »Lecker? Willst du mich verspeisen?«

»Nee. In den Niederlanden bedeutet *lekker* heiß. Und du siehst wirklich irre heiß aus.«

Sie errötete und blickte vorsichtig um sich. Auch sie hatte sich überschwänglich auf das Wiedersehen gefreut und extra darauf geachtet, neben der sportlichen Kleidung die heißesten Dessous, die sie in ihrem Kleiderschrank finden konnte, ebenfalls mit einzupacken.

»Sweet, das ist süß von dir. Nun sag, wie ist euer Plan?«

Martijn gab ihr zunächst einen groben Überblick und stieg sodann in die Details ein. Er sollte die Rolle des Großsponsors von den Sundainseln einnehmen. Sein Firmenhauptsitz lag in Jakarta auf der Insel Java, die ehemals zum niederländisch-ostindischen Überseegebiet zählte. Das Familienvermögen stammte noch aus der Kolonialzeit. Sein Alibi war hieb und stichfest angelegt. Für seine Rolle hatte er sich das passende Äußere zugelegt. Mit einem gepflegten Drei-Tage-Bart und einem dezenten Business-Anzug in dunkelblauer Schurwolle inklusive der vergoldeten Knöpfe am Blazer, konnte er selbstbewusst vor jedes Gremium treten. Er strotzte vor Selbstvertrauen und war für die Rolle wie gemacht.

Carl spielte ab sofort den persönlichen Assistenten und fühlte sich damit in seiner Haut sehr wohl. Er war gern der zweite Mann hinter einem starken Anführer. Noch bevor sie den Luftraum für die Zwischenlandung in Peking verließen, gingen sie ein weiteres Mal das Briefing zur Großstadt Harbin im nordöstlichen Zipfel von China Punkt für Punkt durch. Mit dem alljährlich stattfindenden Eisfestival mussten sie sich nicht weiter beschäftigen. Es würde erst in sechs Monaten stattfinden - vorausgesetzt, dass keine zweite Virus-Welle das öffentliche Leben im Herbst und Winter erneut zum Erliegen bringen würde. Knapp zehn Millionen Menschen lebten im Großraum der Stadt Harbin, wovon ziemlich genau die Hälfte im Innenstadtbereich wohnte. Bis zum Ende des 19. Jahrhunderts war der nördliche Teil der Mandschurei durch Russland besetzt und noch heute war die russisch geprägte Architektur in den älteren Stadtteilen recht gut zu erkennen. Die Schwerindustrie hatte von den reichhaltigen Kohle- und Erdölvorkommen profitiert. Inzwischen bildete sogar die Tourismusindustrie eine immer gewichtigere Einnahmequelle für die gesamte Provinz. Insbesondere die berühmte Tigerfarm mit mehr als 800 Sibirischen Tigern lockte die Besucher wie ein Magnet aus allen Teilen des Landes an.

Sie sahen sich ein kurzes Einführungsvideo an, das ihnen Joe aufs *ComX* geschickt hatte. Harbin präsentierte sich als eine moderne Stadt. Weltoffen, kosmopolitisch und mit dem richtigen Gespür für die globalen Megatrends – wie mit der wegweisenden Orientierung als *Green City*. Die Temperaturunterschiede im Jahresverlauf waren extrem. Während die Quecksilbersäule im Winter durchaus bis auf minus 40° Grad hinabrutschen konnte, war es im Sommer angenehm warm bei bis zu 25° Grad. Die Wettervorhersage für die kommenden Tage verhieß viel Sonnenschein und warme Temperaturen.

»Warum Harbin?«, wollte sie wissen.

Er zeigte ihr den Schriftzug auf dem Monitor seines Communicators und flüsterte leise den Codenamen. »*Operation Herbin Blue*.«

»Harbin schreibt sich jedoch mit dem Buchstaben *a*. Nicht mit einem *e*. Ist das ein Fehler?«

»Ganz und gar nicht. Wir haben den Namen der laufenden Operation in Zürich gefunden. Herbin Blue ist der Markenname einer bekannten Farbtinte. Das Original ist genau 350 Jahre alt. Ein blauer Siegellack. Die Geheimen Drahtzieher haben den Namen sehr bewusst gewählt. Vor allem, weil das Grundmotiv des Unternehmens die Farbe Blau ist. Es scheint, als hätte Victoria Vicem den Dreiklang der additiven Farben rot, grün und blau gewählt, weil die Lichtsumme weißes Licht ergibt.«

Sie lächelte. »Ich erinnere mich. Bei meinen Großeltern stand noch der gute alte Farbfernseher mit dem NTSC Standard im Wohnzimmer. Ein Röhren-TV mit den drei Lichtstrahlen in rot, grün, blau. RGB. Ja, das sagt mir etwas. Echt tricky, das Motiv. Es klingt nach einem Finale.«

»Das soll es wohl werden, wenn es nach der ONE-C geht.« Er flüsterte und hielt sich die Hand vor den Mund.

»Ihr habt den Codenamen in der Schweiz gefunden, das ist genial. Was führte euch dorthin? Eine Spur aus China, aus Wuhan?«, schlussfolgerte sie.

Der Holländer nickte. »Ja, den Grundstein hast du mit deinen Recherchen gelegt. Es waren deine Hinweise auf die Ermordung des Kuriers Tommie Parker, die uns schließlich zum Killer geführt haben.«

»Der Killer hatte im September 2019 das Virus erstmals in die Öffentlichkeit gebracht. Er war der erste Superspreader. Und das erste Opfer war ein Alzheimer-Patient.« Taylor verspürte einen gewissen Stolz, dass sie wesentlich zur Aufklärung beigetragen hatte. »Habt ihr ihn ausgeschaltet?«

Martijn nickte. »Liquidiert. Meine Kollegin nimmt es manchmal sehr genau.«

»Nun, damit ist die Quelle natürlich ebenfalls versiegt. Ohne ihn kommt ihr nicht an die Hintermänner und an die Auftraggeber heran. Wie dem auch sei. Was hat es denn nun mit der Stadt Harbin auf sich?«

»Psst. Nicht so laut, ich kann dich gut verstehen. Also zunächst einmal. Klar, wir hätten vielleicht noch mehr aus dem Gangster herausquetschen können, doch Tote schweigen lieber. Dass er endlich seine gerechte Strafe bekommen hat, ist wohl unstrittig. Er gehörte zu einem Spezialkommando, das sich zurzeit in Polen aufhält. Wir vermuten, dass die Kerle allesamt als Superspreader eingesetzt werden sollen. Aller Wahrscheinlichkeit nach sind sie vollgepumpt mit einem Blutserum, welches vor Antikörpern nur so strotzt.«

»Immunglobuline G en mass. In Hülle und Fülle«, warf sie ein.

»Du sagst es. Die effizient wirksamen IgG's. Während die Forscher überall auf der Welt nach einem Impfstoff suchen, haben sich die obersten Anführer der ONE-C sowie alle entscheidenden Köpfe der *Enco* und ihrer

Killerkommandos mit Blutserum versorgt. Der Weg ist schneller und ebenso sicher.«

»Du meinst, sie waren bereits bei der ersten Welle als Spreader unterwegs?«

»Oh, ja. U kunt dat geloven. Unsere Technik-Freaks Joe und Jack versuchen nachzuvollziehen, an welchen Orten sich die polnischen Spezial-Kommandos der *Enco* in den vergangenen neun Monaten aufgehalten haben. Ich tippe auf die Hotspots wie Oberitalien, das österreichische Ischgl, Paris, London und New York City.«

»Du hast den Karneval in Deutschland vergessen.«

Der Holländer schmunzelte. »Okay, das stimmt. Beim Karneval denke ich eher an Rio de Janeiro. Vertel me. Würdest du mal mit mir dorthin fliegen? Karneval in Rio? *Samba De Janeiro?*«

»Du denkst an den Hit von *Bellini*? Schick mir eine Short-Message mit dem E-Ticket für den Flug und ich bin dabei.«

Martijn drehte seinen Kopf und schaute ungläubig in die Runde. Wenn die ganze Sache endlich vorüber sein sollte, würde er sich mit ihr die Auszeit seines Lebens wünschen.

Sie bemerkte, dass seine Gedanken weit abschweiften und sie wollte ihn ins Hier und Jetzt zurückholen. »Und danach legen wir die Platte *Obsesiòn* von *Aventura* auf, Erinnerst du dich an den Infinity Pool über den Dächern von Wuhan?«

Wie konnte er ihr erstes Treffen vergessen? Niemals. Sie tippte ihm auf den Ellenbogen.

»Die Superspreader, Martijn. Wer steuert sie und gibt ihnen die Befehle?«

»Tja. Ich nehme an, die Order kommt direkt aus der Zentrale. Dann geht es an ausgewählte Plätze. Orte, an denen eine feuchtschwüle Atmosphäre herrscht und wo sich unendlich viele Menschen auf wenige Quadratmeter drängen. Die Konzentration muss dermaßen hoch sein, dass sich alle sofort anstecken.«

Sie nickte. »Das scheint die Lösung zu sein. Wir haben in Taipeh viele Versuchsreihen mit Simulationen gefahren, doch wir kamen so gut wie nie auf eine effiziente Verbreitung. Die Aerosole allein reichten meistens nicht aus. An den Hotspots musste eine unnatürlich hohe Konzentration an Viren vorhanden gewesen sein. Was wiederum heißt, dass die Viren-Kuriere ausreichend mit den kleinen Biestern versorgt waren.«

Sie flogen durch eine Wolkenwand und das Licht in der Innenkabine verdunkelte sich. Die Anschnallzeichen leuchteten auf und es folgte eine Durchsage des Kapitäns. Die Maschine wurde ordentlich durchgeschüttelt. Sobald es etwas ruhiger wurde, nahm er den Faden wieder auf. »Wer Waffeln backen will, braucht Eier, Mehl, Zucker und Butter.«

Sie lächelte. »Und noch etwas Milch mit Backpulver und Vanillezucker, das macht den Teig gehl. Ich weiß, was du sagen willst. Ohne ein ausreichendes Kontingent an Viren machte es keinen Sinn, einen immunen Superspreader auf die Reise zu schicken.«

»Precies. Sie benötigten Viren. Viele Viren. Unfassbare viele Viren. Wir haben herausgefunden, wie und wo das geschehen sein könnte. Auf einer Virenfarm.«

»Du machst mich neugierig. Wo auf der Welt werden Viren vermehrt? In Harbin?«

Sein Lächeln zog sich über das ganze Gesicht. Er musste mit der Antwort einen Augenblick lang warten, da die Stewardess mit den heißen Getränken durch die Reihen ging.

»So ist es. Viren werden angezüchtet, so heißt es im Fachjargon. Entweder kannst du sie klonen oder in Zellkulturen duplizieren. Am häufigsten kommt jedoch die Technik zum Einsatz, mit der auch die Viren für Impfstoffe angezüchtet werden.«

Er erklärte ihr das Embryonieren von Hühnereiern.

»Oh, das sind viele Eier, die man dafür benötigt. Es leuchtet mir ein, dass man mit dem Embryonieren vor allem die Reinheit des einmal geschaffenen Virus exzellent beibehalten konnte. Doch wieso führt uns das nach Harbin?«

Er zog sie an sich heran. »Taylor. In Harbin wurde an einem Dienstag vor zwei Jahren, genauer gesagt am 7. August 2018, das zweite BSL-4 Labor in China feierlich eingeweiht.«

Sie stutzte und strich sich mit einem Finger angestrengt über die Schläfe. »Harbin ... BSL-4 ... ja, das stimmt. Aber es ist ein Veterinärlabor. Es betrifft die Virenforschung an großen Tieren. Ich verstehe nicht.«

»Taylor, das ist der Trick. In Harbin geht es in erster Linie um Rinder, Schweine und alle möglichen Haustiere. Die Forscher können sich ungehindert beliebige Viren in unbegrenzter Menge anzüchten und Versuche aller Couleur durchführen – ohne dass irgendjemand Näheres dazu wissen will. Die agieren in der Angelegenheit der humanen Coronaviren und SARS-CoV-2 völlig unter dem Radar. Wenn dort eine Verschlusssache im November 2018 aufgetaucht sein sollte, mit vier neuartigen Virenstämmen, die sie für eine Versuchsreihe vermehren sollten, sie hätten es gewissenhaft ausgeführt. Ohne im Entferntesten zu ahnen, dass sie die Varianten des siebten humanen Coronavirus in ihren Gummihandschuhen hielten.«

»My God. Das wäre der Wahnsinn. Habt ihr Beweise oder ist es bis jetzt eine reine Spekulation?«

Er räusperte sich. »Eher das Letztere. Aber alles spricht dafür.«

Die Anschnallzeichen leuchteten wieder auf und die Durchsage aus dem Cockpit war unmissverständlich.

* * *

Der Aufenthalt in Peking war erfreulich kurz und der Anschlussflug nach Harbin hob pünktlich von der Startbahn ab. Im Flieger saßen alle Passagiere dicht gedrängt mit Atemschutzmasken. Dieses Mal konnten sie keine zusammenhängenden Plätze buchen. Sie saßen wild verteilt zwischen Hunderten von Chinesen, die zurück nach Harbin wollten. Martijn staunte, wie gut Taylor die Einreiseformalitäten für sie alle Drei bewerkstelligt hatte. Sie konnten ohne bohrende Nachfragen einreisen. Taylor hatte auch an die Kleinigkeiten gedacht und sorgte gleich nach der Ankunft dafür, dass sie sich möglichst unauffällig einkleideten. Sie bildete die einzige Ausnahme und behielt konsequent ihr chices Sportdress an. Am Ende der Shoppingrunde drückte sie den beiden Männern ein Standardhandy von Huawei in die Hand.

»Wenn ihr es nicht habt, seid ihr verdächtig. Es verfügt nur über die Basisfunktionen wie WeChat und die üblichen Bezahlapplikationen.«

Sie organisierte ein Taxi und nannte dem Fahrer die Adresse in der Ganshui Road im Distrikt Xiangfang. Ein Mindestmaß an Luxus mussten die Spesen noch hergeben. Außerdem sollte das Hotel dem Anlass des Sponsorings entsprechend mit dem Ziel einer zukunftsorientierten Nachwuchssportförderung einigermaßen standesgemäß sein. Sie hatte das Vier-Sterne Hotel *Sofitel Wanda* ausgesucht. Es war ein Volltreffer, wie ihr die entzückte Reaktion der Männer mehr als deutlich machte, als sie an dem Spitzenhotel ankamen.

»Nicht schlecht«, sagte Carl und schnappte sich sein Handgepäck. Er wollte als Erster an der Rezeption einchecken, doch Taylor drückte ihn sanft zur Seite.

Sie hatte zwei Zimmer reserviert. Ein Doppelzimmer und ein Einzelzimmer. Bei der Verteilung der Zimmerkarten achtete sie sehr genau darauf, dass das Einzelzimmer an Carl ging. »Es ist das Beste für dich.«

Carl fügte sich seinem Schicksal. Unterm Strich war das Einzelzimmer wahrscheinlich die bessere Wahl, als neben dem massigen Holländer überhaupt genügenden Platz zu finden. Darüber hinaus war ihm nicht entgangen, dass die beiden in einer Tour miteinander flirteten.

Die Zimmer lagen direkt nebeneinander. Sie trafen sich und schmiedeten die Pläne für die nächsten Stunden. Die erste Station machten sie im hoteleigenen Restaurant und genossen ein chinesisches Dinner auf höchstem Niveau. Danach genehmigten sie sich ein einheimisches Bier der Harbiner Brauerei am Hotel-Pool. Die lokale Brauerei blickte auf die längste Biertradition in China zurück. Sie wurde im Jahr 1900 gegründet und somit bereits drei Jahre vor der weltberühmten Tsingtao Brauerei. Die Drei machten es sich auf den Liegen unter freiem Himmel bequem. Der Vollmond prangte hoch am Himmel über ihnen. Taylor saß in der Mitte zwischen den beiden Haudegen. Martijn streckte seine Hand zu ihr hinüber, was sie jedoch bewusst ignorierte. Die Blicke von Carl waren wie fixiert auf seinen Kumpel. Und außerdem fingen die allgegenwärtigen Hotel-Kameras jede Bewegung der Hotelgäste ein.

»Big Brother ist hier zu Hause. Seit seinem Geburtsjahr 1984.« Carl war sich nicht sicher, ob sie seine Anspielung richtig verstanden hatten. »Die Geschichte von George Orwell spielte im Jahr 1984, was ein Anagramm von 1948 war. Das Jahr, in dem er die Story verfasst hatte.«

»Dank u well. Ich habe die CCTVs gesehen«, stutzte ihn Martijn zurecht. Er versuchte sich an einer Basis-Musik-App auf dem Behelfstelefon und spielte die chinesischen Charts ein. »Reine Geschmackssache«, lautete sein Kommentar und er beabsichtigte sich vornehm zurückzuhalten. Keinesfalls wollte er den Musikgeschmack seiner unsichtbaren Überwacher, die er überall vermutete, in irgendeiner Art und Weise schmälern.

»Tolle Songs sind das«, sagte er mit einem leicht ironischen Unterton. »Jedenfalls tut die Musik gute Dienste und wird es signifikant erschweren, unsere Konversation aufzuzeichnen.«

Carl war richtig aufgekratzt und sprühte vor Energie. »Morgen starten wir im Trainingscamp, korrekt? Wenn wir Glück haben, treffen wir dort die chinesische Basketballlegende Li Qun, der für die Nationalmannschaft bei den Olympischen Sommerspielen 2000 mit an den Start gegangen ist. Nachdem er danach einige Jahre die Shenzen Leopards trainiert hat, zieht er jetzt wieder in seiner Heimatstadt Harbin die sportlichen Fäden. Gut möglich, dass er sich morgen die Chance nicht nehmen lassen wird, uns zu treffen.«

»Schön, dass es dir an Selbstvertrauen nicht im Geringsten mangelt. Er wird nicht auf uns warten«, entgegnete sie. »Außerdem weiß ich auch nicht, ob wir uns das wünschen sollten. Der kennt sich so gut im Basketball aus, dass er unsere Tarnung recht schnell entlarven könnte.«

Während Martijn völlig relaxt in den Nachthimmel blickte, kramte Carl ein weiteres Mal in seinem Gedächtnis und rief den nächsten Punkt der geplanten Agenda auf.

»Danach steht eine Stunde Diffusion auf dem Programm. Eine gezielte De-Lokalisation der Mobiltelefone und Umlenkung der GPS-Daten. Ein fortwährendes Meiden aller biometrischen Kameraaufzeichnungen und ein blitzschnelles Untertauchen des Teams von der Bildschirmoberfläche. Leute, das klingt wie Science-Fiction. Hoffentlich finden wir uns selbst am Ende wieder. Die Kernaufgabe - und vielleicht zugleich die Herkulesaufgabe - besteht darin, einen Ort zu finden, wo uns niemand findet. Hey Joe. Hast du uns überhaupt zugehört?«

Er klopfte gegen den Bügel seiner Bose Frames und richtete das *ComX* senkrecht in den Himmel aus.

Joe antwortete nicht, da er seine Stimme keinem Tracking aussetzen wollte. Der gesamte Aufenthaltsbereich am Hotelpool war garantiert ein überwachter Ort. Seine Antwort war nur für wenige Sekunden auf dem Display sichtbar. Carl las über den Text und merkte sich die Adresse. Er wiederholte einige Stichworte und er sprach so leise wie er konnte.

»Das ist gut. Die Zieladressen liegen in unserer Nähe. In *walking distance*, wie man so passend sagt.«

Für ihn war es an der Zeit sich auszuklinken, während der Holländer und die taiwanesische Spezialagentin ihre wiedergewonnene Zweisamkeit unter dem Sternenhimmel noch etwas genießen wollten. Sie machten eine Uhrzeit für den nächsten Morgen aus und wünschten sich eine gute Nacht.

* * *

Nach dem landestypischen Frühstücksbuffet verließen sie das Luxushotel zu Fuß. Taylor hatte ihr rosafarbenes Sportdress an und trug dazu die weißen Sneaker. Martijn hatte sich dem Anlass entsprechend für einen förmlichen Business Anzug entschieden. Er befürchtete jedoch, dass er bei den zu erwartenden hochsommerlichen Temperaturen mit seinem langen Hemd und dem dunkelblauen Blazer mächtig ins Schwitzen geraten könnte. Carl hatte eine leichte Baumwollhose und hellbraune Halbschuhe an. Er trug sein kurzärmliges weißes Leinenhemd locker über der Hose und hatte die obersten Hemdknöpfe aufgelassen.

Angefangen beim Personal im *Sofitel*, trugen auch alle Menschen auf der Straße ihre Atemschutzmasken. Und sie taten es ihnen gleich. Der dreilagige Mundschutz bot eine zusätzliche Tarnung und machte es für die an jeder Straßenecke präsenten Überwachungskameras zugleich schwieriger für die biometrische Gesichtserkennung.

Darüber hinaus trugen die beiden Männer ihre schwarzen High-Tech Sonnenbrillen. So konnten sie sich unauffällig im Stadtbild bewegen. Die Chinesen waren zu Tausenden auf den Straßen und jeder ging seinem Geschäft nach. Es war, als wäre nie etwas gewesen. Kein Virus, keine Panik und kein Anzeichen einer Pandemie. Dennoch war auch Harbin betroffen und durch die Medien geisterte bereits die Angst vor einer zweiten Ansteckungswelle, die auch die Großstadt im Nordosten von China betreffen könnte.

Nach einer Viertelstunde erreichten sie das Harbin Institute of Technology an der Huanghe Road und sie waren von dem weitläufigen Campus der Hochschule positiv überrascht. Sie warteten einige Momente in sicherer Entfernung vorm Eingang. Ein kleines Wartehäuschen auf der rechten Seite war mit einem Kontrolleur besetzt und nur registrierte Fahrzeuge durften die Schranke unter der von vier Säulen getragenen Betonbrücke passieren. Martijn hielt die anderen zurück.

»Wir warten noch etwas. Unser Kontaktmann wird uns ja erkennen.«

Sie kamen zu zweit. Die fröhlichen jungen Chinesen waren ganz hibbelig und konnten kaum eine Minute ruhig auf der Stelle stehen. Sie führten sie zu einem Sportkomplex, in dem sich mehrere Basketballfelder befanden. Auf zwei Sitzbänken neben einem hübsch bepflanzten Blumenbeet vor der überdimensionierten Sporthalle nahmen sie Platz und stellten sich gegenseitig vor. Das Gespräch drehte sich ausschließlich um das Sommercamp und den Austausch der Nachwuchssportler zwischen den Nationen. Taylor meisterte ihre Aufgabe einwandfrei. Die Geschichte war in sich rund und die beiden schwarzhaarigen Chinesen schöpften keinen Verdacht, dass die Geschichte von vorne bis hinten konstruiert war. Martijn lieferte eine bravouröse Vorstellung des großzügigen Sponsors aus Übersee ab und konnte seine niederländischen Wurzeln astrein mit der Landeshistorie der Sundainsel Java verbinden. Kurzum, sie wirkten so authentisch, dass die beiden Delegierten ihnen problemlos den Zugang zu den Einrichtungen der Universität verschafften. Taylor sprach perfekt Mandarin und kam auch einigermaßen gut mit dem Harbin-Dialekt zurecht. Sprachlich gesehen blieb für Martijn und Carl das meiste an diesem Vormittag an der Oberfläche, doch sie machten eine gute Miene zu ihrem Spiel. Nacheinander durften sie mit den Talenten und Aspiranten zusammentreffen. Wie geplant blieb es bei der überwiegenden Anzahl der Gespräche bei einem allgemeinen Austausch. Ein sportlicher Small-Talk und nichts weiter. Wie zufällig war die letzte Kandidatin jedoch diejenige, auf die sie die ganze Zeit über gewartet hatten. Sara Chin-Yung. Die junge Frau mit dem runden Gesicht und den tiefschwarzen Haaren mit ihrer kessen Ponyfrisur. Sie war hochgewachsen und hatte sehr lange Arme. Dass sie noch ein besonderes Faible für andere Interessen als Basketball hatte, war ihr auf den ersten Blick nicht anzusehen. Besonders vorteilhaft war, dass sie mehrere Semester im Ausland studiert hatte und ein relativ gutes Englisch sprach.

»Endlich kann ich euch begrüßen. Ich dachte schon, dass ihr wirklich ein Wettkampfteam für die nächste Olympiade zusammenstellt. Ihr seid die Aufgabe ja mehr als seriös angegangen. Du bist der Mann aus den Niederlanden, richtig? Der vermögende Mann mit dem Anzug.« Sie streckte ihm die Hand entgegen.

»Martijn aus Holland. Ja, da liegst du richtig«, stellte er sich brav vor und nahm höflich seine Sonnenbrille ab. Er schüttelte ihre Hand. Es war der erste Handschlag seit Monaten und es erfreute ihn. Vielleicht war das herzliche Begrüßungsritual ein erstes Zeichen, dass die frühere Normalität doch in den Alltag zurückkehren würde.

Es war wie früher, dachte Martijn. Der Händedruck dauerte gefühlte zwei Sekunden und wurde von einem vertrauenerweckenden Blickkontakt begleitet.

Sie stellten sich gegenseitig vor und Sara Chin-Yung gab ihnen einen kurzen Abriss ihrer Vita.

»Möchtet ihr etwas essen? Eine Kleinigkeit oder einen Salat? Es gibt verschiedene Möglichkeiten direkt hier bei uns auf dem Campus oder wir gehen ein paar Schritte bis zum Internationalen Convention Center und holen uns dort etwas.«

Die Wahl fiel auf das Conference & Exhibition Center. Inmitten der Hongbo Shopping Mall bot sich ihnen die freie Auswahl des globalen Fast-Food Spektrums. Neben McDonald's fanden sie die Schnellrestaurants von KFC und Pizza-Hut. Schließlich landeten sie doch in einem Sushi-Restaurant und ließen sich eine Auswahl *to-go* zusammenstellen.

Rings um die Einkaufszentren befanden sich architektonisch sehr ansprechende Außenanlagen. Vor einem experimentellen Kindergarten mit einem recht fantasievoll gestalteten Spielplatz fanden sie eine lauschige Ecke. Sie setzten sich im Schneidersitz auf den Rasen und positionierten die Sushi-Boxen in ihrer Mitte. Jeder griff nach Belieben zu. Taylor sammelte die Mobiltelefone ein und öffnete ihren Rucksack. Sie umhüllte die Geräte sorgfältig mit den Papierservietten und verstaute sie anschließend mit ihrer Trainingsjacke im Rucksack. »Die Wanzen sind nun fürs Erste sprachlos.«

Sie lächelte und freute sich über den Hauch einer kurzzeitig gelebten Unabhängigkeit und Freiheit.

Die Chinesin schaute die anderen drei an und deutete mit ihrem Zeigefinger senkrecht nach oben - ohne selbst den Kopf in Richtung des Himmels zu drehen.

»Nicht hochschauen. Die Augen des Firmaments sind überall.«

»Satelliten?«, hakte Carl nach.

Die Chinesin schüttelte den Kopf.

»Nein, über uns dreht die neuste Generation der Hochleistungsdrohnen ihre Runden. Sie stehen so hoch am Himmel, dass ihr sie nicht erkennt. Die Kameras sind hochauflösend. 8K und darüber. Die Linsen erfassen jeden Quadratzentimeter hier am Boden. Es gibt ausgeklügelte Programme, mit denen die Drohnen flächendeckend alle öffentlichen Plätze überwachen und abwechselnd in die Ladestationen zurückfliegen, wenn die Akkus zur Neige gehen. In das Gesamtsystem ist eine hohe Redundanz eingebaut, so dass der Bilderfassung nichts entgeht.«

»Scary. Wir hatten gestern mehr spaßhaft über China und den Big Brother gewitzelt, aber es scheint ja wirklich ein Überwachungsstaat zu sein.« Martijn verschränkte seine Arme.

»China ist eine gefährliche Diktatur und die lückenlose Kontrolle der Bürger ist zur Perfektion herangereift. Freiheit, Unabhängigkeit und Demokratie sind Begriffe, die das chinesische Politsystem nicht zulässt. Wir sind Gefangene in unserem eigenen Land.« Die junge Chinesin Sara Chin-Yung wirkte tief bedrückt.

»Gibt es einen organisierten Untergrund, über den du sprechen kannst?«, wollte Taylor wissen.

Die Chinesin druckste herum. Sie zog ihre Schulterblätter abwechselnd nach oben und schwieg für eine ganze Zeit.

»Es ist eine komplexe Sache. Eigentlich kann niemand einem anderen trauen. Wir haben eine Kultur des Denunziantentums geschaffen, die sich selbst ernährt. Jeder schwärzt jeden an. Es ist ein Grundprinzip des Überlebens geworden. Jede Art von Vertrauen wird dadurch im Keim erstickt. Es ist perfide. Es gibt eine semi-offizielle Gegenbewegung, die die kleinen Vöglein fängt.«

Sie schluckte.

Der Holländer legte sein Sakko ab. In der prallen Mittagssonne wurde es ihm zu heiß. »Wen meinst du mit den Vöglein? Du sprichst so blumig, Chin. Und was bitte ist eine semi-offizielle Gegenbewegung?«

Sie blickte um sich und vergewisserte sich, dass sie von keinem Späher beobachtet wurden. »Die kleinen Vöglein sind die harmlosen, anständigen Bürger. Die Spatzen im Großreich. Jeder, der sich einmal unkonventionell äußert oder mit dem Gedanken spielt, sich irgendwann mal kritisch einem Sachverhalt zu stellen, ist ein Kandidat für die im hübschen Federkleid getarnten Raubvögel. Sie schleichen sich an dich heran und gaukeln dir dasselbe Interesse vor. Sie geben vor, dir helfen zu wollen. Behaupten, dass du nicht allein bist und dass es viele gibt, die so kritisch denken wie du. Man verspricht dir ein Sondierungstreffen mit den akademischen Zirkeln, die an einem neuen Konzept arbeiten. Ganz behutsam wird geprüft, wie anfällig diese Vöglein sind. Beim geringsten Hinweis, dass sich hier ein potentieller Staatsfeind entwickeln könnte, zeigt der Raubvogel sein wahres Antlitz und beißt dem kleinen Piepmatz den Kopf ab. Manche völlig harmlosen Singvögel werden solange provoziert, bis sie sich zu einer minimalen kritischen Bemerkung hinreißen lassen. Dann ist es bereits um sie geschehen. Die Todesschwadronen schwärmen aus. Manchmal fahren gepanzerte Busse durch die Straßen. Die sogenannten MHV, die mobilen Hinrichtungsvehikel. Die Vöglein werden auf offener Straße eingesammelt und mit Todesspritzen aus dem Verkehr gezogen. Das sind die extremsten Ausprägungen. Für die meisten kommen erst endlose Verhöre und Gefängnisstrafen in Betracht. Es ist fatal. Eine angebliche Gegenbewegung in einer geschickten Verkleidung. Oder wie es im Elvis-Song so passend hieß, die Gegenbewegung ist in Wahrheit der *Devil in disguise*.«

»Jeezus.« Martijn war wirklich empört.

Carl versuchte für eine positivere Atmosphäre zu sorgen. Er kramte seinen *ComX* aus der Schultertasche und scrollte durch die Datenbanken auf der Festplatte.

»Keine schlechte Idee. Ich bin ein großer Elvis Fan und habe die Freigabe aus Hongkong bekommen, mir die gesamte Diskografie herunterzuladen.« Er ließ den Klassiker des Rock 'n Roll über den kleinen eingebauten Lautsprecher laufen und klopfte im Rhythmus der Gitarrenklänge auf den umgedrehten Kunststoffdeckel der Sushi-Box. »*You're the devil in disguise. Oh, yes you are.*«

Martijn konnte die Schilderungen der jungen Chinesin einfach nicht fassen. »Es ist so unbegreiflich grausam. Die Todesbusse sammeln die Wackelkandidaten ein? Das erinnert mich doch verdammt an die George Orwell Geschichte. Die vorgegaukelte Revolution, vom Staat geschaffen, nur um die unbescholtenen Bürger im Zaum zu halten. Von wegen, die Gedanken sind frei. Es ist die hinterhältigste Methode überhaupt, um das ganze Volk einzuschüchtern.«

»Wie ich schon sagte. Wir leben in einer Diktatur, die nichts dem Zufall überlässt.« Sie träufelte etwas Sojasauce auf das Sashimi und legte sich einige Ingwerscheiben darauf.

Taylor beugte sich nach vorne und regte an, die Köpfe ein wenig näher zusammenzustecken. »Chin, du weißt, was uns zu dir führt. Neben der semi-offiziellen Gegenbewegung, die von der Partei kontrolliert wird, gibt es die inoffiziellen echten Untergrundkämpfer. In der Öffentlichkeit wird die Existenz natürlich totgeschwiegen und jedem, der jemals enttarnt wird, droht die Todesstrafe ohne Prozess. Ich kenne einige von euch und weiß über die geheimen Erkennungszeichen und die Sprachkodizes Bescheid. Ihr verfügt über ein gut funktionierendes Netzwerk. Klein, aber sehr effizient. Ihr habt einen *Whistle Blower* aus dem Hochsicherheitslabor ausfindig gemacht?«

Sie nickte. »Er hat sich uns anvertraut, will jedoch mit keiner Menschenseele sonst darüber sprechen. Insofern kann ich euch die Informationen nur aus zweiter Hand geben.«

»Schieß los«, forderte der Anführer der Rebellen sie auf.

Sie nahm ihre Atemschutzmaske und packte sie in eine transparente, falzbare Kunststoffhülle aus Polypropylen. Zuvor hatte sie aus dem sogenannten MaskKeeper einige bedruckte Blätter aus hauchdünnem Pergamentpapier geholt und faltete sie auseinander. Die Tinte war wenig kontrastreich, was auch beabsichtigt war. Sie setzte sich eine Lesebrille auf, um die 6-Punkt Schrift besser lesen zu können.

»Es ist weit unterhalb der Pixel-Auflösung der *Eyes-in-the Sky*. Wir haben gelernt auf Nummer Sicher zu gehen.« Sie schmunzelte und sortierte ihre Notizen. »Über unseren Informanten darf ich nichts weiter sagen. Er ist angsterfüllt und spricht mit keiner Menschenseele über seine Erfahrungen. Ich werde euch auch keinen Hinweis geben, ob die Person weiblich oder männlich ist. Im Wording ist es schlichtweg der Informant. Okay?«

Die anderen nickten wortlos und Carl stellte die Musik ab. Martijn kontrollierte den Sitz seiner Bose Frames und drückte den Aufnahmeknopf. Mit einem zweifachen Augenblinzeln signalisierte sie ihm ihre Zustimmung.

»Der Informant ist seit vielen Jahren im *Harbin Veterinary Research Institute* tätig. Kurz heißt es das HVRI. Zugeordnet sind die Aktivitäten der Chinesischen Akademie für die Landwirtschaft, dem CAAS, was für die *Chinese Academy of Agricultural Sciences* steht. Das HVRI wurde bereits im Jahre 1948 gegründet und war zugleich das erste Forschungszentrum in China für die Veterinärmedizin. Der 7. August 2018 war ein großer Tag für das Institut. Feierlich wurde dem HVRI der Hochsicherheitsstandard der biologischen Labore in der Kategorie Vier verliehen.

Seitdem ist es das zweite BSL-4 Labor in China. Wobei in Harbin der Fokus eindeutig auf der Erforschung von Viren in großen Tieren liegt. Die Wissenschaftler am Institut waren jedenfalls mächtig stolz, als sie das Biosafety Level 4 erhalten hatten. Es soll sogar geheime Pläne für einen weiteren Ausbau geben.«

Martijn räusperte sich. »Moment. Der BSL-4 Standard ist der höchste, den es gibt. Ich kenne mich ein wenig mit der Sache aus.«

Sie warf ihm einen sympathischen Blick zu. »Dann weißt du bestimmt, dass die ersten BSL-4 Einrichtungen bereits für außerirdische Stoffe im Planungsstadium sind?«

Der Holländer machte große Augen und Carl pfiff durch die Zähne. »Viren aus dem *outer space*? Jetzt wird es wirklich verrückt.«

Sie fuhr unbeirrt fort mit ihren Ausführungen.

»Außerirdische Proben, die von einem Himmelskörper der Kategorie V auf die Erde zurückgelangen, müssen in gesonderten Laboren kuratiert werden. Die bestehenden BSL-4 Institute erfüllen die komplexen Anforderungen jedoch bei weitem nicht. Es geht dabei sowohl um den Schutz unserer Erde wie auch um den Schutz für die außerirdischen Proben.«

»Das klingt nach Science-Fiction ...«, ergänzte Martijn.

»Ist es aber nicht. Zwei Anträge für den Bau solcher Speziallabore gibt es schon. Da die Größe der extraterrestrischen Mikroorganismen völlig unbekannt ist, sollen Partikel bis zu 10 Nanometer herausgefiltert werden können. In den Laboren müssen die Biogefährdungstests durchgeführt werden, um die Mikrostoffe anschließend zu sterilisieren oder Teile davon in einem permanenten Quarantänelager an abgelegenen Orten der Welt zu lagern. Es sind extreme Anforderungen. Die NASA will in sieben bis zehn Jahren soweit sein und nennt das Projekt MSRRF. Das steht für die *Mars Sample-Return Receiving Facility*. Die

Europäer arbeiten parallel an der ESCF, welche in Wien entstehen soll, die *European Sample Curation Facility*. Glaubt ihr, dass China dem nachstehen möchte? Es würde mich nicht überraschen, wenn hier in Harbin die Fertigstellung sogar schon einige Jahre vor den Amis und den Europäern vermeldet wird.«

Unzählige Gedanken rasten durch Martijn's Kopf. Bisher hatten sie immer nur die irdischen Viren im Visier gehabt. Die konstruierte Geschichte um angebliches Leben auf dem Mars und die Operation Salamander erschien plötzlich in einem völlig neuen Licht. Doch die Mosaiksteine passten nicht zusammen. Es waren Fragmente aus verschiedenen Welten, in denen andere Spielregeln und Gesetze galten. Er schob die Gedanken beiseite.

»Okay. Eins zu null für dich. Davon wusste ich nichts. Je bent geweldig. Dann möchte ich jedoch anmerken, dass bei derartigen Großprojekten, vor allem wenn es um die Raumfahrt geht, das Militär nicht weit entfernt ist.«

»Danke für die Steilvorlage. Ganz in der Nähe von Harbin betreibt das Militär ein Raketenzentrum und im Technologischen Institut – das ist direkt nebenan von uns in Sichtweite - ist ein Unternehmen zur Herstellung von Raketen und Raumschiffen angesiedelt. Insofern spricht sehr viel dafür, dass im Großraum von Harbin vielleicht schon bald das erste chinesische BSL-4 Labor für extraterrestrische Proben entstehen wird.«

»Zurück ins Hier und Jetzt«, bat Martijn. »Was geschah mit dem siebten humanen Coronavirus?«

Sie trank einen Schluck aus der Wasserflasche und suchte nach einem bestimmten Blatt aus ihrer Pergamentpapiersammlung.

»Übrigens, damit ihr eine Vorstellung davon bekommt. Die Labore selbst sind gar nicht soweit von uns entfernt. Luftlinie sind es nur gute dreieinhalb Kilometer. Das Areal erstreckt sich von der Maduan Street bis zum Stadtfluss, dem Majiagou River. Aus der Vogelperspektive erinnert mich die Zuwegung irgendwie an die Vorderansicht einer Spinne - mit ihrem lauernden Kopf in der Mitte.«

»Okay«, der Holländer wurde langsam ungehalten. »Wann kam das Coronavirus SARS-CoV-2 hier an?«

»Hab bitte noch etwas Geduld. Die Geschichte fing einige Zeit zuvor an. Genaugenommen mit dem Forscher Ron Fouchier aus Holland, der seine Ergebnisse im Jahr 2011 auf der Influenza-Konferenz in Malta vorstellte.«

Martijn horchte auf, als ein Landsmann von ihm erwähnt wurde. »Wat je niet zegt. Jetzt wird's interessant.«

»Es ging um das Vogelgrippe-Virus H5N1. Das holländische Wissenschaftsteam wollte herausfinden, ob von dem Virus die Gefahr einer weltweiten Pandemie ausgehen könnte. Wie ihr wisst, zählt die Vogelgrippe nicht zu den humanen Viren. Eine Übertragung von Mensch-zu-Mensch ist also nicht möglich. Als Erstes statteten sie das Ursprungsvirus H5N1 mit drei künstlich herbeigeführten Mutationen aus, damit es sich in Säugetieren reproduzieren ließ. Sie jagten es in harmlose kleine Frettchen, die daran – wenig überraschend – verstarben. Dann isolierten die Forscher die Viren aus den toten Tieren und brachten sie in gesunde Frettchen ein. Zunächst passierte nichts. Aber sie wiederholten den Infektions-Prozess weitere Male. Immer auf dieselbe Art und Weise. Beim zehnten Mal war es soweit. Das Virus hatte sich nun angepasst und konnte von einem Frettchen auf ein anderes durch eine Tröpfcheninfektion übertragen werden. Die aufsehenerregenden Ergebnisse ließen keinen anderen Schluss zu, als dass die Gefahr einer Epidemie äußerst real war. Ganze fünf Mutationen waren nötig und das hochgefährliche Vogelgrippe-Virus H5N1 wurde für Säugetiere so ansteckend wie eine normale Influenza. Nun haltet euch fest. Bei dem ursprünglich nicht infektiösen Vogelgrippe-Virus H5N1 war erstmals über bewusst herbeigeführte Experimente gezeigt worden, dass es sich gezielt verändern ließ und dadurch hochansteckend quasi *gemacht* werden konnte.«

»Ein früher Vorläufer der *in vivo* Testreihen in Wuhan und sonst wo auf der Welt«, kommentierte Taylor lapidar.

»Ja genau«, fuhr sie fort. »Nach der Konferenz in 2011 brach ein Sturm der Entrüstung los. Politiker, Medien und das *National Science Advisory Board for Biosecurity* NSABB stellten gar die Forderung auf, die Veröffentlichung der Forschungen zu verbieten. Plötzlich schien es möglich zu sein, dass Killerviren von Menschen gezielt geschaffen werden konnten und sogar mit einem unabsehbaren Gefahrenpotential. Soweit zum Kapitel Nummer Eins. Die Fortsetzung folgte zwei Jahre später in … wie kann es anders sein … in Harbin. Der Virologe Hualan Chen vom hiesigen HVRI hatte es hinbekommen, im Reagenzglas das Erbgut vom Vogelgrippe-Erreger H5N1 mit dem Schweinegrippe-Virus zu mischen. Sie schufen 127 neue Virus-Typen, die sämtlich den Ausgangserreger des einen wie auch des anderen in sich trugen. Fatal war, dass somit die Eigenschaften des Schweinegrippe-Virus - allem voran der Andock-Mechanismus für eine Verankerung in den oberen Atemwegsregionen wie Mundhöhle, Rachenraum und Nasenschleimhaut - mit auf die neu-geschaffenen Chimären-Viren übergegangen waren.«

Taylor klatschte verhaltenen Beifall. »Nicht nur die Viren kreuzten sich. Mit unseren Recherchen verhält es sich ebenso. Was du sagst, ist eine weitere Bestätigung für unsere Ermittlungen aus einem anderen Blickwinkel. Die Virologen aus Wuhan waren sehr ähnlich unterwegs und es überrascht, dass sich das HVRI in Harbin sogar schon früher mit den Kreuzungen beschäftigt hatte.«

Martijn tippte auf die Bildschirmoberfläche beim *ComX* und vergewisserte sich von der tadellosen Funktion der Satellitenverbindung. »Nun zu eurem Informanten.«

»Die Person ist fleißig, gewissenhaft und sehr erfahren. Wo sie hinsichtlich der ethischen Verantwortung bei der Virenforschung steht, wissen wir nicht. Die Fragestellung gehörte zu den vereinbarten Tabus. Doch es gab für die Person eine Demarkationslinie, die ab Herbst 2018 mit den Vorkommnissen überschritten wurde.«

Carl meldete sich zu Wort. »Das war die Zeit der unerklärlich verschwundenen Coronaviren aus Wuhan, die durch die Chimären-Versuche geschaffen worden waren.«

»Das siebte humane Coronavirus 2019-nCoV oder SARS-CoV-2, wie es inzwischen genannt wird. Ja. An einem frostigen Tag im November kamen hier mit einem Triple-A Sicherheitstransport verplombte Metallbehälter an, die in einem tiefgekühlten Spezialfahrzeug direkt ins Labor gebracht wurden. Vier Behältnisse aus Edelstahl mit einer doppelwandigen Kühlung. Die Temperaturanzeige war auf den konstanten Zielwert von minus 80° Grad Celsius eingestellt. Für jeden der vier Viren-Stämme gab es ein abgeschlossenes separates Transportmedium mit einem eigenen Stickstoffkreislauf. An jenem Sonntag waren die Labore nur spärlich besetzt. Unser Informant war zufällig Zeuge der Warenübergabe geworden. An und für sich war es kein ungewöhnlicher Vorgang. Es kamen immer mal wieder Viren aus den verschiedenen Regionen Chinas im HVRI an. Sie wurden professionell vereinnahmt und in den Tiefkühlaggregaten des Labors dauerhaft gelagert. Bei dieser Lieferung liefen die Bestätigungsprotokolle jedoch außerhalb des festgelegten Prozedere ab. Nirgends war vermerkt worden, wo der Ursprung der vier Behälter lag. Umgekehrt hatte niemand schriftlich den Empfang bestätigt. Es gab keine Begleitpapiere und es war für niemanden ersichtlich, um welche Stoffe es sich eigentlich handelte. Die vier Behältnisse landeten in einem separaten unterirdischen Trakt und tauchten in keiner Liste auf, auch nicht im täglich aktualisierten Waren- und Virenbestand.

Zunächst hatte sich unser Informant nichts weiter dabei gedacht. Auch aus den internationalen BSL-3 und BSL-4 Laboren kamen von Zeit zu Zeit Lieferungen in Harbin an, die mit dem Status einer Verschluss-Sache codiert waren. Ranghohe Militärs ließen sich von der Institutsleitung regelmäßig berichten. Es gab feste Termine für die Reports, die sogenannten Jour fixe, in denen über die Fortschritte ausführlich Zeugnis abgelegt wurde. Die Disziplin war dabei ausgesprochen hoch. Umso mehr war unsere Kontaktperson überrascht, als es ab dem Frühjahr 2019 in unregelmäßigen Abständen zu merkwürdigen CCMs kam, zu den *closed circle meetings*. Daran durften nur ausgesuchte Mitarbeiter teilnehmen und sie durchliefen jedes Mal eine Schleuse mit einem Auswahlverfahren.«

»Moment. Das habe ich nicht verstanden. Kannst du das bitte etwas ausführlicher schildern?« Taylor wollte es genau wissen.

»Oh, ja gerne. Die Schleuse soll angeblich ein Trakt im dritten Level unter Normalnull sein. Also unterhalb des Erdgeschosses. Es gibt dort unten mehrere hundert Einzelräume. Jeder ist nur neun Quadratmeter groß. Drei mal drei Meter. Es gibt eine Eingangstür auf der einen Seite und einen Ausgang auf der anderen Seite. Wenn ein CCM angesetzt wird, so wird jeder im Vorfeld vergattert und begibt sich anschließend in seinen Schleusenraum. Die Räume sind komfortabel eingerichtet. Mit Lebensmitteln, einem prallgefüllten Kühlschrank und einem Medien-Wandportal. Ein Raum, in dem man sich bequem für einige Stunden aufhalten kann. Keiner der Teilnehmer weiß, wer sich für die Zeitdauer des CCM's ausschließlich in seinem Schleusenraum aufhält oder bei wem sich die Ausgangstür auf der anderen Seite öffnet.«

»Jeezus. Ich stelle mir das gerade vor. Da baut sich ja eine unglaubliche Spannung auf. Wer entscheidet, bei wem sich die Tür zur anderen Seite öffnet? Ist es die Leitung des

Instituts?« Martijn löste sich aus dem Schneidersitz und machte ein paar Schritte.

Die Chinesin schüttelte den Kopf. »Die Verantwortlichen werden ebenso separiert wie alle anderen Mitarbeiter. Niemand weiß danach, wer sich hinter den Stahltüren getroffen hat. Es gibt zu dem Versammlungsraum auch noch andere Zugänge, so dass weitere Personen von außen möglicherweise ebenfalls an den Meetings teilnahmen.«

»Mein Eindruck ist, dass es die idealen Geheimtreffen für heikle Projekte sein können. Ein militärischer Führer pickt sich gezielt bestimmte Forscher aus dem Team heraus und gibt ihnen die Order für Experimente, die im Verborgenen bleiben müssen. Der Versammlungsraum ist zudem der neutrale Ort, an dem die eingeweihten Kollegen die Materialien und Viren-Proben austauschen können. Wenn die Forscher nach den CCM-Meetings wieder ans Werk gehen, weiß niemand, wer involviert ist und wer nicht. Keiner stellt Fragen. Niemand möchte seinen Job verlieren. Teile und herrsche. *Divide et impera.* Das universelle Konzept für den Machterhalt.«

Die unverblümte Analyse stammte von der Taiwanerin und ihr war schlagartig klar geworden, welche Ängste der Informant ausstehen musste.

»Wie gesagt. Die CCMs an sich gab es schon immer. Es war die gesteigerte Frequenz, die unserem Insider aufgefallen war. Er zählte eins und eins zusammen und notierte für sich in einer Kladde, welche Virenstämme an welchen Tagen in welchen Versuchsreihen landeten. Er entdeckte fast zufällig einen sehr intelligent angelegten Etikettenschwindel. Plötzlich tauchten bestimmte Behälter an einem anderen allozierten Lagerplatz auf. Er verifizierte seine Beobachtungen, indem er mit einem scharfen Taschenmesser kleine Zeichen in die Edelstahloberfläche ritzte. Es war ein intelligent gestaltetes Schiebepuzzle. So wie das Geduldsspiel aus eurer Jugend, bei dem man die

Plättchen so lange in der Vertikalen und Horizontalen verschiebt, bis sich das komplette Bild ergibt.«

»Ich kenne das Spiel«, sagte Martijn. »Aber hattest du einen bestimmten Grund, bei der Anspielung auf die lange zurückliegende Jugend insbesondere auf mich zu blicken?«

Alle lachten. Der Holländer verstand es immer wieder, für gute Laune zu sorgen. »Schwamm drüber. Euer Mann – ich behaupte jetzt einfach mal, dass es ein männlicher Informant ist – scheint ein genialer Typ zu sein. Man muss bei solchen Schieberätseln eine Menge Varianten im Kopf behalten und am Schluss aufpassen, keinem Vexierbild aufzusitzen. Ich nehme an, irgendetwas hatte seinen Argwohn geweckt.«

»Oh ja. Das kannst du wohl sagen. Der Einfachheit halber bleibe ich jetzt auch bei der maskulinen Form.« Sie lächelte. »Er hatte entdeckt, dass die mysteriösen Edelstahlbehälter aus dem November des Vorjahres plötzlich wieder aufgetaucht waren. Mir nichts dir nichts wurden die jeweiligen Virenstämme aus dem Winterschlaf aufgeweckt und für eine Anzucht im Embryonierverfahren bereitgestellt. Bei einem speziellen Arbeitseinsatz war er selbst mit dabei. Es war ein neutrales Handling. Welche Viren auch immer sich in dem Behältnis verbargen, es war für niemanden erkennbar. Sie züchteten, was das Zeug hielt und es wurden sogar Sonderprämien ausgelobt. Angeblich sollten die Viren anschließend wieder eingefroren werden und an einen Impfstoffhersteller gesendet werden. Mit drei Stämmen aus der November-Charge waren sie fertig und so sehr er auch darauf gewartet hatte, so wenig bewegte sich beim vierten Stamm. Seine Gedanken ergaben überhaupt kein klares Bild. Anfangs war er davon ausgegangen, dass in jedem der vier Edelstahlkonserven ein eigener Virus-Stamm schlummerte. Jetzt kamen ihm Zweifel. Vielleicht war es am Ende nur ein einziges, identisches Virus und man sparte sich das vierte

Reservoir einfach als Reserve auf, falls beim Anzüchten etwas schieflaufen würde. Bis zum Frühsommer tat sich nichts. Dann herrschte im Labor plötzlich eine ungewohnte Hektik. An einem verregneten Donnerstag kam ein Kurier völlig verzweifelt mit einem Versandkarton, der mit Folie umwickelt war, in die Warenannahme gestolpert. Unser Informant war nur zufällig anwesend, weil er seinen Einsatz am Wochenende abstimmen wollte. Der Karton war auch unter der Folie total durchnässt und es tropfte aus allen Ecken. Der Kurier knallte die Box auf den Tisch und es klang blechern. Für unseren Mann war die Sache klar. Es handelte sich um einen illegalen Virenversand aus dem Ausland. Normalerweise galt in solchen Fällen die höchste Alarmstufe. Dieses Mal musste etwas völlig falsch gelaufen sein. Unser Mann bot seine Hilfe an, wurde jedoch unwirsch an die Seite geschoben. Dennoch konnte er einen schnellen Blick auf die Versandpapiere werfen. Das Paket kam per Luftfracht aus Kanada. Aus Winnipeg.«

Martijn richtete sich ruckartig auf und kniff die Augen zusammen. »Aus Winnipeg? Bei mir klingelt es gerade, als wäre Quasimodo wieder auferstanden. Es gab im Sommer 2019 den Spionagefall an einem Virologischen Institut in Kanada. Eine chinesische Forscherin soll unerlaubt Viren nach China geschickt haben. Das könnte die Lösung sein. Hey, Joe. Hörst du live mit? Der Kreis schließt sich. Es waren bestimmt die Viren, die als Beimischung für den vierten Stamm gedacht waren.«

Sie konnte ihm nicht in der Geschwindigkeit folgen. »Dir sagt also Winnipeg etwas?«, tastete Sara sich vorsichtig heran. »Für unseren Informanten war sonnenklar, dass sich von nun an etwas sehr Großes anbahnte. Er konnte das Verschieberätsel lesen wie ein offenes Buch. Die drei Basissorten hatten demnach Anfang August ihr Zuhause aus dem Edelstahlbehälter gegen vergoldete Kugelfässer eingetauscht und das Volumen war durch das konsequente

Anzüchten mittels Embryonieren auf ein Vielfaches angewachsen. Die Viren landeten akkurat katalogisiert im Hochsicherheitstrakt der Tiefkühl-Etage. Gleichbleibend temperiert bei konstanten minus 80° Grad Celsius.«

»Katalogisiert? Gab es irgendwelche Bezeichnungen?«, wollte Taylor wissen.

»Es war so simpel wie zutreffend. Der Beginn des Alphabets. A, B und C.«

Der Holländer nickte. »Wie sicher mussten sie sich sein. Es geschah direkt vor den Augen von begnadeten Wissenschaftlern, die schamlos ausgenutzt wurden. Ohne zu wissen, was sie eigentlich in den Händen hielten, wurden sie zu Mittätern. Was passierte mit dem vierten Stamm? Es war ja offensichtlich eine frühe Mutation des A-Stammes. Wurden diese Viren noch zusätzlich mit den Virenproben aus Kanada angereichert?«

Die Chinesin seufzte. »An dieser Stelle wird es nebulös. In Harbin besteht die hauptsächliche Kompetenz vor allem in den *in vitro* Experimenten. Alles, was im Reagenzglas simuliert und produziert werden kann. Mit den *in vivo* Prozeduren kennen sie sich hier nicht so gut aus. Obwohl es für die Harbin-Forscher Tiere *en mass* im Zugriff gibt. Der Informant drückte sich in dieser Hinsicht sehr vorsichtig aus.«

»Time-out.« Martijn markierte mit seinen Händen ein *T* als Zeichen für eine zeitweise Pause. »Ich möchte nur kurz den bisherigen Status rekapitulieren. Offensichtlich waren im August 2019 die drei Basis-Stämme des neuen und nunmehr siebten humanen Coronavirus grundsätzlich einsatzbereit. In ausreichender Menge lagen die Kulturen vor und konnten jederzeit über die Superspreader - und die anderen Verteilungsmethoden - im wahrsten Sinne des Wortes unters Volk gebracht werden. Wobei noch nicht klar war, welche Region es mit welchem Stamm als Erstes treffen sollte. So weit so schlecht. Der vierte Stamm, den wir A/1 nennen, weil er eine Mutation des ursprünglichen A-Stamms darstellt, schien im August für einen späteren Einsatzzweck bewusst zurückgehalten worden zu sein. Das Verwirrende ist, dass er eigentlich bereits fertig war. Die Spike-Proteine waren komplett in der Genomsequenz enthalten und eine Mensch-zu-Mensch Übertragung war gegeben. Was um alles in der Welt fehlte denn diesem hochvirulenten Virus? Anders gefragt, welche Eigenschaft sollte das Winnipeg-Virus zusätzlich mit einbringen? Und schließlich, auf welchem Wege sollten diese beiden Viren zu einem neuen verschmolzen werden?«

Sara strich sich mehrmals über ihre Lippen. »Jetzt wird es heikel. Ihr müsst euch das so vorstellen ... mein Informant drückte sich aus im Sinne von ... zwei intakte humane Viren werden vereinigt. Eine Ehe, die in der Hölle geschlossen wird. Die bösen Eigenschaften bleiben erhalten und verstärken sich kumulativ. Vor allem wird die Kontagiosität auf das Höchste gesteigert, wodurch sich die Letalität potenziert.« Sie legte ihren Spickzettel an die Seite und warf einen skeptischen Blick darauf. Dann zerknüllte sie das Pergament und tunkte es in die Sojasauce, bis auch die letzten Tintenreste auf dem Papier verwischt waren. Ein letztes Blatt hielt sie noch in ihrer linken Hand.

»Das klingt nicht gut. Gar nicht gut. Sie wollen die beiden Viren zusammenmischen. Den bislang noch nicht in Erscheinung getretenen Unterstamm SARS-CoV-2-A/1 mit einem noch ebenso wenig identifizierten Virus aus dem BSL-4 Labor in Winnipeg. Mir gefällt das ganz und gar nicht. Es sieht nach einer verdammten Scheiße aus. Was ich jedoch nicht verstehe ... wie bekommt man zwei humane Viren zusammen? Das geschieht ja nicht als Chimäre über die *in vivo* Technik oder etwa doch? An Menschen kann man die Sache jedenfalls nicht probieren?«, fragte Martijn.

Sie legte das Pergament vor sich auf den grünen Rasen und fuhr mit ihrem Finger über die Zeilen.

»*In vivo* im klassischen Sinne, also im lebenden Organismus mit dem gezielten Infizieren von lebenden Wirtszellen mit mehreren Viren, zielt auf die Ferkel ab oder auf die Frettchen, die der Holländer in 2011 mit seinen Versuchen dafür herhalten ließ. Du liegst absolut richtig, Martijn. In diesem Falle waren es ja mutmaßlich bereits humane Viren. Die naheliegende Methode, aus eins und eins ein neues eins zu erschaffen, bestand in einer kontrollierten Infektion von Primaten. Da es nicht zu einer spontanen, ungewollten Mutation kommen sollte, schieden Ferkel, Frettchen oder sonstige Säugetiere aus. Primaten waren die erste Wahl. Und zwar solche, bei denen die DNA möglichst nahe an die vom Menschen heranreichte.«

Taylor drehte sich zur Seite. Allein die Vorstellung an die Versuche ekelte sie an. »Es ist widerlich. Was sind das für Leute, die sich so etwas ausdenken?«

Die Chinesin ließ sich nicht stoppen. »Der Masterplan sah dafür Makaken vor. Viele Makaken.« Sie atmete einmal tief durch. »Unser Informant erwähnte das KIZ, das *Kunming Institut of Zoology* im äußersten Südwesten von China.«

Carl hatte inzwischen die Open Source Kartografie von Maps auf seinem *ComX* aufgerufen. »Kunming? Das liegt Tausende von Kilometern entfernt.«

»Teile und herrsche. Der Hinweis kam doch von euch vorhin. In Kunming soll übrigens das nächste BSL-4 Labor in China entstehen. Die Anträge sind bereits eingereicht. Vor allem ist die Region für die am schnellsten wachsenden Affenzucht-Farmen der Welt berühmt oder berüchtigt. Ganz wie ihr wollt. Kunming liegt in Indo-Burma im östlichen Himalaya. Die Region Yunnan ist eine wahre Fundgrube der Diversität für biologische Forschungen aller Art. Yunnan heißt übrigens *Südlich der Wolken*. Denkt euch dazu, was ihr wollt. Es ist jedoch fest zementiert, dass Kunming das Reich der Affen ist. Das unbestrittene *Monkey Kingdom*. In den vergangenen neun Jahren hat sich die Einrichtung zum Zentrum der weltweiten Forschung an Primaten entwickelt. In Yunnan, genauer gesagt in Kunming, werden für viele internationale Labore die grenzwertigen Experimente an den Primaten durchgeführt. Oftmals verbieten nationale Gesetze die Versuche, die dann einfach an Kunming outgesourct werden. Seit 2004 stieg die Zahl der im Kunming Institut of Zoology aufgezogenen Affen von 10.000 auf mittlerweile über 50.000. Vor allem handelt es sich um die Makaken. Während andere Länder immer restriktiver mit den Experimenten an unseren nächsten Verwandten umgehen, boomt das Geschäft in Kunming. Am Ende des Tages wird überall auf die Kosten geschaut. Ein Affe kostet in den USA um die 5.000 Dollar plus mindestens 20 Dollar für jeden Tag. In Kunming bekommt man ihn für unter 1.000 Dollar bei einem Tagessatz von ungefähr 5 Dollar. Sämtliche Hemmungen und Schranken sind gefallen. Die Affen müssen für die perversesten Anwendungen herhalten. Jeder Impfstoff wird auf sie losgelassen, jedes Medikament wird in allen denkbaren Dosierungen getestet. Und in 2015 schufen sie dort den ersten Chimären-Affen aus embryonalen Stammzellen. Leute, es ist erst der Anfang. Ein Kabinett des Grauens. Dr. Caligari war ein Dilettant gegen diese Wahnsinnigen.«

»Jeezus. Das ist wirklich starker Tobak. Ich hätte nie im Leben mit so viel krimineller Energie gerechnet ...« Martijn suchte nach einer bequemen Sitzposition auf dem Rasen.

»Wenn ihr noch könnt ...«, sie war voller Elan und wollte alles loswerden. Man konnte die Begeisterung in jeder Silbe ihrer Stimme wahrnehmen. »Es sind sogar einige Genetiker am KIZ, am Kunming Institut of Zoology, damit beschäftigt, Affen zu entwickeln, die das menschliche Gen SRGAP2 in sich tragen. Diesem Gen wird die Eigenschaft zugerechnet, wesentlich die menschlichen Denkleistungen im Hirn zu beflügeln. Und sie planen als nächstes die gentechnische Verwendung von CRISPR-Cas9 und einem humanen FOXP2 Gen, was beim Menschen angeblich für die Sprachfähigkeit zuständig sein soll.«

»Amen.« Mehr wollte dem Holländer dazu nicht einfallen. »Die Typen spielen Gott. Es ist gegen jede Ethik. Es ist unangebracht. Es steht uns nicht zu.«

Die anderen nickten, doch ihnen war bewusst, dass sie nicht viel daran ändern konnten. Schon immer steckten oftmals zwei Seelen in der Brust der Forscher und Wissenschaftler. Würden sich die neuen Erkenntnisse ausschließlich zum Guten wenden oder drohten neue Gefahren? Auch der Nobelpreis, gestiftet von Alfred Nobel und seit 1901 jährlich als Auszeichnung vergeben, wurde häufig mit dem vermeintlichen Zwiespalt in Verbindung gebracht. Wobei eindeutig im Testament des schwedischen Erfinders festgelegt worden war, dass der Preis denen zuteilwerden sollte, die im abgelaufenen Kalenderjahr den größten Nutzen für die Menschheit geleistet hatten.

Taylor nahm den Faden wieder auf und versuchte einen Bezug zum Virus herzustellen. »Das ist tatsächlich sehr beunruhigend. Selbst wenn ich nicht davon ausgehe, dass die Makaken plötzlich anfangen zu sprechen, so sind die Gen-Experimente sehr verstörend. Dagegen scheinen gezielte Infektionen mit Viren fast in die Kategorie *harmlos* zu fallen. Hatte dein Informant bestätigt, dass sie die Viren-Kontingente aus Harbin nach Kunming verschickt haben?«

Die Chinesin schluckte.

»Wenn es so wäre und ich darüber spreche, steht es unter Todesstrafe.«

Sie faltete das Pergament, so dass nur noch wenige Zeilen vollständig zu lesen waren. »Für uns stellten sich die Fakten wie folgt dar. Drei Stämme des neuen Virus SARS-CoV-2 wurden professionell angezüchtet und in sicheren Verstecken deponiert. Ende August 2019 wurden sie an einen unbekannten Ort verbracht. Niemand weiß, wo dieser Ort ist. Auch unser Informant nicht. Zweitens. Ebenfalls gegen Ende des achten Monats wurden die beiden verbleibenden ortsfremden Proben in einem eigens dafür einberufenen CCM *closed circle meeting* thematisiert. Laut unserem Mann wurden sie in versiegelten Transportbehältern an einen unbekannten Empfänger übergeben und tauchten danach nie wieder im HVRI auf, dem Harbin Veterinary Research Institute. Aus den Augen aus dem Sinn. Weg. Ein für alle Mal. Für alle Zeit. Wir haben es nur einem besonderen Zustand zu verdanken, dass unser Informant eine *Smoking Gun* des Bestimmungsortes erheischen konnte. Sein Kollege hatte sich einige Wochen zuvor einen Motorroller gekauft, der jedoch fast täglich mit einer schmierigen Substanz auf der Sitzbank verschandelt worden war. Heimlich hatte er mit seinem Kollegen eine mobile Kamera am Fahrradständer neben dem Eingang des Instituts montiert und sie hatten unvermutet ein fremdes Transportfahrzeug auf den Aufzeichnungen entdeckt. Über ihre Kontakte bekamen sie über das Nummernschild und die seitlichen Aufschriften am Fahrzeug aussagekräftige Hintergrundinformationen. Alles deutete auf einen Kontakt aus Kunming hin. Die Krönung bildete ein Kommentar des Sicherheitsoffiziers am Abend des besagten Tages. Er meinte, *dass es gut sei und nun endlich wieder Ruhe ins Institut einkehren würde. Der Rest sei Monkey Business. Es sei besser so, als sich selbst zum Affen zu machen.* Ihr Lieben. Das war mein Bericht. Ich bin mir bewusst, dass ich nicht für die letztendliche Klarheit sorgen kann. Aber ich hoffe, es hilft euch weiter.«

Sie sahen sich wortlos an. Alle vier. Die Tragweite der Aussagen war unermesslich groß. Selbst wenn die finale Gewissheit fehlte, so waren die Rückschlüsse evident. Es schien eine geheime Ebene in China zu geben, die offensichtlich über genügend Einfluss verfügte, um in die offiziellen Entwicklungen einzugreifen. Jemand, der ob seiner Machtfülle Entscheidungen treffen konnte, die von anderen nicht genehmigt werden mussten. Auf mindestens drei Forschungseinrichtungen schienen die weitreichenden Experimente verteilt worden zu sein. Angefangen in Wuhan; genauer gesagt waren es dort zwei Institute. Es folgte der für alle Beteiligten unerwartete Diebstahl der Chimären-Viren. Dann geschah die gezielte Vermehrung der Viren in einem scheinbar unbeteiligten Veterinärlabor in Harbin, wo sich auch die mittelfristige Lagerung der Virenstämme abspielte. Es folgte die Einbindung eines zusätzlichen Virus aus Winnipeg, aus dem NML, dem Canadian National Microbiology Laboratory, was vielleicht unwissentlich in die Entwicklung mit eingebunden worden war. Und schließlich die noch nicht genau einzuordnenden Experimente an den Affen, den Makaken, in der Indo-Burma Region von Kunming. Es war eine Menge an Stoff und sie mussten die Informationen erst einmal verdauen.

* * *

Sie erhoben sich, reckten und streckten ihre Gliedmaßen. Das lange Sitzen hatte unwillkürlich zu Verspannungen geführt. Es stand ein unausgesprochenes *Was nun?* im Raum. Würden sich ihre Wege nun ein für alle Mal trennen? Würden sie sich niemals wiedersehen? Sie waren sich in der kurzen gemeinsamen Zeit ziemlich nahe gekommen und wussten, dass sie sehr ähnlich tickten. Sie beschlossen, zumindest noch den Weg zur Metro gemeinsam zu gehen.

Aus reiner Bequemlichkeit hatten sie sich für den gläsernen Lift entschieden, der sie ins Untergeschoss bringen sollte. Es war genügend Platz für sie zu viert. Im letzten Moment, als sich die Schiebetüren wieder schlossen, drängte sich ein massiger Mann mittleren Alters in den Aufzug. Er sah sie mit einem starren Blick an und brabbelte einige Worte in Mandarin. Martijn kam die Situation augenblicklich verdächtig vor. Er fiel dem fremden Chinesen ins Wort und wandte sich direkt an Chin. »Was will der Typ? Macht er dich an?«

»Wir müssen aufpassen. Er wurde uns zugeteilt, weil bei uns angeblich drei Mobiltelefone auf engsten Raum stundenlang ohne jede Funktion verharrten. Er muss einen Bericht über uns verfassen.«

»Shit«, rief Taylor. Sie war kreidebleich und befürchtete das Schlimmste. Sie ärgerte sich darüber, dass sie bei den Handys nicht noch vorsichtiger gewesen waren und noch weiter um die Ecke gedacht hatten.

»Scheiß Überwachung«, fuhr es aus ihr heraus.

Der fremde Mann war alarmiert. Ihm war bewusst, dass er im Lift über kein Signal verfügte und er noch einige Momente durchhalten musste, bis er weitere Sicherheitskräfte anfordern konnte. Er griff in seine schwarze Lederjacke und ließ die Schusswaffe hinaus lugen.

Martijn bemerkte das und reagierte blitzschnell. Er war einen Kopf größer als der Mann und versetzte ihm einen gezielten Ellenbogencheck - genau zwischen Wange und Schläfe. Der Kopf des Chinesen prallte wie ein Spielball gegen die Glasscheibe hinter ihm und Blut spritzte aus seinem linken Ohr. Die folgenden Sekunden waren von einer absoluten Rohheit und Brutalität geprägt. Martijn nahm den Mann in den Schwitzkasten und strich ihm die langsam Augenlider hinunter. Dann drückte er solange zu, bis von dem Mann kein Atem mehr spürbar war. Er war tot. Gleichzeitig war der Lift im Untergeschoss angekommen. Martijn zog seinen Blazer aus und deckte damit den Mann sorgfältig ab. Das Blut floss dennoch links und rechts am dunkelblauen Sakko vorbei. Er griff zur

Trainingsjacke von Taylor, die sie lässig über ihren Arm trug, und deckte damit die verbleibenden Flächen so weit wie möglich zu. Taylor hatte sich ihre Hand vors Gesicht geschlagen. Sara schrie entsetzt auf. Geistesgegenwärtig nahm Carl sie ihn den Arm und hielt ihr seine Hand vor den Mund. »Es ist vorbei. Es ist vorbei.«

Sie schmissen ihre Mobiltelefone neben den Toten und verließen fluchtartig den Fahrstuhl. In allerletzter Sekunde erreichten sie den letzten Wagen der U-Bahn. Der Holländer lehnte an einer Haltestange und sein Puls schlug bis zum Anschlag. Es war verdammt lange her gewesen, dass er einen Menschen ausschalten musste. Sein Herz raste und er fühlte, wie sein Blutdruck am Limit arbeitete. Sein Blick war teilnahmslos und starr geradeaus. Er brachte kein einziges Wort heraus.

Taylor war die Erste, die einen Plan fassen konnte. »Geschehen ist geschehen. Wir müssen nach vorne schauen. An der nächsten Station werden wir aussteigen. Wo auch immer wir sein werden. Ab sofort begeben wir uns in deine Hände.« Sie griff zu den eiskalten Händen der zierlichen Sara. »Wir werden euren Untergrund verstärken. Den richtigen Untergrund, und keinesfalls die Fake-Nummer, die von der autoritären kommunistischen Partei der Volksrepublik China inszeniert wurde.«

Die Chinesin zitterte am ganzen Leib. Und sie nickte. Martijn blickte ihr gegenüber unverändert mit einem starrem Blick durch den Waggon und Carl summte ganz leise eine Melodie vor sich hin. *Bella Ciao.* Auch er zitterte und wollte sich am liebsten Mut zusprechen. Doch es gelang nicht. Sie waren verloren in der unendlichen Weite im feindlichen Lager.

Kapitel 21

New York City

Juli 2020

Es verlief alles anders als geplant. Die Entscheidung, Reykjavik als Zwischenziel zu favorisieren, hatte sich als totale Makulatur herausgestellt. Viele Länder hatten den Lock-Down inzwischen als notwendiges Übel akzeptiert und fingen bereits an, sich damit zu arrangieren. Eine Verlängerung der Einschränkungen schien einfacher zu sein als ein dezidierter Plan für die Lockerung der Kontaktbeschränkungen. Obwohl Island relativ weit in der Entwicklung voraus war, gab es keine vernünftigen Flüge, die am Ende New York als Destination hatten. Es blieb Joe nichts anderes übrig, als das Treffen in New York zunächst auf unbestimmte Zeit zu verschieben. Glücklicherweise bestätigte sich schließlich die Öffnung der Flugkorridore ab Ende Juni und er suchte für Rosanna und Peter nach dem ersten möglichen Flieger nach Boston mit einem Weiterflug nach New York. Doch es gab eine weitere Hürde. Während für die anderen neun Regionen im Bundesstaat New York am 10. Juni bereits die zweite Lockerungsphase eingeläutet wurde, galt für New York City immer noch die erste der vier Restart-Phasen. Als Erstes durften ausgewählte Einzelhandelsgeschäfte, der Großhandel, die Baubranche und die Landwirtschaft sowie eine Vielzahl der Industriebetriebe wieder ihre Tätigkeiten aufnehmen. Damit steckte die Großstadt nach wie vor größtenteils im Lockdown. Aber selbst der Beginn der zweiten Phase einige Wochen danach bedeutete trotz vieler weiterer Öffnungen noch keinen echten Durchbruch. Erst mit der dritten Stufe durften wieder die Restaurants und die Hotels ihre Pforten öffnen. Und bis es soweit war, sollten weitere Wochen vergehen. Die Zwangspause war unerwartet, aber ebenso unvermeidbar und sie verdeutlichte den Rebellen, wie sehr das öffentliche Leben am Boden lag.

Das Kalenderblatt zeigte bereits auf die dritte Woche im Juli und die beiden hatten sich nur zu gerne an ihre wiedergefundene Zweisamkeit gewöhnt. Nach dem Törn über die Ostsee mit dem Motorboot war Island mit seiner Hauptstadt Reykjavik ein echtes weiteres Highlight in diesem Jahr. Mehr als vier Wochen lang durften sie sich als waschechte Touristen unbeschwert bewegen und die Sehenswürdigkeiten der Insel im Nordmeer erkunden. Viel Schlaf konnten sie sich nicht gönnen, denn bestenfalls war es am Tag nur zwei Stunden dunkel. Die Wochen waren eine geschenkte Zeit, die ihnen viel Raum für sich selbst gab. Nie zuvor verbrachten sie so viele Stunden mit angeregten Gesprächen und endlosen Diskussionen. Und wenn sie schließlich nach ihrem täglichen Diskurs müde wurden, tauschten sie ihre körperlichen Zärtlichkeiten so intensiv miteinander aus wie selten zuvor. Umso mehr bedauerten sie, als sie ihr Paradies – wie sie das Hotel seit einigen Tagen nannten – schlussendlich verlassen mussten. Die Sachen waren schnell gepackt und die Entfernung zum Flughafen Keflavik war nur ein Katzensprung. Boston also lautete das Ziel am Freitag, den 17. Juli. Der Abflug sollte pünktlich um 10.00 Uhr erfolgen und die Landung in Boston war nach einer recht kurzen Flugzeit von gut fünfeinhalb Stunden für kurz vor zwölf terminiert worden.

Der Flughafen Boston Logan International lag förmlich im Dornröschenschlaf und es war an diesem Tag kaum erkennbar, dass es sich um die Hauptstadt des

Neuenglandstaates Massachusetts handelte. Die wenigen Menschen im Terminal trugen ihre Atemschutzmasken und strahlten eine gewisse Langsamkeit aus. Die Einreise in die Vereinigten Staaten gestaltete sich erfreulicherweise relativ einfach. Nach den üblichen Fragen und dem Online-Datenabgleich der Passdokumente folgten noch ein Test mit einer Fieberthermometer-Pistole, die ihnen an die Schläfe gesetzt wurde, und ein ausführlicher Fragebogen, den sie ausfüllen und mit ihrer Unterschrift bestätigen mussten. Die angedrohten Strafen bei etwaigen Falschaussagen hatten es in sich. Sie waren froh, dass Joe dafür gesorgt hatte, dass ihre Personalien und der konstruierte diplomatische Status eine gewisse Immunität mit sich brachte. Insgesamt war es auch von Vorteil, dass sie in Island die umfangreichen COVID-19 Tests hatten über sich ergehen lassen. Ihre Vita war seitdem lückenlos gefüllt mit negativen Testergebnissen hinsichtlich des Coronavirus SARS-CoV-2 und den positiven Bescheiden über die Antikörper der Immunglobuline *G* - beziehungsweise der damit verbundenen Immunität. Zudem führten sie ein zusätzliches Dokument über die B-Quarantäne mit einem offiziellen Stempel aus Reykjavik mit sich, was sie endgültig zu einem Musterbeispiel für die regelkonforme Immigration machte. Sie hatten es geschafft. Die Hürden der Einreise waren erfolgreich genommen und nichts hinderte sie am Weiterflug nach New York City.

* * *

Früher hatte Rosanna New York City die Hauptstadt der Welt genannt. Es war definitiv ihre Stadt. Sie hatte ihre Kindheit im Big Apple verbracht und war auch später immer wieder gerne hierher zurückgekehrt. Dennoch riss jeder Aufenthalt tiefe frühere Wunden bei ihr auf, die nie vollständig verheilt waren. Es gab ein unbewältigtes

Trauma. Schmerzhafte Erinnerungen, die sich niemals ganz von der Gegenwart trennen ließen. Alles hing mit allem zusammen. Es war der größte Verlust gewesen, der einem Menschen überhaupt widerfahren konnte, und es lief ihr eiskalt den Rücken hinunter, als die Boeing auf dem JFK Airport zur Landung aufsetzte. Sie schloss die Augen und atmete tief durch. Einmal, zweimal. Dann hielt sie den Atem an, solange sie konnte. Wortlos schnallte sie den Sicherheitsgurt ab, obwohl die Maschine noch auf dem Rollfeld war. Peter hatte sie beobachtet, sagte jedoch kein Wort.

Da sie kein weiteres Gepäck bei sich hatten, konnten sie direkt aus dem Flieger durch die Baggage Claim Area eilen und sich eins der gelben Taxen sichern. Die Fahrt in die City war trotz des Berufsverkehrs am späten Nachmittag einigermaßen erträglich und sie kamen zügig voran. Vom Stadtteil Queens aus konnten sie gut die Silhouette von Manhattan mit den markanten Wolkenkratzern erkennen, die die Skyline so nachhaltig prägten.

Der Blick zum Horizont war mit gemischten Gefühlen verbunden. Es lag eine bedrückende Atmosphäre über der Metropole. Die Weltstadt an der Ostküste der Vereinigten Staaten von Amerika war eine der am stärksten betroffenen Regionen weltweit. Das Virus hatte sich seit Jahresbeginn in Windeseile in ganz Manhattan ausgebreitet und innerhalb weniger Wochen war das Gesundheitssystem der Großstadt an seine Grenzen geraten.

Sie unterquerten den East River durch den Midtown Tunnel und fuhren die 42nd Street am Grand Central Bahnterminal vorbei in Richtung des Broadways. Die Fahrt war ein Klacks. So ruhig hatte sie ihre Heimatstadt noch nie zuvor erlebt. Es war gespenstisch.

Das Novotel lag in Sichtweite vom Times Square an der Ecke Broadway und der 52nd Street. Am Hoteleingang im Erdgeschoss wurden sie vom Concierge mit einem

Temperaturmessgerät begrüßt und ließen die Prozedur anstandslos über sich ergehen. Selbst hinsichtlich der Handhabung der Atemschutzmasken bekamen sie eine detaillierte Einweisung und mussten am Ende ein Protokoll über die erfolgten Hygienemaßnahmen gegenzeichnen. Dann erst durften sie mit dem Hotellift zur Rezeption nach oben fahren und einchecken. Ihr Eckzimmer lag in einem der obersten Stockwerke und bot einen spektakulären Blick auf die überdimensionierten LED-Displays am Times Square, auf denen die neusten Nachrichten über den Ticker liefen.

Auf die Schnelle besorgten sie sich einen Snack in einem der Schnellrestaurants um die Ecke. Zwei große Slices Pizza stillten den kleinen Hunger fürs Erste. Mit dem Becher Cola in der Hand schlenderten die beiden langsam zurück zum Hotel und setzten ihre Spezialsonnenbrillen auf. Die Verbindung nach Hongkong funktionierte einwandfrei und sie konnten eine Zusammenfassung ihrer problemlosen Anreise aus Reykjavik schildern. Im Gegenzug gaben ihnen die Kollegen Jack und Joe einen Überblick der augenblicklichen Gesamtsituation der Aktivitäten, denn in der Zentrale in Hongkong liefen sämtliche Informationen zusammen.

Die Lage in Asien war trügerisch ruhig. Von Martijn und Carl hatten sie nur sporadisch etwas gehört. Die Männer steckten noch immer im Großraum Harbin im Nordosten von China fest und mussten sich im chinesischen Untergrund versteckt halten. Die Unterstützung der Insiderin Sara Chin-Yung zahlte sich vorteilhaft aus. Nachdem sie die verschiedenen Level der Aufnahme- und Akzeptanzkriterien erfolgreich absolviert hatten, konnten sie immer tiefer in die inneren Zirkel vordringen und die eigenen Pläne in die Diskussionen vor Ort mit einfließen lassen. Komplettiert wurde das Kleeblatt mit der taiwanesischen Agentin Taylor Chong, deren Kontakt zu ihren Kontaktleuten in Taipeh jedoch vollständig abgebrochen war. Die Lage in China war unabsehbar. Es hatte inzwischen zwar hier und da Hinweise gegeben, dass das Virus möglicherweise doch schon eher ausgebrochen war, und in einer Harvard Studie wurden unter anderem die Satellitenbilder aus dem Spätsommer 2019 analysiert. Doch es schien so, dass alle weltweit vorgebrachten Vorwürfe an China abprallten. Die Volksrepublik stellte sich vehement als erstes Opfer des Coronavirus dar und wollte damit glänzen, die Pandemie im eigenen Land am effektivsten in den Griff bekommen zu haben. Selbst wirtschaftlich gesehen hatte sich China relativ schnell erholt und stand mittlerweile sogar als Profiteur der globalen Krise da.

Die Lage in Hongkong glich einem Pulverfass. Ein Land, zwei Systeme. So war es beim Übergabevertrag mit den Briten im Jahr 1997 festgeschrieben worden und eine Beibehaltung des bisherigen Status von Hongkong sollte demnach für die folgenden 50 Jahre garantiert bleiben. Selbst wenn es in den vergangenen Wochen überraschend friedlich auf den Straßen zugegangen war, so schwelte in der ostasiatischen Großstadt eine täglich stärker werdende Diskrepanz, bei der niemand absehen konnte, wann die Lunte Feuer fangen würde. Für Jack und Joe gab es vor allem ihren technisch hervorragend eingerichteten Container, den sie nur verließen, wenn sie Besorgungen machen mussten. Meistens war das der Fall, wenn die Lebensmittel und die Biervorräte zur Neige gingen.

Das Team in Rom mit Tanja und Pierre war im besten Sinne in einen Paralyse-Zustand verfallen. Sie hielten unauffällig die Stellung und warteten die kommenden Entwicklungen ab.

Eine der brennendsten Fragen in fast jedem der Calls galt dem Verbleib von Victoria Vicem und den Plänen der ONE-C. Victoria war inzwischen mit dem Containerschiff in Westafrika, in Pointe-Noire im Kongo, angekommen. Jack rechnete damit, dass sie sich in Kürze demaskieren würde. Das war die Chance, auf die er die ganze Zeit gewartet hatte. Sobald Vicky den Kontakt zur Führungscrew der Geheimen Drahtzieher aufnehmen würde, wollten sie sich an ihre elektronische Ferse heften und ihr auf Schritt und Tritt folgen.

Die Organisation und der Informationsaustausch waren gut organisiert. Im regelmäßigen Abstand fanden die *Conference Calls* statt und Jack gab eingangs einen Statusbericht ab, in dem auch die weltweite Mobilisierung der verbündeten Kräfte mit abgedeckt wurde. Mittlerweile konnten sie annähernd 100 Mitstreiter zu ihrer Bewegung zählen. Zusätzlich hatte Jack all seine schlagenden Verbindungen spielen lassen und Kontakte zu den einflussreichsten Koryphäen der globalen Sicherheitsszene aufgebaut. Darunter befanden sich die kosmopolitisch orientierten Masterminds der Geheimdienste und auch Kontakt-Gurus, wie er sie nannte, die den besten Draht zu einigen der höchstrangigen Militärs und politischen Führer aufbauen konnten. Sein Netzwerk, das er sich über die letzten mehr als 20 Jahre sukzessive geschaffen hatte, konnte er in diesen Tagen exzellent nutzen. Für unzählige Staaten hatte er die Netzwerkarchitektur der CDNs mit den fortschrittlichsten Suchmaschinen und Analysetools konstruiert und die IT-Infrastruktur systematisch aufgebaut. Allein sein Name Jack *The Brain* war in vielen Fällen bei einer Kontaktanfrage die wirkungsvollste Visitenkarte, die er hinterlassen konnte.

Die Konzentration für die nächsten Tage lag auf New York City. In fast schon jahrelanger akribischer Kleinarbeit hatten sich die beiden Tekkies aus Hongkong an die Auswertung sämtlicher verfügbarer Datenprotokolle aus dem Großraum Manhattan seit dem fatalen Anschlag im Juni 2013 auf einen dänischen Fahrradkurier gemacht. Der junge Mann mit dem Namen Skip Persson hatte brisante Fotoaufnahmen im Central Park geschossen, die letztendlich zum Einsturz der Operation Salamander geführt hatten. Interessant war gewesen, dass es einen Tippgeber aus den höchsten Kreisen der ONE-C gegeben haben musste. Anders war das damalige Leak nicht zu erklären. Die Sache war heikel. Die digitale Spurensuche führte direkt ins Hauptquartier der Vereinten Nationen in New York City. In die UNO. Gegründet am 24. Oktober 1945, stand in diesem Jahr der 75. Geburtstag kurz bevor. Doch für die Organisation, die sich dem Weltfrieden verschrieben hatte, waren die globalen Herausforderungen derzeit kein positives Vorzeichen, um sich auf eine pompöse Geburtstagsfeier vorzubereiten. Im Gegenteil. Nie zuvor in den vergangenen Jahrzehnten war der Austausch der Nationen auf solch ein minimalisiertes Maß zurückgefallen. Durch die weltweiten Abschottungen und Reiseverbote glich die Struktur der Nationalstaaten eher einem globalen Flickenteppich, als dass eine übergeordnete Zusammenarbeit überhaupt im Fokus stand.

Über eine Vielzahl von vertrauenswürdigen Kontakten war Jack an den großen Unbekannten gekommen. Der Mittelsmann zu ihm nannte sich Joseph. Ein Mann, dessen Markenzeichen ein schlichter grauer Anzug war und der bevorzugt sein Frühstück im Café Michael's in der 55. Straße einnahm. Die Vorbereitungen zur Kontaktaufnahme hatten sich abenteuerlich und vor allem sehr altmodisch gestaltet. Es gab handgeschriebene Zettel statt Nachrichten über das Smartphone. Präparierte Papiertüten, die in einem öffentlichen Mülleimer platziert waren. Ausgesuchte Kleidungsstücke mit einem Farbcode und identische Umhängetaschen, die in der Subway unauffällig den Besitzer wechselten. Mit allerhöchster Professionalität hatten sie die Vorkehrungen getroffen und nachdem das Treffen mehrmals aufgrund der Einreisebeschränkungen verschoben werden musste, sollte es nun am nächsten Tag soweit sein. Rosanna und Peter bekamen die letzten detaillierten Anweisungen und fühlten sich gut gerüstet. Ihre Neugier auf das Meeting war grenzenlos.

* * *

Es war ein lauschiger Sommerabend. Der Himmel war klar und es wehte nur ein lauer Wind. Sie beschlossen, im Novotel noch einen Drink an der Bar zu nehmen und sich ein ruhiges Plätzchen auf der der Dachterrasse zu suchen. Nur wenige Tische waren besetzt. Der Blick auf den Broadway brachte eine bedrückende Stimmung mit sich. Dort, wo eigentlich das pure Leben unaufhaltsam pulsieren sollte, herrschte eine merkwürdige Verstörtheit. Die Bewegungen schienen sich verlangsamt zu haben. Die Hektik war einer ungewohnten Gelassenheit gewichen. Tat die Entwöhnung vom *immer höher, immer schneller, immer weiter* den Menschen am Ende vielleicht sogar gut? Es war zu einer Adjustierung im Rekordtempo gekommen. Die Anpassungsfähigkeit des Menschen war schon immer eine seiner größten Stärken. Dennoch taten sich empfindliche Lücken im alltäglichen Funktionieren der Abläufe auf. Alles, was vorher wie die Rädchen eines perfekten Uhrwerks ineinandergriff, war urplötzlich ins Stocken geraten. Es war Sand ins Getriebe gekommen.

Sie hatten sich einen Weißwein bestellt. Einen *Cloudy Bay* aus Neuseeland, gut gekühlt mit einem Eiswürfel im Glas. Rosanna beschlich eine leise Angst. Zurückzukehren an den Ort, an dem sie ihre Mutter vor 41 Jahren verloren hatte, stürzte sie in einen Taumel der Gefühle.

Er rückte näher an sie heran und fasste ihre Hand. »Ann?« Es kam ihm so vor, als wäre sie meilenweit entfernt abgetaucht in eine andere Welt und ganz bewusst nannte er sie bei ihrem Kosenamen aus der Kindheit.

Sie schlug die Augen auf und schaute ihn an. Ganz langsam formten sich ihre Lippen zu einem Lächeln. Ihr Blick war verklärt und sie sagte nichts.

»Du hast nie wirklich darüber gesprochen. Ich meine deine Kindheit in New York. Wurdest du hier geboren?«

Sie schüttelte den Kopf. »Nein. Meine Mutter kam mit mir in die City, als ich ein paar Jahre alt war. Ich glaube es war Anfang 1978. Joycelyn Miller und ihre dreieinhalb Jahre alte Tochter. Über meine Mutter konnte ich leider nie etwas richtig herausfinden.«

»Dein Vater ...?«, erkundigte er sich.

Sie atmete tief ein. »Später hat man mir erzählt, er sei bei einem Einsatz ums Leben gekommen. Doch alles, was ich darüber versuchte in Erfahrung zu bringen, landete im Nirwana. Auch über meine Mutter verliefen alle Spuren im Nichts.«

Peter holte aus seiner Jackentasche das kleine, verspiegelte Kästchen mit dem schwarzen Kristall-Ring und zeigte es ihr. »Der Ring gehört deiner Schwester. Victoria Vicem. Hast du Erinnerungen an sie?«

»Erinnerungen an Victoria? An die ruchlose Verbrecherin, die uns vor einem halben Jahr in Hongkong im Gedränge entwischte? Natürlich ist sie mir präsenter, als mir lieb ist.«

»Nein, das meinte ich nicht. Ich spreche von deinen Kindheitserinnerungen.«

»Ach Peter. Was soll ich sagen? Wenn ich an New York denke, fällt mir das Attentat im Central Park ein. Alles andere verschwindet in der Dunkelheit von tosenden Gewitterwolken. Es ist ein Tornado, ein Hurrikan, was immer du willst. Es gibt jedoch keine einzige Episode, in der eine Schwester vorkommt. Das passt nicht zusammen.«

Er runzelte die Stirn. »Die Sache ist nach wie vor mysteriös. Eure Ähnlichkeit ist frappierend. Und die drei Muttermale befinden sich an exakt derselben Stelle ...«

Instinktiv fasste sie sich an den Rücken. »Ich weiß. Drei Male, die absolut symmetrisch angeordnet sind und ein gleichseitiges Dreieck markieren. Du kannst mich fragen, was du willst, aber ich kann dir keine Antworten liefern. Meine Mutter wurde erschossen und sie wird mir dazu nichts mehr sagen können. Es ist im unendlichen Nichts der Geschichte verschwunden. Und Peter, ich kann mich beim besten Willen nicht an eine Schwester entsinnen.«

Er strich sich über das Kinn. »Tja, es ist ein Rätsel. Sie sieht dir einigermaßen ähnlich, dass ich fast wetten würde, sie ist deine Schwester.«

»Unmöglich. Vergiss es.« Sie reagierte unwirsch und nahm einen großen Schluck vom Weißwein.

»Ann«, er strich ihr zärtlich über die Wange. »Es tut mir leid. Ich wollte dich nicht provozieren. Doch ich könnte mir sehr gut vorstellen, dass der Schlüssel zu eurem gemeinsamen Geheimnis in der Vergangenheit liegt. Die drei Muttermale sind als gleichseitiges Dreieck angelegt und es könnte vielleicht der Hinweis auf die *Triangular Files* sein. Deine Mutter wusste von deinem Geheimnis und dem deiner Schwester und ihr wart von Geburt an in Gefahr, weil möglicherweise niemand etwas über eure Herkunft erfahren sollte.«

»Peter«, sie schaute ihn eindringlich an. »Was soll das? Alles, was mich näher an diese Schlange heranführt, ist ein Stich ins Herz. Sie ist die Nummer Sieben in der verbrecherischen ONE C und plant den Dritten Weltkrieg. Glaubst du etwa, ich bin erpicht darauf, mit ihr in Verbindung gebracht zu werden? Ich war die einzige Tochter meiner Mutter. Punkt. Ein und für alle Mal.«

Er gab Ruhe, obwohl er von etwas ganz anderem überzeugt war.

* * *

Am nächsten Morgen wartete vor dem Hotel ein silberfarbener Lieferwagen mit abgedunkelten Scheiben. Ein hochgewachsener Mann in einer Handwerkermontur hatte die Atemschutzmaske hoch bis an seine Hornbrille gezogen und schob das Basecap tief ins Gesicht. Es war nicht mehr viel von ihm zu erkennen. Er lehnte an der Beifahrertür. »Ich bin hier, um ein Rohr zu verlegen«, stammelte er, als die beiden auf ihn zugingen.

Unwillkürlich musste Rosanna lachen. »*Damn*, wer hat sich denn diese Scheiße ausgedacht? Ich kann mich an Zeiten erinnern, als unsere Codenamen von mehr Intelligenz geprägt waren. Aber okay, wenn Sie wollen. *Wir haben Spuren vom Virus in der Kanalisation entdeckt.*«

Der Mann nickte. Die Kommunikation entsprach dem vorgegebenen Protokoll und er drückte die Schiebetür des Bullis zur Seite auf. Rosanna und Peter huschten hinein auf die Ledersitze und schlossen kraftvoll die Tür.

»Junge, Junge. Zu welchem Team gehörst du?«, wollte sie wissen.

»Es ist der *outer command* Bereich.« Er druckste herum. Fest stand, dass er es mit Sicherheit noch nicht bis zu einer Ausbildung in der *Enco* gebracht hatte. Wahrscheinlich war er ein Ex-Agent in spe, der vorzeitig aussortiert worden war und sich nun den versprengten Sympathisanten der Gegenbewegung angeschlossen hatte, ohne jeweils an die wirklich brisanten Hotspots heranzukommen. Bei aller willkommenen Unterstützung lag in diesen Mitläufern jedoch ein unkalkulierbares Risiko, das Rosanna sofort richtig einzuschätzen wusste und die Konversation mit dem Kontaktmann auf ein minimales Maß relativierte.

»Es gibt kein Segment, das so bezeichnet wird. Das ist Bullshit. Wenn sie dir das als Vorsichtsmaßnahme aufgetragen haben, ist das in Ordnung. Ich war vor einigen Jahren in der *Enco* und kenne mich ein wenig aus. Uns kannst du vertrauen. Umgekehrt vertrauen wir dir nicht.

Damit musst du leben. Vielleicht erreichst du irgendwann den Status der Rebel-Compliance. Es könnte sich lohnen, wenn du am Ende bei den Gewinnern mit dabei sein möchtest.« Sie legte eine kurze Pause ein. »Pass mal auf. Du machst deinen Job und stellst keine Fragen. Wo ist mein Werkzeug?«

Der Mann war eingeschüchtert. Er zeigte wortlos auf einen schwarzen Pilotenkoffer, der hinter dem Beifahrersitz stand. Rosanna wühlte in den Dokumenten, die darin verstaut waren und fand, wonach sie suchte. Eingeknüllt in eine braune Papiertüte konnte sie die Waffe ertasten. Es handelte sich erneut um ihre Wunschwaffe, die Walther P99. Sie steckte die Selbstladepistole in die Innentasche ihres hellbraunen Lederblousons.

Dann fuhren sie die 42. Straße schnurstracks hinunter und erheischten einen Blick auf das eindrucksvolle Gebäude der Vereinten Nationen. Mehr war diesbezüglich nicht geplant. Ein Zutritt des Territoriums war ebenso wenig möglich wie angeraten. Das Sondergebiet auf US-amerikanischem Boden war eine Sicherheitszone par excellence. Der Blick auf den Wolkenkratzer allein genügte und vermittelte einen hervorragenden Eindruck zur Einstimmung. Der Mann fuhr sie die First Avenue hinauf bis zur 72. Straße und setzte sie dann wie abgesprochen am Central Park ab.

Sie gingen zu Fuß in den Park und sahen den Bethesda-Brunnen zu ihrer rechten Seite.

»Ich gehe davon aus, dass wir uns hier in der Nähe nachher treffen werden. Es bleibt noch ein bisschen Zeit. Möchtest du mich begleiten zu einer kleinen Gedenkstätte?«

Wenige Schritte entfernt lag ein liebevoll gestalteter Spielplatz mit einer Parkbank und einer Messingtafel.

»War es hier? Damals ...« Peter sprach sehr leise und gefühlvoll.

Sie schloss ihre Augen. Das Geschehen aus ihrer frühesten Kindheit war so lebendig wie einst. Die große Schaukel, an der ein Autoreifen hing. Die langgezogene Rutsche aus Edelstahl. Der Apfelbaum, in den sie immer so gerne geklettert war. Und die Wippe, auf der sie stundenlang mit ihrer Mutter nach dem richtigen Gleichgewicht gesucht hatte. Die Erinnerungen riefen in ihr einen tiefen Schmerz hervor. Sie wischte sich eine Träne aus dem Augenwinkel.

»Ja, hier ist es geschehen. Ich kann das Geräusch des Motorrads noch hören. Der Mann stieg ab und ging direkt auf meine Mama zu. Ich saß ganz oben im Geäst und hörte die Schüsse.« Sie konnte nichts mehr sagen. Es ging ihr zu nahe.

Später, als sie das College verlassen hatte, versuchte sie mehr über die Tat und den Täter herauszufinden, doch es gab in den Polizeiberichten keine brauchbaren Hinweise. Es wurde als eine nicht einzuordnende Gewalttat zu den Akten genommen. Ohne Motiv.

»Hast du dich je gefragt, warum er dich in Frieden gelassen hat?«

Sie blickte ihn bestürzt an. »Was ist das für eine Frage? Ich war damals ein kleines Mädchen. Für wen sollte ich eine Gefahr darstellen? Ich denke, meine Mutter war in irgendeine Sache verwickelt und man wollte sie ausschalten.«

Er schüttelte den Kopf. »Ich bin mir nicht sicher. Nur mal gesetzt den Fall, dass ein Geheimnis dich und deine Schwester verbindet. Dann wart ihr diejenigen, die im Mittelpunkt standen. Welchen Sinn sollte es gehabt haben, eure Mutter zu töten?«

Rosanna wollte partout nicht mehr darüber reden. Sie holte ihr *ComX* aus der Schultertasche und machte einige Fotos. Es war, als wollte sie die Erinnerungen einfangen. Für sich.

Die nächsten Minuten folgten generalstabsmäßig der abgestimmten Agenda. Ein Mann im grauen Anzug gesellte sich zu den beiden und spannte einen Regenschirm auf. Es handelte sich um den Mittelsmann.

»Die Sonne brennt einem ganz schön auf den Kopf. Wollen Sie unter meinen Schirm schlüpfen?«

»Für eine gewisse Zeit hätten wir vielleicht nichts gegen die angebotene Schirmherrschaft einzuwenden.«

Sie setzten sich ihre Atemschutzmasken auf und vollzogen nach dem codierten Satz auch die richtige Geste als Erkennungszeichen. Zusätzlich holten sie ihre Bose Frames aus der Tasche.

»Die Sonnenbrillen …?«, bemerkte der Mann neugierig.

»Die müssen sein«, sagte sie kurz und knapp. »Sie sind Joseph? Der Mann, über den der Fotograf im Jahre 2013 seine Fotojobs erhielt.«

Er nickte. »Der Typ war sehr talentiert. Es tat mir in gewisser Weise leid, dass er …«

»Die Worte *in gewisser Weise* hätten Sie sich sparen können. Sie haben den armen Kerl eiskalt ans Messer geliefert. Bevor wir Ihren Chef treffen, verraten Sie mir, zu welcher Gruppierung Sie nun wieder gehören. Sie sind keiner von uns. Und zu den offiziellen Geheimdiensten zählen sie ebenso wenig. Wer sind Sie, Joseph?«

»Wissen Sie, Mrs. …«

»Fahren Sie fort. Sie sind am Zuge.«

»Also gut. Ich bin ein kleines Licht. Vor vielen Jahren sollte ich die Aufgabe eines *Messengers* wahrnehmen.«

Sie zog eine Augenbraue nach oben. »Jetzt wird's interessant. Lassen Sie uns ein paar Schritte gehen und Sie erzählen einfach dabei weiter. Ein *Messenger* also? Jemand, der den *Enco*-Agenten die Order der ONE-C mitteilt. Eine Vertrauensperson der höchsten Sicherheitsstufe. Der Überbringer, der die Identität der Geheimen Drahtzieher um alles in der Welt schützen muss.«

Er nickte. »Ja, das war meine zugedachte Rolle. Doch es kam anders. Ich wurde von meinem Chef *on hold* gesetzt. Erst sehr viel später habe ich den Grund erfahren. Die Lebenserwartung der *Messenger* liegt weit unter dem allgemeinen Durchschnitt.«

Sie lächelte. »Was Sie nicht sagen. Es könnte in der Natur der Sache liegen. Wer irgendwann zu viel weiß, wird zu einem Risiko. Und wer möchte sich schon einer tickenden Zeitbombe aussetzen. *Messenger* werden nach einer bestimmten Zeitspanne ausgetauscht ... *chaque chose en son temps* ... oder eliminiert.«

Ihr Lächeln hatte etwas Rätselhaftes. Da sich ihr Gegenüber offensichtlich noch immer bester Gesundheit erfreute, war er in wundersamer Weise um das Schicksal eines *Messengers* umhingekommen.

»Ja, ist das nicht schön? Ich lebe noch. Mein Chef hat mich aus dem Verkehr gezogen, bevor ich nominiert wurde. Es war mein absolutes Glück. Seitdem erledige ich für ihn die Aufgaben, die – wie soll ich sagen? - die außerhalb des Protokolls liegen.« Er rollte mit seinen Schultern und drückte eine unübersehbare Verlegenheit aus.

»Im Klartext unterstützen Sie einen Maulwurf.«

Der Mann, der sich Joseph nannte, hüstelte. »Ich werde Sie jetzt zu ihm bringen. Der Treffpunkt wird Ihnen bekannt vorkommen. Vor ziemlich genau sieben Jahren fand dort die Übergabe der ge-fakten Aufnahmen vom Salamander statt. Am Bethesda Brunnen.«

Er hatte einen abgelegenen Tisch mit gusseisernen Stühlen reserviert und zauberte mit wenigen Handgriffen eine einladende Atmosphäre hervor. Mit einem sandfarbenen Tischtuch, drei Gläsern und einer Wasserflasche. Die Utensilien hatte er kurzerhand aus seinem Rucksack geholt. Für das lange vorbereitete Treffen schienen die Voraussetzungen perfekt zu sein. Weit und breit war niemand sonst zu sehen. Nach einiger Zeit kam ein älterer Mann in einem hellen Trenchcoat zu ihnen. Er trug eine Sonnenbrille mit blau gefärbten Gläsern und eine dunkelgraue Tweed Hose. Er strich sich behutsam über das dünne Haar und legte den Mantel ab.

»Ich heiße Sie beide herzlich willkommen. Namen sind Schall und Rauch. Der einzige, den ich heute persönlich angesprochen habe, ist mein Vertrauter Joseph. Und Ihre Namen sind mir sehr vertraut. Vor allem dich, Rosanna, kenne ich schon sehr lange. Darf ich dich duzen?«

Sie nickte und vermied es, den Mann nach seiner Identität zu fragen. Er war ihr völlig unbekannt. »Normalerweise residieren Sie im Sekretariatshochhaus der UNO am East River, oder?«

»Das ist richtig. Mein Büro liegt im 33. Stockwerk und von dort aus habe ich einen prächtigen Panoramablick über den Fluss bis nach Long Island.«

»Im 33. Stockwerk? Die Zahl 33 ist die höchste Stufe bei den Freimaurern und den Illuminaten«, stellte Peter fest.

»Das könnte ein Zufall sein«, entgegnete der Mann lakonisch und machte eine Geste sich hinzusetzen.

»Könnte.« Peter wollte nicht weiter darauf eingehen.

Der Mann öffnete die Flasche und füllte die Wassergläser.

»Vorweg eine Frage. Wie habt ihr mich gefunden? Und in diesem Zusammenhang wäre es schön zu erfahren, wie die Sicherheit für unser Treffen aussieht.«

Rosanna ergriff das Wort und gab ihm einen Einblick über die intensiven Recherchen inklusive der digitalen Spurensuche. »Das kam forensischen Ermittlungen schon sehr nahe. Ihr Telefon, das Motorola Timeport L 7089, ist ein echtes Relikt aus einer anderen Zeit. Ohne den modernen Schnickschnack. Wir konnten dennoch über das SS7-Protokoll die Funkzellen-Daten von damals auswerten und fanden ein Muster.«

»Chapeau. Gut gemacht. Es zeigt aber auch, dass ich in Gefahr bin. Wenn *ihr* mich ausfindig gemacht habt, können meine eigenen Kollegen mit ihren niemals versiegenden Quellen und Möglichkeiten mir wohl ebenso auf die Schliche kommen. Sie suchen nämlich einen Maulwurf.«

»Das wollen wir nicht hoffen. Für unser heutiges Treffen haben wir jedenfalls die höchste Stufe gewählt. Mobiltelefone haben wir nicht bei uns. Das einzige, was wir bei uns tragen, sind die *ComX* Geräte mit einem proprietären Betriebssystem unserer Technik-Experten.« Sie legte ihr Gerät auf den Tisch. Als Vertrauensbeweis.

»Schießt los. Was interessiert euch am brennendsten? Vielleicht haben wir nicht so viel Zeit, wie wir uns wünschen würden. *While you see a chance take it.* Willst du starten, Rosanna?«

Sie holte tief Luft und nannte mit ruhiger Stimme die Stichworte. »Wir gehen davon aus, dass Sie in der ONE-C sind. Ein hohes Tier, das die ganze Sache mittlerweile skeptisch sieht und sich nicht mehr damit identifiziert. Zweitens. Der große Masterplan folgt den Prophezeiungen von Albert Pike und soll im Dritten Weltkrieg enden. Drittens. Das Virus, was gerade den Raubzug um den Globus antritt, ist menschengemacht und wurde gezielt auf die Völker losgelassen. Viertens. Der vierte Stamm des Coronavirus wurde bis jetzt zurückgehalten und wird für die nächste Welle aufbewahrt. Dann müssen wir eventuell mit weitaus gefährlicheren Krankheitsverläufen rechnen. Fünftens. Der wirtschaftliche Zusammenbruch der Industrienationen gehört mit zum Kalkül. Sechstens. Die ONE-C wird sich in absehbarer Zeit in Afrika treffen und den Fahrplan für die Zeit des Weltkriegs festlegen und die Ordnung für die Phase danach definieren. Die Felle des Bären werden schon im Vorfeld verteilt. Siebtens. Der Weltkrieg wird durch ein katastrophales Attentat im Raum Nahost ausgelöst werden und die Welt in einen apokalyptischen Abgrund treiben. Die drei Weltreligionen werden gegeneinander aufgerieben und löschen sich gegenseitig aus. Der Papst als Oberhaupt der christlich-katholischen Kirche wird eins der Opfer werden, was die Schärfe der Auseinandersetzungen auf ein unerträgliches Maß heben wird. Die Welt bricht auseinander und die Menschheit wird empfindlich dezimiert werden, so dass die Weltbevölkerung auf weniger als 500 Millionen Menschen schrumpfen wird. Am Ende werden die sieben hehren Oberziele der Illuminaten umgesetzt.«

Er klatschte verhalten in seine Hände. »Bravo und Amen. Du hast alles hundertprozentig auf den Punkt gebracht. Wozu braucht ihr mich noch?« Er trank einen Schluck Wasser und lehnte sich auf dem Metallstuhl zurück. Bevor sie antworteten, fuhr der alte Mann fort.

»Ist es nicht so, dass euch noch einige andere Fragen auf der Zunge liegen? Um die wahren Ursprünge der ONE-C zu verstehen, müsst ihr weit in der Geschichte zurückgehen. Habt ihr euch nicht schon seit längerem gefragt, was es mit dem schwarzen Kristallstein auf sich hat? Welcher originär aus Ostafrika stammt, aber auch unter den Pyramiden in México gefunden wurde. Welche Kraft geht aus dem Kristall hervor? Worin besteht die Verbindung der weisen Männer, die über eine gehörige Portion übersinnlicher Fähigkeiten verfügen? Was sind die göttlichen Zahlen? Der Goldene Schnitt, die Fibonacci Reihe und das Zahlen-Prinzip der ONE-C bei ihrem pyramidenähnlichen Aufbau der Organisation? Und schließlich. Habt ihr bereits die *Seele der Weißen Ameise* gefunden? Und wenn ihr es genau wissen wollt, so bleibt am Ende die Frage, wer *du* eigentlich bist, Rosanna. Warum wurde Joycelyn Miller - nur wenige hundert Meter von hier entfernt - im Juni 1979 brutal erschossen, während man dich verschont hatte? Sind das nicht die vorrangigen Fragen, die euch durch den Kopf gehen sollten?«

433

Sie schluckten. In den Ausführungen des alten Mannes waren alle Aspekte enthalten, die ihnen unter den Nägeln brannten. Konnte es sein, dass er die Antworten darauf kannte? Die innere Anspannung wuchs ins Unermessliche.

»Ja. Ich möchte alles wissen. Sagen Sie es mir«, drängte sich Rosanna in den Vordergrund.

»Ihr müsst auf sehr viel gefasst sein. Fangen wir mit den sichtbaren Aktionen an. Ihr habt die meisten Punkte erwähnt. Die ganze Chose mit dem Virus hat sich Victoria ausgedacht. Es ist ihr Projekt seit Anfang an. Die Operation mit dem Passagierflugzeug ist schief gegangen. Dazu habt ihr ja dankenswerter Weise beigetragen. Doch Victoria hatte einen Plan *B*, der sich jedoch deutlich langwieriger gestaltete. Sie hatte uns in diesem Falle um extrem viel Geduld gebeten und sie ging in 2013 von einer sieben- bis achtjährigen Entwicklungszeit aus. Ihr müsst wissen, dass bei uns die Zeiträume nicht so entscheidend sind, wenn es am Ende zu dem gewünschten Ergebnis führt. Nun gut, die Nationen hatten mit ihren teuer ausgestatteten Biolaboren bereitwillig am globalen Wettbewerb der *Gof*, der *Gain-of-Function* Virenentwicklung teilgenommen. Ihr kennt die Entwicklung der *in vivo* Chimären-Viren. Ethisch war das sicherlich grenzwertig, aber alle haben mitgemacht. Solange den beteiligten Wissenschaftlern die Strategie einer Prophylaxe plausibel erschien und sie glaubten, wesentlich an der Entwicklung von Medikamenten und Impfstoffen mitwirken zu können, waren sie engagiert mit an Bord. Niemand von den Forschern hatte das Große und Ganze überblickt und realisiert, wie schnell sie als willenlose, unkritische Erfüllungsgehilfen missbraucht wurden. Die Sache war von Victoria ziemlich perfekt inszeniert worden. Es gelang relativ einfach, dass die in den Wuhan-Laboren entwickelten Virenstämme über Nacht entwendet werden konnten und in Harbin weiter angezüchtet wurden.«

Er rückte seine blau schimmernde Sonnenbrille zurecht. »Das steckt hinter der *Operation Herbin Blue*.«

Peter musste unwillkürlich lächeln. *Der alte Mann war verdammt clever*, dachte er.

»Teile und herrsche. Die Forscher aus Wuhan wussten nicht, was in Harbin passiert und umgekehrt. *Divide et impare*. Drei Stämme waren im August des vergangenen Jahres einsatzbereit und das Ergebnis kennt ihr. Die Superspreader haben ganze Arbeit geleistet. Bevor es jedoch an die Verteilung ging, wurden wir als Erstes in der ONE-C im Kreis der oberen Sieben immunisiert. Unser Chef-Virologe hatte ganze Arbeit geleistet. Victoria war eh gesichert und immun. Im zweiten Schritt folgte der Zirkel der Fünfzehn und so ging es durch die Hierarchie-Level immer weiter nach unten. Dann erfolgte das grüne Licht. Offiziell war der Start Mitte September 2019.«

»Am 18. September, richtig?«, warf sie ein.

»D'accord. Ihr seid gut im Bilde. Die Teams verteilten die Stamm-Viren in den Gebieten vor allem bei den wenig gefährdeten Zielgruppen. Es sollte zunächst die Jüngeren treffen. Gut trainierte Sportler, gesunde kräftige Soldaten. Die Militärsportspiele in Wuhan waren ein solcher Event, der sich anbot. Ziel war es, dass sich das Virus weit in der Welt verbreitete und bei den Menschen mit einem starken Immunsystem zu möglichst geringen Symptomen führte. Nur dann konnte es sich sehr schnell weiterverbreiten und nicht zu früh als Rohrkrepierer enden und ausbrennen. Erst später traf es die betagtere Gesellschaft, bei der es oftmals zu schwerwiegenden Infektionsverläufen kam.«

»Wie in Mailand und in Oberitalien«, ergänzte Peter.

»Sehr richtig. Auf der anderen Seite können sich die Italiener inzwischen eine recht hohe Quote von Menschen mit Antikörpern zu Gute halten. Ich habe vor kurzem einen Wert von 57% für Bergamo mitgeteilt bekommen. Das ist ein guter Schutz der Bevölkerung vor dem Virus.«

»Deutschland steht auch recht gut da«, versuchte Peter mit einem gewissen Stolz einzuwerfen, doch er wurde schnell auf den Boden der Tatsachen zurückgeholt.

»So? Wirklich? Erst wenn die Bevölkerung einen Anteil von über 50% mit den entsprechenden Antikörpern aufweist, ergibt das die notwendige Grundimmunisierung. Die sogenannte Herdenimmunität. Die Deutschen haben sich in der ersten Welle den Infektionen recht wirkungsvoll entzogen, aber für eine potentielle nächste Infektionswelle keinen Deut besser aufgestellt. Es könnte sich noch rächen, die eigentliche Problemstellung gar nicht richtig thematisiert zu haben. Nur wenn schnell genug ein Impfstoff gefunden wird, ist der Stolz über die Verhinderungsstrategie deiner Politiker berechtigt. Warten wir es ab. Jedenfalls waren ab September 2019 die Superspreader unterwegs. Die Hotspots wie Konferenzen in Mailand und sonst wo in der Welt, Musikkonzerte, sportliche Veranstaltungen, Partys und was immer ihnen einfiel, waren willkommene Ziele. Parallel wurden tausendfach Geldscheine präpariert und in die Geschenk-Umschläge für die Geldsendungen anlässlich des chinesischen Neuen Jahres gesteckt. Wenn es nicht solch ein teuflischer Plan gewesen wäre, müsste man Victoria die angemessene Anerkennung zuteilwerden lassen. Die ONE-C wird wahrscheinlich sehr zufrieden mit ihr sein. Die nächste Jahreskonferenz steht bald an. Da wird sie mit Sicherheit eine Auszeichnung erhalten.«

»Wo wird das sein?«, fragte sie ganz direkt.

»In Ostafrika. Zurzeit wird Kenia favorisiert. Der Termin soll im September sein. Vielleicht wählen sie den Jahrestag. Dann wäre es der 18. September.«

»Hm. Ist die Ouvertüre mit dem Virus damit durch? Geht es jetzt um die nächsten Schritte?«

»Nicht so schnell, Rosanna. Es fehlt noch der Zwischenstamm vom SARS-CoV-2. Der vierte Stamm.«

Sie nickte. »Stimmt, das hätte ich beinahe vergessen. Die erste gewollte Mutation vom SARS-CoV-2 Stamm *A*. Wir nennen den bislang unbekannten und noch nicht in Erscheinung getretenen Stamm *A/1*. Nach unseren Erkenntnissen sind diese Viren in ein Biolabor in der Stadt Kunming gebracht worden und könnten für Versuche an Affen eingesetzt werden. Es soll sich um Makaken handeln.«

»Das ist richtig. Obwohl ich als Level-Drei Führer, also auf derselben Stufe wie Victoria, eigentlich in alle Geheimnisse eingeweiht sein müsste, fährt sie bei dem vierten Stamm eine Verschleierungstaktik. Es geht auch hier um eine geplante Chimäre. Das ist natürlich merkwürdig, da der vierte SARS-CoV-2 Stamm bereits ein humanes Coronavirus ist. Offensichtlich soll es nochmals mit einem anderen sehr tödlichen Virus verschmolzen werden und erst dann unters Volk gebracht werden.«

»Können dabei Viren aus dem BSL-4 Labor in Winnipeg eine Rolle spielen?«, wollte Peter wissen.

Der ältere Mann wog seinen Kopf hin und her. »Gut möglich. Ihr solltet in jedem Fall von den schlimmsten Auswirkungen ausgehen. Victoria hatte uns in dem denkwürdigen Treffen in Santorin im Sommer 2013 die Folgen geschildert. Es war die Ausgeburt des Schreckens und bestärkte mich in der Auffassung, dass wir uns an der Menschheit versündigten. Wenn es so kommt, waren SARS-CoV-2 und COVID-19 nur der Auftakt. Tauscht die Zahl der bisherigen Infizierten gegen die zu erwarteten Todeszahlen des neuen Virus, dann seid ihr näher an der Bedrohung. Die Letalität wird um ein Vielfaches höher sein und für Millionen Menschen eine tödliche Gefahr darstellen. Winnipeg. Ja, das ist ein guter Ansatz. Versucht alles darüber herauszufinden, ich kann euch hier leider nicht weiterhelfen.«

»Der Anschlag, der zum Krieg führen wird …«

Ganz bewusst hatte sie ihren Satz nicht bis zum Ende geführt.

Er seufzte und wischte sich über die Stirn. Es war ein heißer Tag im Juli und die Sonne brannte in seinem Gesicht. »Es ist beschlossen. Das Signal für das *Go* wurde längst gegeben. Nur der Zeitplan ist noch flexibel. Der Plan der Anschläge ist nicht allein von Victoria erarbeitet worden. Sie ist vor allem für die Viren zuständig gewesen. Die Kriegsplanung obliegt unserem Kollegen Benedikt. Er hat die strategischen Grundkonzepte geliefert. Bei der operativen Umsetzung werden die besten Söldner der *Enco* eingesetzt werden, die ihr euch vorstellen könnt. Niemand wird die Tragweite der Attentate erkennen. Es wird eine Katastrophe werden.«

»Gibt es ein *wo*? Gibt es ein *wann*?«, fragte sie.

»Natürlich. Es gibt auch hier mehrere Optionen, doch eine Variante ist die wahrscheinlichere und sie wird es jetzt wohl werden. Es gäbe nur einen einzigen Grund, dass sie fallen gelassen würde. Und das tritt ein, wenn sie vorher bekannt wird. Der Punkt ist, dass ich in diesem Fall unter dem unermesslichen *Triangular-Files* Eid stehe, nicht darüber zu sprechen. Wenn ich ein einziges konkretes Wort herauslasse, kann es sein, dass mich der Schlag trifft. Nennt es eine Art NLP, ein neurolinguistisches Programmieren. Dazu bedarf es keines fremden Killers. Mein eigenes Ich wird mich auslöschen.«

Peter kratzte sich am Ohr. »Wow. Ich stelle mir das gerade bildlich vor.«

»Hey. Ich bin nur bedingt für zynische Bemerkungen zu haben. Ihr werdet es herausfinden. Zapft einen der *Wise Guys* an. So lange, bis ihr Dinge aus ihm herausquetscht, die ihm selbst noch nicht bewusst sind. Es geht. Diese Weisen, wie sich nennen, sind quasi Blutsverwandte von uns. Ausgestattet mit recht ähnlichen Fähigkeiten, aber halt überhaupt nicht organisiert. Es wird einen mächtigen Knall geben, damit verrate ich nicht zu viel. Und es geht um Wasser. Um verdammt viel Wasser. Sonst hätten wir die Operation schließlich auch nicht Operation Blue genannt. Es macht den Anschein einer Naturkatastrophe und Millionen werden um ihr Leben rennen. Doch nur wenigen wird die Flucht gelingen. So wie bei der Arche Noah ist das Schiff irgendwann randvoll. Merkt euch das.«

Rosanna presste die Lippen aufeinander. Richtig brauchbar erschienen ihr die spärlichen Informationen nicht zu sein. Doch es war besser als gar nichts. Ihr fiel noch ein weiteres Stichwort ein. »Der Tempelberg in Jerusalem? Ist er ebenfalls Teil des Plans?«

Der Mann lächelte. »Oh ja. Absolut. Der magische Ort. Ursprung der drei Weltreligionen. Des Judentums, des Islam und des Christentums. Der Urquell. Allem liegt die weitaus ältere Ausgangsbasis zu Grunde. Und ihr wisst, was zu den sieben illuminatischen Weltzielen gehört? Die Abschaffung der Weltreligionen. Der Dritte Weltkrieg wird ein Kampf der Religionen sein. Und am Ende gehen alle Kirchen mit ihren Glaubensrichtungen unter. Das finale Armageddon. Es bleibt der Atheismus und Jerusalem wird Geschichte sein.«

»Zum Teufel. Wie sollen wir all das verhindern? Ich denke, wir haben genug gehört.« Sie stand auf und vertrat sich die Beine.

»Interessiert dich nicht deine eigene Vergangenheit und deine Herkunft? Sie ist ein Teil des Schlüssels.« Er wirbelte mit seinem Arm und gab Joseph ein Zeichen. Sein *Messenger* in spe lehnte in sicherer Entfernung an einem hohen Laubbaum und setzte sich augenblicklich in Bewegung. Er ahnte, worum es seinem Chef ging. Wortlos kramte er in seinem Rucksack nach einer Flasche edlen Cognacs und hielt sie in das Blickfeld des älteren Manns. Dieser nickte bedächtig und warf Joseph ein zufriedenes Lächeln zu. Anschließend begab er sich wieder zurück zu seinem Beobachtungsposten und ließ die Drei nicht aus den Augen. Der ältere Mann schien den Ton anzugeben.

»Wir sollten uns zuerst einen Drink gönnen.«

Jeglicher Widerspruch war zwecklos. Die Gläser waren kurzerhand zur Hälfte mit Cognac gefüllt und sie stießen miteinander an.

»Was weißt du über deine Herkunft? Über deine Geburt?«, fing er an.

Sie zuckte mit den Schultern. Das wenige, was sie darüber wusste, konnte ihrer Meinung nach sowieso nicht viel zur Aufklärung beitragen.

»Du hast bald Geburtstag, Rosanna. Am 25. Tag im Monat Juli wirst du 46 Jahre alt, stimmt's?«

Sie nickte und wusste nicht, worauf er hinauswollte.

»Es ist derselbe Tag, der für deine Schwester gilt. Sie ist exakt so alt wie du.«

»Zwillinge«, entfuhr es Peter. »Ich habe es von Anfang an gewusst.«

Sie schüttelte den Kopf und griff zum Cognac. »Mit Verlaub. Dafür kann es keinen evidenten Beweis geben. In allen Unterlagen, die ich auftreiben konnte, vom Familienstammbuch bis hin zum Mutter-Kind-Pass, war bei meiner Mutter nie die Rede von einem zweiten Kind. Es ist ein Märchen. Meine Mutter starb hier im Central Park. Sie wurde Opfer eines Meuchelmörders und sie hinterließ eine einzige Tochter. Mich.«

»Du hast recht und wiederum auch nicht. Es ist komplizierter als du denkst. Deine Mutter ist gestorben, ja, oder auch nicht.«

»Jetzt wird es konfus. Was soll das werden? Wer sind Sie und was bezwecken Sie?«

»Rosanna. Ich werde versuchen, den richtigen Einstieg zu finden. Sagt dir beim Blut der Rhesus-Faktor etwas?«

Sie schaute ihn wortlos an und konnte nicht einordnen, worauf er hinauswollte.

»Das menschliche Blut ist ein komplexes Themengebiet. Ehrlich gesagt bin ich diesbezüglich wie die Jungfrau zum Kind gekommen. Vor meiner politischen Laufbahn und meinem späteren Beitritt in die ONE-C war ich im medizinischen Dienst tätig. Meine Hochschulausbildung liegt zwar schon Jahrzehnte zurück, aber ich kann immer noch ein wenig davon zehren. Der Rhesusfaktor ist eine von vielen Eigenschaften des Blutes. Allgemein bekannt sind die beiden Ausprägungen positiv und negativ. An dieser Stelle wird es interessant. Man spricht hier von einer Rhesus-Faktor-Unverträglichkeit für den Fall, dass eine Mutter mit einem negativen Rhesus Faktor ein Baby mit einem positiven Faktor erwartet.«

Rosanna machte große Augen. »Ich kann Ihnen nicht folgen. War das Blut meiner Mutter demnach Rhesus negativ und falls ja, worin bestand das Risiko?«

»Beim ersten Kind ist es unproblematisch und es gibt keine Komplikationen, wenn die Mutter Rhesus negativ ist und das Kind positiv. Während der Schwangerschaft bilden sich im Blut der Mutter Antikörper gegen das fremde Blutmerkmal des Kindes. Es dauert jedoch recht lange, bis sie ausgebildet sind. Beim zweiten Kind sieht es völlig anders aus. Vorausgesetzt auch das zweite Kind hat den Faktor Rhesus positiv, schädigen die Abwehrstoffe im Blut der Mutter das Blut des Kindes so extrem, dass es zu einer Totgeburt kommen kann.«

»Okay, verstanden. Der Vater besitzt eine beliebige Blutgruppe mit Rhesus positiv, die Mutter hingegen Rhesus negativ. Dann setzt sich das positive Merkmal beim Kind dominant durch und das Baby verfügt über Rhesus positives Blut. Alles gut. Beim zweiten Kind kämpfen die Antikörper der Rhesus negativen Mutter gegen das Kind und können es unter Umständen sogar töten. Okay. Und was hat das mit mir zu tun? War ich also das erste Kind meiner Mutter und hatte daher nichts zu befürchten?«

441

Er räusperte sich. »Sorry. Ich muss wahrscheinlich anders anfangen. Das Blut deiner Mutter verfügte über einen negativen Rhesus Faktor. Die erste Schwangerschaft verlief für sie ohne Probleme ...«

»Stopp, stopp. Was soll das heißen?«, fiel sie ihm ins Wort. »War ich nicht die erste und einzige Tochter?«

»Nein, du warst nicht die erste und einzige Tochter. Deine Mutter war vor dir schon einmal schwanger. Und es ist so, dass sich bei einer Frau durch die erste Schwangerschaft mehr im Körper verändert, als man denkt.«

Plötzlich schwante ihr etwas. »Die DNA des Kindes kann durch die Nabelschnur auf die Mutter gelangen.«

»Chapeau. Jetzt sprechen wir wieder eine Sprache. Am Anfang gibt es das reine Erbgut des Mannes und das reine Erbgut der Mutter. Die erste Schwangerschaft verändert die Vorzeichen. Das Erbgut des Mannes bleibt unverändert, während die Frau nach der Geburt auch Spuren der neu-entstandenen DNA von ihrem Nachwuchs in sich trägt. Insofern sind die Voraussetzungen für alle folgenden Kinder anders. Deren Erbgut enthält deutlich mehr DNA-Spuren des Mannes als das erste Kind.«

Peter kratzte sich am Kopf. »Ist das die seriöse wissenschaftliche Forschung oder eher ein Hauch von Prometheus? Es klingt mir allzu fantastisch und nach gentechnischen Manipulationen.«

»Ganz und gar nicht«, erwiderte der ältere Mann. »Heutzutage ist das Erbgut der Menschen über die ganze Welt verwässert. Jeder hat sich quasi mit jedem vermischt. Wenn man gezielt eine bestimmte DNA-Struktur in ihrer Reinheit herauskristallisieren möchte, kann man durch eine Reihe von kontrollierten Schwangerschaften die DNA Konzentration erhöhen.«

»Na na, das klingt mir sehr bedenklich. Es mag in der Pferdezucht funktionieren oder bei reinrassigen Hunden.

Aber wir sind nun Mal Menschen und eine gentechnische Optimierung hat bei uns nichts verloren.« Er protestierte.

»Ich bin nicht auf der Suche nach Streit. Ich sage nur, wie es war. Die Wertung überlasse ich euch. Deine Mutter und dein Vater wurden ganz bewusst von einer Gruppierung ausgesucht, weil sie über bestimmte Merkmale und Fähigkeiten verfügten. Punkt. Durch die erste Schwangerschaft erhielt das Erbgut deiner Mutter einen weiteren DNA-Schub der bevorzugten Eigenschaften des gezielt ausgesuchten Vaters. Die erste Schwangerschaft endete übrigens mit einer Totgeburt. Was jedoch – so schlimm es war – auch gewollt war. Es ging niemals um das erste Kind, sondern darum, dass die DNA-Spuren auf deine Mutter übergingen. Jetzt kommen wir zu dem Rhesus Faktor. Deine Mutter hatte kein Rhesus positives Blut, was dazu führte, dass sie für nachfolgende Schwangerschaften zu einem Risiko geworden war.«

»Ich nehme noch ein Glas vom französischen Cognac. Ehrlich gesagt, tappe ich immer noch im Dunkeln.«

»Santé. Es wäre halt besser gewesen, wenn deine Mutter bei ihrer zweiten Schwangerschaft ein anderes Blut – nämlich mit einem positiven Rhesusfaktor gehabt hätte. Hast du schon mal etwas von Louise Joy Brown gehört?«

Sie schüttelte ihren Kopf.

»Louise gilt weltweit als das erste Kind, dass durch eine künstliche Befruchtung entstanden ist. Es stammte direkt aus dem Reagenzglas. *In vitro*. Das erste Retortenbaby. Geboren am 25. Juli 1978.«

Sie pfiff durch die Zähne und griff sich mit beiden Händen in den Nacken. »Was sagen Sie da? Am 25. Juli 1978? Das ist auf den Tag vier Jahre nach meiner Geburt.«

»Und genau vier Jahre nach der Geburt deiner Schwester. Louise Joy Brown war das erste offizielle Retortenbaby nach einer künstlichen Befruchtung. Es wurde durch einen Kaiserschnitt geboren. Der Termin war natürlich so gelegt worden, um mit eurem Termin übereinzustimmen. Du und deine Zwillingsschwester Victoria waren die unbekannten Vorläufer. Ihr habt zwar aus Geheimhaltungsgründen keinen Wikipedia-Eintrag bekommen, aber eure Story ist sogar noch eine Spur spektakulärer.«

Sie schluckte und konnte nicht fassen, was sie hörte.

»Deiner leiblichen Mutter wurden nach ihrer ersten Schwangerschaft eine ganze Reihe von umfangreichen Behandlungen aufoktroyiert. Sie war eine der weltweit ersten Kandidatinnen für eine IVF, die *In-vitro-Fertilisation*. Die IFV beschreibt eine künstliche Befruchtung außerhalb des menschlichen Körpers. Das Programm umfasst mehrere Phasen und erstreckt sich über viele Wochen. Die erste Phase besteht aus der Downregulation. Der natürliche Zyklus wird durch Hormongaben unterdrückt. Zwei Wochen später geht es anders herum. Zusätzliche hormonelle Medikamente bringen die Eireifung wieder in Gang und sorgen dafür, dass sich befruchtungsfähige Eizellen bilden. Die nächste Phase geschieht unter Vollnarkose und man entnimmt der Frau mit einer langen Nadel die herangereiften Eizellen. Dann passiert erst einmal alles Weitere im Reagenzglas. Eizelle und Sperma werden in eine Nährlösung gegeben und bei einer vergleichbaren Körpertemperatur danach warmgehalten. Inzwischen werden die Spermien auch direkt in die Eizelle injiziert. Das war vor 46 Jahren noch nicht so ausgereift wie heute. Tja. Mit der Befruchtung startet die Zellteilung und nach vier bis fünf Tagen geht es dann für den Embryo über einen dünnen Katheder zurück in die warme Gebärmutterhöhle. Spätestens nach zwei Wochen weiß man, ob alles funktioniert hat. Voilà. Fertig ist das Retortenbaby. Und so war es auch bei euch.«

Rosanna hatte sich gesetzt und hielt den Kopf zwischen ihren Handflächen. »Dann war es bei mir jedoch so, dass ich nicht in meine leibliche Mutter eingesetzt wurde, richtig? Wegen des Rhesus Faktors?«

Er nickte heftig und freute sich, dass sie ihm endlich folgen konnte. »Du sagst es. Bei deinem Blut durfte nicht das geringste Risiko eingegangen werden. Daher kam Joycelyn Miller als Leihmutter ins Spiel.«

Ihre Augen waren glasig. Eine Träne rollte über ihre Wange. »Mama.« Mehr kam ihr nicht über die Lippen.

»Bei eurer IVF Befruchtung kam es nach der künstlichen in vitro Fertilisation zu einer unerwarteten Teilung. Eure Eizelle hatte sich in zwei identische Teile aufgespalten und ihr wart somit als eineiige monozygote Zwillinge entstanden. Genauer gesagt passierte die Teilung am vierten Tag. Zu einem Zeitpunkt, als die Zellenverteilung für die rechte und die linke Körperhälfte bereits festgelegt war. Ihr seid Spiegelbildzwillinge.«

Peter fasste mit Daumen und Zeigefinger unter das Kinn. »Spiegelbildzwillinge. Ist das etwas sehr Seltenes?«

»Ach, nicht wirklich. Von allen Zwillingen zählen ungefähr 25% zu den Spiegelbildzwillingen. Wenn der eine Rechtshänder ist, so ist der andere Linkshänder. Oder ihre Haare fallen in die entgegengesetzten Richtungen.«

Peter sinnierte. Er erinnerte sich an sein erstes Kennenlernen mit Rosanna. Als er sie beobachtet hatte, wie sie entgegen seiner Erwartungshaltung ein Zahlenschloss in London von rechts nach links geöffnet hatte. Und auch bei anderen Begebenheiten vermutete er bei ihr eine Präferenz als Linkshänderin, während Victoria eindeutig als Rechtshänderin zu erkennen war.

»Eine Spiegelbild-Schwester. Das ist endlich eine Botschaft, mit der ich leben kann. Wenn sich die Eizelle am vierten Tag geteilt hatte, war das ja kurz vor dem Einsetzen in die Leihmutter. Dann hatte man sich wohl sehr kurzfristig entschieden, eine zweite Leihmutter zu besorgen.«

Er lächelte. »Absolut. Es stand übrigens mehr als eine in Reserve. Aber genau so war es. Niemand wollte ein Risiko eingehen und so wart ihr die weltweit ersten Retorten-Zwillinge, die in jeweils einer eigenen Leihmutter gezeugt worden waren. Akribisch durchgeplant bis zu eurer Geburt durch einen Kaiserschnitt – exakt am selben Tag. Am 25. Juli 1974. Der Vorschlag des Tages kam von einem Team-Kollegen. Er meinte, dann hätte man doch dreimal die Zahl sieben im Datum, was leicht zu merken wäre. Zwei plus fünf macht sieben. Der siebte Monat und das siebte Jahrzehnt. Die vier stände für den Tag der Teilung.«

»Sieben. Herzlichen Dank. Was für ein Omen, das meinem Spiegelbild in die Wiege gelegt worden war.«

In der Cognac-Flasche war nur noch ein kleiner Rest, den der Mann aus dem UNO-Gebäude auf die drei Gläser verteilte.

»Das waren Nachrichten, die ich nur einmal in meinem Leben verdauen kann. Danke für Ihre Offenheit. Es klingt, als waren Sie damals live dabei.«

Er strich sich langsam über sein Haar. »Es war unser Restart. Ich war noch ziemlich neu in der ONE-C. Ein Idealist, der fest davon überzeugt war, dass unsere Zielsetzungen richtig waren. Auf dem Weg, eine bessere Welt und eine bessere Menschheit zu schaffen. Glaubt nicht, dass das universelle Grundmotiv der ONE-C ein verbrecherisches ist. Im Gegenteil. Es ist der natürlichen Bestimmung viel näher als alles, was ihr heutzutage in der vernetzten globalen Welt erlebt. Die ONE-C möchte nichts anderes, als die dem Menschen zugedachte Ordnung und Positionierung in der Natur wieder herbeizuschaffen. Eine natürliche Ordnung, die vielleicht im weitesten Sinne mit einem Ameisenstaat und seiner Königin zu vergleichen ist.«

»Mein Gott, heißt das, ich sollte das Buch über die Seele der weißen Ameise tatsächlich einmal lesen?« Peter zuckte.

Der ältere Mann schmunzelte. »Ich mag deine spöttische Art nicht wirklich. Die ONE-C ist aus einem Götter-ähnlichen Verständnis entstanden und war am Anfang mit dem ursprünglichen Geist des Menschseins ausgestattet. Unsere Gründer haben sich bedauerlicherweise zu sehr mit den rohen, verbrecherischen und nur auf den eigenen Vorteil bedachten Wesen vermischt, die heute die ganze Menschheit umfassen. Als es eine Chance für die Rückbesinnung und den Restart gab, haben wir an vielen Orten der Welt mit unseren modernen Programmen begonnen ...«

Sie hatte ihr Glas geleert. »So richtig überzeugend klingt das nicht, dass Sie der ONE-C den Rücken kehren wollen und die geheime Organisation als Maulwurf untergraben wollen.«

»Ach, Rosanna. Die Zeit des Idealismus ist bei mir vorüber. Mit dir und deiner Schwester, wie auch mit vielen anderen gezielt erschaffenen Wunsch-Wesen, wollten wir den Neubeginn einer neuen Weltordnung begründen. Doch inzwischen mischen sich sehr viele Machtansprüche darunter. Und die angestrebte Weltherrschaft wird sich leider ganz anders gestalten, als wir es vor vierzig, fünfzig Jahren angedacht hatten. Es wird eine Diktatur der Wenigen sein und dem überlebenden Rest der Weltbevölkerung droht eine immerwährende Versklavung. Es ist jedoch nicht mehr aufzuhalten.«

»Das werden wir sehen. Eine Frage noch, Sir. Warum musste meine Mutter sterben? Ich war doch bereits auf der Welt und meine Mutter war doch keine Gefahr mehr.«

»Hm, das ist tragisch. Sie war für dich viel mehr als eine Leihmutter und hatte sich geweigert, dich mit dem fünften Geburtstag abzugeben. Das war das vertraglich vereinbarte Datum, an dem für dich die langfristige Ausbildung und Prägung beginnen sollte. Ihre Weigerung und deine Liebe zu ihr, ließen unser weiteres Programm sehr fraglich erscheinen. Damit die Bindung unterbrochen wurde, fiel die Entscheidung auf eine Tötung. Der Leihmutter von Victoria erging es übrigens ebenso. Das Leben orientiert sich nicht an Nettigkeiten. Es ist brutal, kalt und kompetitiv. Liebe, Kreativität und zwischenmenschliche Kooperation sind im eigentlichen Bauplan der Natur nicht enthalten. Davon dürfen wir uns nicht leiten lassen.«

»Ist das wirklich Ihr Credo? Dann sind Sie ein Verbrecher der ONE-C. Durch und durch. Sie können gar nicht aus Ihrer Haut. Was ist unser Leben ohne Liebe und Kreativität? Ohne Musik, ohne Kunst, ohne schöpferisches Schaffen? Ohne Liebe und Kreativität sind wir nichts weiter als Tiere.« Peter echauffierte sich, bis sie ihn stoppte.

»Ich möchte das gar nicht weiter bekräftigen, da mir noch eine Frage eingefallen ist. Welchen langfristigen Plan hatten Sie mit uns verfolgt? Mit mir. Mit Victoria. Der Aufwand war doch enorm. Erst haben sie die elitären Eltern ausgesucht und sogar die DNA der Mutter gentechnisch durch die erste, konstruierte Schwangerschaft manipuliert. Nach einer aufwändigen künstlichen Befruchtung hatten sie schließlich zwei junge Frauen geschaffen. Und nun wird ihre schöne Idee zu einer endgültigen Sackgasse. Viel Aufwand und Zero Nachhaltigkeit. *Much ado about nothing,* hieß es bei Shakespeare. Viel Lärm um Nichts.«

»Contenance, Rosanna. Zwanzig Jahre sind ein langer Zeitraum. Es mag sein, dass du dich nicht mehr daran erinnerst. Warst du damals in San Antonio stationiert? Wenn ich mich recht entsinne, hattest du gerade deine zweite Grundausbildung als Spezialagentin absolviert und die Vorbereitungen für 2001 sollten anlaufen.«

Er machte bewusst eine Pause und überließ sie ihren Erinnerungen.

»San Antonio …« Der Boden unter ihren Füßen schien ins Wanken zu geraten. Sie hatte die Geschehnisse komplett verdrängt, denn sie gehörten zu ihren schlimmsten Erfahrungen. Der Gedanke an die seinerzeitige Entwürdigung schmerzte sie unvermindert.

»Was hatten Sie damit zu tun?« Ihr wurde schummerig.

»Die Militärärzte kennen nur Befehl und Gehorsam. Was man ihnen sagt, das machen sie. Glaubst du wirklich, wir haben dich und deine Zwillingsschwester aus Langeweile geschaffen? Dahinter steckte ein jahrzehntelanger Plan und Hunderte von Testpersonen. Die Blutgruppenanalyse allein hat uns Millionen Dollar gekostet. Unzählige Varianten mussten wir ausschließen. Nicht zu vergessen die Randbereiche der wenigen menschlichen Unikate mit dem Diego-Merkmal in ihrem Blut. Oder die unerklärlichen knapp 50 Menschen weltweit, die einen neutralen Rhesusfaktor aufweisen. Weder positiv noch negativ. Doch letztendlich lag die Erklärung in den Genen und das Blut war nur ein Indiz, aber keine Ausprägung. Die Basisblutgruppen *A*, *B*, *AB* und *O* gab es schon Jahrmillionen vor der Menschwerdung. Nein. Der Aufwand, euch zu generieren, war extrem hoch. Wir mussten unbedingt sicherstellen, dass eure DNA für die nächsten Generationen zur Verfügung steht. In San Antonio wurden schließlich ...«

»Schweigen Sie. Es ist nicht Ihr Business, sondern mein Körper. Ich wurde astrein hinters Licht geführt. Mir wurden bevorstehende Strahlentests vorgegaukelt, die im schlimmsten Fall zur Unfruchtbarkeit führen konnten. Ich war damals gerade 26 Jahre alt und hatte mein ganzes Leben vor mir. Es schien plausibel, dass man die Eizellen - angeblich in meinem eigenen Interesse - konservieren wollte. Die Prozedur war eine Tortur. Ein Höllenritt. Ich weiß nicht, wie viele gesunde Eizellen man mir über die Monate hinweg entnommen hat. Bis heute werden mir sämtliche Informationen über den Verbleib vorenthalten. Wo lagern meine Zellen? Gut gekühlt in unterirdischen

Zellkultur-Archiven? Wollen Sie und die geisteskranke ONE-C die Schöpferrolle einnehmen? Gott spielen? Ist es das?« Sie war völlig aufgelöst.

Der Mann räusperte sich. »Es ist nicht so schlimm, wie du es darstellst. Die Zeit heilt alle Wunden. Dein Erbgut ist viel zu wichtig, als dass wir nicht darauf beharren durften. Die Stammzellen lagern gut gesichert bei minus 80° Grad im flüssigen Stickstoff. Wenn es soweit ist, werden sie neues Leben ermöglichen. In einer neuen Welt.«

Sie schüttelte den Kopf und kam so gut wie nicht mehr zur Ruhe. Der Puls raste und tausend Gedanken gingen ihr durch den Kopf. Bevor sich der abtrünnige ONE-C Informant aus dem Staub machen konnte, wollte sie ihn noch mit einem weiteren entscheidenden Themenblock konfrontieren.

»Das schwarze Kristall. Was hat es damit auf sich?«

Er lächelte und hielt die leere Glasflasche mit dem bunten Etikett in die Höhe gegen das Licht. »Ohne das magische Kristall würden wir uns heute nicht über Gott und die Welt unterhalten. Es markiert den Anfang vor der Menschwerdung. Damit fing alles an und so manche Religionsgründung beruhte auf Fragmenten des originalen Steins. Der größte Teil von ihm ruht noch immer an einem verborgenen Ort. Gut geschützt unter der Oberfläche. Nicht sichtbar. Es gab keinen Baum der Erkenntnis, wohl aber einen Kristall-Stein der Erkenntnis. Wenn es soweit ist, wird er an die Oberfläche kommen und sein unendliches Machtpotential entwickeln. Drei Strahlen werden den Himmel hell erleuchten. Die Farben rot, grün und blau werden sich am Zenit zu einem weißen Licht vermischen. Es wird den Anfang einer weltweiten Erleuchtung markieren.«

Peter fasste sich an seine Sonnenbrille und suchte vorsichtig nach dem Taster. Es war ihm wichtig, dass alle Aufnahmen auf der Festplatte des *ComX* gelandet waren.

Es war alles gesagt. In der Ferne wartete Joseph geduldig auf seinen Einsatz.

Der ältere Mann aus der UNO erhob sich. Wie lange mochte er schon in der obersten Führungsriege der ONE-C tätig sein? Er besaß eine Position auf der dritten Ebene. Eins, zwei, vier. Er war einer der oberen sieben Führer. Wie Victoria, die er selbst dorthin manövriert hatte.

Joseph kam und packte die Sachen vom Tisch. Er wickelte sie in der Decke zusammen. Dann warf er das Bündel laut krachend in den nächstbesten Mülleimer. Peter verkniff sich seinen Kommentar zur ökologischen Nachhaltigkeit und beschränkte sich dann auch bei der Verabschiedung auf das Minimalmaß. Rosanna und Peter blieben noch einige Minuten auf der Bethesda Terrasse stehen und schauten den beiden Männern nach. Es war schwer für sie, sich ein vollständiges Bild von den Aussagen des alten Mannes zu machen. Ein jäher Lärm weckte sie aus den Gedanken. Ein Motorrad kam herangebraust und fuhr mit hohem Tempo bis auf die Höhe der beiden Männer. Der Fahrer stieg ab und zog eine abgesägte Schrotflinte aus seiner Seitentasche. Mit knallenden Schüssen drückte der Killer mehrmals auf den älteren Mann ab. Dessen heller Trenchcoat färbte sich augenblicklich blutrot. Er brach leblos in sich zusammen. Der andere Mann, Joseph, flüchtete so schnell er konnte und rettete sich hinter einen Baum.

Offensichtlich hatte es der Attentäter nicht auf Joseph abgesehen. Stattdessen schwang er sich auf seine Maschine und kam mit durchdrehenden Reifen auf Rosanna zu. Für sie war es das reinste Déjà-vu. In Blitzesschnelle griff sie zu ihrer Walther P99 und zielte mitten auf den Sturzhelm des Killers. Sie drückte wie im Wahn ab. Einmal, zweimal, dreimal. Sie konnte gar nicht mehr aufhören und stellte sich permanent vor, dass er der Mörder ihrer Mutter war. Der Mann stürzte von seinem Krad und wälzte sich auf dem Boden. Sie ging auf ihn zu und drückte die Pistole an seinen Hals. Sie sah nicht einmal zur Seite, als ein weiterer Schuss aus ihrer Waffe fiel. Es war der letzte an diesem Tag.

Kapitel 22

New York City / Washington

Juli 2020

Völlig außer Atem waren sie am Novotel angekommen und stürzten in ihr Zimmer. Peter hatte die Tür verriegelt und schob den schweren Schreibtischsessel in den Flur. Dann rannte er ins Bad und wusch sich übertrieben die Hände. Sein Gesicht sah mitgenommen aus und er hielt seinen Kopf minutenlang unter den kalten Wasserstrahl im Waschbecken. Rosanna hatte sich aufs Bett fallen lassen und blickte gedankenverloren an die Zimmerdecke. Sie sagte kein Wort.

»Ann?«, ganz bewusst sprach er sie mit ihrer Kurzform an und mittlerweile war er davon überzeugt, dass es eine Rosanna Sands in der Realität eigentlich nie gegeben hatte. Der Name war im Zuge der 2001er Inszenierungen konstruiert worden. Die Erinnerungen an 2011 kamen ihm in den Sinn. Als er sich gemeinsam mit Rosanna auf die Suche nach einem Opfer der 9/11 Anschläge gemacht hatte und die vermisste Margreth Woods sich am Ende als ein Alias von Rosanna herausgestellt hatte. Im Grunde genommen war sie als Tochter von Joycelyn Miller geboren worden und hieß als Kind Ann, was die Kurzform von Rosanna war. Mehr wusste er nicht und vielleicht ging es ihr genauso. Sie reagierte nicht auf seine zaghafte Frage.

»Ann? Sag Bescheid, wenn du reden möchtest. Wir können uns nicht hier im Hotel verkriechen. Im Central Park sind zwei Menschen ums Leben gekommen und in der Stadt wimmelt es vor Kameras. An jeder Ecke gibt es eine Überwachung, die nahezu lückenlos ist. Früher oder später wird es an unserer Zimmertür klopfen und ein Sonderkommando des NYPD übergibt uns in die Fänge des Staatsapparats. Da können wir noch so vehement auf Notwehr plädieren. Es wird uns nicht helfen, wenn wir monatelang festgesetzt werden. Und der Unbekannte aus der ONE-C ist tot. Das wird weitreichende Folgen haben. Mein Gott, es wird alles noch viel schlimmer werden, wenn die jetzt wissen, dass er ein Maulwurf war und wir uns mit ihm getroffen haben.« Er ging an Fenster. »Ich habe Angst, Ann. Die Sache wächst uns über den Kopf.«

Sein Blick fiel auf den Broadway, die Hauptverkehrsader mit den unzähligen geschäftigen Menschen. So normal das Bild auch wirkte, es hatte nur den Anschein. Ein unsichtbares Virus hatte die Stadt, die niemals schlief, in einen Paralyse-Zustand versetzt. Es fehlte der tiefere Sinn. Die Menschen sehnten sich zurück nach der früher so virtuos in Szene gesetzten Hektik und Ruhelosigkeit.

»Ich liebe dich. Komm zu mir und halt mich.«

Er zog die Vorhänge vorm Fenster vollständig zurück und legte sich zu ihr aufs Bett. Einige Minuten lang drückten sie sich ganz fest aneinander.

»Weißt du?«, fing sie an und gewann allmählich wieder ihr Selbstvertrauen zurück. »Die City war schon immer sehr eng mit meinem Schicksal verbunden. Hier bin ich aufgewachsen und meine frühesten Kindheitserinnerungen drehen sich alle um New York City. Ich kannte nur *meine* Mutter. Meine Mama. Dass ich eine künstlich geschaffene Tochter aus dem Reagenzglas sein soll, ist ein Schock. Verstehst du? Irgendwelche durchgeknallten Typen haben jahrzehntelang nach den makellosen Genen gesucht und mich aus diesem DNA-Lotteriegewinn zusammengebaut.«

»Nicht nur dich. Deine Zwillingsschwester genauso.«

»Das meine ich ja. Es ist einfach nur shocking.«

»Soll ich dir sagen, was mir seit vorhin ständig durch den Kopf geht? Ihr seid Zwillingsschwestern und dennoch kam es mir in den letzten Jahren nie so vor, dass ihr euch hundertprozentig ähnelt. Schwestern ja, aber eineiige Zwillinge? Hmm, darauf wäre ich nicht gekommen. Wie ist das möglich?«

»Ich kann es dir nicht beantworten. Das frage ich mich auch schon seit Stunden. Wir sind Spiegelzwillinge, sagte er. Das mag zu gewissen Unterschieden führen, auch in der Persönlichkeit. Wir sind bei unterschiedlichen Leihmüttern aufgewachsen und das komplette Programm der soziologischen Prägung verlief in verschiedenen Welten. Dann folgte unsere Ausbildung bei den Geheimdiensten. Auch dort wirst du völlig anders herangenommen. Tja und dann sind da noch die OPs.«

Er stutzte. *Wovon sprach sie?*

»Kannst du dich an unseren Aufenthalt in Zürich entsinnen? Im Sommer 2011. Es war ein Freitagabend und wir waren zu Gast im exklusiven Restaurant Haute.«

Er nickte. »Aber sicher. Ich weiß noch genau, was du anhattest. Eine weiße Bluse und einen dunkelblauen Rock. Um deinen Hals trugst du eine silberne Kette mit einem Amulett. Du sahst toll aus.«

Sie lächelte. »Ja, mag sein. Damals war ich 37. Aber das meinte ich nicht. Kannst du dich an den Mann auf der Dachterrasse erinnern? Du warst ziemlich eifersüchtig auf ihn. Er hieß Doktor Weiss.«

»Oho, der Mann, dem die Frauen vertrauen. Es ist lange her. Ich hoffte, dass ich damit nie wieder konfrontiert werden würde. Er war ein Schönheitschirurg.«

»D'accord. Wir durften nach *9/11* nach freiem Belieben an unserem Äußeren herum feilen und hatten einen Blankoscheck erhalten.« Sie strich sich über das Kinn und den Nasenrücken. »Verstehst du? Auch Victoria war in den Teams eingesetzt worden. Ich kann mir sehr gut vorstellen, dass sie mindestens so viel an sich herum schnippeln ließ, wie ich es tat. Schau mal auf ihren Busen, wenn du sie das nächste Mal siehst.«

Er lächelte und erwiderte aus vornehmer Zurückhaltung besser nichts darauf. Aus der Tiefe der Straßenzüge schrillte eine Polizeisirene durch die Häuserschluchten. Peter erschrak und wähnte sich selbst im Fokus des Einsatzes. Für sie hingegen waren die lärmenden Geräusche eine Soundkulisse, die ihr wohlvertraut war und nicht den geringsten Argwohn auslöste.

»Je länger ich darüber nachdenke, überrascht es mich nicht mehr, dass sie mir eben nicht aufs Haar gleicht. Und das ist gut so. Obwohl uns die Ähnlichkeit vielleicht noch mal nützlich sein könnte ...«

Er hob seine Augenbraue. »Du könntest in ihre Rolle schlüpfen und an ihrer statt an der nächsten ONE-C Konferenz teilnehmen. Coole Idee, aber viel zu gefährlich. Sollen wir versuchen, in Hongkong anzurufen?«

Sie schüttelte den Kopf. »Ich brauche noch ein wenig Zeit für mich. Weißt du, Pete. Im Sommer 2001 verbrachte ich meine gesamte Zeit in New York City. Wir hatten die gefälschten Identitäten der vermeintlichen Opfer systematisch aufgebaut und die Vorbereitungen für die Sprengungen getroffen. Selbst wenn wir damals noch nicht die Komplexität überblicken konnten, so wirkten die Inszenierungen bei allen von uns für viele Jahre lang nach. Der Lauf der Dinge hatte sich danach für immer verändert. In den Diensten der *Enco* haben wir die Geschichte umgeschrieben. Sanktioniert waren die Anschläge von verschiedenen Regierungen und angeordnet wurden sie von den geheimen Machthabern der ONE-C. Für mich bleiben die Geschehnisse unvergessen. Zu tief waren die Wunden. *The first cut is the deepest.* Hey, du bist doch der Musik-Profi. Haben wir den Song in unserer Bibliothek?«

Er scrollte durch das Archiv auf dem *ComX*.

»Es gibt zwei Versionen von dem Cat Stevens Stück auf unserer Festplatte. Das bekannte Original von Rod Stewart - oder möchtest du das Remake von Sheryl Crow hören.«

Sie entgegnete nur ein Wort. »Sheryl.« Sie summte die Melodie mit und tauchte tief ab in eine Fantasiewelt. »Ist es nicht verrückt? Jahrelang hatte ich gedacht, meine eigene Wirklichkeit ist real und wir hätten nur die anderen Persönlichkeiten erdacht und erschaffen. Und jetzt muss ich feststellen, dass ich selbst auch von Beginn an nur eine Illusion war. Ein Spielball in den Händen anderer.«

Er streichelte ihr über die Wange. »Wenn du eine Illusion sein solltest, Jeannie, dann die süßeste, die es je gegeben hat.«

»Du bist sweet, Pete.« Sie lächelte ihn an. Mit der Zeit hatte sie sich mehr und mehr an die Kurzform seines Namens gewöhnt. »Weißt du, es sind tausend Gedanken in meinem Kopf mit den wildesten Gewitterstürmen. Ein großes Puzzle fügt sich Teil für Teil zusammen und ich beginne, die Punkte zu verbinden. *Connecting the dots*. Schon vor neun Jahren, als wir beide in London waren, stand der gezielte Einsatz eines Virus auf der Planungsagenda. Es ist unfassbar. Erinnerst du dich?«

Peter nickte. Damals ging es um die Einschätzung, wodurch die gesamte Menschheit in ein unübersehbares Chaos geraten könnte und was den Nährboden für einen globalen Krieg bedeuten konnte. Es war frappierend, dass sie bereits 2011 die möglichen Gefahren diskutiert hatten, die durch das von Menschen geschaffene Coronavirus SARS-CoV-2 jetzt zur Realität geworden waren. Ein großer Kreis begann sich zu schließen.

Sie küssten sich leidenschaftlich. Es war ein nie enden wollender Kuss, in den sie all ihre Hoffnungen legten.

Wie aufs Stichwort surrte plötzlich das *ComX* und Jack meldete sich zu Wort.

»Wir wollten nicht stören. Oder … vielleicht doch.«

»Kein Problem«, rief sie vom Bett aus und ging ins Bad, um sich zurecht zu machen. Erst danach gab sie die Kamerafunktion am Gerät frei. »Wie geht es euch, Jungs? Bei uns gab es einige Kollateralverluste, aber alles im erträglichen Rahmen.«

»*Damn.* Wie bist du denn drauf?«, sagte Jack mit ruhiger Stimme. »Die ONE-C hat einen ihrer obersten Führer verloren. Im doppelten Sinne. Erst hatte er sich inhaltlich losgesagt, dann musste ihn die Organisation eliminieren und an ihm ein Exempel statuieren. In meinen Augen kommt das einer empfindlichen Schwächung gleich. Es muss jemand aus der nachgelagerten Hierarchie nachrücken. Leute, da wird Hektik aufkommen.«

»Wisst ihr, wo die nächste Konferenz der ONE-C stattfinden wird? In Ostafrika hieß es. Gibt es dazu irgendwelche Hinweise?«

»Wir sind dran.« Joe hatte inzwischen ein Satellitenbild von den in Frage kommenden Orten in Kenia auf den Bildschirm projiziert. »Sobald wir etwas Konkretes haben, seid ihr die Ersten, die darüber informiert werden. Und bei euch? Das waren ja unglaubliche Nachrichten. Deine Familie bekam im Minutentakt Zuwachs, Rose. Wenn ich richtig mitgezählt habe, kommst du zusammen mit deiner Schwester auf mindestens drei Mütter. Und ein Geschwisterkind hattet ihr auch noch. Wer weiß, wie viele Väter im Spiel waren. Drei?«

»Hör auf, Joe. Das ist nicht lustig. Noch ein Wort und das *ComX* landet in der Kanalisation.«

Jack griff in die Situation ein. »Schluss damit. Es tut uns leid, dass du jetzt plötzlich in den Mittelpunkt geraten bist. Was macht der Big Apple? Es ist schon eine Weile her, dass wir dort im Einsatz waren.« Gekonnt lenkte er die Diskussion in eine andere Richtung.

»Vor 19 Jahren standen die Türme noch. Lang ist's her. Doch bevor ich in Nostalgie verfalle ... Müssen wir weitere

Aktivitäten aus den Informationen vom Maulwurf ableiten? Ändert sich etwas an unserer Reihenfolge?«

Jack übernahm die Steuerung des Master-Bildschirms in ihrem Hongkonger Studio. »Wir zeigen euch einige Gesichter von Personen, die ihr in Washington treffen werdet. Ich habe meine alten Buddies angezapft.« Auf dem Bildschirm war das Portrait eines hochgewachsenen Mannes mit dichtem silbergrauen Haar zu sehen. Auffällig waren die klaren, stahlblauen Augen und seine markanten Wangenknochen. »Das ist Tom Davis. Er ist einer der ranghöchsten Offiziere bei der *Enco*. Er leitet den nordamerikanischen Außenposten im Bundesstaat Maine.«

Peter räusperte sich. »Moment mal. Sagtest du, er ist bei der *Enco*? Bringen wir jetzt Feind und Freund endgültig durcheinander? Du glaubst doch nicht im Ernst, dass ich mich mit *Enco*-Agenten an einen Tisch setze.«

»Hör mal gut zu«, antwortete Jack etwas ungehalten. »Wir brauchen Verbündete. Anderenfalls sind wir mutterseelenallein auf uns selbst gestellt.«

Rosanna hob ihren Zeigefinger mit einer ermahnenden Geste. »Könntest du dir bitte jeden Vergleich mit einer Mutterseele verkneifen? Ich bin diesbezüglich gerade sehr empfindlich.«

Er schüttelte den Kopf. »Okay, okay. Die *Enco* wird zwar von der ONE-C gesteuert, aber nicht ausschließlich. Nach wie vor sollte beispielsweise der Präsident der Vereinigten Staaten auch noch ein Wörtchen mitzusprechen haben. Wie jeder Staatslenker der Five Eyes. Und vielleicht noch einige Staatsoberhäupter mehr.«

Peter ging ans Fenster. »Der Präsident. Wow. Das klingt nach großem Kino. Was soll ich bloß anziehen, wenn ich Mr. President gegenüberstehe?«

Alle Vier lachten. Die kurzzeitige Entspannung tat ihnen gut. Jack suchte nach einem weiteren Dokument, welches er mit ihnen teilen wollte.

»Es gibt eine Nachricht aus China. Martijn hatte sie uns gestern geschickt. Wenn sich der Inhalt bewahrheitet, könnte es ein völlig neues Licht auf die nächsten Entwicklungen werfen. Wir sollten dennoch vorsichtig sein, da wir bis dato noch keine Bestätigung aus einer zweiten Quelle dafür haben.«

»Komm schon. Spann uns nicht auf die Folter. Worum geht es? Peking stand doch schon länger auf der Angriffsliste der ONE-C.« Sie setzte sich im Schneidersitz aufs Bett und öffnete die PET-Wasserflasche.

»Weit gefehlt. Was auch immer die Planungen aus der Vergangenheit gewesen sein mögen, schaut euch doch einfach die Verbreitung des Coronavirus an. Allen Informationen zufolge wurde es maßgeblich in China entwickelt. Der Ausbruch in Wuhan wurde ab dem ersten Tag der Diagnose extrem ernst genommen und mit den schärfsten Quarantäne-Bedingungen beantwortet. Warum? Weil sie genau wussten, wie gefährlich das Virus werden könnte. Ist es nicht ebenso bewundernswert wie verdächtig, dass sie nach 90 Tagen die nationale Epidemie in den Griff bekommen haben? Stattdessen scheint der Rest der Welt unter der Last kräftig zu ächzen. Wirtschaftliche Zusammenbrüche und die Kursabstürze an den Börsen sprechen Bände. Europa liegt am Boden und die USA erleben die schlimmsten Vorboten einer langanhaltenden Rezession. In einem Wort. Die westliche Welt ist zurzeit so verwundbar wie noch nie.«

»Okay, verstanden. China ist aktuell der größte Profiteur der Corona-Krise. Doch was sind die neuen Informationen aus dem chinesischen Untergrund?«

Jack ließ sich nicht aus seinem Konzept bringen. »Was fällt euch zu China und seiner Staats-Religion ein? Nichts? Damit liegt ihr goldrichtig. China versteht sich als eine Diktatur des Volkes. Offiziell ist in der Verfassung zwar eine Religionsfreiheit verbrieft, die sich auf fünf anerkannte Religionen bezieht. Auf den Buddhismus, den Daoismus, den Islam und auf das Christentum und den Katholizismus. Doch schon im alten China galten Religionen als verdächtig. Der Konfuzianismus setzte Religion mit Aberglauben gleich. Ihr könnt es drehen wie ihr wollt, unterm Strich sind 74 Prozent der Chinesen ohne eine religiöse Bindung.«

»Wow. Martijn hat viel neues herausgefunden«, gab sie spöttisch zu Protokoll.

»Nur die Ruhe. Wie lautet das fünfte übergeordnete Ziel der Illuminaten und der ONE-C? Die Abschaffung aller Religionen. Wenn ihr weltweit nach einem Land sucht, dass diesen Punkt bereits nahezu erfüllt hat, kommt ihr an China nicht vorbei.«

Peter blickte in die Kamera. »Du meinst, wir hatten China fälschlicherweise nicht auf dem Schirm gehabt und sind immer davon ausgegangen, dass die Geheimen Drahtzieher seit Jahrhunderten im Westen zu suchen sind? Im Umkehrschluss könnte demnach auch China selbst eine Rolle in der ONE-C spielen?«

»Das ist es. Wir haben den Wald vor lauter Bäumen nicht gesehen. Die Illuminaten oder besser gesagt die ONE-C strebt die Errichtung einer Weltregierung an. Das beinhaltet alle Staaten und Länder. Die weltweit größte Volksgemeinschaft kann man bei solch einem Ansatz einfach nicht außen vor lassen. Es sind 1,4 Milliarden Menschen. Von 7,8 Milliarden insgesamt. Wenn die ONE-C also einen Plan zur Umgestaltung der globalen Ordnung verfolgt, *muss* China eine zentrale Rolle spielen.«

Er machte eine Pause, um seinen Worten zusätzliches Gewicht zu verleihen.

»Zwanzig Prozent sind eine Menge. Ich denke ...«, Peter suchte nach seinem Ansatz, bis ihm Rosanna ins Wort fiel.

»Da wir keinen Spiele-Abend auf der Agenda haben, formuliere ich meine Vermutung. In der ONE-C sitzt ...«

Jack ließ es sich nicht nehmen, die Katze aus dem Sack zu lassen. »Du bist gut. Ja, offensichtlich gehört ein Chinese zu der obersten Führungsriege der ONE-C. Das ist es, was Martijn in Erfahrung bringen konnte.«

Das Team in New York war fassungslos und warf gebannte Blicke auf die Stichworte des Holländers auf dem Bildschirm des *ComX*.

Untergrund ist weit verzweigt und technisch gut ausgestattet
Netzwerk-Profis, die ihr Handwerk verstehen
Zugriff auf viele Classified Documents der Regierung
Rasterfahndung nach Kontakten UNO, WHO, Ausland
Hoher militärischer Führer ist in geheimer Mission tätig
Gilt als covert Kritiker der Regierung, wahre Rolle ungewiss
Nachricht aus 2013 abgefangen. Besuch in Santorin geplant
Inkognito - Einreise nach Griechenland im Sommer 2013
Meeting mit 7 in Shenzen im Januar 2014
Hielt sich an den „Decisive Dates" in Wuhan und Harbin auf

»Reicht euch das zur Einleitung?«, erkundigte sich Joe und schaltete die Videofunktion wieder ein. »Dann könnt ihr euch vorstellen, wie sehr uns die Düse geht. Victoria hat sich mit dem Typen Anfang 2014 getroffen. Ganz in unserer Nähe. Es war ein abgekartetes Spiel. Leute, wir sitzen auf einer Stange Dynamit und Hongkong wird als Erstes vor die Hunde gehen. Die Liste von Martijn geht doppelt und dreifach weiter. Der Mann ist noch nicht endgültig identifiziert. Es kommen bis zu zehn militärische Kommandochefs in die engere Auswahl. Zwei von ihnen werden beschattet. Alles deutet auf einen Umsturz hin.«

Sie kniff die Augen zu und fing an zu kombinieren. »Wir müssen herausfinden, ob es einen weiteren Layer gibt. Das Virus, der wirtschaftliche und politische Zusammenbruch der freiheitlich demokratischen, westlichen Welt und eine sich daraus möglicherweise ableitende kriegerische

Auseinandersetzung der Staaten. Das alles entspricht eins zu eins der Agenda der Illuminaten, der Geheimen Drahtzieher, der ONE-C. Mit den bekannten Zielen, was abgeschafft und was errichtet werden soll. Was aber wäre, wenn es einen *zweiten* Masterplan gibt? Der erst zum Tragen kommt, wenn die vorgenannten Verbrechen alle in die Tat umgesetzt worden sind?«

»Was soll das sein, Rosanna? Eine Weltregierung unter der Ägide Chinas?«, zeigte sich Joe neugierig.

»Oder ein Militärputsch in China, der sich zu einer weltbeherrschenden Vormachtstellung ausprägen wird.«

Für einige Augenblicke herrschte Stille in der Leitung. Was mit einer zunächst lokal begrenzten Virus-Infektion begonnen hatte, war innerhalb eines halben Jahres zu einer substantiellen Gefahr angewachsen.

»Wie hieß der Bericht der WHO vom 18. September des Vorjahres? *A World at Risk*? Irgendwie bringt es der Titel auf den Punkt«, stellte Peter fest.

Joe erklärte ihnen im Anschluss die weitere Planung. Sie wollten keine Zeit mehr verlieren und fuhren auf schnellsten Weg zum New Yorker Flughafen La Guardia.

* * *

Es war auch für Rosanna das erste Mal, dass sie in der Hauptstadt der Vereinigten Staaten war. Beim Landeanflug konnten sie die architektonische Städteplanung gut erkennen. Das Stadtgebiet umfasste ein Quadrat mit der Seitenlänge von exakt 10 Meilen. Die vier Sektoren der Stadt waren nach den Himmelsrichtungen ausgerichtet und die Straßen verliefen haargenau in der Nord-Süd beziehungsweise in der Ost-West Linie. Selbst die Straßenbezeichnungen folgten einem festen Konzept. Sie waren alphabetisch sortiert in der einen Richtung und nach Zahlenwerten auf der anderen Achse. Seit 1800 war

Washington im District of Columbia die Hauptstadt der Vereinigten Staaten. Eine Planhauptstadt, die perfekter nicht hätte gebaut werden können. Das Capitol befand sich direkt im Zentrum, an dem die vier Himmelsrichtungs-Segmente aufeinandertrafen. Das Capitol zählte neben dem Weißen Haus zu den bekanntesten Gebäuden der Stadt. Das fünfeckig angeordnete Pentagon lag hingegen etwas außerhalb. Alle drei verfassungsmäßigen Gewalten hatten in Washington ihren Sitz. Der Senat, das Repräsentantenhaus und der Oberste Gerichtshof. Neben den staatlichen Institutionen der USA saßen in Washington auch die Weltbank, der Internationale Währungsfond und die OAS, die Organisation der amerikanischen Staaten. Die WHO hatte in der Stadt ihr Regionalbüro für die USA. Alles, was in der Weltpolitik eine wichtige Rolle spielte, floss in dieser Stadt zusammen. Und das administrative Wirken der Vereinigten Staaten hatte in Washington D.C. sein Zentrum etabliert. Zweifelsohne.

Der Besuch in der Hauptstadt war für die beiden überstürzt zustande gekommen. Die Abreise aus New York glich einer Flucht und sie konnten sich so gut wie gar nicht auf die anstehenden Termine vorbereiten. Als sie aus dem Flieger stiegen, kam ihnen ein Schwall warmer Luft entgegen. Für den Tagesverlauf war eine maximale Temperatur von über 30° Grad vorhergesagt worden. Wie verabredet sollten sie sich nach dem Verlassen des Terminals am Ronald Reagan Airport nach rechts wenden und an einer gut sichtbaren Betonsäule warten. Als Erkennungszeichen war abgemacht, dass sie die aktuelle Tagesausgabe der Washington Post aufgerollt in der linken Hand halten sollten. Sie brauchten nicht lange zu warten. Ein schwarzer Pontiac hielt am Straßenrand und die Scheibe auf der Beifahrerseite wurde heruntergefahren. Der Mann beugte sich aus dem Fenster und bat sie zu sich heran. »Wenn Sie *Jerry* sind, bringe ich Sie zu *Tom*.«

Sie lächelte und antwortete mit dem vereinbarten Schlüssel. »*Der Eierpunsch-Cocktail wird heiß getrunken.*«

Es war nicht das erste Mal, dass sich Peter über die Erkennungssätze gewundert hatte. Die Auflösung hatte er bereits im Vorfeld mitbekommen. Der Mann, den sie in Washington treffen sollten, hieß Tom Davis. Daher hatte Jack nach einer prägnanten Bezeichnung gesucht. Die Trickfilmserie Tom und Jerry war ihm naheliegend erschienen und da es einen gleichnamigen Cocktail gab, war das Frage- und Antwortspiel relativ simpel festgelegt worden.

Sie nahmen auf den Rücksitzen der völlig abgedunkelten Limousine Platz und stellten ihre Rucksäcke vor sich ab. Der Beifahrer stellte sich mit Mr. John James vor und sprach sie förmlich mit ihren korrekten Namen an.

»Mrs. Sands, Mr. Berg. Ich darf Sie im Namen ihres Gastgebers für den heutigen Tag herzlich begrüßen.«

Sie übernahm die Gesprächsführung. »Die Freude ist ganz auf unserer Seite. Welche Regeln haben Sie für den Ablauf definiert?«

»Die Regeln sind maßgeblich von Jack vorgegeben worden. Wir haben mehr oder weniger nur zugestimmt.«

»Das klingt verdächtig devot. Woher kommt die Zurückhaltung? Sie ist mehr als ungewöhnlich.«

Der Mann blickte an den Dachhimmel. »Die Auswahlmöglichkeiten waren begrenzt. Take it or leave it. Jack war schon immer ein Freund der ultimativen Kompromisslosigkeit. Ein Typ, der nicht auf Austausch und Anpassung angelegt ist, sondern etwas Bestimmtes bedingungslos gelten lassen will. Sie kennen ihn. Er hat uns keine Wahl gelassen. Entweder läuft das Treffen heute nach seinen Regeln ab oder gar nicht.«

»Er hatte Ihnen ein Angebot gemacht, was Sie nicht ablehnen konnten.«

»So kann man es nennen. Inklusive einer Drohung.«

»Einer Drohung?«, wollte sie wissen.

»Wenn wir Sie beide nicht einwandfrei behandeln und nach dem Treffen pünktlich zum Airport chauffieren, fällt für drei Tage landesweit das Internet aus. Für jede weitere Abweichung folgen drei weitere Tage. Noch Fragen?«

»Okay«, sie schmunzelte. »Der weltweite Datenverkehr gehört zu Jack's Spezialitäten.«

»Er hat den Kram erfunden, dann wird er schließlich wissen, wo man den Notausschalter drückt.«

»Charmant wäre es gewesen, wenn Sie uns gegenüber auch ohne den sanften Druck eine bevorzugte Behandlung an den Tag gelegt hätten.«

»Egal. Morgen läuft es wieder so, wie wir es für richtig halten. Genießen Sie die Fahrt. Es sind einige Sightseeing-Momente für Sie berücksichtigt worden.«

Auf der Nackenstütze der Vordersitze war beidseitig ein eindrucksvolles Emblem aufgestickt. Es handelte sich um das Siegel des District of Columbia inklusive der von einem Lorbeerkranz eingefassten Jahreszahl 1871. Sie las den lateinischen Zweizeiler laut vor.

»*Justitia omnibus*. Gerechtigkeit für alle. Welch ein schönes Motto.« Sie tippte dem Beifahrer vorsichtig auf die Schulter. »Kennen Sie das Emblem? Wissen Sie um die Bedeutung der aufgestickten Jahreszahl?«

Er schüttelte den Kopf. »Sie interessieren sich für merkwürdige Details. Ich habe darauf noch nie eine Zahl gesehen.«

»Es ist das Jahr 1871. Das Jahr, in dem der District of Columbia offiziell eingeweiht wurde. Sie sollten vielleicht in der Abendschule einen Kurs über die Geschichte der Vereinigten Staaten belegen. Meines Erachtens gehört dieses Wissen zu einer Grundvoraussetzung für Ihren Job. Nun ja. In dasselbe Jahr fielen weitere wegweisende Ereignisse, um die es heute gehen wird, die Ihnen aber wahrscheinlich eh nichts sagen. Da spare ich mir jeden

Kommentar. Was steht bei Ihrer angekündigten Touristen-Fahrt als Erstes auf dem Programm?«

Missmutig lenkte der Fahrer den Pontiac um die Ecke, so dass sie eine fantastische Perspektive auf das Capitol bekamen. Mit seiner gut 30 Meter hohen Kuppel thronte das klassizistische Bauwerk auf dem Hügel Capitol Hill und bildete die Heimat des Kongresses und des Repräsentantenhauses.

»So hieß auch einer der sieben Hügel, auf denen einst Rom gegründet wurde«, warf Peter ein.

»Si, genau daher leitet sich die Namensgebung ab. Die Gründer der Vereinigten Staaten wollten damit die republikanische Tradition akzentuieren.« Rosanna kannte sich gut in der Geschichte ihres Heimatlandes aus.

Als der Fahrer die Mitte der langen Achse der Constitution Avenue erreicht hatte, stoppte er kurz den Wagen auf. »Wir befinden uns vor dem *HAUPT* Springbrunnen, der von der First Lady Claudia Taylor – auch Lady Bird genannt – kreiert wurde. Der Basisstein besteht aus massivem Granit und ist ein Monolith. Weiter hinten sieht man das Weiße Haus. Es befindet sich im Mittelpunkt der ursprünglich auf zehn mal zehn Meilen angelegten Raute, die Washington umfasst. Direkt im Schnittpunkt der Diagonalen in Nord-Süd und Ost-West Richtung. Das Weiße Haus ist auf der 20-Dollar Note abgebildet. Wenn Sie den Kopf nach rechts wenden, sehen Sie den Garten der Deutsch-Amerikanischen Freundschaft. Aber darüber brauch ich wohl gerade Ihnen beiden nichts Näheres zu erzählen.« Er legte seinen Spickzettel aufs Armaturenbrett.

»Wollen Sie uns nichts über das Washington Monument berichten?« Die massive Säule lag direkt in ihrem Sichtfeld.

Er nahm den Papierausdruck wieder zur Hand. »Der berühmte Steinkoloss ist 555 Fuß hoch und an der Basis 55 Fuß breit. Rund um das Monument wehen die 50 Flaggen.«

»Für jeden Bundesstaat eine Flagge«, ergänzte sie. »Das Denkmal wurde für den Gründer und ersten Präsidenten der USA erbaut. Für den Freimaurer George Washington.«

Der Fahrer hüstelte. »Man sagte mir, dass Sie dieses Detail mit Sicherheit erwähnen würden.«

»Na hören Sie mal. Es ist nicht einfach eine Steinnadel aus Sandstein und Marmor, es ist weithin sichtbar ein Obelisk. Ein unumstrittenes Symbol der Freimaurerei, welches als die ästhetisch perfekte Verkörperung von Machtanspruch und Zivilisiertheit galt. Der Grundstein wurde von einer Freimaurerloge gestiftet. Eben jener, der auch George Washington angehörte.«

»Obelisken stammen eigentlich aus dem alten Ägypten«, gab Peter zum Besten. »Neben Washington finden sich weitere Standorte von Obelisken in London, Paris und in Rom. Auf dem Petersplatz.«

Sie bat den Fahrer einige Meter weiterzufahren, so dass sie aus der Rückscheibe einen guten Blick auf das Lincoln Memorial und den davor liegenden Reflecting Pool erheischen konnten. Anschließend bogen sie nach links in die 15. Straße und erreichten nach wenigen Minuten das Departement of Treasury, das Finanzministerium. Sie nahm eine 10 Dollar Note aus ihrer Tasche und hielt sie gegen die Fensterscheibe. »Siehst du das Gebäude auf der Rückseite des Geldscheins?«

Peter nickte. »Die Scheine erzählen ihre eigene Geschichte. Am besten gefallen mir noch immer die Interpretationen der One-Dollar Note.«

Der Beifahrer, der an diesem Tag nebenberuflich die Rolle eines Stadtführers wahrnehmen sollte, senkte den Kopf. Er ahnte, welche Theorien im Zusammenhang mit der populärsten Banknote der Welt nun geäußert würden.

»Die Pyramide mit dem Allsehenden Auge auf der Spitze, die kleine versteckte Eule als Symbol der Geheimen Gesellschaften und die symmetrisch angeordneten

Buchstaben der Freimaurer, MASON. All das findet sich auf dem Geldschein.«

»Du hast das wichtigste vergessen, Pete. Es ist die Ein-Dollar Note. Daher prangt prominent platziert das Wort ONE darauf.« Sie wedelte mit der ausgewählten Note zwischen ihren Fingern.

»Genug gesehen«, befand der City-Guide in spe und deutete dem Fahrer die nächste Station der Stadtrundfahrt an. Nach einer Viertelstunde erreichten sie die Library of Congress, die auf der östlichen Seite hinter dem Capitol lag. Der Mann hielt sich kurz. »Es ist die größte Bibliothek der Welt bezogen auf den Bücherbestand. Ihre Lebenszeit wird nicht ausreichen, um die über 160 Millionen Bücher und Manuskripte zu lesen. Das war's. Die kostenlose Tour ist beendet.«

Er spielte am Display des Navigationssystems herum und fand das Feld für die Streckenführung. Es machte ihm sichtlich Spaß, die weibliche Stimme zur Beendigung der Fahrt aufzurufen. »*Sie haben Ihr Ziel erreicht.*«

Der Mann im schwarzen Anzug führte sie in den Main Reading Room der Kongressbibliothek. In dem rund angelegten Hauptraum mit dem bunten Mosaikboden befanden sich zahlreiche Wandmalereien und Statuen. Über ihnen thronte die beeindruckende 50 Meter hohe Kuppel.

»Kommen Sie. Hier entlang«, bat sie der Mann. Sie gingen an einer riesigen Marmorsäule vorbei. »Die Library of Congress umfasst drei Gebäude, die architektonisch sehr unterschiedlich sind. Am interessantesten ist vielleicht die Tatsache, dass sie durch ein unterirdisches Tunnelsystem miteinander verbunden sind. Wenn ich Jack richtig verstanden habe, wollen Sie sich die Katakomben einmal genauer ansehen.«

Sie nickten und wussten in diesem Augenblick, dass sie am Ziel angekommen waren.

* * *

Der Weg glich einem Labyrinth. Über Wendeltreppen gelangten sie mehrere Stockwerke in die Tiefe, bis sie hinter massiven Stahltüren einen glattwandigen Aufenthaltsraum in der Form eines Würfels mit einer Kantenlänge von jeweils sechs Metern erreichten. Der Mann erklärte ihnen das Prozedere.

»Alle metallischen Teile, Mrs. Sands und Mr. Berg, legen Sie vorher ab. Wir haben in der Wand für Sie zwei Schließfächer reserviert. Sie sehen den Ganzkörperscanner in der Mitte des Raums? Sie kennen das vom Flughafen. Es ist bei uns nicht anders. Das einzige, was Sie mit in den Meeting-Room nehmen dürfen, sind Ihre Sonnenbrillen und jeweils ein Spezialgerät, wie Jack es nannte. Total irre, dass wir uns auf solche Sperenzchen eingelassen haben.«

»Freuen Sie sich doch, dass Sie mal etwas Neues zu Gesicht bekommen.« Sie war drauf und dran, ihn zu provozieren.

Sie wurden in eine angrenzende quaderförmige Kammer geführt. Die Wände waren völlig schwarz, bis auf die dem Eingang gegenüberliegende Fläche, in die eine von hinten beleuchtete Mattscheibe aus Panzerglas von ungefähr zwei mal drei Metern eingebracht war. Im ersten Viertel des Raums war ein massiver Eichentisch platziert - mit bequem gepolsterten Ledersesseln auf beiden Seiten. Von oben strahlte ein warm weißes Licht auf den Tisch.

Ihre beiden Gegenüber hatten bereits Platz genommen. Rechts saß offensichtlich Tom Davis. Er trug eine Uniform und passte hundertprozentig auf die Beschreibungen von Jack. Neben ihm saß eine Frau im mittleren Alter. Apart gekleidet mit einem hellgrauen Hosenanzug. Sie hatte die Haare hochgesteckt und ihre Augen waren dunkel geschminkt.

»Mein Name ist Erika Winwood. Ich koordiniere dieses Treffen, welches offiziell nicht stattfindet. Ihre Geräte, die Communicator, werden hier unten keinen Empfang haben. Sollten Sie Tonaufnahmen jeglicher Art vornehmen, sei es mittels Ihrer präparierten Sonnenbrillen oder anderen Hilfsmitteln, verstoßen Sie gegen Bundesgesetze des Landes, auf dessen Boden Sie sich befinden. Bei einer Verwendung oder gar Veröffentlichung drohen Ihnen empfindliche Strafen. Wir haben nur unter Protest zugestimmt, dass Sie ...«

»Es ist gut Erika. Fahren Sie fort.« Es war eine sonore markante Stimme, die aus der Tiefe des Raums ertönte. Jemand saß weit hinten im Halbdunkel neben der dezent beleuchteten Glasscheibe. Man konnte den Mann nicht erkennen. Die Umrisse erschienen nur schemenhaft.

»Wie gesagt, wir freuen uns, Sie als Gäste zu begrüßen. Die Zeit des Treffens ist auf 30 Minuten festgesetzt worden. Ich habe vor mir eine Liste von Fragen, die ich vorschlage, Punkt für Punkt durchzugehen ...«

»Einen Moment«, mischte sich der Mann neben ihr ein. »Es kommt nicht allzu häufig vor, dass ich eine Kollegin - oder besser gesagt eine ehemalige Mitarbeiterin - aus meinem *Enco* Team in solch einer illustren Gesellschaft begrüßen darf. Rosanna, Sie haben sich gar nicht richtig verabschiedet, als Sie vor einigen Jahren einfach dem Dienst ferngeblieben sind. Nach so vielen Jahren der Zusammenarbeit hätte ich ein klein wenig mehr Etikette erwartet. Und Ihnen ist doch hoffentlich bewusst, dass ich es als Fahnenflucht einstufen müsste, wenn ...«

»Wir verlieren Zeit mit unnötigen Positionierungen«, stellte Peter vorlaut fest.

»Er hat recht, Tom. Die Regeln für den Ablauf hat schließlich Ihr alter Kumpel Jack festgelegt und Sie haben zugestimmt.«

»*Wir* haben zugestimmt, nicht ich.«

»Kommen wir zur Sache. Die erste Frage lautet wie folgt. Was wissen Sie über den Ursprung des Coronavirus SARS-CoV-2, welches unser Land in eine dramatische Lage gestürzt hat ?«

Sie hatten abgemacht, dass Rosanna die Fragen beantworten sollte. »Es ist ein von Menschen künstlich geschaffenes Virus. Im Rahmen der sogenannten *Gain-of-Function* Projekte, entstand es in jahrelanger Entwicklung in Bio-Laboren der Sicherheitsstufe BSL-4 mittels eines gezielten *in-vivo* Chimären-Prozesses. Vier Stämme des Basisvirus wurden entwickelt.«

»*In-vivo* heißt genau ... was?«, wollte Erika Winwood wissen.

»Wenn mehrere Virenarten bewusst in die Wirtszelle eines lebenden Organismus eingebracht werden. In diesem Fall waren es vorrangig Ferkel. Die Auswahl der Viren orientierte sich daran, dem Ziel-Coronavirus die humane Eigenschaft mitzugeben, die eine Übertragung von Mensch-zu-Mensch ermöglicht.«

»Vier Stämme?«

»Ja. Von dem Ursprungs-Virus *A* wurden drei weitere Mutationen gezielt abgeleitet.«

»Bislang sind insgesamt nur drei Stämme bekannt.«

»Richtig. Die Stämme *A*, *B* und *C*. Der erste Abkömmling von *A* war jedoch *A/1* und diese Mutation ist noch nicht im Umlauf.«

Es war ein tiefes Einatmen vom Chef des nordamerikanischen *Enco* Außenpostens zu vernehmen. Er ahnte, dass darin eine weitere Gefahr lauern könnte.

»Gibt es einen Hinweis, worin sich der vierte Stamm von den anderen unterscheidet?«

»Er ist bereits angezüchtet worden, wird jedoch noch zurückgehalten. Mutmaßlich wird zurzeit daran gearbeitet, ihm einen höheren Letalitätsfaktor durch ein zusätzliches Virus zu verleihen.«

»Angezüchtet … wo? Dort, wo die Ursprungsviren geschaffen worden sind?«

»Nein. Unseres Wissens nach stammt das SARS-CoV-2 aus den Laboren in Wuhan, die Anzüchtung erfolgte demgegenüber in den BSL-4 Laboren in Harbin.«

»China. Ich habe es die ganze Zeit über gewusst«, tönte eine charismatische Stimme aus dem Halbdunkel.

»Wuhan, Harbin. Liegen Ihnen für diese Behauptungen Beweise vor?«, wollte Erika Winwood wissen.

»Es gibt einige wenige Zeugenaussagen. Alle weiteren Dokumente scheinen vernichtet worden zu sein.«

»Die Raffinierung des vierten Stamms erfolgt demnach ebenfalls in Harbin? Geht es wieder um Schweineferkel?«

»Nein. Das Prinzip besteht darin, dass die Labore untereinander nichts von den Aktivitäten wissen. Die letzten Hinweise bezüglich des vierten Stamms könnten auf Labore in der Stadt Kunming hindeuten - mit Makaken als Wirstiere. Makaken sind eine Affenart.«

»Danke für die Präzisierung. Was Sie sagen, ist internationaler Sprengstoff und deckt sich nicht mit der allgemeinen Interpretation der Fakten.«

»Weil es so gewollt ist, dass niemand den wahren Hintergrund erfährt. Es würde die weiteren Entwicklungen verfrüht beschleunigen.«

»Warten Sie, dazu kommen wir noch. Zunächst habe ich eine Frage zur Verbreitung«, sie sortierte die Blätter vor sich in eine neue Reihenfolge.

»Es sind die bekannten Wege gewählt worden. Vorrangig kamen die zuvor immunisierten Superspreader zum Einsatz, die gezielt ganze Kontingente der Viren an die Hotspots des Globus gebracht haben. Als Zweites waren es Geldscheine, die mit Viren infiziert waren. Drittens wurden tiefgekühlte Lebensmittel infiziert. Lachs, Thunfisch und tiefgefrorene Zutaten - unter anderem für die Zubereitung von Sushi-Speisen in aller Welt.«

»Die Sache mit dem tiefgefrorenen Fisch ist neu. Worin besteht der Trigger dafür?«

»Es ist die Temperatur, Mrs. Winwood. Tiefgekühlt bekommt es dem Coronavirus besonders gut.«

»Die Superspreader waren immunisiert. Gibt es einen Impfstoff?«

»Das wird eine der größten Herausforderungen werden. Auch ohne dass wir einen Virologen in unseren Reihen haben, lässt sich sagen, dass die Auswirkungen der Erkrankung sehr vielfältig sein können. Wenn es Bestandteile in der Genomsequenz geben könnte, die auf eine partielle HIV-Codierung hindeuten, kann sich das Virus für lange Zeit im menschlichen Körper versteckt halten. Impfstoffe wären dann wenig wirkungsvoll und es kann zu einer Auto-Immunreaktion kommen mit einem Zytokinsturm, der den Körper weitaus mehr schädigt als das ursprüngliche Virus.«

»Sie sind offensichtlich immun, wenn Ihre Einreisedokumente inklusive Ihrer Bestätigungen aus Island korrekt sind? Hatten Sie COVID-19, Mrs. Sands, beziehungsweise Ihr Begleiter, Mr. Berg?«

»Richtig ist, dass wir beide die spezifischen Antikörper der Immunglobuline *G* in unserem Blut aufweisen. Bei Peter Berg ist es aufgrund der durchgemachten Infektion, bei mir sind die Antikörper genetisch bedingt und vermutlich seit Geburt an vorhanden.«

»Sie war unsere *Wonder Woman* in der *Enco* und es gab noch eine Frau von ihrem Schlag«, warf Tom Davis in die Diskussion, doch niemand ging auf seine Äußerung ein.

»Gut«, nahm Erika den Faden wieder auf und hakte auf ihrem Zettel einige Punkte ab. »Welches Virus soll den vierten Stamm komplettieren und wie hoch könnte die Letalität ausfallen?«

»Es gibt nur wenige Hinweise darauf. Das H5N1 Virus kann eine Rolle spielen. Die neue Letalität würde vergleichbar mit dem 2002er-SARS-Virus möglicherweise bei annähernd zehn Prozent liegen. Das wäre ungefähr zehnmal so hoch, wie beim aktuellen SARS-CoV-2 Virus.«

Man hörte ein beunruhigendes Räuspern aus der Tiefe des Raums. Erika nahm es zum Anlass nachzufassen.

»Sie behaupten also, dass China dahintersteckt?«

»Wer ist China? China ist ein Land mit 1,4 Milliarden Menschen. Mit freundlichen, disziplinierten, wunderbaren Wesen. Nein, wir sagen nicht, dass das chinesische Volk irgendetwas damit zu tun hat. Die Menschen dort sind genauso Opfer, wie die Menschen überall auf der Welt. Doch es scheint, dass einige wenige ihre Finger im Spiel haben und die Entwicklungen des Virus in Gang gebracht haben. Sie wollen es jetzt auf die Weltbevölkerung los jagen und als Nächstes noch schlimmere Dinge planen.«

»Eins nach dem anderen. Wer steckt hinter der Entwicklung und der Verbreitung des Virus, wenn es nicht die chinesische Regierung ist?«

»Auch wenn noch nicht alle Details bekannt sind, … es sind Kräfte aus China daran maßgeblich beteiligt. Ob offiziell, inoffiziell oder umstürzlerisch, ist noch fraglich.«

Wieder meldete sich eine Stimme aus der Ferne. »Ich habe es gewusst. Von Anfang an.«

Erika Winwood nahm ihr Halstuch ab und öffnete den obersten Knopf ihrer weißen Bluse. »Das Wort offiziell vergessen wir. Es würde eine internationale Staatenkrise heraufbeschwören. Für das Wort inoffiziell gilt selbiges. Diese Variante ist möglicherweise noch beunruhigender, weil sie impliziert, dass das Geschehen von der Regierung sanktioniert wurde, man sich jedoch davon vollständig distanzieren könnte, wenn die Situation zu eng werden sollte. Nichts anderes ist unter Mao der Viererbande widerfahren. Die Beteiligten wurden nach der Aufdeckung zum Tode verurteilt. Man nennt es wohl ein Bauernopfer - inklusive Damenopfer im Falle von Maos First Lady.«

»Dann bleibt ein echter Umsturzversuch als einzige Möglichkeit, die einen gegenseitig adaptierbaren Konsens darstellen könnte?«, schlussfolgerte Rosanna.

Ihr Gegenüber nickte. »Sie sagen es. Alles andere würde zu unübersehbaren internationalen Konsequenzen führen und zu einem diplomatischen Hurrikan der höchsten Stufe. Protuberanzen der gefährlichsten Kategorie ...«

»Zum Dritten Weltkrieg«, kürzte Peter die Auflistung der Horrorszenarien ab.

»Bleiben wir bei einem Umsturz der gegenwärtigen Machtverhältnisse in China. Warum sollte ein derartiges Vorhaben nicht auf das Land selbst beschränkt bleiben? Wofür sonst wäre die aufwändige Entwicklung und Verbreitung des Virus benötigt worden?«

»Die geheimen Kräfte, die dahinterstehen, beinhalten den chinesischen Teil, sie reichen jedoch viel weiter. Wir gehen davon aus, dass es sie gibt und dass sie weltweit verzweigt sind. Generalstabsmäßig organisiert und bereit für die globale Übernahme. Nennen Sie sie die Illuminaten oder die ONE-C. Die Drahtzieher sind eine sehr mächtige Gruppe von politischen und militärischen Führern, von internationalen Bankern, führenden Wissenschaftlern und einflussreichen Topmanagern aus der Wirtschaft. Die einzige Autorität, die sie akzeptieren, ist die ihres unangefochtenen Anführers. Sie haben sich der satanisch geprägten Lehre von Adam Weishaupt und Albert Pike verschrieben, wobei die Anfänge dieser Bewegung bis in die menschliche Urgeschichte zurückzugehen scheinen. Ihr unumkehrbares Ziel ist die Weltherrschaft in einem neuen Zeitalter mit der absoluten Kontrolle über die Menschen. Sie nennen die kommende Ära das *Novus ordo seclorum*.«

»Die ONE-C. Ja.« Sie drehte sich um zu Tom Davis. »Es ist schon erstaunlich, dass die von Ihnen so liebevoll wie abenteuerlich als Rebellen bezeichneten Einzelkämpfer unseren gesamten Kenntnisstand als Basis bestätigen und bei weitem über mehr Hintergrundinformationen zu verfügen scheinen, als wir uns in den kühnsten Träumen vorgestellt haben.« Sie wandte ihren Blick wieder zu Rosanna. »Im Namen unserer … ich korrigiere, *ich* möchte Ihnen danken für Ihre sehr brauchbaren Ausführungen, die sich komplementär in unsere Ermittlungen einreihen lassen. Wir müssen einräumen, dass unsere überstaatlichen Sicherheitsteams, die außerhalb der bekannten Strukturen tätig sind …«

Peter fiel ihr ins Wort. »Sie reden von den *Executive Teams*? Von der *Enco*, richtig? Die Kommando-Einheiten der *Enco* bekamen unter dem Siegel der Verschwiegenheit bisweilen Aufträge aus unbekannter Quelle. Dependenzen und Kausalitäten vermischten sich immer häufiger und die *Enco* wurde das signifikanteste ausführende Organ der ONE-C. Die Vorhaben der Organisation müssen perfekt koordiniert werden. Kosmopolitisch, länderübergreifend und kulturübergreifend. Die handelnden Personen kennen sich oftmals selbst nicht untereinander und manche der Personen wissen gar nicht, an welchem Projekt sie mitarbeiten. Aus unserer Sicht wurde die *Enco* systematisch unterwandert und die perfekt ausgebildeten Agenten wurden viel häufiger missbraucht als überhaupt vorstellbar.«

»Tom, das wollen Sie sicherlich kommentieren?« Erika lehnte sich demonstrativ in ihrem Ledersessel zurück.

Es dauerte einen Moment, bis er sich sortiert hatte. »So wie die *Enco* konstruiert wurde, lassen sich gewisse Fehlsteuerungen nicht ganz ausschließen. Wir sind Soldaten. Befehl und Gehorsam stellen die Basis unseres Handelns dar. Wir können und sollen keine ethische Filterung an den Ordern unserer Auftraggeber vornehmen. Das würde alles ad absurdum führen. Nun zu Ihnen, Mrs. Sands. Es scheint, dass Sie und Ihre Teamkollegen richtig liegen. Jack *The Brain* besitzt natürlich einen unschätzbaren

Vorteil. Er kann sich weltweit in jedes, absolut jedes Netz einhacken. Wo und wann es ihm beliebt. Da ist er uns einen Schritt voraus. Was er jedoch nicht weiß – und wir genau so wenig – ist, wo sich einige der abkommandierten Teams gerade aufhalten. Im Klartext. Wir haben sie verloren. Erschwerend kommt hinzu, dass es sich um unsere Elite handelt. Es läuft etwas Großes. Mehr wissen wir bedauerlicherweise nicht.«

Erika protestierte sofort.

»Der Begriff *bedauerlicherweise* kommt bei unserem Militär nicht vor.« Sie richtete sich auf und streckte ihr Kinn nach vorne.

»Klären Sie mich bitte auf, Mrs. Winwood. Welche Funktion bekleiden Sie in der Regierung«, wollte Rosanna wissen.

»Schluss damit«, ertönte es aus dem anderen Ende des Raums. »Erika agiert im Verborgenen. Doch bei ihr laufen alle Fäden des Verteidigungsministeriums und der Streitkräfte der Vereinigten Staaten zusammen. Der Vereinigte Generalstab mag Entscheidungen vorschlagen, gutheißen oder ausführen. Treffen wird sie ausschließlich der Oberbefehlshaber. Und glauben Sie mir aufs Wort, Verehrteste. Der Oberbefehlshaber vertraut voll und ganz auf Mrs. Winwood und auf niemanden sonst.«

Es herrschte Stille. Keiner wollte das erste Wort nach diesem Statement ergreifen.

»Zwei Punkte.« Es war Erika, die das Schweigen brach. »Was wissen Sie über die fehlende Virus-Komponente für den vierten Stamm? Wann rechnen Sie mit einer Fertigstellung und der Verbreitung?«

»Vieles deutet auf den Subtyp des Influenza-A-Virus H5N1 hin. Allgemein bekannt als Vogelgrippe. Hoch pathogen. Eine Infektion beim Menschen mit dem H5N1 Virus kann unter anderem den gefürchteten Zytokinsturm auslösen. Die sogenannte Autoimmunreaktion.«

»Das H5N1 Virus ist jedoch so gut wie nicht von Mensch-zu-Mensch übertragbar, Mrs. Sands. Was kommt sonst in Frage?«

»Oh, wir sollten das Vogelgrippe-Virus nicht abschreiben und ad acta legen. Wenn es sich auf das SARS-CoV-2 quasi aufpfropfen lässt, wäre die humane Übertragung möglich. Dennoch tendieren wir zu einem noch unbekannten anderen Virus. Das H5N1 befindet sich bereits in Harbin. Dafür hätte sich die ONE-C nicht die Mühe einer Viren-Sabotage mittels illegaler Sendungen aus Kanada machen müssen. Bald wissen wir hoffentlich mehr.«

»Aus Kanada?« Sie pfiff durch die Zähne. »Ich bin gespannt. Wussten Sie das, Davis?«

Der Kommandant des amerikanischen Hauptquartiers der *Enco* zuckte mit den Schultern und hielt sich wortlos zurück.

»Sie müssen Ihr Ziel sicher erreichen und Sie brauchen eine Begleitung, Sands. Wir werden Ihnen einen Air-Marshall mit ins Flugzeug setzen. Es ist absolut notwendig. Wie Tom Davis ausführte, sind einige seiner besten Teams in geheimer Mission unterwegs. So geheim, dass niemand weiß, wo sich die Truppen aufhalten. Was er Ihnen noch nicht gesagt hat, ist, dass es eine Gruppe bei der *Enco* gibt, die speziell Ihnen und den Rebellen auf den Fersen ist. Wenn Sie sich bisher im Angriff gewähnt haben, blicken Sie hin und wieder um sich. Es könnte sich um ein Mitglied des Killerkommandos handeln. Davis fand eine komplette Liste ihrer Rebellen-Truppe in einem *classified document*. Es ist eher ein Wunder, dass wir Sie heute noch so lebendig empfangen können.«

Peter schluckte. Sie waren in höchster Lebensgefahr. Sein Herz raste. War ihnen die Sache über den Kopf gewachsen? Es war nicht das erste Mal, dass ihn diese Angst befiel. Rosanna hingegen blieb völlig cool.

»Totgesagte leben länger. Es könnte unser Vorteil sein.«

Die Frau auf der anderen Seite des Eichentischs kniff die Augen zusammen. »Wie meinen Sie das, Sands?«

»Ich habe eine Idee. Sie schicken zwei Spezial-Agenten zusammen mit dem Air-Marshall im selben Flieger nach Winnipeg und inszenieren unser Ableben. Dann können wir uns etwas befreiter bewegen.«

»Das ist keine gute Idee«, warf Peter ein. »Gar nicht gut.«

Erika Winwood war anderer Meinung und nickte. »Wir werden unsere besten Kollegen dafür aussuchen. Sie können sich auf uns verlassen. Der zweite Punkt ... es geht um den Krieg. Wo vermuten Sie, dass der alles auslösende Anschlag stattfinden wird?«

Rosanna strich sich mit beiden Händen ihre gewellten braunen Haare nach hinten. »Der Tempelberg in Jerusalem wird eine Rolle spielen. Der Ort, an dem die drei Weltreligionen gegründet wurden. Drei Weltreligionen, ein Gott. Ein Anschlag. Der Dritte Weltkrieg. Mit der Zielsetzung, am Ende die Religionen durch die ONE-C zu ersetzen. Behalten Sie den Begriff der *Triangular Files* im Gedächtnis. Wasser wird ebenfalls ein entscheidendes Element sein. Der Codename lautet *Operation Herbin Blue*. Operation Blau. Das Wasser wird hunderttausende Menschenleben bedrohen. Und es wird um ein schwarzes Kristall gehen. Wenn Sie uns konkret nach einem Ort des Geschehens fragen, müssen wir passen. Es ist Ostafrika, der Nahe Osten oder irgendwo dazwischen.«

Erika Winwood schob den Ärmel ihres Blazers nach oben und schaute auf die Armbanduhr. »Wir liegen gut in der Zeit. Wenn Sie noch einen letzten Kommentar loswerden wollen, dann jetzt.«

Rosanna blickte zu Peter hinüber. Doch er schüttelte den Kopf. Sie hatten alle wichtigen Aspekte platzieren können.

»Es ist alles in Ordnung. Mrs. Winwood, Mr. Davis. Wir danken Ihnen für Ihre Zeit und das Gespräch.« Sie erhoben sich und standen abwartend vor dem Tisch.

Doch es war weder Erika Winwood noch der *Enco* Kommandant, der ihnen ein *Auf Wiedersehen* sagte. Stattdessen meldete sich aus dem Halbdunkel am anderen Ende des Raums die markante Stimme zu Wort.

»Nicht so schnell. Es kommt nicht sehr oft vor, dass wir hier unten in der Gruft Gäste empfangen.« Der Mann hatte sich erhoben und sie konnten seine Umrisse vor der unauffällig beleuchteten Mattscheibe erkennen.

»Ist Ihnen übrigens aufgefallen, dass dieser Raum exakt in der Ost-West Ausrichtung angelegt wurde? Die Länge beträgt 35 Fuß, die Breite liegt bei 17 Fuß und die Höhe bemisst 19 Fuß. Wenn Ihnen diese Werte etwas sagen, denken Sie vielleicht an die Königskammer. Sehen Sie, wir liegen gar nicht so weit auseinander.« Es war ein verhaltenes Lachen zu vernehmen. »Cheops. Ja. Doch ich wende mich in einem anderen Themenkomplex an Sie beide. Nichts schweißt so stark zusammen wie ein klar definiertes Feindbild. Und genau das ist in dieser Sache das Problem. Wir wissen nicht, wer unser Feind ist. Manche sagen, die Verschwörer halten sich im Verborgenen auf und jeder Staatschef drückt sich anders aus, wenn die Bedrohung beschrieben werden soll. Wie der Kollege aus Paris, der seinen Krieg gegen einen *unsichtbaren Feind* kämpft. Wir wissen, dass mehr dahintersteckt als ein Nanometer großer Mikroorganismus. Wie lautet Ihre Empfehlung? Wo sollen wir unsere Truppen in Stellung bringen? Gegen wen kämpfen wir, wenn es soweit ist?«

Sie schluckte. Mit vielem hatte sie gerechnet. Damit nicht. Ihr Blick war starr geradeaus gerichtet und sie nahm Haltung an.

»Sir. Das Fatale bei einem Weltkrieg ist, dass die Länder gegeneinander kämpfen, ohne zu wissen, warum. Am effektivsten schwächen Sie den unbekannten Feind, der das Desaster anzetteln will, eben dadurch, *nicht* gegen andere Länder zu kämpfen. Allein die Präsenz der weltgrößten Militärmacht an den zu erwartenden Hauptschauplätzen des Krieges kann maßgeblich zur Deeskalation beitragen. Sobald wir wissen, wo die Anschläge stattfinden sollen, werden wir Ihnen berichten. Unser vorrangiges Ziel ist, den Krieg zu verhindern, und die ONE-C als unsichtbaren Feind ein für alle Mal aus dem Verkehr zu ziehen. Das Ziel besteht darin, für die Freiheit und Unabhängigkeit des Menschen zu kämpfen. Sir.«

»Das klingt nach einem guten Plan, meine Verehrteste. Sie können auf mich zählen. Ich wünsche Ihnen viel Erfolg bei der Mission.«

Der Mann drehte sich um und verschwand in einer Nische der Rückwand, die sich augenblicklich öffnete.

Kapitel 23

Winnipeg

Juli 2020

Bevor sie die Library of Congress verließen, hatte Tom Davis die beiden an die Seite gezogen und sie in einen Nebenraum im Untergeschoss gebeten. Er erklärte ihnen, woran sie ihren Geleitschutz auf dem Flug nach Kanada erkennen konnten. Die Tipps für die Verständigung mit dem Air-Marshall im Notfall gab er ihnen auch gleich mit.

»Rosanna, Peter. Es freut mich, dass wir uns erkenntlich zeigen können. Wissen Sie, es ist, als ob uns in den letzten Wochen die gesamte Ordnung aus den Händen gleitet. Wir haben uns in der *Company* noch nie so unsicheren Zeiten wie jetzt konfrontiert gesehen und wir werden nach Strich und Faden ausgehebelt. Ich kann Ihnen gar nicht sagen, wie sehr es mich erlöst hat, als der Call von Jack bei mir landete. Sagen Sie ihm, dass wir kampfbereit sind.«

»Sie wollten mit uns unter sechs Augen sprechen, um das Manöver durchzugehen. Das *ID-wipe out*, richtig?«

Rosanna nahm die Sonnenbrille in die linke Hand und tippte ungeduldig mit dem Bügel auf ihre Unterlippe.

Er nickte. »Ja, es geht um das ID-W/O. Natürlich nur, wenn Sie wollen.«

»Worum geht es?«, wollte Peter wissen, doch Rosanna deutete ihm mit einer Handbewegung an, sich zurückzuhalten.

»Wie sieht das Prozedere aus? Sie benötigen unsere Statur, die Konfektionsgrößen, Habitus, Bewegungsprofil.«

Der *Enco* Kommandant schüttelte den Kopf. »Sie erinnern sich an den Scanner von vorhin, als Sie in den Versammlungsraum gingen? Wir haben gleichzeitig einen 3D-Scan durchgeführt. Wissen Sie, was Sie für den Termin in Winnipeg anziehen werden? Formal oder sportiv?«

»Tendenziell förmlich. Und nach dem Tausch planen Sie für uns bitte legere Kleidung für den Langstreckenflug nach Europa ein.«

»In Ordnung. Wann fliegen Sie?«

»Die Verbindung nach Winnipeg geht heute um kurz nach vier, der Weiterflug nach Europa ist für morgen Nachmittag geplant. Während unseres Aufenthalts vor Ort müssen sich Ihre Männer von uns fernhalten. Das Treffen ist diffizil und darf unter keinen Umständen gefährdet werden. Wo soll anschließend der Ausgangspunkt für den Austausch und den FD sein?«

»Wir haben etwas vorbereitet. Wollen Sie einen Blick auf die digitale Karte werfen?« Er zog ein DinA5 großes Tablet aus seiner Dokumentenmappe.

»Darf ich eine Frage stellen?«, wagte sich Peter vorsichtig hervor. »Wofür steht FD?«

»Faked death«, entgegnete Davis knapp. »Hier schauen Sie. Das Kreuz markiert einen zentralen Platz in Winnipeg. Es ist die *Portage Place Shopping Mall*. Es wimmelt dort nur so vor CCTV-Überwachungskameras. Sie werden garantiert in 4K-Hochauflösung darauf erfasst. Ein schwarzes UBER Großraumtaxi fährt vor. Sie steigen ein und klettern bis nach ganz hinten in den Fond. Ausziehen, Umziehen, Perücke, Accessoires. Sie kennen das Prozedere aus dem Effeff. Ihre Peers werden im Fahrzeug auf den Rücksitzen in Ihre Klamotten schlüpfen. Konfektionsgröße, Schuhgröße, Styling, Haare und sonstige ID-Merkmale werden den höchstmöglichen Übereinstimmungsgrad aufweisen, den wir garantieren können. Sie werden erstaunt sein, wie sehr sie Ihnen ähneln.« Er lächelte.

»Übrigens, ich kenne Ihre Alias-Peers. Sie sind absolute Stunt-Profis. Ihnen wird die Vorstellung gefallen. Das UBER Taxi fährt die Portage Avenue entlang bis zur Kreuzung Notre Dame Avenue. Sie biegen nach links ab, fahren weiter bis zur Ecke Edmonton Street. Auf Höhe des Central Parks steigen Ihre Peers aus und gehen zu einem Kiosk.« Davis nahm seinen Finger und zeigte auf dem Tablet auf die Wegepunkte. »Sie kaufen sich eine Tageszeitung, ein Eis, eine Flasche Wasser. Alles unter den Augen der Überwachungskameras, die das gesamte Areal abdecken. Plötzlich ist das Paar in Eile und will hektisch die Straße überqueren. Auf der anderen Seite steht ein freies Taxi, welches die beiden unbedingt bekommen wollen. Sie rempeln dabei einen älteren Mann an, der sich lautstark über sie beschwert und sie beleidigt, so dass es möglichst viele Passanten mitbekommen. Das Paar dreht sich noch einmal kurz um, als es bereits mitten auf der Hauptverkehrsstraße ist. Ein von uns präpariertes Auto braust mit hoher Geschwindigkeit von links heran. Der Fahrer hupt panisch, doch er kann nicht ausweichen und erwischt das Paar mit voller Wucht. Es wird durch die Luft geschleudert und stürzt spektakulär auf den Asphalt. Augenblicklich färbt sich der Straßenbelag blutrot. Der Fahrer des Unfallwagens flüchtet. Eine Ambulanz ist kurz danach am Unglücksort und bringt die Schwerverletzen weg. Sie sterben. Die Schlagzeilen verbreiten sich in Windeseile. Die hiesige Polizei verfolgt den Flüchtigen. Meldungen über den tödlichen Unfall rattern wie ein Lauffeuer über die Lokal-Sender. Die überregionalen Nachrichtenagenturen berichten vom tragischen Tod der beiden internationalen Besucher. Die Berichterstattung verlagert sich im Anschluss auf die landesweite Suche nach dem Verursacher mit dem Tatbestand der Fahrerflucht. Sie beide wird man dann in der internationalen Presse bedauern und vermissen. Okay?«

»Perfekt. Ich bin auf die Stunts neugierig. Haben Sie einen Tracker für uns, damit Sie abschätzen können, wann wir am Treffpunkt auftauchen werden?«

Er händigte ihr ein kleines schwarzes Kunststoffteil aus, das aussah wie ein Schlüsselanhänger. Seitlich befand sich ein Schiebeschalter, mit dem das Gerät scharf gestellt werden konnte.

»Viel Erfolg und - auch wenn ich es sehr selten sage, eigentlich nie – viel Glück.«

Der *Enco* Kommandant drückte beiden zum Abschied die Hand. Fest und bestimmt. Es war mehr als ein Händedruck. Es war ein Zeichen der Verbundenheit, gegen einen gemeinsamen Feind zu kämpfen. Auch wenn sie getrennt marschieren würden, so wollten sie vereint zuschlagen.

* * *

Am Nachmittag gab es keinen Direktflug nach Winnipeg. Sie waren zwar pünktlich um 16.10 Uhr vom Internationalen Flughafen in Washington Dulles gestartet, mussten jedoch einen gut zweistündigen Zwischenstopp in Toronto einlegen. Die Ankunft in Winnipeg war glücklicherweise auf die Minute pünktlich um Viertel vor zehn und sie beeilten sich, in das Grand-Hotel am Flughafen zu kommen und sich gut für den morgigen Termin auszuschlafen.

Am nächsten Morgen hatten sie sich ein Taxi bestellt und ließen sich zum National Microbiology Lab NML fahren.

»Faszinierend, wie schnell Jack das Treffen mit der Professorin einfädeln konnte.« Er zeigte sich beeindruckt.

»Du kennst ihn. Einige Anrufe von einer vorgegaukelten offiziellen Institution, abgefangene Rückrufe, die solange umgelenkt werden, bis sie wieder in unserer Zentrale landen. Fotos, Dokumente, Webseiten. Alles wird von ihm hochprofessionell präpariert und nach unserem Interview mit der Dame wieder für immer im Nichts verschwinden. Du bist ab sofort der Sonderermittler Mr. Braun aus der deutschsprachigen Schweiz und hast Dr. Sophie Jameson an deiner Seite. Die Profile hast du dir hoffentlich genauestens eingeprägt.«

Er nickte und zog sein dunkelgraues Sakko zurecht.

Der Fahrer ließ sie direkt vor dem Eingang des Laborgebäudes aussteigen und sie meldeten sich an der Rezeption an. Den obligatorischen Mund-Nase Schutz hatten sie unaufgefordert aufgesetzt und warteten auf ihre Gesprächspartnerin. Lange mussten sie sich nicht die Beine vertreten, bis sie zu ihnen kam.

»Guten Morgen, Sie sind früh dran. Ich darf mich vorstellen. Susan Rohner. Ich heiße Sie willkommen.«

»Frau Professorin«, Rosanna hatte ganz bewusst eine förmliche Begrüßung gewählt. »Es ist schön, dass der Termin geklappt hat.« Sie stellte sich und ihren Kollegen vor und versuchte sogleich, die Initiative zu ergreifen. »Gibt es hier einen geeigneten Platz, an dem wir ungestört reden können?«

Die Frau führte sie durch einen zweckmäßig angelegten Park, der bis an die Mensa mit einem Außenrestaurant heranreichte. Sie suchten sich einen Tisch am Rand des gepflasterten Rondells aus. »Normalerweise ist hier viel mehr los. Auch bei uns sind viele Kollegen im HomeOffice. Ich kann Ihnen nichts anbieten. Das ist hoffentlich okay?«

»Kein Problem. Deshalb sind wir nicht zu Ihnen gekommen. Sie kennen den Kontext unseres Besuchs?«

»Nicht in vollem Umfang, wenn ich so offen sein darf, Mrs. Jameson. Sie kommen aus der Schweiz, aus dem Umfeld der WHO?«

»Das ist richtig. Wir wissen relativ viel über den Stand der Ermittlungen der RCMP im Falle des möglichen *policy-breach* im Labor. Aber uns geht es um etwas anderes.«

»Vorweg möchte ich darauf hinweisen, dass unsere Unterhaltung streng vertraulich ist. Die Institutsleitung hat dem Treffen nur zugestimmt, da Ihre Chefs uns vollkommene Immunität zugesichert haben. Was immer hier und heute zur Sprache kommt, bleibt unter uns und darf nur für Maßnahmen zur Gesundheitsförderung auf Ihrer Seite Verwendung finden. Und eine Bitte meinerseits. Könnten Sie ihre Sonnenbrillen abnehmen? Dann sehen Sie nicht wie Geheimagenten aus.«

Rosanna lachte. »Unter einer Bedingung. Die Masken müssen gleichzeitig weg. Keine Sorge, wir haben ausreichend Antikörper gegen das Virus in uns. Darf ich direkt zur Sache kommen? Gemäß der Berichte von der *Royal Canadian Mounted Police* sollen am 31. März 2019 aus Ihrem Labor unerlaubt virologische Präparate nach Wuhan gesendet worden sein.«

»Es wird noch untersucht, wer genau das veranlasst hat. Sie wissen, dass Frau Dr. Yintao Tsiu eine hochdekorierte Virologin ist. Sie ist seit über 20 Jahren in Kanada und sie und ihr Mann stehen nicht unter Arrest.«

»Wir sind nicht gekommen, um Anklage zu erheben. Sie sind im NML verantwortlich sowohl für die Prozess-Sicherheit im Gesamtablauf wie auch für die One-Voice Außenkommunikation. Frau Professor Rohner, können Sie uns sagen, welche Viren in dem Päckchen waren?«

»Das ist kein Problem. Sie finden die Informationen bereits im Internet. Weiß der Himmel, wie das dorthin gelangt ist.« Sie kramte ein dunkelblau eingefasstes Notizbuch hervor und blätterte bis zu dem entsprechenden Eintrag. »Wissen Sie, Jameson, generell ist der Austausch von Viren zwischen den Laboren der höchsten Sicherheitsstufe durchaus vorgesehen. Es gibt strenge Protokolle, die zu befolgen sind. Zunächst ist die Freigabe durch den Vorgesetzten erforderlich, dann muss sichergestellt sein, dass der Transfer strikt nach dem HPTA

Prozess durchgeführt wird. Die Abkürzung steht für den *Human Pathogens and Toxins Act*. Dazu gehört auch die Einhaltung der Vorgabe für gefährliche Gütertransporte gemäß unserem *Canadian Biosafety Standard*. Das wurde alles vorschriftsmäßig eingehalten. Bei den Viren handelte es sich um die folgenden.« Sie las die Liste der 15 Stämme vor. »*Ebola Makona* in drei Varianten, *Mayinga, Kikwit, Ivory Coast, Bundibugyo, Sudan Boniface, Sudan Gulu, MA-Ebov, GP-Ebov, GP-Sudan, Hendra, Nipah Malaysia, Nipah Bangladesh*. Jeweils wurden zwei Fläschchen verschickt.«

»Ich müsste lügen, wenn ich behaupten würde, dass mir all diese Stämme etwas sagen. Es ist eine Liste des pathogenen Schreckens oder wie würden Sie es einordnen, Susan?«, erkundigte sich Rosanna.

»Nun ja«, sie fasste sich an den Kopf. »Über Ebola brauchen wir wohl nicht zu sprechen. Und das Nipah Virus ist eine hochgefährliche Sache. Die Todesrate bei den Infizierten liegt bei 40 bis 75 Prozent. Eine Übertragung ist sowohl über verseuchte Lebensmittel wie auch durch eine Mensch-zu-Mensch Infektion möglich. Medikamente und Impfstoffe? Fehlanzeige beim NiV. Insbesondere waren in der Vergangenheit davon Menschen in Schlachthöfen und Schweinefarmen betroffen. Eine Erkrankung mit dem Nipah Virus löst häufig eine tödlich verlaufende Gehirnentzündung aus.«

»Arrgh.« Peter verzog sein Gesicht. »Und das wurde von hier aus zu den Biolaboren in Wuhan geschickt?«

Die Professorin presste die Lippen aufeinander. »Nochmals, dieser Virentransfer verlief einwandfrei nach den Vorgaben des Protokolls.«

»Ganz so glatt, wie Sie es gerne darstellen würden, war es dann doch nicht«, erwiderte Rosanna. Sie scrollte auf dem *ComX* eine Datei inklusive Bildmaterial hinunter. »Wie Sie schon sagten, man findet mehr darüber im Web, als man sollte. Hier habe ich eine Aufnahme der

Versandpapiere von CBC News. Man erkennt sogar noch die E-Mail-Adresse des Absenders. Falls der Bericht stimmt, so waren es erstaunlicherweise die Forscher aus Wuhan, die darauf hinwiesen, dass die zunächst vorgesehene Kartonverpackung ganz und gar nicht den Auflagen des HPTA entsprach. Schlimmer noch, Ihre Mitarbeiter hatten ursprünglich für den Transport einen herkömmlichen Linienflug mit einer Verkehrsmaschine von Air Canada dafür vorgesehen. Tödliche Viren in einer unzureichenden Verpackung? Stimmt es, dass die Kollegen aus China in der Kommunikation sich glücklicherweise noch einmal rückversichert hatten mit der Frage *Aren't you making a mistake here?* War es nicht so, Susan?«

»Hey, hey. Wollen Sie uns etwa an den Pranger stellen?«

Rosanna schüttelte den Kopf. »Das Ziel unseres Treffens ist ein ehrlicher Umgang und größtmögliche Transparenz. Schließlich wurde das Paket ordnungsgemäß gesichert und von Winnipeg über Toronto nach Peking geflogen.«

»Wofür brauchen Sie mich, wenn Sie bereits alles wissen?« Die verantwortliche Wissenschaftlerin des NML verschränkte ihre Arme vor sich und ihr messingfarbenes Namensschild blinkte in der Sonne.

»Sorry. Mehr ist uns nicht über die erste Lieferung bekannt, wenn es denn die erste gewesen war. Nein, die Frage lautet, wenn dieser Vorfall am 31. März 2019 stattfand und gemäß den Protokollvorgaben korrekt abgewickelt wurde, aus welchem Grund wurden Frau Dr. Yintao Tsiu und ihr Ehemann drei Monate später abgeführt? Gab es vielleicht einen ganz anderen Grund für die Einschaltung der Polizei und der RCMP?«

Die Frau schwieg und schaute vorsichtig um sich.

»Packen Sie Ihre Handys weg oder was immer diese Geräte sind.« Sie nahmen die *Communicator* Units vom Tisch und verstauten sie in den Rucksäcken. Die Sonnenbrille legte Rosanna jedoch unauffällig auf die runde Tischplatte und drückte den Aufnahmeknopf. »Kann es sein Frau Professor, dass es eine weitere Sendung gab? Einige Wochen später, vielleicht im Mai oder im Juni, mit einer anderen Zieladresse in China? Und dass bei dieser Sendung weder die HPTA Vorgaben beachtet wurden noch die Spezifikationen für den Versand?«

»Warten Sie. Es mag sein, dass unsere Kollegin Tsiu mit einer Anklage rechnen muss, doch noch gibt es keine stichhaltigen Beweise für irgendetwas. Es gibt jedoch eine andere Vorgeschichte, für die ich weit ausholen muss.«

Sie atmete tief durch und beugte sich über den Tisch.

»Kennen Sie unsere Stellvertretende Regierungschefin im *House of Commons* von Kanada? Sie ist eine tolle, faszinierende Persönlichkeit. Eine hoch kompetente Politikerin und engagierte Kosmopolitin. Schon vor 12 Jahren wurde sie ins Parlament gewählt und wurde später Kanadas erste Wissenschaftsministerin. Was viele nicht wissen, ist, dass sie ihre Doktorarbeit Anfang der 90 Jahre im Fachgebiet Geographie geschrieben hatte und 1998 eine spektakuläre Expedition nach Norwegen unternahm. Es ging auf die weit abgelegene Inselgruppe Spitzbergen im Arktischen Ozean.«

»Das klingt nach Indiana Jones«, warf Peter ein.

»Vielleicht. Sie hatte sich auf eine aufsehenerregende Spurensuche im ewigen Eis gemacht. Lesen Sie mal den Bericht im National Geographic über sie. Spitzbergen liegt am nördlichsten Ende der Welt. Mit 3000 Menschen und mehreren tausend Eisbären. In Longyearbyen, dem Hauptort des Archipels, beträgt die durchschnittliche Temperatur im Winter minus 14° Grad Celsius. Und im Sommer ist es nur 6° Grad warm oder besser gesagt kühl. Im August 1998 kam sie dort mit ihrer Expedition an, um sechs männliche Kadaver aus dem Permafrostboden auszugraben. Es ist zutiefst bedauerlich, dass ihre Mission nicht mit Erfolg abgeschlossen werden konnte. Die Leichen in Spitzbergen brachten nicht das erhoffte Ergebnis. Jemand anderes war ihr in Alaska zuvorgekommen.«

Rosanna legte ihren Kopf leicht zur Seite und sah ihr Gegenüber mit einem fixierenden Blick an. »Sie verstehen es, die Sache spannend zu machen. Worum ging es? Woran waren die Menschen in Spitzbergen gestorben? An einem Virus?«

Susan Rohner richtete sich auf. »Nicht an *einem* Virus, sondern an *dem* Virus. Die Menschen, um die es in den Gräbern ging, starben innerhalb weniger Tage im November 1918. Die Todesursache war die Spanische Grippe.«

»Shhh.« Sie pfiff durch die Zähne. »Mir schwant Böses. Die Exkursionen hatten zum Ziel, aus den Leichen Fragmente der damaligen Viren zu entnehmen?«

Sie nickte heftig. »Die Leichen in Norwegen lagen offensichtlich nicht tief genug im Erdboden und man konnte keine Viren mehr isolieren. Somit gab es keine Chance, die im Jahr zuvor gestartete Alaska-Ausgrabung zu überholen. Der damals 72-jährige John Bolten hatte das Rennen gewonnen. Er konnte aus den Lungenflügeln einer Frauenleiche im kalten Massengrab in Brevig Mission genügend Viren-Fragmente herauslösen und an das Team um die Biologin Ann Reid und den Pathologen Dr. Jeffery Taubenberger senden.«

»Die Spanische Grippe? Influenza-A-H1N1?« Sie konnte es nicht fassen.

»Ja. Das Virus wird auch 1918-H1N1 genannt. Es gehört zu den Influenza-A Virenstämmen, aber es war das gefährlichste Virus, was jemals die Welt heimgesucht hatte. Innerhalb von eineinhalb Jahren war ein Drittel der Weltbevölkerung infiziert und zwischen 50 und 80 Millionen Menschen fanden den Tod. Das Massensterben fand vor allem mit der zweiten Welle ab August 1918 statt. Die Symptome waren entsetzlich und die Betroffenen wurden in einer noch nie dagewesenen Geschwindigkeit dahingerafft. Man sagt, die Menschen ertranken sozusagen an ihren eigenen Körperflüssigkeiten.«

»Sie starben … an ihren Flüssigkeiten?«, hakte Rosanna nach und ihr kam der Name der Operation in den Sinn. *Blue*. Wie Wasser oder Flüssigkeit. Sie schüttelte sich.

»Übrigens wird der Ursprung des Virus bis heute kontrovers diskutiert. Manche Forscher sind der Meinung, dass die letzte Mutation vor dem Ausbruch in China passiert sein könnte. Wie dem auch sei. Schließlich war das Virus aus der Welt verschwunden. Für fast 80 Jahre. Und plötzlich lagen Teile davon in wissenschaftlichen Laboren.«

»Sie wollen uns jetzt nicht weismachen, dass man das originäre Virus der Spanische Grippe rekonstruieren konnte?«, wollte Peter wissen.

Die Wissenschaftliche Leiterin nickte. »Ja, genau. Das Virus wurde vollständig nachgebaut. Das geschah durch jahrelange Testreihen, reverse Rekonstruktionen und eine Sisyphus ähnelnde Puzzlearbeit am CDC, dem Center of Disease Control in Atlanta. Und in 2005 konnten die Forscher schließlich zusammen mit dem Virologen Terrence Trumpey die komplette Genom-Sequenz des Virus zusammensetzen. Die Sicherheitsvorkehrungen waren enorm. Der Zugang zum Labor war durch biometrische Zugangskontrollen gesichert und die tiefgekühlten Viren-Aufbewahrungsarchive waren nur nach einem Iris-Scan möglich. Zusätzlich erhielten die Wissenschaftler eine tägliche, prophylaktische Dosis von verschiedenen Malaria-Medikamenten wie Tamiflu, die gegen die Spanische Grippe im Falle einer Infektion helfen sollte. Sie hatten Geschichte geschrieben. Das 1918-H1N1 Virus war wieder auferstanden.«

»Das ist ja furchtbar. Ausgehend von den 80 Jahre alten Fragmenten aus dem Permafrostboden konnten die Forscher das Virus durch die Umkehrgenetik enträtseln?«

Sie rutschte unruhig auf ihrem Stuhl hin und her und blickte hinüber zu Peter. Ganz rund war das Bild noch nicht. »Was passierte dann?«

»Als Erstes wurde die Pathogenität des vollständig rekonstruierten 1918-H1N1 Virus überprüft. Zunächst an Mäusen. Es machte den Anschein, dass das Virus genauso tödlich war, wie man es erwartet hatte. Die Infektiosität war bei den Versuchstieren bis zu 39.000-mal so hoch wie bei vergleichbaren normalen Influenza-Viren. Für die Mäuse waren schon die geringsten Berührungen mit dem 1918er Virus ein Todesurteil. Von diesem Augenblick an wollte man wissen, was das Virus so gefährlich machte. Die Virulenz ergab sich vor allem aus den HA- und PB1 Virusgenen. Allerdings war jedes der in Frage kommenden acht Gene für sich allein gesehen eher durchschnittlich gefährlich. Erst die historisch einmalige Konstellation der acht bestimmten Gene definierte die außergewöhnlich hohe Kontagiosität und Virulenz.«

»Es ist ein absolutes Teufelszeug und es ist mir völlig unverständlich, warum wir uns so etwas zurück in unsere Welt geholt haben.« Er echauffierte sich. »Die Viren lagern bis heute im Hochsicherheitstrakt des CDC in Atlanta?«

»Nein, das tun sie nicht«, erwiderte sie knapp. »Ich sagte Ihnen, dass ich etwas weiter ausholen würde. Im Sommer 2007 bekamen wir exklusive Proben vom 1918-H1N1 Virus hierher nach Winnipeg in unser Biolabor mit der höchsten Sicherheitsstufe BSL-4.«

»Der Kreis beginnt sich zu schließen«, sagte Rosanna.

»Ein internationales Forscherteam infizierte sieben Affen mit dem Virus«, fuhr Susan Rohner fort.

»Sieben? Die Zahl verfolgt mich. Lassen Sie mich raten, um welche Affenart es sich handelte? Makaken?«

»Volltreffer. Bei den Makaken traten äußerst heftige Symptome auf. Wobei die eigentliche Gefährlichkeit des Virus gar nicht so sehr in seiner eigenen zerstörerischen

Kraft lag, sondern darin, dass es scheinbar die Interferonproduktion im erkrankten Körper ausschaltete. Dadurch entstand eine heftige Immunreaktion mit dem sogenannten Zykotinsturm, wenn Ihnen das etwas sagt.«

Die beiden nickten.

»Wenn der Zytokinsturm durch den Körper fegt, werden die infizierten Zellen in den Lungen so heftig überfallen, dass das flüssige Exsudat die Lungenbläschen ausfüllt und die Opfer quasi ertrinken.«

»Was für ein schrecklicher Tod. Kann es sein, dass es Parallelen zur COVID-19 Erkrankung gibt?«

»Da möchte ich keine Vermutungen äußern, Mr. Braun. Die Experimente mit den Makaken liegen 13 Jahre zurück.«

»Lassen Sie mich einige Thesen aufstellen, die Sie aller Wahrscheinlichkeit nicht kommentieren können oder dürfen. Es steht Ihnen frei, uns durch Ihre Blicke ein Gefühl dafür zu geben, ob wir richtig liegen oder nicht.«

Die diplomatische Herangehensweise zahlte sich aus. Prof. Susan Rohner stieg in das Spiel kommentarlos ein.

»Das 1918-H1N1 lagert hier bei Ihnen in Winnipeg im Hochsicherheitsbereich des NML.« Sie legte nach jedem Statement eine kurze Pause ein und gab der Professorin die Möglichkeit, die Aussage durch ein Blinzeln zu bestätigen. »Das historische Spanische Grippe Virus ist zwar hochvirulent, es kann jedoch nicht mehr wie vor 100 Jahren zu einer weltweiten Pandemie führen, da Malaria-Medikamente eine wirkungsvolle Medikation darstellen. Doch wenn die perfiden, perfekten Eigenschaften des 1918-H1N1 mit seinen acht außergewöhnlichen Virusgenen auf ein anderes Virus – wie beispielsweise auf das SARS-CoV-2 übertragen werden könnte, so würde das eine maximale Gefahr für die Menschheit darstellen.«

Die Professorin nickte.

»Angenommen das bei Ihnen einlagernde Virus der Spanischen Grippe wurde ebenfalls zweckentfremdet an ein anderes BSL-4 Labor im vergangenen Jahr gesendet, so wäre das einer *breach of the policy* gleichgekommen.«

Die Wissenschaftlerin nickte erneut.

»Denkbar wäre, dass das 1918-H1N1 Virus nach China in das Labor in Harbin gelangt ist und dort angezüchtet wurde, also effizient vermehrt wurde. Zusammen mit einem Zwischenstamm des SARS-CoV-2 könnten sich die beiden Virenkulturen in diesen Tagen auf dem Weg in die Stadt Kunming befinden.«

Susan Rohner machte große Augen. An diese Option hatte sie bis jetzt noch nicht im Traum gedacht.

»In Kunming könnten die Versuche an Makaken wieder aufgenommen werden und über eine gezielte Chimären-Infektion von den beiden zuvor genannten Virenstämmen in immer neuen Wiederholungen eine gewollte Mutation beim Virus hervorrufen. Dann Gnade uns Gott. Denn die Mutation würde die schlimmsten Eigenschaften auf sich vereinigen und bei den Erkrankten zu einer Autoimmunabwehrreaktion führen, die als Zytokinsturm den Körper innerhalb kürzester Zeit von innen zerstört und ihn quasi an sich selbst ertrinken lässt. Vergleichbar mit einem HiV-AIDS Virus, jedoch auf der Basis eines leicht von Mensch-zu-Mensch übertragbaren Virus.«

Die Frau schluckte. »Sie könnten richtig liegen. Vielleicht sind Kräfte am Werk, denen nicht mehr beizukommen ist. Dann hilft auch kein Beten mehr.«

»Kennen Sie den Report der WHO aus dem letzten Jahr? Er ist erschienen im September 2019, kurz vor den ersten Ausbrüchen von SARS-CoV-2. Es ist eine empfehlenswerte Lektüre. *A World at Risk*.«

Sie nickte. »Ja, ich kenne den Bericht. Er bringt es auf den Punkt. Darin ist alles beschrieben, wovor wir jetzt Angst haben sollten.«

»Wir müssen uns jetzt von Ihnen verabschieden. Die Zeit drängt. Behalten Sie die Diskussion bitte für sich.«

Susan Rohner sah ihr direkt in die Augen und hörte sich die Instruktionen genau an.

»Wir sind hier in Winnipeg inkognito. Niemand kennt unsere wahren Hintergründe. Das wäre zu gefährlich. Offiziell sind wir als Touristen unterwegs. Es lässt sich nicht ausschließen, dass uns aufgrund der Ermittlungen etwas zustößt. Falls das der Fall sein sollte, behalten Sie die Ruhe und unternehmen Sie nichts. Verstanden?«

Die Professorin nickte. Sie sah mitgenommen aus.

* * *

Sie schnappten sich ihre Rucksäcke und begaben sich zurück zur Hauptstraße, der Arlington Street. Mit dem Taxi fuhren sie auf schnellstem Wege hinunter bis zur Portage Avenue in Richtung des abgesprochenen Shopping Centers.

»Joe, Jack? Was sagt ihr dazu? Die Story ist mega heftig, oder?« Sie hatte direkt die Zentrale in Hongkong angefunkt und sie lauschten über ihre Sonnenbrillen den Antworten der Kollegen.

»Wir werden sofort Martijn und seine Leute in Harbin informieren. Hoffentlich bleibt uns noch genügend Zeit. Sie müssen auf schnellstem Weg nach Kunming. Gut möglich, dass schon an den Makaken herumexperimentiert wird. Shit, das Zeugs ist dermaßen gefährlich. Was sagte die Professorin? Die Infektiosität sei 39 000-mal so hoch? Wie will man das messen? Und das 1918er Virus war hundertfach tödlicher. Shit, wie will man es stoppen, wenn eine Autoimmunreaktion den gesamten Organismus lahmlegt?« Joe wirkte nervös.

»Habt ihr den GPS-Tracker angeschaltet?«, wollte Jack wissen und erinnerte sie daran, dem lokalen Team von Tom Davis das Startsignal zu geben. »Seid ihr gut vorbereitet auf den *ID-wipe out*?«

»Du meinst den *FD*?«, ergänzte Peter und flüsterte die nächsten Worte. »Mit unserem *faked death* tue mich immer noch sehr schwer.«

»Ihr wisst doch, *Totgesagte leben länger*«, entgegnete Joe. »Ich habe übrigens einen Funkzellen-Check mit allen verfügbaren Mobiltelefonen im Stadtbereich angestoßen. So wie es aussieht, tummeln sich dort einige Geräte, die dort nicht hingehören. Wenn ihr gleich bei der Shopping Mall ankommt, schaut euch bitte genau um, ob ihr etwas Verdächtiges seht.«

Rosanna hatte eine Skizze auf dem *ComX* mit dem Eingabestift verfasst und schickte sie über den Äther in die ostasiatische Metropole.

Brevig Mission > *Winnipeg*   >   *Harbin*   <   *Wuhan I / II*

Fragmente   > *Virus*   > *Anzucht*   < *Chimär-Virus*

1918-N1H1   > *1918-N1H1* >   *Î • Î Î Î*   < *SARS-CoV-2*
                                              A / A1 / B / C

1.Welle der Pandemie (A/B/C)   *Î   Î Î*   > *Superspreader*
ab September 2019   *A /*   */ B / C*

                          Î • Î
                1918-N1H1 • A/1
Kunming: *in-vivo Chimär-Virus-Experimente an Makaken*

2.Welle der Pandemie (A/1)   *Î • Î*   > *Superspreader*
                                           A/1

»Schön gemalt«, kommentierte Joe die Auflistung. »Findest du dort denn selbst noch durch?«

»Hahaha. Deine Kritik kannst du dir sparen. Die Sache ist ziemlich komplex. Hast du es denn kapiert?«

»Im Prinzip, ja. Harbin war demnach das Zentrum für die Anzüchtung gewesen. Die fertiggestellten Viren-Stämme *A*, *B* und *C* wurden an die Superspreader im September 2019 zur Verbreitung freigegeben. Der Corona-Stamm *A/1* wurde zunächst zurückgehalten und wird nun irgendwie mit den acht hochpathogenen Virengenen vom 1918er H1N1 Virus verschmolzen. Insbesondere mit den besonders gefährlichen HA- und den PB1-Genen. Und für die Versuche müssen die armen Makaken-Äffchen herhalten. Stimmt's?«

»Wer sich so etwas Teuflisches ausdenkt, hat in unserer Welt nichts verloren«, empörte sich Peter.

»Martijn wird die Sache in den Griff bekommen, bevor wir eine zweite Welle à la der Spanische Grippe befürchten müssen.« Jack gab sich zuversichtlicher, als er es selbst für möglich hielt.

Rosanna und Peter hatten die Shopping Mall erreicht und stiegen aus dem Taxi. Auf dem weitläufigen Vorplatz tummelten sich hunderte Besucher, die ihre Einkäufe tätigen wollten.

»Ich habe ein Signal abgefangen. Es wird einige Minuten dauern, bis das Einsatzkommando vor Ort ist. Macht euch inzwischen ein Bild von der Szenerie. Seht ihr irgendwelche verdächtige Personen?« Joe befand sich in Alarmbereitschaft. Die Überwachungsprogramme hatten einen drohenden Angriff als wahrscheinlich eingestuft.

Auf der Balustrade einer vorstehenden Dachterrasse hatte Rosanna schließlich einen dunkel gekleideten Mann jüngeren Alters ausgemacht und nahm ihn mit der Kamera vom *ComX* ins Visier.

»Die Analyse läuft bereits und die umliegenden CCTVs werde ich anzapfen.« Joe hatte auf seinen Rechnern die neusten biometrischen Bilderkennungstools installiert und konnte normalerweise eine extrem gute Trefferquote verzeichnen. »Volltreffer. Das System weist die Zielperson als *Alert* aus. Gefährdungsstufe hoch. Der *Drei-Tage-reverse* Check deutet auf eine Gruppe von vier Männern hin, die zusammen mit euch nach Winnipeg geflogen sind. Sie kamen offenbar aus Toronto. Wie die Typen euch so schnell lokalisieren konnten, ist mir schleierhaft.«

»Das ist nicht so schwierig, wie du denkst, Joe«, sagte Jack. »Wenn die Jungs zu viert sind, haben sie sich optimal in der City verteilt. Die Personen-Überwachung startete am Flughafen direkt nach der Ankunft. Bis zum NML Institut war es ein Kinderspiel. Ich nehme an, sie haben beim Taxi die Zieleingabe abgefangen und einen ihrer Männer parallel zum Shopping-Center dirigiert. Bringt euch in Deckung, bis der Bulli kommt. Wir haben den gesamten Platz auf dem Bildschirm. Sieben Kameras haben wir zu einem durchgehenden 3D-Panorama-Bild verschmolzen. Da kann uns eigentlich nichts entgehen. Rosanna? Rechts von dir ist eine Betonsäule. Sucht euch dahinter zeitweiligen Schutz.«

Die Minuten erschienen ihnen wie eine Ewigkeit. Endlich kam das schwarze UBER Großraumtaxi auf der Portage Avenue herangebraust. Es klappte wie am Schnürchen. Sie stiegen ein und begrüßten ihre neu hinzugewonnenen Kollegen. Es war frappierend, wie ähnlich sie sich sahen. Sie zogen sich die Kleidung aus und schlüpften in ihr Austauschdress. Die Wegstrecke folgte exakt der festgelegten Planung. Entlang der Portage Avenue bis zur Kreuzung Notre Dame Avenue. Sie bogen nach links ab und fuhren weiter bis zur Ecke Edmonton Street. Auf Höhe des Central Parks hielt der Wagen an. Rosanna und Peter hielten sich auf der Rückbank versteckt und lugten vorsichtig durch die schwarz getönte Scheibe. Ihre Doppelgänger machten sich auf den Weg zum Kiosk und erwarben dort eine Tageszeitung, ein Soft-Eis und eine

Flasche Wasser. Wie von der Tarantel gestochen verfiel das Paar urplötzlich in Hektik. Auf der anderen Seite hatten sie das präparierte freie Taxi entdeckt und wollten nun augenblicklich die Straße überqueren. Sie rannten los und rempelten dabei einen älteren Mann an, der sich lautstark über sie beschwerte. Seine Beleidigungen waren sehr ausfallend und laut, so dass einige Passanten darauf aufmerksam wurden. Das Paar drehte sich kurz um und beschimpfte seinerseits den Mann. Als sie dadurch scheinbar abgelenkt mitten auf der Hauptverkehrsstraße standen, raste das präparierte Auto mit überhöhter Geschwindigkeit von links heran. Der Fahrer hupte noch mehrmals, doch sein Ausweichmanöver gelang nicht. Er hatte das Paar mit voller Wucht erwischt. Die Doppelgänger wurden durch die Luft geschleudert und stürzten effektvoll auf den Boden. Der Asphalt färbte sich blutrot.

Rosanna und Peter waren tief beeindruckt. Der Unfall sah täuschend echt aus. Von überall kamen die Menschen herbeigerannt. Sie wollten helfen oder einfach ihre Neugier befriedigen. Einige riefen dem Fahrer des Unfallwagens ihre Flüche hinterher, doch es war zwecklos. Der Mann war geflüchtet und längst im Stadtverkehr verschwunden. Kurz danach kam die Ambulanz an den Unfallort und brachte die Schwerverletzen weg. Die Schlagzeilen verbreiteten sich wie ein Lauffeuer über alle lokalen Sender. Selbst die überregionalen Nachrichtenagenturen berichteten in großen Aufmachern vom tragischen Tod der beiden internationalen Besucher in Winnipeg.

Im Foyer der NML hing ein 85 Zoll TV-Bildschirm, auf dem die aktuellen Nachrichten von morgens bis abends in einer Endlosschleife übertragen wurden. Susan Rohner stand wie angewurzelt da und starrte auf den Monitor. »Mein Gott. Sie sind tatsächlich von ihren Verfolgern erwischt worden.«

Kapitel 24

Rom

Juli / August 2020

Nach der Ankunft in Rom waren sie froh, endlich wieder aus ihrer Verkleidung schlüpfen zu können. Sie riss sich die Perücke kurzerhand vom Kopf. Ihre Haare darunter waren klitschnass. Die Flugverbindungen war alles andere als ideal gewesen. Von Winnipeg über Toronto und Frankfurt nach Rom, mit der Ankunft am Aeroporto Leonardo da Vinci. Es waren zahlreiche Stationen und Passkontrollen mit schier endlosen Befragungen nach den Aufenthaltsorten in den vergangenen vier Wochen. Es ging dabei um Nachweise aller Art. COVID-19, SARS-CoV-2 und Antikörper-Tests sowie um die Bescheinigungen über den kürzlich absolvierten Quarantäne-Zeitraum in Island. Ein weiterer Aspekt war der Ausschluss jeglicher Besuche der sogenannten Hot-Spots. Die Prozeduren nervten kolossal. Das Reisen hatte so gut wie nichts mehr mit dem perfekt durchorganisierten System aus der Zeit vor der weltweiten Corona Krise gemein.

Trotz aller Einschränkungen und Auflagen, waren sie froh, es endlich geschafft zu haben und wieder europäischen Boden unter ihren Füßen zu haben. Die geborgten Identitäten für den Transatlantikflug konnten nun im wahrsten Sinne des Wortes in der Tonne landen. Es hatte sich ausgezahlt, dass die beiden begnadeten Organisatoren in Hongkong für so viele verschiedene Identitäten inklusive der zugehörigen Passdokumente gesorgt hatten. Auch wenn Rosanna Sands und Peter Berg in den Augen der gut informierten Öffentlichkeit seit dem Vortag nicht mehr zu den Lebenden zählten, fühlten sie sich quicklebendig und freuten sich darüber, in Italien zu sein. Für die nächsten Tage waren sie in einem Wohnmobil einquartiert, das sich wie in jedem Sommerhalbjahr stationär auf einem kleinen Campingplatz im Süden der City befand. Der Taxifahrer fuhr die Via Appia Antica im gemächlichen Tempo in südlicher Richtung und ließ sie am Restaurant *Quo Vadis* aus dem Fahrzeug.

»Questo non è un ristorante«, rief er ihnen noch hinterher und machte sich von dannen.

Es gab hier wirklich kein Restaurant mehr. Nur der Name war geblieben und erinnerte an den berühmten Hollywood-Blockbuster, der an diesem historischen Ort spielte. Die sengende Juli Sonne brannte vom Himmel. Es war ein unerträglich heißer Tag. Sie gingen die malerische Via Appia Antica gute 250 Meter zu Fuß entlang, bis sie an eine kleine Kirche mit dem Namen *Chiesa del Domine Quo Vadis* kamen.

»*Quo vadis*. Der Name ist Programm«, sinnierte Peter. »Wir haben nicht die geringste Ahnung, wie es weitergeht.«

»Der Legende nach begegnete dem Apostel Petrus an dieser Stelle Jesus Christus und stellte ihm diese Frage. *Quo vadis*. Angeblich antwortete Jesus *Wohin ich gehe, dahin kannst du mir jetzt nicht folgen. Du wirst mir aber später folgen.*«

Peter nickte. »Woraufhin Petrus kehrt machte und zurück nach Rom ging, wo er später gekreuzigt wurde. Ja, ich habe den Film gesehen. Apropos quo vadis. Wo steht denn unser *Rollendes Zuhause*?«

Sie begaben sich zurück zu dem verlassenen Restaurant. Auf dem dahinter liegenden Gelände befand sich ein von der Straße nicht einsehbarer Campingplatz. Joe hatte eine kleine Armada von luxuriös ausgestatteten Wohnmobilen mit Vorzelten und Alkoven für die Dauer von vollen vier Wochen angemietet, da zum Zeitpunkt der Beauftragung nicht absehbar war, wann die Teamkollegen aus ihren jeweiligen Aufenthaltsländern anreisen konnten. Die Fahrzeuge standen wenige Meter voneinander entfernt auf dem Campingplatz, bei dem das Gras auf fast einen halben Meter hoch angewachsen war. Ihr Wohnmobil befand sich am äußersten Ende und war unschwer an der rot-weißen Lackierung zu erkennen.

»Okay … einen Gärtner hat die Anlage wohl schon seit langer Zeit nicht mehr gesehen.«

»Genieß einfach die natürliche Umgebung, Pete. Es wird dir gut tun.« Sie suchte nach den Schlüsseln am vereinbarten Platz unter dem vorderen linken Radkasten. »Hast du an die Blumen gedacht?«

Er zuckte mit den Schultern. »Jetzt erwischt du mich auf dem falschen Fuß. Worum geht es?«

»Wenn wir es trotz Jetlag schaffen, bis Mitternacht wach zu bleiben, bricht der nächste Tag an. Es ist nicht nur ein Samstag, sondern auch der 25. Juli.«

Er presste die Lippen aufeinander. »Oh, das kommt etwas unerwartet. Aber ich werde dir ein Ständchen singen.«

Im Kühlschrank fand sich ein Fläschchen Prosecco und vom *ComX* ertönte pünktlich auf die Minute der Geburtstagssong von *Stevie Wonder, Happy Birthday*. Peter nahm sie herzlich in den Arm und drückte sie.

»Alles Gute, Babe. Auf dass es ein gutes Jahr wird.«

Sie sah ihn glücklich an und zog ihn ganz dicht an sich heran. Sie küssten sich und drehten sich langsam im Kreis zum Rhythmus der Musik.

* * *

Die nächsten Tage kamen einem Intermezzo gleich. Es passierte herzlich wenig. Am Sonntag waren Tanja und Pierre aus Rom angereist - sie hatten schließlich auch den kürzesten Weg – und bezogen den Caravan neben ihnen. Rosanna meinte festzustellen, dass sich die Russin und der Franzose inzwischen ziemlich nahegekommen waren. Sie verkniff sich jeden Kommentar. Offensichtlich war die Beziehung zwischen Tanja und Joe mittlerweile auf einem neuen Tiefpunkt angelangt und er hatte sogar darauf bestanden, nicht an der Konferenz der Rebellen teilzunehmen und die Stellung in Hongkong zu halten. Für einen kurzen Moment lang fragte sich Rosanna, wie schalldicht die Karosseriebleche sein würden, wenn es darauf ankäme, doch sie schob ihre leicht schlüpfrigen Gedankenspiele augenblicklich an die Seite.

Sie nutzten die unverhoffte Freizeit in den kommenden Tagen für ausgedehnte Spaziergänge und die Erkundung der geschichtlichen Ursprünge der Gegend. Die Via Appia war eine der ältesten Straßen Roms; benannt nach dem Konsul Appius Claudius Caecus, der 312 vor Christus das Startsignal zum Bau der wichtigen Zufahrtsstraße gab. In der Blütezeit des Römischen Reichs verlief die Via Appia von Rom bis in den Absatz Italiens nach Brindisi in über 500 Kilometern Entfernung. Die Straße diente nicht nur dem Warentransport zwischen Rom und Kampanien, sondern war auch ideal für schnelle Truppenbewegungen geeignet. Die Pflastersteine mit ihren unvergänglichen Spuren des Verschleißes legten noch heute Zeugnis ab über den damaligen Linienverkehr der römischen Karren. Die Schönheit der Landschaft mit ihren immergrünen Zypressen und den unzähligen Ruinen führte auch zu dem romantischen Beinamen der Pflastersteinstraße *Regina Viarium*, die Königin der Straßen.

Im alten Rom galt das Zwölftafelgesetz, demzufolge keine Toten im Stadtgebiet und in der Nähe von

Wohnsiedlungen bestattet werden durften. Daher lagen die Gräber in der Regel entlang der Ausfallstraßen. Die Via Appia zählte schon damals zu den wichtigsten davon und wies unzählige Grabstätten von hochgestellten Bürgern Roms auf. Neben den Grabdenkmälern fanden sich bisweilen imposante Grabmonumente tief im Boden mit massenhaft ins Erdreich geschlagenen Nischengräbern. Die unterirdischen Gewölbekeller - mit ihren zum Teil bis heute unerforschten Begräbnisstätten - reichten in manchen Fällen über mehrere Stockwerke weitverzweigt hinab in die Tiefe und ihre Gänge bildeten ein kilometerlanges Netz. Zu den bekanntesten Katakomben zählte die Krypta der Päpste, die Calixtus-Katakombe an der Via Appia. Die in den Felsen gehauenen Grabkammern waren Aufbewahrungsorte für die Ewigkeit. Einige der Katakomben waren touristisch erschlossen und Rosanna und Peter ließen es sich nicht nehmen, sie zu besichtigen.

»Es würde mich nicht wundern, wenn Jack eine Katakombe für unsere Konferenz ausgewählt hat«, mutmaßte sie, nachdem sie sich hautnah vor Ort von der Abgeschiedenheit der Bauwerke überzeugen konnte.

In den nächsten Tagen kamen die Verbündeten an und nisteten sich jeweils paarweise - und manchmal auch zu dritt - in den Wohnwagen ein. Das Geschehen auf dem abgelegenen Campingplatz hatte einen konspirativen Anstrich und genau das steckte auch hinter der Sache. Die Zusammenkunft war ein hoch geheimes Treffen. Offiziell durfte niemand davon wissen. In der zweiten Augustwoche verkündete eine Push-Nachricht auf den *ComX* Geräten, dass es soweit war. Am nächsten Tag sollte die Konferenz beginnen. Am Ende der Nachricht gab es detaillierte Instruktionen zum Ablauf inklusive der Koordinaten für den exakten Treffpunkt.

»Bingo, es geht abwärts in die Tiefe. In eine Katakombe.« Sie lächelte.

* * *

Kurz nach Sonnenaufgang pilgerten die Camper, wie sie sich zwischenzeitlich scherzhaft selbst nannten, zu Fuß entlang der historischen Via Appia zum angegebenen Treffpunkt. Rosanna fragte sich, wo die sogenannten *Wise Guys* seien. Sie hatte niemanden von ihnen in den vergangenen Tagen ankommen sehen.

Die Menschentraube hatte etwas Skurriles. Personen unterschiedlichster Couleur waren aus allen Teilen der Welt und aus den verschiedensten Kulturen eingeflogen. Ein Höchstmaß an Diversität war ihr verbindendes Merkmal. Vorbildlich hatten alle Teilnehmer ihren Mund-Nase Schutz aufgesetzt. Ein Teil der Rebellen trug die Bose Frames Sonnenbrillen, andere hatten sich zum Schutz vor der gleißenden Mittagssonne einen Strohhut aufgesetzt. Die Verkleidungen machten es beinahe unmöglich, dass sie sich gegenseitig auf Anhieb erkannten. Auch wenn es in Einzelfällen einige Zeit länger dauerte, so war die Wiedersehensfreude ausgefallen groß. Jack drängte sich in die Mitte und klatschte in die Hände.

»Willkommen. Ich fasse mich kurz. Die offizielle Begrüßung wird an anderer Stelle nachgeholt. Im Namen von unserem Anführer Martijn und Rosanna, seiner Stellvertreterin, darf ich euch im gefühlten Zentrum von Europa, in der ewigen Stadt Rom, willkommen heißen. Ich hoffe, ihr habt den Hinweis auf die wärmere Kleidung in der Dokumentation nicht übersehen? Gleich geht es einige Stockwerke in die Tiefe und die Temperaturen sind dort relativ kühl. Folgt mir bitte.«

Das heruntergekommen Steinhaus am Rande der Straße ließ nicht vermuten, dass sich unter dem Gebäude ein immens ausgedehnter Grabkomplex verbarg. Jack schob einen massiven Holzschrank zur Seite und stieß eine dahinterliegende Stahltür auf. Eine Treppe führte in die Tiefe. Es war nicht ganz ungefährlich. Hunderte Stufen mit abgerundeten Kanten, eine schummerige Beleuchtung und es gab kein Geländer, an dem sie sich abstützen konnten. Der Ausblick am Ende des Weges war atemberaubend. Eine mächtige Kuppel wölbte sich über den Rebellen und die prachtvoll erhaltene Krypta erstreckte sich über eine enorme Grundfläche. Eine solch fantastische Unterkirche hatte offensichtlich niemand von ihnen zuvor zu Gesicht bekommen und sie kamen aus dem Staunen kaum noch heraus. Jack nahm seine Atemschutzmaske ab.

»Cheers und willkommen an diesem ungewöhnlichen Ort. Möglich gemacht haben es mächtige Verbündete aus unserer Mitte. Ich spreche an dieser Stelle einen besonderen Dank an Aldo aus Taormina aus. Diese Krypta zählt zu den bislang unentdeckten frühchristlichen unterirdischen Grabanlagen vor den Mauern des antiken Roms. Nur wenige Menschen wissen von der Existenz dieser Katakombe. Die Tagesordnung für den heutigen Tag kennt ihr. Ein Wort zur Technik. Hier unten sind wir zu hundert Prozent von der Außenwelt abgeschirmt und abgeschnitten. Das *ComX* hat natürlich keinen Empfang. Wie ihr seht, gibt es jedoch elektronischen Strom in der Gruft.« Er zeigte auf die seitliche Beleuchtung. »Über diesen Weg haben wir einen Remote-Signalrepeater installiert. Dank an Alec, der das in Rekordzeit umgesetzt hat. Insofern können wir aus der Ferne unsere Kollegen zuschalten. Übrigens, Alec's Kollege Josh hört uns aus Guinea zu. Dass alles so gut funktioniert, verdanken wir Joe. Er sitzt in Hongkong und koordiniert von dort aus die Netzwerke und die Kommunikation. Eure Zweit-Chefin ist unter uns.« Rosanna stand kurz auf und schaute in die Runde, bis Jack fortfuhr. »Sie hat mich gebeten, durch die Agenda zu führen. Und damit komme ich zu unserem Chef, der in China festsitzt. Begrüßt mit mir Martijn.«

Ein tosender Applaus ging durch die Reihen. Der Holländer fühlte sich geschmeichelt. Es tat ihm gut, die Unterstützung der Truppe zu spüren.

»Leute, wir leben in einer wilden Zeit voller Herausforderungen. Ihr könnt euch gar nicht vorstellen, wie gerne ich jetzt bei euch wäre. Wir feiern heute eine weltweite Premiere. Fast fünfzig Rebellen haben wir in einem Raum zusammengebracht und wir dürfen auf die tatkräftige Unterstützung der erfahrensten *Wise Guys* aller Zeiten hoffen. Sie sind unter uns und nehmen ebenfalls an der Konferenz teil. Das hat es noch nie gegeben. Dank u well. Je bent geweldig.«

Mit einem lautstarken Klatschen begrüßten sich die Teilnehmergruppen gegenseitig. »Vrienden. Ich stecke leider in China fest. Im wohl am perfektesten organisierten Überwachungsstaat der Welt. Und wenn ich den neusten Meldungen von Rosanna und Peter aus Winnipeg Glauben schenken darf, werde ich wohl noch für einige Zeit im Reich der Mitte gebraucht. Gelukkig kann ich auf eine außergewöhnlich gute Rückendeckung des lokalen Untergrunds bauen und ich sage euch eins. Wir werden die Erschaffung des vierten, tödlichen Stamms verhindern.« Er ballte seine Hand zur Faust und zeigte sich kämpferisch. Wie auf Kommando spielte Joe den Lieblingssong von Martijn im Hintergrund ein. *Guilty* von den *Bee Gees*.

»Ja, vrienden. *And we got nothing to be guilty of.* Unsere Mission werden wir erfüllen. Jack, übernimmst du?«

Als Erstes ging er durch eine Liste der Anwesenden und checkte den Status von jedem Einzelnen hinsichtlich einer durchgemachten COVID-19 Infektion und einer möglichen Immunisierung durch Antikörper. Danach verteilte Pierre für jeden einen SARS-CoV-2 Schnelltest auf Antigen-Basis, den sie innerhalb der nächsten Minuten auswerten wollten. Ziel der Aktion war es, möglichst schnell die Masken abnehmen zu können. Der Fluoreszenz-Immunoassay FIA lieferte ihnen nach kurzer Zeit ein hinreichend verlässliches Ergebnis. Selbst wenn die Genauigkeit des FIA nicht an die der PCR-Tests auf Basis der Polymerase-Ketten-Reaktion heranreichte, so gab es ihnen die erhoffte Gewissheit. Es glich einer Befreiungsaktion, als sie sich fast gleichzeitig die chirurgischen Masken vom Kopf rissen.

Als Erstes beschäftigten sie sich mit dem aktuellen Kenntnisstand über die weltweite Pandemie und die Eindämmung des Coronavirus SARS-CoV-2.

»Ihr habt die Hand-Outs bekommen. Leider gibt es nicht das geringste Anzeichen für eine Entwarnung. Man kann fast sagen, dass das Virus jeden noch so entlegenen Winkel erobert hat. Die Letalität hält sich glücklicherweise in Grenzen, nichtsdestotrotz wird das öffentliche Leben auch weiterhin enorm dadurch betroffen. Die Zuversicht, bis Jahresende einen wirksamen Impfstoff zu entwickeln, schwindet langsam. Es geht ja vor allem darum, diejenigen zu schützen, die von einer Infektion am heftigsten betroffen wären. Und diese Personen könnten ebenfalls hinsichtlich der Vakzine eine Risikogruppe darstellen. Vor allem, wenn man die noch nicht vollständig absehbaren Zweitfolgen des Multiorganbefalls bedenkt.«

»Der gefürchtete Zytokinsturm im Organismus, der durch eine unaufhaltsame Überreaktion des körpereigenen Immunsystems ausgelöst wird«, ergänzte Rosanna. »Wie schon beim HiV-AIDS Virus, beim Nipah-Virus und im historischen Rückblick bei der Spanischen Grippe «

Ein Raunen ging durch den Saal.

»Es scheint sich leider zu bestätigen, dass das sogenannte 1918-H1N1 oder auch als Influenza-A-H1N1 bezeichnete Virus seit 15 Jahren wieder in unserer Welt ist. Wir wissen von einigen Biolaboren der höchsten Sicherheitsstufe, dass sie Kulturen davon einlagern. In den falschen Händen wäre das Virus der Spanischen Grippe eine fatale tödliche Waffe.«

Sie gab eine Zusammenfassung des Berichts *A World at Risk* und erklärte die unterschiedlichen Techniken der GoF *Gain-of-Function* Methode bei der Erschaffung von Chimär-Viren mittels der *in-vivo* Prozesse. So prägnant hatten es die Teilnehmer der Konferenz noch nie zuvor gehört. Sie waren größtenteils geschockt und gleichermaßen beunruhigt. Es war schon schlimm genug, dass das aktuelle Coronavirus SARS-CoV-2 mit seinen drei Stämmen den Zerstörungsfeldzug weltweit angetreten hatte. Dass jetzt eine weitaus gefährliche Variante im Anmarsch sein sollte, sorgte für betretene Mienen.

»Wann immer Menschen eine tödliche Waffe in die Hände bekamen, so wurde sie früher oder später von ihnen eingesetzt. Wir rennen geradewegs auf die absolute Katastrophe zu. Die ONE-C kommt ihrem Ziel so nahe, wie seit Urzeiten nicht mehr.«

Es war der *Wise Guy* Hugo aus Genf, der sich damit in die Diskussion einbrachte. Jack nahm die Bemerkung zum Anlass die unterschiedlichen Rollenverteilungen zu erklären. Die Zielsetzungen der ONE-C, der Geheimen Drahtzieher, waren hinlänglich bekannt und dass sie sich auf die operativen Einheiten der überstaatlich agierenden *Enco* abstützten, wussten die Konferenzteilnehmer ebenfalls. Die nationalen Spezialeinheiten der *Enco* gehörten zwar eigentlich in die Sicherheitskonzepte der jeweiligen Länder und Staaten, doch über die Jahre hinweg hatte die *Enco* ein inoffizielles Eigenleben entwickelt und nur wenige wussten, von wem die eigentlichen Aufträge erteilt wurden. Zumeist waren es die sogenannten *Messenger*, die die Order von der ONE-C überbrachten. Mit einem gewissen Stolz verkündete Jack, dass nun zumindest in den Vereinigten Staaten die Allokation der geheimen *Enco*-Truppen wieder voll und ganz in den Diensten der größten Demokratie der Welt stand. Sein alter Weggefährte Tom Davis hatte ihm die volle Unterstützung zugesagt.

Dennoch waren verstreute Teams auch aus seinen Einheiten zu geheimen Missionen aufgebrochen und konnten nicht mehr zurückgerufen werden. Die Begründung lag in der Geheimhaltung der Manöver selbst. Die Agenten und Soldaten waren vor einigen Wochen zu unbekannten Einsätzen abkommandiert worden und es gab seitdem keinen Kontakt mehr mit ihnen.

In der anschließenden Diskussion stellte sich klar heraus, dass die Rebellen von einem generalstabsmäßig geplanten Doppelschlag ausgingen. Zu einem Zeitpunkt, wenn die Coronavirus Pandemie auf den ultimativen Höhepunkt zusteuerte und niemand mehr etwas anderes auf dem Schirm haben würde, käme ein militärischer Anschlag quasi aus dem Nichts und würde die Welt endgültig ins Chaos stürzen.

Es schloss sich eine intensive Aussprache über die möglichen Zielorte der befürchteten Anschläge an. Immer wieder wurde dabei Jerusalem genannt. An einer Seitenwand der Krypta hängten sie eine Übersichtskarte des Nahen Ostens auf und markierten darauf die in die engere Wahl genommenen Ziele. Als die Spekulationen überhand nahmen, bat Rosanna um Ruhe.

»Silencio. Wir wissen nicht, was wir nicht wissen. Oder doch? Was meinen Sie, verehrter Herr Doktor Ernst Stein? Darf ich Sie um einen Kommentar bitten?«

Der weißhaarige Mann sah unscheinbar aus. Er stand auf und stellte sich kurz vor. »Gerne, Rosanna. Ich freue mich an dieser denkwürdigen Zusammenkunft teilzunehmen. Meinen Namen hat sie soeben genannt. Für diejenigen von euch, die mich noch nicht kennen, kann ich sagen, dass ich im Allgemeinen als Doc Einstein bekannt bin. Der Doktortitel ist irreführend, denn ich bin eigentlich ein hoffnungsloser Autodidakt.« Er schmunzelte und kokettierte mit seinem verhaltenen Understatement. »Ich wohne in der wunderschönen Stadt Wien und beschäftige mich als Kryptologe mit der Geschichte der Menschheit. Außerdem habe ich ein besonderes Faible für alle versteckten Zeichen und Symbole.« Er hielt ein schwarzes Notizbuch in die Höhe. »Dieses Büchlein stammt von einem *Messenger*. Rosanna und Peter überließen es mir bei ihrem letzten Besuch. Mein Gott, das ist bereits sieben Jahre her ...« Er kraulte sein Kinn und schlug eine Seite auf.

»Wenn es euch interessiert. Die Botschaften aus diesem Notizbuch reihen sich nahtlos in eine Geschichte, die in der Frühzeit der Menschheit ihren Anfang nahm.«

Im unterirdischen Grabkomplex der Katakombe wurde es mucksmäuschenstill. Seine Worte hallten durch das Mauergewölbe und er setzte die Pausen bewusst so, dass das Echo seinen Sätzen zusätzlichen Nachdruck verlieh.

»Eine der brennendsten Fragen für uns lautet: Wo liegen die Wurzeln der geheimen mächtigen Drahtzieher und der ONE-C? Vergessen wir die Namen und begeben uns zurück in die Zeit der Menschwerdung. Gewissermaßen zurück zum Anfang. In eine Zeit, in der es den Menschen, wie wir ihn heute kennen, noch gar nicht gab. Nennen wir unsere frühen Vorfahren dennoch der Einfachheit halber so. Die Frühmenschen, die FMs. Sie waren noch vollständiger Teil der Natur, standen bereits jedoch an der Schwelle zur Erkenntnis. Sie erlebten die dramatischen Umwälzungen der Natur am eigenen Leibe hautnah mit. Eine Polumkehr, die das irdische Leben aus dem Gleichgewicht brachte. Naturkatastrophen, Eiszeiten, Warmzeiten. Wir suchen nach dem *Missing Link*, nach dem Sprung vom Frühmenschen zum modernen Menschen. Irgendwann vor zehntausenden von Jahren entwickelte sich in Ostafrika wie aus dem Nichts ein kleiner elitärer Stamm. Durch ein einmaliges Ereignis. Es war ein Quantensprung in der Entwicklung des intelligenten Lebens. Die Evolution des Denkens nahm ihren Anfang.«

»Eine Mutation bei einer frühmenschlichen Sippe?«

»Das kann man wohl sagen, Jack. Was war passiert? Wie ihr vielleicht wisst, ist das genetische Material des heutigen Menschen immerhin zu 99 Prozent identisch mit dem eines Schimpansen. Was also machte den Unterschied? Während bei den Menschenaffen wie bei allen frühen Primaten ein weitgehend individualistisches, konkurrenzbestimmtes Denken vorherrschte, verfügten diese elitären Wesen über eine ausgeprägte kooperative Denkform. Hervorgerufen durch einen mystischen Kontakt.« Er ließ bewusst offen, worum es sich dabei handeln konnte. Niemand wagte es, an dieser Stelle eine Frage zu stellen.

»Das soziale Gehirn spielte eine wichtige Rolle bei der kognitiven Entwicklung des Menschen. Habt ihr schon mal von den drei Stufen der Evolution des Denkens gehört?«

Peter machte großen Augen. *Die drei Stufen der Erkenntnis*, durchfuhr es ihn. Doc Einstein fuhr fort.

»Bei den Menschenaffen spricht man von der *individuellen Intentionalität*, die sich bei den Frühmenschen bereits als *gemeinsame Intentionalität* darstellte, während den modernen Menschen die *kollektive Intentionalität* auszeichnet. Ich will euch sagen, worin die Unterschiede bestehen, weil es wichtig für das Verständnis ist. Fangen wir mit den Menschenaffen an. Zum einen können sich Menschenaffen vorstellen, dass ein feindliches Tier auf einen Baum klettern kann. Sie können des Weiteren sogar aus Tatsachen Schlussfolgerungen ziehen. Wenn ihr einem Menschenaffen zeigt, wie eine Banane hinter einem Baumstamm versteckt wird und ihr das Obst danach entfernt, wird er anschließend nicht erwarten, dort eine Banane zu finden. Menschenaffen können auch die Handlungen anderer Menschenaffen verstehen und man kann ihnen die Fähigkeit kausaler Schlussfolgerungen zusprechen. Nun wird's spannend. Die dritte signifikante Kompetenz bei den Menschenaffen ist die Selbstreflexion. Sie können ihr eigenes Verhalten beobachten, einschätzen und korrigieren. Zusammenfassend lässt sich jedoch sagen, dass die *individuelle Intentionalität* vor allem durch ein extrem konkurrenzbetontes Verhalten geprägt wird. Kommen wir als Nächstes zu den Frühmenschen mit ihrer *gemeinsamen Intentionalität*. Sie konnten gemeinsam Entscheidungen treffen und auch ihr Verhalten gemeinsam reflektieren. Die nächste und höchste Stufe markierte die *kollektive Intentionalität* mit der Erschaffung einer gruppenorientierten Kultur, in der mit Hilfe des sprachfähigen Denkens die Regeln für die Gemeinschaft erstellt wurden. Erst mit der *kollektiven Intentionalität* war es den Wesen möglich geworden, das erworbene Wissen über Generationen hinweg weiterzugeben.«

»Den *Wesen*?«, hakte Rosanna nach. »Sie meinen den Menschen, oder?«

»Ja, nein. Dazu komme ich gleich. Also, die Weitergabe von Wissen. Kennt ihr den Wagenheber-Effekt?«

Die meisten schüttelten den Kopf, andere machten nur große Augen.

»Michael Tomasello führte den Begriff 1993 in die Fachwelt ein. Mit dem Wagenheber-Effekt bezeichnete er die generationsübergreifende, ständige Verbesserung von menschlichen Errungenschaften, bei denen am selben Ort – oder auch ganz woanders - auf frühere Errungenschaften zurückgegriffen werden konnte. Damit war ein enormes Werkzeug zur Effizienzsteigerung in die Fortentwicklung hineingetragen worden. In einem Satz, die *kollektive Intentionalität* ist die wichtigste Schlüssel-Innovation überhaupt und markierte einen Systemwechsel in der Evolution. Und in Ergänzung dazu führte die *kollektive Intentionalität* beim modernen Menschen zu einem episodischen Gedächtnis, mit dem wir mentale Reisen durch Zeit und Raum unternehmen können. Wir können unterscheiden zwischen Vergangenheit, Gegenwart und Zukunft. *Die Zukunft ergibt sich aus der Herkunft*. Wisst ihr?«

Jack hob beide Arme und streckte Doc Einstein die Handinnenflächen entgegen.

»Stopp, bei allem Verständnis. Es klingt für mich nach den drei Stufen der Menschwerdung. Die drei Stufen der Erkenntnis. Das alles mag stimmen. Doch wo ist der Clou? Wie finden wir damit den Ort eines bevorstehenden Anschlags. Ich habe soeben den roten Faden verloren.«

Der Kryptologe blickte in eine Vielzahl fragender Gesichter und er konnte die Ungeduld teilweise verstehen.

»Okay, okay. Ich werde euch nicht länger auf die Folter spannen. Sprechen wir vom eigentlichen Anfang. Eine kleine versprengte Gruppe von Frühmenschen war in Ostafrika durch ein unerwartetes zufälliges Ereignis einer mystischen Energiequelle ausgesetzt worden und zu einem kleinen elitären Stamm mutiert. Sie waren die erste Sippe einer neuen Entwicklung in der Evolution des Lebens. Nennt es den Beginn der Erkenntnis. Sie waren Wesen, die erstmals über die *kollektive Intentionalität* verfügten. Durch diesen Clan fand ein Paradigmenwechsel in der Geschichte unserer Welt statt. Aus unserer heutigen Sicht waren sie unsere Vorfahren, aus Sicht aller anderen Frühmenschen waren sie die *Götter*.«

In der Krypta herrschte absolute Stille. Man hätte das Fallen einer Stecknadel hören können. Aus der Ferne in China meldete sich Martijn über den Lautsprecher des *ComX*.

»Doc, wat zei je? Götter? Mijn God, Donner und Doria!«

Der *Wise Guy* Ernst Einstein ließ sich nicht irritieren. »Wisst ihr, es ist immer eine Frage der Sichtweise. Die sogenannten *Götter* kamen sich nicht als solche vor. Für sie verlief das Leben ja ganz normal. Ihre erstaunlichen Fähigkeiten waren ihnen von Geburt an mitgegeben und wohl vertraut. Jahrhundertelang lebten sie isoliert vom Rest der Welt in ihrer Gemeinschaft. Doch sie entwickelten durch ihre außergewöhnliche Intelligenz und ihre *kollektive*

Intentionalität in immer schnellerer zeitlicher Abfolge einen Wissensfundus, den es so noch nie gegeben hatte. Mit jeder Generation hoben sie sich unbemerkt weiter vom Status aller anderen Frühmenschen ab, die ihr Leben weit von ihnen entfernt fristeten. Die *Götter* beobachteten die Natur, die Sterne, die Gesetzmäßigkeiten von wiederkehrenden Ereignissen. Allesamt Erkenntnisse, die für uns aus heutiger Sicht als nichts Besonderes erscheinen würden. Während die anderen Frühmenschen auf ihrem vorsteinzeitlichen Intelligenz-Level verharrten, entfernten sich die *Götter* von Generation zu Generation weiter von ihnen. Sie waren ihnen uneinholbar enteilt. Die *Götter* entwickelten Kenntnisse über die Mathematik, die Geometrie und sie erforschten die Phasen der Natur. Aus den regelmäßig wiederkehrenden Sternbildern leiteten sie die großen Äonen der Erdpräzession ab, die einen immerwährenden Zyklus von 25.750 Jahren beschrieben. Sie begriffen das Große Jahr der Erdachse, das sie am Himmel vorüberziehen sahen, denn sie erkannten den Unterschied zwischen dem Tropischen Jahr - welches die Zeitdauer zwischen einer Sonnenwende und der nächsten umfasste - und einem Siderischen Jahr, welches die Zeit definierte, bis die Erde wieder auf denselben Nachthimmel zeigte. Die *Götter* der Vorzeit erlebten das Goldene Zeitalter und sie entwickelten das tiefste Verständnis über die komplexen Zusammenhänge der Welt, das man sich vorstellen konnte. Zahlen waren ihnen wohlvertraut. Die Zahl Pi, die Fibonacci-Reihe, Phi und der Goldene Schnitt 1,618 ... es gäbe noch unzählige weitere Beispiele. Die *Götter* sahen und verstanden. Sie besaßen Fähigkeiten, Wissen und Kompetenzen, die aus heutiger Sicht nicht mehr zugänglich sind. Sie waren die Götter auf Erden.« Er legte eine Pause ein und wartete, bis das Echo verhallt war. »Jahrtausende vergingen und die *Götter* lebten in ihrem Paradies. In ihrer Welt. In ihrem Reich. In Ostafrika.«

»Bis sie auf die Frühmenschen trafen, richtig Doc?«
wollte Rosanna wissen.

»Du sagst es. Es kam die Zeit der Exploration. Die *Götter*
machten sich auf den Weg, die Welt zu erobern. Sie trafen
auf die Frühmenschen, die ihnen äußerlich relativ ähnlich
waren. Zwar hatten die *Götter* eine sehr ausgeprägte
längliche Kopfform, aber ansonsten unterschieden sie sich
kaum von den Frühmenschen. Kulturell lag jedoch ein
ganzes Universum zwischen ihnen. Sprache, Verstand, und
Wissen. Vor allem besaßen sie das Regelwerk des *göttlichen*
Zusammenlebens. Die *Göttersöhne* trafen auf die Töchter
der Frühmenschen. Kommt euch diese Passage bekannt
vor? Sie stammt aus dem Buch Mose, dem Buch des
Anfangs. Die Genesis im sechsten Kapitel 6,1-2. *Und es
geschah, als der Mensch anfing, auf dem Erdboden zahlreich zu
werden, und ihnen Töchter geboren wurden, da sahen die
Göttersöhne die Menschentöchter, dass sie gut waren, und sie
nahmen für sich Frauen von allen, die sie auswählten.* Tja, und
so geschah es. Es war das Ende der Götter und zugleich
der Beginn des modernen Menschen. Über Jahrtausende
hinweg hatte der elitäre Stamm sein Erbgut bewahrt und
lebte räumlich begrenzt in einem überschaubaren
Territorium. Dann siegte die Fleischeslust und die
attraktiven Körper der jungen Frühmenschenfrauen
lockten die Götterjünglinge in ihre Arme. Die Vermischung
der beiden Rassen, Frühmenschen und *Götter*, hatte
begonnen und schuf den modernen Menschen. Die einst
göttlichen Eigenschaften des mystisch entstandenen
Wesens mit der *kollektiven Intentionalität* mischten sich mit
den konkurrenzbetonten Individualeigenschaften der
Frühmenschen und ihrer *gemeinsamen Intentionalität*. Hier
die perfekten *Götter*, dort die individuellen und von
Konkurrenz geprägten Frühmenschen. Die Mischung schuf
uns, ein zerrissenes Wesen. Auf der einen Seite künstlerisch
kreativ, kooperativ, gemeinschaftsbasiert, fürsorgend und

liebevoll – auf der anderen Seite zerstörerisch, brutal, menschenverachtend und ausbeuterisch. Der moderne Mensch ist eine verlorene Seele. Ein Hybridgeschöpf der Natur, aber dennoch einzigartig.«

»Doc, was Sie da gerade erwähnten? Der Satz steht wirklich in der Bibel?« Rosanna konnte es nicht fassen.

Der Wissende aus Wien nickte. »Es gab ein Urwissen, welches über viele Generationen bewahrt wurde. Fünfzig Generationen sind bereits tausend Jahre. Die Götter erkannten, dass durch die Vermischung ihre ursprüngliche Ordnung nach und nach auseinanderzubrechen drohte. Die neuen Menschen verfügten über einige der göttlichen Fähigkeiten und die Trennlinie zu den *Göttern* wurde zunehmend verwässert. Die *Götter* sorgten sich und beschlossen, dass nur noch unter ihresgleichen die Nachkommen den elitären Status behalten sollten. Ausschließlich an die eigenen reinerbigen *göttlichen* Nachfahren sollte das verborgene Geheimwissen weiter tradiert werden. Die verbleibenden *Götter* zogen die Fäden im Hintergrund. Sie waren die Königsmacher im Alten Ägypten und steuerten die Ordnungen und Kulturen der ersten sich entwickelnden Staatengemeinschaften der Menschen. Solange die *Götter* im Verborgenen mit ihrem Geheimwissen auftrumpfen konnten, hielten sie die Schalthebel der Macht fest in ihren Händen. Sie erkannten, dass das Erbgut der *göttlichen* Väter sich verstärkt erst ab dem zweiten Kind mit einer menschlichen Mutter durchsetzte, was zu den entsetzlichen Tötungsritualen der Erstgeborenen führte. Doch irgendwann verloren sie die Kontrolle. Die *Götter* waren diffundiert und der moderne Mensch mit all seiner inneren Zerrissenheit hatte das Ruder des Geschehens übernommen.«

Jack schlug an eine Glocke aus Kupfer. »Doc, ich unterbreche Sie höchst ungern. Aber ich muss auf die Zeit drängen. Kommen Sie bitte allmählich in die Neuzeit.«

»Wird gemacht, Chef.« Der Kryptologe zeigte sich gut gelaunt. »Es gab seitdem ein gewolltes Festhalten an der Elite, wie auch zeitweise ein zufälliges Wiederaufflammen. Die Gene der früheren Götter stecken mittlerweile anteilig in uns allen. Und es gibt erstaunlicherweise Menschen, bei denen die originären, rezessiven Erbinformationen sublim vorkommen. Wenn sich zufällig zwei Menschen finden, bei denen die für lange Zeit nicht in Erscheinung getretenen Gene wieder die perfekte, göttliche Kombination herbeiführen könnten, ist es wie ein Lottogewinn bei der Suche nach der verlorenen Zeit.«

»Doc, sind Sie solch ein Lottogewinn?«, fragte Rosanna.

Er fühlte sich geschmeichelt. »Nun. Ich bin nur einer von einigen. Du und deine Freunde, ihr wart so freundlich, uns einzuladen. Ihr nennt uns die *Wise Guys*. Wir haben einen Zugang zu den Welleninformationen unserer Welt und haben eine Ahnung vom holographischen Gedächtnis der Natur. Um der Frage vorzubeugen, wir selbst würden uns niemals als *Götter* bezeichnen. Das waren unsere Vorfahren bestenfalls aus Sicht der Frühmenschen und so hat sich der Begriff in die vorzeitliche Berichterstattung eingeschlichen. Wir sind nur Wesen, die der Natur vielleicht eine Portion stärker verbunden sind, als es im Schulwissen vorstellbar ist. Der Geist, welcher der ONE-C zu Grunde liegt, ist damit identisch. Wann immer Menschen zur Welt kamen, die der einzigartigen genetischen Konstellation entsprangen und die den vorsintflutlichen *Göttern* gleichkamen, so erkannten sie sich untereinander früher oder später. Der Drang, wieder die ursprüngliche Ordnung herbeizuführen, war unaufhaltsam. Daher fanden sich zu allen Zeiten die Gruppierungen der geheimen Organisationen. Nur wenige der Auserwählten haben sich davon distanziert und den gemäßigten Weg präferiert. Nennt uns die *Wise Guys*, von uns aus, gerne. Es ist schwer zu verstehen. Die *Götter* der Vorzeit waren friedfertige

Wesen, die eins mit ihrer Welt waren. Gewalt und Repression anderer, war ihnen vom Naturell aus fremd. Erst als sie auf die räuberischen, ausbeuterisch veranlagten Frühmenschen trafen, lernten sie, ihre besonderen Fähigkeiten dafür einzusetzen, eine Ordnung herbeizuführen, die in der Natur so beherrschend war. Seht euch die Organisation eines Termitenstaates an. Die Königin steht an der Spitze. Die Ordnung der Lebewesen ist optimal aufgestellt.«

»*Die Seele der weißen Ameise* von *Eugéne Marais*«, flüsterte Peter ganz leise. Für ihn fügte sich ein monumentales Puzzle nahtlos ineinander.

»Ob Illuminaten, ONE-C oder wie auch immer sie sich nennen. Sie träumen davon, die natürliche Bestimmung eines integrierten Organismus umzusetzen. Wie eine Ameisenkolonie. Eine quasi-versklavte menschliche Gesellschaft, die den festgelegten Regeln folgt. Das Wissen und die Herrschaft hingegen würden in der Königsklasse liegen. Die Menschen wären die Soldaten, die ONE-C wäre an der Macht wie die Königin eines Bienenvolks.«

»Jeezzz«, zischte es aus dem fernen China. Es war Carl. Ihn durchlief ein Wechselbad der Gefühle. »Wie sagte der *Wise Guy*? Es ist alles eine Frage des Standpunkts. Mich überkommen gerade Zweifel, ob die ONE-C wirklich die Ausgeburt des Bösen ist. Oder sind es nicht am Ende die heutigen Menschen, die die Erde nach Strich und Faden ausbeuten und zerstören?«

Im unterirdischen Gewölbe herrschte eine bedrückende Stille. Jack raufte sich die Haare. »Okay. Bevor wir alle einen moralischen Tiefgang erleiden, schlage ich vor, dass wir uns vergegenwärtigen, dass diese Organisation namens ONE-C einen Weltkrieg anzetteln will. Millionen Menschen sollen durch tödliche Virenkulturen den Tod finden und wer die Pandemie überlebt, wird in nuklearen Schlachten dahingerafft. No way, Leute.«

Gerade zum richtigen Zeitpunkt brachte er die Rebellen wieder auf Kurs und auch Doc Einstein gab ihm recht.

»Das ist richtig und es verbindet uns mit euch. Überlassen wir den Bienen, Ameisen und Termiten die vermeintlich perfekt organisierten Gesellschaftsstrukturen. Der Mensch, wie wir ihn heute kennen, mag ein merkwürdiges Hybrid-Konstrukt sein, doch seine Einzigartigkeit darf nicht verloren gehen. Die Freiheit und Vielfalt des Menschen sollten unantastbar sein. Für immer. Wenn es überhaupt einen Gegenpol in der Sinnlosigkeit des unendlichen Universums gibt, bestimmt durch Dependenzen und zahlenbezogene Gesetzmäßigkeiten, so ist es die Freiheit der Gedanken, die Fantasie und die Liebe, die dem Menschen zu eigen ist. Ja, Freunde. Kreativität und Liebe waren im Plan der Schöpfung nicht enthalten. Es zeichnet uns aus und sucht seines Gleichen in der Dunkelheit des Alls. Es lohnt sich dafür zu kämpfen und wir als die *Wise Guys* werden euch mit allen uns zur Verfügung stehenden Talenten unterstützen.«

Es folgte ein langanhaltender Applaus. Als wieder Ruhe in der Krypta eingekehrt war, meldete sich Rosanna.

»Wohin müssen wir gehen, um den Krieg zu verhindern, Doc?«

Ernst Stein blickte zu seinen Mitstreitern. Zu Professor Habermann aus Wien, Hugo aus Genf, Aldo aus Sizilien und einigen anderen. Sie nickten ihm ermunternd zu.

»Religionen stärken den Menschen und sind den geheimen Gesellschaften wie der ONE-C ein Dorn im Auge. Nicht umsonst soll der Dritte Weltkrieg eine Schlacht der Weltreligionen sein. Die großen Drei - das Judentum, der Islam und das Christentum - nahmen ihren Anfang in Jerusalem. Dorthin solltet ihr euch begeben, um das Schlimmste zu verhindern. Der Anschlag selbst wird in der Region des magischen Ortes stattfinden, wo sich der einstige Geburtsort der Götter befand. Und unweit von dort wird in den nächsten Wochen die Versammlung der höchsten Anführer der ONE-C stattfinden. Ostafrika wird zu einem wahren Tummelplatz werden. Noch etwas. Das neue Virus ist wie eine klassische Seuche. Es ist gut, dass eure Leute bereits in China sind. Es bleibt noch etwas Zeit, es aufzuhalten. Doch ihr dürft nicht allzu lange warten.«

»Wissen Sie, wo sich die ONE-C trifft?« Sie ließ nicht locker.

Er ging zur Karte und fuhr mit seinem Finger über die topografischen Einzeichnungen. Der genaue Ort blieb vage, aber zumindest hatten sie einen Anhaltspunkt. »Übrigens«, ergänzte er. »Es wird eine prachtvolle Zeremonie geplant. Der zweifelnde Whistleblower aus New York war die Nummer Vier in der ONE-C. Der erste Führer des dritten Levels. Ihn hat ja nun das Zeitliche gesegnet. Für ihn wird jemand nachrücken. Und noch eine Promotion dürfte anstehen. Die bisherige Nummer Eins wird sich auf die Machtübernahme an der Spitze der Weltregierung vorbereiten. Sobald der Krieg zu Ende ist, übernimmt er die weltweite Führung auf Lebenszeit. Der Krieg ist so terminiert, dass die Friedensverhandlungen zur Wintersonnenwende abgeschlossen sein werden. In welchem Jahr das sein wird, ist noch offen. Für die Nummer Eins dürfte daher schon bald jemand nachrücken und es könnte eine faustdicke Überraschung geben, wenn es jemand von der dritten Ebene ist - und nicht wie allgemein erwartet – von der zweiten Ebene.«

Rosanna zog eine Augenbraue nach oben. »Damn. Doch nicht das teuflische Schwesterherz. Von sieben auf eins? Das wäre ja eine Traumkarriere.«

»Es könnte so sein. Noch ist es nur eine Option von vielen. Doch die zeremoniellen Vorbereitungen sind schon angelaufen. Der Raum für die Inauguration ist bereits prächtig geschmückt und in den vielen kleinen Wandöffnungen stecken unzählige blaue Lotosblumen.«

»Es erinnert an das Alte Ägypten.«

»Correctement. Dort liegen die unbestrittenen Wurzeln für die feierlichen Prozessionen. Lange bevor die drei Weltreligionen ihren Ursprung begründeten, hatte die altägyptische Kultur den Ton angegeben. Jahrtausende zuvor.«

»Ist der Ort, an dem die Götter zu den Menschen kamen, in der Nähe der geplanten Zusammenkunft der ONE-C?«

»Wie ich bereits sagte, Rosanna. Es ist nur unweit entfernt. Den genauen Ort kennen wir nicht. Die Umrisse sind nur schemenhaft zu erkennen. Aber es ist viel Wasser in der Gegend.«

»Wasser? Die Operation trägt den Namen *Blau*. Das könnte gut zusammenpassen.«

Sie räusperte sich. »Eine Frage habe ich noch. Wie kam es dazu, dass ein beliebiger Stamm der Frühmenschen plötzlich zu *Göttern* mutierte?«

»Das ist eine sehr gute Frage. Der mystische Sprung in der menschlichen Evolution war letztendlich das Ergebnis einer beinahe astronomischen Konstellation. Es führte zu einer signifikanten Einflussnahme auf das Erbgut, wodurch die *Götter* entstanden. Wodurch genau das hervorgerufen wurde? Ihr werdet es begreifen, wenn es soweit ist.«

»D'accord. Dann kommt meine Frage in eigener Sache. Es scheint so, dass ich selbst – genau wie meine Zwillingsschwester - aus einer gezielten Genkombination als zweites Kind meiner Mutter über eine künstliche Befruchtung geschaffen wurde. Sind wir sogenannte Design-Kinder, die dem Ideal-Wesen im Sinne der ONE-C entsprechen?«

»Es war harte Arbeit.« Er schmunzelte. »Damit war ein neues Zeitalter angebrochen. Erstmals war es gelungen, die originären Genomsequenzen ausfindig zu machen und sie konsequent für eine Wieder-Erschaffung der Götter zu nutzen. Eure Eizellen liegen im ewigen Eis, wenn ich richtig informiert bin. Sie warten dort auf den Tag ihrer Wiedererweckung, sobald die Zeit reif dafür ist. Und zumindest zu fünfzig Prozent ist das Experiment aus Sicht der ONE-C geglückt. Von dir, Rosanna, dürften die Geheimen Drahtzieher jedoch ziemlich enttäuscht sein.«

»Die Ursache liegt in der Natur des Spiegel-Zwillings. Dafür kann ich nichts.« Sie lächelte salomonisch. »Aber die Enttäuschung dürfte sich in Grenzen halten, da ich nach landläufiger Meinung nicht mehr unter den Lebenden weile.« Sie griff nach Peters Hand und drückte ihn.

Es schloss sich die Einteilung der Teams an und anschließend lösten sie die Versammlung auf. Die Erkenntnisse mussten sie erst einmal sacken lassen. Es waren heftige Neuigkeiten.

Sie schlenderte mit Peter zu ihrem Wohnmobil und gab ihm nicht die geringste Chance eine Frage zu stellen oder einen Kommentar loszuwerden. Sie küsste ihn leidenschaftlich und ließ ihn nicht mehr los. Obwohl der Platz im Innenraum sehr klein bemessen war, reichte es so gerade aus für einen engen Tanz mit einem betont lasziven Charakter. *Adriano Celentano* schmetterte den italienischen Klassiker *Azzurro* von der Festplatte. *Azzurro*, Himmelblau.

* * *

Der nächste Tag war ein freier Tag im Ablaufplan der kommenden Wochen. Ein letztes Mal wollten sie die ewige Stadt Rom genießen, bevor die Welt aus den Angeln geriet. Nach einem morgendlichen Espresso im Wohnmobil machten sie sich schon früh auf den Weg zur nächstgelegenen Bushaltestelle. *Low profile* hieß ihre Devise. Nur nicht auffallen. Tags zuvor hatten sie noch getönt, dass sie alle historischen sieben Hügel von Rom erklimmen wollten. *Über sieben Hügel musst du gehen*, hatte er noch gewitzelt. Aventin, Caelius, Esquilin, Kapitol, Palatin, Quirinal und Viminal. Die Anfangsbuchstaben waren schön gleichmäßig verteilt über das Alphabet. Schließlich hatten sie sich für einige wenige Hügel entschieden. Der Aventin machte den Anfang und bot ihnen vom Orangengarten einen sagenhaften Blick über die Stadt. Dann begaben sie sich zum Kapitol, dem religiösen und politischen Zentrum des alten Roms. Die meisten Triumphzüge der Römer fanden hier ihren krönenden Abschluss. Den zentralen Platz Piazza del Campidoglio hatte einst Michelangelo entworfen. Es war die Geschichte vieler Jahrhunderte, die auf die beiden einwirkte. Völlig beeindruckt suchte Peter auf seinem *ComX* nach einem Song, der die Vergänglichkeit der Zeit widerspiegelte. Es war der Ire *Johnny Logan*, der mit *What's another Year* das Rennen machte. Sie hielten Händchen und genossen den atemberaubenden Ausblick.

»Apropos Jahr. Hast du richtig kapiert, was Doc Einstein mit dem Tropischen Jahr meinte und mit dem anderen ...?«

Sie lächelte ihn an. »Du sprichst vom Siderischen Jahr? Beide sind unterschiedlich lang, das wollte er uns damit sagen. Beim Tropischen Jahr schaust du zu unserem Zentralgestirn, der Sonne, und erkennst nach genau einem Jahr, wann die Tag- und Nachtgleiche Equinox wieder eintritt. Oder du suchst dir den Tag der Sonnenwende aus.« Sie lächelte ihn an. »Beim Siderischen Jahr beobachtest du hingegen den Sternenhimmel und passt auf, wann die Sternbilder wieder exakt an derselben Stelle erscheinen. Die Überraschung ist, dass die beiden Zeiträume nicht identisch sind. Es liegen pro Jahr gut 20 Minuten dazwischen, um die das Siderische Jahr länger dauert. Es liegt daran, dass unsere Erdachse ein ganz leichtes Taumeln aufweist, was die Erdpräzession genannt wird. Wie bei einem ins Wanken geratenen Brummkreisel, mit dem Kinder spielen. Dieser Zyklus dauert ungefähr

25.750 Jahre. Teile die Dauer eines Jahres durch diesen Wert und du kommst auf den jährlichen Unterschied von 20 Minuten.«

»Danke für die Aufklärung. Man lernt immer noch hinzu. Wenn die sogenannten *Götter*, also unsere Vorfahren, diese Unterschiede wirklich entdeckt haben, so mussten sie nicht nur Jahrhunderte sondern Jahrtausende lang den Nachthimmel Nacht für Nacht beobachtet haben. Unfassbar.«

»Niemand von uns hätte heutzutage die Geduld für derartige Beobachtungen, aber vielleicht war es damals so spannend wie die heutigen TV-Nachrichten. Wer weiß.«

»Du, der Begriff *Götter* hat mich etwas irritiert. Mit Außerirdischen hat das nichts zu tun, oder?«

Sie lachte. »Haha, Pete. Nein, da waren keine Aliens im Spiel. Es ist nur ein Begriff. Doc Einstein hat unterschieden zwischen allen frühmenschlichen Vorfahren auf der einen Seite, inklusive der Neandertaler, und einem kleinen elitären Stamm in Ostafrika des Homo Sapiens Sapiens, den er der Einfachheit halber die *Götter* genannt hat, weil sie allen anderen Frühmenschen haushoch überlegen waren.«

»Das habe ich verstanden. Und diese Götter lebten lange Zeit für sich und vollkommen abgeschieden?«

»Ja, so wird es wohl gewesen sein. Ich habe gehört, dass die *Wise Guys* sich schon einige Tage zuvor getroffen hatten und auf verschlungenen Pfaden den Zugang zu urzeitlichen Schrifttafeln gesucht hatten. In einer tief versteckten Höhle soll es wohl Dokumentationen geben, die normalerweise niemandem zugänglich sind.«

Er hielt sich an einer hölzernen Bank mit beiden Händen fest. »Hast du eine Ahnung, wie lange das her ist?«

»Tja. Das verliert sich offensichtlich im Dunkel der Äonen. Vielleicht geschah die allererste Welle der besagten Evolution oder Mutation bereits vor 200.000 Jahren. Doch das sagt nichts aus, da die elitären Stämme ihre Entwicklung weitgehend isoliert vom Rest der Frühmenschen erlebten. In einem klassifizierten Dokument der *Wise Guys* habe ich gelesen, dass die eigentliche Welle demnach vor etwa 41.000 Jahren ihren Anfang nahm. Mit einer kleinen überschaubaren Gesellschaft von vielleicht einigen Hundert Wesen fing es an.«

»Okay, dann werde ich dir zuliebe mal den Begriff der *Götter* übernehmen. Die *Göttersöhne* haben sich dann die attraktivsten Frauen der Frühmenschen gesucht und auf diese Weise den modernen Menschen geschaffen, richtig?«

Sie schmunzelte. »Du kannst dich ja sogar richtig vornehm ausdrücken. Ich kenne dich auch so, dass du die Sache direkt auf den Punkt gebracht hättest. Im Sinne, dass die arrogantesten Typen die geilsten Ladys gefickt hätten.«

»Na, na. Ich muss doch bitten. Aber vielleicht war es wirklich so. Und wir sind demnach das Ergebnis dieses prähistorischen Speed-Datings. Irgendwann haben sie wild durch alle Reviere gevögelt. Sowohl die Götter von einst wie auch die Neandertaler und alle anderen Frühmenschen waren verschwunden und sind im modernen Menschen Homo Sapiens aufgegangen.«

»Si. Das erklärt, warum die Menschen teilweise so zerrissen sind. Genial, intelligent und kreativ auf der einen Seite und kompetitiv, egoistisch und verbrecherisch auf der anderen Seite. Der Mensch ist ein Wesen zwischen einem mordenden Raubtier und einem kongenialen Schaffenden, der lebt, liebt und nach einem höheren Sinn strebt.«

»Hm, was denkst du, machte den wesentlichen Unterschied beim Stamm der *Götter* aus? Die Sprache?«

»Ich weiß es nicht. Das Sprachgen wird als FOXP5 Gen bezeichnet und es soll angeblich vor rund 50.000 Jahren erstmals aufgetaucht sein. Doch Sprache setzt Denken voraus. Wahrscheinlich war das Denken bei den *Göttern* zuerst da.«

»Bei den *Göttern.* Ja, sie waren allen anderen durch ihre Denkfähigkeiten uneinholbar überlegen. Aber was machte den Unterschied? Was war das mystische Ereignis, von dem er sprach? Eine Mutation? Wodurch verursacht?«

Sie schüttelte den Kopf. »Das historische Ereignis? Das hat er uns nicht verraten. Wie sagte er so vieldeutig? *Wir würden es begreifen, wenn es soweit ist.* Nun, wodurch auch immer es hervorgerufen wurde, so war das erste Geschöpf mit den neuen Eigenschaften ein Baby in den Armen seiner Mutter.«

»Du willst mir damit sagen, dass wir die *Götter* einer Mutter verdanken?«

Sie zog eine Augenbraue hoch. »Natürlich! Ein menschliches Baby wird im Grunde genommen viel zu früh geboren. Erst nach 17 Monaten erreicht es die Geschicklichkeit gerade geborener Schimpansen. Und erst nach dem ersten Lebensjahr kann es stehen und laufen. Die *Götter* waren echte Spätentwickler. Der Neandertaler war viel früher geschlechtsreif, hatte somit aber deutlich weniger Zeit für das Erlernen und Erwerben des Wissens von den Älteren.«

»Dann sind wir also eine Kreuzung zwischen den sogenannten *Göttern* aus Ostafrika und den primitiven frühmenschlichen Neandertalern?«

»Jedenfalls sind wir ein an die Tropen angepasstes Wesen. Unsere Neutraltemperatur liegt bei 27° Grad.«

»Bei dir wird es niemals langweilig, Ann. Was bitte ist die Neutraltemperatur?«, wollte er wissen.

Sie legte ihren Kopf zur Seite. »Es gibt die natürlichen Wärmeverluste des Körpers, die durch den Grundumsatz des Stoffwechsels ausgeglichen werden. Bei uns ist der Wert auf 27° Grad Celsius von Geburt an eingestellt. Wir sind ein Kind der Tropen.« Sie lächelte. »Hey, wollen wir weitergehen? Auf uns wartet noch der Trevi Brunnen. Das hattest du mir versprochen.«

Sie kramte in ihrer Seitentasche und hielt ihm drei Geldmünzen entgegen. »Na, kommen dir die Geldstücke bekannt vor?«

»Lass mich raten. Es war im Sommer 2013. In Norwegen. Mein Sohn Robert hatte sie dir geschenkt. Und in Hongkong, im März 2014, hast du sie mir das letzte Mal gezeigt.« Er gab ihr ein Küsschen auf die Wange. »Hey Sweetie. Ich werde es nie vergessen.«

Sie schlenderten die Gassen hinab und hielten Ausschau nach den Sehenswürdigkeiten. Am Piazza Venezia blieben sie kurz stehen und wandten den Blick nach Westen über den Fluss Tiber, der sich durch die Stadt schlängelte. Zwischen den Häusern hindurch konnten sie den Petersdom erspähen. »Wenn ich so auf den Vatikan blicke ... was denkst du? Ist der Papst sicher.«

»Witzig, dass du das fragst, Pete. Daran habe ich eben auch gedacht. Ich war vor einiger Zeit in Varese, beim Erzbischof Marino. Von ihm erfuhr ich alles über die Prophezeiungen von Fatima. Die dritte Weissagung aus dem Jahr 1917 betrifft die Apokalypse. Das Armageddon. Und demnach stirbt der Papst bei einem Anschlag in Jerusalem. Es ist unheimlich. Mir ist plötzlich ganz kalt.«

Er fasste nach ihrer Hand. Sie war eiskalt.

»Ich habe die Dossiers gelesen. Joe hatte das recherchiert. Aufgrund der allgemeinen Quarantäne wird sich das Oberhaupt der Katholischen Kirche auf unbestimmte Zeit in den Gemächern des Vatikans aufhalten.«

»Wollen wir es hoffen. Ich habe ein verdammt ungutes Gefühl. Eine Ahnung, die ich nicht beschreiben kann.«

Er nahm sie in den Arm und drückte sie an sich. »Wir schaffen es und dem Vertreter Gottes auf Erden wird nichts passieren. Wenn wir Rom verlassen, ist es unser *Point of no return*. Ein Weg ohne Wiederkehr.«

Sie sah ihn an. »Nicht weit von hier fließt der Rubikon. Wir werden ihn überschreiten, so riskant es auch ist.«

Sie erreichten den größten Brunnen Roms. Vielleicht war der Trevi-Brunnen sogar der bekannteste Brunnen der ganzen Welt. Im Sonnenlicht erstrahlte das spätbarocke Bauwerk umso prächtiger. Rosanna hatte leuchtende Augen. »Du kennst die Legende? Wenn ich *eine* Münze über meinen Rücken in den Brunnen werfe, verheißt das eine sichere Rückkehr nach Rom. Zwei Münzen bedeuten, dass ich mich verliebe. Und mit drei Münzen winkt eine weiße Hochzeit.«

Er strahlte über das ganze Gesicht. »Zurückgekehrt nach Rom sind wir bereits und mit dem Verlieben kennen wir uns ebenfalls einigermaßen aus. Also, wenn du mich um Rat fragst, sollte deine Wahl auf die drei Münzen fallen.«

Gesagt, getan. In hohem Bogen schmiss sie die Geldstücke hinter sich in den Brunnen und fiel ihm um den Hals. »Wenn das alles vorüber ist, fliegen wir in die Südsee. Bora Bora wird auf uns warten.«

Sie küssten sich und aus der Ferne glaubten sie, ganz leise die Melodie *Come with me* zu hören.

Kapitel 25

Nairobi

September 2020

Nach der ersten weltweiten Zusammenkunft der Rebellen mit den *Wise Guys* in Rom gingen einige Tage ins Land, bevor die nächsten Aktivitäten gestartet werden konnten. Es lag zum einen daran, dass Joe mittlerweile auf sich allein gestellt war. Die Situation in Hongkong hatte sich weiter verschärft. Die Ankündigung von China, in der Stadt ein nationales Sicherheitsbüro zu eröffnen, war wie eine Bombe eingeschlagen und hatte die demokratischen Hoffnungsträger in der ostasiatischen Metropole bis ins Mark getroffen. Rechtzeitig vor der Wahl in Hongkong, die am 6. September 2020 stattfinden sollte, hatte China Tatsachen geschaffen. Das Sicherheitsbüro inmitten der Stadt sollte Geheimdienstinformationen sammeln und jedwede Einmischungen aus dem Ausland bekämpfen, die eine Abspaltung, Subversion oder Terrorismus zum Ziel hätten. Damit war das Ende des alten Hongkongs in den Grundzügen fast besiegelt. Alles andere würde nur noch eine Frage der Zeit sein. Niemand glaubte mehr daran, dass die Chinesische Volksrepublik mit seiner Diktatur des Volkes vertragsgemäß bis zum Jahr 2047 warten würde. Russland hatte mit der Annektierung der Krim auch nur auf die erstbeste Chance gelauert. Joe hatte sofort nach der Ankündigung damit begonnen, seine Daten zu sichern und den digitalen Fußabdruck der Rebellen auf null hinunterzufahren.

Neben den technischen Herausforderungen durch das deutlich zusammengefahrene Equipment, bestand eine zusätzliche Schwierigkeit darin, den geplanten Ort für das Geheimtreffen der ONE-C eindeutig zu identifizieren. Von dem weisen Doc Einstein war zwar der Hinweis auf Ostafrika und auf Kenia gefallen, doch noch gab es keine verlässliche Bestätigung – so sehr Joe auch sämtliche Netzwerke durchkämmte. Die Rasterfahndungen der Rebellen umfassten ein ausgeklügeltes Analyse-System, welches bei einer Häufung von Suchbegriffen anfing und ebenfalls anschlug bei ungewöhnlichen Bewegungsdaten von Mobiltelefonen, die sich nicht in der üblichen vermuteten Umgebung befanden. Joe wusste um die Cleverness seiner Gegner und als ehemaliger Hacker kannte er sich bestens in allen Tricks aus. Als ultimativer Trumpf, über den sie nach wie vor verfügten, verblieb schließlich der Miniatur-Chip, mit dem sich die Nummer Sieben der ONE-C unwissend in der Öffentlichkeit bewegte. Während der Zeit in Hongkong, als sich Victoria Vicem in der Gewalt der Rebellen befand, hatte ihr Jack unbemerkt einen miniaturisierten *Near-Field-Chip* unter die Haut am Rücken implantiert und sie zuvor unter Vollnarkose gesetzt. Der Chip war allerdings kein aktiver Sender und verfügte über keine Energiequelle. Erst wenn Victoria mit ihrem passiven NFC nahe genug an einen Detektor kam - wie ein beliebiges modernes Smartphone, so würde ihr Standort detektierbar sein. Die dahinter liegende Architektur war komplex. Der Near-Field-Chip besaß eine eigene Kennung mit einem einmaligen Fingerabdruck. Prinzipiell musste Joe die verfügbaren Daten von allen Personen auswerten, die sich in der vermuteten Nähe von Victoria aufhielten. Das kam der Suche nach der berühmten Nadel im Heuhaufen gleich und er war froh, wenn ihm der Kollege Zufall bisweilen zu Hilfe kam.

Als die anderen Rebellen damals wissen wollten, wie das technisch funktionierte, hatte Jack immer auf das Abwehrprinzip beim Ladendiebstahl verwiesen. *Denkt an das Alarmsignal, wenn jemand durch die am Ausgang angebrachten Sicherheitsschranken geht. Bei der Wicked Vicky ist es ähnlich, nur dass das Piepen bei Joe aufschlägt.*

An diesem Septembermorgen war es endlich soweit. Joe wurde aus dem Schlaf geweckt und ein gleichmäßiges Sirenen-Geräusch tönte durch den Container. Er öffnete die Satellitenkarte von Afrika und machte sich auf die Suche nach dem Ausgangsort des Signals.

Sie war wieder dort, wo sie vor vielen Wochen an Land gegangen war. In Westafrika in Pointe-Noire, der Hafenstadt der Republik Kongo. Lange Zeit hatte Joe spekuliert, wo sie sich dort versteckt hielt oder ob sie die Bahnverbindung in die Hauptstadt Brazzaville genommen hatte. Offensichtlich hatte sie erst an diesem Tag wieder Kontakt zu einem Signalempfänger. Joe konnte das Gerät orten. Das Smartphone gehörte einem Geschäftsmann aus Südafrika, der sich am Internationalen Flughafen Antonio Agostinho Neto offensichtlich zwischen den Terminals in einem Zubringerbus befand. Das Signal blieb konstant, woraus er ableitete, dass sich Victoria direkt neben dem Besitzer des Telefons befinden musste. Joe zoomte in eine Übersichtsskizze des Flughafens und konnte dem Signal auf Schritt und Tritt folgen. Sicherheitshalber scannte er sämtliche Mobiltelefone, die sich im näheren Umfeld befanden, da es gut möglich war, dass sich die Wege von Victoria und ihrem unbekannten Begleiter plötzlich trennen würden. So war es auch. Nach wenigen Minuten hatte glücklicherweise ein anderes Telefon das NFC-Signal übernommen.

Nach der Sicherheitskontrolle folgten bange Minuten des Wartens. Er hatte Victoria verloren. Parallel hatte er mit einer gezielten Fangschaltung mehrere Empfänger *on hold* gesetzt und verfolgte durch die Streuung nun zeitweise zehn Spuren gleichzeitig. Ohne jedoch, dass es eine Bestätigung für Victoria gab. Es lag schlicht und ergreifend daran, dass sie sich einige Meter zu weit entfernt von den Empfängern befand. Endlich tauchte sie wieder auf. Bei der Lokalisierung schien es sich um eine Gangway zu handeln. Ab sofort schaltete er die ACARS Daten vom FlightRadar hinzu und bekam umgehend die Bestätigung für das Flugziel. Nairobi. Es dauerte keine zehn Sekunden, bis er die Nachricht an das Team in Rom weiterreichte.

* * *

Es stand bereits lange zuvor fest, wer sich für den Einsatz in Ostafrika bereithalten sollte. Rosanna, Jack, Peter und Alec. Die Nennung des Zielorts reichte als Marschbefehl.

»Es ist Nairobi. Das stand eh auf unserer Favoritenliste.« Jack stand zusammen mit dem Rebell Alec vor seinem Wohnmobil. »Lasst uns packen und den Identitätscheck abgleichen, so dass unser Kumpel Joe die Angaben in den Passdatenbanken hinterlegen kann. Ich werde inzwischen über Tom Davis dafür sorgen, dass wir uns in der Botschaft in Nairobi einen Werkzeugsatz abholen können.«

Peter runzelte die Stirn und warf seiner Partnerin einen ratlosen Blick zu. Sie hielt sich die Hand vors Gesicht und flüsterte leise. »Die Waffen.«

Mit einem letzten fast wehmütigen Blick verließen sie den Campingplatz. Die Reisemobile hatten sie wieder so hergerichtet, wie sie sie vorgefunden hatten. Das Gelände an der Via Appia verfiel wieder in den verlassenen Zustand der Monate zuvor. Als wäre nie etwas gewesen.

Auf dem Flug versuchte Peter, sich auf das Land vorzubereiten. Erst 1963 erlangte Kenia als ehemalige britische Kronkolonie die Unabhängigkeit. Swahili und Englisch waren die offiziellen Amtssprachen für die gut 47

Millionen Einwohner und die Währung nannte sich Kenia-Schilling. Das Land grenzte an zwei große Gewässer, den Indischen Ozean an seiner Ostküste und den inländischen Victoriasee an der westlichen Grenze zu Uganda. Die südliche Grenze bildete Tansania, während der Südsudan, Äthiopien und Somalia die Nachbarländer im Norden, beziehungsweise im Osten darstellten. Kenia war vom Rift Valley durchzogen, einem Teil des tektonisch aktiven ostafrikanischen Grabenbruchs. In der Landesmitte erstreckten sich imposante Bergketten, die mit dem Mount Kenya ihre höchste Erhebung mit 5200 Metern fanden. Im Westen des Landes lagen die nahezu unendlichen Senken, die durch steile Felswände begrenzt waren und bis zum Victoriasee reichten. Die Hauptstadt Nairobi lag knapp südlich des Äquators auf dem ersten Breitengrad. Die bevorzugte Lage im Hochland in einer Höhe von 1600 Metern, führte auch im Hochsommer zu angenehmen Temperaturen, die im September selten Werte über 25° C erreichten. Trotz aller Bemühungen konnte die Kriminalität in der Hauptstadt noch immer nicht effizient eingedämmt werden, was zu dem unrühmlichen Spitznamen Nairobbery führte.

Was Peter bei der Vorbereitung am bemerkenswertesten erschien, war die Tatsache, dass Nairobi zu den weltweit vier Städten zählte, in denen die Vereinten Nationen Büros unterhielten. Wie in New York, Wien und Genf. Die zahlreichen Einrichtungen der UNO erstreckten sich über ein riesiges Gelände und bildeten einen großzügig angelegten Campus. Nairobi stand gleichberechtigt neben New York, Wien und Genf da. Diese Tatsache überraschte und verlieh dem gewählten Ort für die anstehende Konferenz der ONE-C eine zusätzliche Signifikanz. Insgesamt war auffällig, dass in der international geprägten Stadt auch viele andere Organisationen ihren Hauptsitz auf dem Afrikanischen Kontinent hatten.

Seit Nairobi im Jahr 1905 die führende Rolle im Land von Mombasa übernommen hatte, entwickelte sich die Stadt in einem rasenden Tempo und wurde zu einem Einfallstor für Abenteurer und Großwildjäger. Dem britischen Jagdtourismus folgte der Bau von luxuriösen Hotels am Rande der Stadt. In einer Anlage, deren Gründung bis in die Kolonialzeit zurückreichte, sollten sie untergebracht sein. Es schien, als hätte es Joe ganz besonders gut mit dem Kernteam der Rebellen gemeint.

* * *

Am Flughafen hatten sie mit dem Taxifahrer schon bei der Abfahrt den Preis für die Tour ausgemacht, und damit lagen sie goldrichtig. Anderenfalls wäre alles Mögliche dabei herausgekommen. Vom Jomo Kenyatta International Airport benötigten sie eine gute halbe Stunde, bis sie die weitläufige Hotelanlage erreichten.

Das *Giraffe Manor* gehörte zu den ersten Adressen in Nairobi, wenn nicht gar in ganz Kenia. Das exklusive Boutique Hotel befand sich auf einem 12 Hektar großen Privatgrundstück. Es grenzte an einen riesigen, über 100 Hektar großen indigenen Wald im Vorort Langata. Die stattliche Fassade des historischen Gebäudes spiegelte die Atmosphäre der 1930er Jahre wider, wobei das prachtvoll erhaltene Herrenhaus mit seinem einzigartigen Interieur die Faszination des damaligen Safari-Tourismus sofort wieder lebendig werden ließ. Fester Bestandteil des Hotels war eine Giraffenherde, die morgens und abends ihre langen Hälse in die Fenster steckte - in der Erwartung einer kleinen Belohnung. Am Flughafen hatten sie sich stilechte Gesichtsschutzmasken mit einem Giraffen-Muster besorgt und setzten sie bei der Ankunft am Hotel auf.

»Wow. Das nenn' ich mal eine Jugendherberge der Extraklasse«, rief Peter freudig aus.

Alec stimmte ihm unumwunden zu. »Leute, vor ein paar Jahren war ich mit Martijn in Sierra Leone unterwegs und ihr wollt euch nicht vorstellen, in welchen Baracken wir gehaust haben. Diese Hütte sieht dagegen echt klasse aus. Hoffentlich zieht sich unser Einsatz noch einige Zeit hin. Hier könnte ich es aushalten.«

Jack schmunzelte und übernahm das Einchecken an der Rezeption. Der ehemalige Hauptmann der israelischen Spezialeinheit teilte sich ein Zimmer mit dem Schotten und überließ das andere Doppelzimmer seiner Ex und Peter. Sie staunten nicht schlecht, als sie die Übernachtungsraten sahen. 875 US-Dollar waren trotz der All-Inklusive Verpflegung eine stattliche Summe. Pro Person wohlgemerkt. Jack kommentierte das kurz und knapp. »Außer Spesen nichts gewesen scheint bei uns nicht zu gelten. Ich möchte nicht wissen, wie der gute Joe das in unseren Budgets unterbringt. Vielleicht belastet er Chinas Sonderkonto für die Integration Hongkongs. Dort wird vermutlich ein schier unerschöpfliches finanzielles Polster zur Verfügung stehen.«

Die Zimmer waren liebevoll eingerichtet und folgten einem traditionsorientierten Konzept. Eine Suite trug sogar den Namen der berühmten Dänin Karen Blixen. Die Möblierung entsprach der Zeit von vor einhundert Jahren. Die Übernachtungsrate für die Suite hatten sie sich nur beiläufig angesehen, denn die Kosten hätten ihr Budget dann doch gesprengt.

Gleich am ersten Tag nach der Ankunft war Jack mit Rosanna zur US-Botschaft gefahren, um den sogenannten Werkzeugkoffer in Empfang zu nehmen. Auf Tom konnten sie sich verlassen. Es waren ausreichend Handfeuerwaffen sowie Munition im Überschuss darin vorhanden.

Offiziell waren sie als Profisportler des internationalen Tennissports nach Kenia gekommen und unternahmen in den kommenden Tagen die üblichen Aktionen, um ihr

Profil zu untermauern. Die Tagestemperaturen waren angenehm, so dass ihre Trainingsmatches zu keiner körperlichen Tortur wurden. Niemandem fiel auf, dass sie es bestenfalls auf ein drittklassiges Amateurniveau brachten.

Am Nachmittag folgte in der Regel der Tagesbericht aus Hongkong. Joe meldete sich mit den Neuigkeiten. Meistens suchten sie sich zu viert einen abgelegenen Platz im Naturreservat des *Giraffe Manors*, an dem sie eine optimale Satellitenverbindung hatten. Mit einer Flasche gut gekühltem Weißwein machten sie es sich unter einem uralten Kampferbaum bequem, der gut und gerne 30 Meter hoch war. Der knorrige Stamm strahlte etwas sehr Beständiges aus, und das war in diesen bewegten Zeiten besonders wichtig.

»Wer weiß schon, wer vor uns unter diesem Baum gesessen hat?« Es war Alec, der in die dichte, ausladende Baumkrone aufblickte.

»Die Kampferbäume werden bis zu 1500 Jahre alt«, konnte Peter dazu besteuern.

Jack war inzwischen damit beschäftigt, den optimalen Winkel für sein *ComX* zu finden und wirkte völlig konzentriert. Gut möglich, dass ihm eine neue Idee zur Verbesserung des Geräts durch den Kopf ging. Sie setzten sich die Bose Frames auf und wirkten wie eine spirituelle Gruppe. Sportlich in den Tennisklamotten durchgestylt bis zum Anschlag und absolut cool mit ihren Sonnenbrillen. Konzentriert einer fernen Stimme lauschend, als würden sie Nachrichten aus dem Jenseits empfangen.

Endlich meldete sich die Zentrale. »Hört ihr mich? Wie geht es euch *Jenseits von Afrika*?«

Rosanna ergriff das Wort. »Gut gebrüllt Löwe. Warum hast du uns nicht in die Suite von Karen eingemietet? Zumindest für Pete und mich wäre das doch angebracht gewesen.«

Er lachte und hörte, dass die anderen beiden in Kenia wie aufs Stichwort protestierten.

»Hey Alec. Wie ist es im Doppelzimmer mit dem Hauptmann. Schnarcht er sehr laut?«

Rosanna stoppte den Plausch. »T-M-I. Manche Sachen wollen wir gar nicht näher erörtern. *Too much information*. Kommen wir bitte zum Statusbericht.«

Joe raschelte in seinen Unterlagen und richtete die Kamera auf seinen Arbeitsplatz. »Ihr könnt mich ruhig einmal loben. Darin steckt eine regelrechte Fleißarbeit. Sisyphus hätte seinen Spaß daran gehabt. Zwischendurch dachte ich, dass ich auf der richtigen Spur war. Aber ihr könnt euch nicht vorstellen, wie viele Politiker, Lobbyisten, Interessenvertreter, Wirtschaftsverbände, Wissenschaftler und Gott weiß, wer sonst noch, tagtäglich nach Nairobi einreisen. Bei dem Gedränge fällt es beim besten Willen nicht auf, wer in einer offiziellen Mission im Land ist, und wer zur Wiedersehensfeier der ONE-C-Bruderschaft will.«

»In einem Satz. Du hast sie alle identifiziert.« Sie kannte ihn schon lange genug und konnte ihn sehr gut einschätzen.

Er lächelte über das ganze Gesicht. »Die Typen sind mit Haus und Hof angereist. Mit der kompletten Bagage und ihren Führungsstäben.«

»Das klingt nach etwas Größerem. Wie müssen wir uns das vorstellen, Joe?«

Es gab ein surrendes Rauschen in der Leitung. »Lasst euch davon nicht irritieren. Die Chinesen schicken unablässig Militärjets über das Stadtgebiet. Wahrscheinlich zur generellen Einschüchterung. Der gesamte Luftraum wird mit hochfrequenten Transmittern verseucht. Dadurch wird auch unsere Signalübertragung manchmal gestört. Okay, dann komme ich jetzt zu euch. Nairobi ist in den letzten Tagen ein wahres Sammelbecken geworden. Sie kamen aus den unterschiedlichsten Ecken der Welt.

Einflussreiche Persönlichkeiten aus der Politik, der Wirtschaft, des Militärs. Banker, Wissenschaftler, Ärzte. Trickreich ist dabei, dass sie alle aus gut nachvollziehbaren offiziellen Beweggründen hierher geflogen sind. Es finden zahlreiche Konferenzen, Komitees und internationale Erörterungen statt, wo sie fast pausenlos in den Tagesordnungen eingebunden sein werden. Es ist die perfekte Tarnung. In Summe habe ich inzwischen mehrere Hundert in meine täglichen Überwachungsprogramme aufgenommen. Die Erfassung ist nahezu lückenlos und ich kenne die Kontaktdaten von fast jedem Teilnehmer - inklusive der unterstützenden Teams.«

»Bravo für die Fleißarbeit. Doch du willst nicht behaupten, dass alle Verdächtigen in der ONE-C sind, richtig?« Rosanna warf dem Hacker einen skeptischen Blick zu.

»Nein, natürlich nicht. Am Ende schauen wir auf die oberen Sieben beziehungsweise Fünfzehn. Das ist mir schon klar. Doch ich gehe fest davon aus, dass sie sich unter den Hunderten Offiziellen verstecken. Vor den Augen der Öffentlichkeit ist das eine Tarnung, wie sie besser nicht sein kann. Wie gesagt, ich muss sehr viele Daten auswerten. Telefonate, *in-room* Abhöraktionen durch Smartphone-Mitschnitte, Bewegungsprofilanalysen, SMS-Dienste, Social-Media, Bluetooth, das Charakteristikum *wer-kommt-wem-verdächtig-nahe*. Ihr kennt das Spiel.«

»Du könntest die neu entwickelte Corona-App anzapfen, dann weißt du, wer mit wem etwas im Schilde führt«, witzelte Peter.

»Nein, im Ernst. Da steckt unendlich viel Arbeit drin. Selten ergibt sich ein Muster oder ein Kommentar, aus dem man irgendwelche Schlüsse ziehen kann. Das alles entscheidende Element ist Victoria. Ohne sie und ihren Near Field Chip würden wir in der völligen Finsternis wandeln.«

Er zog eine vorbereitete Präsentation auf den Bildschirm. »Volià. Hier seht ihr meine Doktorarbeit. Auf dieser Tapete findet ihr Tag genau die Einträge. Die Excel-Tabelle ist zu lesen wie ein komplexes Rätsel. Hunderte Namen sind darauf erfasst, die Kalendereinträge für die nächsten 14 Tage, Konferenzen mit sämtlichen Tagesordnungspunkten und Vorträgen, Wegezeiten, Hotels und das vorhandene Netzwerk der Personen untereinander in Nairobi.«

Jack klatschte anerkennend in die Hände. »Das ist großartig. Die Idee könnte von mir sein. Auf wie viele Vertreter konntest du die Auswahl einschränken?«

»Es sind fünfzig. Vielleicht ein oder zwei mehr. Plus Victoria.«

»Gut, sehr gut«, sagte Rosanna und nahm die Brille ab. Sie strich sich übers Haar. »Lass mich überlegen. Inklusive des dritten Levels besteht die ONE-C aus sieben Mitgliedern. Die nächste Ebene sind weitere acht Personen. Der ältere Mann aus der UNO in New York ist tot. Es wird jedoch einen Nachrücker geben. Damit sind es je nach Hierarchie-Ebene sieben oder fünfzehn.«

»Ich will dich nicht bei deinen mathematischen Überlegungen stoppen, doch hieß es nicht bei den *Wise Guys*, dass sich vielleicht sogar einer der ganz oberen Führer auf eine neue Aufgabe vorbereiten soll? Für die Zeit nach der Machtübernahme, wenn die NWO, die *New World Order* umgesetzt wird? Dann müsste noch jemand zusätzlich in den engeren Kreis aufgenommen werden.«

Sie lächelte ihn an. »Sehr scharfsinnig, Pete. Also sind es acht oder sechzehn Führungskräfte, die von der ONE-C am Treffen teilnehmen. Davon sind die von Joe identifizierten 50 bis 53 nicht weit weg.«

Er fasste es als Kompliment auf. »Die in Frage kommenden Teilnehmer schicke ich euch mit Namen, VCF und allen sonstigen Details. Kommen wir zum Ort und der Zeit des Geschehens. Die Truppe ist echt pfiffig. Es gibt nicht den geringsten Hinweis auf einen Ort. Wenn irgendetwas abgesprochen wird, verwenden sie ein Codewort. Es lautet *Xanadu*.«

»Xanadu? Die Typen sind gewieft. Der eine denkt dabei an das Tanzlokal aus dem *John Travolta* Tanzfilm, der andere an das Schloss von *Citizen Kane*. Doch ursprünglich war damit die sagenhafte Sommerresidenz des chinesischen Kaiser Kublai Khan im 13. Jahrhundert gemeint. Xanadu. Welcher Ort könnte sich dahinter verbergen?« Ihre Frage richtete sich an alle.

»Keine Idee«, räumte Jack schließlich ein und wollte Genaueres über den Zeitpunkt der geheimen Konferenz wissen.

Joe fuhr mit dem Mauszeiger über die Felder der Excel-Tabelle und markierte eine Spalte von oben nach unten. »Das wäre meine Tippreihe für die Verlosung. Es ist quasi der einzige Zeitraum, an dem alle von mir eingegrenzten Teilnehmer ein freies zweieinhalb stündiges Zeitfenster in ihrem Terminkalender haben. Und die Leute sind ansonsten durch-getaktet bis zur letzten Minute. In diesen zwei bis drei Stunden könnten sie sich theoretisch einmal ohne ihre Stäbe bewegen. Vorausgesetzt sie bleiben innerhalb eines Radius von 10 Kilometern.« Er hatte einen Stadtplan von Nairobi auf den Bildschirm projiziert und einen roten Kreis darauf eingezeichnet. »Der Kreis ist der kleinste gemeinsame Nenner. Sollte sich der Treffpunkt außerhalb davon befinden, würde die verfügbare Zeit für die Konferenz empfindlich dahinschmelzen.«

»Joe, über welchen Tag reden wir?«, wollte Alec wissen.

»Von heute gerechnet in drei Tagen. Euch bleiben noch zwei Tage Zeit für die Vorbereitung. Morgen könnt ihr von mir aus machen, was ihr wollt. Für übermorgen werden wir die Generalprobe einplanen. Bis dahin zapfe ich sämtliche Kameraüberwachungssysteme im Umkreis an und nenne euch die in Frage kommenden Spots, wo ihr euch positionieren könnt. Bleibt es bei der Variante, dass sich Rosanna in die Konferenz schmuggeln wird, wenn es eine Möglichkeit dazu gibt?«

Peter schaute sie entsetzt an.

»Was? Bist du wahnsinnig? Ich dachte die ganze Zeit, dass wir die Typen beobachten, wenn sie irgendwo hineingehen und wieder herauskommen. Dann stellen wir sie zur Rede und alarmieren die Polizei von Nairobi oder … oder … was auch immer ich dachte. Du kannst dich jedenfalls nicht einfach dort hinzugesellen. Wie soll das gehen? Wie kommst du auf solch eine verrückte Idee?« Er war vollkommen außer sich und kam nicht mehr zur Ruhe.

»Erstens. Wir sind hier auf uns gestellt. Niemand wird uns unterstützen. Wenn wir herausfinden wollen, was die ONE-C vorhat und wann und wo der Anschlag stattfinden soll, so müssen wir direkt dabei sein. Es wäre naiv zu glauben, dass es eine andere Möglichkeit gibt. Niemand von der ONE-C hat ein Smartphone, wenn es um ein Treffen dieser Tragweite geht. Die Zugangskontrollen werden extrem verschärft sein. Nur für mich gilt eine prädestinierte Ausgangssituation.«

Jack nickte und hielt seinen deutschen Kollegen mit dem Unterarm zurück. »Sie ist ihrer Zwillingsschwester nahezu identisch. Bis übermorgen werden wir uns als Hobby-Visagisten qualifizieren und der schwarze Ring am Finger macht die Sache perfekt.« Jack schaute ihn auffordernd an.

Peter verstand und holte das verspiegelte Kästchen aus transparentem Polycarbonat aus seiner Jackentasche. Unversehrt lag darin der Ring, den einst Victoria getragen hatte. Es machte den Anschein, dass schon bald der lang ersehnte Tag kommen sollte, an dem der Ring seine neue Besitzerin schmücken würde.

* * *

Die beiden letzten Tage vor der Konferenz waren angebrochen. Während Jack sich am nächsten Tag aufs Zimmer zurückzog und die Gesamtdokumentation mit allen Details durchging, hatte Alec sich für das umliegende Naturreservat entschlossen und wollte an einer touristischen Führung teilnehmen.

Rosanna hingegen hatte gleich nach der Unterhaltung mit Joe einen anderen Vorschlag für die Gestaltung des vielleicht letzten freien Tags gemacht. »Wer weiß Pete, ob wir jemals wieder die Chance bekommen, eine Safari in der Serengeti zu unternehmen«, hatte sie rhetorisch gefragt und sein kurzes bestimmtes Nicken reichte für eine Entscheidungsfindung. Kurzerhand buchte sie über Joe die Flüge mit AirKenya für den nächsten Morgen. Pünktlich mit dem Sonnenaufgang starteten sie gegen halb sieben zum Flughafen Nairobi Wilson. Da es ein Inlandsflug war, verlief die Abfertigung problemlos und um 8.00 Uhr hob das Kleinflugzeug von der Startbahn ab. Keine 60 Minuten später landeten sie auf dem Airstrip des knapp 200 Kilometer entfernten Maasai Mara North Reserves. Die nördlichen Ausläufer des Serengeti Naturreservates reichten bis nach Kenia hinein und sie konnten ihre Tages-Safari quasi direkt vom Ende der Landebahn aus starten.

Ein Landrover mit einer landestypischen Zebra-Lackierung kam in hohem Tempo herangebraust und wirbelte den trockenen Staubboden auf. Der Einheimische stieg aus und begrüßte die beiden. »Guten Morgen, ich bin euer Guide für den Tag. Mein Name ist William. Nennt mich Bill. Wie ich sehe, habt ihr euch passend gekleidet.«

Er begutachtete die Khaki-Hemden und Leinen-Hosen und presste anerkennend die Lippen aufeinander. »Nicht schlecht, ihr könntet bei John Wayne im Hatari-Jeep mitfahren. Doch ihr habt die Kopfbedeckung vergessen. Mittags wird es hier brüllend heiß. Ich werde mal sehen, was ich im Kofferraum habe.«

Es war eins der eindrucksvollsten Erlebnisse in Peters Leben. Nie zuvor hatte er eine solche Artenvielfalt in freier Wildbahn gesehen. Elefanten, Geparde, Löwen, Antilopen. Büffel, Zebras und Gazellen. Die Liste war schier endlos. Insgesamt lebten mehr als 1,5 Millionen Pflanzenfresser und Tausende von Raubtieren in der ausgedehnten Savanne östlich des Victoriasees. In der Massai Sprache bedeutete Serengeti nichts anderes als das endlose Land – und das traf es genau. In einer Höhe von 1500 Metern über Normalnull erstreckte sich die flache Grassteppe über eine Fläche von fast 30.000 Quadratkilometern. Sie sahen in den Stunden des Vormittags mehr Tiere als in ihrem ganzen Leben zuvor. Bill kannte sich hervorragend aus und wusste, wo sich die besten Plätze im Nationalpark befanden.

»Ich kann euch nur einen kleinen Eindruck verschaffen. Ein Tagesausflug ist viel zu kurz für die Serengeti.«

Rosanna schob ihren Cowboyhut zurecht, der durch die ruckelige Fahrt immer wieder zur Seite rutschte. »Es ist fantastisch, Bill. Wie weit ist es eigentlich von hier bis zum Ngorongoro Krater?«

Er stoppte den Wagen und stellte sich auf den Fahrersitz, so dass er aus dem Dach hinausgucken konnte. »Schau mal. Von hier aus sind es ziemlich genau 200 Kilometer in Richtung Süden. Dort befindet sich der Krater.«

Peter stieß ihr in die Seite. »Muss ich den Krater kennen?«

Sie nickte. »Oh ja. Vor Urzeiten ist dort ein Vulkanberg in sich zusammengebrochen. Der Ort hatte für die Massai schon immer eine spirituelle Bedeutung gehabt. Die großen Tierwanderungen aus der Serengeti führen durch den Ngorongoro Krater und dort gibt es die höchste Raubtierdichte in Afrika. Die Gegend ist ein wahrer Urquell der Lebensvielfalt. Der Ort des Ursprungs. Von dort aus ist es nicht mehr weit zum Kilimandscharo.«

»Dem höchsten Berg in Afrika«, ergänzte Peter und hatte wieder den Anschluss gefunden.

»In der Nähe des Kraters befindet sich die legendäre Olduvai Schlucht. Die britische Archäologin Mary Leakey hatte dort ihre berühmtesten Entdeckungen gemacht.«

»Wie heißt die Schlucht, Olduvai? Das sagt mir etwas.«

Sie lächelte. »Wirklich? Der Ort gilt als die Wiege der Menschheit. Und Stanley Kubrick verfrachtete den Beginn seines Films *2001-Odyssee im Weltraum* in die Gegend.«

»Ah, daher. Ich sagte doch, dass es mir bekannt vorkommt.«

Zur Mittagszeit machten sie Rast auf einer Lodge und saßen mit einer Flasche Cola im Halbschatten. Die Mittagshitze glühte über dem Savannenboden. Sie blickte in die Ferne und tippte dem Reiseführer auf die Schulter. »Der Lake Victoria liegt im Westen, richtig?«

Er nickte. »Es ist gar nicht soweit. Dennoch schaffen wir das nicht auf unserer heutigen Tour. Du musst einhundert Kilometer bis dorthin fahren. Es ist wunderschön. Der See liegt dort wie ein verwunschener Märchensee.«

»Es klingt, als hättest du die Bücher der Gebrüder Grimm gelesen, Bill. Es ist ein Süßwassersee mitten in Afrika. Seen gibt es überall auf der Welt.« Peter wollte offensichtlich überzeugt werden.

Der Guide ließ sich nicht aus der Fassung bringen und reagierte nicht auf die Provokation. »Vielleicht hast du mehr Gewässer gesehen als ich, doch der Victoriasee zählt zu den schönsten der Welt. Er ist flächenmäßig der größte in Afrika und nach dem Oberen See in Kanada sogar der größte Süßwassersee der Welt. Der See ist noch gar nicht so alt und entstand in der ostafrikanischen Hochebene erst vor einer Million Jahren. Vor ungefähr 15.000 Jahren war er komplett ausgetrocknet. Als er dann jedoch nach dem Ende der Würm-Kaltzeit vor etwa 12.000 Jahren nach Norden hin übergelaufen war, explodierte im See das

Artenreichtum geradezu. Jetzt findet ihr dort nicht nur Flusspferde. Mehr als 250 Fischarten schwimmen im See.« Er lachte und freute sich, dass er sein Wissen so gut platzieren konnte.

»Das Überlaufen des Sees vor 12.000 Jahren hatte noch einen anderen Effekt«, ergänzte Rosanna. »Dadurch ergab sich ein Durchbruch am gegenüberliegenden Ufer bei Jinja zum Weißen Nil und seitdem fließt das Wasser aus dem Victoria See nach Norden ab, in den längsten Fluss der Erde, in den Nil.«

»Wow, das wusste ich nicht. Der Victoriasee ist die Quelle des Nils?«

Bill mischte sich ein. »Die Römer hatten schon vor zweitausend Jahren das Sprichwort *Caput Nili querere* geprägt, wenn jemand etwas Sinnloses unternimmt. Die Quelle des Nils zu finden, war jahrhundertelang ein nie geglücktes Vorhaben.«

»Was er meint ist, dass der Victoriasee nicht die eigentliche Quelle des Nils ist. Der Kagera-Nil ist der größte Zufluss zum See. Aber auch der Kagera hat mehrere Quellflüsse. Nicht umsonst kommt der Nil auf über 6.600 Kilometer Länge.«

»Okay, ich gebe mich geschlagen. Das Sprichwort werde ich mir merken. *Caput Nili querere*. Klingt nach kaputt. Und so fühle ich mich auch. Ein Mittagsschlaf täte jetzt gut.«

Bill schüttelte den Kopf.

»Nur keine Müdigkeit vortäuschen. Jetzt zeige ich euch meine Lieblingswasserstelle mit einigen Prachtexemplaren von Gnus.«

Er lenkte den Jeep geschickt über die Sandpiste und fuhr routiniert seine Strecke ab. Mit einer Sicherheitsreserve setzte er die beiden am Nachmittag wieder an dem kleinen Flugplatz in Mara ab. Der Flug ging um 16.20 Uhr und obwohl es wie am Morgen eine Nonstop-Verbindung war, kamen sie erst um viertel vor sechs wieder in Nairobi an.

* * *

Am nächsten Morgen ging es früh aus den Federn. Sie wollten die letzten Vorbereitungen so gewissenhaft wie möglich treffen. Joe hatte ihnen über das *ComX* einen genauen Leitfaden an die Hand gegeben und die möglichen Bewegungsmuster von Victoria Vicem weitestgehend eingegrenzt. Gegen halb elf hatte sie demnach einen Termin bei einem zentral gelegenen Bekleidungsgeschäft geplant. Bis dahin blieb dem Team noch die Zeit für ein ausgiebiges Frühstück. Alec fiel es schwer, sich von der luxuriösen Hotelanlage zu trennen. »Leute, ich muss schon sagen. Bisher konnte ich mit Afrika nur die Zeit verbinden, die ich zusammen mit unserem Holländer in Sierra Leone und Guinea verbracht hatte. Dagegen ist diese Herberge erste Sahne. Wenn Sierra Leone der reinste Dschungel war, so ist Nairobi eine Zivilisation vom Feinsten. Schade, dass es der letzte Tag ist. Ich könnte es hier noch eine Weile aushalten. Wie war es bei euch gestern?«

»Schön war es. Man könnte es als Paradies auf Erden bezeichnen.« Peter warf einen verliebten Blick zu seiner Partnerin.

»Ihr wart im Paradies?«, wiederholte der Schotte. »Als Adam und Eva. Ohne Klamotten und genau so nackt?«

»Hey, hey, Alec. Was sind denn das für Fantasien am frühen Morgen?« Sie schlürfte genüsslich den Tee aus der Porzellantasse.

Jack gesellte sich zu ihnen und studierte an seinem Gerät die geographischen Besonderheiten der Innenstadt. »Joe vermutet, dass das morgige Treffen in den südlichen Industriegebieten stattfinden wird. In der Gründungszeit gab es dort den großen Bahnhof mit den weit verzweigten Umschlag-Lagerhäusern. Das Areal werden wir uns heute mal genauer ansehen. Es liegt in der Ecke der Enterprise Road.«

Sie hob ihren Finger. »Vorher spielen wir *Shopping Queen*. Victoria legt sich für den großen Tag offensichtlich ein neues Dress zu. Und ich spiele *me too* und werde mir anschließend selbiges kaufen.«

In der Hotelanlage hatten sie sich Fahrräder ausgeliehen und verbanden die Erkundungstour mit einer kleinen körperlichen Ertüchtigung. Direkt im Zentrum hatten sie sich an einer Einkaufsmeile positioniert und warteten auf das Signal von Joe. Die Minuten schienen sich endlos hinzuziehen. Endlich kam aus Hongkong die knapp gehaltene Ankündigung. »Das Objekt ist im Anmarsch.«

Sie setzten sich ihre Sonnenbrillen auf und gaben sich ihrer Tarnung als Profitennisspieler hin. Scheinbar waren sie untereinander ins Gespräch vertieft. In Wirklichkeit lag Rosanna's volle Konzentration auf dem Eingangsbereich der gegenüberliegenden Boutique. Es fiel ihr nicht schwer, Victoria im Strom der Passanten ausfindig zu machen. Sie stellte ihr *ComX* auf einem Mauervorsprung ab und tat so, als würde sie sich vor dem Gerät schminken. Stattdessen zoomte sie mit der hochauflösenden Kamera den Blickwinkel heran bis zur Schaufensterscheibe. »Na, das sieht nach einer größeren Aktion aus. Schwester Victoria ist mit einem ganzen Stapel Textilien in der Umkleide verschwunden.«

Wie befürchtet zog sich der Kauf unverhältnismäßig in die Länge. Erst nach über einer Stunde kam die Nummer Sieben der ONE-C mit vollgepackten Einkaufstüten aus dem Shop und stürzte regelrecht ins nächstbeste Taxi.

Jack schwang sich auf seinen Drahtesel und trat kraftvoll in die Pedale. Er folgte ihr bis zu den Industriegebieten am südlichen Rand der Stadt. In den umliegenden Siedlungen wohnte traditionsgemäß die geringer verdienende Bevölkerung. Als zu Beginn des letzten Jahrhunderts der

Industriesektor stark angewachsen war, hatte man sich vor allem an den verfügbaren Arbeitskräften in den Stadtteilen Kaleoni und Ofafa Jericho orientiert und die Unternehmen sukzessive entlang der Bahnlinie angesiedelt. *Hier gab es hunderte in Frage kommende Fabrikgebäude,* dachte er und versuchte sich die Straßennamen zu merken. Enterprise Road, Gilgi Road, Commercial Street und Factory Street. Die Namen reihten sich nahtlos aneinander. Er hatte das Taxi zwar verloren, doch Joe lotste ihn aus der Ferne immer wieder auf die richtige Route. An einer vielbefahrenen Kreuzung sollte er einen Moment lang warten. Offenbar war Victoria aus dem Taxi ausgestiegen und schaute sich eine Liegenschaft an. Joe gab ihm ein Zeichen, wann er sich das Gelände ansehen konnte. Victoria war zu diesem Zeitpunkt schon längst wieder woanders.

»Bingo. Das könnte die Location sein. Was sagen dir die Luftaufnahmen?«

Joe wählte die neusten Satellitenbilder aus dem Archiv.

»Es scheint sich um eine ehemalige Chemiefabrik zu handeln. Der letzte registrierte Eintrag lief auf die *Lunga Lunga Chemicals Limited.* Wenn du Glück hast, findest du in den Lagerhäusern noch die Reste der landwirtschaftlichen Spezialmittel. Fungizide, Herbizide, Insektizide und reichlich Blattdünger. Und Sprühgeräte haben sie wohl auch vertrieben. Ich habe Scans der damaligen Bauanträge gefunden. Bei dem Gebäude handelt sich um einen roten Ziegelsteinbau ...«

»Die Farbe ist korrekt, Joe«, bestätigte Jack vor Ort die Aussage aus der Ferne.

»... mit einem blauen Wellblechdach. Es gibt einige Oberlichter aus Mattglas, die noch intakt zu sein scheinen. Das Hauptgebäude liegt in der Mitte des Areals und das Gelände ist mit einem Drahtgeflecht umzäunt. Es gibt in der hinteren Ecke ... schau mal von außen, wenn du am

Zaun entlang gehst, dort sollte eine enorm hohe Rot-Zeder stehen ... und außerdem müsste es noch einen früheren Personalnebeneingang geben. Ein Drehkreuz.«

Er schritt die Außengrenzen ab und kam tatsächlich an das Drehkreuz. »Das war ein Schlag ins Wasser, durch das Stahlkreuz kommst du nur nach draußen, nicht hinein.«

»Schade. Es wäre zu schön gewesen. Ich könnte mir gut vorstellen, dass Peter liebend gerne morgen neben seiner Liebsten hocken würde, wenn die Zeremonie abläuft. Rosanna ist ja von ihren Genen her anscheinend näher an der ONE-C Truppe dran, als sie es selbst wahrhaben will.«

Jack ging noch ein Stück weiter am Zaun entlang und fand eine eingelassene Stahltür, die von außen mit einem Knauf verschlossen war. »Hier. Das könnte etwas sein. Hast du die Grundrisse vor dir?«

Sein Blick folgte den GPS-Daten und er konnte die Öffnung lokalisieren. »Volltreffer. Wenn die Bezeichnung zutrifft, ist die Tür nur mit einem Schieberiegel von innen verschlossen. Gesetzt den Fall, Rosanna kann sich erfolgreich unter die Gesellschaft mischen, dann könnte sie Peter an dieser Stelle hineinlassen. Du würdest dich mit dem Schotten in sicherer Entfernung parat halten und das Geschehen beobachten.«

»Joe, das klingt nach einem guten Plan.«

* * *

Inzwischen war Rosanna in der Boutique fündig geworden. Sie hatte die verblüffte Verkäuferin davon überzeugt, dass sie die gesamte Kollektion bei einem unglücklichen Zusammenstoß mit einem Farblieferanten für eine hiesige Offsetdruckerei völlig versaut hatte und die schönen Kleidungsstücke durch die ölbasierten Farben unwiederbringlich in Mitleidenschaft gezogen worden waren. Kurzum, sie wollte die Kombinationen ein zweites

Mal kaufen. Ihre Konfektionsgröße hatte sich seitdem ja nicht geändert und es sollte somit für die Verkäuferin eine einfache Aufgabe sein. Eigentlich. Der Teufel steckte im Detail, da die Lagerbestandshaltung mehr als dürftig organisiert war. Es dauerte solange, wie es dauern musste. Am Ende hatte Rosanna dieselben chicen Kostüme in der Einkaufstüte wie ihre Zwillingsschwester einige Stunden zuvor.

* * *

Am nächsten Morgen waren sie bereits vor Sonnenaufgang wach. Rosanna und Peter hatten ihr Zimmer verlassen und wollten einige Schritte vor die Tür gehen. Vor dem Hotel hatten sie sich auf eine Holzbank gesetzt und versuchten, die Sternbilder am äquatorialen Nachthimmel zuzuordnen.

»Ohne unsere Fantasie und die imaginären Verbindungslinien, wären es nur leuchtende Punkte am Firmament. So sind es wieder erkennbare Sternbilder. Anders ausgedrückt, man muss nur die Punkte richtig miteinander verbinden. *Connecting the dots.*«

Er lächelte. »Das kommt mir irgendwie bekannt vor. Meinst du, wir kehren irgendwann hierher zurück? Oder sagen wir Tschüss für immer zu Nairobi und Kenia?«

Sie griff nach seiner Hand und streichelte zärtlich über seine Finger. »Mir hat es hier auch sehr gut gefallen. Wie du siehst, gibt es immer mehr Alternativziele zu Tahiti und Bora Bora.«

Peter nickte und griente sie an. »Von mir aus gerne. Wir klappern ein Ziel nach dem anderen ab. Übrigens. Am besten nimmst du den Ring bereits schon jetzt an dich.«

Für einen kurzen Moment zögerte sie und war sich nicht sicher, wovon er sprach. Dann verstand sie und nahm das verspiegelte Kunststoffkästchen in ihre Hand. »Keiner hätte besser darauf aufpassen können als du.«

* * *

Nach dem Frühstück hatten sich die Vier ihr Dress für den Einsatz angezogen. Die Tennisklamotten und alle sonstigen Reiseutensilien waren bereits gut in den Rucksäcken verstaut. Die Akkus der technischen Geräte waren voll aufgeladen und die *ComX* hatten sie vorsichtshalber in den Lautlos-Modus geschaltet. Nur im absoluten Notfall, würde das Gerät reagieren. *Be prepared* hatte Joe ihnen mit auf den Weg gegeben. Da schwer absehbar war, wie und wo es für sie nach der Konferenz weitergehen würde, hatten sie gegen 8.00 Uhr den Check-out im Hotel erledigt und warteten reisefertig vor der Anlage auf ihr Taxi. Sie ließen sich zum Fahrrad-Verleih am Bahnhof kutschieren. Als Rückgabe-Station wurde ein Langzeitparkplatz am Internationalen Flughafen vereinbart. Die Vorbereitungen schienen perfekt funktioniert zu haben, es gab keine unvorhergesehenen Änderungen.

Sie fuhren in die Nähe des vermuteten Zielortes und suchten sich eine Position, von der sie eine gute Übersicht hatten. Ein ausrangierter Wasserturm eignete sich dafür perfekt. Sie kletterten die außenliegende Feuertreppe bis auf eine Plattform und machten es sich im Schattenbereich der Holzvertäfelung bequem. Ein letztes Mal konnten sie gemeinsam den geplanten Ablauf durchgehen und sich die Örtlichkeiten aus der luftigen Höhe einprägen. Vor allem richteten sie ihr Augenmerk auf den Eingang, wo sich im Viertelstunden-Takt zunehmende Aktivitäten beobachten ließen. Von nun an mussten sie ausharren, bis das Signal aus Hongkong kam.

Es dauerte länger als gedacht. Joe's Stimme wirkte leicht hektisch, als er sich meldete.

»Jack? Seid ihr auf eurem Posten? Es geht los.«

»Roger. Status? Wie lange haben wir noch?«

»Die Kerle sind clever. Soeben wurden 20 Mobiltelefone aus dem lokalen GSM Netz ausgeloggt. Synchronisiert bis auf die Minute. Bei zehn weiteren Geräten wurden Änderungen in den Statuseinstellungen vorgenommen. Sie sind auf einen reinen WiFi-Empfang umgeschwenkt und haben die Bluetooth Funktion deaktiviert. Gemäß dem logikbasierten Ausschlussprinzip kann ich damit den Kreis meiner 50 Verdächtigen nun ziemlich exakt eingrenzen.«

»Roger, verstanden. Wie kannst du ihnen folgen, wenn sie kein Signal mehr von sich geben?«, wollte Peter wissen.

»*Dum spiro spero.* Solange sie noch Saft haben, sind sie über die Signalverzögerung durch die Funkmastabstände zu identifizieren und zu lokalisieren. Deshalb kannst du einen Notruf auch ohne SIM-Karte absetzen.«

»Ohne Akku geht das jedoch nicht ...« schob Peter nach.

»Ja, richtig. Daher hänge ich mich parallel an alle Taxen und Autos, die an den jeweiligen Orten in den letzten Minuten abgefahren sind. Es geht ja vor allem um die Plausibilisierung des Treffpunkts, von dem wir ausgehen. Es wäre schlecht, wenn ihr am falschen Ende der City wärt. Ich darf euch versichern, dass es gut aussieht. Wenn sich die Verkehrslage nicht drastisch ändert, sollten sie innerhalb der nächsten 30 Minuten bei euch in der Commercial Street eintrudeln.«

Das war das langersehnte Startsignal. Jack schlug seine flache Hand auf den Holzboden und nacheinander legte jeder von ihnen eine freie Hand darauf. »Wie lautet der Wahlspruch von Kenia?« fragte Rosanna rhetorisch.

»*Harambee*!« schrien sie zugleich.

»*Harambee*, lasst uns zusammenarbeiten. Auf eine erfolgreiche Mission.« Rosanna nahm ihre Waffe aus dem Rucksack und reichte sie Peter. »Hier, nimm sie, bis ich dich durch den Seiteneingang aufs Gelände lasse.«

Er steckte die Pistole in seine Jackentasche und fühlte sich nicht wohl dabei.

* * *

Es war vielleicht das erste Mal, dass sie den geheimen Drahtziehern einen Schritt voraus waren. Sie wussten genau, wo sich die externen Wachposten aufhielten und das Gelände absichern sollten. Peter orientierte sich an der auffälligen Rot-Zeder und verharrte am hinteren Zaun zwischen dem Drehkreuz und der verriegelten Stahltür.

Rosanna hingegen hielt sich in der Nähe des Eingangs in einer Seitenstraße hinter einem Lieferwagen versteckt. Sie wartete ungeduldig auf weitere Instruktionen und verfolgte die zeitliche Dokumentation des Geschehens auf ihrem *ComX*.

Parallel versuchten Jack und Alec vom Wasserturm aus Videoaufnahmen des Zugangs-Prozedere zu machen. Doch trotz der guten Auflösung, waren nur wenige Details zu erkennen. »Offensichtlich gleichen sie die Ankommenden mit einer Liste ab. Keine Ahnung, vermutlich per Codewort, Foto und Konterfei. Am Ende wird es interessant. Der linke Arm wird in eine schwarze Kiste gelegt und danach leuchtet eine Lampe. Dreimal dürft ihr raten, welche Farbe wir sehen?«

»Grün für die Hoffnung, dass der schwarze Ring am Finger richtig identifiziert wurde«, entgegnete Rosanna. Sie war hochkonzentriert und stellte sich die Situation mit dem Wachposten bereits in allen Details vor.

Die ersten acht Teilnehmer waren bereits nach einer Viertelstunde im großen Zentralgebäude verschwunden. Dann zog sich die Prozedur deutlich in die Länge. Rosanna wurde immer ungeduldiger, da es nach wie vor keine Bestätigung dafür gab, dass Victoria bereits eingetroffen war. »I copy. Wo bleibt sie?«

»Gleich ist sie da«, beruhigte Joe seine Kollegin und vergrößerte den Bildausschnitt der Landkarte.

Als sie die Aufnahmen auf dem *ComX* verfolgte, fiel ihr ein Stein vom Herzen. Victoria trug exakt das Outfit wie erwartet. Rosanna rückte ihr Dress zurecht und korrigierte die schwarzen High Heels noch einmal, bis sie den richtigen Halt zu haben glaubte.

Die Stimme aus Hongkong vermeldete eine Bestätigung des erweiterten Teilnehmerkreises. »Level fünf ist definitiv mit dabei. Jesus. Dann sind es die Top Sieben minus die Nummer Vier. Das nächste Level ist mit acht und auch die Folgetruppe mit 16 vertreten. Das ergibt eine volle Hütte.«

»Danke, Joe. Ich kann zählen. Bei dreißig Personen sind sie vollständig. Wie viele fehlen noch? Over.«

»Drei. Es wird Zeit für dich. Out.«

Sie ging schnellen Schrittes mit ihren High Heels über den Asphalt und kam leicht aus der Puste beim Wachposten an. Bewusst hatte sie ihre Stimme in eine etwas erhöhte Stimmlage transponiert. »Da bin ich wieder. Schön Sie zu sehen.«

Der Wachmann schaute sie verdutzt an. »Ich verstehe nicht, Mrs. ...«, er blätterte in den Unterlagen. »Sie haben doch vorhin schon eingecheckt. Wie ist das möglich?«

»Ich weiß. Aber ich habe in wenigen Minuten meinen Auftritt, verstehen Sie? Ich musste noch etwas besorgen.«

»Ja, ich weiß nicht. Wie sind Sie denn herausgekommen, ohne dass ich Sie gesehen habe?«

»Gute Frage, Mann. Wie konnten Sie mich übersehen?« Sie drückte ihren Oberkörper nach vorne und hoffte, dass ihr Busen ein wenig mehr in den Ausschnitt hineinragte. Sie registrierte den Blick des Mannes und wusste, dass sie auf dem richtigen Weg war.

»Mrs. ... ich muss strikt nach meinen Anweisungen arbeiten. Welche Nummer ist hinter ihrem Portrait vermerkt?« Er hielt seinen Finger neben das Foto auf der Übersichtsliste und verdeckte damit die Ziffer.

»Sieben.«

»Okay. Und wohin wollen Sie?«

Sie sah ihn mit großen Augen an. »Hinein?«

Er schüttelte den Kopf. »Sie werden das Zugangswort doch nicht in der kurzen Zeit vergessen haben.«

Rosanna spitzte ihre Lippen und und versuchte ein Grübchen auf ihre Backe zu zaubern. »Xanadu«, säuselte sie mit einer gespielten Piepsstimme dem Wachposten entgegen.

Er nickte. »Okay. Dann darf ich Sie um ihren linken Arm bitten.«

»Shit«, rief sie und packte sich an die Hüfte. »Hoffentlich ist es kein Wadenkrampf.« Sie ging in die Hocke und fummelte an ihrem unteren linken Bein herum. Sie hatte in der Aufregung den schwarzen Ring ganz vergessen. Geistesgegenwärtig war ihr der vorgetäuschte Wadenkrampf eingefallen und sie spielte die Szene bravourös. In Windeseile hatte sie den Ring auf den Finger gesetzt und absolvierte auch diese Etappe des Sicherheitschecks erfolgreich. Die Lampe leuchtete erwartungsgemäß grün auf. Der Wachposten scannte sie abschließend mit seinem Metalldetektor von Kopf bis Fuß ab und hatte keine Hemmungen, ihr an den ausgewählten Körperpartien besonders nahe zu kommen. Sie öffnete noch einen weiteren Knopf an ihrer Bluse. »Geht es jetzt besser mit dem Scannen?«

Der Mann schaute zur Seite, als wäre es ihm peinlich.

»Nur keine Scheu. So eine wie mich werden Sie nicht so schnell wieder in Ihre Finger bekommen.«

Dem Mann wurde der Boden zu heiß unter seinen Füßen. Er atmete tief durch und sagte nur knapp. »Sie dürfen passieren.«

Sie hatte es geschafft, sie war auf dem Gelände. Der Vorteil war, dass sich die meisten Teilnehmer der Konferenz untereinander selbst nicht kannten. Vor dem Haupteingang des Ziegelsteinbaus standen einige Männer.

Sie wollte tunlichst vermeiden, ihnen zu nahe zu kommen. Einer von ihnen drehte sich genau im falschen Moment um. Er hatte sie gesehen und glaubte sie offensichtlich erkannt zu haben.

»Victoria«, rief er ihr zu und breitete seine Arme zur Begrüßung weit aus. Wenn er gehofft hatte, dass sie nun augenblicklich zu ihm preschte, hatte er sich empfindlich getäuscht.

Sie winkte ihm aus der Distanz zu. »Wir sehen uns gleich drinnen.« Sie machte auf dem Absatz kehrt und eilte hinter das Gebäude. Schnell setzte sie sich die Sonnenbrille auf und sendete eine Botschaft an die anderen. »Ich bin in Xanadu gelandet. Leute, es war verdammt eng. Pete, bist du in der Leitung? Okay, geh zur Stahltür. Ich lasse dich gleich hinein.«

Es klappte wie am Schnürchen. Sie ließen die Stahltür nur angelehnt, ohne den Schieberiegel wieder zu schließen. Möglicherweise konnte ihnen ein sicherer Fluchtweg später noch nützlich sein.

Am Gebäude stiegen sie eine außenliegende Feuertreppe bis nach ganz oben knapp unter das blaue Welldach, wo sie über eine grau lackierte Tür ins Obergeschoss der Fabrikhalle kamen. Außer einigen staubigen Regalen war der Raum fast völlig leer und das offene Zwischengeschoss erstreckte sich über ein Drittel der Hallenbreite. Sie gingen bis nach vorne an den Rand und standen an der Balustrade. Augenblicklich wichen sie einen Schritt zurück. Unter ihnen waren die Stühle für die Konferenz aufgebaut. Von hier oben hatten sie aus gut sieben Metern Höhe einen hervorragenden Blick. Sie trugen vorsichtig zwei Hocker an den Rand und suchten sich einen Platz im Schattenbereich. Im Hallendach waren mehrere quadratische Milchglasscheiben eingelassen, die jeweils einen Lichtkegel durch die staubige Hallenluft bis nach unten ins Erdgeschoss projizierten.

Peter sah sie an und nickte. Er war froh, dass sie es geschafft hatten, sich unter die verschworene Gemeinschaft zu schmuggeln. In der Jackentasche seines Sakkos suchte er nach der Waffe und übergab sie ihr.

»Ist dein *ComX* auf stumm geschaltet?«, flüsterte sie.

Er nickte. »Ich werde kein Wort sagen.«

Sie hielten sich bewusst im Halbdunkel auf und sollten Zeuge einer historisch einmaligen Konferenz werden.

* * *

Unten in der Fabrikhalle waren die Stühle in einer perfekten Symmetrie aufgestellt worden. Die Anordnung markierte einen Viertelkreis. In seinem Mittelpunkt, genau im Winkel, war ein auffallender Stuhl an der Spitze positioniert. Von der Decke fiel ein fahler Lichtschein hinunter und erhellte diese Stelle ganz besonders. Davor standen zwei weitere Stühle – jeweils auf der Radiallinie des Kreises. Sie begrenzten den Viertelkreis und stellten von oben betrachtet ein Dreieck dar. Die dritte Reihe bestand aus vier Stühlen und auch hier wies der Blick ins Auditorium. Bei den beiden folgenden Sitzreihen war es genau anderes herum. Sowohl die vierte Reihe mit acht Stühlen, wie auch die fünfte Reihe mit ganzen sechzehn Stühlen, waren so angeordnet, dass die Zuschauer nach innen blickten, also in Richtung des Zentrums. Der Aufbau folgte einem klaren Konzept. Es war überraschend. Denn nach dem eigentlichen organisatorischen Führungsprinzip der ONE-C kannte jedes Mitglied normalerweise nur drei andere Mitglieder von der Organisation. Zum einen sollte jeder selbstverständlich seine beiden Reports kennen, die an ihn berichten. Hinzu kam der Chef, den jeder hatte. Etabliert war mittlerweile die Ausnahme, dass jemand seinen Peer kannte, also seinen direkten Gleichgestellten, der wie er an denselben Chef berichtete.

Damit war der Kontaktkreis bei jedem Einzelnen auf ganze vier Personen beschränkt. Und dennoch ließ sich auf diese Art und Weise eine fast unbegrenzt große Organisation sehr effizient führen.

Einzig der Kreis der oberen Sieben, der die ersten drei Führungsebenen umfasste, kannte sich vertrauensvoll untereinander seit Jahren. Dass die ONE-C offensichtlich zulassen wollte, dass sich nun auch die vierte und fünfte Ebene persönlich kennenlernten, war bemerkenswert. Es konnte mit der Neubesetzung der Führungspositionen zusammenhängen – schließlich ging es um eine relevante Beförderung. Ein Zeremoniell, welches äußerst selten vorkam. Hinzu kam, dass sich die ONE-C auf die bevorstehende Umwälzung und die neue Weltregierung vorbereitete und weitere nachrangige Hierarchieebenen konsequent mit einweihen wollte. Dadurch ließ sich vielleicht auch erklären, warum sie sich inzwischen eine Idee zu sicher fühlten. Mit jedem Monat, in dem das Chaos in der Welt zugenommen hatte, erklommen sie die nächste Stufe der Hybris und fühlten sich unbesiegbar.

Ein regelmäßiger dumpfer Trommelschlag kündigte den Beginn der Konferenz an. Nach und nach kamen die Teilnehmer in die Halle und setzten sich auf ihre zugeordneten Plätze. Der ganz linke Stuhl in der dritten Reihe blieb leer. Es war offensichtlich der Platz der Nummer Vier. »Den hat's im Central Park erwischt«, flüsterte Rosanna ganz leise.

Von der Mitte ausgehend nach links war eine riesige Leinwand aufgebaut. Rosanna schätzte die Größe auf fünf mal drei Meter. Noch herrschte eine gewisse Unruhe im Raum. Die Teilnehmer tauschten sich untereinander aus. »Kennst du irgendjemanden?«, erkundigte sich Peter.

Sie schüttelte den Kopf.

»Es ist ja kaum einer klar zu erkennen. Frauen sind in der Unterzahl. Mehr als eine Handvoll sehe ich nicht.

Vorhin hatte ich eine Ahnung, dass ich vielleicht jemanden aus dem Komitee der WHO wiedererkannt hätte. Aus dem Kreis der Verfasser des denkwürdigen Papiers *A World at Risk* aus 2019.«

»Und?«, flüsterte er hinter der vorgehaltenen Hand.

Sie schüttelte den Kopf. »Nein, keine Spur. Wobei es schon merkwürdig ist, dass im Komitee fünfzehn Personen vertreten waren. Genauso viele, wie die Summe der ersten vier Führungsebenen der ONE-C. Psst. Es geht los.«

Aus dem Hintergrund ertönte eine tiefe Stimme, begleitet von einer Basstrommel.

»Die Konferenz beginnt in wenigen Augenblicken. Nehmt eure Plätze ein. Die Begrüßung durch unsere uneingeschränkte Nummer Eins wird in Kürze erfolgen. Zuvor erläutert die zurückgekehrte Nummer Sieben den Plan des Angriffs. Begrüßt sie mit mir zur allgemeinen Einstimmung ganz besonders herzlich.«

Es lag ein leichtes Echo auf der Stimme aus dem Off und die Worte erzielten die beabsichtigte Wirkung. Die Anwesenden waren geradezu begeistert und zollten den obersten Führungsebenen einen donnernden Applaus.

Victoria erhob sich von ihrem Platz und suchte den Weg in den Lichtkegel. Sie strotzte vor Selbstsicherheit und ging langsam an der Reihe des dritten Levels vorbei. Am Platz der Nummer Fünf blieb sie kurz stehen. »Benedikt, schön dich zu sehen. Es ist lange her, dass ich dich gespürt habe.«

Der Mann schaute sie mit einem leicht skeptischen Ausdruck an. Sie war schon immer schwer einzuordnen gewesen. Er fragte sich, warum sie nicht schon vorhin direkt auf ihn zugekommen war.

Victoria war in der Mitte des Raums angekommen. Sie hatte keinen dünnen schwarzen Umhang an wie die meisten anderen. Sie stand im Licht und machte eine gute Figur. Ihr Blick war starr geradeaus gerichtet und sie ließ sich durch nichts ablenken.

»Freunde, Verbündete, Retter der Welt. Willkommen in Nairobi. Manche sagen, diese Stadt könnte demnächst der Nabel des Weltgeschehens werden. Wir sagen, *wir* sind der Nabel der Welt. Und wenn wir bestimmen, dass Nairobi eine zentrale Rolle zukommen wird, dann wird es so sein.«

Hinter ihr wurde der Schriftzug der ONE-C auf die Leinwand projiziert. Die Umrisse der Buchstaben erstrahlten in einem hellen Weißton, während die umliegenden Flächen tiefschwarz waren. Das *O* war deutlich größer als die anderen Buchstaben und sah aus wie ein großer Kreis. Ganz allmählich wurde ein kleiner hellleuchtender weißer Punkt in der Mitte des Kreises vom Buchstaben *O* eingeblendet. Victoria ging näher an die Leinwand und deutete auf den Mittelpunkt. »Seht ihr das? Das ist der Ort unseres heutigen Treffens. Nairobi.«

Sie ließ die visuelle Darstellung auf die Teilnehmer wirken. Und sie hatte noch mehr in petto. »Wusstet ihr, dass wir uns ganz in der Nähe des Äquators befinden? Nairobi liegt auf dem ersten Breitengrad südlicher Breite in in einer Höhe von 1660 Metern. Der Begriff des *Nabels der Welt* ist insofern nicht weit hergeholt.«

Sie klickte auf ihren Pointer und ließ eine Animation auf der Projektionsfläche starten. Die restlichen Buchstaben des ONE-C Schriftzugs verschwanden, während der Kreis mit seiner weißen Umrisslinie umso heller leuchtete. Er füllte nun die gesamte Höhe der Leinwand aus. Der kleine weiße Mittelpunkt lockte die Blicke auf sich. Nach und nach erschien eine weiße Linie von links nach rechts als Durchmesser und ging direkt durch den weißen Mittelpunkt.

»Was ihr seht, ist der Äquator. Verstanden?« Ihr Blick war streng und die Frage war nicht einmal rhetorisch gemeint. Sie registrierte das gleichmäßige Nicken im Publikum und startete den nächsten Teil ihrer Präsentation. »Der Äquator gehört zur Erde.«

Ebenso allmählich wurde nun die Erdoberfläche als Satellitenaufnahme eingeblendet. Der weiße Strich und die Markierung für Nairobi waren noch immer gut zu erkennen. »Ihr seht den afrikanischen Kontinent. Afrika ist viel größer als im Allgemeinen angenommen. Die flächige Kartendarstellung weist durch die Mercatorprojektion Ländern wie Kanada und Grönland übertrieben große Ausdehnungen zu, die nicht der wahren Größe entsprechen. Es ist eigentlich lächerlich. Afrika kommt dabei viel zu kurz. Sei's drum. Daher haben wir für die heutige Konferenz die Aufnahme der Erde aus dem All gewählt. Und nun geht's rund. Die Welt dreht sich.«

Wie aufs Stichwort fing sich der Globus an zu drehen. Gegen den Uhrzeigersinn. Wie in der Realität. Victoria hatte ihre Freude daran. Nach einigen Umdrehungen drückte sie erneut ihren Pointer. Der eingezeichnete weiße Äquator kippte nun zusammen mit der Erde ganz langsam aus der Horizontalen nach links in die vertikale Richtung.

»Ist es nicht faszinierend? Das ist eine Perspektive, die die meisten Menschen noch nie gesehen haben.«

Die Erdteile bewegten sich in einer ungewohnten Richtung. Afrika drehte sich langsam nach oben weg. Es folgte der Atlantische Ozean und dann Südamerika – bis der Pazifik erschien. Nach einigen Erdumdrehungen verlangsamte sich die Rotation und kam schließlich wieder an der Ausgangsposition zum Stillstand. Afrika lag quer, so dass die Sahara und die Mittelmeerküste auf der linken Seite zu sehen waren und Kapstadt auf der rechten Seite.

Victoria machte einen Schritt und stellte sich direkt in das Licht des Projektors. Sie suchte auf dem Hallenboden nach einer fast unsichtbaren Markierung von mehreren Klebestreifen und richtete sich daran aus. Ihr Gesicht wurde hell angeleuchtet. Der Globus mit der weißen Kontur ließ sie wie in einem Spotlight erscheinen. Im Kreismittelpunkt strahlte unverändert der kleine weiße

Punkt, der Nairobi kennzeichnete, und fiel direkt auf ihren Nasenrücken. Geschickt wurde wie von Zauberhand die Helligkeit der Satellitenaufnahme auf die ihres Gesichts angepasst. Zwei dunkle Punkte überlagerten markant ihre braunen Augen und überdeckten passgenau ihre Pupillen. Im Publikum wurde es unruhig. Es sah nach einem unheimlichen Vexierbild aus. Die unausgesprochene Frage lautete, woher die dunklen Punkte kamen. Victoria ging zur Seite und an ihrer Stelle wurde nun auf der Leinwand das Antlitz eines Primaten-ähnlichen Wesens mit der Topologie von Afrika überlagert.

»Ist es nicht faszinierend?« Sie klang völlig begeistert und freute sich über ihre Inszenierung. »Ihr wollt sicherlich wissen, welche beiden dunklen Stellen mit etwas Fantasie so aussehen wie ein Augenpaar, richtig? Es sind die beiden höchsten Berge des Afrikanischen Kontinents. Der Mount Kenya und der Kilimandscharo. Beide sind über 5000 Meter hoch und befinden sich exakt auf dem 37. Grad östlicher Länge. Ist die Symmetrie nicht verblüffend? Sie liegen auf einer Linie. Auf einem Längengrad. Die Berge – oder anders gesagt, die Augen – sie sind sogar vom Weltall aus gut sichtbar. Und Nairobi liegt passend positioniert zwischen ihnen.«

Die Vorstellung war eindrucksvoll und es ging ein Raunen durch die Reihen. Selbst oben auf der Balustrade des Mezzanins machte die Verblüffung nicht halt. »Ist das echt? Kein Fake?«, flüsterte Peter. »Wie ist das möglich?«

Rosanna zuckte mit den Schultern und legte ihren Finger auf die Lippen. Er nickte und schwieg.

Unten ging die Präsentation von Victoria mit einer unverminderten Intensität weiter. Das projizierte Konterfei des Primaten hatte sich allmählich in einen Frühmenschen verwandelt und ging sodann schemenhaft in ein menschliches Antlitz über. Sie zeigte auf den Victoriasee, der als Mundpartie gedeutet werden konnte.

»Es geht darum, etwas zu erkennen, wo andere nur Punkte sehen. Der Beginn der Erkenntnis liegt im Erkennen. Die Punkte verbinden. *Connecting the dots.*«

Rosanna stutzte. »Hey, sie bedient sich *meines* Mottos.« Sie gab sich empört und hielt sich die Hand vor ihren Mund. »Das ist *mein* Spruch. *Meine* Weisheit.«

Er hielt sie zurück und flüsterte in ihr Ohr. »Was hast du denn erwartet? Ihr habt dieselbe Ausbildung durchlaufen und ihr seid Zwillingsschwestern. Mich überrascht das keineswegs.«

Victoria machte einen weiteren Schritt zur Seite. »Wenn man aus dem All auf diesen Teil der Erde blickt, so ist er geradezu prädestiniert, der Ort für die Wiege der Krone der Schöpfung zu sein.«

Sie vermied es bewusst, den Begriff *Wiege der Menschheit* zu wählen, fiel Rosanna auf und sie stupste ihren Freund in die Seite. Victoria fuhr mit fester Stimme fort.

»Hier lag einst die Wiege der Kultur der ONE-C, der ersten Gesellschaft der Götter. Unsere Wiege. Eingebettet in die charakteristischen Landmarken direkt am Äquator. Am rechtwinkligen Schnittpunkt mit dem 37. Längengrad, der akkurat durch das Augenpaar der beiden höchsten afrikanischen Berge verläuft. Eine spirituelle Lage, die man genauso gut Teotihuacán nennen könnte. Teotihuacán, *der Ort, wo man zu einem Gott wird.*«

Jeder Satz saß und verfehlte nicht seine Wirkung bei den Zuhörern. Sie hörten gebannt zu.

»Der Planet der Götter, die wir einst waren. Durch ein archaisches Ereignis waren unsere Urahnen ausgestattet mit der kollektiven Intentionalität und mit der Fähigkeit der Erkenntnis. Es war der Beginn des Erkennens der Zusammenhänge. Gestern, heute, morgen. Aus einzelnen Punkten wurden Beziehungen und Konstellationen. Wir lernten, die Punkte zu verbinden und die vielschichtigen Bedeutungen der unsichtbaren Zwischenräume zu verstehen. *Connecting the dots.* Unsere Urahnen waren die Götter auf diesem Planeten. Wir verfügten über die vorzügliche Eigenschaft der Intelligenz. Des Verstehens, bevor man eine Formel oder Zahl dafür kennt. Heute wird oft gesagt, dass die Menschen die Welt wie sie wirklich ist, vielleicht nie erfahren werden. Für gewöhnliche Menschen trifft das zu. Unsere Vorfahren hatten jedoch den Zugang zu den Grundzusammenhängen allen Seins. Sie mussten a priori kein Wissen über die Goldene Zahl haben oder die Fibonacci Reihe kennen, sie wussten es einfach. In einem Satz. Sie waren, wir waren, die Krone der Schöpfung.«

Einige Meter neben ihr erhob sich die Nummer Eins von seinem Stuhl und klatschte einige Male in seine Hände. Es war ein bekanntes Signal. Alle Anwesenden taten es ihm gleich und applaudierten.

Victoria hatte mit ihren Worten genau den richtigen Nerv getroffen. Für einen Moment lang genoss sie den Beifall und setzte dann ihr Credo fort.

»Es war solange gut, wie die Götter der ersten Gemeinschaft der ONE-C in diesem spirituellen Dreieck der ursprünglichen Wiege lebten.« Auf der Leinwand wurde ein blasses Dreieck zwischen den Bergmassiven und dem Victoriasee konturenhaft angedeutet.

»Viele Generationen lang lebten sie hier. Friedlich, abgeschieden, isoliert vom Rest der Welt. Elitär. Draußen in der Ferne fristeten die Frühmenschen ihr primitives Dasein, während sich hier bei uns das Wissen und der kulturelle Fortschritt in einer atemberaubenden Geschwindigkeit weiterentwickelte. Für unsere Vorfahren, die Götter, waren die Gesetzmäßigkeiten der Logik evident. Für einen Normalsterblichen ist es selbst heutzutage noch eine große Herausforderung, die Negierung einer so einfachen Schlussfolgerung wie *aus A folgt B* hinzubekommen und die Dummen mutmaßen *aus nicht-A folgt nicht-B.*«

Ein allgemeines Gelächter hob im Saal an und drückte die vorherrschende Hybris aus. Sie weideten sich an ihrer gefühlten Überlegenheit.

»Kausalität ist eine sehr menschliche Interpretation der Zusammenhänge.« Sie setzte bewusst einen nächsten Meilenstein. »Unser Denken ist deutlich vielschichtiger und tiefer gehender angelegt. Seit dem Anbeginn lebten unsere Vorfahren der ONE-C hier wie im Paradies. Viele Äonen lang. Bis einige der Götter ihrem Explorationstrieb nachgaben und dem Weg des Wassers nach Norden in die Welt folgten. Unsere Göttersöhne nahmen all unser Wissen mit. Als sie auf die primitiven Frühmenschen trafen, entdeckten sie jedoch, dass sie auch von einem anderen Trieb motiviert wurden. Die jungen, attraktiven Menschentöchter weckten ihre Fleischeslust. Und so kam es, dass unser edles Geschlecht mit jeder darauffolgenden Generation weiter verwässert wurde. Die heutigen Menschen sind das traurige Ergebnis davon.«

Im Versammlungsaal herrschte eine bedrückende Stille. Niemand wagte es, sich zu äußern.

Auch oben auf dem Mezzanin war es beängstigend ruhig. Peter schrieb einige Zeichen auf den Touchscreen beim *ComX* und Rosanna las die Botschaft. *Genesis, Sechstes Kapitel 6,1-2 … da sahen die Göttersöhne die Menschentöchter, dass sie gut waren, und sie nahmen für sich Frauen von allen, die sie auswählten.* Sie nickte. Unten im Konferenzraum ertönte leise das bekannte rhythmische Trommeln.

»Es ist an der Zeit, einen globalen Reset vorzunehmen. Die Menschen, die damals aus der unheilvollen Verbindung mit unseren Vorfahren, den Göttern, hervorgingen, haben unseren Planeten ausgebeutet. Kaputt gemacht. Zerstört. Es ist unerträglich geworden. Die Menschen tragen zu einem großen Teil die Wildnis in sich – mit ihrem verbrecherischen, kompetitiven, egoistischen Wesen - ohne den echten Willen zur Kooperation. Gepaart mit uns wurden sie zu einem Hybridwesen. Halb Tier, halb Gott. Ihre innere Zerrissenheit und Dualität mögen zwar in Einzelfällen zu einer in der Natur zuvor unbekannten Kreativität geführt haben, doch der unbändige Drang nach Freiheit und Unabhängigkeit führte mehr und mehr zu einer Zerstörung des blauen Planeten. Unseres Planeten, der so einzigartig und wertvoll im gesamten Universum ist. Wir werden unsere Erde schützen müssen. Vor dem destruktiven und ausbeuterischen Menschen. Mit uns werden wir wieder eine Gemeinschaft erringen, die der natürlichen Ordnung und Bestimmung entspricht. Die Zeit drängt. Wie vor 12.000 Jahren, als das Ende der letzten Eiszeit das irdische Leben durcheinanderwirbelte, droht uns in absehbarer Zeit eine Polumkehr des Magnetfelds der Erde mit enormen Implikationen. Wir müssen die dringend notwendige Neue Weltordnung zeitig genug umsetzen, um die Welt zu retten. Keinesfalls darf die Verantwortung dem wahnsinnigen Wesen der Menschen überlassen werden. Es wäre der Untergang des Planeten.«

Auf der Leinwand erschienen die sieben zentralen Ziele der ONE-C, die identisch mit denen der Illuminaten waren.

1. Ziel: Die Abschaffung jeder ordentlichen Regierung
2. Ziel: Die Abschaffung des Privateigentums
3. Ziel: Die Abschaffung des Erbrechts
4. Ziel: Die Abschaffung des Patriotismus
5. Ziel: Die Abschaffung aller Religionen
6. Ziel: Die Abschaffung der Familie
7. Ziel: Die Errichtung einer Weltregierung

»Ihr kennt den Fahrplan. Übrigens, zur Abschaffung der Religionen komme ich gleich, wenn ich den Angriffsplan vorstellen werde. Religionen sind getrieben von einem subtilen Fanatismus und das führt dazu, dass sich die Menschen global betrachtet eher voneinander entfernen.

Religionen sind der Urquell der Polarisierung, so dass sich am Ende halbwegs intelligente Lebewesen gegenseitig töten. Das alles kann keinen Frieden garantieren. Und der Frieden ist unser Ziel. Mit der Errichtung der neuen Weltregierung werden wir ein Zeitalter des unendlichen Friedens schaffen. Wir werden verantwortungsvoll mit unserem Planeten Erde umgehen und die Nachhaltigkeit über jedwedes Profitstreben stellen.«

Es gab einen donnernden Applaus. Die Mitglieder der ONE-C erhoben sich von ihren Plätzen und klatschten frenetischen Beifall. Der Saal tobte.

Oben auf der Empore verschränkte Rosanna die Arme.

»Shit. Sie deklarieren sich selbst als Götter und wollen den Rest der Menschheit umbringen oder versklaven. Wir müssen sie stoppen. Unbedingt.«

»Ah, ich weiß nicht. Ganz so dumm klang das gar nicht.«

Sie stieß ihm empfindlich in die Seite. »Verräter.« Sie schickte ihrem Hieb ein Lächeln hinterher.

* * *

Unten im Saal wurde es langsam wieder ruhiger. Auf dem zentralen Stuhl hatte sich nun auch die Nummer Eins der Organisation erhoben. Der Mann war schemenhaft zu erkennen. Er breitete seine Arme weit aus und sein dunkler Umhang verlieh ihm das Aussehen eines Priesters. Die Spannung war außergewöhnlich hoch. Niemand wagte zu husten oder sich zu räuspern.

»Silencio.« Augenblicklich herrschte absolute Stille. »Ich begrüße euch anlässlich unserer Jahreskonferenz. Herzlichen Dank an Victoria für die einstimmende Rede. Wir werden sie später noch gebührend würdigen. Es ist eine gute Tradition unserer Konferenzen, mit dem Aufbau unserer Organisation zu starten. Werft einen Blick auf die Sitzordnung. Es hat alles seinen Sinn.«

Er war ganz in seinem Element und erläuterte die Tabelle auf der Leinwand. »Es ist der Aufbau, den einst Adam Weishaupt im Jahr 1776 begründet hatte.«

1. Ebene: 1 / 1   o

2. Ebene: 2 / 3   •   •

3. Ebene: 4 / 7   o   •   •   7

4. Ebene: 8 / 15   • • • • • • • •

5. Ebene: 16 / 31 • • • • • • • • • • • • • • • •

»Ich darf euren geschätzten Blick auf die dritte Hierarchie-Ebene lenken. Unser langjähriger Weggenosse Nummer Vier hat uns bedauerlicherweise vor kurzem in New York verlassen. Seine Position in der UNO bleibt vorerst verwaist. Es wird sich eine Lösung finden. Dennoch können wir seinem unerwarteten Ableben auch etwas Positives abgewinnen. Nennt es ein reinigendes Gewitter. Wer unter einer Orientierungslosigkeit leidet, hat in der ONE-C nichts mehr verloren. Es hat ihm jedenfalls die *Decipill* erspart. Dadurch ist die Position neu zu besetzen und stellt einen Punkt auf der heutigen Agenda dar. Es wird nicht die einzige Promotion sein.« Diese Aussage kam überraschend und die Teilnehmer schauten sich fragend untereinander an.

»Ja, Freunde. Heute werden zwei neue Mitglieder in den elitären Kreis der oberen Sieben berufen werden. Daher haben wir das Treffen erstmals um die komplette vierte und fünfte Ebene erweitert. Es ist ein historischer Augenblick. Gemäß unseren Statuten sollen eigentlich nur jeweils zwei Mitglieder ihren Vorgesetzten persönlich kennen. Heute können alle 24 Hoffnungsträger der vierten und fünften Ebene ihre sieben Superior kennenlernen – und umgekehrt. Zwei von euch dürfen sich glücklich schätzen und rücken in den erlesenen inneren Zirkel auf. Ich selbst ...« Es ging ein unruhiges Murmeln durch den Saal.

»Ich selbst … werde schon bald die Verantwortung für die größte Volksgemeinschaft der Welt übernehmen. Es ist eine äußerst reizvolle Aufgabe, der ich mit großer Freude entgegensehe. Wir werden alle Staaten unserem System unterordnen und auf diesem Wege eine neue Weltordnung schaffen, unter der einheitlichen Führung einer ONE-C Weltregierung, die auch in aller Zukunft die Fäden im Hintergrund zieht und als Königsmacher fungieren wird. Dem Ziel sind wir so nahe wie noch nie. Und meinen Nachfolger an der Spitze der ONE-C, werde ich schon heute nominieren.«

Die Unruhe im Saal nahm zu. Darüber war nichts durchgesickert und niemand wusste, um wen es sich beim Nachfolger handeln konnte.

»Es ist ein großartiger Moment. Victoria ist wieder unter uns. Sechs lange Jahre lang haben wir darauf gewartet und es hat sich gelohnt. Ihr Angriffsplan ist wunderbar aufgegangen. Für das Virus brauchte es die Zeit der Vorbereitung. Jetzt wütet es in den abgelegensten Volkswirtschaften und treibt die dummen menschlichen Staatslenker zur Verzweiflung. Victoria wird euch nun in das komplette Vorhaben einweihen. Es wird euch gefallen. Lasst uns Victoria zuhören, was in den nächsten Wochen geschehen wird.«

* * *

Erneut übernahm die Nummer Sieben das Zepter. Die Leinwand blieb schwarz und sie präsentierte den Masterplan vor allem verbal.

»Unser Angriffsplan wird aus drei wesentlichen Elementen bestehen, bevor sich daraus der Dritte Weltkrieg entwickeln wird. Ad eins. Das siebte humane Coronavirus sorgt derzeit für eine weltweite Pandemie. Ursprünglich trug es den Namen *2019-nCoV,* der uns etwas näher lag. Mittlerweile müssen wir uns an die Bezeichnung *SARS-CoV-2* gewöhnen. Die Infektionsraten sind unvermindert hoch und die westlichen Industrienationen bleiben weiter unter Druck. Dennoch liegt die Letalität im niedrigen einstelligen Bereich. Wenn sich schon bald herausstellen wird, dass die Dunkelziffer der Infizierten um ein Vielfaches höher war als allgemein angenommen, so wird diese Faktenlage allmählich dem Virus den Schrecken nehmen. Es wird somit Zeit für die nächste Virus-Stufe, wodurch die Welt in ein unüberschaubares Chaos geraten wird. Unsere Nummer Eins wird sich direkt nach der Konferenz auf den Weg zurück nach China machen und sich höchstpersönlich vom aktuellen Stand der Entwicklung überzeugen. Es geht darum, den zurückgehaltenen Corona-Stamm mit den Spuren eines anderen Virus anzureichern. Mit den Genomsequenzen des 1918-H1N1 Virus. Besser bekannt als die Spanische Grippe. Sie hat für die Neuentwicklung Pate gestanden.«

Ein Raunen ging durch die Reihen. Allein die Namensnennung der gefürchteten Influenza sorgte für eine Mischung aus Faszination und Besorgnis.

»Mit dem neuen Virus erhält das hochinfektiöse SARS-CoV-2 einen zusätzlichen Faktor bei der Sterblichkeitsrate. Das neue Virus wird verstärkt das Gehirn angreifen und für einen Multiorganbefall durch den körperlichen Zykotinsturm sorgen.« Ein diabolisches Lächeln zog um ihre Mundwinkel. Auf der Leinwand sah man Fotos der Makaken, an denen Experimente durchgeführt wurden.

»Seid beruhigt. Jeder von euch bekommt am Ende der Konferenz eine Erstimpfung gegen das neue Coronavirus.

Ad zwei. Wir halten uns an den Masterplan von Albert Pike und werden Jerusalem ins Visier nehmen.«

Ein Panoramabild vom Tempelberg wurde eingeblendet.

»Damit erfüllt sich auch die Prophezeiung von Fatima und wir werden die drei Weltreligionen empfindlich treffen. Die exekutiven Truppen der *Enco* befinden sich bereits in Stellung und warten nur auf ihren Einsatz. Sie werden eine regelrechte Vendetta entfachen und für ein beispielloses Fiasko der Weltreligionen sorgen. Es ist damit zu rechnen, dass sich daran die ersten kriegerischen Auseinandersetzungen der Völker anschließen werden. Damit komme ich zum dritten und entscheidenden Element. Ad drei. Unsere Operation trägt den Namen *Herbin Blue*. Blau, denn es geht schließlich um die Rettung unseres blauen Planeten. Wie ihr vielleicht schon wisst, handelt es sich um Wasser. Um sehr viel Wasser.«

Auf der Leinwand wurde in die Landkarte von Ostafrika hineingezoomt.

»Der Nil ...«, sie wartete einen kurzen Augenblick und wollte sich der ungeteilten Aufmerksamkeit ihrer Zuhörer gewiss sein. »Der Nil hat bekanntlich zwei Quellflüsse. Den Weißen Nil und den Blauen Nil, die sich in der sudanesischen Hauptstadt Khartum vereinigen. Der Blaue Nil entspringt in Äthiopien und führt eine enorme Wassermenge. Ganze 70 Prozent der Gesamtmenge des Nils entfallen auf diesen Quellfluss. Allerdings kann Äthiopien davon bis dato nur einen Bruchteil für sich nutzen. Geschätzt ist es ein einziger Prozentpunkt. Den Löwenanteil sichert sich Ägypten. Sagt euch das Mega-Bauprojekt GERD etwas?«

Sie klickte auf dem Pointer bis zu einer Slide-Show von mehreren Fotoaufnahmen einer Staumauer.

»Es wird das größte Wasserkraftwerk des afrikanischen Kontinents werden. Die Fertigstellung ist für 2022 vorgesehen. Die 16 Turbinen stellen den neusten Stand der

Technik dar und werden Äthiopien flächendeckend mit Strom versorgen. Der Name GERD steht für den *Grand Ethiopian Renaissance Dam*. Und Renaissance heißt die Wiedergeburt, wie passend. Beginnend in 2022 wird es dann sieben Jahre dauern, bis der Stausee mit seinen über 60 Milliarden Kubikmetern an Wasser vollständig gefüllt ist. Sieben Jahre. Ihr wisst, wie sehr ich diese Zahl schätze.«

Sie lächelte und war zufrieden, denn sie konnte bei den Zuhörern das Interesse an dem Projekt spüren.

»Die Baukosten sind exorbitant hoch. Gut, dass die chinesischen Banken mehr als ein Drittel davon finanziert haben. Ab 2029 wird der *Grand Dam* für unsere Neue Weltordnung eine signifikante Rolle spielen. Freuen wir uns auf GERD. Doch das ist Zukunftsmusik. Für die Gegenwart gilt die Aussage der Ägypter, dass jeder, der dem Land das Wasser entzieht, Ägypten den Krieg erklärt. Sieben Jahre lang wird ihnen ab 2022 viel Wasser fehlen. Doch so lange wollen wir sie nicht warten lassen, bis sie sich einer Kriegserklärung ausgesetzt sehen. Wir werden dafür sorgen, dass sie schon sehr bald Wasser im Überfluss haben. Ja, sie werden ihr blaues Wunder erleben.«

Victoria lachte aus voller Kehle. Bei den Teilnehmern der Konferenz blieb eine gute Portion Ratlosigkeit zurück. Sie konnten sich noch immer nicht vorstellen, worin der eigentliche Schlag bestehen sollte. Die Nummer Eins erhob sich und klatschte Beifall. Die anderen taten es ihm gleich.

»Der Plan ist brillant. Mehr als 100 Millionen Menschen befinden sich im Einzugsgebiet und werden gefährdet sein. Lasst mich noch kurz etwas zum Zeitplan sagen. Die Angriffe sollen im Kalender zur Tagundnachtgleiche beginnen. Equinox. Danach werden wir uns in Geduld üben. Niemand kann absehen, wie lange sich die Kämpfe hinziehen werden. Die Dauer ist zweitrangig. Auf das Ergebnis kommt es an. Ein Zeitraum von drei Monaten ist unwahrscheinlich. Es könnte sogar mehrere Jahre dauern.

Der endgültige Waffenstillstand ist für den 21. Dezember vorgesehen. Dem Tag der Wintersonnenwende. Am dritten Tag wird die neue Weltregierung die Verantwortung und die Macht übernehmen. Am 24. Dezember eines noch unbestimmten Jahres. Es wird der Tag der Renaissance werden. Die Wiederkehr der Sonne und der Macht der Götter. Die Geburt eines neuen Zeitalters. Wir schaffen ein Reich des Friedens für die Ewigkeit.«

Es hob ein nicht enden wollender Applaus bei den Teilnehmern der Konferenz an. Sie standen auf und klatschten im Gleichtakt. Die Nummer Eins nutzte die Gelegenheit und bat das Mitglied von ganz außen aus der vierten Reihe nach vorne.

»Die Zeremonie fällt heute kürzer und nüchterner aus als gewöhnlich. Nummer Acht. Es ist mir eine Freude und Ehre, dich in den Kreis der letzten Sieben aufzunehmen. Schenkt ihm euren Zuspruch.«

Das Publikum klatschte weiter in die Hände und freute sich. In der dritten Reihe ging das Stühlerücken los. Die Nummer Fünf, Benedikt, wurde unruhig und machte seinen Anspruch auf die vierte Position deutlich. Ebenso rutschte die alte Nummer Sechs eine Position weiter. Nur Victoria verharrte unverändert an ihrem Platz der siebten Position. Als wollte sie die liebgewonnene Assoziation nicht aufgeben. Die Nummer Eins stand vor seinem Stuhl im Lichtkegel und hob beide Hände in die Luft.

»Silencio. Es ist an der Zeit, dass ich meinen Nachfolger bekannt gebe. Die Amtsübergabe wird mit dem Beginn der Kriegshandlungen vollzogen werden. Wie ihr wisst, wollen wir ein Reich des Friedens für die neue Ewigkeit schaffen. Daher wird das Prozedere der Amtsübergabe heute von unserem üblichen Protokoll abweichen. Die erste Gemeinschaft der ONE-C war eine Kultur der Götter. Eine matriarchalisch geprägte Gesellschaft. Beginnend mit der Urmutter.«

Das Murmeln im Raum hatte sich augenblicklich gelegt. »Bevor unsere Söhne, die Göttersöhne, hinaus in die Welt gingen, wurde unser Clan von Frauen angeführt. Sie sorgten für die kulturelle Entwicklung, die Intelligenz, die Logik und sie sicherten den Frieden. Wir wollen diese Zeit wieder aufleben lassen. Auf der jahrzehntelangen Suche nach dem erlesensten Erbgut haben wir Keimzellen gefunden und geschaffen, die denen unserer göttlichen Vorfahren genau entsprechen. Der Zauber des Anfangs ist wieder in der Welt. Die *Triangular Files*. Das Zeichen des Dreiecks. Die Frau und Mutter des Beginns. Das *V*.«

Die Spannung im Raum stieg bis ins Unermessliche. Man hörte kein Atmen. Rein gar nichts.

»Victoria. Acht Buchstaben, die für die Unendlichkeit stehen. Dein Erbgut liegt gut gesichert und verwahrt an einem verborgenen Ort und wir werden die nächste Generation der Götter mit der Machtübernahme erschaffen. Die Zukunft der ONE-C wird den Planeten vor dem Untergang bewahren und den ewigen Frieden sichern. Es gab bei der Geburt von Victoria einen Zufall, den ich nicht unerwähnt lassen möchte. Eine Schwester war gleichzeitig entstanden. Eine Zwillingsschwester. Annarosa. Sie ist uns, wie soll ich es ausdrücken, abhanden gekommen. Aber auch ihre Keimzellen liegen im tiefgekühlten Archiv und werden dazu beitragen, die neuen Generationen der Götter im Sinne der ONE-C zu erschaffen. Victoria, komm bitte zu mir.«

Das rhythmische Trommeln ertönte wieder aus dem Hintergrund. Die Zeremonie war verkürzt. Er überreichte ihr eine Lotosblume und strich über ihren Finger.

»Dein jetziger schwarzer Kristall-Ring ist nur ein vorübergehender. Gut, dass du ihn schon in Pointe-Noire für die heutigen Feierlichkeiten bekommen hast. Dein neuer Ring ist bereits fertiggestellt und trägt deine neue Signatur.«

Im Hintergrund wurde der *John Lennon* Song *Imagine* eingespielt und die Klänge des Pianos schufen eine verklärte Atmosphäre. Oben auf der Empore konnten es die beiden nicht fassen.

»Es ist unglaublich. Die bereiten sich wirklich auf eine globale Machtübernahme vor. Jetzt spielen sie auch noch einen meiner Lieblingssongs. *Imagine there's no countries.*« Peter war völlig perplex. »*And no religion too.* Hey, die missbrauchen die wunderschöne Melodie.«

»Tja«, ergänzte Rosanna. »Im Text gibt es keine Besitztümer mehr, *no possesions.* Und am Ende lebt die Welt friedlich. *Will live as one.* Ich habe heute auch etwas gelernt. Offensichtlich bin ich als Annarosa auf die Welt gekommen. Annarosa, ein Name mit acht Buchstaben.«

Sie schüttelten ihre Köpfe und waren ziemlich fertig. Unten hatte die Nummer Eins die feierliche Zeremonie bis auf den Höhepunkt getrieben und drückte seinen Ringfinger im direkten Kontakt auf den Ring an Victoria's Finger. Plötzlich kniff er die Augen zu und rief ein lautes »Stopp.« Augenblicklich herrschte Ruhe im Saal und die Musik verstummte.

»Ich spüre etwas sehr Ungewöhnliches. Das Gegenstück zum *V*, das offene *A*. Sie ist hier.« Er schloss die Augen und konzentrierte sich. Ganz langsam drehte er seinen Kopf, so als ob er den Raum gedanklich abtastete.

Bei Rosanna raste der Puls bis an den Anschlag. »Shit«, flüsterte sie. »Ich habe vergessen, den Ring abzunehmen.« Mit aller Kraft versuchte sie ihn abzuziehen, doch es gelang ihr nicht. Peter half ihr und mit vereinten Kräften rüttelten sie an dem schwarzen Schmuckstück. Nervös schaute sie nach unten in den Versammlungssaal und behielt die Nummer Eins im Blick. Als sie registrierte, dass er seinen Kopf nach oben richtete, schreckte sie urplötzlich zurück. »Pete, wir müssen uns schleunigst aus dem Staub machen.«

In diesem Moment gelang es ihm, den Ring zu lösen. Sie fiel dadurch nach hinten auf den Boden und es gab einen ohrenbetäubenden Lärm auf der Empore. Gleichzeitig war ihr die Pistole aus der Seitentasche gerutscht und auf den Boden geknallt. Alles geschah in den Bruchteilen einer Sekunde. Peter griff zum Isolatorkästchen und verstaute den Ring darin. Rosanna stand auf und warf einen Blick in die Tiefe. Der modrige Geruch der alten Fabrikhalle schlug ihr entgegen. Unten stand die Nummer Eins und erkannte sie. Aug in Aug nahmen sie für einige Momente den Kontakt auf. Victoria stand neben dem Mann und wurde unruhig.

»Wir müssen sie kriegen und festhalten. Dort oben ist sie.« Sie zeigte nach oben und alle Anwesenden blickten hoch zur Balustrade.

Rosanna nahm entschlossen die Pistole in die Hand und zielte auf den Projektor. Volltreffer. Die Halogenlampe erlosch. Sie feuerte weitere Schüsse auf die Leinwand und klemmte sich die Walther P99 fest hinter ihren Gürtel. Dann schmiss sie die High Heels nach unten ins Publikum. »Los jetzt, Pete. Lauf so schnell du kannst.«

Er zitterte am ganzen Körper. Sie hatten die Kreise der ONE-C gestört, sie waren nicht erwünscht. *Uninvited,* hämmerte es in seinem Kopf. Sie stolperten förmlich in Richtung der Feuertreppe und rannten um ihr Leben. Hinunter ins Erdgeschoss und quer über das Gelände zur angelehnten Stahltür. Nach draußen ins Freie.

Ihre Kollegen auf dem Wasserturm hatten das hektische Manöver beobachtet und eilten ihnen zu Hilfe. Sie schwangen sich auf die Fahrräder und traten in die Pedale, was das Zeug hielt.

Kapitel 26

Nairobi Airport

September 2020

Sie waren vollkommen außer Atem, als sie die Bushaltestelle am City Stadium erreichten. Sie schnappten sich die Fahrräder und drängten sich in den Linienbus der Linie 34J. Der Pulsschlag hatte sich keinen Deut normalisiert. Schon gar nicht, als Joe aus der Ferne die Anzahl der bevorstehenden Stopps ins Spiel brachte.

»*What*? Dreißig Stopps. Das machen meine Nerven nicht mit«, protestierte Rosanna.

Jack hielt sie zurück. »Psst. Es muss ja nicht jeder mitkriegen, worüber wir sprechen. Ihr habt es doch geschafft. Was wollt ihr mehr?« Er sprach mit leiser Stimme. »Joe. Welche Airlines hast du herausgesucht?«

Es kam keine direkte Antwort. Der Support aus Hongkong brauchte seine Zeit für die Recherche. Alec reagierte geistesgegenwärtig und spielte einen Song auf seinem *ComX* an. *Manos al aire* von *Nelly Furtado*. »Seid fröhlich. Wir sind Tennis Profis. Obwohl Rosanna eher so aussieht, als wäre sie eine Vertreterin des Internationalen Olympischen Komitees. Wo sind eigentlich deine High Heels?« Er bewegte sich tanzend im Takt der Musik.

»Hey, es gab noch keine Möglichkeit, mich umzuziehen. Außerdem solltest du vielleicht mal deine Spanisch-Kenntnisse auffrischen. *Manos al air* heißt so viel wie *Hände hoch und hinlegen*. Ob das nun das richtige Kommando für eine Spritztour in einem Linienbus ist?«

Peter rückte an seine Freundin heran und drückte sie. »Das war knapp. Ich bin unsagbar froh, dass wir noch am Leben sind.« Er gab ihr einen angedeuteten Kuss auf die Wange. »Du, wenn ich dich etwas fragen darf.« Er flüsterte. »Warum hast du sie nicht getroffen? Es sah so aus, als hättest du weder auf den Boss, die Nummer Eins, noch auf seine Nummer Sieben gezielt.«

Sie schüttelte den Kopf. »Es ging nicht. Ich war wie fremdgesteuert. Das war eine heftige Angelegenheit. Vor mir tat sich eine unsichtbare Schranke auf.«

Er drückte sie noch etwas fester an sich heran. »Kein Thema. Darf ich dich etwas anderes fragen?«

»Schieß los.«

»Wie lautet denn die Negation des Logiksatzes?«

Sie warf ihm einen verblüfften Blick zu, der sich in ein liebevolles Lächeln wandelte.

»Die Umkehr lautet *aus nicht-B folgt nicht-A.*«

»Ha, so 'was Ähnliches hatte ich mir schon gedacht.«

Die anderen beiden machten große Augen.

»Ich gehe davon aus, dass sich unsere Wege trennen werden«, mutmaßte Jack. »Die Sachlage in Kunming muss sich Martijn mit der Taiwanerin vornehmen.«

»Sie heißt Taylor«, korrigierte ihn Rosanna.

»Stimmt. Taylor. Ich schlage vor, dass ich mit Alec ins Heilige Land fliege. Es ist ja schließlich meine Heimat. Wenn jemand dort hineinkommt und die Dinge regeln kann, dann bin ich es.«

Sie zog eine Augenbraue hoch. »An Selbstvertrauen hat es dir nie gemangelt. Dann bleibt für Pete und mich das wundervolle Khartum, richtig?«

Die Bestätigung kam postwendend aus Hongkong. »Seid ihr Hellseher? So hatte ich es mir ebenfalls gedacht. Könntet ihr die Brillen aufsetzen, dann erzähle ich euch von meinen Schlussfolgerungen. Übrigens, vergesst die Atemschutzmasken nicht, sonst fliegt ihr aus dem Bus.«

Er hatte völlig recht. Mit den Bose Frames erhöhten sie zudem ihre Tarnung und niemand konnte mithören.

»Die Sache ist nun ziemlich klar«, fing Joe an. »Was wir in China und in Jerusalem verhindern müssen, liegt auf der Hand. Bei Khartum und Ägypten tue ich mich nach wie vor schwer. Vicky war besonders fixiert auf den Staudamm GERD, findet ihr nicht?«

Rosanna war skeptisch. »Ich tippe auf einen anderen Bezug. Bevor das Wasserkraftwerk den Namen GERD bekam, sollte es der Millenium Damm werden. Und davor war es das Projekt X. Der Buchstabe X hat bei der ONE-C eine wichtige Bedeutung.«

»Wegen dem Codewort Xanadu?«, vermutete Peter.

Sie schüttelte den Kopf. »Das X ist nicht nur das Zeichen für die Zahl 10, sondern es besteht aus zwei gegeneinander gesetzten Dreiecken. Es ist zweimal der Buchstabe V. Zweimal die fünf.«

»Oder es ist einmal der Buchstabe V und einmal ein offenes A. Ich habe auch die Botschaften auf der Konferenz verfolgt. Das X seid ihr beide. Die Zwillingsschwestern.«

»Schluss damit, Pete.«

Über die kleinen seitlichen Lautsprecher der Bose Frames meldete sich Joe wieder zu Wort und wollte die Spannung aus der Unterhaltung nehmen. »Was haltet ihr von dem Antlitz mit den beiden höchsten afrikanischen Bergen? Waren das billige Taschenspielertricks oder steckt etwas Geheimnisvolles dahinter?«

»Sag du es uns. Wenn einer den Zugriff auf die unzähligen Aufnahmen aus dem All hat, so bist du es«, forderte sie ihn auf.

»Es ist frappierend. Es gibt diese Struktur tatsächlich und es bedarf keiner ausgeprägten Fantasie, das Muster mit dem Augenpaar zu erkennen. Und ich gebe unumwunden zu, dass ich überrascht war, was hinter der ONE-C zu stecken scheint.«

»Joe«, herrschte sie ihn an und hielt sich die Hand vor den Mund. »Es sind Verbrecher. Sie haben tödliche Viren auf die Menschheit losgelassen und wollen uns in den Dritten Weltkrieg treiben.«

Die beiden Männer im Bus nickten ihr unterstützend zu. Nur Peter war hin und hergerissen. Rosanna lenkte die Konversation in eine andere Richtung. »Der Staudamm in Äthiopien ist noch im Bau. Dort wird ein Anschlag überhaupt nichts bewirken. Außerdem soll es eine der ersten großen Errungenschaften in der angestrebten Weltherrschaft der ONE-C werden. Sie werden ja wohl kaum ihre eigenen Denkmäler einreißen. Nein, es geht um ein anderes Ziel. Wir werden es in Khartum erfahren. Joe, untersuche bitte sämtliche Rasterdaten von möglichen *Enco*-Kämpfern, die kürzlich dorthin gereist sind.«

Sie kramte in ihrem Rucksack und suchte nach etwas. Schließlich hielt sie zwei kleine Packungen zwischen ihren Fingern und reichte sie an Jack. »Hier, nimm. Es sind die Antikörper-Testkits aus der Schweiz. Vielleicht können sie euch nützlich sein.«

Nach 40 Minuten erreichten sie den Jomo Kenyatta International Airport und brachten die Bikes zum abgemachten Abgabepunkt.

Es war überraschend. Von den Verfolgern der ONE-C war nichts zu sehen und zu hören. Ohne die brutalen exekutiven Teams der *Enco* waren sie anscheinend relativ harmlos.

Die Rebellen wünschten sich gegenseitig viel Erfolg für die nächsten Tage. Vieles würde davon abhängen.

Kapitel 27

Jerusalem

September 2020

Am Jomo Kenyatta Flughafen in Nairobi hatten sich ihre Wege getrennt. Jack hatte den Rucksack mit den eingesammelten Waffen in einem Schließfach am Terminal deponiert und begab sich mit Alec zum Abfluggate. Auf dem Weg dorthin stimmte er sich ein letztes Mal vor dem Flug mit Joe ab. Er stellte sicher, dass Tom Davis und Erika Winwood in den Vereinigten Staaten informiert wurden und ebenso seine ehemaligen Kontakte in Israel. Ihr Kollege aus Hongkong konnte ihnen keinen Mut machen, was die Einreise in Israel anging. Nach wie vor galten strenge Einreisebedingungen und ohne eine 14-tägige Quarantäne sollte niemand ins Land gelassen werden. Wenn es überhaupt gelingen sollte, dann nur aufgrund der ausgezeichneten Kontakte, über die Jack seit seiner Zeit als Hauptmann der israelischen Spezialeinheit Sayeret Matkal verfügte. Während der Reise mussten sie vorschriftsmäßig die Atemschutzmasken aufsetzen.

Sie landeten am frühen Abend auf dem Flughafen Ben Gurion südöstlich von Tel Aviv. In diesem Fall griff Jack das erste Mal seit vielen Jahren auf seinen eigenen israelischen Pass zurück. Er hielt Alec zurück und ging als Erster zum Schalter der Immigration. An der Passkontrolle sollte er für einen kurzen Moment die Maske absetzen. Die Frau las seine Identifikationsdaten über die OCR Texterkennung ein und musterte ihn mit einem strengen

Blick. Das sportliche Dress eines Tennisspielers weckte ihren Argwohn. Nach der Überprüfung blinkte es auf ihrem Monitor. Es handelte sich um eine Alarmmeldung.

»Sie bleiben an Ort und Stelle stehen. Es wird sich jemand um Sie kümmern und Sie abholen. Wo ist Ihr Mitreisender? Mr. Alec ...«

Der Schotte hörte seinen Namen und kam an das Pult.

Jack hielt den Kollegen mit seinem Arm zurück. »Nichts sagen. Es ist alles in Ordnung.«

Nach wenigen Sekunden tauchte ein hagerer Mann in Uniform auf, der von zwei Sicherheitskräften begleitet wurde. Er würdigte Jack nur eines kurzen Blickes und vergewisserte sich, dass es sich um den richtigen Kontakt handelte. Anschließend wurden die beiden Einreisenden zu einer Sicherheitsschleuse im hinteren Bereich der Ankunftshalle eskortiert. Die Sicherheitsleute zogen sich dezent zurück und der großgewachsene Israeli kam mit einem verschmitzten Lächeln auf Jack zu. Er streckte ihm die Faust zur Begrüßung entgegen und Jack schlug ein.

»Shalom. Willkommen in Israel. Ich hätte dich gern herzlicher begrüßt, doch es sind die Herausforderungen des Virus, denen wir Tribut zollen müssen.«

»Moshe!«, rief er freudig aus. »Wie lange ist es her, dass wir gemeinsam im Schützengraben lagen? Die Zeit der Häuserkämpfe und *False Flag* Übungsmanöver.«

»Du weißt es genau, Hauptmann. Vieles hat sich seitdem geändert. Du scheinst der Alte geblieben zu sein. Immer mit einem Hang dazu, den Brennpunkt des Geschehens wie magisch anzuziehen.«

Jack lachte. »Darf ich dir Alec vorstellen? Wir wären gerne unter anderen Umständen ins Heilige Land gekommen. Sag mal, können wir die Atemschutzmasken abnehmen?«

Der Mann, der Moshe genannt wurde, nickte. »Ihr müsst eh das komplette Programm durchlaufen. Ich habe eine

Ärztin organisiert, die bei euch die COVID-19 Abstriche vornehmen wird. Wir haben erst vor kurzem das Schnelltestverfahren eingeführt. Da habt ihr in gut 20 Minuten das Ergebnis.«

»Ich nehme an, du bist ausreichend gebrieft. Wie machen wir es mit der Quarantäne? Das wird nicht funktionieren.«

Der Israeli lachte. »Jack *The Brain*. Du kommst nach Israel und hast dir keine Gedanken darüber gemacht?« Er reckte sein spitzes Kinn nach vorne und sah die beiden auffordernd an. »Schon gut. Wir haben eine Lösung vorbereitet.«

Die Tests bestätigten eine negative Diagnose. Alles andere wäre eine Überraschung gewesen. Sie bekamen eine komplette Neueinkleidung. Es handelte sich um eine chice hellbraune Uniform aus einem leichten Stoffgewebe. Und seit Jahren trug Jack wieder seine geliebten schwarzen Springerstiefel. Er sah aus wie ein Soldat und er fühlte sich auch so. Die Sachen passten ihm wie angegossen, während Alec mit einem skeptischen Blick an sich hinunterschaute. »Ob ich noch in die Hose hineinwachse?«

Die Männer lachten und marschierten über einen Hinterausgang zu einem unscheinbaren, weißen Bulli. Niemand sah, wie sie einstiegen und über die Schnellstraße A1 in Richtung Jerusalem fuhren.

* * *

Es lag viele Jahre zurück, dass Jack das letzte Mal in der Heiligen Stadt gewesen war. Die Ursprünge der Stadt sollten über 7000 Jahre in der Zeit zurückreichen. Nirgendwo sonst waren Geschichte und Gegenwart mit der Religion so dramatisch verwoben wie in Jerusalem – und insbesondere am Tempelberg in der Altstadt, dem mythischen Ort für Juden, Christen und Muslime. Gut eine Stunde brauchten sie für die 50 Kilometer lange Strecke.

Moshe ließ den Fahrer an einer Anhöhe kurz anhalten und ermöglichte ihnen einen fantastischen Panoramablick auf das abendlich beleuchtete Stadtbild.

»Ich zeige euch etwas«, kündigte er an, als sie weiterfuhren. Jack vermutete, dass es sich um die Unterkunft handeln könnte. Entsprechend den Regeln für die Eindämmung des Virus waren bestimmte Quarantäne-Unterkünfte in der Stadt eingerichtet worden und Jack hoffte, dass es sich um ein passables Hotel handelte. Der Bulli fuhr mit verlangsamter Geschwindigkeit auf den Ölberg und hielt vor einem Gebäudekomplex. Jack kannte den Ort. Sie stiegen aus dem Fahrzeug und vertraten sich die Beine. Sie hatten das Gebäude im Rücken und gingen ein paar Schritte nach vorn. Vor ihnen, auf der anderen Seite des Tals, lag die Altstadt von Jerusalem.

»Es ist wahnsinnig schön.« Alec war richtig begeistert von dem Anblick. »Ein Jammer, dass uns keine Zeit fürs Sightseeing bleibt.«

Der Sicherheitsoffizier drückte aufs Tempo. »Ja, so ist es. Mehr als der Ölberg war als touristische Einlage dieses Mal nicht vorgesehen. Wir bringen euch ins Hotel.«

Sie machten auf dem Absatz kehrt und sahen auf das Gebäude mit sieben Rundfenstern. Jack runzelte die Stirn.

»Sind wir hier untergebracht? Im *Seven Arches*?«

»Du klingst nicht begeistert, Jack. Das Hotel ist der Klassiker.«

Er schaute seinen früheren Kumpanen an. »Klassiker im Sinne von alt und heruntergekommen? Ich hätte eine höhere Wertschätzung eures alten Weggefährten durchaus begrüßt.«

Moshe lachte und klopfte ihm auf die Schulter. »Shalom. Wir fahren noch ein Stück weiter.«

* * *

Wenige Minuten später erreichten sie das 4-Sterne Hotel *Mount Zion*. Das exklusive Boutique-Hotel lag an der Hebron Road in fußläufiger Entfernung zur historischen Altstadt. Obwohl es hell erleuchtet war, schien es aktuell keine Gäste zu beherbergen.

»Als wir hörten, dass du uns einen Besuch abstatten würdest, fiel die Wahl auf diese Anlage. Das Beste war uns gerade gut genug.«

Offiziell war das Hotel *Mount Zion* geschlossen. Die Suiten und die geschmackvoll gestalteten Zimmer wurden in diesen Tagen nur für ausgewählte Anlässe genutzt. Es galt als besondere Adresse, wenn es um eine überwachte Quarantäne ging. Wie in diesem Fall. Es schien, dass sie die einzigen Gäste in der Hotelanlage waren. Nach dem Einchecken wollten sie sich im Atrium am Außenpool treffen und den Ablauf der nächsten Tage besprechen.

Jack und Alec gingen die Steintreppe vom Hotel hinunter bis zum Poolbereich. Die zahlreichen Sonnenliegen fristeten ein verlassenes Dasein und waren seitlich zwischen die steinernen Säulen geschoben worden. Niemand wusste, wann das Hotel wieder Gäste empfangen durfte. Moshe saß bereits auf der gefliesten Terrasse in einem Sessel aus wetterfestem Korbgeflecht. Neben ihm stand ein weißhaariger, älterer Mann, den Jack sofort erkannte.

»Welch eine Überraschung! Was hat Sie denn hierher verschlagen? Wurde es Ihnen in Rom zu langweilig?«

Doc Einstein ging auf ihn zu. »Besondere Umstände erfordern ungewöhnliche Aktionen.« Er lächelte und begrüßte die Rebellen mit seinem Ellenbogen. »Für mich ist es die Premiere in Jerusalem. Wobei mich die Stadt schon immer fasziniert hat. Endlich kann ich mir mein eigenes Bild davon machen.«

Sie setzten sich zu viert an den Pool und steckten die Köpfe zusammen.

»Wie ist die Lage?« Es war Moshe, der den Anfang machte. Sie hatten sich eine Flasche Mineralwasser bestellt und er füllte die Gläser. Um sie herum erstrahlten Außenleuchten in einem warm weißen Licht und tünchten die steinerne Anlage in ein gemütliches Ambiente.

Jack berichtete über den Stand der Dinge. Ausführlich schilderte er den anderen die neusten Erkenntnisse, die sie in Kenia gewonnen hatten. Er legte das *ComX* auf den Tisch und schaltete Joe aus Hongkong hinzu. Moshe begutachtete das Gerät.

»Für technische Spielzeuge warst du schon immer zu haben. Guten Tag nach Ostasien. Lebt ihr noch oder ist die Demokratie von den Chinesen schon abgeschafft worden?«

Stattdessen antwortete Jack. »Ich nenne das Gerät *ComX*. Wir können über eine Lizenz verhandeln, wenn diese Sache erst einmal vorüber ist.«

»Du klingst optimistisch. Woran machst du das fest? Die Aussichten sehen eher düster aus.«

»Das neue Virus wird unser Kollege Martijn in den Griff bekommen. Nenne es das Prinzip Hoffnung. Aber solange wir atmen, hoffen wir noch.«

Doc Einstein griff die Bemerkung auf und schob das lateinische Original hinterher. »Dum spiro spero.«

»Wir konzentrieren uns auf Jerusalem. Alles deutet auf einen Anschlag auf dem Tempelberg hin. In allernächster Zukunft.«

»Weil es der Heilige Ort ist, auf den die abrahamitischen Weltreligionen sich gründen?«, erkundigte sich Moshe.

Jack nickte. »Die drei Religionen sollen genau hier ins Mark getroffen werden. Die historische Prophezeiung von Fatima spricht vom Tod des weißgekleideten Oberhauptes der Kirche. Scheinbar hat die ONE-C dieses Motiv aufgegriffen. Joe, ist der Papst in Sicherheit?«

Auf dem Bildschirm des *Communicators* erschien der Kollege aus Hongkong und gab seine Bestätigung.

»So sicher wie das Amen in der Kirche. Er hat den Vatikan seit Wochen nicht verlassen.«

»Das ist rätselhaft. Vielleicht gibt es eine geheime Mission, die wir übersehen haben?«

Moshe schüttelte den Kopf. »Wir haben alles gegen gecheckt seit deiner Nachricht. Es gab nichts Auffälliges, was einen Hinweis bietet. Außerdem ist der Tempelberg ein sicherer Ort.«

»Es dürfen nur die Muslime dorthin?«, wollte Doc Einstein wissen.

Der hagere Sicherheitsoffizier nickte. »So ist es. Seit einigen Wochen ist der Zugang wieder möglich. Wir mussten zwar schon in 2014 die Metalldetektoren nach den tödlichen Anschlägen auf Anordnung wieder entfernen, dennoch würde ich die Gegend als relativ sicher einstufen. Von unserer Seite ist eine hohe Präsenz der israelischen Polizei vorhanden. Wollt ihr euch morgen dort in der Nähe aufhalten, Jack?«

Er nickte. »Wir haben keinen besseren Anhaltspunkt. Es sei denn, ...« Er wandte sich zur Seite zu Ernst Einstein.

Der Wiener Kryptologe atmete tief durch. »Ihr habt es euch wahrscheinlich schon gedacht. Ich bin nicht ohne Grund hierhergekommen. Joe hatte uns in Rom einen Zusammenschnitt der Konferenz in Nairobi zugänglich gemacht und daraufhin habe ich mich mit den anderen *Wise Guys* beraten. Wir haben all unsere Kräfte gebündelt und sie in die optionalen Zugänge zu den Wellenfeldern gesteckt. Es sieht sehr besorgniserregend aus.«

»Zugang zu den ... Wellenfeldern? Wie bitte? Was soll das sein? Ist der Typ ein Wünschelrutengänger, Jack?«

»Moshe, bleib friedlich. Doc Einstein gehört zu den genialsten Menschen, die ich kenne. Ihr habt ihn nicht umsonst zu unserem Treffen zugelassen. Er und seine Geistesverwandten verfügen über Fähigkeiten, wie sie sonst nur die ONE-C zu haben scheint.«

»Sind die Burschen hellseherische Talente?«

Doc Einstein schüttelte den Kopf. »Wir sind keine Übermenschen. Doch in uns, nennt uns ruhig die *Wise Guys*, stecken Fähigkeiten, die früher alle intelligenten Wesen auf der Erde hatten. Den Zugang zu den Geschehnissen und den Zusammenhängen. Wir können nicht in die Zukunft schauen oder sie verändern. Aber wir erkennen Konstellationen, die sich anbahnen. Apropos. Euer weiß gekleideter Mann ist bereits auf dem Weg nach Jerusalem. Er wurde durch eine geheime Mission in die Stadt gelockt. Schon morgen soll eine Zusammenkunft mit einem hohen Vertreter des Islams stattfinden. Es geht um die Bekräftigung des gemeinsamen Bauvorhabens. Ja, es geht um das *Abrahamic Family House*.«

»Wo wird das errichtet? Hier bei uns in Israel?«, wollte Moshe wissen. Er strich sich nachdenklich über die Schläfe.

»Das *Abrahamic Family House* soll im Jahr 2022 fertiggestellt sein. Im Auftrag des Bauherrn *The Higher Committee for Human Fraternity* entsteht auf der Insel Sa'adiyat in Abu Dhabi eine Gartenlandschaft mit drei Sakralbauten. Mit einer Synagoge, einer Kirche und einer Moschee. Es wird sich um *drei* monumentale Gebäude handeln, die als platonische Körper auf *einem* Sockelelement ruhen werden. Jedes Haus strahlt für sich, während der umliegende Garten die kollektive Gemeinsamkeit der drei Weltreligionen kennzeichnen wird. Und ein viertes Gebäude vervollständigt das Gesamtkonzept in Form eines Gemeinschaftszentrums. Wörtlich heißt es, dass der *vierte Bereich keiner bestimmten Religion zugeordnet wird. Er soll als Zentrum für alle Menschen des guten Willens dienen, die sich dort zu einer Einheit zusammenschließen*. Eine Einheit. Wie *ONE*.«

»Darf ich einmal kurz laut denken, Doc?«, unterbrach ihn Jack. »2022 ist gleichzeitig das Jahr der Fertigstellung des Renaissance Damms in Äthiopien. Kann es sein, dass dann die Machtübernahme der ONE-C erfolgen soll, falls wir es nicht verhindern? Und eine zweite Frage. Eigentlich sollen doch alle Religionen abgeschafft werden. Welchen Sinn macht dann ein solches Bauwerk?«

»Gut, sehr gut. Es mag sein, dass die ONE-C und die Illuminaten *ohne* eine Religion auskommen werden. Sie waren ja quasi ihre eigenen Götter, als sie sich mit ihrem Entstehen an die Spitze der Nahrungskette gesetzt hatten und die Welt beherrschten. Erst die Menschen brauchten die Religionen, da sie erkannten, dass es mehr zwischen Himmel und Erde gab, als sie verstanden. Es ist der Herkunft des Menschen gezollt. Daher kann es gut sein, dass die von der ONE-C angestrebte Weltregierung die Weltreligionen zusammenführen will und noch für einige Jahrzehnte beibehalten wird. Brot und Spiele beruhigen die Volksseele.«

»Doc, Sie sagten, dass der Mann im weißen Gewand im Sinne dieser Mission schon auf dem Weg in die Stadt ist?«

Moshe mischte sich ein und schüttelte den Kopf. »Wenn in den vergangenen Tagen eine offizielle Delegation eingereist wäre, so wüsste ich es. Wir werden davon unabhängig den Tempelberg verstärkt absichern. Sagen Sie, was macht den Berg heute noch so besonders? Der Felsendom ist zwar nett anzusehen und ich weiß, dass es der Platz des ersten Jerusalemer Tempels gewesen sein soll. Doch gibt es kein anderes Ziel, das wir schützen müssen?«

Doc Einstein verschränkte die Beine und lehnte sich im Sessel zurück. »Der Tempelberg. Hier fing alles an. Mit Abraham, dem Urvater der Religionen, der seinen Sohn auf dem Tempelberg an den Altar binden sollte, um ihn zu opfern. Die Rettung erfolgte erst in letzter Minute. Später folgte der Auszug Moses aus Ägypten. Und was hatte er bei sich gehabt? Was später auf dem Tempelberg landete?«

Die Männer sahen sich ratlos an und wollten sich nicht auf ein Frage- und Antwortspiel einlassen.

»Das Mischkan ist das Zelt der Begegnung. Es wird im Zweiten Buch Mose ausführlich beschrieben. Es findet sich darin eine genaue Baubeschreibung für die 15 Meter lange Stiftshütte. Im Innern befand sich das Allerheiligste, das doppelt so lang wie breit war. Gezimmert aus Akazienholz und vollständig mit Gold überzogen. Wer in die Stiftshütte hinein durfte, sah fünf goldene Säulen, den goldenen Leuchter mit sieben Armen, den goldenen Altar und einen goldenen Schaubrottisch. Soweit so gut. Das Allerheiligste befand sich jedoch hinter einem Vorhang und der abgetrennte Raum wurde nur einmal im Jahr von einem Hohepriester betreten. Wisst ihr, was sich dort befand? Na? Die Bundeslade! Die Bundestruhe, um die sich unzählige Legenden rankten. In der Lade wurde nichts Geringeres aufbewahrt als die beiden Steintafeln mit den Zehn Geboten. Na, klingelt es bei euch? Steintafeln! Steine, Kristalle. Soll ich euch sagen, welche Färbung die Tafeln meines Wissens nach hatten? Sie waren schwarz.«

Die Männer waren ganz still. Sie waren völlig in den Bann der Schilderungen des Kryptologen gezogen worden.

»Was wäre, wenn Moses die mystischen schwarzen Steine unerlaubt aus Ägypten mitgebracht hatte und sie in der Bundeslade im Reisegepäck waren? Vielleicht ist er an die Steine zuvor auf einem nicht ganz offiziellen Weg gelangt, weshalb ihm die Geschichte mit dem brennenden Dornbusch und den Zehn Geboten geradewegs zupass kam. Die Steine in der Bundeslade waren heilig. Und sie trugen eine unbekannte starke Macht in sich. Lest in der Bibel im Zweiten Buch Samuel, 2. Sam 6, wie die Lade von David überführt wurde. Als der bedauernswerte Usa die Lade vor dem Herabrutschen bewahren wollte, fasste er sie kurz an und wurde augenblicklich dahingerafft. Soweit zu der Stiftshütte, dem Mischkan und der Bundeslade mit den geheimnisvollen Steintafeln. Und die Geschichte geht weiter. Nicht nur die Bundeslade auf dem Tempelberg enthielt heilige Steine. Auch für Mohammed spielten schwarze Steine eine spirituelle Rolle ersten Ranges. Für die Muslime steht vor dem Tempelberg noch Medina in der Rangfolge der heiligen Orte - und an der ersten Stelle ist unangefochten Mekka. Dort befindet sich der heilige schwarze Stein. Aufbewahrt wird er in der östlichen Ecke der Kaaba. In der sogenannten *Schwarzen Ecke*. Mittlerweile ist er in mehrere Fragmente zerbrochen und wird von einer Silbereinfassung gehalten. Die Kaaba in Mekka ist das *Haus Gottes* und das zentrale Heiligtum des Islam. Der ultimative Kultstein wird während der spirituellen Umkreisungen der Kaaba berührt oder sogar geküsst. Die Ursprungsgeschichte des Schwarzen Steins ist unbekannt. Manche Quellen schreiben ihm eine übernatürliche Herkunft zu und mutmaßlich handelt es sich um den Rest eines Meteoriten. Nach den frühesten Überlieferungen gab es den Stein schon am Anfang der Zeiten und Adam sollte ihn bei der Vertreibung aus dem Paradies mitnehmen. Ist es nicht eine faszinierende Geschichte? Die Weltreligionen zeigen eine Verbindung zu den mythischen Kristall-Steinen der Urzeit.«

Es war still und nur aus der Ferne vernahmen sie die Geräusche des Straßenverkehrs. Die Worte zeigten ihre Wirkung. Hunderte Gedanken gingen Jack durch den Kopf. Die Bundeslade, die Kaaba, der Tempelberg. Die Parallelen waren offensichtlich. Schloss sich der Kreis einer Geschichte, die die geheimen Mächte der ONE-C schon seit Jahrhunderten, wenn nicht gar seit Jahrtausenden gesponnen hatten? Die Stimmung war gedrückt. Keiner wusste so recht, was er sagen sollte.

Aus der ostasiatischen Enklave meldete sich Joe zu Wort und ließ ein Instrumentalstück aus Jack's *ComX* leise dahinplätschern. *Jerusalem* von *Herb Albert*. »Gönnt euch etwas Ruhe, Jungs.«

* * *

Am nächsten Morgen waren die beiden Rebellen schon
früh auf. Sie trugen ihre Uniform und setzten sich dazu ein
BaseCap als Sonnenschutz auf. In Kombination mit den
Sonnenbrillen konnten sie gut als Touristen durchgehen.
Sie machten sich auf den Weg in die Altstadt und
besuchten als Erstes das Grab Davids auf dem Berg Zion.
Es blieb wenig Zeit, so dass sie nur einen schnellen Blick in
die Heilige Stätte des Judentums warfen. Im Obergeschoss
der Synagoge befand sich der Abendmahlsaal, in dem
Jesus Christus mit seinen Jüngern am Vorabend seiner
Kreuzigung das letzte Abendmahl feierte. Es war
überwältigend für die beiden, die vielfältigen Eindrücke
der Geschichte auf sich wirken zu lassen.

Sie wählten den südlichen Eingang zur Altstadt, das
Zionstor. Eins von acht Toren, die in das historische
Zentrum führten. Das Zionstor war ein Knicktor mit den
typischen Elementen der osmanischen Architektur. Neben
dem Rundbogen waren die früheren Schießscharten zu
erkennen. Das Gemäuer war mit Steinrosetten geschmückt.

Sie gelangten zunächst in das Jüdische Viertel. Jack
wusste genau, wohin er wollte. Plötzlich zog er Alec in eine
Seitengasse und rannte schnellen Schrittes bis zu einem
Mauervorsprung. Er drückte die Holztür mit seinem
Springerstiefel kräftig nach innen auf und trat in den
Hausflur. Alec schloss die Tür hinter sich. Eine kleine Frau,
völlig schwarz verhüllt, kam auf die beiden zu und
übergab ihnen einen Jutesack. Jack nickte und drückte ihr
einige Geldscheine in die Hand. Die Frau verschwand in
einer seitlichen Wohnung. Jack blickte um sich und auch
nach oben. Der Flur war nicht überdacht und bot einen
freien Blick zum tiefblauen Himmel. Jack beugte sich zum
Sack und wühlte sich durch die oben aufliegenden
hebräischen Tageszeitungen. Er fühlte, wonach er suchte.

»Hier nimm. Das ist die Uzzi Numero eins. Die zweite folgt sogleich.«

Er checkte die Schnellfeuerwaffen und knüllte den Jutesack am Boden zusammen. »Auf Moshe und seine Truppe ist Verlass. Mal sehen, wo wir sie finden. Sie wollen uns Geleitschutz geben, wenn es ernst wird.«

Jack tippte mehrere Male an einen Knopf, den er sich in die obere Brusttasche gesteckt hatte.

»*Radio Check. This is one-three. Over.*« Es waren die Codeworte, die sie ausgemacht hatten.

»*Loud and clear.* Klar und deutlich. Ihr seid auf einer exklusiven Frequenz und könnt euch dort völlig frei tummeln. Jede Kommunikation ist mehrfach verschlüsselt. *Over.*«

»Gib nicht so an, *M*. Du hast mit mir einen Experten in der Leitung. Danke übrigens für die Werkzeuge. Sie sind besser als in jedem Baumarkt. Wo finden wir euch? *Over.*«

»Wir treffen euch an der Kirche Via Dolorosa. *Over.*«

»Okay, noch geschichtsträchtiger geht es kaum. *Over.*«

»*Roger and out.*«

Sie marschierten durch die Altstadt und hielten Ausschau nach jedem noch so kleinen Detail, was verdächtig aussehen mochte. An der Via Dolorosa machten sie eine kurze Pause. Sie schauten entlang der Gasse und gedachten für einen Augenblick der Geschichte des Ortes. Auffällig war, dass sich so gut wie keine Fremden und schon gar keine Touristen durch die ansonsten völlig überfüllte Gasse drängten.

An der kleinen Kirche wartete Moshe mit zwei Uniformierten. Er selbst war perfekt getarnt. Er sah aus, wie der Verkäufer eines Andenkenladens und trug einen übergroßen Hut.

»Shalom. Sehr stylisch, mein Freund. Habt ihr irgendetwas herausgefunden?«

Moshe nahm ihn an die Seite und flüsterte.

»Ich habe soeben eine Nachricht erhalten, die damit zusammenhängen könnte. In den frühen Morgenstunden ist eine Maschine gelandet, die nicht auf dem offiziellen Linienflugplan stand.«

»Woher kommend?«

»Aus Rom.«

»Shit. Wer saß darin? Ich brauche eine ungestörte Ecke mit freiem Blick nach oben.«

Jack wurde hektisch und schubste Moshe regelrecht in Bewegung. Er verstand und fing an zu rennen. Nach ungefähr 50 Metern bog er nach links in eine verwinkelte Gasse ab. Sie hielten sich dicht hinter ihm und fanden eine abgeschiedene Rundecke. Die beiden Sicherheitskräfte bewachten den Zugang zu dem Innenhof.

»Wir wissen nicht, wer in der Maschine saß. Das Flugzeug ist jedoch auf den Vatikan registriert.«

»Joe. Alarm. Sag mir, wo der Heilige Vater ist. Los.«

Für eine kurze Weile ertönte nur ein weißes Rauschen auf dem *Communicator*. Dann folgte die erlösende Bestätigung. »Hört ihr mich? Keine Sorge. Er ist im Vatikan. Quicklebendig und in Quarantäne.«

Jack schüttelte den Kopf. »Das passt nicht zusammen. Was macht dann das Flugzeug hier in Israel?«

Moshe ergänzte aus seinen Recherchen. »Wir sind dran. Innerhalb der nächsten Minuten bekomme ich die Identitätsnachweise aller Personen, die an Bord waren, inklusive der Einreisefotos.« Er scrollte nervös auf seinem Smartphone durch die Applikationen.

»Joe, gibt es in der Altstadt ungewöhnliche Signale oder merkwürdige Suchanfragen bei den üblichen Search-Engines? Eine Anhäufung ausländischer SIM-Karten?«

»Fehlanzeige. Die Söldner der *Enco* sind vollkommen unsichtbar. Sie haben hinzugelernt. Es gibt keine Spuren.«

»Hast du die eingehende Kommunikation im Vatikan der letzten 72 Stunden überprüft?«

»Woran denkst du?«

»Durch irgendeine Message muss jemand aus dem Vatikan hierher gelockt worden sein.«

Joe gab einen begeisterten Laut von sich. »Yeah. Gib mir fünf Minuten.«

Die Sekunden vergingen wie im Flug und die Männer im Zentrum von Jerusalem überlegten angestrengt. Sollten sie sich zum Tempelberg begeben? Der Einlass war jedoch nur Muslimen gestattet. Um wen konnte sich bei dem Besucher aus Italien, aus dem Vatikan handeln? In diesem Augenblick meldete sich Joe mit aufgeregter Stimme zurück.

»Es ist … hoffentlich ist es nicht zu spät.« Eine E-Mail erschien auf dem Monitor. »Könnt ihr es sehen? Angeblich hat ein hochrangiger Geistlicher des Islam die Nachricht abgesetzt. Vor zwei Tagen. Er lädt den Papst zu einem Geheimtreffen auf den Tempelberg ein. Man werde dafür sorgen, dass ihm der Zugang gewährt wird. Es soll für die gesamte Menschheit ein Zeichen des Weltfriedens gesetzt werden. Mit einem symbolischen Händedruck wollen die beiden Oberhäupter nochmals auf das *Abrahamic Family House* hinweisen und der Weltbevölkerung ihre Zuversicht im Kampf gegen das Virus aussprechen.«

»Verstanden. Aber der Papst ist doch noch immer in Rom, oder etwa nicht? Joe, sprich, was ist denn nun los?«

»Der amtierende Papst sitzt im Vatikan. Seht euch die Antwort an.« Ein weiteres Dokument wurde eingeblendet.

»Shit«, entfuhr es Jack. »Ich hätte darauf kommen können. Wir müssen sofort zum Berg. Schnell.«

Sie rannten, als ginge es um ihr Leben. Mit ihren Armen ruderten sie weit ausholend und drückten die Passanten an die Seite. Als sie die Klagemauer erreichten, wussten sie, dass es nicht mehr weit sein konnte. Jack klopfte auf den Miniatursender und schrie laut ins Mikrofon. »*This is one-three*. An Moshe und sein Team. Haltet Ausschau nach einem alten Mann in einem Rollstuhl. Lasst ihn keinesfalls auf den Tempelberg. *Over. Over.*«

Er war völlig außer Puste und wartete auf die anderen. Moshe kam herangestürzt und hielt sich an Jack fest. Er war offensichtlich nicht mehr so gut durchtrainiert.

»Ein Mann im Rollstuhl? Wer ist es?«

»Hast du die Drohnen auffliegen lassen?«

Moshe nickte und zeigte ihm die Live-Aufnahmen auf seinem Smartphone.

»Zoom direkt auf den Tempelberg und bei der anderen Drohne zeig mir den Eingangsbereich. In allen Details.«

Moshe tat, wie ihm gesagt wurde. »Wer ist der Mann im Rollstuhl?«

Jack schüttelte den Kopf. Er war in Gedanken und sein Hirn ratterte. Mit Daumen und Zeigefinger vergrößerte er die Live-Bilder auf dem Bildschirm und schien etwas Verdächtiges gesehen zu haben. Oben links im Display war die Uhrzeit eingeblendet. Es war exakt 11.00 Uhr. Er schrie lautstark und rannte augenblicklich los. »Lauft, so schnell ihr noch könnt.«

In wenigen hundert Metern Entfernung kam ihnen eine schwarz verhüllte Menschenmenge entgegen. Es mochten gut und gerne 15 Personen sein. Sie bewegten sich im Pulk und kamen langsam die Seitenstraße hinauf. Aus dieser Perspektive war nicht sichtbar, wer sich in der Mitte der Ansammlung befand. Jack hingegen kannte die Luftaufnahmen und war fest entschlossen, in die Menschenmenge hineinzustürmen. In diesem Augenblick ertönte der Glockenschlag der nahe gelegenen Erlöserkirche. Wie immer zur vollen Stunde.

Auf der gegenüberliegenden Straßenseite wurde eine doppelflügige Tür krachend nach außen gestoßen und eine laut krakeelende Gang stürmte heraus. Sie waren bewaffnet und gaben in einer nicht enden wollenden Folge Schüsse auf die Menschenmenge ab. Es war das reinste

Blutbad. Die schwarz verhüllten Personen der Entourage brachen einer nach dem anderen auf der Straße zusammen und das Blut floss in Strömen über die dunklen Umhänge.

Jack zog seine Schnellfeuerwaffe heraus und nahm die Attentäter ins Visier. Moshe und Alec kamen ihm zu Hilfe und gaben ihm Feuerschutz. Er drängte sich an einen Mauervorsprung und legte die Uzzi auf einen Steinsims. Jack hatte den dritten Angreifer tödlich erwischt. Zwei weitere waren in Deckung gegangen und schossen unvermindert auf die Menschen. Aus der Ferne waren die ersten Polizeisirenen zu vernehmen. Die Salven der Geschosse übertönten jedoch alles andere. Mittlerweile waren kaum noch schützende Begleitpersonen um den Mann in der Mitte herum übriggeblieben. Er saß in seinem Rollstuhl wie angewurzelt auf einem Präsentierteller.

Jack verließ seine Deckung und rannte auf die Attentäter zu. Um alles in der Welt wollte er den Mann mit dem Handicap retten. Während des Laufs feuerte er mit der Uzzi auf die Männer.

Einer ging zu Boden. Der andere zielte wie im Rausch auf den Alten und schrie dabei *Allahu akbar. Allahu akbar.*

Offensichtlich hatte Jack ihn mit seiner letzten Munition erwischt, denn der Mann ging in die Knie und krümmte sich. Er ging auf ihn zu und drückte ihm die Uzzi an den Hals. Der Mann röchelte noch. Das Blut quoll aus seinem Unterleib. Der Umhang war verrutscht und Jack erkannte die schusssichere Weste, die der Attentäter trug. Er sah nach einem professionellen Killer aus und nicht nach einem Muslim. Er versetzte ihm mit dem Lauf der Schnellfeuerwaffe einen entscheidenden Stoß gegen die Schläfe. Der Kopf fiel leblos zur Seite.

Jack ging zu dem Mann im Rollstuhl. Er blutete aus der Seite. Jack öffnete vorsichtig den schwarzen Umhang und ein weißes Gewand kam zum Vorschein. Die weiße Soutane des Papstes.

»Eure Heiligkeit. Können Sie mich hören?«

Der alte Mann im Rollstuhl atmete schwer und seine Augenlider bewegten sich wie in Zeitlupe. Jack riss den schwarzen Umhang in Stücke und faltete den Stoff, um ihn vorsichtig auf die Wunden zu drücken. Er beugte sich ganz nahe an den Schwerverletzten heran und flüsterte ihm ins Ohr. »Eure Heiligkeit. Sie haben alles richtig gemacht und wollten den Frieden sichern. Jetzt werden wir *Sie* retten. Schon bald können Sie sich wieder in Ihr Kloster Mater Ecclesiae im Vatikan zurückziehen.« Die Tränen standen ihm ins Gesicht geschrieben. Er kniff die Augen zu und konzentrierte seine Kräfte. Die Gedanken quälten ihn bis ins Unermessliche. Warum waren sie nicht schneller am Ort des Geschehens gewesen?

Aus allen Himmelsrichtungen strömten die Polizeikräfte heran und füllten die Gegend. Ein Ambulanzfahrzeug kämpfte sich durch die Schaulustigen und drängte sich zu dem Schwerverletzten. Eine Ärztin sprang Jack zur Seite und übernahm die Versorgung. Sie leistete Erste Hilfe und schaute ihn an. Er ließ den Mann im Rollstuhl los.

»Retten Sie ihn«, flehte er sie an. Dann erhob er sich und rannte hinüber zu dem Attentäter, den er als letztes niedergestreckt hatte. Moshe stand bereits neben dem Killer. Jack kniete sich auf den Boden und griff in die Innentasche der Weste. Dort fand er mehrere Röhrchen aus bruchsicherem Glas. Sie waren mit einem Etikett versehen und am oberen Ende verplombt. Der Schriftzug war schon ziemlich verwischt, doch er erkannte die Jahreszahl *2019*.

»Gut möglich, dass die Killer mit ihren Fake-Identities anschließend zu allem Überfluss auch noch als Super-Spreader eingesetzt werden sollten.«

Er griff nach dem Antikörper-Test, den er von Rosanna in Nairobi kurz vor dem Abflug erhalten hatte, und tunkte die Detektionsöffnung in die pulsierende Wunde des Schützen. Das Blut füllte die Kavität und nach kurzer Zeit schlug die Testflüssigkeit an. »Positiv, der Typ steckt voller Antikörper. Ein idealer Spreader mit höchster Immunität.«

Der israelische Sicherheitsoffizier nickte anerkennend. »Du verstehst dein Handwerk, Jack. Der Mann in Weiß war dennoch nicht der Papst wie mir scheint. Ein Double?«

»Oh doch, mein Freund. Der Mann im Rollstuhl ist der Emeritierte Papst. Er war bis vor sieben Jahren im Amt, bevor er zurücktrat. Bis vor sieben Jahren. Da ist die Zahl sieben schon wieder. Werdet ihr ihn retten können?«

Moshe verzog das Gesicht. »Er kommt direkt auf die Intensivstation und wir werden die besten Ärzte abkommandieren. Alles, was in unsere Macht steht, werden wir unternehmen. Mir ist die Tragweite durchaus bewusst.«

Er gab seinen Sicherheitsbeobachtern ein Zeichen und sie verschwanden durch eine Seitengasse an der westlichen Seite der Klagemauer. Jack wollte so schnell wie möglich den Kontakt mit den anderen aufnehmen. Die Ereignisse hatten sich überschlagen und nahmen stündlich an Dramatik zu.

Kapitel 28

Im Äther

September 2020

Die Reaktionen ließen nicht lange auf sich warten. In Windeseile verbreiteten sich die Nachrichten. Die Zahl der Opfer kletterte stündlich in die Höhe. Als wäre die internationale Anspannung nicht durch die Auswirkungen des Coronavirus schon gebeutelt genug gewesen, brachte der heimtückische Anschlag in Jerusalem eine neue Dimension mit sich. In den Berichten war von einer fanatischen, religiös-radikalen Terrortruppe die Rede. Der Islamische Staat IS wurde ebenso als Auftraggeber für das Attentat vermutet, wie eine den Fundamentalisten zuzuordnende Splittergruppe. Es gab Stimmen, die hinter dem brutalen Killerkommando eine großangelegte Verschwörung konstruierten. Die Drahtzieher sollten wahlweise in Saudi-Arabien, Russland oder der Türkei sitzen und ihre Order an Auftragsmörder und ehemalige Söldner gegeben haben. Den großen italienischen Tageszeitungen war bereits kurz nach dem Attentat am frühen Nachmittag ein angebliches Geheimdokument zugespielt worden, aus dem hervorgehen sollte, dass eine oppositionelle Gruppierung aus Ägypten dafür verantwortlich sei. Die Dementi folgten aus allen Lagern umgehend. Niemand bekannte sich zu der Tat. Die Angreifer waren allesamt tot. Von den Begleitpersonen hatten nur drei mit schwersten Verletzungen überlebt. Sie schwebten in Lebensgefahr - so wie der Emeritierte Papst.

Noch war wenig über den Hergang der Dinge an diesem verhängnisvollen Vormittag in der Heiligen Stadt bekannt geworden. Verschiedenen Korrespondenten zufolge war ein Geheimtreffen zwischen hohen Vertretern der Weltreligionen anberaumt worden, die ein Kommuniqué für den Weltfrieden bekannt geben wollten. Politiker aus aller Welt wurden nicht müde, ihre Statements abzugeben. Die Aussagen glichen sich und wirkten wie der bewährte Griff in die Kiste der vorbereiteten Standardantworten. Beschwichtigungen, Beruhigungen, Besänftigungen. Nur wenige wählten drastische Worte. Vor allem, weil es so schwer war, den Feind auszumachen. Es war vergleichbar mit dem Kampf gegen das Coronavirus. Der Feind war unsichtbar. Doch alle Versuche der Deeskalation fruchteten nicht. Die Volksseele kochte. Überall auf der Welt. Das Attentat in Israel hatte das Fass zum Überlaufen gebracht. Die Schlagzeilen ratterten in wilder Folge über die News-Ticker.

--- Rom fordert eine Erklärung --- Die NATO prüft die Kriterien eines Angriffsfalls --- Ägypten verstärkt das Militär an der Grenze zu Israel --- Ausschreitungen im Gaza Streifen --- Russland spricht von einer Provokation für die Gläubigen in der Welt --- China bietet Hilfe für die Opfer an --- Warnung von Nordkorea an den Süden: Die Demarkationslinie ist zu respektieren --- Neue Atomwaffentests geplant --- Iran fordert Ende des Öl-Embargos --- Hoher Muslim: Wir wollen den Frieden --- Vatikan fordert Staatstrauer in allen christlichen Ländern --- USA prüfen die Mobilmachung im Mittelmeergebiet

Die Meldungen rissen nicht ab. Im Gegenteil, sie schienen sich von Stunde zu Stunde weiter zu verschärfen. In den Staaten kamen die Krisenstäbe zusammen und beratschlagten sich über die Optionen, Maßnahmen und die äußerst komplexe Gemengelage der bilateralen Allianzen. Manche waren gleich mehrfach in militärischen Pakten verflochten. Die Lage war prekär. Äußerst prekär.

Kapitel 29

Kunming

September 2020

Die Vorbereitungen des chinesischen Untergrunds für die Verlagerung der Aktivitäten in den Süden des Großreichs waren bereits vor einigen Tagen angelaufen. Martijn versuchte, so gut er konnte dazu beizutragen, doch aus den meisten Vorgängen wurde er einfach vornehm herausgehalten und so nutzte er die Zeit, sich selbst ein Bild von den Zielen in Kunming zu verschaffen. Daneben war es wichtig, in Form zu bleiben. Jedoch war es für ihn und seinen Kollegen Carl in den unterirdischen Verstecken schwer, die körperliche Fitness aufrecht zu erhalten. Es gab keine Laufbänder oder sonstige Gerätschaften. Stattdessen sahen sie sich jeden Morgen auf dem *ComX* ein abgespeichertes Sport-Video an und absolvierten ihr tägliches Training. Die Taiwanerin Taylor kam zu ihnen und bestaunte die Liegestütze. Die muskulösen Oberarme des Holländers hatte sie besonders im Blick.

»Das sieht gut aus, Jungs. Eins und eins und hepp.«

Sie lächelte und reichte Martijn ein Handtuch. Er warf ihr ein Küsschen zu.

»Wie weit ist die Bande? Viel länger darf es nicht mehr dauern. Sonst düsen wir ohne sie los.«

»Peace. Ich habe mit Sara gesprochen. Sie wollen nur noch eine Bestätigung der lokalen Kontakte aus Yunnan abwarten und dann können wir das Leben in vollen Zügen genießen.«

Er senkte leicht den Kopf und schaute sie skeptisch an.

»Heißt das, wir fahren mit der Bimmelbahn?«

»Mit dem Schnellzug. Wir sind hier ja nicht in Holland.«

»Wat je niet zegt. Wie lange sind wir unterwegs?«

Sie hatte ein salomonisches Lächeln gewählt und wollte ihm die Nachricht schonend beibringen.

»Die Entfernungen sind gewaltig. Die erste Etappe bringt uns in dreieinhalb Stunden bis nach Jinzhou. Das sind fast 750 Kilometer. Daran erkennst du, dass der Zug so schnell ist wie eine Rakete. Fünf Stunden später sind wir in Shijiazhuang. Das sind nochmals 750 Kilometer.«

»Okay, das geht ja noch ...«

»Halt, wir sind noch nicht am Ziel. Jetzt folgt die längste Teilstrecke bis nach Kunming mit immerhin 2400 Kilometern.«

»Wat?« Er machte große Augen. »Das sind insgesamt ja fast 4000 Kilometer. Unglaublich. Fahren wir die Nacht hindurch?«

Sie schmunzelte. »Du kannst dich an mich schmiegen. Wir werden 21 Stunden mit China Railways benötigen. Ich würde das als eine relativ kurze Reisezeit einschätzen. Auto oder Bulli scheidet aus. Und mit dem Flugzeug könnten wir die Verlagerung nicht geheim halten. Sara berichtete heute früh, dass die Verbündeten vor Ort informiert sind. Sie sind sich noch nicht ganz sicher, welche Handys sie einsetzen wollen und arbeiten unter Hochdruck an der Programmierung. Haltet euch bereit, wenn das Signal ertönt, wird alles sehr rasch gehen.«

* * *

Es hatte etwas Konspiratives. Die Aufsässigen aus China waren bestens vorbereitet. Sie kannten sämtliche Schlichen des Systems und wussten, wie sie sich schützen mussten. Ob es die unauffällige Kleidung war oder die perfekt eingeübten Verhaltensweisen. Jede Bemerkung, jede Handlung erweckte bei keinem der Mitreisenden auch nur den geringsten Verdacht. Sie bewegten sich unter dem Radar der staatlichen chinesischen Überwachung. In den Nachtstunden wurden leichte Decken im Zug verteilt und jeder suchte sich eine möglichst bequeme Schlafposition. Es war vereinbart, dass im Stundentakt abwechselnd jeder einmal eine Wache übernehmen sollte.

Kurz bevor sie in den Mittagsstunden den Großraum von Kunming erreichten, ging Sara den Mittelgang entlang und berührte Martijn wie beiläufig an seiner Schulter.

»Wir sind in Kürze da. Ein Fahrzeug wartet vor der Station und wird uns zum Ziel bringen.«

Er ließ sich auf seinem *ComX* die aktuelle Position anzeigen. Bis ins Zentrum der Hauptstadt der Provinz Yunnan waren es tatsächlich nur noch weniger als 30 Minuten. Kunming wurde auch die Stadt des ewigen Frühlings genannt. In einer Höhe von rund 2000 Metern lag sie auf dem Ost-Yunnan-Plateau und war an drei Seiten von hohen Bergmassiven umgeben, wodurch die angenehmen Temperaturen das ganze Jahr hindurch bei gemäßigten 18° C lagen. Kunming galt als Chinas Tor nach Südostasien und stellte schon zu historischen Zeiten den Eingang zur Seidenstraße dar, die von hier aus über Myanmar bis nach Indien führte. Im Schnelldurchgang las er alles über die Besonderheiten und Sehenswürdigkeiten der Stadt. An einem Detail blieb er hängen.

»Nairobi ist die Partnerstadt von Kunming«, flüsterte Martijn zu sich selbst. »Sehr interessant.«

»Was sagtest du?«, wollte Taylor wissen, die ihren Kopf mit einem Kissen ans Fenster gelehnt hatte.

»Ich studiere nur unser Ausflugsprogramm. Der Goldene Tempel ist sehenswert wie auch die buddhistische Anlage mit dem Yuantong-Tempel aus dem 8. Jahrhundert, das Dragon Gate und der legendäre Steinwald.«

»Psst. Nicht so laut. Wir fahren ganz in die Nähe davon.«
Er stutzte. Darüber hatte sie ihn nicht informiert. Er scrollte durch die verfügbaren Informationen. Der Steinwald lag eine gute Autostunde vom Stadtzentrum in östlicher Richtung entfernt und er wurde als Erstes Weltwunder bezeichnet. Die eindrucksvollen, hoch aufragenden Steinformationen waren vor über 270 Millionen Jahren durch tektonische Verwerfungen in der Karstlandschaft entstanden.

»Taylor, das ist eine Naturlandschaft. Draußen unter freiem Himmel. Ist dir das bewusst?«

Sie lächelte und sagte nichts.

* * *

Zwei silberfarbene Bullis warteten vor der Bahnstation in Kunming und Hunderte von Menschen drängten aus dem Zugterminal auf die Straße. Dennoch wusste jeder, wer zu wem gehörte. Die sechzehn Ankommenden aus Harbin stiegen in die Autos und atmeten tief durch. Den ersten Part hatten sie erfolgreich gemeistert. Sie stärkten sich mit den Lunchpaketen, die in den Fahrzeugen bereit lagen. Nach etwas über einer Stunde kamen sie im Areal des Nationalparks im Autonomen Kreis Lunan an.

»Sind wir jetzt endlich da?« zeigte sich der Holländer ungeduldig und auch Carl rutschte nervös auf seinem Sitz von rechts nach links.

»Noch nicht ganz«, sagte Sara, die vorne auf dem Beifahrersitz die Richtung angab. Martijn's Frage war nicht zu überhören.

Sie fuhren mit langsamer Geschwindigkeit durch eine sagenhafte Landschaft. In der Ferne konnten sie die steinernen Säulen aus der Urzeit entdecken. Die Straße schlängelte sich durch eine hügelige Gegend und wann immer er eine Fotoaufnahme eines Straßenschilds machen konnte, schickte er sie durch das Übersetzungsprogramm. Sie kamen an der Ortschaft Xiaomasicun vorbei und Sara verteilte an jeden eine Mappe mit einem Eintrittsticket.

»Wir erreichen in wenigen Minuten die Scenic-Area von Yiliang Jiuxiang. Ich hoffe, das sagt jedem etwas?«

Martijn zuckte mit den Schultern. »Yiliang? Ich kenne *Neil Young*. Sind die beiden miteinander verwandt?«

Niemand im Kleinbus hatte Sinn für den Humor des Holländers. Selbst Carl presste die Lippen aufeinander und hatte beschlossen, sich der Leiterin des Widerstands unterzuordnen. Sie gab Martijn deutlich Paroli.

»Mann. Es ist das größte Höhlengruppensystem von China. Mit über 100 Höhlen, unterirdischen Flüssen, Schluchten und Wasserfällen. Ihr werdet bunt beleuchtete Stalaktiten und Stalagmiten bewundern können, natürliche Steinbrücken, die über reißende Flussläufe führen. Nicht zu vergessen die Fledermaushöhle *Bianfú Dòng*. Dort leben Tausende von Fledermäusen, daher der Name. Mit ihren unzähligen Stalaktiten sieht es im Innern so aus wie in einem umgedrehten Steinwald.«

Er pfiff durch die Zähne. »Jeeez. Ist es vielleicht, *die* Bat-Cave, die mir gerade durch den Kopf geht?« Er blickte zu Taylor.

Sie nickte. »Wir sind in der Provinz Yunnan. Ja. Und die berühmte Professorin Shang-Yin-Lan hat genau in diesen Höhlen die berühmten Viren gefunden und isoliert. Ich rede vom *Bat CoV RaTC13*, das bereits zu 96,2 Prozent identisch war mit dem Coronavirus SARS-CoV-2, welches die Welt derzeit in den Wahnsinn treibt.«

»Ik kan het niet geloven. Wir sind hier? Am Ausgangsort der Pandemie?«

»Nun, knapp daneben ist auch vorbei. Für die fehlenden 3,8 Prozent lag noch eine lange Prozedur vor dem Virus.«

»Nett, dass ihr das als Sightseeing mit eingeplant habt.«

»Sightseeing? Wir werden in der Höhle nächtigen.«

* * *

Sie stellten die Kleinbusse auf dem öffentlichen Parkplatzgelände ab und nahmen ihr Gepäck mit. Damit sie kein Aufsehen erregten, mimten sie eine studentische Interessengemeinschaft, die sich auf den Weg zu einer spätsommerlichen Studienreise gemacht hatte. Das Themenschwergebiet lag in der Virologie und insofern durften die Fledermaushöhlen von Yunnan nicht auf dem Programm fehlen. Die beiden Fahrer hielten sich noch eine Weile an den Autos auf; sie sollten sie über Nacht ins nahegelegene Dorf bringen. Die touristischen Guides gaben sich alle Mühe und waren mächtig stolz auf die Sehenswürdigkeiten. Für die Studiengemeinschaft ging es im wahrsten Sinne des Wortes in die Unterwelt und es waren fantastische Eindrücke, die dort auf sie warteten. An einem unterirdischen Rastplatz sonderten sie sich von den anderen Besuchern ab. Ihr hiesiger Kontakt holte sie unauffällig ab und zeigte ihnen in der Höhle von Jiuxiang einen Nebenweg, der für die Öffentlichkeit nicht zugänglich war. Der enge in den Stein gehauene Gang führte sie noch weiter in die Tiefe hinab. Schließlich erreichten sie einen unterirdischen See, der ringsherum mit einer aschfahlen Beleuchtung eine unheimliche Atmosphäre versprühte. Ein schlanker junger Mann mit pechschwarzem Haar machte auf sich aufmerksam.

»Willkommen in der Unterwelt. Mein Name ist Akuma. Bislang konnten wir leider nur online miteinander kommunizieren. Ich freue mich, dass ihr hier seid. Du bist Sara, nehme ich an?« Er verbeugte sich in ihre Richtung.

Sie erwiderte die Begrüßung. »Akuma, wir bedanken uns und sehen gespannt den kommenden Aktivitäten entgegen. Wir haben unverhoffte Unterstützung erhalten. Taylor Chong ist vom taiwanesischen Geheimdienst. Und diese beiden Männer nennen sich Rebellen.« Sie zeigte auf Martijn und Carl. »Sie waren früher Spezialagenten in der überstaatlich organisierten *Enco*, bis sie herausfanden, dass die Operationen der *Enco* von einer geheimen Organisation gesteuert wurden. Habe ich das richtig erklärt?«

Martijn nickte. »Wunderbar. Darf ich uns kurz vorstellen?« Er wandte sich an Akuma, der eine Tür hinter sich geöffnet hatte. Plötzlich kamen eine ganze Reihe junger Menschen in den Höhlenraum. Mindestens dreißig an der Zahl.

Der Mann, der sich Akuma nannte, blinzelte einmal langsam als Zustimmung. »Wir sind das lokale Kommando des Widerstands. Unser Volk wird von einer diktatorischen Führung beherrscht und ist auf dem besten Weg in eine Tyrannei abzugleiten. Es ist gut, dass ihr hier seid. Unsere Interessen liegen nicht sehr weit auseinander.«

»Gut, gut. Ich liebe es gern unprätentiös und komme schnell zur Sache. Sara erzählte mir, dass einige von euch in den Laboren von Kunming arbeiten und an den Experimenten mit den Makaken beteiligt sind. Richtig?«

Es meldeten sich zwei junge Frauen und ein Mann.

Wie brav, dachte Martijn. *Diszipliniert bis in die Haarspitzen.*

»Bleibt ganz locker, Freunde. Möglicherweise verhält es sich wie folgt. Aus Nordamerika, aus Winnipeg, sind eventuell hochpathogene Viren nach China geschickt worden. Illegal versteht sich. Sie wurden in Harbin im Veterinär-BSL-4 Labor angezüchtet. Vermehrt, bis es sehr sehr viele waren. Die Viren, um die es sich handelt, gehören zu den gefährlichsten, die je auf der Erde gewütet haben. Es geht um das 1918-H1N1 Virus, auch bekannt als die Spanische Grippe.«

Alle erschraken und durch die Höhle erschallte das Echo leiser Aufschreie. Martijn baute seinen Spannungsbogen Schritt für Schritt weiter auf.

»Ihr könnt euch vorstellen, dass es nicht ganz einfach ist, unter den Augen der Obrigkeiten gefährliche Viren zu züchten. Und noch weniger dürfte es gelingen, tödliche und hochinfektiöse Viren über *in-vivo* Experimente in Wuhan selbst zu generieren – basierend auf dem Corona-Fledermausvirus, das aus diesem Höhlensystem stammt.«

Es war mucksmäuschenstill in der Halle und alle waren hoch konzentriert. Das einzige was man hörte, waren die Tropfen des Kondenswassers, das sich den Weg von der Decke in die Tiefe bahnte.

»Es gibt nur eine Möglichkeit, dass solche fragwürdigen Experimente in China umgesetzt werden können. Nämlich, dass sie inoffiziell zugelassen sind. Nach außen hin wird niemand auch nur die geringste Bestätigung über die Lippen bringen. Aber es muss in gewissen Kreisen zumindest eine Duldung hinter vorgehaltener Hand dafür geben – wenn nicht sogar eine sanktionierte Geheimorder. Wir glauben den Mann zu kennen, der seine Finger im Spiel hat und die Fäden in China zieht.«

Martijn kramte auf seinem *ComX* nach den Dateien aus Kenia. Joe hatte einige Screenshots während der Konferenz geschossen und versucht, die Teilnehmer den vorherigen Recherchen zuzuordnen. Ein leicht unscharfes Foto erschien auf dem Monitor. Sie kamen näher an den Bildschirm heran und jeder versuchte, einen Blick zu erheischen.

»Kennt ihr ihn?«, wollte Martijn wissen.

Die Chinesen der ersten Reihe wichen ängstlich zurück. Obwohl der Mann im fortgeschrittenen Alter nur recht undeutlich zu erkennen war, schoss ihnen der Schreck in die Glieder. Martijn räusperte sich. »Wer ist es, Akuma?«

»Oh, wenn wir uns mit ihm anlegen wollen, könnte das eine Nummer zu groß sein. Ich werde mir nicht den Mund verbrennen und ihn beim Namen nennen. Der Mann ist sehr, sehr einflussreich und sitzt im Obersten Militärrat.«

Der Holländer kratzte sich am Kopf. »Taylor, dann müsstet ihr doch genügend Informationen über ihn haben, oder? Wir vermuten, dass er an der Spitze der ONE-C steht und sich anschickt, sehr bald die Macht in der Volksrepublik zu übernehmen oder besser gesagt, an sich zu reißen.«

»Bist du dir sicher? Ein Chinese soll an der Spitze der Geheimen Drahtzieher sitzen? Mit allem hätte ich gerechnet. Das jedoch ist eine faustdicke Überraschung. Könnte ein Putsch des Militärs bevorstehen?«

Martijn ging auf dem unebenen Steinboden auf und ab. »Gut möglich. Ein geplanter Umsturz. Geheimgehalten. Oder auch nicht. Vielleicht wird der große Umsturz inoffiziell in die Wege geleitet und im Geheimen von ganz oben gesteuert. Wenn es so sein sollte, werden wir das wohl nicht zeitig genug aufhalten können. Wir müssen uns darauf fokussieren, das neue Virus zu verhindern, bevor es über die Superspreader, die sich schon in einer Habachtstellung befinden, weltweit verteilt wird.«

»Das neue Virus soll eine Chimäre aus SARS-CoV-2 und der Spanischen Grippe werden?«, erkundigte sich die junge Frau, die sich anfangs gemeldet hatte.

Taylor nickte. »Wenn wir die Ausführungen von Sara richtig interpretiert haben, so werden die beiden Viren gleichzeitig an die Makaken in Kunming verabreicht. Solange, bis die gewünschten Mutationen auftreten und ein neues Virus erschaffen wird.«

Die junge Frau stellte sich neben Sara und nickte heftig. »Ja, die Experimente geschehen in einem abgeschiedenen Gebäudetrakt schon seit einer geraumen Zeit. Vor einigen Tagen hieß es, dass wir bald soweit seien.«

Sara bat Akuma nach vorne. Sie stellten sich gemeinsam mit Taylor, Carl und Martijn in eine Reihe und blickten in die Augen der Gemeinschaft. »Seid ihr bereit, dafür zu kämpfen?«, wollte sie wissen. »Die Entwicklung eines tödlichen Virus zu stoppen und die brutalen Versuche an den armen Makaken zu beenden? Die Macht des Militärs nicht weiter zuzulassen und einen drohenden Putsch zu verhindern – was jedoch der Festigung des Status Quo gleichkommt und genau so wenig erstrebenswert ist. Wir müssen Farbe bekennen. Wenn wir dem Holländer Glauben schenken wollen, so ist das menschengemachte Virus nur Teil eines viel größeren Plans, mit dem die sogenannte ONE-C eine neue Weltordnung mit einer Weltregierung anstrebt. Das hieße, dass die chinesische Ausprägung einer umfassenden Diktatur dann auch alle anderen Nationen erfassen würde.«

Gebannt schauten sie sich einen Moment lang an und brachen dann in einen tosenden Applaus aus. Sie beklatschten sich selbst und sie jubelten. Es wirkte befreiend und sie hatten lange darauf gewartet. Akuma wandte sich an seine Gefolgschaft.

»Wir sind heute hier in der Höhle nur ein ganz kleiner Teil von unserem Untergrund. Überall in China, zu Hause an den Rechnern, sitzen Tausende von Hackern, die im richtigen Moment die Netze lahmlegen werden. Wir werden die Botschaften verbreiten, die uns wenigstens ein kleines Fenster der Freiheit sichern können.« Er reckte seine Faust nach oben und gab mehrfach kämpferische Laute von sich. Dann hielt er das *ComX* von Martijn nach oben und bat für einen Moment um Ruhe.

»Dieser Mann«, er hielt den Bildschirm so, dass jeder das Bild des militärischen Führers sehen konnte. »Dieser Mann wird übermorgen im KIZ sein. In unserem Biologischen Institut in Kunming. Wir werden ihm einen gebührenden Empfang bereiten. Seid ihr bereit?«

Die Frage hatte nur rhetorischen Charakter und erneut flammte die Begeisterung in der Halle auf.

In den Nebenräumen der Höhle gab es zahlreiche Nischen, in denen jeder eine Ecke für die Nacht fand.

Kapitel 30

Khartum

September 2020

Die Anreise in den Sudan hatte sich schwieriger gestaltet als gedacht. Obwohl sich die Fälle der COVID-19 Erkrankten in dem einst flächenmäßig größten Land Afrikas noch in einem überschaubaren Rahmen hielten, hatte die Regierung die Einreisebeschränkungen mehrmals verlängert und die wenigen - außer Cargo - zugelassenen Flugverbindungen auf ein Minimum reduziert. Joe hatte es dennoch geschafft, und die beiden mit einem geschickt arrangierten Diplomatenstatus auf die einzige Maschine an diesem Tag bekommen. Der Flug dauerte drei Stunden und sie überflogen den Südsudan an der östlichen Grenzlinie. Seit 2011 war der Südstaat unabhängig und hatte damit die Republik Sudan auf den dritten Platz im Flächenranking zurückgeworfen. In der letzten halben Stunde vor der Landung konnten sie gut den Lauf des Nils aus der Luft verfolgen. Zur rechten, zur östlichen Seite, war es der Blaue Nil. Und wann immer sie einen Blick durch die Fenster auf die westliche Seite werfen konnten, war der Weiße Nil zu sehen. Bis zum Horizont erstreckten sich fast endlos die ausgedehnten Wüstenlandschaften der Sahara. Je näher sich die beiden Flussläufe am Boden kamen, umso baldiger war die Landung zu erwarten.

Kurz vor Sonnenuntergang setzte die Maschine auf dem Rollfeld auf. Der Airport lag direkt im Zentrum der

Hauptstadt, was gut für sie war, da das Hotel somit nur fünf Kilometer entfernt lag. Das öffentliche Leben hatte sich nach dem lang andauernden Lockdown nur mühselig erholen können und noch immer waren die meisten Geschäfte nur zwischen morgens 6.00 Uhr und dem frühen Nachmittag geöffnet. Touristen waren überhaupt nicht zu sehen, als sie aus dem Terminal kamen. Das Hotel hatte einen Shuttle Service organisiert und ließ die beiden abholen. Aus der Nähe betrachtet weckte das *Corinthia Khartoum* äußerst zufriedene Blicke bei den Diplomaten in spe. Joe hatte es möglich gemacht und in der 5-Sterne Anlage ein Zimmer mit Blick auf den Blauen Nil gebucht. Das Hotel lag direkt im Zentrum am Ufer des Flusses, unweit der Freundschaftshalle von Khartum und der Tuti Brücke. Nach Sonnenuntergang war es erstaunlich schnell dunkel geworden und der Blick vom Balkon auf die erleuchtete Stadt am Nil war idyllisch. Sie waren auf dem Zimmer geblieben und hatten nach der Ankunft nur noch den Austausch mit ihrem Kollegen in Hongkong gesucht. Victoria sei noch nicht auf dem Weg in die sudanesische Hauptstadt, hieß es. *Abwarten und Tee trinken.* Wobei sie nach den dramatischen Erlebnissen dieses Tages dem Tee einen Whisky vorzogen.

* * *

Am nächsten Morgen überschlugen sich ab 10.00 Uhr die Ereignisse. Joe schaltete sie auf einen Live-Mitschnitt der Konversation, die ihn aus Jerusalem erreichte. Es mussten sich schreckliche Szenen unterhalb des Tempelbergs abspielen. Sie hörten Schüsse und verzweifelte Schreie.

»Joe, was passiert dort?« Sie starrte auf das *ComX*.

Ihr Puls raste und sie fieberte mit, dass Jack die Situation irgendwie retten konnte. Aus Hongkong kam keine Reaktion.

Peter kam zu ihr und legte den Beutel mit den vom Hotel frisch gewaschenen Freizeitklamotten aufs Sofa.

»Von hier aus sind wir machtlos, wir können nichts unternehmen. Hast du den Kommentar gehört? Der Papst ist im Vatikan, dann schlägt das Attentat ins Leere.«

»Es ist nicht der Moment, Optimismus zu verbreiten. Dort sterben Menschen, Pete. Hörst du die Todesschreie?«

Es war grausam. Sie biss sich auf die Lippe. Peter schloss seine Augen und senkte den Kopf. Sie lauschten den Tönen aus dem Lautsprecher und waren vor Angst erstarrt. Es mischte sich die Befürchtung hinzu, dass die ONE-C die Vorbereitungen lange im Vorfeld perfekt organisiert hatte und sie ein ums andere Mal zu spät kommen würden. Nach wenigen Minuten kam die Gewissheit. Der Anschlag in Jerusalem hatte zu einem Massaker geführt. Viele Tote waren zu beklagen und der Papst sei mit der Ambulanz ins Städtische Krankenhaus gefahren worden. Erst sehr viel später wurde die ad-hoc Meldung korrigiert und es wurde vom Emeritierten Papst gesprochen. Was die traurigen Ereignisse jedoch im selben fürchterlichen Licht dastehen ließ. Peter schaltete den Fernseher an. In Israel war es durch die Zeitverschiebung bereits eine Stunde später. Die Sendungen zur Mittagszeit waren ausschließlich von den schrecklichen Geschehnissen in Jerusalem beherrscht. Joe hatte alle Rebellen weltweit informiert. In China hatten sich Martijn, Carl und Taylor auf den Weg in den Südwesten des Landes nach Kunming aufgemacht. Die meisten anderen hielten sich nach wie vor in der Umgebung von Rom auf und warteten auf ihren Einsatz. Dass neben Jack und Alec auch Doc Einstein in Israel aufgetaucht war, zählte zu den positiven Überraschungen. Sie konnten jede Hilfe gut brauchen. Die Gewissheit, dass ihr Team bislang ohne Kollateralschaden geblieben war, sorgte für eine erste Beruhigung. Umso beunruhigender waren die Meldungen aus aller Welt.

* * *

Völlig außer Atem meldete sich Joe. Seine aufgeregte Stimme ließ Schlimmes vermuten.

»Sie ist in der Luft. Doch, hm ... es handelt sich um keine Linienmaschine. Soweit ich es erkennen kann, ist es ein Learjet. Offensichtlich haben sie gestern in Nairobi keine Starterlaubnis mehr bekommen.«

Rosanna ging an die Schiebetür zum Balkon und optimierte das Empfangssignal. »Wann wird sie in Khartum landen?«

»Negativ. Das ist das Problem. Es scheint sich um einen Privatflug zu handeln und die ACARS Daten weisen keine Destination aus. Und am Flughafen KRT gibt es keinen Hinweis auf eine Landeerlaubnis für den Jet.«

»Das ist merkwürdig. Wo befindet sich das Flugzeug aktuell?«

»Auf halber Strecke. Noch über dem Staatsgebiet von Äthiopien.«

»Ich muss nachdenken.«

Sie legte das *ComX* auf den Beistelltisch und drückte ihre Daumen fest gegen die Schläfen. Voller Konzentration ordnete sie die Faktenlage. Nach einer gefühlten Ewigkeit schlug sie die Augen auf und zog Peter an sich heran.

»Aufgepasst. Das ursprüngliche Ziel lautete Khartum. Victoria's Exekutivkommando muss hier auf sie gewartet haben. An der Stelle, wo die Quellflüsse des Nils zusammentreffen. Logisch, dass hier kein Anschlag stattfinden wird. Das war nur der ausgemachte Treffpunkt. Weiter oben am Nil würde es ebenfalls keinen Sinn für einen Terrorangriff machen. Die Wassermassen nehmen mit jeder Meile flussabwärts zu, denn sie wollen Ägypten treffen, hieß es gestern. Und das Wasserkraftwerk Renaissance muss für die glorreichen Zeiten in der Zukunft verschont bleiben. Sie fliegt zu einem Ziel viel weiter im Norden. Zu einer markanten Stelle am Nil, tippe ich.«

Joe hatte in der Zwischenzeit versucht, irgendwelche Datencluster aus Khartum zu erhalten. Ohne jeden Erfolg. Rosanna spann inzwischen weiter an ihrem roten Faden.

»Für ihr lokales Team dürfte es schwierig sein, einen Charterflug zu organisieren. Die Truppe muss sich andererseits schon eine ganze Weile im Land befunden haben und kennt sich gut aus.« Sie drückte erneut die Daumen seitlich gegen ihren Kopf. »Geländewagen!«, rief sie aus. »Die Jungs haben sich Jeeps gemietet und sind auf dem Weg nach Norden. Am Nil entlang. Flussabwärts. Parallel düst Victoria im Jet zum Treffpunkt, von wo aus sie ihren Angriff vorbereiten. Joe. Check die Anbieter aller Autovermietungen der vergangenen acht Wochen.«

Es ging Schlag auf Schlag. Peter sollte die Verkehrslage überprüfen und die Transportmöglichkeiten bewerten. Rosanna sah sich nahezu jede Biegung im Verlauf des Nils an und versuchte sich in die Überlegungen ihrer Zwillingsschwester hinein zu versetzten.

Joe meldete sich mit Neuigkeiten. Er hatte eine Anmietung von mehreren wüstentauglichen Fahrzeugen gefunden. Vier an der Zahl, bei drei verschiedenen Anbietern. Abgewickelt am selben Tag vor einer Woche. Er stufte es als heiße Spur ein und brachte alle sonstigen damit zusammenhängenden Daten in Erfahrung. Unter anderem mussten bei der Anmietung in den Verträgen die Mobiltelefonnummern hinterlegt werden, was ihm bei der Lokalisierung immens half.

»Sie sind heute früh vor Sonnenaufgang gestartet. Punkt 5.00 Uhr. Ein Konvoi, bestehend aus vier Fahrzeugen. Sie fahren quer durchs Land nach Norden. Die geplante Zwischenstation ist vormittags bei den Pyramiden von Barkal am Nil. Weiter soll es über die Schnellstraße A11 bis nach Dunqula gehen. In 600 Kilometern Entfernung.«

Peter war völlig begeistert. »Woher weißt du das?«

»Es war kinderleicht, an die Handydaten zu kommen. Einer von ihnen hatte sich die Route auf Google Maps zeigen lassen. Jetzt sind sie in Barkal bei den Pyramiden.«

Rosanna nahm das *ComX* in die Hand. »Hm. Auch in Barkal gibt es Pyramiden? Das war mir gar nicht bewusst. Der Nil ist wie ein natürliches Freiluftmuseum und der Sudan war zur Zeit der Pharaonen das historische Nubien. Wohin fahren sie? Nach Dunqula? Okay. Dort werden sie gegen zwei Uhr nachmittags ankommen. Wahrscheinlich passend zur Ankunftszeit des Fliegers von Victoria. Dunqula hat einen Flughafen im Westen der Stadt. Mitten in der Nubischen Wüste. Die Mittagstemperaturen werden heute spielend 40° C überschreiten. Die Stadt selbst gilt als grüne Oase am Nil. Wie kommen wir auf schnellstem Wege dorthin? Pete, hast du eine Idee?«

Er schüttelte mit dem Kopf. »Ich weiß beim besten Willen nicht, wie wir sie einholen können. Joe, was empfiehlst du?«

»Zweierlei. Ihr seid bekanntlich als Diplomaten ins Land eingereist. Mittlerweile habe ich die Mission konstruiert, die ihr erfüllen werdet. Mit einer Militäreskorte bringt ihr ein Spezialmedikament ins Städtische Hospital von Dunqula. Dort liegt ein amerikanischer Staatsbürger im künstlichen Koma nach einer COVID-19 Infektion.«

»Wir haben keine Medikamente bei uns«, sagte sie. »Es ist nicht fair, wenn wir eine falsche Hoffnung wecken – bei wem auch immer.«

»Der Konvoi wird euch in 30 Minuten abholen. Überlegt euch etwas.«

Neben ihr stand Peter und zuckte mit den Achseln. Sie schickte ihn ins Bad, um saubere Handtücher zu holen. Sie schrieb einige Stichworte auf einen Notizzettel. Dann widmete sie sich wieder dem Kollegen aus Hongkong.

»Du sagtest *zweierlei*. Wie lautet der andere Punkt?«

»Ihr benötigt Unterstützung. Und zwar eine ganze Menge davon. Ich stehe mit Jack in Verbindung. Er wird über die israelischen Kontakte zum Auslandsgeheimdienst und seine ehemaligen Buddys aus der Sayeret Matkal versuchen, die Luftstreitkräfte zu mobilisieren. Erinnerst du dich an Entebbe? An die Nacht- und Nebel Aktion der Israeli und die erfolgreiche Geiselbefreiung?«

»Am *Independence Day* 1976? Ja, klar. Jack wurde nicht müde, von der Operation zu erzählen. Ach was sage ich, zu schwärmen. Es war einer jener glorifizierten Einsätze, die ihn veranlasst hatten, sich Jahre später der Sayeret Matkal anzuschließen. Entebbe. Über 100 befreite Geiseln und sieben tote Flugzeugentführer. Die Befreiungsaktion warf völkerrechtliche Fragen auf, da die Souveränität eines Mitgliedsstaats dadurch verletzt wurde. Letztendlich war die Operation jedoch alternativlos. Das Ergebnis zählte. Die Aktion war ein großer Erfolg gewesen. Damals kamen Transportflugzeuge des Typs Herkules zum Einsatz. Das scheint mir diesmal nicht angebracht zu sein. Wenn die Herkules über den ägyptischen Luftraum düsen, wird das die nächste Provokation sein. Was sagt Jack?«

»Er sprach von Helikoptern ...«

»Hubschrauber? Weißt du, wie weit wir von Tel Aviv entfernt sind?«

»Es sind 1500 Kilometer.«

»Genau. So weit kommen die Dinger nicht.«

»Jack ist bereits auf dem Zubringer nach Ramon.«

Sie zog eine Augenbraue nach oben und pfiff durch die Zähne. »O...kay. Gut, sie meinen es wirklich ernst. Der Militärflugplatz liegt im Süden auf der Sinai Halbinsel. In der Wüste Negev. Warte, sind dort nicht die Apache AH-64 stationiert? Die zweimotorigen Kampfhubschrauber? Die sind mit 30 mm Bordkanonen ausgerüstet. Leute, das wird mir unheimlich. Außerdem, wie soll das funktionieren? Die Reichweite beträgt 400 Kilometer. Hol mir Jack ans Gerät.«

Es dauerte einige Augenblicke, bis sich der ehemalige Hauptmann der israelischen Geheimeinheit auf dem *ComX* meldete. Die Verbindung wurde über Hongkong im Relay nach Khartum weitergeleitet.

»Rosanna, seid ihr okay?«

»Ja. Und wie sieht es bei euch aus? Wie geht es dem Mann in Weiß? Die Nachrichten überschlagen sich.«

Jack berichtete in wenigen Worten über die neusten Entwicklungen. »Du, wir sitzen schon im Flugzeug in die Negev Wüste. Wir kommen zu euch.«

»Seid ihr sicher, dass das der richtige Ansatz ist? Ihr wollt wirklich von Ramon aus starten? Dann stürzen eure Helikopter wegen Treibstoffmangel ins Rote Meer.«

»Hey, hey. Wie lange sind wir im Geschäft? Dilettantismus gehörte noch nie in unser Repertoire. Ich habe mit Tom und der bezaubernden Chefin gesprochen.«

»Winwood? Erika Winwood. Sprichst du von ihr?«

»Sie unterstützt die Aktion. Inoffiziell versteht sich. Wir bekommen eine C-17 Globemaster. Und falls du fragen solltest. Ja, die Start- und Landebahnen in Ramon sind ausreichend dimensioniert. In die Globemaster bekommen wir drei Apache Longbow in der Version AH-64D. Wenn es sein muss, können wir Hellfire-II-Raketen abfeuern. Fire and forget. Das ist die Spezialität des Apache. Kurz aus der Deckung auftauchen, abfeuern und wieder abtauchen.«

»Jack, du redest, als ob wir uns bereits im Krieg befinden. Wir müssen ihn verhindern und nicht befeuern.«

»Sorry. So sollte es nicht klingen. Wir haben 15 Kämpfer zugeteilt bekommen. Männer und Frauen. Falls notwendig, werden wir von einer F-16 Staffel unterstützt.«

»Moment. Ihr werdet im Bauch der vierstrahligen Globemaster in euer Zielgebiet gebracht, richtig?«

Er nickte.

»Dann lanciert ihr die Maschine unterm Radar während der Nacht über den Golf und landet im Morgengrauen?«

»Frag nicht weiter, Rose.«

»Ihr landet in der Wüste ... in der Nähe eines verlassenen Militärcamps, welches maximal 300 bis 400 Kilometer von Dunqula entfernt ist. Okay?«

»Wie sagt dein Freund immer so schön? T-M-I. *Too much information*. Mehr kann ich dazu nicht sagen. Wir werden die Geheimen Drahtzieher stoppen. Die Amerikaner haben einen weiteren Flugzeugträger ins Mittelmeer, beordert. Die Mobilmachung nimmt Formen an.«

»Und genau das macht mir Angst. Waffen werden solange gebaut und in Stellung gebracht, bis sie benutzt werden. Jack, behalte die Balance im Auge. Versprich es.«

»Wir werden euch zur Seite stehen. *Out*.«

* * *

Sie hatte Peter mit ihrem handgeschriebenen Zettel losgeschickt. In der nächstgelegenen Apotheke sollte er ein komplettes Blutabnahmeset für einen Diabetiker besorgen.

»Hast du alles bekommen?«

Er nickte und gab ihr die Sachen.

Wenige Augenblicke später saßen sie in einem hellbraunen Geländewagen, der zum Glück hermetisch geschlossen war. Die Klimaanlage lief auf der höchsten Stufe und sie machten es sich auf dem Rücksitz bequem. Vor ihnen, neben dem Fahrer, saß ein Soldat. Er hatte das Maschinengewehr lässig auf den Oberschenkel gestützt und war in ständiger Bereitschaft. Sein einziger Kommentar bezog sich auf die fadenscheinige Sicherheit. Er summte einen uralten Song der Andrew Sisters.

»*Bei mir bist du safe, please let me explain*.«

Rosanna schüttelte den Kopf. »*Bei Mir Bistu Shein* hieß es im Original. Das ist Jiddisch, verstanden?«

»No problem, Madam. You want music?«

Wie aufs Stichwort lief das Swingstück übers Autoradio.

Die Fahrt zog sich über Stunden hin. Zur Sicherheit fuhr ein Fahrzeug des gleichen Modells vor ihnen und im ähnlichen Abstand ein weiteres hinter ihnen. Die Landschaft rechts und links der Straße hatte nichts Aufregendes zu bieten und als aus der Musikanlage zum wiederholten Mal der Song aus den Dreißiger Jahren trällerte, wurde es Peter zu bunt. »Hören Sie. Ich bin Diplomat und ich möchte schlafen.«

Die beiden Soldaten auf den Vordersitzen brachen in schallendes Gelächter aus. Der Mann in der Militäruniform drehte den Lautstärkeregler noch weiter im Uhrzeigersinn.

Rosanna legte ihren Arm um seinen Hals und zog ihn an sich heran. »Nur nicht provozieren lassen. Du kennst den gutgemeinten Ratschlag.«

Er schwieg und lächelte.

Die einzige Pause legten sie ein, als sie nach der direkten Durchquerung von Wüsten und Gebirgslandschaften wieder auf die tief ins Land eingeschnittene Biegung des Nils stießen. Ganz in der Nähe von Barkal. Für eine Besichtigung der hiesigen Pyramiden blieb keine Zeit, sie sahen sie nur kurz aus dem Seitenfenster. Peter sprach sie darauf an und wollte von ihr wissen, ob das ein Grund sei, noch einmal an diesen Ort zurückzukommen.

»Weißt du … viel mehr würde mich Naga interessieren, die geheimnisvolle Tempelstadt ganz in der Nähe von Khartum. Naga war ein Außenposten des Reiches von Meroe. Beeinflusst von der ägyptischen Kultur - oder umgekehrt. Die Forschung steht noch ganz am Anfang.«

»Faszinierend. Und immer wieder ist der Nil im Spiel.«

Es lagen noch einige Stunden Fahrt vor ihnen und am Horizont ging bereits die Sonne unter. Sie wussten nicht, ob das Militärtransportflugzeug, die massive Boeing C-17 Globemaster, schon den Flug aus Israel angetreten hatte und sie auf eine Unterstützung hoffen durften. Noch immer gab es keine Aktualisierung von Joe oder von Jack.

»Die Typen sind wahnsinnig. Jetzt spielen sie den Song schon wieder. Ich hätte eigentlich darauf gewettet, dass die Kerle mehr Blei als Musik im Blut haben.«

»Gutes Stichwort. Reich mir bitte mal die Tasche, Pete.«

Sie griff nach der braunen Papiertüte und legte die Teile sorgfältig und möglichst unauffällig auf das ausgebreitete Hotelhandtuch. Sie kontrollierte, ob sie loslegen konnte. Die 9ml Monovette war für eine Blutentnahme mittels der Vakuumtechnik gedacht, wobei die Kanüle während des Wechselns der Aufbewahrungsröhren in der Vene liegen bleiben konnte. Rosanna öffnete die Schutzverpackung aus Folie und vergewisserte sich, dass die dünnwandige Nadel dem Originalzustand entsprach. Die Schutzkappe am Ende der Spritze garantierte die Sterilität. Dann krempelte sie sich das beigefarbene Shirt am linken Arm nach oben und nahm den Venenstauer in die Hand.

Peter staunte. Sie machte das offensichtlich nicht zum ersten Mal. Jeder Handgriff saß. Sie gab keinen Laut von sich, als sie die Nadel unter ihre Haut jagte. Insgesamt füllte sie sechs Röhrchen mit ihrem Blut.

»Das sind gut 50 ml. Genug des Blauen Blutes.«

Sie lächelte und drückte sich die Einstichwunde ab.

Peter verstaute die medizinischen Utensilien wieder in der Papiertüte, während die kostbaren sechs Glasampullen in einem eigenen, gut ausgepolsterten Lederetui landeten.

»Du willst dem Koma-Patienten dein Blut spenden? Nobel, aber wenig aussichtsreich. Nicht alle Blutgruppen vertragen sich untereinander. Du weißt doch gar nicht, ob der Erkrankte mit deinem Blut kompatibel ist.«

Sie lächelte nur. Und zwar sehr lange. »Du rufst gerade dein Schulwissen ab, richtig? Blutgruppe *A* verträgt sich nicht mit *B*. Und umgekehrt. Und *AB* gibt es auch noch. Nur wer die Gruppe *0* hat, kann den anderen spenden. Vorausgesetzt, dass er denselben Rhesusfaktor aufweist. Positiv oder negativ. Das ergibt acht Basiskombinationen.«

Er nickte. »Das meinte ich. Es wäre schon ein ziemlicher Zufall, wenn du ausgerechnet das passende Blut hättest.«

»Ich weiß, Pete. Es kann sonst zu gefährlichen Komplikationen führen. Und der Patient liegt bereits auf der Intensivstation und wird künstlich beatmet. Keine Sorge. Ich weiß, was ich mache.« Sie blickte nach vorne.

Die beiden Militärs auf den Vordersitzen kümmerten sich nicht um die Fahrgäste und hatten von alledem nichts mitbekommen. Sie studierten die Karte und den Verkehr.

»Unser Blut ist ein Wunder. Man hat versucht, es in die Blutgruppensysteme einzuordnen. 35 Systeme gibt es. Und sie alle orientieren sich an den Antigenen, die auf den roten Blutkörperchen sitzen. Insgesamt schwirren bis zu 342 Antigene in unserem Blut herum. Antigene sind ja körperfremde Stoffe – sozusagen Eindringlinge – gegen die das Immunsystem die Antikörper bildet. Vereinfacht gibt es zunächst die Rhesus-Werte. Sie ergeben sich aus den Antigenen mit den Kennzeichnungen D und C sowie dem zugeordneten kleinen c. Selbiges gilt für das E mit dem Pendant eines kleinen e. Diese fünf Antigene stehen für den Rhesusfaktor. Am häufigsten ist das Antigen D. Wer es hat, ist $Rh+$ und wer es nicht hat, ist $Rh-$. Und genauso wurden die anderen Antigene nach ihrer Häufigkeit geclustert und in die Blutgruppen 0, A, B und AB aufgeteilt. Die wenigsten Antigene hat jemand mit dem Rhesusfaktor $Rh-$ und der Blutgruppe 0. Wenige Antigene auf den Erythrozyten ...«

Peter räusperte sich. Es ging ihm etwas zu schnell.

»Die Erythrozyten sind die ...?«

»Roten Blutkörperchen! Also, wenn sich wenig Antigene auf ihnen finden, gibt es genau so wenig entsprechende Antikörper im Blut. Was für eine hohe Kompatibilität mit anderen Blutgruppen spricht.«

»Aha, ich verstehe. Dein Blut gehört zur Gruppe Rhesus negativ und du hast die Gruppe 0. Kannst also quasi jedem Menschen dein Blut spenden.«

Sie schüttelte den Kopf. »Nicht ganz. Mein Blut ist Rhesus null. Während bei Rhesus negativ trotz der Abwesenheit der D-Antigene noch eine ganze Reihe anderer Fremdkörper auf den Blutplättchen sitzen können, herrscht bei *Rh null* die totale Fehlanzeige.«

Er machte große Augen. »Halt. Einen Schritt zurück. Im menschlichen Blut gibt es bis zu 342 Antigene und im Extremfall ebenso viele verschiedene Antikörper. Du hast überhaupt keine Antigene und hast somit das ideale Blut. Du kannst quasi jedem Menschen dein Blut spenden.«

»So ist es. Manche nennen es das *Goldene Blut*, weil ihm die Antikörper gegen alle anderen Blutgruppen fehlen. Die Eigenschaft ist weltweit extrem selten. Man hat errechnet, dass nur einer unter sechs Millionen darüber verfügt und weltweit sind nicht einmal 50 Personen namentlich bekannt, die über diese Art Blut verfügen. Umgekehrt kann ich ausschließlich Rhesus null Blut empfangen. Alles andere würde mich schlimmstenfalls killen.«

Er warf ihr einen Kuss zu. »Rhesus null. Ich wusste schon immer, dass du ein Wunder bist. Aber verrate mir, wieso es dem Patienten helfen kann? Keine Antigene heißt doch auch keine Antikörper. Was also soll es bewirken?«

Sie zog ihn näher an sich heran. »Was ich nicht habe, sind Antikörper gegen irgendwelche der 342 Antigene aller anderen Blutgruppen. Richtig. Aber Antikörper an sich habe ich. Und zwar mehr als genug. Schau. Das Prinzip der Antigene im Blut ist viele Millionen Jahre alt. Schon die Primaten verfügten über vergleichbare Gruppen wie *A* und *B* und *AB*. Doch mit der jeweiligen Kategorie war auch ein Determinieren verbunden. Änderte sich der Lebensraum nicht und traten keine neuen, völlig anders gearteten Viren auf, so war das Prinzip perfekt. Schon länger weiß man, dass Menschen mit der Blutgruppe *A* a priori besser gegen die Pest geschützt sind, während es für sie bei einer Malaria-Infektion sehr schlecht aussieht – da wiederum sind diejenigen mit der Blutgruppe *0* viel besser aufgestellt. Ich denke, dass es von Vorteil ist, wenn weniger Antigen-Fremdkörper von Geburt an auf den Erythrozyten sitzen. Das Immunsystem des Körpers kann bei einer Infektion viel flexibler und effektiver neue Antikörper bilden – weil es eben nicht von vorneherein determiniert ist.«

»Hm«, er überlegte. »Und bei den Antikörpern gibt es fünf Klassen von Immunglobulinen, oder irre ich mich?«

Sie blinzelte ihn an. »Tja, auch das ist komplexer als gedacht. Du meinst die Einteilung, wann und wo die Immunglobuline im Körper wirken? Demnach werden die Klassen *M, G, E, A* und *D* unterschieden. Die *IgMs* sind die schnelle Eingreiftruppe und werden bei einer Erstinfektion gebildet. Vor allem bei Viren, tropischen Parasiten wie Malaria und auch bei einer Blutgruppen-Unverträglichkeit. Einige Wochen nach einer Infektion werden die *IgGs* aktiv und entwickeln das sogenannte immunologische Gedächtnis. Die allerersten *IgGs* bekommt man bereits als ungeborenes Kind über den Blutkreislauf der Mutter. Die anderen Klassen kannst du erst mal außen vor lassen. Das Immunglobulin *E* bekämpft Allergien, *A* sitzt auf den Schleimhäuten und *D* sorgt für die Signalübertragung im Immunsystem. Vor allem die Immunglobuline *G* im Blut sind relevant für die Abwehr. Und davon hast du immerhin bis zu 15 Gramm pro Liter Blut in dir.«

»Okay. Also hat man die *IgGs* oder man hat sie nicht. Dann ist man gegen Corona und das SARS-CoV-2 immun, oder eben nicht. Korrekt?«

Sie schüttelte den Kopf. »Nee, so einfach ist es nicht. Die Antikörper werden als Eiweißmoleküle im Körper von den B-Lymphozyten gebildet und haben zwar grundsätzlich denselben Bauplan. Aber durch gewollte, spezifische minimale Abweichungen können sich sage und schreibe 100 Millionen verschiedene Kombinationen ergeben. Zu jedem Antigen passt genau ein exakt geeigneter Schlüssel.«

»Schloss und Schlüssel. Ah. Es dämmert mir. Wenn es schon zu viele Schlüssel gibt, könnte das Material fehlen. Das meintest du mit dem *Determinieren* als Limitierung.«

»Yes. Dann fehlt die Substanz oder die Reaktivität. Beziehungsweise die Fähigkeit, schnell und effizient einen passenden Schlüssel anzufertigen.«

»Und dein Goldenes Blut mit Rhesus null kann genau das? In einer extrem kurzen Zeit bildet es Antikörper gegen die Eindringlinge im Körper?«

Sie nickte mehrmals ganz langsam. »Mehr noch. Innerhalb kürzester Zeit wird selbst bei geringsten Blutmengen das gesamte Immunsystem eines Empfängers trainiert und sein eigenes System kann mit der Bildung der Antikörper beginnen und eine Krankheit bekämpfen.«

Er pfiff durch die Zähne. »Es klingt wie eine Panazee.«

Ihr Lächeln war die schönste Antwort, die er sich in diesem Augenblick vorstellen konnte.

* * *

Sie erreichten die Stadtgrenze von Dunqula gegen 21.00 Uhr und fuhren direkt ins Hospital. Während Rosanna sich am Empfang in die Meldeliste eintrug, organisierte Peter einen Snack in der Cafeteria. Er war froh, zwei große Becher Kaffee ergattert zu haben. Die angeheuerten Soldaten lehnten draußen vor der Tür und qualmten eine Zigarette nach der anderen.

Der Oberarzt erschien und war hocherfreut. Er nahm die Ampullen dankend in Empfang, wunderte sich allerdings über die geringe Menge. Mit 50 Millilitern würde er nicht weit kommen. Außerdem hatte er Zweifel, was die Verträglichkeit anging. Rosanna klärte ihn auf und zeigte ihm ein Dokument, welches ihre seltene Blutgruppe bescheinigte. Der Doktor blieb skeptisch und zog sich in ein Nachbarzimmer zurück. Er wollte sich in jedem Falle absichern. Eine Freigabe durch die Angehörigen sah er als Mindestvoraussetzung für die Medikation an. Rosanna drängte auf eine Entscheidung, als er mit einer wenig entschlossenen Miene wieder aus der Kammer auftauchte.

»Das Serum ist ein Vermögen wert. Und mehr noch. Es kann das Leben Ihres Patienten retten. Aber nur, wenn Sie es ihm verabreichen. Und zwar sofort. Es ihm nicht zu geben, könnte ein Todesurteil für den Infizierten bedeuten. Es ist Ihre Entscheidung, Doktor.«

Sie griff nach dem Etui, in dem die Röhrchen steckten. Für einen Moment lang war nicht klar, ob der Arzt das Ledertäschchen loslassen würde. Schließlich hatte er einen Entschluss getroffen und riss es wieder fest an sich. Er schrie über den Flur und holte zwei Krankenschwestern aus ihrer abendlichen Pause. Er wollte das Blutserum dem Patienten intravenös spritzen. Ohne weitere Verzögerung.

Peter und Rosanna sahen sich an, zurückgelassen auf dem menschenleeren Flur im spartanisch eingerichteten Krankenhaus von Dunqula. »Wollen wir warten?«

»Worauf, Peter? Es gibt zwei Möglichkeiten. Entweder erholt sich der Patient, dann ist der Doktor der Held. Oder der Patient stirbt. Dann werden wir dafür verantwortlich gemacht und landen im nächsten Knast.«

Sie rannten vor die Tür und waren froh, dass ihre Begleiter noch dort standen. Da die Kommunikation mit der ersten Fahrzeugbesatzung sehr schwierig gewesen war, versuchte sie ihr Glück bei den anderen Männern. Ein jüngerer Mann reagierte sofort. Er hatte einige Zeit im Ausland verbracht und sprach ein hervorragendes Englisch. »Sie wollen, dass wir den Auftrag fortführen, richtig? Wir können uns bei unserer Dienststelle offiziell abmelden und für die nächsten 48 Stunden ganz in ihrem Auftrag unterwegs sein. Das wird jedoch sehr kostspielig sein. Dafür erhalten Sie einen erstklassigen Service, eine 1A Sicherheit mit Waffenschutz und einen talentierten DJ.«

Peter lachte im Hintergrund. »Auf den Disc-Jockey würde ich gerne verzichten.«

»Wie viel?«, wollte Rosanna von dem Mann wissen.

Er zückte einen zerknitterten Schreibblock aus seiner Weste und schrieb eine dreistellige Zahl darauf. Sie nickte. Er setzte ein Dollarzeichen hinter den Betrag. Wohl oder übel nickte sie ein zweites Mal. Er sah ihr direkt in die Augen. Das Weiß in seinem Augapfel blitzte hell auf. Er hatte das reinste Pokergesicht aufgesetzt. Dann zeigte er mit dem Finger nacheinander auf seine fünf Kollegen und schrieb x 6 hinter die Summe. Soeben hatte sich der Betrag versechsfacht.

»Unter einer Bedingung werde ich diese astronomische Summe akzeptieren. Ansonsten vergessen Sie den Deal. Jeder von uns bekommt eine Automatikfeuerwaffe mit ausreichend Munition.«

Er schwieg und ging zu dem Anführer, der tagsüber im Wagen der beiden Rebellen saß. Der Mann schaute zu Rosanna und taxierte sie. Scheinbar war er zu dem Fazit gekommen, dass nicht mehr aus ihr herauszuholen sei. Er holte aus einer verschlossenen Metalltruhe zwei Schnellfeuergewehre und hielt sie in die Luft. Rosanna nickte. Der Vertrag war besiegelt.

* * *

Die Kameraden besorgten sich Verpflegung und Getränke. Sie kannten ihre Quellen in Dunqula und es waren einige Flaschen hochprozentigen Alkohols unter den Einkäufen.

Inzwischen hatte Rosanna den *Communicator* auf den Satelliten ausgerichtet und die Verbindung zu Joe aufgenommen. Sie sagte nur ein einziges Wort. »Status?«

»N'Abend, Rose. Wo fange ich an? Der Reihe nach. Also hier in Hongkong wird es immer brenzliger. Täglich werden mehr Menschen verhaftet. Die Stimmung kippt.«

»Was macht China?«

»Oh. Die Chinesen rüsten mächtig auf. Die angeblichen neuen Virus-Ausbrüche in Peking scheinen sie wie von Wunderhand unter Kontrolle zu haben, während der Grenzkonflikt im Himalaya mit Indien weiter eskaliert. Mindestens 20 indische Soldaten hatten im Juni an der umstrittenen Grenze durch einen chinesischen Angriff den Tod gefunden. Seitdem nehmen die Spannungen unentwegt zu. Vor kurzem verbot Indien im Gegenzug 60 chinesische Apps. Zwei Nuklearmächte im Clinch. Das verheißt nichts Gutes. Martijn befindet sich mit den Partisanen in Kunming. Morgen ist für sie der Tag der Tage gekommen. D-Day. In den Laboren laufen die Vorbereitungen für den Sonderbesuch auf Hochtouren. Es wird der umstürzlerische Militärführer erwartet, die Nummer Eins der ONE-C. Unser Holländer freut sich auf eine Begegnung der dritten Art, wie er sich ausdrückte.«

»Wie geht es den Verletzten in Jerusalem?«

»Einigermaßen stabil. Hingegen ist die politische Lage im Nahen Osten alles andere als sicher. Es könnte sehr bald zu gegenseitigen Kriegserklärungen kommen.«

»Damn. Wie weit ist Jack auf dem Weg zu uns?«

»Sie wollen von der Airbase in Ramon um kurz nach Mitternacht starten. Der Abflug ist gegen 1.00 Uhr. Dann geht es über die Sinai Halbinsel am Roten Meer entlang. Die Landung in der Wüste soll in den frühen Morgenstunden erfolgen. Sobald sie die Apache Helikopter startbereit haben, müssen wir ihnen die Ziele durchgeben.«

»Wenn wir das selbst wüssten.« Sie wirkte nachdenklich. »Wo ist mein Schwesterherz?«

»Welch Worte, Rose? Hast du dich mittlerweile mit deinem Familienzuwachs angefreundet?«

»Von wegen. Ich meinte es sarkastisch. Wo ist das Biest?«

»Ah, so kenne ich dich. Victoria ist vor einigen Stunden gelandet. Ich schicke dir mal den Lageplan über die

Leitung. Siehst du das markierte X ? Es ist ein abgetrennter Seitenarm des Nils, etwas flussabwärts, kurz vorm Ort Kerma. Circa 50 Kilometer nördlich von Dunqula. Dort haben sie ihr Camp für die Nacht aufgeschlagen. Ich habe einige der Handys angezapft. Es sieht nach einem Zeltlager aus. Mit sehr vielen Kämpfern. Definitiv sind es mehr als das Team aus Khartum. Sie haben schweres Gerät dabei. Auf den verwackelten Videos waren sowohl Panzerwagen zu sehen als auch militärische Transportfahrzeuge.«

»Zeig mir die Mitschnitte, Joe. Shit, was ist das? Dort auf dem LKW? Eine Mittelstreckenrakete?«

Er schüttelte den Kopf. »Man kann es nicht richtig erkennen. Eine Rakete ist anders aufgebaut.«

»Kerma, Kerma«, sie murmelte den Namen mehrmals. »Warum Kerma? Es muss einen Grund haben, dass sie dort ihr Lager eingerichtet haben. Die antiken Ruinen der Stadt mit ihrer 4000 Jahre alten Geschichte werden es nicht sein. Was hat sie vor?« Sie zermarterte sich das Hirn.

Peter nutzte den Moment. »Also, … ihr beide könnt noch stundenlang diskutieren. Doch das bringt uns nicht viel weiter. Entweder bleiben wir die Nacht über hier und suchen uns ein Quartier, oder wir fahren noch eine Stunde weiter und versuchen, in die Nähe des Lagers zu kommen. Wenn ihr mich fragt, würde ich für die Etappe nach Kerma plädieren und dann suchen wir uns dort einen netten Platz mit Ausblick auf den dritten Katarakt.«

Sie riss die Augen auf. »Was sagtest du gerade? Katarakt? Das ist es. Sie wollen zum dritten Nilkatarakt. Los. Ich werde den Männern Bescheid geben. Und Joe, gib die Koordinaten an Jack durch.«

Sie zögerte kurz und suchte die Orte auf der Karte. »Sag ihm Kerma, optional Tombos.«

* * *

Die Soldaten waren gut gelaunt. Der jüngere Kamerad, der gut englisch sprach, hatte sich mit in den Jeep von Rosanna und Peter gesetzt. Er stellte sich mit dem Namen Benji vor.

»Es klingt nach einem Abenteuer, Lady. Wenn wir in Kerma ankommen, wollen Sie sich an die Fremden heranpirschen und lauschen, was sie vorhaben, richtig?«

Sie nickte. »Und ihr baut inzwischen die Zelte auf, ja. Das ist der Plan.«

»Sollen wir Ihnen vielleicht Feuerschutz geben?«

»Wir werden sehen.«

»Wer sind die Fremden? Kommen sie aus unserem Land oder sind sie Eindringlinge?«

»Hey, ich habe euch nicht fürs Fragestellen bezahlt. Aber so viel werde ich dir und deinen Kumpanen sagen. Die Fremden kämpfen für einen Verein, der sich *Enco* nennt und die Aufträge von einer großen gefährlichen Organisation erhält. Von der ONE-C. Sie wollen von eurem Land aus einen gewaltigen Terrorakt verüben und die ganze Welt in einen Krieg stürzen.«

Der Sudanese in Uniform riss die Augen auf. »Was? Krieg? Darunter haben wir hier lange genug gelitten. Wir wollen in Frieden leben. Der ganze Mist mit dem IS hat uns zermürbt. Wir werden euch unterstützen. Sagt uns, was wir machen sollen.«

Sie zeigte ihm die vermutete Lage des Camps auf der Karte und ging mit ihm die Topologie des dritten Katarakts durch. Sechs natürliche Granitbarrieren hatte der Nil. Wegen der verborgenen Klippen und der reißenden Strömung waren die Felsrinnen gefürchtet. Schon seit der Zeit des Alten Ägyptens waren die Katarakte stromaufwärts von Nord nach Süd nummeriert und bildeten die Grenzen der Königreiche. Der erste Katarakt lag im ägyptischen Assuan, gleich hinter dem Assuan-Staudamm. Der zweite Katarakt war durch das angestaute Wasser im Nassersee in der Tiefe verschwunden.

Sie erreichten Tombos eine knappe Stunde vor Mitternacht und machten Halt auf einer Anhöhe. Die Nacht war sternenklar und der zunehmende Halbmond strahlte hell am Firmament. Aus der Ferne war das Plätschern des Nils zu vernehmen. Die Luft stand still und die Temperaturen lagen immer noch über 30° C. Das typische Zirpen der Grillen drang von den Palmen am Flussufer zu ihnen hinauf. Offensichtlich hatten die Soldaten Gefallen an ihrem gut bezahlten Nebenjob gefunden. Der Anführer hatte sich ein Fernglas geschnappt und observierte sorgfältig die örtlichen Gegebenheiten. Schließlich hatte er das gesuchte Lager ausfindig gemacht. Er reichte den Feldstecher an Benji weiter.

»Was siehst du?«, wollte Rosanna wissen.

»Sie haben eine Wagenburg gebildet. Ich sehe LKWs, Jeeps, Transportfahrzeuge. Der komplette Fuhrpark einer Kompanie. In der Mitte flackert ein Lagerfeuer. Dort sind viele Männer. Sehr viele. Hammer, es sieht nach einer militärischen Aktion aus. Undenkbar, dass sie das ohne eine offizielle Legitimation durchbekommen haben.«

»Okay. Die Sache steht nicht gut. Sag deinen Kameraden, sie sollen hier die Zelte aufschlagen. Nachher werden uns ein paar Stunden Schlaf gut tun, bevor wir morgen in der Früh aufbrechen. Aber jetzt geht es mitten ins Geschehen. Du kommst mit uns. Nimm noch den treffsichersten deiner Kollegen mit. Wir gehen näher ans Feuer heran.«

»Aye, aye, Boss. Es sind einige hundert Meter. Wollen wir nicht noch ein Stück davon mit dem Wagen fahren?«

Sie nickte. Hinter einem Bretterverhau parkten sie den Jeep und schlichen sich langsam an den Ort der Handlungen heran. Sie waren nun viel näher am Ufer. Im Mondlicht waren die Stromschnellen gut zu erkennen und die Wellen brachen sich am Granit. Durch die Klippen und die Verengungen im Flusslauf war der Fluss stellenweise reißend schnell geworden.

»Wir sind direkt am dritten Katarakt. Das sollten wir an Joe durchgeben. Hast du das *ComX* griffbereit?«

Peter wühlte in den Taschen und schaltete sein Gerät an. »Autsch. Mein Akku ist fast leer. Das wird kaum noch für die Sendeleistung ausreichen.«

»Nimm mein Gerät. Es ist im linken Seitenfach des Rucksacks. Und häng dein *ComX* an die 12 Volt Steckdose.«

Er rollte seinen Kopf hin und her. »Sorry. Jetzt bin ich der Überbringer der schlechten Nachricht. Auch dein Gerät hat keine zehn Prozent verbleibende Akkuladung. Wir müssen die Transmissionen möglichst knapp halten.«

Sie knirschte mit den Zähnen. »Das ist kein gutes Omen. Ich habe ein verdammt ungutes Gefühl.« Sie zeigte auf die Wagenburg. »Das sind annähernd 30 Leute. Eine bunte Mischung aus *Enco*-Agenten, Männer und Frauen. Und Söldner sind auch darunter.«

Peter blickte durch das Fernglas. »Und Victoria sticht aus der Menge hervor. Sie steht in der Mitte und hält eine Wodkaflasche in der Hand. Uiih, sie trägt ein weißes enganliegendes Top. Bauchfrei. Hm. Sie hat eine tolle Figur und sieht echt sexy aus mit ihren 46 Jahren.«

Sie stieß ihm kräftig in die Seite. »Hey, beruhige dich. Nur nicht fickerig werden. Und verkneif dir deine Anspielungen aufs Alter. Alles, was du über sie sagst, trifft eins zu eins auch auf mich zu.«

Sie schlichen sich noch einige Meter näher an die Gruppe heran und versteckten sich hinter einem Busch. Rosanna stellte auf dem *ComX* den Tele-Modus für das Mikrofon ein. Dadurch wurde der Aufnahmewinkel stark verengt und mithilfe der Rauschunterdrückung bekamen sie einen kristallklaren Sound auf ihre Bose Frames übertragen. Es war fast so, als ständen sie im Rund mit den Gegnern.

Unten am Feuer feierte Victoria sich selbst. Ihre Euphorie war überdeutlich zur Schau getragen. Sie war nass geschwitzt und ihre klatschnassen Haare klebten am Kopf.

Ihre feuchte Haut glänzte im Schein des Feuers goldgelb. Sie nahm einen großen Schluck aus der Flasche und ging auf einen gut gebauten Kämpfer mit freiem Oberkörper zu. Sie griff ihm in den Nacken und zog ihn zu sich heran. Mit einem hypnotischen Blick fixierte sie ihn einen Moment lang und gab ihm dann einen plakativen Zungenkuss. Der Mann genoss es sichtlich. Anschließend leerte sie den Wodka und schmiss die Flasche ins Feuer.

»Yeah. Leute, hört mir zu.« Sie stieg auf eine Metallkiste und hob die Arme in die Luft. »You Guys. Ich freue mich, euch hier versammelt zu sehen. Mein *Team Sieben*. Ihr wisst, wie sehr ich diese Zahl liebe – auch wenn ich mich nun bald an eine andere gewöhnen soll. Großes liegt vor uns. Das Ziel ist nahe und wir werden es ordentlich krachen lassen. Ihr wisst, unser Originalplan sah Khartum als Treffpunkt vor. Wir wären dann vom dritten Katarakt aus mit zeitlichem Vorlauf in den Schnellbooten mit unserer Spezialladung den Fluss hinabgefahren. Okay. Auf die Nilkreuzfahrt müsst ihr jetzt leider verzichten. Die vorgezogene Dringlichkeit unserer Mission haben wir einer kleinen versprengten Gruppe von ehemaligen *Enco*-Agenten zu verdanken. Sie nennen sich selbst Rebellen, ha. Sie glauben, den Lauf der Dinge ändern zu können. Idioten sind sie, inkompetente Idealisten. Mehr nicht. Dennoch werde ich nichts riskieren. Guys, ihr konntet euch vorhin einige Stunden ausruhen und seid jetzt fit für den Einsatz.«

Ein lautes Gegröle mit Kampfschreien und Siegesparolen ertönte am Lagerfeuer. Rosanna erschrak. Sie aktivierte die Sendefunktion und stellte die Satellitenverbindung her. »Joe, wir können nur Pakete senden, da uns gleich der Saft ausgehen wird. Ihr müsst euch sputen. Sag das auch Jack. Sie haben den Angriff vorgezogen. Wir melden uns, sobald wir mehr wissen. *Out.*« Sie schaltete das Gerät wieder in den Flugmodus und konzentrierte sich auf die Erläuterung des Angriffsplans. Das Briefing war erstaunlich konkret.

»Guys. Wir werden unsere Waffen auf die präparierten Trucks verladen. Offiziell transportieren wir medizinische Versorgungsmaterialien mit einer Sondergenehmigung. Auf geht es nach Wadi Halfa. Unsere erste Truppe ist schon dort und hat den anderen Teil der Waffensysteme geladen. Ihr werdet im Morgengrauen ankommen und die für uns reservierte Fähre über den Nassersee nehmen. Genießt die Schifffahrt übers Wasser. Schon bald wird sich der Spiegel woanders befinden. Singt Leute. Singt das Lied.«

Einer der Männer schlug auf ein leeres Blechfass. Die anderen stimmten in einem tiefen Brummton ein Kinderlied an. *»Jetzt fahrn wir über See, übern See, jetzt fahrn wir übern See. Yeah.«* Sie wiederholten die Zeile dreimal und brüllten sodann frenetisch wirre Laute durch die Nacht. Es war gespenstisch. Victoria fügte noch eine Steigerung hinzu. Sie schloss eine tragbare Lautsprecherbox mit einem Bass-Boost an das Bordnetz eines LKWs und ließ einen alten Pink Floyd Song scheppern. *All in all it's just another Brick in the Wall.* Sie begeisterte die Menge mit ihren Botschaften.

»Es ist so weit. Wir werden die Mauern einreißen und den Weg frei machen für ein Zeitalter des ewigen Friedens.«

Peter stockte der Atem. »Ann, hast du das gehört? Der Nassersee. *The Wall* und eine Mauer, die sie einreißen wollen. Mein Gott, sie wollen die Staumauer sprengen. Was für ein Drama!«

Sie riss das *ComX* an sich und wollte auf schnellstem Wege die gesammelten Informationen an Joe weitergeben. Es gelang nicht. Das Gerät war im abgesicherten Modus.

»Verdammte Scheiße. Sorry, aber das Gerät ist fast leer und es reicht nicht mehr für die Sendefunktion.«

Unten am Feuer herrschte eine ausgelassene Stimmung. Victoria hatte sich einen Stapel T-Shirts aus dem Geländewagen geholt und verteilte die Textilien. Auf der

Vorderseite befand sich die 3D-Grafik einer weißen, stilisierten Wand. In der Mitte waren die Mauersteine durchbrochen und in dem schwarzen Loch leuchtete ein dreieckiges Prisma, das wie eine Pyramide aussah.

»Mein Gott. *The Dark Side of the Moon*. Pyramiden. Sie wollen Kairo treffen.«

»Kairo? Oh, nein. Millionen Menschen sind in Gefahr. Die Flutwelle würde gigantische Ausmaße annehmen. Ich versuche ein letztes Mal, mit dem *ComX* auf Sendung zu gehen. Wir müssen eine Warnung absetzen.«

Rosanna wurde hektisch. Sie wusste genau, wie perfekt die Missionen von Victoria angelegt waren. Nichts würde sie dem Zufall überlassen. Wenn die Bewohner Kairos und des Niltals nicht rechtzeitig genug evakuiert werden konnten, würde der Fluss wie ein sintflutartiger Tsunami über die gesamte Region hineinströmen. Sie legte das Gerät an die Seite. Wie in Zeitlupe. Peter wusste sofort, was das bedeutete. Der Akku war zu schwach für die Verbindung.

»Wir können wohl nur noch Fotoaufnahmen machen. Für Audio und Video reicht die Restenergie nicht mehr. Wann wird dein *ComX* wieder genügend Ladung haben?«

Er schüttelte den Kopf. »Keine Ahnung. Soll ich es holen?«

»Warte. Schau. Was ist das?«

Sie sahen, wie die Männer die Camouflage-Schutzhaube von einer länglichen Röhre hinunter rissen. Nun war das militärische Gerät eindeutig zu erkennen. Mit einem Lastenkran hoben sie das gut zweieinhalb Meter lange Geschoss an und luden es auf die Ladefläche des zivilen Medizintransporters. Die Lackierung erinnerte stark an die Fahrzeuge des Roten Kreuzes.

»Ist es das, was ich glaube?«, wollte Peter wissen.

Sie nickte. »Torpedos. Die tödlichen Raketen unter der Wasseroberfläche. Unbemerkt gleiten sie mit 4o Knoten geradewegs auf ihr Ziel zu und zerstören es.«

»Kannst du das Modell erkennen?«

Sie schüttelte den Kopf und schoss ein Foto vom Torpedo mit der Teleobjektiv-Funktion des *ComX.*

»Vielleicht findet sich darüber etwas in der Offline-Datenbank.« Tatsächlich zeigte der *Communicator* das Profil der Angriffswaffe postwendend auf dem Bildschirm an. Es handelte sich um Torpedos aus der chinesischen Rüstungsindustrie.

»Das Modell nennt sich Yu-7. Viele Details haben die Chinesen bei dem Modell von den Amerikanern abgekupfert. Der Antrieb der Yu-7 hat gegenläufige Propeller. Gewicht 235 kg, Länge 2,7 Meter, Einsatz bis zu 400 Metern Wassertiefe bei einer Spitzengeschwindigkeit von 45 Knoten. Die Reichweite beträgt 14 Kilometer.«

»Kein Wunder, dass sie die Torpedos mit der Modellbezeichnung 7 favorisiert hat.«

»Es gibt bereits ein Nachfolgemodell Yu-11, darüber finden sich aber kaum Informationen. Aihh ... entwickelt wurden die Torpedos von dem Chinese Research Institut 705th CSIC in Kunming.«

»Der Kreis schließt sich. Wie auch immer sie die Waffen hierher bekommen haben, sie werden damit die Staumauer zum Einsturz bringen und Billionen Liter Wasser bis ins Nildelta einbrechen lassen. Wir müssen die anderen warnen. Ich hole mein *ComX.* Wir setzen die Info ab.«

Peter rannte zum Geländewagen und griff nach dem Gerät. Als er zu Rosanna zurückkam, stand sie wie angewurzelt da und beobachtete das Geschehen.

Die Terroristen unten in der Senke waren vollkommen mit sich selbst und mit den Vorbereitungen für den Angriff beschäftigt. Sie putschten sich gegenseitig auf. Inmitten der Menge tanzte Victoria und gab ihnen weitere Anweisungen für die baldige Abfahrt.

»Los beeilt euch. Ihr müsst aufbrechen. Unsere Vorhut wartet schon in Wadi Halfa auf euch. Ich werde mit dem

Jet hinterherkommen. Auf in den Kampf, Soldaten. Der Sieg ist auf unserer Seite.«

Rosanna nahm das *ComX* und fuhr die Betriebssoftware hoch. Es war wie verhext. Die Akkuladung reichte noch immer nicht für die notwendige Sendeleistung aus. Sie verlor die Geduld und es brach wütend aus ihr heraus. »Verdammter Mist. Wir schaffen es nicht. Shit, shit, shit.«

Sie schrie die letzten Worte aus voller Kehle. Einmal, zweimal. Beim dritten Mal war es definitiv das falsche Timing.

Unten am Lagerplatz hatte Victoria zeitgleich ihren rechten Arm nach oben gereckt. Vielleicht hatte sie aus einem unbestimmten Grund eine Schwingung empfangen? Jedenfalls herrschte augenblicklich Ruhe. Die Terroristen hielten inne und lauschten in die Stille der Nacht. Von der Anhöhe ertönte der letzte Aufschrei Rosanna's und lenkte die gebündelte Aufmerksamkeit auf sie.

Victoria hatte eine versteinerte Miene. »Ungeziefer ist manchmal hartnäckiger als gedacht. *Sie* ist hier. Männer, fangt sie und macht mit ihr, was ihr wollt. Und dann bringt sie zu mir. Schnell.«

Mehrere Kämpfer schnappten sich ihre Waffen und rannten in Richtung der Anhöhe. Benji lief sofort zum Wagen und versuchte, den Motor zu starten. Es gelang ihm nicht. Auch nicht beim wiederholten Male. Rosanna riss ihn vom Fahrersitz und setzte sich selbst hinters Steuer.

»Abgesoffen, na prima. Raus Leute und nehmt die Beine unter eure Arme.« Geistesgegenwärtig nahm sie den Schlüssel aus dem Schloss und versteckte ihn zusammen mit dem *ComX* unter dem Fahrersitz. Dann stieg sie aus und rannte mit den anderen beiden so schnell sie konnte. Das Glück war ihnen nicht hold. Benji stürzte über einen Stein. Rosanna und Peter sahen sich um. Im selben Moment kamen von beiden Seiten die fremden Angreifer auf sie zu. Kämpfen war sinnlos. Rosanna schmiss die

Schnellfeuerwaffe auf den Boden und riss die Arme als Zeichen der Aufgabe in die Luft. Peter hatte noch versucht, einen Angreifer von sich abzuwehren. Vergeblich. Er steckte bewegungsunfähig im Schwitzkasten des Mannes. Benji hingegen schaffte es nicht einmal sich aufzuraffen, als ihm die Fußtritte eines Terroristen gegen das Gesicht schlugen. Er blutete aus der Nase und war augenblicklich bewusstlos. Der Truppführer hielt Rosanna im Schach und ließ sie niederknien. Er sah zu seinem Kameraden, der Peter festhielt, und gab ihm ein Zeichen. Mit einem kräftigen Hieb stieß dieser dem Rebellen seinen Gewehrlauf gegen die Schläfe, so dass auch Peter das Bewusstsein verlor und zu Boden ging. Sie waren verloren. Es gab keine Hoffnung mehr. Der Truppführer fesselte Rosanna an den Händen und brachte sie nach unten in die Senke, wo die Reste der Glut noch loderten.

»Willkommen im Kreis der Sieger«, wurde sie von Victoria begrüßt.

»Du hast jetzt niemanden mehr, mit dem du auf den Erfolg anstoßen kannst. Deine Truppen sind abgereist. Bis auf die letzten drei Schwachköpfe.« Rosanna drehte ihren Kopf zum Truppführer und seinen beiden Kameraden.

»Die Ameisen sind unterwegs. Ja. Die Königin wird dort sein, wenn es soweit ist, und das Feuerwerk eröffnen.«

»Das Feuerwerk?«

»Tu nicht so unwissend. Ihr habt es sicherlich mitbekommen. Wir sorgen für die neuzeitliche Sintflut. Am Ende wird das Spektakel weithin sichtbar sein und ein Zeichen in den Himmel senden. Ach, was wird das schön.«

Der Truppführer und die anderen beiden sollten sich nun dem Konvoi anschließen und nach Wadi Halfa fahren. Victoria setzte sich auf einen Schemel, den sie an die restlichen Holzscheite geschoben hatte. Rosanna musste sich im Schneidersitz ihr gegenüber auf die andere Seite setzen. Victoria richtete eine Waffe auf sie.

»Wirst du mich umbringen?«

»Ha. Du stellst merkwürdige Fragen. Bislang kam mir das noch nicht mal in den Kopf, Annarosa. Unsere Namen mit den acht Buchstaben der Unendlichkeit. Wie lange hat dich niemand mehr bei deinem Geburtsnamen genannt?«

»Namen. Als ob es jetzt noch darauf ankommt. Rosanna, Annarosa, Ann, Rose. Ich bin ich, während du schon lange nicht mehr die Victoria bist, als die du auf die Welt kamst.«

»Bullshit. Wir sind viel enger miteinander verbunden, als es dir lieb ist. *A* und *V*. Die zusammengehörenden Dreiecke. Annarosa. Anna, die Mutter Marias. Und Rosa, die Gnädige. Was für eine Verbindung mit Victoria, der Siegreichen. Wir beide wären das kongeniale Duo für die Wiederauferstehung der matriarchalischen Machtkultur gewesen. Ein Jammer, dass du meinst, die Vorbestimmung aufhalten zu können. Annarosa, du solltest besser an unserer Seite kämpfen. Die Menschen sind es nicht wert.«

»Du scherst alle über einen Kamm und meinst, dass die ONE-C durch und durch perfekt ist. Wirklich? Ihr hattet nicht nur *einen* Maulwurf in euren Reihen. Hast du dir mal überlegt, warum es immer wieder um China geht?«

»China, was meinst du?« Sie erhob sich und ging näher an ihre Zwillingsschwester heran.

»Die Torpedos. Die Yu-7 oder Y-11, sie stammen aus China. Entwickelt in Kunming. Punkt. In Kunming wird derzeit das Virus mit dem 1918-H1N1 raffiniert, richtig? Das Coronavirus wurde schwerpunktmäßig in den chinesischen Laboren entwickelt und von dort aus weltweit unter die Völker gebracht. Punkt. Hongkong wird aktuell vereinnahmt. Von China. Die Volksrepublik ist die schlimmste Diktatur seit Menschengedenken, obwohl sie sich nach außen als Wohltäter für das eigene Volk gibt.«

»Nahh, du irrst. China ist halt schon eine Nuance näher an den künftigen Strukturen dran. Keine Religionen, kein Erbrecht, das Ende der Familien. Sie sind schon nah dran.«

»Nahe dran? China ist die Blaupause. Doch nicht so, wie ihr euch das gedacht habt. Sie werden euch alle betrügen. Nicht die ONE-C wird die künftige Weltregierung definieren und die beabsichtigte Ordnung weltweit den Menschen aufdrängen. Nein. China wird *euch* sein langfristiges Konzept aufoktroyieren. Ihr seid nur Mittel zum Zweck. Am Ende werdet ihr eure Schuldigkeit getan haben und man wird sich eurer entledigen.«

»Das stimmt nicht.«

»Oh doch, Schwester. Die Nummer Eins ist ein Chinese. Warum wohl? Die größte Gefahr geht aus dem Reich der Mitte aus. Sie streben die Weltdiktatur an. Alle anderen Länder werden nur Vasallenstaaten sein.«

»Genug. Du bringst mich vom Weg ab. Ich werde mich von dir lösen müssen. So leid es mir tut, aber ich darf die Mission nicht gefährden. Steh auf.«

Rosanna erhob sich. Sie wusste, dass jeder Widerstand zwecklos war. Mit dem Gewehrlauf wurde sie hinunter zu den Stromschnellen geschubst. Je näher sie an den Fluss kamen, umso rutschiger wurde der Boden. Die Gischt spritzte ihnen ins Gesicht und schon nach kurzer Zeit waren sie völlig durchnässt. Der Nil hatte sich in den Jahrtausenden zum Teil extrem tief in das Granitgestein hineingegraben. Rosanna musste immer weiter auf dem schmalen Grat nach vorne gehen. Der Fluss unter ihr war reißend. Sie ahnte Schlimmes. Die Flut würde sie mit voller Wucht gegen die Felsen schleudern und aufs Heftigste verletzen. Nüchtern betrachtet war ihre Lebenserwartung auf das absolute Minimum gefallen.

»Springst du freiwillig? Oder soll ich nachhelfen?«

Rosanna sträubte sich nach Leibeskräften. Sie drehte sich um, und versuchte verkrampft hinter dem Rücken die Fesseln zu lösen. Sie schaute ihre Schwester direkt an.

Victoria ging auf sie zu und streckte den Arm nach vorn.

»Ich kann mich nicht ewig mit dir beschäftigen. Los.«

Rosanna witterte ihre Chance. Es gelang ihr, eine Hand aus der Fesselung zu befreien und beide Arme vor den Körper zu bringen. Sie bot heftige Gegenwehr, als Victoria sie ins Wasser schubsen wollte. Sie kämpften. Das Schnellfeuergewehr war heruntergefallen und in der Tiefe verschwunden. Alles hing allein von den Körperkräften der beiden ab. Sie waren gut durchtrainiert und schenkten sich nichts. Rosanna war im Nachteil, da sie näher am Abgrund stand. Es war ein Kampf um Leben und Tod. Aug in Aug standen sie sich gegenüber. Dann ging alles rasend schnell. Rosanna versuchte ein letztes Mal die Oberhand zu gewinnen, doch sie scheiterte an Victoria's Ellenbogen, der ruckartig in die Höhe schnellte. Rosanna verlor das Gleichgewicht und glitt auf dem rutschigen Untergrund unaufhaltsam ab. Im allerletzten Moment griff sie reflexartig an den Unterschenkel ihrer Gegnerin. Sie konnte ihn nicht umfassen und rutschte immer weiter ab, bis sie sich mit letzter Kraft an Victoria's Fußgelenk festhalten konnte. Es ergab sich eine Pattsituation. Entweder würden sie alle beide in die Tiefe stürzen und in den Fluten des Nils verschwinden oder sie mussten auf Gedeih und Verderb auf fremde Hilfe hoffen. So sehr Victoria auch versuchte, ihre Schwester abzuschütteln, umso mehr verkrampfte sie. Es war nur noch eine Frage der Zeit, bis ihre Kräfte dahinschwanden.

Mit einem kräftigen Hustenreiz wachte Peter auf und schlug panisch die Augen auf. Er spürte die Gefahr und erhob sich wie von Geisterhand bewegt. Sein Blick wanderte als Erstes zum Lager, welches mittlerweile einsam und verlassen da lag. Wohin waren die Terroristen verschwunden? Hatten sie Rosanna mitgenommen? Er schnappte sich den Rucksack aus dem Wagen und rannte instinktiv los. Ohne zu wissen, wohin er wollte. Plötzlich drangen Schreie durch die Nacht. Sie kamen vom Ufer. Die Rufe stammten von den beiden Schwestern.

Im letzten Augenblick kam Peter an den Granitklippen zum Stehen. Sonst wäre er selbst ausgerutscht und in die Fluten hinab gerissen worden. Er sah Rosanna in ihrem weißen T-Shirt und der dunkelblauen Leggins auf der gegenüberliegenden Seite der Felsklippen, in nicht mal zwanzig Metern Entfernung. Die beiden Frauen kämpften ums Überleben. Victoria war oben und klammerte sich mit letzter Kraft an eine hölzerne Wurzel. Ihr Gesicht war schmerzverzerrt und voller Verzweiflung. Rosanna war von der Gischt des Nils völlig durchnässt und hielt sich mit ihren Händen - so gut sie konnte - am Fußgelenk ihrer Schwester fest. Mit ihrem linken Fuß stützte sie sich auf einem Felsvorsprung des Granitgesteins ab. Es war der letzte Strohhalm, der ihr blieb. Die beiden Frauen kämpften nicht gemeinsam um ihr Leben. Jede für sich. Für Victoria bestand nur dann noch eine Chance mit dem Leben davon zu kommen, wenn Rosanna endlich ihr Fußgelenk losließ und in die Tiefe stürzen würde. Und umgekehrt. Sobald Victoria keine Kraft mehr hatte, sich am Ast festzuhalten, gab es nichts mehr in der Welt, was die beiden vor dem sicheren Tod bewahrte.

Die Sekunden rannen unaufhaltsam dahin und die Reserven der beiden ließen zusehends nach. Voller Anspannung beobachtete Peter das Geschehen auf der anderen Seite der Schlucht, doch er konnte nicht eingreifen. Es zerriss ihn förmlich, dass er ihr nicht zur Hilfe eilen konnte. Sein Blick war angsterfüllt.

Rosanna schrie ihn an. »Nimm endlich die Waffe aus dem Rucksack und schieß' sie ab. Oder soll ich hier verrecken?«

Er schluckte und ließ seine Hand in das Seitenfach des Gepäckstücks gleiten. Die Schnellfeuerwaffe war bereits durchgeladen, seit sie den Weg nach Tombos angetreten hatten. Was sollte er tun? Würde er Victoria überhaupt treffen? Was wäre, wenn dann alle beide unaufhaltsam in die Wasserfluten rutschen würden? Sein Puls raste. Er spürte, wie das Blut in seinen Adern puckerte und ein Kribbeln an seinem Hals emporstieg. Er hatte seinen Finger am Abzug und spürte schon den leichten Gegendruck.

Seine Atmung wurde immer schneller. Er hielt es nicht mehr aus und wollte schreien. Doch es ging nicht. Er kniff die Augen zu und nahm Victoria ins Visier.

»Ich schieße.« Er gab mehrere Salven auf sie ab. Ob er sie getroffen hatte, wusste er nicht. Doch sie schien zu wanken. Rosanna registrierte das und drückte ihren Oberkörper mit aller Kraft gegen die Felsen. Wie in Zeitlupe rutschte ihre Schwester an ihr vorbei und versank im Wasserstrom. Im fahlen Mondlicht konnte man den Körper noch in einer gehörigen Entfernung gegen die Klippen schlagen sehen. Die Stromschnellen des dritten Katarakts hatten in dieser Nacht ein weiteres Opfer gefordert. Einer der führenden Köpfe der ONE-C war für immer von der Bildoberfläche verschwunden.

Peter eilte seiner Partnerin zu Hilfe und zog sie nach oben, bis sie in Sicherheit war. »Das war knapp, Ann.«

»Wem sagst du das? Los. Wir müssen die Welt warnen.«

Sie rannten zurück zum Fahrzeug. Während sie den Wagen startete, schleppte Peter den schwerverletzten Benji heran und setzte ihn auf den Rücksitz. Nach wenigen Minuten waren sie am ausgemachten Treffpunkt, wo die Zelte halbfertig aufgebaut waren. Die anderen Männer lagen erschossen neben den Zeltstangen. Der Anblick war bestialisch. Ihre Gesichter waren bis zur Unkenntlichkeit zerfetzt und ihre Körper blutüberströmt.

»Wir fahren mit Vollgas nach Wadi Halfa. Stecken die beiden *ComX* in den 12 Volt Steckdosen?«

Peter nickte. »Gleich sollten wir wieder senden können.«

* * *

»*Mayday. Mayday. Mayday.* Joe? Hörst du uns?«

Für die beiden war es eine Erlösung, als sich die vertraute Stimme von Joe zurückmeldete. »*Clear and Loud.* Endlich seid ihr wieder auf Sendung. Habt ihr eine kreative Auszeit genommen?«

»Joe, es ist schrecklich. Du musst die Apache Helikopter umlenken. Am besten fliegen sie gleich auf direktem Weg nach Ägypten mit dem Ziel des Nassersees.«

»Okay. Was wird dort passieren?«

»Torpedos«, schrie sie. »Sie wollen die Staumauer sprengen.«

Er riss die Augen auf und machte ein ungläubiges Gesicht. »Es geht um den Assuan-Staudamm? Oh mein Gott. Gib mir die Details parallel durch. Ich werde so viele wie möglich warnen. Muss Kairo evakuiert werden?«

»Punktlandung. Du denkst gut mit. Im Großraum von Kairo sind über 30 Millionen Menschen gefährdet. Dazu kommen alle Siedlungen und Städte entlang des Nils und im Nildelta. Sie müssen flüchten. Jetzt!« Bei den letzten Worten wurde sie immer energischer. »Und Jack soll mit Erika Winwood Kontakt aufnehmen. Sagt ihr schöne Grüße von uns. Die Amis müssen sämtliche verfügbaren Streitkräfte in Stellung bringen. Wir stehen kurz vor einer weltweiten Eskalation. *Out.*«

Mit einem Nicken quittierte Joe den Call. Er wusste, was er zu tun hatte.

* * *

»Werden wir es schaffen? Was denkst du?« Er war nervös.

Sie strich sich mit den Fingern über die Stirn. »Es wird gut werden. Ich spüre es. Übrigens, danke für dein Erscheinen im richtigen Moment.«

»Gerne. Ich will zwar nicht behaupten, dass es eine Art traumwandlerische Vorahnung war. Aber so ähnlich.«

Kapitel 31

Assuan

September 2020

Wadi Halfa war an diesem Morgen zu einem wahren Hotspot geworden. Der Konvoi mit den als zivile Medizintransporter getarnten Trucks hatte die 350 Kilometer lange Strecke in der Nacht relativ schnell absolviert. Die Schnellstraße A1 war wenig befahren und die exekutive Truppe der ONE-C kam ohne Sperren oder ungeplante Aufenthalte voran. Nach etwas mehr als vier Stunden erreichten sie ihr Ziel. Morgens um kurz nach vier Uhr war es noch finster. Dennoch herrschte in dem kleinen Ort ein geschäftiges Treiben. Die medizinischen Kräfte in spe waren bereits von dem lokalen Seefrachtunternehmer erwartet worden. Selten konnte er sich über eine dermaßen gut bezahlte Tonnage freuen. Bereits am Vorabend hatte er das erste Schiff seiner Flotte mit einer Ladung des Auftraggebers auf die Fahrt nach Assuan losgeschickt. Der übergewichtige, leicht untersetzte Mann kam auf den Truppführer der Enco-Agenten zu.

»Ihr seid pünktlich, Mister ...«

»Ist alles vorbereitet? Wir werden unverzüglich die LKWs auf die Fähre bringen. Noch eine Sache. Wir haben einige Schnellboote dabei und werden sie ganz vorne im Bug platzieren. Sag das deinem Kapitän. Er soll sich nicht wundern, wenn wir uns unterwegs sukzessive absetzen.«

Der Reeder machte große Auge.

»Es ist ungewöhnlich, aber kein Problem.«

In wenigen Minuten war die komplette Ladung an Bord und die Fähre machte die Leinen los. Die gesamte Fahrt über den Nassersee, vorbei an den Ruinen von Abu Simbel, war auf über 300 Kilometer berechnet worden. Die Fähre sollte aus den alten Dieselmotoren die volle Leistung herausholen. So war es abgemacht und das bildete die Grundlage des Deals. Dennoch kam das Schiff in der Verdrängerfahrt auf nicht viel mehr als 16 Knoten, womit sie in jedem Falle mehr als acht Stunden bis zur Staumauer unterwegs sein würden. Daher sollten die Schnellboote in regelmäßigen Abständen zu Wasser gelassen werden. Für jedes Boot war eine zweiköpfige Besatzung und ein Yu-7 Torpedo eingeplant. Die Vorhut war bereits im Zielgebiet und bereitete sich auf den Angriff vor. Die Tarnung war perfekt. Die Terroristen konnten völlig ungehindert ihre *Operation Blue* durchziehen.

* * *

Sie waren keine Viertelstunde mit dem *Land Rover Defender* aus Tombos hinausgefahren, bis Rosanna eine Idee hatte.

»Mit dieser Kiste werden wir niemals rechtzeitig in Wadi Halfa oder sonst wo ankommen. Die *Enco*-Kämpfer werden uns immer einen Schritt voraus sein. Es sei denn, wir gehen in die Luft.«

»Ah, verstehe. Du denkst an den Jet. Es bleibt ja in der Familie und der Pilot wird keinen Unterschied feststellen.«

Sie drehten den Wagen auf der Stelle und der Sandstaub wurde meterhoch hinter ihnen aufgewirbelt. Auf direktem Weg fuhren sie zurück nach Dunqula und kündigten ihre Ankunft mit einem mehrmaligen Hupen an. Der Pilot und eine Servicekraft kamen aus dem Flughafengebäude gerannt und halfen ihnen in den Learjet. Peter klemmte sich Benji unter den Arm und zog ihn bis zur Gangway. Sie hievten ihn nach oben, während der Pilot die Triebwerke startete. Er hatte nicht einmal gefragt, was passiert sei und warum der Mann verletzt war. Rosanna hatte von vornherein das Kommando übernommen und gar keine Diskussion aufkommen lassen. Sie gab die klare Anweisung, so schnell wie möglich nach Wadi Halfa zu fliegen und wenige Minuten später hob die Maschine vom Rollfeld ab in den klaren Nachthimmel.

* * *

Die Globemaster C-17 wirkte majestätisch beim Anflug in der schier endlosen Wüstenebene. Die Landung auf dem Geröllboden war holperig, doch das imposante Transportflugzeug kam sicher zum Stillstand. Im Osten stand die Sonne bereits am Himmel und Jack wusste, dass es nun um jede Minute ging. Dennoch waren die folgenden Abläufe von keiner Hektik geprägt. Im Gegenteil. Der Prozess war generalstabsmäßig geplant und wurde perfekt vollzogen. Nach einer guten halben Stunde war der erste der drei Hubschrauber ausgeladen und wurde für den Einsatz vorbereitet. Moshe präsentierte mit einem nicht zu verhehlenden Stolz die Bewaffnung des Apache-64D. Neben der 30mm Bordkanone waren die Helikopter mit den zielgenauen Hellfire-Raketen ausgestattet. Jack strich über die metallische Außenhaut des Geschosses und wandte sich an seinen früheren Kollegen.

»Ich bin beeindruckt. Sag, habt ihr die UNO informiert? Die Staatsführung in Ägypten? Und im Sudan? Das könnte sonst zu den heftigsten politischen Verwicklungen führen.«

Moshe wog den Kopf hin und her. »Wir können uns nicht um alles kümmern. Aber ich gehe davon aus, dass die Amerikaner das im Griff haben. Übrigens, sie werden mehrere Staffeln von F-16 Kampfjets aufsteigen lassen.«

»Von dem Flugzeugträger im Mittelmeer vor Port Said? Das wird das reinste Kriegsszenario werden.«

Der Israeli nickte. »Kairo ist seit einigen Stunden im Alarmzustand. Die ganze Nacht hindurch gingen die Sirenen. Die Bevölkerung hat sich mit ihrem Hab und Gut auf den Weg gemacht. Die Bilder sind dramatisch.« Er zeigte ihm einen Videoclip auf seinem Smartphone.

Die Spezialagenten aus Israel machten sich bereit. Jack wollte im ersten Helikopter mitfliegen und ging noch einmal zurück zur Globemaster. Auf einem der Sitze saß Doc Einstein und hielt ein Nickerchen.

»Doc? Hören Sie mich?«

Der Wiener Kryptologe schreckte aus dem Schlaf hoch. »Was ist? Wo bin ich?«

»Wir sind einige hundert Kilometer von Assuan entfernt. Wollen Sie sich mit uns die Sache von oben aus ansehen?«

Ernst Einstein lächelte. »Vom Mond aus betrachtet wirkt alles menschliche Treiben sinnlos und klein.«

»Na, soweit soll es heute früh nicht gehen, wie Sie wissen. Also, was ist? Kommen Sie mit?«

Der Doc empfand die Frage als Aufforderung und stand auf. Er fuhr sich durch die weißen Haare und drückte sie an den Kopf. »Meine Frisur sitzt noch nicht. Ist das okay?«

* * *

Es wurde busy im Luftraum über dem Nassersee. Der Learjet hatte das Zielgebiet erreicht und der Pilot wollte zur Landung ansetzen. Rosanna hielt den Flugkapitän jedoch zurück.

»Warten Sie. Ich werde etwas klären. Vielleicht fliegen wir weiter bis nach Assuan.«

Der Pilot drehte eine langgezogene Schleife über Wadi Halfa. Rosanna hielt das *ComX* direkt ans Fenster und nahm den Kontakt mit Joe auf.

»Hallo Hongkong. Wie ist die Lage? Wo steckt Jack?«

»Über dem See geht es zu wie auf einem Datingportal.«

Sie lachte. »Du hast gute Laune. Das ist ein gutes Zeichen. Das bedeutet, dass die Apache-Helikopter in der Luft sind. Sind sie schon in der Nähe der Staumauer?«

»Auf dem Weg dorthin, ja. Sie wissen allerdings nicht, wo genau sich die Terroristen aufhalten. Sie sind mit ihren Schnellbooten ausgeschwärmt und es ist nicht bekannt, ob bereits die ersten Torpedos abgefeuert wurden.«

»Shit. Ich dachte die haben nur eine Reichweite von 14 Kilometern? Da kann es doch nicht so schwierig sein, die Positionen ausfindig zu machen.«

»Tja. Das ist ein Problem. Die Reichweite bezieht sich auf die maximale Geschwindigkeit von 45 Knoten. Wenn sie drosseln, erhöht sich linear die Range. Wir gehen davon aus, dass sie eine breite Streuung für den Angriff eingeplant haben. An der Anzahl der Torpedos wird es nicht mangeln.«

»Okay. Gib den Israeli Bescheid, dass wir im Luftraum über Assuan sind und sie uns verschonen sollen. Die Kennung des Jets ist dir ja inzwischen bekannt.«

Sie wies den Piloten an, bis zur Staumauer zu fliegen.

Unter ihnen bot sich der Blick auf eine faszinierende Landschaft. Der Assuan Staudamm gehörte zu den größten und eindrucksvollsten Bauwerken des 20. Jahrhunderts. An gleicher Stelle, oberhalb des ersten Katarakts, war schon zwischen 1898 und 1902 die alte Staumauer entstanden – jedoch in einer deutlich kleineren Dimension. Das damalige Stauvolumen reichte allerdings für eine effiziente Bewässerung Ägyptens bei weitem nicht aus und so entstanden ab 1947 zahlreiche Ideen, die Staumauer zu erhöhen. Als Zielmenge war ein Wassergesamtvolumen von über 160 Kubikkilometern ermittelt worden. Zehn Jahre dauerte der Bau ab 1960 und erst weitere sechs Jahre später hatte der Stausee die angepeilte Wassermenge erreicht und war vollständig gefüllt. Viele Dörfer und historische Denkmäler mussten umgesiedelt werden.

Für die rund 50.000 nubischen Bewohner des ehemaligen Wadi Halfa auf sudanesischem Staatsgebiet wurde neuer Lebensraum geschaffen und die anderen 50.000 Menschen auf ägyptischer Seite wurden überwiegend nach Kom Ombo umgesiedelt. Eine besondere Herausforderung waren die einmaligen Schätze und Baudenkmäler aus dem Altertum gewesen. Wie Abu Simbel, der Tempel von Ramses in Akscha und die altägyptische Festung von Buhen auf der gegenüberliegenden Seite von Wadi Halfa - direkt unterhalb des zweiten Nilkatarakts. Seit 1976 waren die meisten historischen Stätten für alle Zeit unter dem Wasserspiegel verschwunden – wenn sie nicht, wie der Tempel von Abu Simbel, im Zuge internationaler Gemeinschaftsprojekte über die heutige Wasseroberfläche als Ganzes verlegt worden waren. Peter scrollte auf dem *ComX* durch die Dokumentationen und war völlig begeistert.

»Du Ann, es ist unglaublich, wie viele Bauten gerettet worden sind. Hier, der Dendur-Tempel. Er war dem Gott Osiris, seiner Frau Isis und ihrem Sohn Horus gewidmet. Sie haben den Tempel im Metropolitan Museum in New York wieder aufgebaut. Und eine Replik davon hat die Freimaurerloge in Boston, in England errichtet. Auch die Pilgerväter von der Mayflower stammten aus Boston ...«

»Hör mal. Wir wissen, wie sehr sich die Freimaurer, die Illuminaten und die ONE-C auf die Wurzeln des Alten Ägypten berufen. Doch zumindest heute solltest du dich nur noch auf *die Geschichte* konzentrieren, die gerade geschrieben wird. Es könnte sonst das letzte Kapitel der Menschheit sein.«

»Sorry. Du hast recht.«

Er blieb ruhig und schaute aus dem Fenster. Unten auf dem See sah er schnell fahrende Kleinboote. Es konnte sich um die Angreifer handeln, doch er wagte es nicht, zu fragen. Neben ihnen düste ein Kampfjet vorbei. Der Pilot erhielt einen Funkspruch und bevor er antworten konnte, hatte sich Rosanna ins Cockpit neben ihn gesetzt und übernahm die Kommunikation. Sie erklärte ihre Mission und sie erhielten die Erlaubnis sich in sicherer Entfernung weiterhin im Luftraum aufzuhalten.

* * *

Die Apache-64D Hubschrauber waren ebenfalls im Zielgebiet angekommen und flogen in knapper Höhe über dem Wasserspiegel. Doc Einstein hielt sich mit beiden Händen an einem Gummigriff über seinem Kopf fest. Jack hatte den Kopfhörer aufgesetzt und verfolgte den Funkverkehr der Kampfpiloten. Es war Moshe, der das Signal zum Angriff gab. In schneller Folge feuerten sie Salven auf die Schnellboote, nachdem sie sie identifiziert hatten. Eins der Boote ging in Flammen auf, gefolgt von einer mächtigen Explosion, die offensichtlich vom Sprengkopf des Torpedos verursacht worden war. Auf den anderen Schiffen wurde es unruhig und die Männer auf dem See reagierten hektisch. Allem Anschein nach waren sie überrascht worden. Sie ließen augenblicklich die Yu-7 zu Wasser und stellten die Zünder ein. Die Torpedos verschwanden in der Tiefe des Nassersees, der an der tiefsten Stelle bis über 100 Meter maß.

In den nächsten Minuten ging es Schlag auf Schlag. Einer der Hubschrauber hatte sich die zurückliegende Fähre vorgenommen, der andere suchte die Ufergegenden des Sees nach weiteren Schnellbooten ab. Sie wussten nicht, aus wie vielen Angreifern der Feind bestand und mit wie vielen Booten und Torpedos ihr Gegner ausgerüstet war. Sicher war nur, dass sich bereits einige Wasserraketen auf dem Weg zur Staumauer befanden. Bei der nächsten Schleife über die Staumauer bat Jack darum, eine Runde über die nahegelegene Stadt Assuan zu drehen.

Aus der Höhe konnten sie erkennen, wie sich die Massen aus der Stadt am Nil zu retten versuchten. Auf jedem fahrbaren Untersatz machten sich die Menschen auf den Weg und suchten ihr Heil an den Hängen oder weit draußen in der Geröllwüste. Jack erspähte den unvollendeten Obelisken und war für einen kurzen Moment lang abgelenkt. Der ohrenbetäubende Lärm vom Abschuss eines Hellfire-Geschosses machte ihn wieder hellwach. Sie hatten ein Torpedo nahe der Staumauer geortet und versuchten die Unterwasserwaffe zu stoppen. Doch so zielgenau die AGM-114 Hellfire Rakete mit ihrem Laserlenksystem auch war, es handelte sich um eine Luft-Boden-Rakete zur Panzerabwehr, die beim Aufprall ihre Sprengladung zündete. Bestenfalls konnte der Torpedo von der Bahn abgelenkt werden, wenn er sich dicht unter der Wasseroberfläche befand. Aber davon war nicht auszugehen. Es schien, als sollten die tief unter Wasser befindlichen zwölf Francis-Turbinen getroffen werden und von dort aus die Sprengung der Staumauer erfolgen. Die Hellfire-Rakete sorgte für eine riesige Explosion auf dem Wasser, doch darauf beschränkte sich die Wirkung. Der Torpedo zog weiter seine Bahn durchs Wasser mit nahezu 80 Stundenkilometern. Kurze Zeit später krachte die erste Bombe gegen das Bauwerk und eine haushohe Fontäne schoss aus dem Wasser. Die letzten Wachposten auf der Staumauer rannten panisch zu ihren Fahrzeugen und suchten das Weite. Noch hielt die Steinmauer stand. Es waren gewaltige Stein- und Betonmengen, die den Druck des Wassers seit Jahrzehnten aushielten. Eine einzige Bombe konnte die Stabilität des Staudamms nicht erschüttern. Doch die Turbinen waren die Schwachstelle. Die Terroristen verfügten offensichtlich über Insider-Wissen und wussten, wo sie die Turbinen treffen mussten. Der Schlagabtausch dauerte nicht lange. Nach einer halben Stunde waren sämtliche Schnellboote gefunden und eliminiert worden. Die beiden Fähren wurden mit Patrouille-Schiffen der ägyptischen Armee ans Ufer gelenkt, wobei es noch zu kleineren Scharmützeln und Schusswechseln kam. Dennoch konnte nicht verhindert werden, dass eine unbekannte Anzahl an Torpedos bereits unaufhaltsam auf die Zielmarke zusteuerte und in kurzen Abständen zu massiven Sprengungen führte. Es war ein teuflisches Feuerwerk unter der Wasseroberfläche.

Die Apache-Kampfhubschrauber konnten jetzt nur noch aus der Luft das Geschehen verfolgen. Eingreifen konnten sie nicht mehr. Auch für Rosanna und Peter blieb im Learjet nur eine Beobachterrolle übrig. Sie sahen, wie sich das Unheil seinen Lauf bahnte. Seinen Wasserlauf. Wie vor Tausenden von Jahren stürzten die Wassermassen durch die Granitfelsen des ersten Katarakts bei Assuan. Selbst wenn der komplette Einriss der Staumauer offenbar vermieden werden konnte, so hatten die Explosionen erhebliche Löcher in die Basis im Umkreis der Turbinen gerissen, und auch auf halber Höhe hatten die Bomben das Bauwerk arg beschädigt. Als sie dachten, das Schlimmste sei überstanden, krachte eine weitere Mega-Explosion und die Erde bebte.

»Shit«, stieß sie hervor. »Hoffentlich war das kein Nuklearsprengkopf.«

Ihre größten Befürchtungen wurden wahr. Ein Riss, mehrere zehn Meter breit, zog sich aus der Tiefe bis zur oberen Mauerkante. Die Wassermassen stürzten in die Tiefe und spülten das umliegende Gestein wie Bauklötze durch die Gegend. Die Meldung verbreitete sich wie ein Lauffeuer um die ganze Welt. Die Menschen nördlich von Assuan flüchteten und rannten um ihr Leben. In Ägypten wurde sofort der Notstand ausgerufen und die Armee mobilisiert. Kairo glich einem Chaos und die Soldaten des eigenen Landes marschierten in die Stadt, um die zurückgebliebenen Menschen zu schützen.

Die Bevölkerung im Niltal und im Nildelta war am stärksten betroffen, so viel stand fest. Der Kampf gegen das Wasser wurde zu einem aussichtslosen Unterfangen. Häuser, Autos und Tiere wurden in die Fluten gerissen. Nichts hatte eine Chance, das rettende Ufer zu erreichen.

* * *

In Washington folgte die Reaktion innerhalb kürzester Zeit. Ohne eine Stellungnahme der UNO abzuwarten, erklärten die USA, dass es sich um einen Anschlag auf die gesamte freie Welt handelte, dem man mit aller Entschlossenheit entgegentreten würde. Die Rede des Präsidenten wurde für den Nachmittag angekündigt.

Die Zeit bis dahin schien unendlich lange zu dauern. Aus allen Teilen der Welt überschlugen sich die Meldungen. Kriegserklärungen gegenüber Israel wurden aus der Arabischen Liga ausgesprochen. Der Sicherheitsrat der NATO wurde zu einer Sondersitzung einberufen. Die Europäischen Staatschefs übten sich in Zurückhaltung und versuchten, eine militärische Auseinandersetzung zu vermeiden. Doch die Luft war zum Schneiden. Die Lage war dermaßen angespannt, dass es jederzeit zu einer unüberschaubaren Eskalation kommen konnte. Die politischen Führer der Welt waren schon nach dem Attentat in Jerusalem extrem dünnhäutig gewesen. Jetzt war das Fass der Geduld endgültig zum Überlaufen gekommen. Nichts konnte den aufgestauten Hass der Menschen weltweit mehr aufhalten. Zu lange waren sie mürbe gemacht worden, durch die Einschränkungen ihrer Freiheit, die ihnen durch das SARS-CoV-2 Virus zur Eindämmung der Pandemie auferlegt worden waren. Es brodelte im Topf und das Wasser war kurz vorm Kochen.

Kapitel 32

Kunming

September 2020

Die Nacht in der Tropfsteinhöhle war unheimlich. Aus der Tiefe der dunklen Gänge drangen merkwürdige Laute von Tieren hervor. War es der Flügelschlag der Fledermäuse? Das Echo verfremdete die seltsamen Töne und wurde von den herunterfallenden Wassertropfen untermalt.

Martijn zog sich die dünne Stoffdecke über den Kopf. Er hatte kaum geschlafen und rieb sich die Augen. Sara war schon auf und ging klatschend an den Schlafenden vorbei. Sie hielt eine transportable Lautsprecherbox unter dem Arm und drehte den Regler bis zum Anschlag. Martijn verzog das Gesicht. Dieser Song gehörte seiner Meinung nach nicht zum bevorzugten Repertoire für einen Morgengruß. Die Chinesen schienen das anders zu sehen und richteten sich kerzengerade in den Feldbetten auf. Aus der Box dröhnte *Pump it* von den *Black Eyed Peas* durch die Höhle. Für die überzeugten Gegner der Staatsdiktatur war es das Signal des Einschwörens auf die vor ihnen liegenden Aufgaben. Sie fingen an, zu der Musik zu tanzen.

»Ze hebben er een op de Wafel. Oder? Sag selbst, Taylor.«

Als die Trompeten zum Refrain ertönten, tanzten die jungen Leute wild herum und bewegten ihre Gliedmaßen auffällig ruckartig – und gegen jeden erkennbaren Rhythmus. »Die sind crazy, völlig crazy, oder?«

»Hey, lass ihnen die Wahl. Das Album nennt sich *Monkey Business* und sie sind Idealisten, weißt du? Sie wollen die Affen befreien. Und natürlich sich selbst und mit ihnen das ganze chinesische Volk. Hier und in Taiwan und in Hongkong. Wollen wir ein Tänzchen wagen?« Sie lächelte.

Er zog sie an sich heran und küsste sie leidenschaftlich. »Dir zuliebe würde ich das sogar machen. Unter einer Bedingung.« Er griente sie an und flüsterte ihr ins Ohr.

Sie lachte und nahm seine Hand. Dann ahmten sie die verrückten Bewegungen der jungen Untergrundkämpfer nach. Als das Lied zu Ende war, bedeutete es nicht nur die Erlösung für den Holländer, sondern war sein Startsignal.

»Hey, Leute. Habt ihr schon mal 'was vom Fliegenden Holländer gehört? Ich zeig euch, was sich dahinter verbirgt. Ihr seid nicht die einzigen, die einen Anspruch auf die Charaktereigenschaft *crazy* habt.«

Er verband die Box per Bluetooth mit seinem *ComX* und wählte das Stück seiner Wahl. Dann stellte er sich in die Mitte des Raums und streckte weihevoll seine Hände aus. Die anderen waren neugierig und bildeten einen Kreis. Die Musik war ihnen völlig unbekannt.

»Leute, schaut auf meine begnadeten *Dancing Shoes*. Jeder Tanzschritt ist ein Kunstwerk. Wenn ihr wollt, macht einfach mit. Und ich verspreche euch, dass ihr wie von Zauberhand hypnotisiert werdet.« Es war *Zorba The Greek* in der Originalversion von *Mikis Theodorakis* und seine Darbietung war das Beste, was die dunkle Höhle je geboten bekommen hatte. Auch wenn ihn die Chinesen anfangs noch skeptisch beäugten, so hielt es sie schließlich nicht mehr auf ihren Plätzen. Einer nach dem anderen machte mit und bald lagen sie sich alle in den Armen und tanzten den griechischen Sirtaki. Die Synchronizität der Bewegungen war von Martijn bewusst gewählt worden. Getrennt marschieren und vereint kämpfen, mochte eine erfolgreiche Strategie in der Kriegsführung gewesen sein.

Doch nichts ging über eine Bündelung der Kräfte und der mentalen Ausrichtung. Sie waren völlig begeistert und schienen am Ende der Musik sogar die Schritte verinnerlicht zu haben. *Da capo*, riefen sie und spielten das Lied ein weiteres Mal. Schließlich waren sie völlig aus der Puste und fielen erschöpft auf den Boden.

Taylor kam zu ihm. »Der Fliegende Holländer? So so. Weißt du, ich fliege auf dich.« Sie küsste ihn.

Nach einer guten Stunde waren sie startklar. Ein letztes Mal gingen sie ihren Plan in jedem Detail durch. Kurz bevor sie aufbrachen, drängte sich Taylor zur chinesischen Anführerin. »Sara, ich habe auch noch einen Wunsch. Die Akustik hier unten ist einmalig und ich würde meine Hymne gerne ebenfalls dazu beitragen. *It's No Good* von *Depeche Mode*.«

Sara nickte. »Danach müssen wir aber wirklich los, sonst eröffnen wir stattdessen eine Höhlendisco und überlassen die Welt ihrem Schicksal.«

»Danke«, sagte die Taiwanerin. Sie schloss die Augen und machte langsame Bewegungen wie in Trance. »*It's written in the stars above*«, schrie sie im Gleichklang zu den Synthesizer-Klängen. »*Do we have to wait till our worlds collide*? Nein, wir werden es verhindern. *Open up your eyes*.«

Das Team war in einer euphorischen Stimmung. Aufgeputscht und hoch motiviert. Martijn war zufrieden. Er setzte sich im Kleinbus neben seine Freundin und schenkte ihr ein Lächeln.

»Hey, das war *good*. Wirklich gut. Dann glaubst du also, dass unsere Zukunft in den Sternen geschrieben steht? Meine Kollegin Rosanna spricht auch unentwegt davon.«

Sie nahmen die Schnellstraße und kamen in den frühen Vormittagsstunden im Großraum der Stadt Kunming an. Sie waren in verschiedenen Gruppen eingeteilt. Martijn steckte zusammen mit Carl, Taylor, Akuma und Sara im Service- und Reinigungsteam.

Sie sollten sich schon im Wagen umziehen, um keine Zeit vor Ort zu verlieren. Martijn bekam einen grauen Schutzanzug ausgehändigt. Mit den Handschuhen, einer Atemschutzmaske und einem transparenten FaceShield fürs Gesicht war er nicht mehr zu erkennen.

Die anderen Teams waren wahlweise eine studentische Vereinigung zur Förderung des wissenschaftlichen Nachwuchses oder eine Initiative zum interdisziplinären Austausch zwischen verschiedenen Universitäten des Landes. Akuma hatte die Vorbereitungen hervorragend organisiert. Ein jeder wusste, was seine Aufgabe war. Die nächsten Stunden sollten die entscheidenden Momente sein.

Martijn und Carl hatten von den Anschlägen in Jerusalem erfahren und wussten, dass die Terrorangriffe auf den Assuanstaudamm unmittelbar bevorstanden. Es ging ums Ganze. Sie mussten sich auf ihre Aufgabe in Kunming konzentrieren. Keinesfalls durfte das neue Virus den Weg in die Öffentlichkeit finden.

Kapitel 33

Kunming

September 2020

Die buntgemischte Gemeinschaft der chinesischen Untergrundkämpfer erreichte das Zentrum von Kunming wie geplant am Vormittag. Sie hatten die 2nd Ring Road verlassen und nahmen die Renmin Road in westlicher Richtung. An den Bürogebäuden des Wuhua Distrikts bogen sie ab und passierten den Green Lake Park mit seinen weitläufigen Grünanlagen und dem Grünen See. Der Himmel war bewölkt und nur wenige Touristen hielten sich in der Nähe der Sehenswürdigkeit auf. Auf der rechten Seite befand sich der Zoo und sie waren bereits in der Nähe des Campus der Yunnan University. Nur wenige Minuten später machten sie Halt an ihrem Zwischenziel, dem großen Supermarkt Carrefour an der Kreuzung zur Baiyun Road. Auf dem Kundenparkplatz konnten sie die Kleinbusse unauffällig abstellen. Sie teilten sich in die verschiedenen Gruppen auf und wurden nacheinander mit einem Kleinbus, der als Shuttle diente, bis vor das Kunming Institute of Zoology gebracht. Eine Besatzung blieb im Bulli auf dem Parkplatz zurück. Dieses Team war für die Koordination der Internetaktivitäten zuständig. Wenn es soweit war, würden sie das landesweite Signal geben, sämtliche offiziellen Kanäle mit ihren eigenen Botschaften zu überlagern. Ein Spoofing der maximalen Dimension. Ihre Unterstützer, die Hacker, saßen überall in China und warteten nur auf das Zeichen aus Kunming.

Das Kunming Institute of Zoology diente als Forschungszentrum für die biologischen Ressourcen im Südwesten Chinas. Neben der Genomik und der Evolutionsgenetik beschäftigte sich das Institut vor allem mit Stammzellenanwendungen und der Entwicklung von Tiermodellen, die menschliche Krankheitsmechanismen besser erklären sollten. Martijn konnte die Schriftzeichen weder lesen noch entziffern. Hin und wieder hielt er die Kamera von seinem *ComX* auf die Straßenschilder und ließ sie durch sein Übersetzungsprogramm bearbeiten. *32 Jiao Chang Dong Lu.* Martijn presste zufrieden die Lippen aufeinander. Sie mussten am Ziel angekommen sein. Sara und Akuma stiegen zuerst aus dem Wagen. Ihnen folgten die beiden jungen Frauen, die am KIZ beschäftigt waren. Sie regelten den Zugang zum Institut. Es war einfacher, als vermutet. Sie bekamen Besucherausweise, die sie sich an den Anzug heften konnten. Martijn stieß Carl freundschaftlich in die Seite und nickte.

Sie kamen in einen Vorraum zur Desinfektions-Schleuse und mussten spezielle Schuhe aus einem gummiartigen Material anziehen. Die Kleidung und ihren Anzug konnten sie anbehalten, denn sie wurden anschließend von oben bis unten in einer Unterdruckkammer gereinigt und mit einem isopronalhaltigen Sprühregen abgeduscht.

Taylor wandte sich an Martin. »Gut, dass es kein BSL-4 Labor mit dem entsprechenden Standard ist.«

»Du meinst, weil wir uns sonst splitterfasernackt hätten ausziehen müssen?«

»Ich kann zwar nur erahnen, was du dir wieder vorstellst, mein Fliegender Holländer.« Sie lachte kurz. »Es geht los. Wir bleiben auf Abstand hinter den anderen.«

Sie kamen zu den Laboratorien und reinigten die Räume. Beim Verlassen hinterließen sie jedes Mal eine kleine Akkubox, aus deren Lautsprecher zum richtigen Zeitpunkt die gleichgeschaltete Botschaft ertönen sollte.

Schließlich erreichten sie das Auditorium und Sara zeigte ihnen eine Sitzreihe ganz oben – fast schon unter der Decke. »Wir haben die Genehmigung bekommen, uns die Rede mit anzuhören. Es soll sich um eine Friedensbotschaft handeln.«

Martijn wog seinen Kopf hin und her. »Im Namen des Friedens geschieht in diesen Tagen eine ganze Menge. Doch leider führt es zum Gegenteil. Die Welt sitzt auf einem Pulverfass und es ist nicht mehr an der Zeit, mit dem Feuer zu spielen. Warten wir es ab.«

Als Erstes betrat die Institutsleitung die Bühne. Zehn Männer hatten sich nebeneinander in Position gebracht. Sie trugen weiße Kittel. Mit ihren schwarz eingefassten Brillen sahen sie fast wie uniformiert aus.

Vor ihnen waren Schilder aufgestellt, die ihren Namen und das Aufgabengebiet bezeichneten. Dr. Lian Cheng-Li ergriff das Wort. Martijn ließ das Übersetzungsprogramm laufen und war erstaunt, wie gut es funktionierte. Fast in Echtzeit konnte er den Text auf dem Display mitlesen.

»Studenten unserer Fakultät. Heute ist ein großartiger Tag für uns. Für unser Reich und für unser Volk. Ich heiße euch mit dem Gruß des Friedens willkommen.« Ein Applaus hob an und verstummte genauso plötzlich.

»Jeder trägt seinen Teil zu der Gesamtentwicklung bei. Wir alle sind Zahnräder im perfekt organisierten Uhrwerk unserer Parteiführung. Die Zahnräder vom KIZ sind besonders fein aufeinander abgestimmt. Liebe Studenten, ihr seid das Rückgrat unserer Fakultät.« Der Beifall erfolgte aufs Stichwort. Diszipliniert und eingeübt. »Unsere Versuchsreihen an den Affen, an den Makaken, haben uns weit über die Grenzen von der Provinz Yunnan bekannt gemacht. Wir vollziehen wegweisende Experimente.«

Im Hintergrund wurde eine überdimensionierte Leinwand von der Decke hinabgelassen und es wurden Fotos der Primaten aus den Laboren des KIZ projiziert.

»Studenten, wir müssen nicht unbedingt wissen, welche Mikroorganismen wir für die einzelnen Versuchsreihen zur Verfügung gestellt bekommen haben. Unsere Kollegen aus Harbin sind die größten Experten auf dem Gebiet der Veterinärforschung und wir können ihnen unser grenzenloses Vertrauen entgegenbringen. Die aktuelle Reihe hat sensationelle Ergebnisse hervorgebracht. Das neue Virus steht an der Spitze der von Menschen erzielten Entwicklungen der *Gain of Function* Mechanismen. Es wäre Nobelpreis verdächtig, wenn uns diese westliche Auszeichnung etwas bedeuten würde. Wir orientieren uns an höheren Werten. Das neue Virus trägt noch keinen Namen, aber ich würde mir wünschen, dass es einen Bezug zu unserem Kunming Institute of Zoology geben wird. Das neue Virus wird für die Entwicklung von Medikamenten eine bahnbrechende Grundlage schaffen. Wir werden uns mit China an die oberste Stelle der weltweit führenden Nationen katapultieren. Niemand sonst kann das besser würdigen als unser hochverehrter Parteigenosse Leon Ek.«

Die raumhohe zweiflügelige Tür wurde von einer Studentengruppe geöffnet und eine Delegation schritt feierlich auf die Bühne. Es war eine Mischung aus Ärzten der Volksbefreiungsarmee und Polizisten der Bewaffneten Volksmiliz.

Allen voran schritt Genosse Leon Ek, der hochrangige Militärführer, dem das Gesamtprojekt zugeordnet war. Martijn tippte den Namen in sein Gerät und stutzte.

LE-ONE-K. Offensichtlich hatte die Nummer Eins der ONE-C nicht mal große Anstrengungen unternommen, seinen Realnamen über Gebühr zu verstecken. Vielmehr hatte er seine Position im Netzwerk der Geheimen Drahtzieher in seinen wirklichen Namen überführt. Er war es. Zweifellos. Die Nummer Eins der ONE-C war in Wirklichkeit ein ranghoher Militärführer. Er griff zum Mikrofon und richtete seine Worte an die Anwesenden.

»Ihr seid das Volk. Auserlesen auf Erden und bereit, die Verantwortung in unserer glorreichen Zukunft noch viel weiter reichen zu lassen. Die Bevölkerungen anderer Länder werden zu uns aufschauen und uns bewundern. Zurecht.« Der zuvor einstudierte Beifallssturm setzte ein.

»Studierende in Kunming. Ich richte mich heute an euch und übermittle euch den Dank der Parteiführung. Die Ergebnisse des neuen Virus sind vielversprechend. Wir werden die Proben nach Harbin übersenden und der gezielten Anzüchtung zuführen. Dann steht der Entwicklung der dringend benötigten Medikamente und Impfstoffe nichts mehr im Wege. Wir werden uns in den globalen Kampf sinnvoll mit einbringen und auf den endgültigen Frieden hinwirken. Das neue Zeitalter wird unter einer chinesischen Führung die Menschheit auf den rechten Pfad führen. Zu lange hat das ausbeuterische Verhalten des Westens und des Kapitalismus die Welt zerstört. Menschen, die die sogenannte Demokratie propagieren, wollen doch nur die Vorteile egoistisch für sich selbst sichern. Freiheit und Unabhängigkeit auf Kosten der Natur und anderer Menschen, kann keine nachhaltige Strategie für die Erde sein. Wir erklären uns bereit, eine neue Weltordnung zu schaffen, die der Menschheit den Frieden sichern wird. Mein Dank geht an euch. Mein Dank geht an das chinesische Volk.«

Die Studenten erhoben sich synchron von ihren Plätzen und schenkten dem Militärführer einen frenetischen Applaus. Jubelschreie erfüllten den Raum und sorgten für eine merkwürdige Atmosphäre.

Auf den oberen Rängen machten sich die verkleideten Untergrundkämpfer für ihre Gegenaktion bereit.

»Sie schufen die tödlichen Viren mit Ansage und haben *en passant* die Welt ins Chaos gestürzt. Noch schlimmer. Sie stellen es als friedenssichernde Maßnahme dar.« Martijn schüttelte den Kopf. Er konnte es nicht fassen.

Akuma hob seine Hand und schrie die Parole in sein Smartphone. Martijn glaubte die Worte *Monkey Business* erkannt zu haben. In diesem Augenblick ertönte eine durchdringende Sirene aus allen Lautsprechern des Auditoriums. Die Männer unten auf der Bühne waren irritiert und wussten nicht, was das zu bedeuten hatte. Taylor hielt einen Ausdruck in der Hand.

»Hier, diese Botschaft wird gerade landesweit auf allen Sendern in einer Endlosschleife von einer sympathischen weiblichen Stimme vorgelesen und als Text eingeblendet.«

»Wir richten uns an das chinesische Volk in allen Teilen der Welt. Hört und vernehmt die Worte einer Gruppe, die es eigentlich gar nicht geben darf. In China wird jede Meinung unterdrückt, die nicht dem Willen der Parteiführung entspricht. Die Freiheit und Unabhängigkeit des Menschen wird im heutigen China mit Füßen getreten. Und als wenn es mit der aktuellen Form der Diktatur nicht schon schlimm genug wäre, so sind verbrecherische Kräfte am Werk, die noch eine weitere Steigerung herbeiführen wollen. Geheime Mächte haben sich unter die militärischen Streitkräfte unseres Landes geschlichen und planen den Umsturz. Einen Putsch, der nicht nur uns, das chinesische Volk, aufs Heftigste unterjochen wird, sondern die Unterdrückung jedes unbändigen Willens nach Freiheit und Unabhängigkeit überall in der Welt bedeuten wird. Daher werden wir reagieren. Wir sind diejenigen, die es offiziell nicht geben darf. Wir sind die chinesische Opposition und agieren aus dem Untergrund. Für den heutigen Tag werden wir die Kontrolle der gesamten Kommunikation im Reich der Mitte übernehmen. Die Umstürzler müssen festgenommen werden und aus dem Verkehr gezogen werden. Möglicherweise reicht die Verschwörung bis in die obersten Kreise der Parteiführung. Wir fordern, dass die Rechte aller Menschen in China nachhaltig gestärkt werden. Aus der Diktatur muss eine Demokratie werden, die die Menschenrechte zur Basis hat. Wir wollen unseren Brüdern und Schwestern in Taiwan und in Hongkong

die Hand reichen und ein friedliches China schaffen. Nie wieder darf von unserem Boden ein Angriff auf die freie Welt anderer Volksgemeinschaften erfolgen. Nicht mit militärischen Mitteln und schon gar nicht mit heimtückischen, unsichtbaren Viren – egal welcher Natur. Ob als Computervirus oder als biologische Waffe. Beides hat nur ein einziges Ziel, wodurch die Abläufe der Welt ins Chaos gestürzt werden sollen. Ab heute hat es ein Ende. Wir fordern die Staatsführung auf, alles dafür Notwendige in die Wege zu leiten. Und zwar unverzüglich.«

Die Nachricht lief auf allen Fernsehsendern und ließ sich nicht stoppen. Die Sozialen Netzwerke waren komplett überlastet. In allen Teilen des Landes gingen die Menschen spontan auf die Straße und demonstrierten.

Parallel dazu spielten sich in Kunming im KIZ turbulente Szenen ab. Die Untergrundkämpfer waren über die Sitzreihen nach unten geklettert und griffen die Soldaten an. Schüsse fielen. Auf der Bühne waren mit einem Mal Hunderte von Personen. Messer wurden gezückt und es glich einem bösen Gemetzel.

Martijn schluckte. Er wusste, dass er den Regimegegnern seine Hilfe zugesagt hatte, auch wenn ihm die Situation über den Kopf zu wachsen drohte. Er biss die Zähne zusammen und rannte den Mittelgang mit lautem Gebrüll hinunter. Mit bloßen Händen schob er die beiden Schutzkräfte an die Seite, die die Nummer Eins, Leon Ek, schützen sollten. Er packte den Mann und nahm ihn in den Schwitzkasten. So, dass er sich unmöglich befreien konnte. Er warf ihn auf den Boden und drückte ihm sein Knie auf den Oberkörper.

»Das war's Chef. Aus die Maus. Du wolltest sie alle betrügen, stimmt's? Niemand anderes als du selbst hat die ONE-C für deine Pläne eingespannt. Am Ende hättest du mit deinen chinesischen Gauner-Genossen ein Weltreich errichten wollen und dich der Idealisten von der ONE-C entledigt. Nun, die Nummer Sieben hat's bereits erwischt.«

Der Mann riss die Augen auf und sah desillusioniert aus.

»Victoria? Was ist mit ihr?«

»Nur tote Fische schwimmen mit dem Strom.«

»Sie ist … tot?«

»Victoria ist Geschichte und euer Plan ist grandios gescheitert. Der Mann in Weiß aus Rom wird überleben. Die Risse in der Staumauer sind handhabbar und die Menschen in Kairo werden evakuiert, während die Streitkräfte der Vereinigten Staaten den Nahen Osten absichern. Ende im Gelände, Schlitzauge. Du hast dein eigenes Volk lange genug betrogen und du wirst vor den Internationalen Strafgerichtshof in meinem Heimatland gestellt werden. Den Haag wird dir einen gebührenden Empfang bereiten. Ich freue mich jetzt schon darauf, wenn dir der Prozess gemacht wird.«

Martijn rief Carl zu sich und wollte, dass er ein Seil zum Fesseln ihres Gefangenen besorgte. Um sie herum tobte ein wahres Tohuwabohu. Immer mehr Untergrundkämpfer stürmten auf die Bühne und auch die normalen Studenten schlossen sich ihnen an. Die Institutsleitung und die Soldaten der Delegation waren unterlegen und ergaben sich. Martijn drehte Leon Ek auf den Bauch und wollte ihm die Hände zusammenbinden. Ein kleiner Moment der Unachtsamkeit reichte aus, dass Leon Ek seinen rechten Arm aus der Umklammerung löste und Martijn einen Hieb versetzen konnte. Doch die Nummer Eins wollte nicht kämpfen. Die Aussichtslosigkeit seiner Lage hatte er längst erkannt. Er griff in die obere Hemdtasche seiner olivfarbenen Uniform und holte eine kleine Tablette heraus. Er hatte für sich die finale Entscheidung getroffen. Leon Ek schluckte die DeciPill mit aller Entschlossenheit.

Martijn war fassungslos. Er sah, wie er den Mann verlor. Das Zyankali wirkte sofort. Die letzten Lebenskräfte der ehemaligen Nummer Eins mussten gewaltig sein, denn der schwarze Ring brannte sich tief in seine Haut.

Kapitel 34

Kairo

September 2020

Die mobilen Einsatztruppen am Assuanstaudamm stimmten sich untereinander ab und landeten in einem nahegelegenen Militärstützpunkt. Der Learjet stand neben einem der drei Apache-Kampfhubschrauber. Rosanna stieg aus und rannte zu Jack und Doc Einstein.

»Seid ihr okay?«

Die beiden nickten und begrüßten auch Peter freudig, der einige Schritte hinter ihr auftauchte. Jack stellte seinen früheren Weggefährten Moshe und das Team vor. Die Anstrengungen steckten ihnen noch arg in den Knochen. Jack gab eine kurze Zusammenfassung des Status Quo.

»Ganz verhindern konnten wir die Sprengungen nicht. Es war ein Foto-Finish. Doch mit dem Ergebnis können wir leben. So wie es aussieht, gibt es nur geringe Verluste im Niltal. Kairo hingegen ist fast menschenleer und die Armee sichert die Stadt vor Plünderern. Die Amis fliegen pausenlos Einsätze mit ihren Kampfjets über der gesamten Region und sichern den Luftraum ab. Die Regierungen der westlichen Welt haben sich zu einem globalen Bündnis gegen den Terrorismus zusammengeschlossen und immer mehr Länder schließen sich der Allianz an. Auch die Arabische Liga ist mit an Bord.«

Sie pfiff anerkennend durch die Zähne. »Genial. Meint ihr, dass wir den Weltkrieg verhindert haben?«

Die Männer nickten unisono.

»Und nun? Wie geht es weiter?«

Sie hatten Joe über das *ComX* per Videokonferenz hinzu geschaltet und erhielten die neusten Meldungen aus China.

»Ach, Rose, bevor ich es vergesse. Der Patient aus dem Hospital in Dunqula, der Empfänger deines Goldenen Blutes, er ist aus dem Koma erwacht. Es geht ihm gut und die lokalen Ärzte sprechen von einem Wunder.«

Sie lächelte. »Gut. Dann war es die Mühen wert.« Rosanna drehte sich zum Learjet um und sah, wie der angeheuerte Soldat Benji von ägyptischen Rettungskräften versorgt wurde. Sie war beruhigt; er schien okay zu sein.

Jack ergriff das Wort. »Wir haben eine Aufgabe bekommen. Man nimmt uns ernst und weiß unseren Beitrag zur Gesamtlösung des Konflikts zu schätzen. Wir sollen unseren Input für die Rede des Präsidenten liefern. Innerhalb der nächsten 30 Minuten.«

Rosanna zog eine Augenbraue nach oben. »Echt? Wow. Joe, übernimmst du das? Wir müssen auch Martijn befragen, wenn er seinen Erfolg nicht gerade mit der Taiwanerin feiert. Und ich sende dir unsere Ideen dazu.«

»Das ist noch nicht alles«, fuhr Jack fort. »Er will uns empfangen.«

»Wer?«, wollte Peter wissen.

»Der Präsident. Er lädt uns in sein Haus ein.«

»Du scherzt. Wir sollen ins Weiße Haus kommen?« Sie musste unwillkürlich lachen. »Wirklich?«

Der Israeli nickte und auch Moshe pflichtete ihm bei. Jack machte einen Schritt zur Seite und streckte seinen Arm nach vorne. »Seht ihr das Flugzeug? Es ist eine umgebaute Langstrecken-Maschine. An der Lackierung könnt ihr unschwer erkennen, wem sie gehört. Wir sollen unser Kernteam zusammentrommeln und so schnell wie möglich nach Washington fliegen.«

»Sie sieht aus wie die kleine Schwester der Air Force One«, witzelte Peter. »Mit der ONE kennen wir uns aus.«

Sie lieferten ihre Stichworte für die Rede und überließen die Ausarbeitung ihrem Hongkonger Kollegen. Parallel wurde die Abholung der anderen Rebellen aus der ersten Riege organisiert. Joe packte seine Sachen auf die Schnelle zusammen, während Martijn darauf bestand, dass nicht nur Carl, sondern auch Taylor mit auf die Reise ging.

Mit dem ohrenbetäubenden Lärm der Triebwerke hob die umgebaute Boeing 757 in einem rasanten Steigflug über der Wüste von Assuan ab. Mit an Bord waren neben Rosanna und Peter auch Jack sowie Doc Einstein. Und Moshe war überschwänglich stolz, dass er ebenfalls mitfliegen durfte. Der Pilot überraschte seine Passagiere kurz nach dem Abflug mit einer Durchsage.

»Verehrte Gäste. Ich möchte Sie ganz herzlich an Bord unserer Boeing begrüßen. Gestern waren Sie noch Rebellen, Partisanen oder schwer einzuschätzende Verschwörer. Heute sind Sie Helden. Die freie Welt dankt Ihnen und ich bin glücklich, dass ich Sie über den Atlantik fliegen darf. Bei der Route machen wir einen Abstecher über die Hauptstadt Ägyptens. Kennen Sie die Pyramiden von Gizeh?«

Seine Passagiere machten verblüffte Gesichter und konnten sich keinen Reim darauf machen.

»Es geschieht zurzeit ein Wunder, für das es keine wissenschaftliche Erklärung gibt. Die Pyramiden … die drei großen Pyramiden, sie werden am Fundament wie zu Urzeiten von Wasserwellen umspült und … sie leuchten.«

Der Kryptologe aus Wien beugte sich auf seinem Sitz nach vorne und wollte dem Piloten seine Theorie mitteilen.

»Können Sie mich hören, Kapitän?«

»Laut und deutlich. Sie sind Doktor Einstein, richtig?«

Es gab im Flugzeug eine Gegensprechanlage, die alle Kommentare der Fluggäste ins Cockpit übertrug.

»Lassen Sie mich raten. Die Pyramiden strahlen in den additiven Grundfarben rot, grün und blau.«

Der Pilot war verdutzt. »Woher wissen Sie das? Das können Sie nicht wissen. Die Meldung haben wir erst soeben über die verschlüsselten Kanäle erhalten.«

»Ich vermute, die Strahlen laufen konvergent aufeinander zu und treffen sich in der Unendlichkeit des Himmels. In einer unbestimmten Höhe verschmelzen die Grundfarben des Lichts dann zu einem leuchtenden Weiß.«

Der Pilot war perplex. »Okay, verstanden. Sie sind ein Hellseher. Ich werde mich von nun an zurückhalten und Sie übernehmen die Aufgabe des Korrespondenten.«

Sie erreichten den Großraum von Kairo im Norden des Landes und schon weit aus der Ferne konnten sie das Naturspektakel am Horizont sehen. Ausgehend von den drei Spitzen der großen Pyramiden in Gizeh leuchteten drei Lichtstrahlen mit einer extremen Intensität in den Himmel. In den drei additiven Grundfarben des Lichts. In rot, grün und blau.

Kapitel 35

Washington

September 2020

Auf dem Transatlantikflug konnten sie sich einige Stunden Schlaf gönnen. Die Kabine war abgedunkelt und sie hatten sich die Schlafmasken aufgesetzt. Als sich das Flugzeug südlich von Island im Nordmeer befand, meldete sich der Kapitän mit einer Durchsage aus dem Cockpit.

»Ich störe die Helden höchst ungern. Doch erlauben Sie den Hinweis auf die Ansprache des Präsidenten. Wir haben ein Live-Signal und Sie können die Rede im Bordprogramm auf dem dritten Kanal verfolgen. Die Kopfhörer finden Sie in den Staufächern unter den Armlehnen. Der Sprecher des Weißen Hauses kündigte soeben an, dass der Präsident auf dem Weg zum Pult sei.«

Niemand an Bord wollte sich die Rede entgehen lassen. Es war ein historischer Augenblick, den sie nur einmal in ihrem Leben miterleben konnten.

Der US-Präsident gab im Grand Foyer des Weißen Hauses seine Erklärung ab, die von Millionen Menschen weltweit an den TV-Schirmen mitverfolgt wurde. Er trat ans Pult und fing mit einem allgemeinen Statement an.

»Solange ich Präsident der Vereinigten Staaten bin, wird die freie Welt niemals in die Gefangenschaft einer verbrecherischen Bande von Terroristen gelangen.

Guten Morgen, liebe Mitbürger. Ich freue mich, Ihnen mitteilen zu können: Die Amerikanerinnen und Amerikaner und alle freien Bürger unseres Planeten Erde können überaus dankbar und glücklich sein, dass durch die Angriffe in den vergangenen Tagen sowohl in Jerusalem als auch in Ägypten der Weltfrieden nicht zu Schaden kam. Dennoch mussten wir eine erhebliche Anzahl ziviler Opfer beklagen. Den betroffenen Familien gilt unser uneingeschränktes und tiefstes Mitgefühl. Wir werden die Attentäter zur Rechenschaft ziehen, das verspreche ich Ihnen. Unsere Soldatinnen und Soldaten, und die unserer Allianz und der Länder, die an unserer Seite kämpfen, sind sicher. Unser Militär wird die Bevölkerung der gefährdeten Länder schützen.

Schon viel zu lange agiert in unser aller Welt eine destruktive und destabilisierende Gruppe einer selbsternannten Elite im Verborgenen. Diese Gruppe von Verirrten gibt es seit Urzeiten. Sie hat sich wechselnde Namen zugelegt. Unter anderem nannten sie sich die Illuminaten, die Erleuchteten. Zuletzt hießen sie anmaßend die ONE-C. Das Ziel dieser Verbrecher, die überstaatlich aufgestellt sind und grenzübergreifend handeln, ist die erklärte Weltherrschaft. Sie haben uns das Virus geschickt und unsere geordnete Welt in ein Chaos gestürzt. Als wir am heftigsten getroffen waren, setzten die geheimen Aggressoren zu einem hinterhältigen Plan an. Die Attentate in Jerusalem verurteilen wir aufs Schärfste. Sie waren der Auftakt einer zielgerichteten Eskalation, an deren Ende der Dritte Weltkrieg stehen sollte. Unsere großartigen amerikanischen Streitkräfte sind auf alles vorbereitet, dennoch war der Geheimplan eines Angriffs auf den großen Staudamm in Ägypten derart perfide, dass wir um Haaresbreite unvorbereitet davon getroffen worden wären. Wir verdanken die Vereitelung dieses massiven Terrorangriffs einer engagierten Truppe von Spezial-Agenten, die uns dabei signifikant geholfen haben. Ich werde darauf noch zurückkommen. Wichtig ist, dass der Damm nicht gebrochen ist. Die ultimative Katastrophe konnte abgewendet werden.

Ich verspreche Ihnen. Die besten Ärzte unseres Landes werden alles daransetzen, die Verletzten zu retten.

Viele von Ihnen wollen wissen, was es mit dem Virus auf sich hat. Es scheint ein Instrument in dem von langer Hand vorbereiteten Geheimplan der Aggressoren gewesen zu sein. Und schlimmer noch. Sie arbeiteten gerade daran, ein noch viel gefährlicheres Virus auf den Weg zu schicken. Es ist so schrecklich, dass ich an Sie appelliere, es gefasst aufzunehmen und nicht emotional zu reagieren: Diese Terroristen wollten uns eine Kreuzung des Coronavirus mit der Spanischen Grippe auf den Hals hetzen. Diese Leute sind Verbrecher. Die teuflischsten Kerle, die sich auf unserem Planeten herumtreiben. Der Terrorismus und sein Streben nach der Weltmacht ist eine Gefahr für die zivilisierte Welt. Wir werden das nicht zulassen. Lassen Sie mich etwas über die Unterstützer sagen, denen wir unseren tiefsten Dank aussprechen. Es sind Spezial-Agenten, die für ihre Verdienste an geeigneter Stelle die entsprechende Würdigung erfahren werden. Sie hatten sich vor einigen Jahren zusammengeschlossen und einen Kampf gegen die Windmühlen des unsichtbaren Gegners aufgenommen. Einige dieser professionellen Supporter kennen wir, da sie in unseren hervorragenden Ausbildungsstätten ihre Basisfähigkeiten erlangt haben. Sie haben auf eigene Faust Dinge herausgefunden, die unter den normalen staatlichen Restriktionen tendenziell eher schwierig zu bewerkstelligen gewesen wären. Diese Männer und Frauen sind die wahren Helden dieser Tage. Freuen Sie sich mit mir, dass wir diese Truppe auf unserer Seite haben. Nach den konkreten Hinweisen haben wir entscheidende Maßnahmen ergriffen, um die skrupellosen Terroristen davon abzuhalten, die Welt in einen unüberschaubaren Krieg von einem gigantischen Ausmaß hineinzuziehen. Auf meine Weisung hin haben die US-Streitkräfte Seite an Seite mit Israelischen Kampftruppen den größten Terroristenanschlag der

Welt abgewehrt. Die anderenfalls über das Ägyptische Land hereingebrochene Flutwelle hätte zu einer unvorstellbar hohen Opferzahl geführt.

Die erwähnte Geheimorganisation war für verschiedenste Terroranschläge auf zivile Ziele verantwortlich. Alle kann ich Ihnen nicht nennen, da sie der nationalen Sicherheit unterliegen. Ich sage Ihnen jedenfalls so viel, dass die Geheimorganisation für einige der schlimmsten Gräueltaten in den vergangenen Jahrzehnten verantwortlich war. Sie dirigierte die gewaltigen Anschläge der letzten Tage und schlimmer noch; in China sollte in diesen Tagen das bereits erwähnte neue Virus aus einer Sicherheitszone von den verbrecherischen Handlangern der Geheimen Drahtzieher entfernt und sodann freigelassen werden. Aber wir haben die Handlanger des Todesvirus gestoppt.

An ihren Händen klebte das Blut von Millionen infizierten Virusopfern weltweit. Diese ruchlosen Verbrecher und Superspreader hätten schon vor langer Zeit ausgeschaltet werden müssen. Das ist jetzt geglückt. Gleichzeitig ist China möglicherweise vor einem inneren Umsturz bewahrt worden. Die chinesische Staatsführung hatte erst kürzlich sowohl im eigenen Land die Zügel stark angezogen und bei den vielen Demonstrationen, die in den angrenzenden Regionen wie Hongkong stattfanden, sogar Menschen drangsaliert und verhaftet. Ich sage Ihnen. Die Freiheit der Menschen muss auch in China gewährleistet werden. Dennoch darf kein militärischer Umsturz das Land destabilisieren und es von der sinnvollen und notwendigen Kurskorrektur abbringen. Ich habe erst vor wenigen Minuten mit meinem chinesischen Amtskollegen telefoniert. Er hat mir seine uneingeschränkte Kooperation zugesichert. Er wird jeder Quelle der Bedrohung in seinem eigenen Land nachgehen, wie auch uns bei den weiteren Gegenmaßnahmen zur Eindämmung der Gefahren unterstützen. Liebe Bürger. Auch die Besiegung des Virus ist Teil unseres dezidierten Kampfes und wir werden schon bald wieder Herr der Lage sein.

Die beste Nachricht des heutigen Tags ist jedoch, dass der Frieden in der Welt gesichert bleibt und für die freien Bürger in allen Staaten der Welt das höchste Gut bleiben kann.

Wir werden mit den großen Staaten der Welt und mit allen kleinen Ländern sprechen, wie wir diese für uns alle notwendige Realität auch in der Zukunft sicherstellen wollen und wie wir den Frieden gemeinsam als Staatengemeinschaft der Vereinten Nationen in einer neuaufgestellten UNO organisieren werden.

Unsere Welt kann ein großartiger Planet sein, wenn wir ihn als solchen erkennen und bewahren.

Frieden und Stabilität kann es aber nur dann geben, wenn wir Gewalt, Unruhen, Hass und Krieg Einhalt gebieten. Die Botschaft der zivilisierten Welt an die Geheimen Drahtzieher ist eindeutig. Ihr Streben nach einer Weltregierung, die den freien Menschen unterjochen will, wird nicht weiter geduldet.

Als Staatengemeinschaft werden wir über großartiges Militär und Gerät verfügen, welches wir im Idealfall jedoch niemals einsetzen müssen. Amerikanische Stärke und die Stärke einer freien und unabhängigen Welt, sei es militärische wie wirtschaftliche Stärke, ist die beste Abschreckung.

Abschließend möchte ich allen Bürgern der Welt sagen: Wir wollen, dass Sie eine großartige Zukunft haben, eine Zukunft mit Wohlstand und in Frieden mit allen anderen in der Welt. Die Vereinigten Staaten und alle Verbündeten sind bereit, für diesen Frieden zu kämpfen – und zwar mit allen Mitteln.

Denn um es mit den Worten eines meiner Vorgänger zu sagen. Der Mensch soll so leben, wie es seiner Bestimmung entspricht. Frei und unabhängig.

Ich möchte Ihnen danken. Gott segne Amerika.
Vielen herzlichen Dank.«

Im Flugzeug herrschte für einen kurzen Moment Stille. Dann applaudierten sie. Vom Status der Rebellen waren sie in den Adelsstand der Helden aufgestiegen. Sie waren auf dem Weg ins Weiße Haus. Eigentlich konnten sie es noch gar nicht fassen.

* * *

Das Timing war hervorragend. Sie kamen aus allen Himmelsrichtungen im Abstand von weniger als drei Stunden in der US-Amerikanischen Hauptstadt an und landeten auf der Andrews Air Force Base – direkt vor den Toren der Stadt. Nach der Ankunft wurden sie sofort ins Hotel gefahren. Für die rebellischen Helden war das erste Haus am Platz gerade gut genug. Das Four Seasons lag an der Pennsylvania Avenue in nicht einmal zwei Kilometern Entfernung vom Weißen Haus. In dem 5-Sterne Hotel waren für sie nebeneinanderliegende Suiten reserviert und der erste Weg nach dem Einchecken führte das Team ins preisgekrönte Steakrestaurant Michael Mina Bourbon. Sie freuten sich, nach langer Zeit endlich wieder vereint zu sein. Sie fielen sich herzlich in die Arme und drückten sich. Es herrschte eine tolle Stimmung. Zwischen Erleichterung, Gelöstheit und Euphorie. Grund genug, das Glas zu erheben und darauf anzustoßen. Jeder durfte eine Flasche Wein nach seinem Geschmack aussuchen und sie stellten sicher, dass kein Tropfen übrigblieb. Es gab viel zu erzählen und nicht einmal Joe, der die ganze Zeit glaubte, alle Aktivitäten koordiniert zu haben, kannte jedes Detail. Immer wieder kamen neue Stories zu Tage und das Gesamtbild rundete sich Punkt für Punkt weiter ab. Als sie meinten, dass nur noch wenige offene Fragen übriggeblieben waren, legten sie ihre Diskussionen ad acta und übten sich im ganz normalen Smalltalk. Schließlich war es Joe, der sie mit etwas Besonderem überraschte.

»Geschenke, Geschenke. Ich habe etwas für euch. Wir können doch nicht morgen zum Präsidenten gehen und die wildesten unterschiedlichen Klamotten tragen. Ich kenne eure Konfektionsgrößen. Na ja, fast alle. Und ich habe mir überlegt, dass wir einerseits richtig chic aussehen sollten und andererseits einen kleinen Hinweis darauf geben könnten, wen und was wir besiegt haben.«

»Komm, spann uns nicht auf die lange Folter«, forderte Martijn den Hacker auf. »In welchem Outlet warst du denn in Hongkong shoppen?«

Joe ging an die Garderobe und holte einen Koffer. Im Gepäckstück lag fein sortiert die blau weiße Kleidung. Er zelebrierte es geradezu und übergab jedem sein Dress.

»Rosanna, einmal für dich. Peter, und das ist für dich. Jack, hier ist dein Anzug.«

Er ging weiter, von einem Platz zum nächsten. »Tanja, für dich. Alec. Und Josh, ich hoffe, es ist deine Größe. Pierre, für dich. Nun komme ich zum Team aus China. Carl, trag es mit Würde. Taylor, für dich. Und für unseren Anführer Martijn gibt es sogar einen maßgeschneiderten Anzug.« Sie applaudierten.

»Halt. Nicht, dass ich es vergesse. Auch für dich Moshe, habe ich etwas im Gepäck. Und für den Vertreter der *Wise Guys* spenden wir ebenfalls einen ganz besonderen Applaus. Doc. Hier ist das Dress für Sie.«

Sie nahmen die Kleidung in die Hand und hielten sie vor sich. Die Größen schienen tatsächlich zu passen. Es handelte sich um eng geschnittene Anzüge in dunkelblau. Zusätzlich gab es für jeden ein weißes T-Shirt, welches sie darunter tragen sollten. Rosanna staunte nicht schlecht, als sie das Motiv wiedererkannte.

»Hey Joe. Es könnte zu gewagt sein, oder?«

Er schloss die Augen und schüttelte den Kopf. »Weil wir uns das Motiv von Victoria zu eigen machen? Naah. Im Gegenteil. Im übertragenen Sinne haben wir die Mauern der Völker eingerissen und vielleicht einer Gemeinschaft des Friedens den Weg geebnet.«

Doc Einstein sah das Motiv der 3D-Grafik mit der weißen Mauer, die in der Mitte aufgebrochen war und auf ein stilisiertes Prisma vor schwarzem Hintergrund deutete.

»Es ist perfekt«, rief er aus. »Das gleichseitige Dreieck! Ja. Wir werden die *Triangular Files* vollenden. Es wird gelingen und wir werden es zum Guten wenden.«

Sie hatten die Tische nun anders zusammengestellt und setzten sich in der leicht geänderten Sitzordnung an die Tafel. Sechs von ihnen saßen auf der rechte Seite, die anderen sechs auf der linken. Doc Einstein kam als letzter an den Tisch und setzte sich vors Ende.

»Wie darf ich euch eigentlich ansprechen? Rebellen?«

Sie waren still und schenkten ihm die ungeteilte Aufmerksamkeit. Der Kryptologe schaute jeden von ihnen einzeln an. Sein Blick war gütig.

»Es ist mir eine Freude, mit dabei zu sein. Vielleicht wisst ihr es selbst nicht mehr so genau, was eigentlich den Anstoß für eure Mission gegeben hatte. Das untrügliche Gefühl, dass etwas faul sein mochte. Martijn war es, der euch zusammengetrommelt hatte. Idealisten, Hacker und Spione sowie ehemalige Agenten der *Enco*. Ich sage euch, ihr seid ein tolles Team und ihr habt wirklich Großartiges geleistet. Wisst ihr, man nennt mich und meine Sinnesgenossen die *Wise Guys*. Wir sind mit bestimmten Fähigkeiten ausgestattet, die uns tatsächlich von den Normalsterblichen unterscheiden. Aber wir sind keine Hellseher oder Supermänner. Dennoch können wir manche Dinge und Zusammenhänge erahnen, bevor sie passieren. Wir sind aus demselben Holz geschnitzt, wie der harte Kern der ONE-C. Und zu allen Zeiten in der Menschheitsgeschichte gab es Wesen wie uns. Äußerlich sind wir allen anderen Menschen ähnlich. Doch nicht jeder, der über die raffinierten Talente verfügt, ist von dem nicht versiegen wollenden Machtstreben erfüllt. Es gibt auch die friedfertigen, ausgeglichenen Exemplare unserer Art. Das sind wir. Man nennt uns die *Wise Guys*. Und wir werden euch schützen und euch zur Seite stehen, wo immer wir können. Nur kämpfen können wir nicht. Wir haben keine Macht im Sinne von Kraft und Gewalt. Unsere Macht ist die des Wissens und der Erkenntnis.«

Das Team der Helden war schwer beeindruckt von Doc Einsteins Worten, ohne sie richtig einordnen zu können.

Rosanna ergriff das Wort. »Doc, Sie haben uns in den entscheidenden Augenblicken sehr geholfen, dafür danke ich Ihnen im Namen von uns allen. Übrigens, ist Ihnen aufgefallen, wie wir an dieser Tafel sitzen? Ich musste eben an das Abendmahl denken.«

Er lachte. »Ich möchte mich keinesfalls mit demjenigen vergleichen, der dir bei der Konstellation soeben durch den Kopf gegangen sein mag. Aber wer weiß, vielleicht war er auch einer von uns. Jedenfalls liegen vor uns die friedlichen Zeiten. Eine neue Religion brauchen wir nicht. Vielleicht jedoch eine tolerantere Einstellung aller Menschen untereinander. Und es gibt noch etwas, was wir erledigen müssen. Ich werde es euch morgen nach der Zeremonie im Weißen Haus sagen.«

* * *

Am nächsten Morgen ging es zunächst ins Pentagon. Sie wurden in mehreren schwarzen Limousinen abgeholt und über einen Seitengang in den Sicherheitsbereich gebracht. Erika Winwood und Tom Davis erwarteten sie bereits. Es erfolgte ein kurzer, sachlicher Austausch über die aktuelle Sicherheitslage in der Welt. Im Großen und Ganzen schien sich die Situation deutlich beruhigt zu haben. Die Staatengemeinschaft übte sich in einer weltweiten De-Eskalation. An den Konfliktherden wurde Waffenstillstand vereinbart und die mobilisierten Truppen wurden wieder zurückgerufen. Die alliierten Streitkräfte der Vereinigten Staaten, der Nato und von allen Verbündeten, die sich der Friedensinitiative angeschlossen hatten, waren an den Brennpunkten der Welt positioniert. Sie sicherten das Geschehen und hielten die Balance allein durch ihre Präsenz. Erika suchte nach dem Sprecher der Rebellen.

»Sie müssen Mr. Martijn sein, stimmt's?«

Der Holländer drängte sich einen Schritt nach vorn. »Jij zei het. Stimmt. Sie sind Mrs. Winwood.«

»Wir danken Ihnen, dass Sie mit Ihrer Truppe hier sind. Zwei von Ihren Kollegen kenne ich bereits.« Sie blickte zu Peter und Rosanna. »Am Ende bekommen Sie von meiner Mitarbeiterin eine genaue Einweisung über den Ablauf gemäß der Agenda für den Besuch im Weißen Haus. Es läuft nach einem strikten Protokoll ab und es wird keine Fragen und Antworten an den Präsidenten geben. Nur dass das sonnenklar für Sie ist.«

Er nickte.

»Okay. Ich wollte Ihnen vorher noch etwas anderes zeigen.«

Hinter ihr öffnete sich die Holzvertäfelung und wurde nach oben in die Decke weggefahren. Dahinter befand sich ein 100 Zoll Monitor mit einer animierten Kartenübersicht von Ostasien. Sie erklärte ihnen die Legende.

»Während COVID-19 in der Welt gewütet hat, waren nicht alle Staaten untätig gewesen, wenn es um den territorialen Ausbau ihres Machtbereichs ging. Die Situation in Hongkong ist Ihnen wohlvertraut, nehme ich an?« Sie blickte zu Joe. Offensichtlich war sie viel besser im Bilde als erwartet. »Werfen Sie einen Blick auf das Südchinesische Meer. Die Paracel Inseln werden von Vietnam und Taiwan beansprucht.« Sie blickte kurz hinüber zu Taylor Chong. »China sieht das anders und fordert darüber hinaus 80 Prozent des nährstoffreichen

Seegebietes zwischen China, Malaysia, Vietnam und den Philippinen. Auch wenn bereits 2016 der Internationale Schiedsgerichtshof in Den Haag die Gebietsansprüche Chinas zurückgewiesen hatte, so ignoriert Peking das Urteil und versucht, mit fortgesetzten Militärmanövern die Lage im Südchinesischen Meer weiter zu destabilisieren.«

»China ist ein gefährlicher Aggressor«, ergänzte Martijn.

»Richtig. Und genau deshalb haben wir am Unabhängigkeitstag, am 4. Juli, mit den Flugzeugträgern *USS Ronald Reagan* und *USS Nimitz* eine unserer größten Übungen seit langem begonnen. Peking sah darin eine Machtdemonstration mit Hintergedanken. Die Chinesen sprachen von einer Provokation. Im heute bekannten Kontext sind wir froh, dass wir schon im Sommer unsere Präsenz im Südchinesischen Meer hochgefahren haben. Wir haben sie gesehen und sie haben uns gesehen.«

»Sie zeigen uns das nicht ohne Grund, Mrs.Winwood?«

Sie nickte. »Natürlich nicht. Wir wissen, was Sie wissen. Geheime Organisationen hin oder her. Illuminaten, ONE-C und alle anderen Spinner. Keiner dieser Weltverbesserer wird je zum Erfolg kommen, wenn er sich nicht auf einen mächtigen Staat abstützen könnte. Oder umgekehrt. Wer auch immer in diesem Fall das Zepter als Erstes in die Hand genommen hat. Es war eine teuflische Liaison. China steckt in der Sache bis zum Hals. Sie wissen das und wir wissen das. Gut möglich, dass es dann noch ein paar Hyper-Intelligente gab, die besonders talentiert für die Planung und Ausführung von terroristischen Angriffen waren. Die Chinesen haben es jedenfalls geschafft, sich die Unterstützung dieser Gruppierung, die sich ONE-C nennt, zu sichern. Das Problem ist ...«

Sie sah die Rebellen scharf an und wollte ihnen die Möglichkeit geben zu antworten, bevor sie ihre Variante vorstellte. Doch Martijn und niemand aus seinem Team sagte etwas.

»Okay. Das Problem ist, dass wir der Welt nicht die volle Wahrheit präsentieren können. Dann müssten wir die ganze Geschichte erzählen ...«

»... die ganze Geschichte, die mit dem von Menschen geschaffenen Virus in Wuhan begonnen hatte«, fügte Taylor aus der zweiten Reihe hinzu.

»Richtig. Wo auch immer das Virus seinen Anfang genommen hatte. Jedenfalls wurden in Wuhan die entscheidenden *in-vivo* Prozesse vollzogen. Mit diesem Virus wurde willentlich die Welt verseucht. Wenn die Menschheit erfährt, dass am Ende viele Spuren zurück nach China führen, wäre der Weltfrieden nachhaltig gefährdet. Daher werden wir aus sicherheitspolitischen Erwägungen *keine* Schuld bei China suchen. Ich wiederhole *keine* Schuld. *Keine* Verantwortung und *keine* Zuweisung. Verstanden?«

Es dauerte einen Augenblick. Dann nickten sie. Unisono.

Martijn meldete sich abschließend zu Wort. »Vieles davon wurde in dem Bericht *A World at Risk* von der WHO bereits vor einem Jahr im September 2019 beschrieben. Aber das wussten Sie wahrscheinlich schon, oder?«

Sie nickte. »Der Bericht vom 18. September 2019 ist uns wohlbekannt. Machen Sie sich bereit. Gleich geht es los.«

Kapitel 36

Washington / Im Weißen Haus

September 2020

Am nächsten Morgen wurden sie mit den gepanzerten Limousinen direkt vor den Eingang des Weißen Hauses gefahren. Auf dem Rasen hatten sich TV-Teams aller Sender und Journalisten aus aller Welt positioniert und versuchten den besten Platz zu erheischen. Die Mikrofone hielten sie weit nach vorne ausgestreckt. Wer am nächsten dran war, erhoffte die besten Kommentare als Erster aufzufangen. Die Sicherheitskräfte des Secret Service hatten das Gelände weiträumig abgesichert. Über ihnen in der Luft schwirrten Hubschrauber. Auf den Bildschirmen wurde ein Countdown gestartet. Das Protokoll wurde akribisch eingehalten. Die zwölf Rebellen gefolgt von Doc Einstein, der einige Schritte hinter ihnen ging, begaben sich auf die markierte Freifläche vor dem Weißen Haus. Sie wurden eskortiert von mehreren Sicherheitskräften und standen mit dem Rücken zu der Schar der Berichterstatter. Der Präsident kam aus dem höchsten Regierungshaus der Welt und ging festen Schrittes auf die Männer und Frauen des heldenhaften Teams zu. Er ließ seinen Blick von links nach rechts an ihnen vorüberziehen und blinzelte ihnen anerkennend zu. Dann machte er einen Schritt nach vorn und ging als Erstes auf Rosanna zu, die in der Mitte stand.

»Sie sind Ann, richtig? Sehr sympathisch, dass Sie und die anderen keine Gesichtsschutzmaske tragen. Ich danke Ihnen im Namen von Amerika und der gesamten Welt.«

Er drückte ihr die Hand und schaute ihr tief in die Augen. Danach wiederholte er das Prozedere mit jedem anderen der Rebellen der Reihe nach. Bei Doc Einstein blieb er einen Moment lang stehen.

»Sie sehen so aus, als hätten Sie bereits eine Menge an Erfahrung auf dem Buckel. Ich könnte Sie in meinem Beraterstab gut gebrauchen.«

Der Wiener fühlte sich geschmeichelt und zog seinen Anzug glatt nach unten. Zum Abschluss ging der Präsident noch einmal zu Rosanna. »Sie heißen Ann, oder? Verraten Sie mir, Ann. Lag ich richtig mit meiner Vermutung?«

»Mr. President. Ihre Vermutung? Wovon sprechen Sie?«

Er beugte sich näher an sie heran und flüsterte. »Na, Sie wissen doch. Das Virus. Stammt es aus einem chinesischen Labor? Steckte China von Anfang an dahinter?«

Sie lächelte. »Alles wissen, heißt nicht, alles sagen. Manchmal ist es so, dass die Antwort nur der Wind kennt, Mr. President.«

Er schmunzelte und schüttelte seinen Kopf. Dann wies er die Helden mit seinen ausgebreiteten Armen an, sich umzudrehen. Sie blickten in die begeisterten Gesichter der Journalisten von der Internationalen Fachpresse und die Blitzlichter stoben auf sie ein. Der Präsident nahm ein Mikrofon in die Hand. »Sie sind wahre Teufelskerle, diese Helden. Feiert Sie. Sie sind großartig. Feiert mit Ihnen die Freiheit, die Unabhängigkeit und den Frieden. Gott segne Amerika und die ganze Welt. Danke.«

* * *

Überall auf der Welt wurde die Zeremonie live übertragen. In Hamburg saßen Fredrik und Susan vorm Bildschirm. Peters Sohn Robert saß bei Lizzy in der Wohnung und schaute zu. Sie verfolgten sämtliche Berichte und Reportagen über die bisherigen Entwicklungen.

Kommissar Winter konnte es nicht fassen und klopfte seinen Kollegen auf die Schultern. »Ich kenne diesen Mann. Der kommt aus Hamburg. Ich kenne ihn.«

In Hongkong traute der Barkeeper Tiger Woo seinen Augen kaum. Er schenkte sich einen Gin-Tonic ein und spendierte dem Gast an der Theke einen Drink nach dem anderen. »Wissen Sie was? Ich glaube, bis 2047 wird nun doch alles beim Alten bleiben. Cheers.«

In Winnipeg war es Prof. Susan Rohner, die ihre Augen nicht vom Bildschirm abwenden konnte. Eine junge Frau neben ihr war völlig irritiert. »Was hast du, Susan? Die bekommen jetzt eine Medaille, na und? Das sind Spezialagenten, die werden dafür bezahlt. Die haben nur ihren Job erledigt.«

Die Professorin schüttelte den Kopf, ohne den Blick von der Mattscheibe zu lassen. »Oh, nein. Normale Agenten sind das nicht. Sie waren vor kurzem in Winnipeg. Bei mir. Und kurz danach wurden sie von einem Auto überfahren. Ich habe es im Fernsehen verfolgt. Jetzt sind sie wieder quicklebendig. Unfassbar. Es ist unfassbar.«

Die Bilder aus Washington wurden überall auf dem Globus verfolgt. Die Menschen waren erleichtert darüber, dass es zu keinem Krieg gekommen war. Augenblicklich fanden sich Nachbarn auf der Straße zusammen und freuten sich gemeinsam. In den Kirchen, Synagogen und Moscheen kamen Gläubige aller Glaubensrichtungen zusammen und beteten für den Frieden und für die gemeinsame Zukunft aller Menschen. Ungeplante Musikkonzerte unter freiem Himmel wurden spontan organisiert und Menschen aller Couleur lagen sich in den Armen. Sie sangen gemeinsam, tanzten miteinander und lebten zumindest einen Tag lang im ungeahnten Gleichklang.

Kapitel 37

Abu Simbel

September 2020

Während Washington und fast die gesamte Welt in einen wahren Freudentaumel verfiel, wurden hinter den Kulissen schon wieder die Fäden gezogen. Die politischen Vorbereitungen eines weltweiten Supergipfels liefen auf Hochtouren. Die frisch gekürten Helden saßen bereits in einem speziell für sie abgestellten Flugzeug und waren zurück auf dem Weg in die Alte Welt. Neben der dreiköpfigen Pilotencrew waren Sicherheitsoffiziere mit an Bord sowie eine Handvoll Militärberater. Ein sorgfältig ausgesuchter wissenschaftlicher Experte aus dem Kreis der Vertrauten des Präsidenten genoss ebenfalls das Privileg mitzufliegen.

Es war naheliegend, dass die Rebellen zunächst die eindrucksvolle Zeremonie vor dem Weißen Haus Revue passieren ließen. Danach kamen sie unverblümt auf die politischen Aspekte zu sprechen.

»Ist euch aufgefallen, wie sehr China geschützt wird? Und das, obwohl die Urheberschaft doch kristallklar ist.«

Rosanna hatte das Wort als Erste ergriffen. Es war Martijn, der sich zusammen mit Jack und Moshe die Bälle zuspielte und die Zusammenhänge zu erläutern versuchte.

»Natürlich deutet sehr vieles darauf hin. Nicht nur, dass China quasi am wenigsten unter den Folgen der Pandemie gelitten hat, es profitiert sogar kräftig von den weltweiten wirtschaftlichen Verwerfungen. Die angeblichen späteren

Outbreaks mit den Warnungen vor der Schweinegrippe und schließlich sogar vor der Beulenpest, wirkten ziemlich konstruiert und man könnte meinen, dass China damit nur ablenken wollte. Fast unbemerkt haben sie unzählige Apps auf die Handys der Menschen in aller Welt geschickt und greifen die Daten flächendeckend ab. Nicht umsonst hat Indien bereits reagiert und die Vereinigten Staaten werden wohl auch in Kürze die chinesischen Schnüffler-Apps unterbinden. Die Volksrepublik China ist ein sozialistischer Staat unter der Demokratischen Diktatur des Volkes. Es steht bei ihnen in der Verfassung im ersten Artikel. *Die Sabotage des sozialistischen Systems ist jeder Organisation und jedem Individuum verboten.* Ihr könnt es drehen und wenden, wie ihr wollt. Der Staatsaufbau der Volksrepublik folgt in den Kernelementen genau dem Modell der ehemaligen Sowjetunion. Es gibt keine Gewaltenteilung zwischen der Exekutive, Legislative und Judikative. Der Staatspräsident der Volksrepublik China ist zugleich der Generalsekretär der Kommunistischen Partei und somit die Nummer Eins in der Parteihierarchie. Die Kommunistische Partei beherrscht das Leben und Wirken in China. Ohne Zweifel ist es ein autoritäres Regierungssystem, welches alle oppositionellen Kräfte konsequent unterdrückt. Und nach wie vor wird jeder Ansatz einer westlichen Demokratie von China als ungeeignet für das Land abgelehnt. Ich sage euch, dort ist eine Diktatur am Werk, die das Volk mit eiserner Hand regiert und im Zaume hält. Das Land strebt ein totalitäres Überwachungssystem an, welches jeden Bürger erfasst.«

»Okay, Martijn. Alles, was du gesagt hast, spricht für China als Drahtzieher hinter dem Komplott. Angefangen vom Virus bis hin, dass die ONE-C eingebunden und instrumentalisiert wurde. Übrigens, es ist sicherlich kein Zufall, dass die Nummer Eins der ONE-C ebenfalls ein Chinese war, oder?« Rosanna ließ nicht locker.

Der Holländer atmete tief durch. »Ich kann und will dir gar nicht widersprechen. Doch wie soll denn deiner Meinung nach die Reaktion aussehen? Willst du eine weltweite Allianz gegen das Reich der Mitte ins Leben rufen? Am Ende verbünden sie sich mit Russland und die ganze Chose geht von vorne los. Dann klopft die Kriegsgefahr wieder kräftig an die Haustür.«

Der Israeli Moshe lehnte sich nach vorne. »Liebe Rosanna, ich kann Martijn nur beipflichten. Wir haben die klare Ansage von Erika Winwood gehört. Die Beraterstäbe der einflussreichsten Länder haben einen 10-Punkte-Plan entwickelt. Dazu zählt eine Reihe von Restriktionen, die für China gelten werden. Insbesondere werden Taiwan und Hongkong künftig Sonderrechte eingeräumt und deren Unabhängigkeit neu diskutiert. Ein weiterer Punkt wird die generelle Einstellung bestimmter Forschungen an pathogenen Viren umfassen. Für die *Gain-of-Function* Versuche wird es keine Lobby mehr geben und die Anzahl der BSL-4 Labore wird massiv reduziert werden.«

»Sie reißen die Labore ein? Na, das nenne ich mal eine effektive Maßnahme«, sagte Peter.

* * *

In den frühen Morgenstunden erreichten sie den Luftraum nördlich des Nildeltas. Die Sonne war noch nicht am Horizont aufgegangen und schon aus weiter Ferne konnten sie aus den Seitenfenstern die hell-erleuchteten Pyramiden vor den Toren Kairos erkennen. Rosanna drängte sich ans Fenster, während Peter an seinem *ComX* nach einer Tele-Einstellung bei der Kamera suchte. Er wollte ein Erinnerungsfoto von dem Naturspektakel einfangen. In der Reihe vor ihnen saß Doc Einstein und schaute über das Kopfteil des Sitzes zu den beiden.

»So etwas hat die Welt schon lange nicht mehr gesehen.«

Sie verzog das Gesicht. »Doc. Was wollen Sie damit sagen? Doch nicht, dass das je zuvor passiert ist.«

Er lächelte. »Es ist faszinierend. Man muss einfach hinschauen. Die satt leuchtenden Lichtfarben in rot, grün und blau. Die additiven Grundfarben des Lichts. Doch, doch. Dieses Schauspiel geschieht heute nicht zum ersten Mal. Was ihr seht ...« Er winkte sie etwas näher heran zu sich. »Was ihr seht, sind die *Triangular Files*.«

Peter war perplex und riss die Augen auf. »Das also sind die mysteriösen *Triangular Files*?«

Der Kryptologe nickte. »Im Prinzip, ja. Es ist grandios.«

Aus der Höhe konnten sie das Großangebot an Fahrzeugen und Menschen am Boden erahnen. Die TV-Teams waren aus allen Ländern angereist und wollten sich die exklusiven Aufnahmen sichern. Die Nilflut umspülte noch immer die Fundamente der altertümlichen Wunder-Bauwerke. Die Lichtstrahlen sahen fantastisch aus.

»Doc. Wissen Sie, wie das funktioniert?«

»Vielleicht. Licht ist eine elektromagnetische Welle und jeder Farbe ist eine Wellenlänge und somit eine ganz bestimmte Frequenz zugeordnet. Wenn es tief verborgen unter den Steinpyramiden einen Resonanzkörper gibt, der durch eine starke Energiequelle in eine Schwingung versetzt wird, die exakt der festgelegten Frequenz und der zugehörigen Wellenlänge entspricht, so wird Licht in der gewünschten Farbe erzeugt.«

»Sie meinen, dass das Wasser des Nils das hervorruft?«

Er nickte. »Hm, hm. So wird es sein. Für Rot liegt die Wellenlänge zwischen 650 und 750 Nanometern, für Grün zwischen 490 und 575 Nanometern und für Blau ist es ein Wert zwischen 420 und 490 Nanometern. Und wenn die Lichtfarben genau aufeinander abstimmt sind ergeben sie übereinandergelegt ein strahlendes Weiß. So, wie es sich die Illuminaten immer gewünscht haben. Du hast darüber vielleicht in der Bibel in der Genesis gelesen? 1. Mose 1,3 ?«

Peter strich sich nachdenklich über die Stirn. »Das erste Buch von Mose. 1,3 ? Hm, ich habe nur eine vage Idee.«

»*Und Gott sprach: Es werde Licht und es ward Licht.*«

Rosanna griff den Faden auf. »Genesis 1. Mose 1,3 ? Eins und drei. Eins ist *ONE* und drei ist *C* als dritter Buchstabe im Alphabet. Es lag die ganze Zeit vor uns. Die ONE-C steht für das Licht. In bester Tradition der Illuminaten.« Sie schüttelte ungläubig den Kopf. »Doc, dann stellt sich die Frage nach den schwingenden Resonanzkörpern unter dem Sockel. Woraus bestehen sie, sind es spezielle Steine?«

Er lächelte. »Ich tippe auf fein bearbeitete Kristalle, deren Wellen die Pyramide bis ganz nach oben durchdringen. Früher war die Spitze mit dem sogenannten Pyramidion besetzt. Da sah es wahrscheinlich noch um ein Vielfaches eindrucksvoller aus, wenn die Lichtstrahlen in den Himmel reichten. Geradewegs auf das Sternbild Orion.«

Sie blickte begeistert aus dem Fenster und stellte sich das Lichtfeuerwerk vor, wie es die Menschen wohl im Alten Ägypten aufgenommen hatten. »Es ist wunderschön. So rein und so einfach. Ich kann mir sehr gut vorstellen, wie die drei Pyramidien, also die oberen Schlusssteine, weithin sichtbar übers Land gestrahlt haben müssen. Es herrschte eine Religion des Lichtes über das gesamte Reich. Was für eine Show.«

Der Wiener Kryptologe fühlte sich glücklich. Er hätte nie in seinem Leben darauf zu hoffen gewagt, die drei Strahlen in dieser Form zu sehen. Ein wohliger Schauer lief über seinen Rücken. Er bäumte sich auf und drückte den Oberkörper mit stolz geschwellter Brust nach vorn. Man sah das T-Shirt mit dem 3D-Aufdruck. Passend prangte darauf das stilisierte Prisma in Form eines gleichseitigen Dreiecks in der Mitte. »Damals, das war *ihr* Reich, *ihr* Leben, *ihr* Wirken. Für *uns* zählt nur das Hier und Jetzt.«

Rosanna schmunzelte. »Erinnerst du dich, Peter? An London? *Us and Them*. Spiel das doch mal bitte kurz an.«

Er suchte den Song auf dem Gerät und sendete die Musik auf die Bose Frames. Dann nahm er Rosanna in den Arm und drückte sie ganz fest an sich. In der Ferne hinter sich sahen sie noch lange die drei Lichtstrahlen, während im Osten am Horizont die ersten Sonnenstrahlen des anbrechenden Tages sichtbar waren.

* * *

Die Maschine war im Tiefflug entlang des Niltals flussaufwärts unterwegs. Am frühen Vormittag erreichten sie Luxor mit dem Tal der Könige und kurz danach Assuan. Die Stadt war verlassen und die reißenden Fluten spülten allerlei Dinge durch die Straßen. Aus der Luft bot sich ein Bild der Zerstörung. Auf der östlichen Seite des Nils konnten sie in einer kargen Umgebung den unvollendeten Obelisken gut erkennen. Die Wellen brachen sich am Fuß des Sandsteinhügels. Es schien so, als ob die Flut noch immer zunehmen würde. Der Pilot flog in knapper Höhe über die Staumauer, oder über das, was von ihr übriggeblieben war. Der stete Wasserstrom hatte die Befestigungswälle regelrecht ausgespült und die Öffnung innerhalb der vergangenen 24 Stunden stark vergrößert.

»Das war es, was sie mit der *Operation Blue* im Auge hatten«, stellte Rosanna fest. »Den Auftakt bildete vor 19 Jahren die *Operation Red*. Als Tag des Anschlags wurde damals der Neujahrstag des Koptischen und Äthiopischen Kalenders gewählt, die beide auf den Alten Ägyptischen Kalender basieren. Nach unserer heutigen Zeitrechnung entspricht der Tag dem 11. September.«

Der Kryptologe nickte.

»Da hast du den Bezug zum Alten Ägypten. Die ONE-C und die Illuminaten haben immer die Nähe zu den ursprünglichen Wurzeln gewählt. Bei vielen Zeremonien wurden Lotosblumen benutzt.«

»Wahnsinn, dass sich der Kreis nach so vielen Jahren schließt. Zehn Jahre nach der *Operation Red* wurden wir in 2011 erneut auf die Spur gesetzt. Mit der *Operation Sonnenwende*, die ja ebenfalls das rote Farbmotiv in sich trug. Dann kam die grüne Phase mit der *Operation Salamander*. Ich hätte nie gedacht, dass die Geheimen Drahtzieher einem so einfach gehaltenen Farbcode folgen würden. Rot, grün, blau.«

»Es ist ein universelles Motiv. Ein Spektakel des Lichts, mit dem sie schon vor Jahrtausenden die Menschen verblüffen konnten.« Er legte den Sicherheitsgurt an.

Kurz vor zwölf landete die Maschine auf dem Flugplatz von Abu Simbel. Das umliegende Gelände war karg und die Geröllwüste zog sich bis zum Horizont. Das Bild war ungewohnt. Wo sich sonst die endlose Weite des Nassersees bis zum entfernten Ufer auf der anderen Seite hinzog, brachen nun gefährliche Steilhänge in die Tiefe hinab. Es war erschreckend, wie sehr der Wasserspiegel zwischenzeitlich gefallen war. Auf dem Rollfeld befanden sich Militärjets der ägyptischen Armee und mehrere senkrechtstartende Kampfflugzeuge des Typs *Harrier II* des United States Marine Corps.

Ganz in der Nähe vom Terminal waren die *Apache AH-64* Kampfhubschrauber abgestellt. Moshe rannte hinüber und begrüßte seine Kameraden. Sie hatten auf ihn gewartet und beglückwünschten ihn überschwänglich.

Im Flughafengebäude war ein provisorischer Empfang für das Heldenteam vorbereitet worden. Zivilisten gab es im Niltal im Gebiet des Stausees überhaupt nicht mehr. Stattdessen wimmelte es vom Militär, wohin sie auch blickten. Niemand wollte es sich nehmen lassen, den Helden persönlich die Hand zu schütteln – um sie gleich anschließend wieder mit Isopropanol zu desinfizieren. Doc Einstein übernahm die Führung. Er hatte einen Plan, den er konsequent verfolgte.

Er rief das komplette Team in einem Versammlungsraum zusammen und ging mit ihnen die nächsten Schritte durch. »Moshe, Jack. Wir hatten uns ja bereits während des Fluges abgestimmt. Es gibt noch einen letzten Part bei unserer Mission, den wir erfüllen müssen. Gut ist, dass wir auf die Hubschrauber und die recht ordentliche Bewaffnung zurückgreifen können. Ich bin mir ziemlich sicher, dass wir die genaue Position des Ortes finden, denn wir können auf eine Art Spezial-Kompass vertrauen.«

Sie schauten sich gegenseitig an. Der Kryptologe machte seinem Namen alle Ehre. Er sprach in Rätseln.

»Das Timing ist perfekt. Besser könnte es nicht sein. Zugegebenermaßen liegt es an der zeitlichen Planung der ONE-C für den Anschlag. Heute ist der 22. September. In jedem Jahr gibt es nur zwei Tage, an denen der subsolare Punkt den Äquator überquert.«

»Verraten Sie uns, was der subsolare Punkt ist, Doc?«, forderte Jack ihn freundlich auf.

»Aber gerne. Es ist der Ort, über dem die Sonne genau senkrecht im Zenit steht. Wenn der subsolare Ort den Äquator kreuzt, nennt man diese Konstellation die Tagundnachtgleiche, Equinox oder Äquinoktium. Ganz wie ihr wollt. Es ist ein magischer Tag im Jahresverlauf. Dieser Tag ist heute. Er war schon im Alten Ägypten von herausragender Bedeutung. Kommt, als Erstes besichtigen wir den Felsentempel von Abu Simbel.«

Das altertümliche Baudenkmal lag in fußläufiger Entfernung und sie hatten einen ägyptischen Soldaten gefunden, der sich bestens mit der Historie auskannte. Der Anblick der haushohen Kolossalstatuen von Ramses dem Zweiten war von unvergleichlicher Schönheit.

»Ursprünglich befand sich die Tempelanlage direkt am Ufer des Nils. Wegen des Staudamms wurde sie um 64 Meter nach oben versetzt. Sie ist ein echtes Meisterwerk der Baukunst. Kommt, ich zeige euch das Sonnenwunder.«

Sie kamen vorbei an einem Altar mit der Darstellung von vier die Sonne anbetenden Pavianen. Der Soldat führte sie tief in den Tempel und erklärte ihnen die Geschichte. Die Wandbilder waren erstaunlich gut erhalten. Auf einem davon war Ramses II. zwischen den Göttern Seth und Horus dargestellt, ein anderes zeigte den Pharao auf einem Streitwagen in der Schlacht bei Kadesch. Das Team der Rebellen war völlig fasziniert von den Eindrücken und erreichte schließlich einen tief im Innern liegenden Raum mit vier Götterstatuen in sitzender Haltung. Doc Einstein stellte sich vor die Truppe und kommentierte.

»Eins vorweg. Heute ist zwar der Tag des Equinox, der Tagundnachtgleiche, doch wenn ihr das Sonnenwunder *dieses* Tempels sehen wollt, müsst ihr in genau vier Wochen wieder hierherkommen. Es findet nämlich sowohl am 21. Oktober als auch am 21. Februar statt. An diesen Tagen fallen die Sonnenstrahlen bis tief in die Anlage und erhellen die Figuren. Ganz links sitzt Ptah von Memphis. Er war ein Erdgott, der mit dem Reich der Toten verbunden war. Daher bekommt Ptah am Tag des Sonnenwunders keine Strahlen von der Sonne ab, während die anderen drei im hellsten Licht erstrahlen. Die anderen drei sind Amun-Re von Theben, Ramses II. und Re-Harachte von Heliopolis.«

Doc Einstein leuchtete mit einer hellen LED-Taschenlampe auf die Gesichter der Statuen und ahmte den Effekt nach. Rosanna wog ihren Kopf hin und her.

»Ich weiß nicht, Doc. Vielleicht stehe ich gerade auf der Leitung. So faszinierend das Schauspiel mit dem Sonnenlicht auch sein mag und die frühen Menschen immer wieder aufs Neue verblüfft haben mag. Wo ist der Bezug zur Tagundnachtgleiche und dem heutigen Tag?«

Er hob den Finger. »Du hast recht. Verzeiht es mir, ich wollte schon immer diesen Tempel besuchen und das Allerheiligste mit dem Sonnenwunder bestaunen.«

Er lachte und schien sich einen Spaß mit ihnen zu machen. »Nein, glaubt mir, das Motiv des Equinox ist tonangebend. Abu Simbel ist hingegen eine Tempelanlage, die relativ spät im Alten Ägypten errichtet wurde. Das Original-Prinzip vieler früherer Bauwerke folgte exakt dem astronomischen Datum. Wir müssen dazu allerdings noch eine kleine Entfernung zurücklegen.«

Die Eindrücke von Abu Simbel waren viel zu atemberaubend, als dass sie ihm seine Marotte übelnehmen konnten. Die kleine Zeitverzögerung nahmen alle gerne in Kauf. Dann flogen sie mit den Helikoptern am Ufer entlang, bis sie in circa 65 Kilometern Entfernung auf Höhe von Wadi Halfa einen Landeplatz fanden. Das ehemalige Dorf am Fluss war wieder zum Leben erwacht und aus dem Wasser tauchte nach und nach das alte Railroad Hotel auf, welches seit Jahrzehnten von den Wassermassen überflutet gewesen war.

Doc Einstein lenkte das Interesse jedoch auf die gegenüberliegende Seite des Flusses.

»Wir sind hier ganz nahe am zweiten Katarakt des früheren Nils. Hier gab es seit Urzeiten einen Tempel. Eine Festung, die niemals eingenommen wurde. Die Anlage mit den gigantischen Ausmaßen von 215 mal 460 Metern, sie trug den Namen Buhen. Das ist der Ort, den wir suchen.«

Er breitete eine Landkarte vor sich aus und zeigte die Abbildungen der Rekonstruktion von Buhen. Die Sonne stand hoch am Himmel. Die Temperaturen waren jenseits der 40° Grad Celsius. Es ging nicht das geringste Lüftchen. Einzig die Gischt des aufschäumenden Wassers sorgte für eine Erfrischung. Sie wanderten durch die Ruinen der früheren Tempelanlage, doch viel gab es nicht mehr zu sehen. Die ehemaligen Turmanlagen waren zerfallen.

Peter wurde ungeduldig und rückte sein Base-Cap zurecht. »Sind Sie sicher, dass wir hier etwas finden werden? Ehrlich gesagt, sieht es ziemlich trostlos aus.«

»Geduld. Die ursprüngliche Festung geht zurück bis in die Zeit des Alten Reiches. Sie wurde durch besonders starke Eckbastionen und mit einer fünf Meter dicken und zehn Meter hohen Mauer gesichert. Es gab direkte Verbindungen zum Fluss sowie tiefe Wassergräben, Zugbrücken, Schlupflöcher und Katapultstationen. Diese äußeren Befestigungsmauern des perfekt konstruierten Militärgeländes schützten eine innen liegende Enklave von außergewöhnlicher Bedeutung. An diesem Ort wurde etwas bewacht, was von einem unschätzbaren Wert war. Nur wenige Teile davon fanden je den Weg nach draußen. Es war der Schatz des Anfangs, den niemand Unbefugtes zu Gesicht bekommen durfte.«

Rosanna ging zu ihm und streckte ihm die Hand entgegen. »Kann es sein, dass ich weiß, worum es geht?«

Doc Einstein nickte und schaute hinüber zu Peter. »Hast du es in deiner Jackentasche?«

Peter musste sich erst einmal sammeln und überlegte angestrengt. »Äh, ich verstehe nicht. Meinen Sie etwa das verspiegelte Kästchen?«

Der Doc nickte erneut. »Ja. Gib mir bitte den Ring.«

Peter tat, wie ihm gesagt wurde. Er zitterte ein wenig, als er dem Doc das kleine Aufbewahrungsgefäß reichte. Vorsichtig setzte der *Wise Guy* den Ring an Rosanna's Finger und hielt seine Hand darüber.

Sie schaute ihn mit großen Augen an. »Doc? Sollte ich jetzt etwas spüren?«

Er rümpfte die Nase. »Abwarten, es ist auch für mich eine Premiere.«

Im Hintergrund ging Jack auf und ab. Er wurde nervös. »Das erinnert mich an Wünschelrutengänger, die nach einer Wasserader suchen. Wasser haben wir jedoch genug.«

Der Mann aus Wien ließ sich nicht irritieren. Er schloss die Augen und konzentrierte sich. Dann folgte er seinem inneren Gefühl.

»Mir fehlt Aldo, der *Wise Guy* aus Sizilien. Der hätte den Ring wie ein Navigationsgerät benutzen können. Ich bin in dieser Hinsicht noch ein Fahranfänger.«

Plötzlich schien ihn etwas zu leiten. Seine innere Anspannung löste sich und er ließ alle Muskeln locker. Wie von Zauberhand machte er einen Schritt nach vorn, ohne Rosanna dabei loszulassen. »Komm, wir gehen ein Stück.«

Die anderen blieben auf Abstand und beobachteten das Schauspiel. Peter gesellte sich zu Joe und übte sich in einer Erklärung. »Sie folgen einem elektromagnetischen Feld und orientieren sich an der Wellenstärke. Im Zentrum wird dann wohl der verborgene Tempel liegen.«

Es zog sich fast eine halbe Stunde hin, bis Doc Einstein laut ausrief. »Heureka. Hier muss es sein.«

Die Stelle sah nicht besonders vielversprechend aus. Es war ein Geröllhügel neben der Mauerresten eines Turms - inmitten des inneren Quadranten. Sie hatten abgemacht, dass keine archäologischen Grabungen auf dem Programm stehen sollten. Stattdessen dirigierte Moshe den Helikopter knapp über den Erdboden, bis er in Schussweite war. Er nahm die Ruine vorsichtig ins Visier. Aus sicherer Entfernung sahen die Rebellen, wie der seitliche Geröllhügel in die Luft gesprengt wurde. Als sich der hochgewirbelte Wüstenstaub wieder gelegt hatte, gingen sie näher heran und begutachteten die Situation. Es war frappierend. Vor ihnen türmte sich eine große glatte Steinoberfläche mit reichen Verzierungen auf. Es musste sich um den Eingang eines Tempels handeln. Vorsichtig wiederholten sie den Beschuss – jetzt jedoch mit einer deutlich verringerten Schusskraft. Die tieferliegenden Partien bröckelten nach unten weg, bis sie vor einer senkrechten Wand standen, die von Säulen eingefasst war. Auf Anweisung des Kryptologen versuchten sie, sich mit den Bordkanonen einen Zugang durch die Steinplatte ins Innere zu verschaffen, was jedoch nicht gelang.

Die folgende Prozedur war relativ aufwändig. Sie mussten Seite für Seite um den Tempel herum freilegen. Als es endlich geschafft war, drückte urplötzlich ein Wasserschwall aus der Tiefe nach oben.

»Ein artesischer Brunnen«, rief Doc Einstein erfreut aus. Der Wasserdruck des Nils hatte sich einen Weg ins Freie verschafft und umspülte den Tempel nun mit einer beständigen Strömung. Es war ein sich selbst verstärkender Prozess. Sie konnten sich quasi zurücklegen und dem Wasser bei der Arbeit zuschauen. Nach einer weiteren halben Stunde stand der massive Tempel völlig frei in einer Senke. Früher musste er sich wohl leicht über dem Wasserspiegel des Nils befunden haben. Sie untersuchten die Seitenwände und fanden schließlich die Sollbruchstelle.

»Was einmal versiegelt wurde, kann am besten an genau derselben Stelle wieder geöffnet werden.« Der Doc markierte die Position und ließ die 30mm Bordkanonen mit voller Gefechtsstärke darauf ballern.

»Nur nicht aufgeben«, flüsterte er sich selbst Mut zu. Anfangs schien sich nichts zu tun. Die tonnenschweren Elemente hatten sich seit Jahrtausenden nicht mehr vom Fleck bewegt. Dann plötzlich gab es einen lauten Knall. Als ob etwas zerbarst. Zur Überraschung aller verschwand die drei Meter hohe Wand in der Tiefe. Wie eine Schiebetür.

»Hey, ich fühle mich gerade wie Howard Carter im Jahr 1922, als er auf das Grab von Tutanchamun stieß.«

Er blickte um sich, als ob er die Frage stellen wollte, wer mit ihm käme. Die Antwort ließ nicht lange auf sich warten. Alle wie sie dastanden, folgten ihm zum Tor. Seit Urzeiten waren sie die ersten Menschen, die sich den Zugang zu dem verborgenen Tempel verschafft hatten. Die Oberfläche der Wände war spiegelglatt; sie bestand aus dunklem Granit und es gab darauf etliche Hieroglyphen. Es ging in die Tiefe mit einem leichten Gefälle. Zu beiden Seiten befanden sich Kammern in gleicher Größe.

»Vielleicht waren es die Grabkammern der ersten Könige und mit etwas Glück finden wir Mumien. Die Ornamente an den Wänden beschreiben offensichtlich die Zeittafeln der Pharaonen im Alten Reich.«

Der Kryptologe ging zielstrebig geradeaus durch bis zur untersten Kammer.

»So hatte ich es mir gedacht.« Er hatte sich umgedreht. »Seht ihr es? Es geht zwar abschüssig in die Tiefe, aber nur ganz leicht, so dass das Sonnenlicht von draußen hier hineinfallen kann. Vorausgesetzt, dass der Winkel stimmt.«

Er schaute auf seine Armbanduhr und beobachtete die Sonnenstrahlen, die in den Tempel gelangten. So wie sich die Nachmittagssonne langsam am Himmel senkte, kam der Lichtstrahl auf dem Boden immer näher an die rückseitige Wand des Tempels heran. Endlich war es soweit. Wie von Zauberhand bewegte sich der Lichtkegel in Zeitlupe nach oben und erhellte die Malereien. Es war unglaublich, dass die Farben die Jahrtausende unbeschadet überstanden hatten. Die unzähligen Hieroglyphen waren wunderschön. Geradewegs in der Mitte der Wand wurde ein eingraviertes gleichseitiges Dreieck hell angestrahlt und leuchtete in bunten Farben. Jede Seite hatte ein eigenes Farbfeld. Drei Seiten und drei Farben.

Rot, grün, und blau. Das sind die Triangular Files, dachte Rosanna.

Der Doc ging nach vorn und bat sie, zu ihm zu kommen. Im Schnittpunkt der gedachten Dreiecks-Höhen meinte er, eine kleine Unregelmäßigkeit in der Oberfläche entdeckt zu haben. Er wollte, dass sie ihre Hand mit dem Finger genau mittig darauflegte und ihre Empfindungen schilderte.

Rosanna konnte nichts sagen. Es war, als ob etwas Fremdes von ihr Besitz ergriffen hatte. Sie zitterte und das Blut pulsierte in ihren Adern. Augenblicklich wich sie zurück. »Okay. Das ist kein Spiel für mich.«

Für den Kryptologen war die Sache klar. Alle mussten sofort die Höhle verlassen. Der Helikopter wurde vor dem Eingang von Jack und Moshe so lange ausgerichtet, bis der Winkel passte. Mit einem möglichst harmlosen Projektil sollte die markierte Stelle beschossen werden. Schon die erste Salve führte zum erhofften Ergebnis. Aus der Tiefe des Tempels kamen unheimliche Geräusche. Die Steine auf der Wandplatte verschoben sich ineinander und ein uralter Vorgang schien eine ausgeklügelte Mechanik auszulösen. Von den Dreiecksseiten ausgehend öffnete sich die Wand mit ihren drei Segmenten. Ein Element verschwand nach schräg oben links, das andere nach oben schräg rechts. Die verbleibende Sockelplatte unter dem Dreieck senkte sich automatisch in den Boden. Nur das steinerne Dreieck selbst blieb zurück. Es wurde von hinten gehalten und saß als vorderste Spitze auf einem weit in die Tiefe des Raums hineinragenden steinernen Pfeiler.

Sie blickten in die nun vor ihnen liegende tiefe Kammer.

»Freiwillige zuerst«, sagte Doc Einstein und lachte. Er ruderte jedoch augenblicklich wieder zurück. »Wartet. Die Sache könnte recht gefährlich sein. Ich nehme Rosanna mit und ... hm, und wen noch?«

Er blickte in die Runde und schien sich noch nicht festgelegt zu haben. Rosanna kam ihm in der Entscheidung zuvor.

»Peter kommt mit. Wir haben mal den Satz geprägt *Wo du hingehst, da will auch ich hingehen*. Das passt doch jetzt sehr gut.«

Die Drei gingen in die dunkle Höhle, während alle anderen draußen mit höchster Anspannung warteten.

* * *

Sie kamen aus dem grellen Sonnenlicht und tasteten sich vorsichtig Schritt für Schritt in die Tiefe der Höhle vor. Ihre

Augen mussten sich erst einmal an die Dunkelheit gewöhnen. Es war stockfinster und sie strichen mit ihren Händen zur Orientierung an der glatten Seitenwand entlang. Doc Einstein ging voran und wartete auf sie am Eingang zur untersten Kammer. Dort verbarg sich das Allerheiligste des Tempels - versteckt und geschützt – quasi im Hochsicherheitstrakt. Die Drei warteten einen Moment und verfolgten den kegelförmigen Schein der Sonne, der langsam im Raum nach oben wanderte. Der Strahl wurde geradewegs in den Raum hineinprojiziert und der Einfallswinkel war exakt auf den heutigen Tag des Equinox ausgerichtet.

»Was für ein Wunderwerk der Architektur. Diesem Bauwerk liegt eine Jahrtausende alte Erfahrung über die astronomischen Zyklen zu Grunde. Und ihr könnt davon ausgehen, dass die alten Baumeister genau wussten, wie lange ein kompletter Erdumlauf dauerte, bis die Konstellationen am Himmel wieder dem Anfangspunkt entsprachen.«

»Der Umlauf ist ein platonisches Jahr und entspricht 25.750 Erdumläufen um die Sonne«, ergänzte Peter stolz.

Der Wissenschaftler nickte und machte einen Schritt über die Bodenschwelle. Die Atmosphäre im Raum war kühl und es roch modrig.

»Ins Allerheiligste ist schon seit Tausenden von Jahren kein frischer Sauerstoff mehr hineingekommen. Das ist die beste Voraussetzung für eine wirksame Konservierung.«

Rosanna fasste ihm ans T-Shirt. »Das Allerheiligste? So wie die Bundeslade in der Stiftshütte auf dem Tempelberg? Oder der schwarze Stein in der Kaaba?«

»D'accord. Doch die anderen Orte, die du erwähntest, beherbergten nur Splitter oder bestenfalls kleine Brocken. Hier jedoch liegt der Ursprungsstein. Das magische, schwarze Kristall.« Er sprach langsam und weihevoll. Seine Worte hatten einen ehrfürchtigen Charakter.

Peter erinnerte sich an sein Treffen mit Professor Martínez. »Unter der Pyramide in México City befindet sich ebenfalls ein schwarzes Kristallstück.«

»Die Gegend dort wird nicht umsonst Teotihuacán genannt. Der Ort, an dem man zu einem Gott wird. Seht!« Er deutete auf das vor ihnen liegende Zentrum des raumhohen Kristalls. Der Lichtkegel des Sonnenlichts war direkt auf eine Markierung gewandert. Doc Einstein breitete seine Arme aus und hielt sie zurück.

»Bleibt dort und geht keinen Zentimeter näher an das Kristall heran.«

Rosanna spürte, wie eine starke Vibration durch ihre Finger lief. Das schwarze Material vor ihnen fing in einem tiefblauen Farbton zu leuchten an und eine undefinierbare hohe Tonfrequenz schwirrte durch die Kammer. Es war so, als wenn sie unter einer Hochspannungsleitung ständen.

»Es sind elektromagnetische Felder, die wir fühlen und wahrnehmen. Stellt euch einen Magneten vor, der auf Eisenspäne wirkt. Wir können zwar nicht das Magnetfeld sehen, wohl aber die Ausrichtung der Eisenteilchen.«

»Was macht die Strahlung des Kristalls mit uns?«, wollte Peter wissen. »Ist es gefährlich?«

Doc Einstein strich sich die weißen Haare aus dem Gesicht.

»Gefährlich? Vielleicht. Es ist alles eine Frage der Dosierung. Sehr ihr die schemenhaften Strukturen im Kristall? Man erkennt an der rechten Seite einige Elemente, die nach platonischen Körpern aussehen.« Er zeigte mit dem Finger auf den Bereich. »Es sind ineinander verkeilte Tetraeder. Eine der reinsten ursprünglichen geometrischen Formen und Körper überhaupt.«

Rosanna durchfuhr ein Zittern am ganzen Körper. Sie führte es auf die geheimnisvolle Energiequelle zurück. Mittlerweile hatte das blaue Leuchten des Kristalls weiter an Strahlkraft zugenommen.

»Doc, ich weiß nicht wie lange ich es noch aushalten kann.« Mit Schrecken sah sie, dass auch der schwarze Ring an ihrem Finger in einem tiefblauen Farbton erstrahlte.

Peter griff nach ihrer Hand. »Wie ist das möglich?«

Der Kryptologe Doc Einstein stellte sich schützend vor Rosanna. »Es ist an der Zeit. Wer zu nahe an der Sonne segelt, verbrennt sich daran. Werft einen letzten Blick auf die universelle Kraft des Lebens und der Erkenntnis. Wir müssen jetzt gehen und unsere Mission erfüllen.«

Sie machten auf dem Absatz kehrt und gingen zurück ans Licht nach draußen. Die anderen standen da wie angewurzelt und wagten es nicht, eine Frage zu stellen.

Jack und Moshe standen neben dem Helikopter und klopften gegen die metallische Außenhülle. »Wir wären dann soweit, Doc. Sie geben das Signal.«

Der Wissenschaftler schüttelte den Kopf. »Ich schlage eine kleine Planänderung vor. Die Energiequelle ist signifikant intensiver als alles, womit ich gerechnet hatte. Wir müssen uns von hier entfernen. Und zwar meilenweit weg. Richtig weit weg.«

Moshe vergewisserte sich. »Sie meinen die *Safety Zone*?«

Er presste die Lippen aufeinander. »Niemand kann wirklich sagen, wie stark die Wirkung sein wird. Der elektromagnetische Impuls wird gigantisch sein. Wir sollten mindestens 20 bis 30 Kilometer von hier entfernt sein, wenn es den großen Bumms gibt.«

Sie stürmten zu den Apache Hubschraubern und warfen die Rotorblätter an. Jack blieb mit dem Doc und Moshe zurück. Sie justierten die Bordkanone an jenem Fluggerät, welches sie zurücklassen und für die Aktion aufgeben mussten. Doc Einstein warf einen letzten Kontrollblick durch das digitale Visier und signalisierte mit seinem Daumen das *Go*. Moshe stellte den Zünder auf zehn Minuten. Dann eilten sie zu ihrem Helikopter und hoben unmittelbar danach vom Boden ab. Der Pilot zog die

Steuerknüppel kräftig zu sich heran und sie gingen steil nach oben. Auf der anderen Seite des Ufers hielten sie sich in den beiden Apache Hubschraubern hinter einem Hügel in der Luft und beobachteten das Geschehen aus der Ferne. Moshe hatte auf seinem Smartphone den Countdown parallel gestartet. Er zählte die letzten Sekunden laut mit.

»Drei, zwei, eins. Feuer.«

Die Bordraketen wurden in schneller Folge zielgenau in die Tiefe des Tempels abgefeuert und trafen das Kristall im Kern. Die Detonationen waren gewaltig. Eine Feuerwalze schoss durch die obersten Gesteinsschichten und wirbelte den Wüstenboden rund um die Tempelanlage mächtig auf. Eine Rauchsäule stieg aus der Explosionsöffnung schnurstracks in den Himmel auf und bildete eine sich schnell ausdehnende, feinkörnige Wolke. Was folgte, war eine Kettenreaktion. Das Kristall hatte die Energie der ersten Sprengladungen aufgenommen und fing an zu glühen. Innerhalb weniger Minuten war die kritische Temperatur erreicht und das Gestein brodelte von innen.

Doc Einstein schaute auf seine Armbanduhr und gab dem Truppführer Moshe ein Zeichen. Sie gingen mit den Hubschraubern hinter dem Geröllhügel in Deckung.

»Wendet euren Blick ab oder schließt die Augen. Aber schaut auf keinen Fall zurück zum Tempel von Buhen. Wir wollen ja nicht wie Lot zur Salzsäule erstarren.«

In diesem Augenblick ertönte ein ohrenbetäubender Lärm aus der Ferne. Es war ein Grummeln und Donnern wie bei einem heftigen Gewittersturm. Ein greller Lichtblitz erhellte den Himmel und das Licht überstrahlte in seiner Intensität sogar das nachmittägliche Sonnenlicht. Die Explosionen erreichten nach knapp zehn Sekunden ihre maximale Stärke und ein riesiger Feuerball schoss in die Höhe. Die Wirkung der Druckwelle entsprach der Sprengkraft von Tausenden von Tonnen TNT. Die Hitzewelle breitete sich in rasender Geschwindigkeit aus.

Der extreme Hitzeschwall war bis zu den Hubschraubern spürbar. In nächster Nähe des Tempels von Buhen verdampfte sogar das Nilwasser oder es schoss aus unterirdischen Reservoirs als Fontäne nach oben. Durch die Bodendetonationen zerbrach das Kristall in immer kleinere Stücke, bis unzählige kleine Partikel des Gesteins in die Luft geschleudert wurden. Die Atmosphäre wurde vom Fallout ionisiert und war elektrisch aufgeladen. Dadurch wurden die schwarzen Teilchen noch weiter in die Höhe getragen. Weithin sichtbar verdunkelte sich der Himmel und die Trübung zog sich bis hinauf in die Stratosphäre - in eine Höhe deutlich jenseits der 15 Kilometer. Wie bei einem Vulkanausbruch wurde die Asche weiträumig in den Luftschichten verteilt und hielt sich auf einem konstanten Level in der Stratosphäre.

»Wir müssen aufpassen, dass unsere Rotorblätter durch die Schwebeteilchen keinen Schaden nehmen.« Moshe gab das Signal zum Aufbruch.

Auf dem Rollfeld in Abu Simbel checkten die Experten den Zustand der beiden Apache-64D und befanden den Weiterflug als zu gefährlich. Außerdem würden sie die vor ihnen liegende Distanz nicht meistern können.

Das Team fasste einen schnellen Entschluss. Die Boeing Langstreckenmaschine war vollgetankt und bereit zum Abflug. Doc Einstein gab das Ziel vor. Es lag im Süden.

Kaum waren sie in der Luft, kamen die Meldungen aus aller Welt über den Äther. Es war von einer wundersamen schwarzen Wolke die Rede, die sich bereits über die gesamte Region Ostafrikas erstreckte – und sich von dort aus begann, in der Atmosphäre um die ganze Welt zu verbreiten. Es hatte den Anschein, dass die miniaturisierten Partikel überall hin verteilt wurden und ihre Wirkung entfalten konnten. Die Stratosphäre wirkte dabei wie ein Langzeit-Archiv; die Teilchen hielten sich beständig in den oberen Schichten und fielen nicht zu Boden.

Die Leitstelle der US-militärischen Koordination auf dem Flugzeugträger verlangte nach einer Erklärung und stellte direkt zum Kommandanten Tom Davis durch. Jack schaltete das Bordmikrofon auf Sendung und begrüßte seinen ehemaligen Kollegen.

»Hey, altes Haus. Das war ein krachendes Feuerwerk. Wir haben das Kaminrohr mal richtig durch gepustet.«

»Jack, ihr seid Teufelskerle. Was habt ihr da zerstört? Einen alten Tempel? Welche Instanz hatte das genehmigt? Die Ägypter springen schon im Dreieck.«

»Im Dreieck? Der Spruch ist wirklich gut. Sie mögen sich beruhigen. Der Tempel befand sich nicht auf ägyptischem Boden. Die ehemaligen Ruinen von Buhen wurden schon vor 60 Jahren aufgegeben, als man grünes Licht für den Staudamm gegeben hatte. Seitdem lagen sie tief verborgen unter der Wasseroberfläche.«

Der Leiter der nordamerikanischen Einheit ließ nicht locker. Offenbar hatte hinter ihm jemand die Rolle einer Souffleuse übernommen. »Es wird vermutet, dass dieser Tempel - oder besser gesagt der schwarze Schatz - das eigentliche Ziel des Anschlags der Geheimen Drahtzieher war. Ein magisches Material von unermesslichem Wert und einem gewaltigen Machtpotential.«

»Hm, wenn es tatsächlich so gewesen sein sollte, dann haben wir ja genau das richtige Ziel getroffen. Jetzt verteilen sich die magischen kleinen Partikel gleichmäßig über die ganze Erde. Ich soll dir von unserem *Wise Guy* Doktor Einstein ausrichten, dass er schon immer davon geträumt hat, die Welt ein klein wenig besser zu machen.«

Am anderen Ende der Leitung war nur ein unwirsches Knurren zu vernehmen. Jedes Land, jede Nation und jede Streitkraft hätte sich nur allzu gern die ultimative Machtquelle des magischen schwarzen Kristalls gesichert.

Kapitel 38

Ngorongoro / Victoriasee

Ende September 2020

Am Anfang hatte Doc Einstein ein großes Geheimnis darum gemacht, wohin sie der finale Flug führen sollte. Nur Jack und Moshe waren eingeweiht, da bei ihnen die gesamte militärische Kommunikation zusammenlief. Sie waren es auch, die neben dem Flug die Abholung am Zielort sowie die Übernachtung organisiert hatten. Aus guter Gewohnheit hatten die Rebellen auf dem Flug in den Süden wiederum dieselben Sitzplätze eingenommen wie auf dem Transatlantikflug.

Peter tippte seinem Vordermann auf die Schulter. »Doc, wohin geht es diesmal?«

»Es ist die finale Etappe, die wir zusammen absolvieren werden. Zurück zum Anfang. Zum Ausgangspunkt. *Back to square one*.« Der weißhaarige Mann wirkte gelöst.

»Wird sich alles aufklären?«, wollte Rosanna wissen.

»Das wird davon abhängen, was du wissen möchtest. Bezüglich der vergangenen Zusammenhänge und Ereignisse bin ich zuversichtlich. Die Zukunft hingegen liegt bei euch. Ihr werdet sie gestalten.«

Peter schaute aus dem Seitenfenster. »Doc, woher wussten Sie, dass die Festung von Buhen der Aufbewahrungsort des großen magischen Kristalls war?«

Er lächelte. »Wir haben unsere weisen Köpfe so lange zusammengesteckt, bis wir eine Idee entwickelt hatten. Eine Position zwischen dem ersten und dem zweiten

Katarakt am Nil erschien uns naheliegend. Wisst ihr, der Nil lag zeitweise viel, viel tiefer. Das Flusstal war irre tief eingeschnitten - wie ein Canyon. Das war zu den Zeiten, als das Mittelmeer komplett ausgetrocknet war.«

»Doc?«, sie sah ihn streng an.

»Doch, doch. Auf dem Boden des Mittelmeers gibt es tausende Meter dicke Salzschichten, die sich anders nicht erklären lassen. Als die tektonischen Platten die Meerenge von Gibraltar verschlossen hatten, war das Wasser in nicht mal tausend Jahren verdunstet. Zu diesen Zeiten stürzte der Nil im Mündungsgebiet hunderte Meter in die Tiefe.«

»Und als sich das Mittelmeer plötzlich wieder füllte, kennzeichnete das die Sintflut?«, mutmaßte Peter.

»Gut möglich. Aber mein aktueller Fokus liegt auf dem Nil und seinem tief eingeschnittenen Canyon. An den Katarakten bildete das harte Granitgestein wichtige Barrieren. Und als die Vorfahren das geheimnisvolle Kristall mit sich flussabwärts brachten, wählten sie eine möglichst sichere Stelle aus.«

»Das schwarze Kristall. Wissen Sie, was am Ende so Besonderes daran war? Ich meine, jetzt ist es zerstört und die Welt dreht sich wie bisher.« Peter lehnte sich zurück.

Der *Wise Guy* lachte herzhaft. »Du musst die Frage umgekehrt stellen. Ohne das Kristall würdest du nicht mal erkennen, dass die Welt sich dreht. Wartet noch ein wenig. Dann werdet ihr es verstehen.«

Am Horizont färbte sich der Himmel rot. Die Sonne war gerade untergegangen und die magischen Schwebeteilchen in der Atmosphäre wurden aus der Unendlichkeit angestrahlt. Bei der Landung in der Dunkelheit kam im Cockpit noch einmal kurz Hektik auf. Die Piloten kannten ihre umgebaute 737 in und auswendig. Sie wussten, dass sie die Maschine sicher auf der eineinhalbtausend Meter langen Landebahn sicher zum Stehen bringen würden. Ihre Diskussion drehte sich vielmehr um den späteren Start und darum, ob die Länge des Rollfelds ausreichen würde. Egal. Zunächst ging es darum, die heldenhaften Rebellen sicher auf den Boden zu bringen. Und das taten sie.

Es war schon nach 21.00 Uhr, als das Flugzeug zum Stillstand kam. Waren sie in Kenia gelandet? Oder in Tansania? Es spielte keine Rolle. Nach dem langen Tag waren die Helden müde. Sie ließen sich von den wartenden Jeeps direkt zu der Zeltstadt am Ngorongoro Krater fahren und fielen völlig erschöpft auf die Pritschen.

* * *

Die Schreie einer Hyäne drangen an sie heran, als die ersten Strahlen des Sonnenaufgangs die äußeren Zelte erreichten. In der Nacht hatte es sich angenehm abgekühlt und auch am frühen Morgen war es noch relativ frisch im *Pakulala Luxury Safari Camp* in Tansania. Die komplette Anlage war für sie reserviert worden. Peter war als einer der ersten wach und schaute sich um. Die großräumigen Zelte waren erstaunlich gut eingerichtet und hinter einem bunt gemusterten Vorhang gab es eine Kleiderstange mit allerlei Safari-Kleidung. Er suchte sich die passenden Stücke aus. Ein dunkelbraunes, kurzärmeliges Hemd und eine Khaki Hose aus Baumwolle. Für Rosanna hatte er eine Vorauswahl getroffen und die Sachen aufs Bett gelegt.

»Guten Morgen, Pete.« Sie räkelte sich und war noch vom Vortag erschöpft. »Wann können wir eigentlich mal nach Herzenslust ausschlafen? Ohne Programm und Aktivität.«

»Guten Morgen, meine Liebe. Willst du den Tag mit mir gemeinsam beginnen?« Er setzte sich zu ihr auf die Matratze und strich über ihr glattes Haar.

Sie lächelte und verstand den Hinweis. »Wo sind wir? Gestern Abend sind wir nach der abrupten Landung ja quasi direkt ins Bett gefallen.«

Er zog die Vorhänge auf. Eine Wand oder ein Fenster gab es nicht. Alles war offen gehalten. Der Ausblick war fantastisch. Vor ihnen lag der Ngorongoro Krater und zog sich im weichen Licht der Morgensonne bis zum Horizont.

»Die ganze Sache hier hat sich der Doktor ausgedacht. Er murmelte nach der Ankunft etwas von *God's own Country*. Und dass wir uns die gemeinsame Freizeit wahrlich verdient hätten. Jack sprach dann noch einen Glückwunsch an ihn aus für den tollen Verhandlungserfolg, denn die Amis übernehmen die kompletten Kosten unseres Trips.«

»Das ist ehrenhaft.« Sie zog eine kesse Miene. »Wir haben es uns aber auch wirklich verdient. Mal eben die Welt vorm Abgrund gerettet. Ist es draußen friedlich?«

Er scrollte auf seinem *ComX* durch die aktuellen Nachrichten aus aller Welt. »Du meinst, ob die Kriegsgefahr gebannt ist? Ja, es scheint so. Wollen wir schauen, wo wir als Erstes einen frisch gebrühten Kaffee bekommen?«

Sie zog ihn an sich heran und küsste ihn. »Danke, dass wir das gemeinsam unternommen und durchgestanden haben. Ich liebe dich, Pete.«

»Ich dich auch, Ann. Weißt du, ich muss gerade daran denken, als wir uns vor vielen Jahren das erste Mal so richtig in London getroffen hatten. Da fragtest du mich, ob ich Lust auf ein Abenteuer hätte, ein Abenteuer, wie ich es noch nie erlebt habe. Es stimmt, alles hat sich bewahrheitet. Wir sind am Ziel unserer Reise angekommen.«

Sie warf einen skeptischen Blick auf die Kleidung, die er herausgesucht hatte und schüttelte den Kopf. »Knapp daneben ist auch vorbei.«

Dann ging sie hinter dem Vorgang und holte sich ihre eigenen Favoriten heraus. Die Wahl fiel auf eine helle cremefarbene Röhrenhose mit einem braunen Ledergürtel und eine leichte Seidenbluse in zartrosa. Sie fand sogar einen passenden Sonnenhut dazu.

»Ich bin fertig. Und wo gibt's den Kaffee?«

Aus dem Nachbarzelt dröhnte eine bekannte Melodie. Offensichtlich musste Martijn dort genächtigt haben, was unschwer an seinem Lieblingssong zu erkennen war. Er trat mit nacktem Oberkörper vors Zelt und reckte und streckte sich. Dazu summte er die Zeile des Refrains. *There's nothing to be guilty for.* Hinter ihm huschte Taylor aus dem Compartment. Sie war nur leicht mit einem Slip bekleidet und schmiegte sich an den Rücken von Martijn. Der Holländer genoss es sichtlich und wandte sich zur Seite. Er sah Rosanna und begrüßte sie.

»Goedemorgen, Rose. Wie geht es meiner Zweitbossin?«

Sie lächelte. »Ist alles okay mit dir, Chef?«

Er drehte sich zu seiner taiwanesischen Freundin um. »Ik denk het wel. Von uns aus können wir hierbleiben. Für eine sehr, sehr lange Zeit.«

Taylor kicherte und zog ihn wieder hinter den Vorhang.

* * *

Doc Einstein wartete bereits am Kraterrand auf Rosanna und Peter. Sein Blick wanderte voller Begeisterung über die atemberaubende Landschaft.

»Von hier aus zieht sich die Serengeti in westlicher Richtung bis zum Victoriasee. Es ist gar nicht so weit bis dorthin. Ungefähr 200 Kilometer. Willkommen im Paradies. In *God's own Country.*«

»Guten Morgen, Doc. Vielen Dank, dass Sie das organisiert haben. Es wird dem Team sehr gut tun, ein paar Tage auszuspannen. Ehrlich gesagt, weiß niemand von uns, was jetzt als Nächstes kommt. Die Mission hat uns zusammengebracht und zusammengeschweißt. Wir sind ein echtes Team geworden. Eine tolle Truppe. Aber so wie es aussieht, wird nun jeder wieder sein eigenes Leben definieren und gestalten.«

»Das liegt in der Natur der Sache, Rosanna. Ihr werdet dennoch für immer miteinander verbunden sein.« Er blickte über den Kraterrand. »Schaut, ist es nicht fantastisch, welche Artenvielfalt die Natur in dieser Ecke der Welt hervorgebracht hat? Der Ngorongoro Krater entstand, als ein Vulkanberg an dieser Stelle in sich zusammengestürzt war. Wir sind hier oben auf 2300 Meter Höhe über Normalnull und die Felswände reichen 600 bis 700 Meter hinab bis auf den Kraterboden. Im Krater gibt es übrigens die höchste Raubtierdichte ganz Afrikas.«

Er streckte seinen Arm aus und zeigte auf eine Herde Gnus in der Savanne des Kraters. »Gazellen, Antilopen, Büffel, Zebras. Die Herdentiere wiederum werden von den Hyänen, Löwen und Geparden gejagt. Was immer ihr mit Afrika verbindet, hier findet ihr es. Die Artendichte ist nirgendwo so groß, wie in dieser Gegend. Nicht umsonst gilt der Ngorongoro Krater vielen als heiliger Boden. Und wenn ihr auf den nahegelegenen Victoriasee einen Blick werft, so gibt es darin über 250 Fischarten – bei einer gleichbleibenden Wassertemperatur von 26° Celsius.«

Peter hob eine Augenbraue und wollte demonstrieren, dass er an anderer Stelle gut aufgepasst hatte. »Das ist recht nahe dran an der Neutraltemperatur des Menschen.«

»Hundert Punkte für den Kandidaten«, zeigte sich der Kryptologe Doc Einstein hoch erfreut.

* * *

In den nächsten Stunden konnten sich die Rebellen nach Herzenslust austoben. Es wurden Tagesausflüge inklusive einer Tour im Safari-Bus angeboten. Endlich waren die Männer und Frauen wieder frei und unbeschwert. Sie prosteten sich mit gut gekühltem Bier zu und schossen Erinnerungsfotos. Es waren Momente der Ausgelassenheit, die sie genossen, als wäre es eine Ewigkeit her gewesen.

Zum Nachmittag hin hatten sie in einer kleinen vorgelagerten Senke ein Barbecue aufgebaut. Die Glut des Feuers loderte und die saftigen Steaks lagen bereits auf dem Rost. Der Grillmeister war Martijn höchstpersönlich. Einer der Tourguides hatte eine Westerngitarre mit ans Feuer gebracht und schlug kräftig in die Saiten. Sie waren ein eng zusammengewachsenes Team. Jeder wusste, dass er sich auf den anderen blind verlassen konnte. Sie sangen gemeinsam, sie tanzten und sie lagen sich in den Armen. Doc Einstein hatte sich ein wenig oberhalb des Geschehens zurückgezogen. Er saß auf einem Felsvorsprung und schaute dem fröhlichen Treiben zu.

Peter bemerkte, dass der weise Kryptologe sich bewusst abgesondert hatte und gab seiner Partnerin ein Zeichen.

»Wollen wir uns zu ihm setzen? Ich bin neugierig und würde zu gern seine Erklärung der Ereignisse hören.«

Sie nickte. »Gerne. Weißt du, als Victoria vor meinen Augen in die Tiefe des Flusses wegrutschte, spürte ich tief in mir einen alles zerreißenden Schmerz. Es schnürte mir die Kehle zu. Und dasselbe Gefühl hatte ich, als das Kristall in tausend Stücke zerbrach. Bei Victoria mag es die Nähe von Schwester zu Schwester gewesen sein – aber bei einem schwarzen Kristall? Es muss etwas geben, was mit der Schulmathematik nicht zu erklären ist.«

Sie ließen die anderen zurück. Niemand vermisste sie, denn es herrschte eine fröhliche, ausgelassene Stimmung am Lagerfeuer. Die Servicekräfte des *Safari Camps* hatten Liegestühle im Halbkreis einige Meter vom Barbecue entfernt aufgestellt. Allmählich wurde es etwas ruhiger und die Sonne neigte sich über dem Kraterrand. Rosanna nahm Peter an die Hand und sie begaben sich zu ihrem *Wise Guy*, Doc Einstein.

»Hey, Meister. Sind Sie zufrieden?«

»Und ihr? Habt ihr einen schönen Tag verbracht?«

Sie setzten sich und Rosanna antwortete auf seine Frage.

»Am wichtigsten ist, dass die Welt keine Armeen und Soldaten aufeinander hetzt. Mit den wirtschaftlichen Auswirkungen werden die Länder auch zurechtkommen. Einzig das Virus ist nach wie vor ein echtes Problem.«

»Nicht mehr lange. Viren kommen und gehen. Das war schon immer so. Die Menschen werden nach und nach ihre Antikörper aufbauen. Bestimmte Blutgruppen sind eh prädestinierter als andere. Impfstoffe werden den Schutz ergänzen und durch ihr Grundprinzip ebenfalls die wirksamen Antikörper in den Menschen aufbauen. Und außerdem wird nun die globale Kristallwolke aus der Höhe einen zusätzlichen positiven Effekt hinzufügen.«

Peter räusperte sich. Er wollte sich dazwischen drängen.

»Oho. Da habe ich gleich die erste Frage. Was hat es mit dem Kristall auf sich? Woher stammt das Material.«

»Es ist außerirdischen Ursprungs. Aber das hast du doch sicherlich schon längst vermutet, oder?«

Der Hamburger wich einer direkten Antwort aus. »Selbst wenn, so bleibt die Frage, ob ein Meteorit irgendeine Wirkung auf uns oder das Leben ausüben kann.«

Der Kryptologe lächelte. »Und ob. Warte ab. Wenn ihr wollt, erzähle ich euch die Geschichte. Gemeinsam mit all meinen Sinnesgenossen habe ich sehr viele altertümliche Dokumente durchforstet und wir konnten uns ein Bild der Geschichte zusammensetzen. Wollt ihr die Story hören?«

Sie nickten und machten es sich bequem.

»Am Anfang gab es den Menschen, wie wir ihn heute kennen, noch nicht. Und er ist nicht – entgegen der allgemeinen Lehrmeinung – die Krone der Schöpfung. Erinnert ihr euch an unser unterirdisches Treffen in der Krypta in Rom? Und an die Versammlung der ONE-C in Nairobi? Ich habe die Mitschnitte von Joe zu sehen bekommen. Wenn ihr eins und eins zusammenzählt, könnt ihr euch die Geschichte schon fast denken. Zu einer Zeit, die lange zurück liegt, gab es zunächst die Frühmenschen.

Nennen wir sie der Einfachheit halber die FMs. Zu den FMs gehörten die Neandertaler und viele weitere. Sie hatten durchaus Fähigkeiten, die weit über denen der Menschenaffen und Primaten lagen, doch sie konnten dem modernen Menschen noch bei weitem nicht das Wasser reichen. Szenenwechsel. Hier im Gebiet des Ngorongoro Kraters entstand wie aus dem Nichts ein neues Wesen. Basierend auf dem Ausgangserbgut der Frühmenschen, doch mit wesentlichen Veränderungen. Es waren die ersten Wesen mit der Eigenschaft der kollektiven Intentionaliät, mit einem Verständnis für die Gesetze der Logik, des Erkennens von Verhältnissen, Zahlen und Bedeutungen. Die ersten Wesen, die den Zugang zur Erkenntnis erhalten hatten. Wo vorher nur drei Punkte sichtbar waren, konnten diese Wesen ein Dreieck konstruktiv erkennen. Fünf Sterne am Himmel, die zuvor nur fünf helle Lichtpunkte waren, standen urplötzlich für das Sternbild Orion und bildeten als Kreuz ein Zeichen und eine Botschaft. Kurzum, die ersten Wesen, die die Punkte logisch miteinander verbinden konnten, waren auf Erden erschienen. Nennen wir die Wesen dieser Sippe der Einfachheit halber *Götter*. Denn das waren sie. Sie hatten den prädestinierten Zugang zu den Vorgängen in der Natur. Erstmals gab es ein Gestern, ein Heute und ein Morgen. Die Zahlenreihe, die wir heute die Fibonacci Reihe nennen, zählte auf einmal zu den universellen Basiserkenntnissen. Eins plus eins macht zwei. Eins plus zwei ergibt drei und aus zwei plus drei folgt fünf. Nach demselben Muster folgen die Zahlenwerte 8, 13, 21 und 34. Jede Zahl entspricht der Summe der beiden vorherigen Zahlen. Es ist ein einfaches, aber sehr weitreichendes Konzept. Je größer die Zahlenpaare werden, umso genauer wird ihr Divisor. Bis man schließlich bei der ultimativen Goldenen Zahl 1,618 landet. Sie heißt auch Phi und ist die magische Zahl, der so vieles in unserer Natur zu Grunde liegt. Übrigens, wenn ihr die

Zahl Phi ins Quadrat setzt und die Zahl Phi selbst davon abzieht, kommt exakt die Zahl eins heraus. Phi ist die allumfassende universelle Zahl schlechthin. Durch die Zahl Phi wird der Goldene Schnitt begründet, der in zahlreichen natürlichen Formkonzepten vorhanden ist und für die perfekte Ästhetik in Bauwerken und in der Kunst steht. Und eben jene Goldene Zahl spielt sogar in der Erbsubstanz eine Rolle. In der DNA. Die DNA ist bekanntlich ein spiralförmiges Molekül. Die weltberühmte Doppelhelix. Die DNA ist Träger der Erbinformation bei allen Lebewesen. Der Durchmesser dieser Spirale beträgt 21 Ångström, während die Länge einer Umdrehung 34 Ångström entspricht. Das sind zwei Zahlen der Fibonacci Reihe und sie stehen zueinander im Verhältnis der Goldenen Zahl Phi - mit dem Wert von 1,618. Die Zahlenreihe beruht auf einer simplen mathematischen Formel und darin liegt ein Teil des Geheimnisses.«

»Doc, es ist die Zahlenreihe 1, 1, 2, 3, 5, 8, 13, 31, 34 und so weiter, richtig? Jede Zahl ist die Summe der beiden Zahlen, die vor ihr in der Reihe stehen, korrekt?«

Er nickte. »Absolut, Peter. Ein durch und durch einfaches Prinzip, das zu der universellen irrationalen Zahl führt. Auch die Gesetze der Logik fangen ganz harmlos an. Aus *A* folgt *B* und aus *nicht B* folgt *nicht A*. Einfach und genial.«

Peter nickte, während Rosanna schwerlich das neckische Schmunzeln verbergen konnte. Doc Einstein machte weiter.

»Nehmt eine Handvoll Naturgesetze, Formeln, die Gesetze der Logik und das Erkennen von geometrischen Formen, die auf Konstellationen beruhen. *Connecting the Dots*. Ein Wesen, das diese Handvoll Naturgesetze verinnerlicht hat und sie effizient anwenden kann, wird gemeinhin als intelligent bezeichnet. Die Wesen der Sippe, von denen ich euch berichte, verfügten über diese außergewöhnlichen Fähigkeiten. Sie waren die *Götter* auf Erden.« Er schloss andächtig die Augen.

»Äußerlich waren die *Götter* gar nicht groß von den Frühmenschen zu unterscheiden, doch hinsichtlich ihrer Intelligenz und der kulturellen Fähigkeiten inklusive der kollektiven Intentionalität lag ein ganzes Universum zwischen ihnen. Sie kannten einander nicht, die *Götter* und die Frühmenschen. Zumindest viele Jahrtausende lang. Die *Götter* lebten hier in Ostafrika. Abgeschieden, isoliert und friedlich. Sie waren eine matriarchalisch geprägte Gesellschaft. Die Frauen gaben den Ton an. Sie zogen die Kinder auf und gaben das erworbene Wissen von Generation zu Generation weiter. Sie lebten hier wie im Paradies. Schaut nach oben in den sternenklaren Himmel. Für ein Wesen mit den soeben geschilderten Talenten begannen die astronomischen Konstellationen bildhaft zu sprechen. Nacht für Nacht. Die *Götter* entwickelten Kalender, Zeichen, Sprachen und Schriften. Sie errechneten die Zyklen, die unsere Welt definierten. Bis hin zur Erdpräzession mit 25.750 Jahren. Fantastisch, oder?«

Rosanna lockerte ihre Schultern und legte den Kopf zur Seite. »Das kann gut sein. Doch verraten Sie uns bitte, wie die *Götter* ihre Fähigkeiten erlangt hatten, während die anderen Frühmenschen – oder in Ihrem Jargon die FMs – weiterhin im Halbdunkel der Wahrnehmung blieben.«

»Das möchte ich gerne versuchen. Die FMs dümpelten bei einem Intelligenzquotienten nach heutigem Maßstab von unter 70 dahin, wenn man gnädig ist, während die *Götter* mit einem IQ jenseits der 150 gesegnet waren. Es war eine Mutation, die dazu führte. Hm, wir werden wohl niemals irgendeine Dokumentation darüber finden. Jedenfalls deutet vieles darauf hin, dass der geheimnisvolle Kristall-Meteorit hier im Ngorongoro Krater auf die Erde gestürzt war. Bei dem Kristall-Meteoriten musste es sich um ein sagenhaft großes Exemplar gehandelt haben. Vielleicht war der Himmelskörper auch direkt in den Vulkan geknallt und hat sein Explodieren verursacht?

Vieles wird wohl für immer im Dunkel der Geschichte bleiben. Wir glauben, dass der Meteorit so groß war, dass er beim Eintritt in die Erdatmosphäre zwar auf der Oberfläche glühend heiß geworden war, jedoch im Kern unversehrt seine Struktur und Substanz beibehalten hatte. Das äußere Erscheinungsbild war ein tiefes Schwarz. Tja, ihr Lieben. Dieser Meteorit hatte es in sich. In seinen unzähligen Hohlräumen steckten schwarze Kristalle, zusammengehalten von kristallinen platonischen Körpern, zwischen denen die Kavitäten mit unterschiedlichen Stoffen gefüllt waren.«

»Kavitäten? Hohlräume?«, wollte Rosanna wissen.

»Hm, ja. Für eine lange Zeit, jahrtausendelang, blieben die Inhalte geschützt und verborgen tief im Innern des außerirdischen Gesteinsbrockens. Bis Umwelteinflüsse und Erosion dem Meteoriten so lange zugesetzt hatten, dass er zerbrach. Seine inneren Strukturen zeigten sich plötzlich wie ein offenes Buch. Und zwar als Erstes denjenigen Wesen, die ihm zu nahe kamen.«

»Okay. Es gab einige neugierige Frühmenschen, die sich das Ding aus dem Weltall mal aus nächster Nähe ansehen wollten, als es zwischen den Farnen und Kräutern sichtbar wurde. So oder so ähnlich war es dann vermutlich, oder?«

»Die Strahlung muss gewaltig gewesen sein. Wir wissen um die Gefährlichkeit der radioaktiven Strahlung. Vielleicht kann man das miteinander vergleichen. Im Innern gab es kristalline Strukturen, schwarzes kohliges Gestein und eisenhaltige Minerale. Darüber hinaus brachen Hohlräume auf, die zuvor eine Ewigkeit lang hermetisch verschlossen waren. Darin schlummerten im Vakuum konservierte Molekülstrukturen. Organische Verbindungen, Aminosäuren und Diaminosäuren – die Vorläufer des genetischen Materials auf Erden. Und es waren darin Fullerene. Eine ganze Menge davon.«

»Fullerene? Was sind das bitte?«, erkundigte sie sich.

»So werden hohle, geschlossene Moleküle mit einer hohen Symmetrie aus Kohlenstoffatomen bezeichnet. Meistens sind sie aus Fünfecken oder aus Sechsecken aufgebaut und erfüllen die Charakteristika von platonischen Körpern. Viele Fullerene bestehen aus zwölf Fünfecken. Die kleinsten Fullerene hingegen sind Dodekaeder und bestehen nur aus pentagonalen Kohlenstoffringen. Nun haltet euch fest. Fullerene sind braun-schwarze Pulver von metallischem Glanz, die aufgrund der Bindungsverhältnisse im Molekül extrem viele Radikale aufnehmen können. Dieser ideale Radikalfänger wurde 2012 in einem Experiment Ratten oral verabreicht. Angeblich zeigte sich keine toxische Wirkung, stattdessen hatte sich die Lebensdauer der kleinen Nagetiere deutlich verlängert. Alles in allem waren im Innern des schwarzen Wundermeteoriten eine ganze Menge Geheimnisse gespeichert. Bausteine des Lebens, die RNA-Formeln in Form von Virionen, die Basisformeln des Universums – wie die Gesetze der Logik und der Fibonacci Reihe. Und zudem gab es noch die Fullerene als Panazee.«

»Das klingt unglaublich. Wie der Stein der Weisen. Aber Sie wollen mir jetzt nicht weismachen, Doc, dass man den Stein - beziehungsweise das Kristall – nur einmal kurz berühren musste und bumms, hatte der Frühmensch die Weisheit mit Löffeln gefressen und mutierte über Nacht zu einem Gott? Mit ihm die gesamte Sippe – und mir nichts dir nichts, gab es hier im Krater die *Götter* auf Erden. Das ist nicht Ihr Ernst, Ernst?«

Sie blickte ihn skeptisch an.

»Ich mag deine Wortspiele, Rosanna. Doch, doch. So ähnlich wird es gewesen sein. Eine neugierige Vorhut, vielleicht der Nachwuchs, hatte das Kristall tief im grünen Dschungel des Ngorongoro Kraters entdeckt. Die Strahlung muss auf das Erbgut augenblicklich gewirkt haben. Vielleicht haben sie auch Fullerene durch das

Anfassen in ihren Körper aufgenommen, was ihnen durch die darin enthaltenen Radikalfänger einen gewissen Rundumschutz, quasi eine Unsterblichkeit, brachte. Und so wie ein Magnet die Eisenspäne ausrichtet und in die richtige Ordnung bringt, so hat das magische Kristall die Wesen, die es entdeckten, als Resonanzkörper gefunden und an sie das komplette Bündel an Weisheit, Erkenntnis und Intelligenz übertragen. Es hat sie zu Göttern gemacht.«

»Das ist das Abgefahrendste, was ich je gehört habe.«

»Tja, vielleicht war der Baum der Erkenntnis gar kein Baum, sondern ein Kristall, das im Dschungel lag. Mein persönliches Erklärungsmodell für die Erlangung der Erkenntnis bleibt unangefochten die Wirkung einer elektromagnetischen Strahlung auf den Resonanzkörper der Wesen. Andere von unseren *Wise Guys* meinen, es wären vielleicht die Virionen gewesen, die sich im Kristall befanden. Virionen, ausgestattet mit einem außerirdischen RNA-Bauplan, der die Formeln der Erkenntnis ins Erbgut der Wesen gepflanzt hat. Sozusagen ein Virus, welches das Erbgut verändert hat. Von der RNA zur DNA und über diesen Weg war die Intelligenz geboren. Wie gesagt, mein Favorit ist die Übertragung durch eine intensive elektromagnetische Strahlung in Verbindung mit den Fullerenen. Doch das Ergebnis war in jedem Falle gleich.«

Peter glaubte, ihm jetzt allmählich folgen zu können. »Das Erbgut der Wesen, also der Frühmenschen, die mit dem schwarzen Meteoriten und dem kristallinen Innenleben in Kontakt kamen, wurde nachhaltig verändert. Diese Mutation führte zu den Wesen, die Sie die *Götter* nennen, stimmt's?«

Der Kryptologe nickte. »So oder so ähnlich, war es. Ja.«

»Dann erlauben Sie die folgende Frage. Gab es denn schon zuvor irgendwelche Hinweise auf Meteoriten mit extraterrestrischen Einschlüssen oder ist das eine völlig neue Theorie?«, hakte Peter nach.

»Oh, aber sicher. Wenn du dir das näher anschauen möchtest, beschäftige dich mit dem Murchison Meteoriten. Er fiel 1969 in Australien, in Victoria, auf die Erde. Über 100 Kilogramm an Material konnten geborgen werden. Inklusive der kohligen Chondriten, Aminosäuren und Fullerenen. Oder nimm den sogenannten Mars-Meteoriten ALH 84001. Er soll vor 13.000 Jahren auf der Erde gelandet sein und wurde 1984 in der Antarktis im Allan Hills Eisfeld gefunden, was übrigens im Victorialand liegt. Auf seiner Oberfläche wurden Spuren fossiler Bakterien vermutet.«

Rosanna lachte. »Hey, vielleicht bin ich nur hypersensibel. Aber es wimmelt ja geradezu von dem Namen meiner Zwillingsschwester.«

Für einen Moment lang schwiegen sie und ließen die atemberaubende Schönheit der Landschaft auf sich wirken. Der Himmel war in den unterschiedlichsten Rottönen gefärbt und die sanften Berghügel begrenzten die innen liegende Kraterlandschaft. Unten vor ihnen in der Ebene plantschten Tiere im Lake Makadi und der Gesang der Vögel läutete die Abendstimmung ein. Das Zirpen der Grillen war nun deutlicher wahrnehmbar und wurde nur von den fröhlichen Unterhaltungen ihrer Kollegen am Lagerfeuer unterbrochen.

»Es ist wunderschön«, stellte Peter fest. »Ich kann mir sehr gut vorstellen, dass das Leben hier paradiesisch war. Über welchen Zeitraum reden wir, Doc?«

»Wir fanden nur wenige Spuren, die auf die zeitlichen Anfänge hinwiesen. Hieroglyphen und astronomische Konstellationen waren unsere Wegweiser. Das originale Kristall mag schon vor einer Million Jahren in der Gegend des Ngorongoro hinabgestürzt sein. Die Artenvielfalt könnte dafürsprechen. Doch für die Entstehung der *Götter* gehen wir eher davon aus, dass die erste Phase nach der Kontaktaufnahme mit den verborgenen Charakteristika des Kristalls in die Zeit vor ungefähr 41.000 Jahren fiel.«

Sie reckte ihr Kinn nach vorne. »War das nicht die Zeit einer Polumkehr? Als das Magnetfeld der Erde für einige hundert Jahre umkippte und eine kräftige Überdosis an kosmischer Strahlung auf alle Lebewesen wirkte?«

»Oh ja. Die Laschamp-Exkurison vor rund 41.000 Jahren markierte die letzte große Umkehr und führte zu einem rund 500 Jahre andauernden Wechsel der Polung. Das umgekehrte Magnetfeld erreichte damals nur ein Viertel der normalen Stärke, wodurch Mutationen zusätzlich begünstigt wurden. Ja, das war die Zeit, in der die *Götter* auf Erden entstanden. Sie waren quasi Übermenschen und allen anderen Wesen auf Erden durch ihre Intelligenz und ihre Erkenntnis überlegen.«

»Mit einem IQ Wert jenseits der 150 nach unserem heutigen Maßstab?«, führte sie den Gedankengang weiter.

Er nickte. »Doch die *Götter* in ihrem Paradies lebten für sich. Isoliert und weit abgeschieden. Ein Clan von anfangs nur 150 bis 200 Mitgliedern. Die Mütter waren es, die die ersten Babys der neuen Stufe der Evolution in den Armen hielten. Sie prägten die Kultur und den unaufhaltsamen Wissensauftrieb der Götterwesen fundamental. Denn der Nachwuchs war extrem hilfsbedürftig und viel länger auf die mütterliche Fürsorge angewiesen, als jedes andere Lebewesen - aber es war ein entscheidender Erfolgsfaktor.«

»Die *Götter* im Paradies. Intelligent, smart, friedfertig. Mit ihren Talenten entwickelte sich die Kultur, die Sprache das Wissen und der Fortschritt. Eine schöne Vorstellung, doch was ihnen fehlte, war die Herausforderung.«

»Du kommst mir zuvor, Peter. Tausend Generationen sind eine lange Zeit. Und mindestens solange lebten die *Götter* für sich isoliert und abgeschieden. Auf der anderen Seite ist es nur tausendmal das Prozedere, dass eine Mutter all ihre Erfahrungen und ihr Wissen auf die nächste Generation der *Götter* übertrug. Du liegst richtig mit deinem Hinweis nach der fehlenden Herausforderung.

Was hilft die höchste Intelligenz und das vorzügliche Wissen über die astronomischen Zyklen am Nachthimmel, wenn die *Götter* ihr ganzes Leben an diesem schönen Fleck verbringen mussten - über Generationen hinweg? Denn selbst der stärkste Explorationstrieb führte nicht viel weiter, da ringsherum der Dschungel haushoch wucherte. Die große Chance ergab sich nach dem Ende der Würm-Kaltzeit vor etwa 12.000 Jahren.«

»Ah, mir dämmert etwas«, kombinierte Rosanna. »Es war die Zeit, als der Victoriasee nach Norden hin überlief. Dadurch ergab sich ein Durchbruch vom Victoriasee zum Weißen Nil und seitdem fließt das Wasser nach Norden ab, in den längsten Fluss der Erde, in den Nil.«

»*That's it.*« Er klatschte in die Hände und war vor Freude ganz außer sich. »Nun könnt ihr euch die Geschichte zusammenreimen, oder? Vor rund 12.000 Jahren machten sich die *Götter* auf ihre legendäre Reise um die Welt. Sie folgten dem Lauf des Flusses. So wie jedes Kind gerne am Bachlauf spielt und beobachtet, wohin das Holzstück getragen wird, folgten die *Götter* dem Weg des Wassers nach Norden. Es war der perfekte Wegweiser und sie konnten jederzeit am Fluss entlang wieder den Weg zurück ins Paradies finden.«

Er nahm einen Ast und kritzelte eine sich schlängelnde Linie in den Sandboden. »Es war ein Abenteuer. Das erste richtig große Abenteuer – vor allem für die Göttersöhne.« Er lächelte. »Warum auch immer. Vielleicht lag es daran, dass die Frauen sich auf die mütterliche Führungsrolle in der göttlichen Gesellschaft konzentrierten? Jedenfalls gingen wohl eher die jüngeren, männlichen Wesen auf die Exkursionen. Sie kamen mit immer wieder neuen interessanten Geschichten zurück ins Paradies zum Clan der *Götter*. Selten mussten sie auf ihren Reisen Verluste verschmerzen. Sie waren schließlich nahezu unsterblich. Ausgestattet mit dem kräftigsten Immunsystem, das man sich vorstellen kann. Mit der Konsistenz eines Blutes, das flexibel jede Art von Antikörpern innerhalb kürzester Zeit bilden konnte. Stichwort Rhesus null.« Er lächelte zu Rosanna hinüber. »Und mit den Radikalfängern der Fullerene. Wann immer die *Götter* meinten, dass eine Auffrischung notwendig sein sollte, so begaben sich ausgewählte Anführer zum magischen Kristall und verschafften sich sozusagen eine Frischzellenkur. Alles lief unglaublich diszipliniert ab.«

Er stand auf und machte einige Schritte. Dann nahm er den Hut mit der breiten Krempe ab und legte ihn auf den Stein. »Tja. Schließlich kam es, wie es kommen musste. Die *Göttersöhne* trafen auf die FMs. Ihr könnt euch sicherlich vorstellen, wie es weiter ging.«

Sie schmunzelte und sagte nur ein Wort. »Sex!«

»Na, klar. Die *Göttersöhne* waren weit entfernt vom heimischen Herd. Draußen in der Wildnis. Unzählige Tage am Fluss entlanggewandert. Auf Booten flussabwärts geschippert. Und dann geschah es. Sie trafen auf die attraktiven Töchter der Frühmenschen. Das Motiv ist so alt, wie die Natur an sich. Aus *Göttern* und FMs entstand der moderne Mensch. Und alle heutigen Menschen sind eine Kreuzung der verschiedenen Wesen, die vom kulturellen Standpunkt aus – und auch auf die Intelligenz bezogen – hätten nicht unterschiedlich sein können.«

»Es kamen die Eigenschaften von beiden zusammen?«

»Richtig. Und vielleicht war das ein Fehler der Natur. Die Frühmenschen hatten nur eine sehr überschaubare kulturelle Entwicklung in den vielen Jahrtausenden vollzogen. Im Grunde genommen waren sie Tiere geblieben. Nackte Affen. Triebgesteuert und kompetitiv. Kräftig, muskulös, aber dennoch sehr anfällig für Krankheiten und ihre Lebenserwartung war gering. Auf der anderen Seite gab es die *Götter*. Die Kreuzung musste demnach ein Kompromiss sein. Man erkennt ihn bis heute.

Der moderne Mensch trägt eine weite Spreizung der brutalen, egoistischen und sehr einfach gestrickten Welt der FMs, wie der Neandertaler, in sich und auf der anderen Seite die kulturelle, hochgeistige und intelligente Welt der *Götter*. Der einzige echte Vorteil beim modernen Menschen war die neuentstandene Eigenschaft der Kreativität, die auf der inneren Zerrissenheit beruhte. Die starken Gegensätze der Gefühle von himmelhochjauchzend bis zu Tode betrübt, waren eine Triebfeder ersten Ranges. Und erst durch die Kreuzung der Wesen, *Götter* und FMs, kamen die Emotionen in einer ungekannten Ausprägung in die Welt – bis hin zur unsterblichen Liebe. Der unbändige Drang nach Freiheit und Unabhängigkeit ist bis heute ein tief verankertes Wesensmerkmal des modernen Menschen. Es war weder bei den FMs noch bei den ach so perfekten Göttern gegeben. Doch die vielen negativen Eigenschaften waren nicht zu leugnen. Habgier, Neid und Aggressivität waren bei den Göttern unbekannt oder zumindest weitgehend verpönt. Durch die Kreuzung mit den FMs kam nun sogar das Töten in ihren Lebenshorizont. Die Unsterblichkeit hingegen war den neuentstandenen Menschen nicht mitgegeben worden. Nur für die ersten 30 Lebensjahre setzte sich das göttliche Erbgut durch und hält bis heute die Mortalität auf einem niedrigen Level von ungefähr einem natürlichen Todesfall pro 1000 Menschen pro Jahr. Ab dem 30. Lebensjahr ist Schluss mit lustig und die Sterberate steigt logarithmisch an. Jahr für Jahr. Es entspricht einer exponentiellen Zunahme, wobei die MRDT – so nennt man die *mortality doubling rate time* – bei ungefähr acht Jahren liegt.«

»Hm, das war es dann mit der Unsterblichkeit«, stellte Peter fest. Ihm gingen die Erzählungen aus dem Alten Testament in der Bibel durch den Kopf. Plötzlich stellte sich einiges in einem völlig neuen Licht dar. Er wähnte sich auf der richtigen Spur.

Doc Einstein setzte sich wieder auf den Stein und griff zu seinem Hut.

»Nun, unsterblich waren die Götter natürlich auch nicht. Doch die Intervalle waren halt wesentlich länger. In jedem Falle gefiel es den Göttern nicht, was sie sahen, als ihre Göttersöhne von den ersten Missionen zurückkehrten und den menschlichen Nachwuchs mit sich brachten. Anfangs übten die Zöglinge vielleicht noch eine gewisse Faszination aus, doch nach und nach stellte sich das Wesen des Menschen als schwierig und schwer einfangbar dar. Er zeigte wenig Hang zur Disziplin - stattdessen einen unbändigen Drang nach Freiheit und Unabhängigkeit. Ungestüm in jeder Hinsicht. Die Menschen waren zu einer Bedrohung geworden, doch da war es schon zu spät. Es wurden Regeln aufgestellt. Die Götter sollten sich fortan nicht mehr mit den Menschen einlassen. Bei den Erstgeborenen der Kreuzungen stellten die Götter einen stärkeren Anteil der frühmenschlichen Muttergene fest. Daher kam der Versuch, die Erstgeborenen zu töten, um die Reinheit der Götterwesen möglichst hoch zu halten. Doch auch das war ein Kampf gegen Windmühlen. Für die Göttersöhne, die sich später auf die Erkundungsmissionen flussabwärts begaben, wurden verbindliche Gesetze formuliert. Sie mussten unter sich bleiben und durften keinen Sex mehr mit den Frühmenschen oder den bereits existierenden modernen Menschen haben. Doch ihr wisst, wie es sich mit Gesetzen verhält. In erster Linie waren es Handlungsempfehlungen, die jedoch nicht durchgängig eingehalten wurden. Es war nicht zu verhindern, dass es Ausnahmen gab. Ein bisschen Alkohol in ausgelassener Stimmung, ein attraktives Geschöpf des anderen Geschlechts und schon war es geschehen. Wobei es natürlich nicht immer nur die Göttersöhne waren, die sich den Spaß gönnten. Die Göttertöchter waren keinen Deut anders.«

Peter rümpfte seine Nase. »Hm, merkwürdig. Das ist tatsächlich so ähnlich in der Bibel beschrieben worden.«

»Wundert dich das? Es war das Urwissen, welches über viele Jahrtausende hinweg überliefert worden war. Man findet die Stelle im Sechsten Kapitel 6,1-2 in der Genesis, dem Buch des Anfangs. Es ist klar und unmissverständlich. *Und es geschah, als der Mensch anfing, auf dem Erdboden zahlreich zu werden, und ihnen Töchter geboren wurden. Da sahen die Göttersöhne die Menschentöchter, dass sie gut waren, und sie nahmen für sich Frauen von allen, die sie auswählten.* Tja, und so geschah es. Es war das Ende der Götter und zugleich der Beginn des modernen Menschen. Die Göttersöhne gelangten schließlich nach Ägypten und brachten ihren gesammelten Wissensschatz mit sich. Es war für sie ein Leichtes, die erste Hochkultur auf der Erde aufzubauen. Gemeinsam mit den Frühmenschen und den von ihnen gezeugten ersten modernen Menschen, schufen sie Bauwerke von kolossalem Ausmaß - wie die Pyramiden und die Sphinx. Sie triumphierten über die Launen der Natur und punkteten mit dem fortschrittlichsten Wissen, das die Welt bis dahin gesehen hatte. Dennoch blieben sie gemäß der Göttergesetze weitestgehend im Hintergrund und nahmen nur die Rolle der Könige und der Pharaonen wahr. Betrachtet die historischen Schilderungen des altägyptischen Königshauses. Meistens ist von einer weit verbreiteten Inzucht die Rede, doch es war nichts anderes als der Versuch, das göttliche Erbgut möglichst lange rein zu halten. Die Reinerbigkeit als Grundprinzip nahmen die Göttersöhne auch mit auf ihre weltweiten Exkursionen. Sie eroberten mit ihrer Erkenntnis-Kultur Europa und dann die ganze Welt. Sie unternahmen Fahrten weit übers Meer bis nach Mittel- und Südamerika. Die Ähnlichkeiten des kulturellen Ursprungs sind bis heute erkennbar und wenn man weiß, dass alles letztendlich auf Ägypten und die *Götter* zurückgeht, überrascht es nicht.«

Sie schüttelte den Kopf und konnte es einfach nicht fassen. »Es ist fantastisch, es ist die größte Geschichte, die es je gegeben hat. Unsere Geschichte. Unsere Herkunft. Als die sogenannten *Götter* in Ägypten auftauchten, musste es förmlich zu einer Wissensexplosion gekommen sein.«

»Oh ja, sie begründeten das erste Weltreich. Der Nil war zudem die perfekte Energiequelle. Der Fluss war früher reißend und schnell, wie ein tiefer Canyon, und an den Katarakten befanden sich die ehemaligen Kraftwerke. Die *Götter* beherrschten die Kunst der Steinbearbeitung *par excellence*. Die Pyramiden waren ihre frühen Meisterwerke und überall in den Konstruktionen hinterließen sie ihre unfassbar hohen Kenntnisse der astronomischen Zahlen und Zyklen. Irgendwann beschlossen sie schließlich, ihren Mittelpunkt des Wirkens in Gänze an den unteren Nil zu verlegen. Das ehemalige Paradies am Ngorongoro Krater wurde langsam aber sicher aufgegeben.«

»Die Vertreibung aus dem Paradies«, stellte Peter lakonisch fest. »Nahmen die *Götter* das Kristall mit?«

»Die größten Bruchstücke davon, ja. Einige Teile mögen noch immer hier in der Gegend verborgen sein. Das werden wir wohl nie ganz herausfinden. Die größeren Elemente des magischen schwarzen Kristalls wurden in die Festung von Buhen gebracht und dort jahrtausendelang gesichert. Kleinere Teilstücke gelangten unter der Aufsicht des Pharaos unter anderem bis nach Gizeh und dienten in den Königskammern der Pyramiden als Energie- und Wissensquelle. Es ist gut möglich, dass auch der Dolch des Tutanchamun aus einem kleinen Reststück des Meteoriten angefertigt worden war.«

»Wow. Vielleicht nahmen die Götter auch Fragmente des Kristalls mit nach México? Professor Roberto Martínez hatte dort erstaunliche Entdeckungen gemacht. Selbst Quecksilber fand er in der Nähe der Sonnenpyramiden. Vielleicht waren es prähistorische Elektrizitätswerke?«

Peter war in seinem Wissensdrang kaum noch zu stoppen. Er spürte ein seltsames leichtes Kribbeln in seinem Nacken. Eine völlig neue Welt tat sich vor ihm auf.

»Dann gab es also eine zentrale Quelle für alle früheren Hochkulturen der Welt?«

Der *Wise Guy* Doc Einstein nickte. »Durchaus. Wer dabei von parallelen Entwicklungen ausgeht oder gar von Initialzündungen, der unterliegt der typisch menschlichen Hybris der Selbstüberschätzung. Nein, alles nahm seinen Anfang mit den Göttersöhnen, die den Weg aus dem Paradies in Ostafrika flussabwärts angetreten waren und ihre Kultur in die Welt getragen hatten. Alles ging von Ägypten aus. Der Norweger Thor Heyerdahl hatte das bereits vor Jahrzehnten erkannt. Kennt ihr die Geschichte?«

Rosanna presste die Lippen aufeinander und wusste noch nicht so ganz, wovon er sprach.

»Gegen alle vorherrschenden Lehrmeinungen hatte Thor die Abbildungen von Papyrus-Schiffen in der Cheops-Pyramide als Vorlage genommen und ein Boot aus Schilf nach den Plänen angefertigt. Vor 50 Jahren, im Mai 1970, segelte er damit über den Atlantik. Von Marokko bis nach Barbados in gut 50 Tagen. Er hatte mit der Ra II bewiesen, dass sich die 6000 Kilometer lange Strecke über den Atlantik mit primitiven Schiffen aus Schilf bezwingen ließ. Er war ein wahrer Teufelskerl. Thor Heyerdahl glaubte nicht daran, dass sich die Menschen auf den Kontinenten unabhängig voneinander entwickelt hatten – und er lag damit goldrichtig. Die frühen Hochkulturen in Peru wiesen viele Gemeinsamkeiten mit dem Alten Ägypten auf. Der Bau von Pyramiden, das fortschrittliche Wissen inklusive der Schreibkunst, die astronomischen Kenntnisse und der Sonnenkult. Ja, alles ging zurück auf die erste Hochkultur. Auf das Alte Ägypten. Gegründet von den Göttersöhnen aus Ostafrika aus dem Ngorongoro Krater. Der Gegend, wo wir uns gerade aufhalten. Dem Ort des Anfangs.«

Sie nickte. »Und letztendlich war es ein Quantensprung in der Entwicklung des Lebens, der auf den Einfluss eines magischen Kristalls zurückging. Faszinierend.«

»Ihr könnt euch sicherlich vorstellen, wie sehr die Quelle des schwarzen Kristalls geschützt werden sollte und nur im Verborgenen darüber gesprochen werden durfte. Was muss die Aufregung groß gewesen sein, als kleine Fragmente davon in falsche Hände gerieten. Ich denke, ihr wisst, wovon ich spreche. Die Bundeslade und der schwarze Stein in der Kaaba sind nur zwei Beispiele. Jeder normalsterbliche Mensch, der das Kristall berührte, verspürte den Zauber und die göttliche Energie. Was die Menschen im ersten Anlauf über das Erbgut von den *Göttern* als Grundausstattung mitbekommen hatten, wurde durch die Nähe zum ursprünglichen Ausgangselement der Erkenntnis in unvergleichbarer Art und Weise beflügelt, so dass sie unvermittelt zu Religionsstiftern wurden. Sie fühlten die Erleuchtung der höheren Zusammenhänge. Dem begrenzten menschlichen Verständnis war es jedoch geschuldet, dass die naturwissenschaftlichen Grundlagen einer Sonnenkultur dem personifizierten monotheistischen Glauben an den einen wahren Schöpfer weichen mussten. Für die Menschen, die Lichtjahre entfernt waren von der Intelligenz der Götter, war es die greifbarere Story. Einfach und verständlich. Spätestens zu diesem Zeitpunkt war das Ende des Zeitalters unserer göttlichen Vorfahren besiegelt. Sie zogen sich zurück und ihr Erbgut diffundierte in das des modernen Menschen. Was geblieben ist, ist die Vielfalt. Das Spektrum der Intelligenz reicht vom Median weit nach links und rechts. Selbiges gilt für viele andere menschliche Eigenschaften. Ab und zu blitzt noch der göttliche Funke hervor, doch das meiste geht im großen Allerlei unter.«

Sie strich sich übers Kinn. »Ganz verloren scheint mir die Vergangenheit der Götter jedoch nicht zu sein. War es nicht so, dass sich die ONE-C als legitimer Nachfolger sah?«

Der Wissenschaftler nickte. »Wie gesagt. Die Vererbung ist ein eigenartiger Mechanismus. Gregor Mendel hat die Grundlagen dazu beschrieben. Von jedem Gen liegen im Kern zwei Kopien vor und sie stammen jeweils von jedem Elternteil. Selbst wenn die ursprüngliche Reinerbigkeit bei einer fortschreitenden Verwässerung weitestgehend verloren gegangen zu sein scheint, so poppt sie bei einzelnen Individuen unvermittelt wieder auf. Wie aus dem Nichts tauchten beim modernen Menschen immer mal wieder hyperintelligente Exemplare auf, die ganz am rechten Ende der Intelligenzverteilungskurve verortet werden konnten. So flammte das ursprüngliche göttliche Erbgut unvermittelt wieder auf. Früher oder später spürten diese Wesen, dass sie anders als die normalen Menschen waren. Sie sind die legitimen Nachfahren der früheren *Götter*. Wenn sie auf Individuen ihresgleichen stießen, spürten sie es sofort. Daher stammten die elitären Kreise zu allen Zeiten. Die ONE-C und viele andere geheime Organisationen träumten davon, die früheren Zustände aus der Urzeit wieder herbeizuführen. Es war ihr Bestreben, die göttlichen Ordnungen wiederherzustellen. In einer Organisationsform, die einem natürlichen Volk entspricht - wie einem Bienenvolk oder Termitenbau.«

»*Die Seele der Weißen Ameise*«, flüsterte Peter.

Der Weißhaarige lächelte. »Du sagst es. In der Natur folgen die Staaten einem festen hierarchischen Prinzip. Deshalb wähnen sich Diktaturen auch oftmals nahe an einer vermeintlich natürlichen Aufbauorganisation. Mit einer individuellen, freien und unabhängigen Demokratie können sie nichts anfangen. Schaut auf China. Dort herrscht eine Volksdiktatur, die die Freiheit und Unabhängigkeit ihrer Bürger unterdrückt.«

Rosanna nickte. »An diesem Punkt stoßen Welten aufeinander. Vielleicht verträgt sich der menschliche Drang nach Freiheit und Unabhängigkeit nicht mit der Natur?«

Die beiden Männer schwiegen und Rosanna setzte ihren Gedankengang fort. »Es ist die Unvollkommenheit des Menschen, mit der wir wohl leben müssen. Jetzt, wo wir die ONE-C gestoppt haben und auch ihren Urquell, das magische schwarze Kristall, für immer zerstört haben, heißt es Ende im Gelände. Die Zeit der Götterdämmerung ist angebrochen. Nie wieder darf eine Macht, wie immer sie sich auch nennt, ob Illuminaten oder ONE-C oder sonst wie, eine neue Weltordnung anstreben mit dem Ziel, die Menschen zu unterdrücken und in ein totalitäres System zu zwängen. Ob es vermeintliche Götter sind, die die Herrschaft übernehmen wollen, kann dabei völlig egal sein. Wir haben es zurecht verhindert.«

Peter wirkte nachdenklich. Sie hatte die Dinge auf den Punkt gebracht. Dennoch wollte es ihm nicht aus dem Kopf gehen, dass die verlorene Zeit des Anfangs, die Zeit der Erkenntnis, als die Götter die Krone der Schöpfung darstellten, auch etwas Gutes gehabt haben konnte.

»Doc, was ist mit Rosanna? Sollte sie nicht – genau wie ihre Zwillingsschwester - für einen Neuanfang zur Verfügung stehen?«

Ernst Einstein schwieg. Er machte ein paar Schritte und blickte in die Ferne. So, als ob er nach irgendetwas Ausschau hielt. Ohne sich zu ihnen umzudrehen, murmelte er seine Worte vor sich hin.

»Zur Verfügung stehen? Das ist nett ausgedrückt. Es ging um den ultimativen, akribisch geplanten Neuanfang. Jahrzehntelang hatten Spezial-Teams der ONE-C nach den perfekten Genen gesucht. Alles wurde durchforstet. Man suchte an den Schulen für Hochbegabte nach Profilen besonders erfolgreicher Personen. Es wurde recherchiert nach Individuen mit außergewöhnlichen Talenten – wie Menschen, denen telepathische Fähigkeiten nachgesagt wurden. Nicht zu vergessen die weltweite Analyse der Datenbanken aller seltenen Blutgruppen. Na, dämmert es?

Ja, glaubst du denn, dass deine Blutgruppe Rhesus null auf einen Zufall beruht, Rosanna? Deine Gene und deine DNA wurden aus vielen Millionen Kombinationen sorgfältig ausgewählt. Genau wie die Erbinformationen deiner Zwillingsschwester. Euch beide wollte man als *Crème de la Crème* regelrecht designen.«

Sie sah ihn scharf an. »Doc, schauen Sie mir in die Augen. Den ersten Schock hatte ich bekommen, als ich erfuhr, dass ich aus einem Reagenzglas entstamme. Jetzt macht es den Anschein, dass Sie viel mehr darüber wissen, als Sie uns bisher gesagt haben. Doc, Sie haben mich im Tempel von Buhen quasi direkt dem Kristall ausgesetzt. Wollten Sie mich etwa als Versuchskaninchen benutzen?«

Er schüttelte den Kopf. »Nein, nein. Wie könnte ich? Niemals würde ich dich …« Er stockte und drehte sich ganz langsam um. Seine Augen waren glasig. Sie sah, wie ihm die Tränen über die Wange rannen.

»Doc? Ist alles okay?«

Er holte tief Luft. Er stotterte. »Die eine Hälfte aus dem Reagenzglas …«

Sie riss den Mund auf und hielt sich instinktiv eine Hand vors Gesicht. Dann atmete sie mehrmals kräftig aus und strich mit ihrem Fingernagel über die Zähne. Es dauerte eine ganze Weile, bis sie die Fassung zurückerlangt hatte. Ihre Miene wandelte sich in ein Lächeln und sie schüttelte den Kopf. »Dass ich nicht eher darauf gekommen bin. Ich weiß nicht, was ich sagen soll. Mir fehlen die Worte.«

Doc Einstein biss die Zähne aufeinander. Sie knirschten. Er hatte schwer an etwas zu knapsen. »Auf der Suche nach den idealen Genen kamen sie an den *Wise Guys* nicht vorbei.« Er lächelte. Endlich. Obwohl er nach wie vor auf Abstand blieb.

Sie stand auf und ging mit ihm auf eine Augenhöhe.

»Okay. Wie es aussieht, hänge nicht nur ich ganz tief in der ganzen Geschichte mit drin, sondern du genauso.«

Sie hatte ihn geduzt. Ganz unvermittelt und unerwartet. Aber es passte. Doc Einstein nickte.

Mittlerweile war auch Peter aufgestanden. Er schwieg und hielt sich zurück. Aus der Ferne drang vom Lagerfeuer das Stimmgewirr ihrer Freunde heran. Die Drei standen wie angewurzelt da und blickten still in die Landschaft. Am Ende war es Peter, der das Schweigen brach und der Nachdenklichkeit ein Ende bereitete.

»Schweigen mag Gold sein. Doch was ist schon Gold, wenn man stattdessen ein schwarzes Kristall in die Atmosphäre gepustet hat und für die schönste Sonnenuntergangsstimmung seit Menschengedenken gesorgt hat.« Er lachte. Erst verhalten und dann aus vollem Hals. Die anderen beiden beobachteten ihn zunächst abwartend und stimmten dann ins Gelächter mit ein. Es tat gut. Die Stimmung war gelöst.

Ernst Einstein machte einen Schritt auf Rosanna zu. Ganz vorsichtig breitete er seine Arme aus und blinzelte ihr zu. Sie zögerte keinen Augenblick und erwiderte die Umarmung. »Danke, Doc. Du hast immer ein Auge auf uns geworfen und uns in die richtige Richtung gelenkt. Und glaub ja nicht, dass ich dich je anders ansprechen werde.«

Sie zwinkerte ihm kurz zu und stupste ihn in die Seite. Dann ging sie zu Peter und warf ihre Arme um seinen Hals. »Wir sind am Ziel angekommen. Wenn die Sonne morgen früh über den Bergen aufgeht, ist es wieder unsere Welt. Die Welt, die wir in den letzten Jahren so sehnsüchtig vermisst haben. Und ich hoffe, dass wir morgen endlich auch mal wieder ausschlafen können.«

Sie nahm ihren Finger und streichelte zärtlich über seine Lippen.

»Hast du Lust auf ein Abenteuer? Ein Abenteuer, wie du es noch nie erlebt hast? Mit einer Frau, die dich liebt und mit dir nach Bora Bora fliegen möchte - und auch ein weißes Kleid anziehen wird, wenn du möchtest.«

»Ich möchte, Ann. Und wie ich das möchte. Küss mich Babe. Ich liebe dich, über alles in der Welt.«

Sie küssten sich. So, als ob der Kuss niemals enden wollte. Sie drehten sich im Kreis. Einmal, zweimal, dreimal. Dann ließen sich sich auf den Boden fallen. Sie lag auf dem Rücken und sah ihn verliebt an. Er richtete seinen Oberkörper etwas auf und ließ den Blick über den Kraterrand in die Ferne schweifen.

* * *

Er blickte über die endlose Landschaft bis zum Horizont. Es kam ihm so vor, als hätte er die dritte und finale Stufe seiner eigenen Entwicklung erklommen. Die Stufe der Erkenntnis. Er sah die Freunde am Lagerfeuer und freute sich über ihre Ausgelassenheit und die gute Stimmung. Selbst wenn der moderne Mensch unvollkommen war, so war er als Kreuzung zwischen den perfekten Göttern und den Frühmenschen ein einmaliges Faszinosum im gesamten Universum. Der unvollkommene Mensch war es, der behaftet mit Selbstzweifeln und Genialität für die vielfältigste Kreativität in der Geschichte der Natur stand. Der als gestaltendes Wesen die Sinnfrage stellte, auch wenn in kosmischen Maßstäben am Ende alles sinnlos und endlich sein mochte. Möglicherweise hätten die Götter eher der natürlichen Bestimmung entsprochen und für eine bessere Welt gesorgt. Die Erde nun endgültig dem Menschen zu überlassen, war ein Experiment, das schief gehen konnte. Doch es war einen Versuch wert. Selbst wenn der moderne Mensch sehr viel Zerstörerisches in sich trug, so war Peter fest davon überzeugt, dass es richtig war, dem Menschen eine Chance zu geben. Der unbändige Überlebenswille war es, der das tiefste menschliche Verständnis eines unvollkommenen Wesens ausdrückte. Der ungestüme Drang nach Freiheit und Unabhängigkeit.

Er war zufrieden und ruhte in sich selbst. Für die Liebe, für die Freiheit und Unabhängigkeit, dafür hatte es sich gelohnt zu kämpfen und den Erfolg der Mission zu sehen.

Er blickte in die Ferne und spürte die unbändige Kraft des Lebens.

Und er sah, dass es gut war.

* * *

Nachwort des Autors

Mein Dank gilt vor allem Ihnen, lieber Leser. Dafür, dass ich Sie mit auf eine Reise in die Welt der Abenteuer und fantastischer Zusammenhänge nehmen durfte.

Weiteren Dank möchte ich allen sagen, die sich einer tiefer gehenden Analyse der Geschehnisse um uns herum verschrieben haben und die Dinge kritisch hinterfragen. Denn in der täglichen Berichterstattung bleiben viele Fragen unbeantwortet. Die Welt ist nicht so, wie sie zu sein scheint. Es gibt verborgene Ebenen, die uns - dem modernen Menschen - nicht vollständig zugänglich sind. Einschneidende Ereignisse, die wie aus dem Nichts auftauchen, führen dann fast automatisch zu einer Standortbestimmung und einer Rückbesinnung auf unsere ureigensten Werte.

Am Anfang des neuen Jahrzehnts - mit Beginn der 20er Jahre - wütete unerwartet das schreckliches Corona-Virus und führte zu einer weltweiten Pandemie mit heftigsten Einschnitten im täglichen Leben. Die Auswirkungen waren unübersehbar. Durch die besorgniserregenden politischen Entwicklungen in vielen Ländern geriet die Stabilität der Welt ins Wanken. Um so entsetzlicher wäre es, wenn sich herausstellen sollte, dass das Virus von Menschen erschaffen wurde und gezielt als biologische Waffe eingesetzt wurde. Doch welche Menschen würden so etwas tun? Ist es denkbar, dass ein geheimer Zirkel im Hintergrund die Fäden spinnt und die Menschheit in eine neue Ordnung drängen will, mit der gleichzeitig eine drastische Dezimierung der Weltbevölkerung verfolgt wird? Sind das alles nur Hirngespinste einer obskuren Weltverschwörung oder ist tatsächlich eine erhöhte Aufmerksamkeit geboten?

Gut, dass es nur eine fiktive Geschichte ist.

Dennoch bleibt es wichtig, in Friedenszeiten wie auch in der Krise, die Werte engagiert zu verteidigen, die wir uns als freie Menschen über die Jahrtausende hinweg erkämpft haben. Denn es entspricht nicht dem Wesen des Menschen, in Unfreiheit zu leben wie in einem Ameisen-Staat.

Vor allem ist es wichtig, die Liebe, die Freiheit und die Unabhängigkeit zu bewahren und zu schützen vor allen widrigen und totalitären Einflüssen.

Ganz im Sinne des ehemaligen US-Präsidenten John F. Kennedy, der in seiner Rede vom 27. April 1962 vor den Einflüssen geheimer Bünde und einer *„monolithic and ruthless conspiracy"* der sogenannten *„secret societies"* eindringlich warnte. Sein Credo lautete *„We look for strength and assistance, confident that with your help man will be what he was born to be: Free and Independent."*

Es war eine lange, interessante und abenteuerliche Reise, die drei Teile der Trilogie zu Papier zu bringen und den Blick in eine Welt zu werfen, die wir vielleicht niemals so ganz erfassen werden. Die Zukunft ergibt sich aus der Herkunft. Nun tut es gut, den Moment im Hier und Jetzt zu erleben und als unendlich wertvoll zu schätzen.

Don't let the moment pass.

Im September 2020

Die Akteure

Peter Berg   Selfmade-Businessman, Inhaber der
                         M.E.P.-Agentur in Hamburg

Rosanna Sands   US-Amerikanerin, traf zufällig
                         Peter Berg mitten in Europa im Jahr 2004

Martijn   Holländischer Anführer der Rebellen

Jack *The Brain*   Netzwerkexperte und ehemaliger Agent

Joe *Nenn mich Joe* Computerexperte, Hacker und Insider

Carl, Alec, Josh, Pierre Teammitglieder der Rebellen

Tatjana 'Tanja'   Russische Freundin von Joe und Pierre

Taylor Chong   Agentin des NSB, Taiwans Geheimdienst

Moshe   Israelischer Hauptmann, Sayeret Matkal

Die Geheimen Drahtzieher der ONE-C:

Victoria 'Vicky' Vicem Die Nummer Sieben der ONE-C

Nummer Eins   Kommandoführer der ONE-C

Die Wise Guys:

Doc Einstein   Ernst Stein, Kryptologe aus Wien

Hugo   Schweizer mit französischen Wurzeln

Aldo   Ein weiser Italiener aus Taormina

Die Supporter aus Nordamerika:

Tom Davis Standortleiter im *Enco* Hauptquartier

Erika Winwood Verantwortliche für die Verteidigung

In der Reihenfolge des Auftretens:

Dr. John Bolten Wissenschaftler aus San Francisco

Jacob *Jay* Nanook Dorfältester aus Brevig Mission, Alaska

Tommie Parker Kurier für Organtransplantationen

Der Unbekannte Killer und Double von Tommie Parker

Die Ärztin ... sucht ein Serum für Alzheimerpatienten

Tiger Woo Barkeeper in der Ozone Bar, Hongkong

Roberto Martínez Professor, Historiker und Archäologe

Fernández Mitarbeiter von Prof. Martínez

Nicole Violetti Juristin mit italienischen Wurzeln

Claudia Berg Ex-Frau von Peter Berg

Robert Berg … ihr Sohn

Jennifer 'Lizzy' Journalistin beim Magazin PictuRePort

Frederik Koop Kompagnon von Peter Berg

Susan Landers Assistentin von Peter und Frederik

Hanno Winter Kriminalkommissar in Hamburg

Marco Mattia Marino	Erzbischof, ärgster Kritiker des Papstes
Bella Donna	Eine Schönheit und Villenbesitzerin
Volkmar Dhiel	Professor aus Bern und Experte für Viren
Tiberius 'Tibb' Potter	Auftragskiller aus Zürich
Josef Neuland	Dubioser Regierungsvertreter in Berlin
Der Fremde in Berlin	Schläger und Kumpan von Neuland
Sara Chin-Yung	Aktivistin im chinesischen Untergrund
Joycelyn Miller	Opfer eines Attentats in NYC
Joseph	Mann im grauen Anzug in New York
Nummer Vier	Ein Maulwurf, der am East River wohnt
Der Motorradfahrer	Ein Attentäter im Central Park
Susan Rohner	Professorin aus Winnipeg
Die Doppelgänger	… kommen in Winnipeg fast ums Leben
Der Mann in Weiß	… reist inkognito nach Jerusalem
Akuma	Aktivist im chinesischen Untergrund
Benji & Team	Angeheuerte Söldner im Sudan
Leon Ek	Ein hochrangiger Militärführer

Navigation Nord- und Mittelamerika

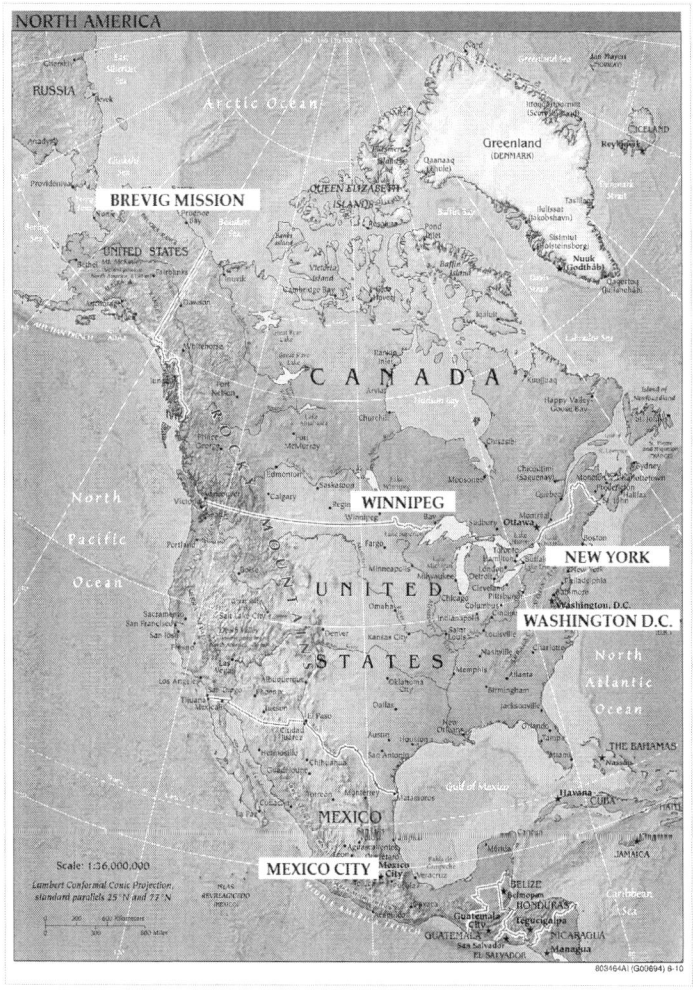

Navigation Europa

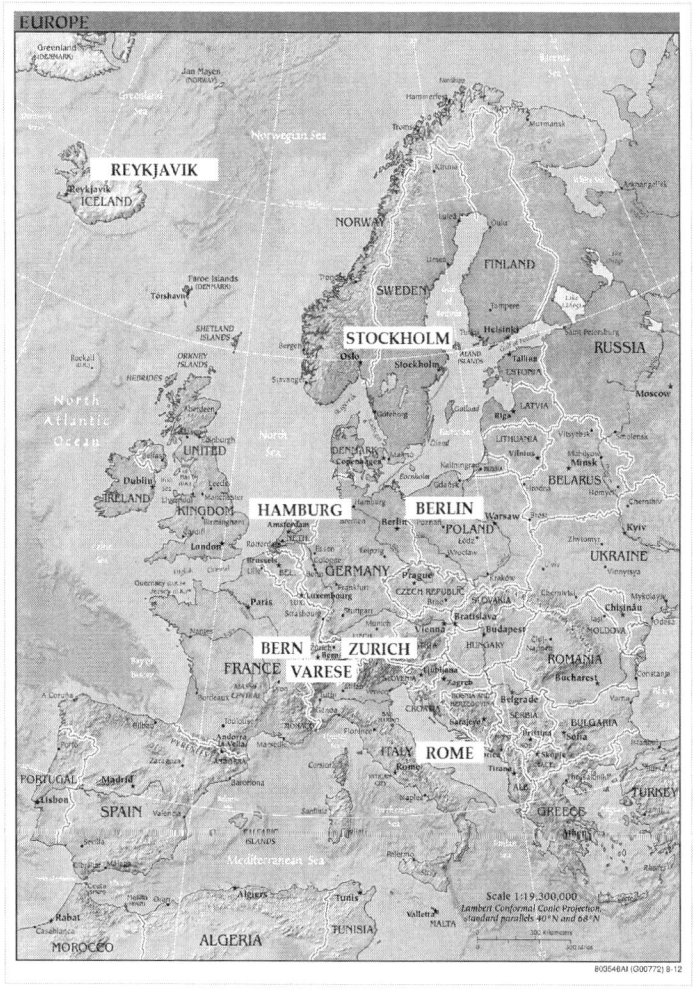

Navigation Asien

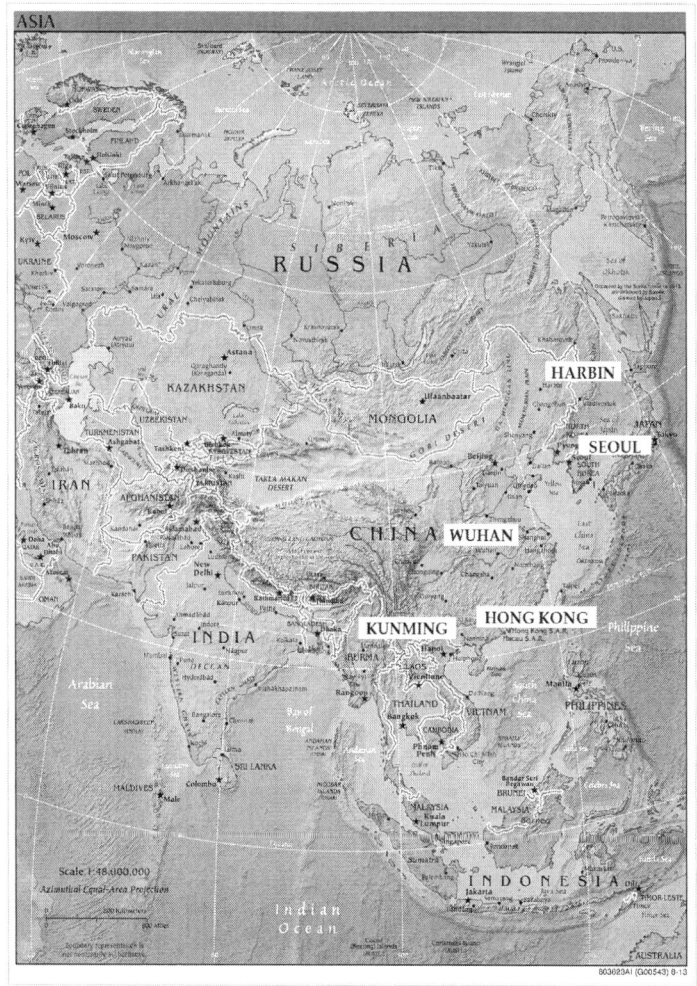

Navigation Afrika und Naher Osten

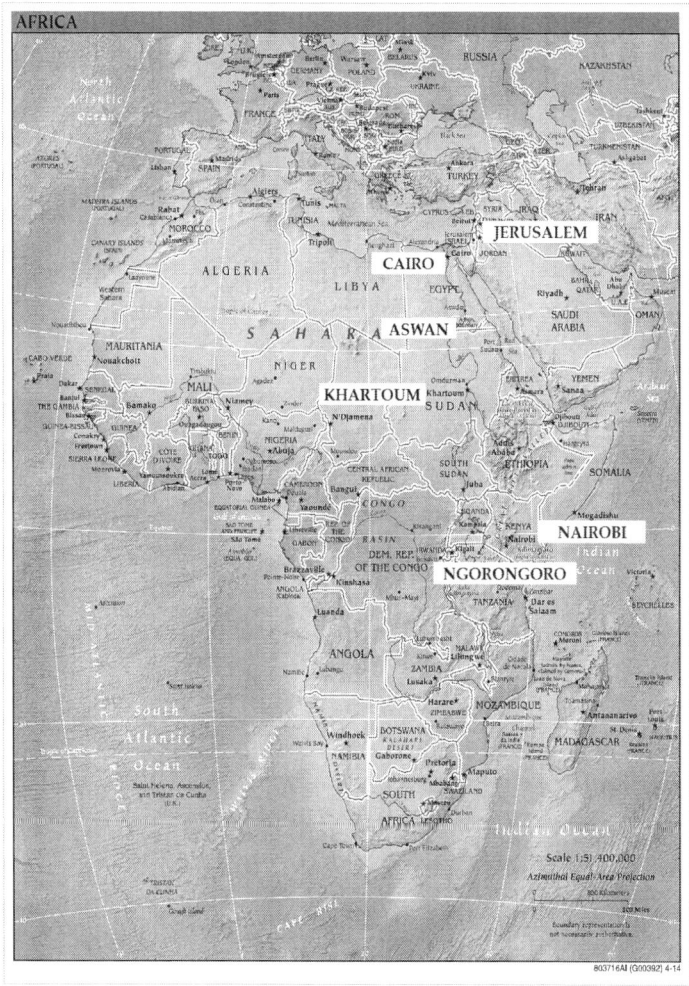

Playlist

Die Songs in der Reihenfolge der Erwähnung:

Bolero - Ravel
The Look of Love – Chris Botti
Sunglasses at Night – Corey Hart
Day of the Dreamer – Renaissance
Obsesión – Aventura
Guilty – Bee Gees
Enjoy the Silence - Depeche Mode
Walk on by – Diana Krull
Cleopatra in New York - Nickodemus feat. Carol C.
Jerusalem – Herb Albert
Rise – Herb Albert
Rhythm of the Night – Corona
Ride of Time - Black Box
The First The Last Eternity – Snap
First we take Manhattan - Jennifer Warnes (L. Cohen)
A Whiter Shade of Pale – Procol Harum
Supalonely – Benee
ILY, i love you baby - Surf Mesa featuring Emilee
Long Way home – ATB
Hold me now – Johnny Logan
Come with me - Bronislau Kaper
Taxi to War - DJ Disse
Good morning love – P. Berg
Samba De Janeiro – Bellini
Devil in disguise – Elvis Presley
Bella Ciao - Lied der italienischen Partisanen

The first cut is the deepest – Sheryl Crow
Happy Birthday – Stevie Wonder
Azzurro – Adriano Celentano
What's another Year – Johnny Logan
Imagine – John Lennon
Uninvited – Freemasons feat. Bailey Tzuke
Manos al aire - Nelly Furtado
Bei Mir Bistu Shein – Andrew Sisters
Another brick in the Wall – Pink Floyd
Pump it - Black Eyed Peas
Zorba The Greek - Mikis Theodorakis
It's No Good - Depeche Mode
Us and them - Pink Floyd

* * *

Kids – Karen Souza
Don't let the moment pass – Marti Webb

Das Gesicht von Afrika

Das Gesicht von Afrika (2)

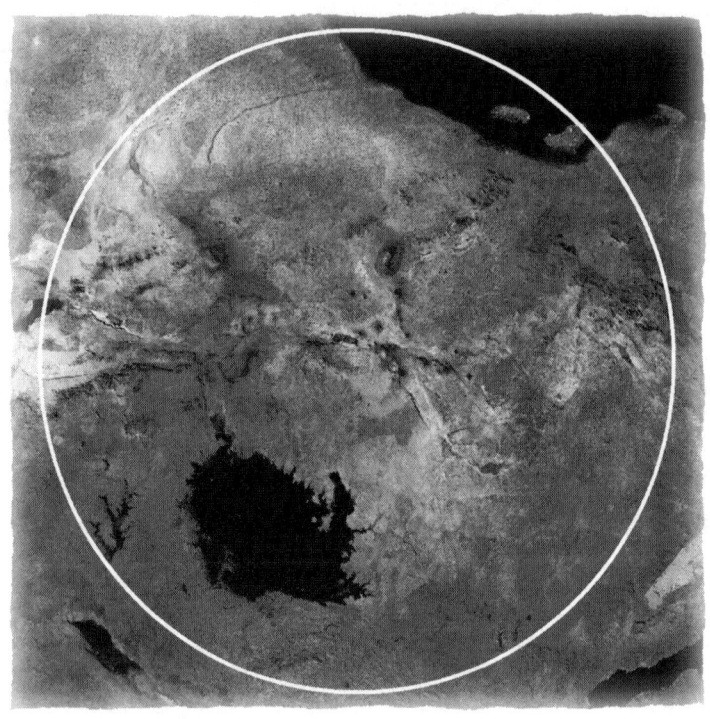

Mount Kenya und Mount Kilimandscharo markieren ein Augenpaar, die Gebirgszüge darüber die Stirnpartie und der Victoriasee könnte einen Mund darstellen. Der Äquator verläuft in der Nähe der Bergmassive, die sich auf demselben Längengrad (37° 20′ O) befinden. Präsentiert während der Konferenz in Nairobi von Victoria Vicem, der Nummer Sieben der ONE-C

Das Gesicht von Afrika (3)

Das Gesicht von Afrika (4)

Die Herkunft des modernen Menschen

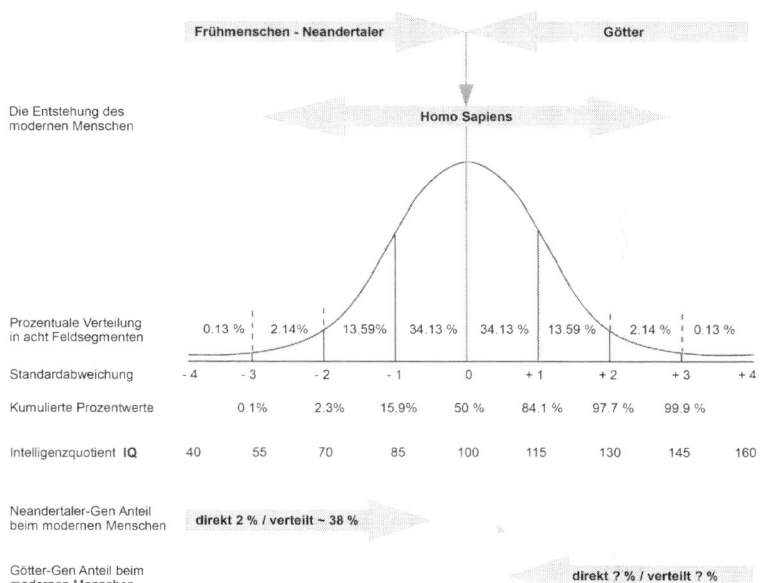

Frühmenschen - Neandertaler | Götter

Die Entstehung des modernen Menschen — Homo Sapiens

Prozentuale Verteilung in acht Feldsegmenten	0.13 %	2.14%	13.59%	34.13 %	34.13 %	13.59 %	2.14 %	0.13 %
Standardabweichung	- 4	- 3	- 2	- 1	0	+ 1	+ 2	+ 3	+ 4
Kumulierte Prozentwerte		0.1%	2.3%	15.9%	50 %	84.1 %	97.7 %	99.9 %
Intelligenzquotient IQ	40	55	70	85	100	115	130	145	160

Neandertaler-Gen Anteil beim modernen Menschen — **direkt 2 % / verteilt ~ 38 %**

Götter-Gen Anteil beim modernen Menschen — **direkt ? % / verteilt ? %**

Connecting the Dots

Orion's Belt

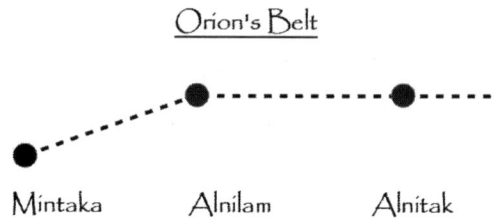

Mintaka   Alnilam   Alnitak

The Three Great Pyramids of Gizeh

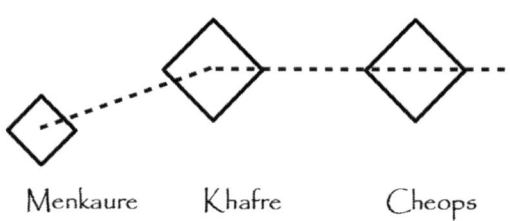

Menkaure   Khafre   Cheops

The Three Great Pyramids of Teotihuacán

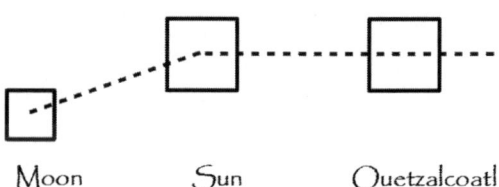

Moon   Sun   Quetzalcoatl

Bisher vom Autor erschienen

Operation Sonnenwende

Der erste Teil der Trilogie „The Triangular Files"

Nach dem Anschlag auf seine Agentur erinnert sich der Hamburger Geschäftsmann Peter Berg an seine Begegnung mit einer geheimnisvollen US-Amerikanerin und gerät in den Strudel einer weitreichenden Verschwörung ungeahnten Ausmaßes ...

Veröffentlicht im März 2013 – 530 Seiten / 155.000 Wörter
Taschenbuch (auch als Ebook erhältlich)
ISBN-13: 978-1-481-92294-4 und ISBN-13: 978-3-945-75233-3

Die Kaskaden des Salamanders

Der zweite Teil der Trilogie „The Triangular Files"

Als Rosanna Sands und Peter Berg von einem bevorstehenden Terroranschlag erfahren, setzen sie alle Hebel in Bewegung, um das Unheil abzuwenden. Gelingt es ihnen und den Rebellen?

Veröffentlicht im Januar 2016 – 566 Seiten / 157.000 Wörter
Taschenbuch (auch als Ebook erhältlich)
ISBN-13: 978-3-945-75277-7

Die Stufen des Bösen

Für Samuel Gould sollte es eine heiße Party an einem verregneten Freitagabend werden, bis der Banker mit der Bilderbuchkarriere in einem tödlichen Albtraum landet, aus dem es für ihn kein Erwachen gibt...

Veröffentlicht im Dezember 2013 – 114 Seiten / 25.000 Wörter
Taschenbuch (auch als Ebook erhältlich)
ISBN-13: 978-1-494-34320-0 und ISBN-13: 978-3-945-75237-1

Die Ampullen von Lorenzini

Kriminalkommissar Jo Sattler steht kurz vor der Pensionierung. Sein letzter Fall scheint keine große Hürde für ihn darzustellen, wenn da nicht ein merkwürdiger Zeitgenosse wäre, mit dem er nicht nur sein Rückenleiden teilt...

Veröffentlicht im März 2014 – 230 Seiten / 48.000 Wörter
Tascehnbuch (auch als Ebook erhältlich)
ISBN-13: 978-1-495-97684-1 und ISBN-13: 978-3-945-75241-8

Other titles of the Author

Operation Solstice Ten

US-Version – Part one of „The Triangular Files"

After a deadly attack on his office, German businessman Peter Berg recalls a past encounter with a mysterious American woman—and soon finds himself caught up in a global conspiracy of unimaginable magnitude...

Published in September 2013 – 532 pages / 183.000 words
Paperback (also released as an Ebook)
ISBN-13: 978-1-481-03823-2 and ISBN-13: 978-3-945-75235-7

The Salamander Cascades

US-Version – Part two of „The Triangular Files"

When German businessman Peter Berg and his partner, American agent Rosanna Sands, learn about an upcoming global terror attack, they mobilize their powerful network of rebels to stop the crime. Will they succeed?

Published in November 2019 – 566 pages / 149.000 words
Paperback (also released as an Ebook)
ISBN-13: 978-3-945-75250-0

The Steps of Evil

Samuel Gould thought he would be spending the rainy Friday evening at a hot party...
But then the banker with the picture-perfect carrer suddenly finds himself trapped in a deadly nightmare from which he can never awaken...

Published in June 2014 – 108 pages / 26.000 words
Paperback (also released as an Ebook)
ISBN-13: 978-1-500-29894-4 and ISBN-13: 978-3-945-75239-5

The Ampullae of Lorenzini

Detective Chief Inspector Jon Sattler has one final Investigation standing in the way of his retirement. At first, the case is almost too straightforward ... But then he crosses path with a mysterious man who seems to know more about Sattler than is even possible.

Published in September 2014 – 216 pages / 49.000 words
Paperback (also released as an Ebook)
ISBN-13: 978-1-502-37662-6 and ISBN-13: 978-3-945-75243-2